Die Kodifizierung des Arbeitsvertragsrechts –
ein Jahrhundertprojekt ohne Erfolgsaussicht?

Studien zum Arbeitsrecht und zur Arbeitsrechtsvergleichung

Herausgegeben von Manfred Weiss, Bernd Waas und Spiros Simitis

Band 20

PETER LANG

Frankfurt am Main · Berlin · Bern · Bruxelles · New York · Oxford · Wien

Enrico Iannone

Die Kodifizierung des Arbeitsvertragsrechts – ein Jahrhundertprojekt ohne Erfolgsaussicht?

Eine Untersuchung vorangegangener Bemühungen um ein Arbeitsvertragsgesetz und Analyse möglicher Erfolgsaussichten des Reformprojekts

PETER LANG
Internationaler Verlag der Wissenschaften

Bibliografische Information der Deutschen Nationalbibliothek
Die Deutsche Nationalbibliothek verzeichnet diese Publikation in der Deutschen Nationalbibliografie; detaillierte bibliografische Daten sind im Internet über <http://www.d-nb.de> abrufbar.

Zugl.: Frankfurt (Main), Univ., Diss., 2009

D 30
ISSN 1615-4606
ISBN 978-3-631-59767-5

www.peterlang.de

Meinen Eltern in Dankbarkeit

Vorwort

Unser heutiges Arbeitsvertragsrecht basiert im Wesentlichen auf unkodifiziertem Richterrecht sowie verschiedenen Einzelgesetzen, was allgemein als Mangel gehandelt wird: So wird das deutsche Arbeitsvertragsrecht regelmäßig als „ein Irrgarten des Rechts, in dem sich nicht einmal mehr der Durchschnittsjurist auskenne“, qualifiziert. Als Ausweg wird im Rahmen einer Reformierung des Arbeitsrechts wiederholt für die Kodifizierung des Arbeitsvertragsrechts geworben. Doch die Forderung nach einer Kodifizierung des Arbeitsrechts ist alles andere als aktuell. Seit über 100 Jahren stellt sich nunmehr die Frage, ob ein solches Projekt in Deutschland realisiert werden kann.

Die vorliegende Ausarbeitung versucht unter eingehender Berücksichtigung der zahlreichen vorangegangenen und stets gescheiterten Bemühungen in der Geschichte des deutschen Arbeitsrechts in den letzten zwei Jahrhunderten eine Analyse möglicher Erfolgsaussichten des Reformprojekts aufzubieten.

Dabei soll die Erforschung der Gründe für das wiederholte Scheitern entsprechender Bemühungen um ein Arbeitsvertragsgesetz im historischen Kontext in den Vordergrund gestellt werden. Ohne eingehende Ursachenforschung unter Auflegung der Probleme und Schwierigkeiten, die bislang dazu führten, dass bis zum heutigen Tage kein umfassendes Arbeitsvertragsgesetz umgesetzt werden konnte, wird nur schwerlich eine erfolgversprechende Reformierung des Arbeitsrechts angestrebt werden können. Denn wer sich die Kontroversen um die Kodifizierung des Arbeitsvertragsrechts der Vergangenheit bewusst macht, wird den entsprechenden Herausforderungen in der Gegenwart besser begegnen können. Gerade hierzu soll diese Arbeit einen entscheidenden Beitrag leisten.

Die vorliegende Arbeit wurde im Sommersemester 2009 von der Juristischen Fakultät der Goethe Universität Frankfurt am Main als Dissertation angenommen.

Erschienene Literatur und Quellen zum Themenkreis wurden bis April 2009 nach Möglichkeit berücksichtigt.

Die Arbeit entstand aus einem besonderen Interesse an rechtshistorischen und rechtstheoretischen Fragestellungen in Bezug auf die Kodifikationsidee im Arbeitsrecht.

Neben der sorgfältigen Sichtung der bislang erschienenen gedruckten Quellen war es für die Untersuchungen notwendig, auch Archivmaterial zu berücksichtigen. Dazu unternahm ich mehrfach Reisen nach Berlin und Koblenz, um dort im Bundesarchiv bzw. im Archiv des Deutschen Bundesrates die Quellenlage zu untersuchen und berücksichtigen, die bislang auch noch nicht näher gewürdigt worden ist. Besonders große Unterstützung erfuhr ich durch Herrn Michael Schelter vom Bundesarchiv in Berlin. Durch seine Ratschläge und Hinweise erhielt ich bei der Quellenerschließungsarbeit eine wichtige Stütze.

Ferner führte ich mit Herrn Prof. Dr. Frithjof Kunz ein fruchtbares Expertengespräch in Potsdam, wodurch meine Erkenntnisse über die Entwicklung der Kodifizierung des Arbeitsrechts in der ehemaligen DDR deutlich bereichert wurden. Für diese überaus freundliche Unterstützung möchte ich Herrn Prof. Dr. Frithjof Kunz an dieser Stelle herzlich danken.

Mein Dank gilt auch Herrn Dr. Jörg Habich von der Bertelsmann Stiftung, der mich stets bereitwillig und mit breitem Engagement mit Informationen und Hinweisen versorgte und mir die Teilnahme an zwei von der Bertelsmann Stiftung abgehaltenen Kongressen in Berlin ermöglichte. Darüber hinaus möchte ich mich besonders auch für die mit ihm in der Bertelsmann Repräsentanz (Berlin) durchgeführte Befragung bedanken, die auch in der vorliegenden Ausarbeitung entsprechend berücksichtigt und gewürdigt wurde.

Zu danken habe ich dem Bundesvorstand des DGB, der mir die Teilnahme an einem Kongress ermöglichte, an dem erstmals die neue Entwurfsfassung eines Arbeitsverhältnisgesetzes des DGB vorgestellt wurde. Danken möchte ich weiterhin der BDA für die freundliche Bereitstellung diverser Unterlagen und Informationen.

Großen Dank gebührt vor allem meinem Betreuer, Herrn Prof. Dr. h.c. Manfred Weiss, der mir stets mit Geduld und hilfreichen Ratschlägen bei der Anfertigung meiner Arbeit zur Seite stand und sich für Gespräche immer Zeit nahm.

Gedankt sei ferner Frau Mingkwan Hölsch sowie Herrn Benjamin Schurig für deren hilfreichen Bemühungen.

Danken möchte ich schließlich besonders meiner Mutter, die mich stets eifrig unterstützt hat.

Idstein, im Juli 2009 Enrico Iannone

The Codification of Labour Contract-Law – A Century-Project without Prospect of Success? – A Summary and Introduction in English

"Incomplete labour contract law", "fragmented over separate acts", "contradictory, arbitrary jurisdiction" – these are just a few points of criticism which are put forward by various legal scholars in relation to the current labour contract law in Germany. Thus there are claims to codify it and include the existing acts as well as the case law in one single labour contract code. Two initiatives should be highlighted in this context: In 2006 the Bertelsmann foundation presented in cooperation with two well-known German university professors a draft law for such a codification. Another draft law was presented early in 2009 by the German Confederation of Trade Unions (DGB). The aims are to heal the mentioned defects, simplify the subject matter and increase calculability and therefore establish a sustainable labour contract law in Germany.

But one central question remains: Could such a codification project, especially considering the previous progression in this field, be crowned with success?

The demand for a codification of the whole labour law is anything but topically. For about 100 years the question whether such a project can be realized in Germany has been asked. This book will initially investigate the historic efforts for a labour contract law code in Germany.

Starting from the German Imperial period (1871-1918) up to the reunified Germany (since 1990) – including the periods of the Weimar Republic (1918-1933), the National Socialism (1933-1945), the Federal Republic of Germany (1949-1990) and the German Democratic Republic (1949-1990) – a historic review will not only look at the previous efforts for a codified labour contact law but also illustrate and analyse the arguments put forward by those in favour and against a codification.

Subsequently the possible prospect of success for this reform-project will be examined, considering the obtained insights of the historic review.

The conclusion will reveal whether the current situation, combining case law and various Acts or a codification of the whole labour contract law is preferable for the German case.

Inhaltsübersicht

Inhaltsverzeichnis

ABKÜRZUNGSVERZEICHNIS

a.a.O.	am angegebenen Ort
AcP	Archiv für die civilistische Praxis
ADGB	Allgemeiner Deutscher Gewerkschaftsbund
a.F.	alte Fassung
AGG	Allgemeines Gleichbehandlungsgesetz
AGB	Arbeitsgesetzbuch
ALR	Allgemeines Landrecht für die Preußischen Staaten, 1794
Anm.	Anmerkung
a.o.	außerordentlich
o.	ordentlich
ArbuR	Arbeit und Recht
ArbVG	Arbeitsvertragsgesetz
AsGuS	Archiv für soziale Gesetzgebung und Statistik
AuR	Arbeit und Arbeitsrecht
AVG	Arbeitsverhältnisgesetz
BA	Bundesarchiv
BAM	Bundesarbeitsminister
BMAS	Bundesministerium für Arbeit und Soziales
BArBl	Bundesarbeitsblatt
BayrZfRpfl.	Zeitschrift für Rechtspflege in Bayern
bzgl.	bezüglich
BB	Betriebsberater
Bd.	Band
BDA	Bundesvereinigung der Deutschen Arbeitgeberverbände
BetrVG	Betriebsverfassungsgesetz
BGB	Bürgerliches Gesetzbuch
BGBl	Bundesgesetzblatt
BGH	Bundesgerichtshof
BGHZ	Entscheidungen des Bundesgerichtshofs in Zivilsachen
BGL	Betriebsgewerkschaftsleitung
BR-Drs.	Bundesrats-Drucksachen
BT-Drs.	Bundestags-Drucksachen
BverfG	Bundesverfassungsgericht
bzw.	beziehungsweise
CDU	Christlich Demokratische Union
CSU	Christlich Soziale Union

DAR	Deutsches Arbeitsrecht
DAV	Deutscher Anwaltverein
DB	Der Betrieb
DBG	Deutscher Gewerkschaftsbund
d.h.	das heißt
DJT	Deutscher Juristentag
DJZ	Deutsche Juristenzeitung
DR	Deutsches Recht
DRB	Deutscher Richterbund
DRdA	Das Recht der Arbeit
DRZ	Deutsche Richterzeitung
DuR	Demokratie und Recht
Ebd.	ebenda
EinigungsV	Einigungsvertrag
EuGH	Europäischer Gerichtshof
f./ff.	folgende (z.B. Seite/en)
FS	Festschrift
GA	Germanistische Abteilung
GBA	Gesetzbuch der Arbeit
GBl	Gesetzblatt
GewKfmG	Gewerbe- und Kaufmannsgericht: Monatsschrift des Verbandes deutscher Gewerbe- und Kaufmannsgerichte
GGG	Gesetz über die gesellschaftlichen Gerichte
grds.	grundsätzlich
Gw.	Geisteswissenschaften
GVG	Gerichtsverfassungsgesetz
HKK-BGB	Historisch-kritischer Kommentar zum BGB
HRG	Handwörterbuch zur Deutschen Rechtsgeschichte
iSe	im Sinne einer
Jg.	Jahrgang
JuS	Juristische Schulung
JZ	Juristenzeitung
KJ	Kritische Justiz
KK	Konfliktkommission(en)
KKO	Konfliktkommissionsordnung
m.w.N.	mit weiteren Nachweisen
m.a.W.	mit anderen Worten
MR	Ministerialrat
NAT	Nichtamtlicher Teil
n.F.	neue Fassung

NJ	Neue Justiz
NZA	Neue Zeitschrift für Arbeitsrecht
NZfA	Neue Zeitschrift für Arbeitsrecht
O.V.	ohne Verfasserangaben
Prot	Protokoll
RAM	Reichsarbeitsministerium
RArbl	Reichsarbeitsblatt
RdA	Recht der Arbeit
RGBl	Reichsgesetzblatt
RGZ	Entscheidungen des Reichsgerichts in Zivilsachen
RJM	Reichsjustizministerium
Rn.	Randnummer
RV	Reichsverfassung
S.	Seite
SchiedsG	Schiedsstellengesetz
SED	Sozialistische Einheitspartei Deutschlands
Sp.	Spalte
SPD	Sozialdemokratische Partei Deutschlands
StGB	Strafgesetzbuch
StV	Staatsvertrag
TzBfG	Teilzeit- und Befristungsgesetz
u.a.	unter anderem
v.	von
v.a.	vor allem
VGB	Volksgesetzbuch
vgl.	vergleiche
VO	Verordnung
WRV	Weimarer Reichsverfassung
ZAkfDR	Zeitschrift der Akademie für Deutsches Recht
z.B.	zum Beispiel
ZfA	Zeitschrift für Arbeitsrecht
ZfL	Zeitschrift für Logik, Methodenlehre, Kybernetik und Soziologie des Rechts
ZfRSoz	Zeitschrift für Rechtssoziologie
ZgS	Zeitschrift für die gesamte Staatswissenschaft
ZK	Zentralkomitee
z.Zt.	zur Zeit

A. Der Ruf nach einem Arbeitsvertragsgesetz – Einführung in die Thematik

„Lückenhaftes Arbeitsvertragsrecht", „Zersplitterung in eine Vielzahl von einzelnen Gesetzen", „Widersprüchliche, willkürliche Rechtsprechung", „Unübersichtliches Richterecht", „Unverständliche Einzelgesetze" – dies sind nur wenige Kritikpunkte, die seitens diverser Rechtspraktiker und Professoren in Bezug auf das geltende Arbeitsvertragsrecht in Deutschland vorgebracht werden. So hat die Bertelsmann Stiftung 2006 einen Diskussionsentwurf für ein künftiges Arbeitsvertragsgesetz vorgelegt und dabei zu erreichende Ziele postuliert. Eine Kodifizierung des Arbeitsrechts soll demnach u.a. zur Vereinheitlichung, Vereinfachung, Kalkulierbarkeit und mithin zu einem zukunftsfähigen Arbeitsrecht führen[1].

Konkreter soll das „unübersichtliche Richterrecht" durch Rechtsgrundsätze ersetzt, eine „Präzisierung von Generalklauseln" erreicht werden, „soziale Schutzlücken" geschlossen sowie eine „anwenderfreundliche Gestaltung durch übersichtliche Struktur und verständliche Gesetzessprache" bewirkt werden[2]. Auf den ersten Blick stellen diese Erwägungen durchaus gewichtige Argumente für eine solche geplante Kodifizierung des Arbeits(vertrags)rechts dar; und tatsächlich ist unser gegenwärtiges Arbeitsverhältnisrecht teilweise nur lückenhaft gesetzlich normiert. An vielen Stellen ist es der Arbeitsrichter, der sich als „Herr des Arbeitsrechts"[3] in der Pflicht sieht, „Regelungsdefizite" durch Richterrecht im Wege der Rechtsfortbildung zu ersetzen und damit für Rechtsklarheit im Einzelfall zu sorgen.

Doch bleibt die Frage, ob ein solches Vorhaben – die Kodifizierung des Arbeitsvertragsrechts – vor allem unter Berücksichtigung bisheriger Entwicklungen auf diesem Sektor von Erfolg beschieden sein wird. Doch nicht nur Historie sondern auch die Frage nach rechts- und sozialpolitischen Anreizen muss hierbei in Ansatz gebracht werden, um die vorliegende Ausarbeitung mit einer Analyse möglicher Erfolgsaussichten des Reformprojekts abschließen zu können.

Trifft es tatsächlich zu, wenn behauptet wird, dass nun endlich die Zeit dafür gekommen ist, „das Kodifikationsprojekt aus der Intensivstation herauszuholen [...] und am Ende ins Bundesgesetzblatt zu befördern"[4]?

---

[1] Vgl. Leitlinien des Diskussionsentwurfs eines Arbeitsvertragsgesetzes, Beilage NZA 23/2006, S. 4.
[2] Ebd., S. 4.
[3] Gamillscheg, Die Grundrechte im Arbeitsrecht, AcP 164 (1964), S. 388.
[4] So folgert Hanau, Entwurf, in: FS-Richardi, S. 248.

B. Historischer Rückblick

I. Vorbemerkungen

Die Forderung nach einer Vereinheitlichung, gar Kodifizierung des gesamten Arbeitsrechts ist alles andere als aktuell. Seit über 100 Jahren stellt sich nunmehr die Frage, ob ein solches Projekt in Deutschland verwirklicht werden kann. Doch inwiefern könnte ein historischer Rückblick auf vergangene Reformvorschläge, Argumentationslinien und Projekte für die Beantwortung der Frage, die sich in diesem Kontext unweigerlich stellen wird, ob nun die Zeit für eine Kodifizierung des Arbeitsvertragsrechts gekommen sein mag, näheren Aufschluss geben?

Sollte man nicht vielleicht besser „über den langen Schatten vergeblicher Kodifikationsbemühungen [...] springen und das Werk vollenden“[5]?

Zum Vergleich: unser Bürgerliches Gesetzbuch benötigte lediglich rund 22 Jahre[6], bis es rechtsverbindlich verabschiedet werden konnte. Wieso benötigt dann eine mindestens ebenso praxisrelevante Rechtsmaterie wie das individuelle Arbeitsvertragsrecht einen solch erheblich längeren Zeitraum für seine rechtliche Ausgestaltung im Rahmen einer Kodifikation? Lässt sich der besagte „Schatten“ tatsächlich überwinden oder besteht die Gefahr, dass der aktuelle Reformentwurf zum Arbeitsvertragsrecht schließlich immer wieder von dem „langen Schatten vergangener Kodifikationsbemühungen“ eingeholt wird?

Alles Fragen, die sich ohne eine dezidierte Erörterung und Bewertung zurückliegender Kodifikationsbemühungen nur schwerlich beantworten lassen.

In den folgenden sechs Abschnitten soll zunächst ausgehend von der Kaiserzeit bis hin zum wiedervereinigten Deutschland ein historischer Rückblick erfolgen, in dem dann für jede Epoche die Reformbemühungen für eine Kodifizierung des Arbeitsvertragsrechts nachgezeichnet sowie die Positionen der entsprechenden Protagonisten und Gegner analysiert werden sollen.

---

[5] So Hanau, Geleitwort zum Diskussionsentwurf eines Arbeitsvertragsgesetzes, NZA, Beilage zu Heft 23/ 2006, S. 1.

[6] Ausgangspunkt bildeten die Bemühungen der Reichstagsabgeordneten Miquel und Lasker, die 1873 eine Verfassungsänderung mit der Folge bewirken konnten, dass fortan die Gesetzgebungskompetenz auch für das Bürgerliche Gesetzbuch auf das Reich übertragen wurde; mit der Ausarbeitung des Gesetzes waren neben der „Vorcommission“ seit 1874 zwei Kommissionen und ein Justizausschuss betraut bevor der abgeänderte (zweite) Entwurf dann dem Reichstag zugeleitet und nach Vornahme gewisser Veränderungen am 24.8.1896 verkündet wurde; näheres zur Entstehungsgeschichte und Kritik des BGB anschaulich bei Kroeschell, Rechtsgeschichte im 20. Jahrhundert, S. 11-17.

II. KODIFIKATIONSBEMÜHUNGEN ZUR KAISERZEIT

1. Äußere Umstände: Die Entwicklung des Arbeitsrechts – ein kurzer Überblick

Der Ausgangspunkt der vorliegenden Untersuchung soll die zweite Hälfte des 19. Jahrhunderts bilden. Das Heilige Römische Reich Deutscher Nationen war schon lange erloschen, der deutsche Einheitsgedanke spätestens mit der Reichsgründung 1871 realisiert. Bereits Jahre zuvor begann sich das Gesellschaftsbild und damit auch das der arbeitstätigen Bevölkerung zu wandeln. Die sogenannten „Stein/ Hardenbergschen Reformen" in Preußen aus den Jahren 1807/10 trugen zu diesem Wandel der Verhältnisse bei. So wurde durch Edikt 1807 die Erbuntertänigkeit abgeschafft und damit die persönliche Freiheit der Bauern de jure erreicht. Mit der Schollengebundenheit entfiel dann auch der Bauernschutz; der Gutsherr hatte fortan keinerlei Fürsorgepflichten gegenüber dem Bauern zu erfüllen. Schließlich blieben die Eigentumsverhältnisse unberührt mit der Folge, dass das zu bewirtschaftende Land an den Gutsherrn zurückfiel. Dieser Landübergang konnte lediglich durch Zahlung einer dauernden Rente abgewendet werden; doch hierfür konnten die betroffenen Bauern zumeist nicht die entsprechenden Mittel aufbringen. Auch wenn diese Form der Grundentlastung 1850 durch Einrichtung einer Rentenbank vereinfacht wurde, konnten dadurch die sich anhäufenden finanziellen Schwierigkeiten der Bauern nicht behoben werden, sodass letztendlich oft nur noch der Verkauf des Guts an einen größeren Großgrundbesitzer übrig blieb.

Ebenso wurde 1810 durch Verkündung der „vollkommenen Gewerbefreiheit" das Zunftwesen abgelöst. Fortan sollte ein freier Zugang, freilich unter gewissen Einschränkungen, zum Gewerbe und freien Wettbewerb möglich sein[7].

In den Städten setzte, im internationalen Vergleich verspätet, nach 1850 zunehmend die Industrialisierung ein. Private Unternehmer schufen hier Produktionsstätten und Fabriken, die wiederum einer Vielzahl von weiteren Beschäftigten, den (Lohn-)Arbeitern, einen Arbeitsplatz ermöglichten. Begünstigt durch die sich verschlechternde Lage der ländlichen Bevölkerung begann nunmehr die „Landflucht" einzusetzen. So schien eine Umsiedelung in die Stadt insbesondere für landlose Arbeiter und verarmte Kleinbauern durch positive Aussichten auf eine Erwerbsmöglichkeit einen Ausweg aus der eigenen Finanzkrise zu bieten[8].

---

[7] LENTZE, Handwerk (rechtlich), HRG Bd. 1, Sp. 1976ff.

[8] Diese Hoffnungen mussten regelmäßig enttäuscht werden, da dem Lohnarbeiter in der Fabrik nur geringe Löhne gezahlt wurden, mit welchen es kaum möglich erschien, die gesamte Familie zu ernähren. Daher war es meistens erforderlich, dass auch die weiteren Familienmitglieder, vorwiegend auch die Kinder, einer Arbeitstätigkeit nachgehen mussten. Näheres zum

Die Arbeitsverhältnisse bzw. Erwerbsmöglichkeiten der Bevölkerung begannen sich zu wandeln; Handwerk und Bauernstand nahm ab, Lohnarbeiter, die bei privaten Unternehmen in den Städten eine Beschäftigung fanden, nahmen dafür zu.

Ein Wandel der Gesellschaft hin zur Warenverkehrsgesellschaft hatte sich vollzogen. Die notwendigen Bedingungen bildeten hierfür Gewerbefreiheit sowie Eigentums- und Verfügungsfreiheit; insbesondere die Vertragsfreiheit, welche sich im realisierten Zeitalter des Liberalismus als „freies Privatrecht" gegenüber dem ehemals „gebundenen Privatrecht"[9] durchgesetzt hat. Die Errungenschaft der neuen liberalen Ordnung brachte der arbeitenden Bevölkerung jedoch zunächst erhebliche Probleme ein. Die Bedingungen am Arbeitsplatz waren schlecht und die Löhne sehr gering[10]; mangels gesetzlicher Vorschriften war es, begünstigt durch den Grundsatz der Vertragsfreiheit, dem Unternehmer möglich, die Konditionen für seinen von ihm angebotenen Arbeitsplatz weitgehend einseitig festzulegen[11].

Themenkreis Soziale Frage und industrielle Revolution in der zweiten Hälfte des 19. Jahrhunderts bei REPGEN, Die soziale Frage des Privatrechts, S. 24ff.

[9] Zur Terminologie vgl. RÜCKERT, Das BGB und seine Prinzipien: Aufgabe, Lösung, Erfolg, in: HKK-BGB, S. 34ff. (37; 76-79).

Der „Sachtyp" gebundenes Privatrecht stellt auf eine Gesellschaftsordnung ab, die ein Prinzip der Freiheit nicht kennt; die Wirtschaftsordnung ist hier vielmehr geburtlich und ständisch geprägt. Eine rechtliche Gleichheit besteht damit nicht; ebenso fehlt freies Eigentum. Die Gestaltung der Rechtsverhältnisse von Handwerkern beispielsweise erfolgte durch die Obrigkeiten, die seit dem 16. Jahrhundert kraft ihrer Polizeigewalt weite Bereiche des Arbeitslebens, etwa durch Festschreibung von Lohntaxen, regelten; vgl. NEUSSER, Arbeitsrecht, in: HRG, Bd. 1, Sp. 279.

[10] ADOMEIT, Der Dienstvertrag des BGB, in: NJW 1996, S. 1711; mit Lohnbeispiel siehe auch STÜRMER, Das ruhelose Reich – Deutschland 1866-1918, S. 85.

[11] Hierzu wurden seitens des Unternehmers regelmäßig Fabrikordnungen erlassen, die wiederum konsequenterweise meist sehr arbeitgeberfreundlich ausgestaltet waren und daher Vorschriften aufwiesen, die zu lasten der Arbeitnehmer gingen.

Hier lohnt sich besonders die Lektüre einer Bestimmung aus der Fabrikordnung einer schlesischen Flachsspinnerei aus dem Jahre 1874. Dort wird in § 7 das Folgende festgelegt: „Für jeden directen Schaden, den ein Arbeiter resp. Arbeiterin den Fabrikherrn durch Faulheit oder Fahrlässigkeit zufügt, sei es durch Verderben der Waare, oder durch Wegwerfen brauchbaren Zwirnes, Bänder und sonstigen Materialien, wird dem Betreffenden ein entsprechender Abzug am Lohn gemacht. Auch wird Ungehorsam gegen die Anordnungen der Vorgesetzten mit Lohnabzügen zum Besten der Krankenkasse event. mit Entlassung der betreffenden Person bestraft. Sollte aus irgend einen Umstand die Arbeit eingestellt werden müssen, so liegt den Fabrikherrn keine Verpflichtung ab, irgend etwas an Lohn oder eine sonstige Vergütung zu zahlen."

Entnommen aus: FLEMMING, Quellen zur Alltagsgeschichte der Deutschen, Bd. 7 (1871-1914), S. 110.

Die sich realisierenden Probleme der sog. sozialen Frage ließ verschiedene Gruppen und entsprechend spezielle Gesetze entstehen, welche den sozial ungezügelten Arbeitsmarkt zu regulieren versuchten[12].

Die Arbeitsverfassung des 19. Jahrhunderts war einerseits liberal-individualistisch aber auch konservativ-fürsorglich[13] geprägt; letzteres war jedoch weniger im Rahmen weitgehender staatlich gesetzter Regeln sondern mehr im Wege von kollektiver Selbsthilfe gedacht[14]. So wurden seitens des Gesetzgebers allenfalls punktuelle „Missbrauchskorrekturen der Machtausübung“ durch den Arbeitgeber vorgenommen, wodurch ein weites Feld von Spezialgesetzen, ja mithin zersplitterter Gesetzgebung entstand[15]. Diese Regelungen wiesen sodann noch unterschiedliche Regelungsinhalte für verschiedene Gruppen bzw. Arbeitsverhältnisse[16] auf.

---

[12] Arbeitsschutz wurde nur langsam von der staatlichen Spezialgesetzgebung erfasst. Zu nennen ist beispielsweise die Einschränkung der Kinderarbeit in Preußen aus dem Jahre 1839, wonach fortan Kinder im Alter von unter 10 Jahren nicht mehr in Fabriken beschäftigt werden durften. 1846 wurden Schutzvorschriften, ebenfalls in Preußen, für Eisenbahnarbeiter erlassen. Die meisten anderen deutschen Staaten folgten mit vergleichbaren Vorschriften. Ein Aufschwung der Arbeitsschutzgesetzgebung setzte jedoch erst im Zuge der Novellierung der Gewerbeordnung 1869, 1878 sowie 1891 ein; eine übersichtliche Darstellung zur Thematik bietet NEUSSER, Arbeitsrecht, in: HRG, Bd. 1, Sp. 281. Nicht außer Acht gelassen werden kann in diesem Kontext die Rolle der Sozialversicherungsgesetzgebung; vgl. hierzu die noch folgenden Ausführungen unter B. II. 2. b) aa).

[13] Arbeitgeber legten teilweise in ihren Fabrikordnungen Vorschriften fest, die etwa Strafen zum vermeintlich Besten der Arbeitnehmer vorsahen. Ferner wurde Bestimmungen aufgestellt, die zwar einen Schutzzweck für den Arbeitnehmer verfolgten, aber insgesamt einen bevormundenden Charakter aufwiesen (vgl. etwa § 9 der Fabrikordnung einer schlesischen Flachsspinnerei [siehe dazu auch oben unter Anm. 11]: „Für sämtliche Fabrikarbeiter besteht eine Sparkasse, zu welcher jeder mit einer Einlage von 20 Pfg. seines Wochenlohnes verpflichtet ist. […] Sobald die Einlage eines Arbeiters die Höhe von 3 Mark erreicht hat, wird sie bei der hiesigen städtischen Sparkasse eingezahlt und ein Sparkassenbuch auf den Namen des Inhabers ausgefertigt, welches so lange im Gewahrsam der Fabrikherren bleibt, bis der Inhaber aus der Fabrik ordnungsgemäß austritt.“ Vgl. FLEMMING, (wie Anm. 11), S. 111.).

[14] BECKER, Arbeitsvertrag und Arbeitsverhältnis in Deutschland, S. 110; die Arbeitsbedingungen wurden also nicht nur im Rahmen von Fabrikordnungen sondern vor allem auch durch Arbeitgeber- und Arbeitnehmerverbände insbesondere durch den Abschluss von Tarifverträgen ausgestaltet; die jeweiligen Stellungnahmen seitens der Fachöffentlichkeit zu diesem Themenkreis sollen im Folgenden noch näher ausgearbeitet werden.

[15] So existierte eine Vielzahl von Vorschriften für die gewerblichen Arbeitnehmer in der Reichsgewerbeordnung. Daneben bestanden Vorschriften für die ländlichen Arbeiter und für das Gesinde bestanden einst über 45 Gesindeordnungen. Auch zur Jahrhundertwende wird der Trend hin zur zersplitterten Gesetzgebung sichtbar. In Sachen Arbeitsschutz wurden weitere Gesetze wie beispielsweise das Kinderschutzgesetz von 1903, die Einführung des Zehnstundentages für Frauen (Novelle der Gewerbeordnung) von 1908, sowie das Hausarbeitsgesetz aus dem Jahre 1911 verabschiedet.

[16] So gesehen könnte man mit *Becker* von einem berufsständisch geprägten Arbeitsrecht sprechen, was an die alten Gegebenheiten im Rahmen von gebundenem Privatrecht erinnert.

Freilich hatte die nun einsetzende Arbeitsschutzgesetzgebung zur Folge, dass die Kompetenz des privaten Unternehmers bei der Ausgestaltung des Arbeitsverhältnisses sukzessive eingeschränkt wurde. Staatliche Kontrolle nahm in diesem Sektor also zu.[17]

Wie sich nun in diesem Kontext die Frage nach der rechtlichen Ausgestaltung dieser neueren bzw. veränderten Form des Arbeitsverhältnisses im 19. und beginnenden 20. Jahrhunderts herausgebildet und fortentwickelt hat, ist nun im Folgenden näher zu erörtern.

2. Äußerungen der Fachöffentlichkeit zur Kodifizierung des Arbeitsvertragsrechts bis zur Jahrhundertwende

Im Vordergrund der sich nun anschließenden Ausführungen soll lediglich eine Auswertung von Argumentationslinien und Reformvorschlägen der Fachöffentlichkeit dezidiert zur Frage nach einer Realisierbarkeit einer Kodifizierung des Arbeits(vertrags)rechts erfolgen. Ziel ist hierbei nicht primär, materielle Inhalte solcher Konzeptionsvorschläge aufzudecken[18].

a) Brentano und sein „Freiheitsprinzip“

Lujo Brentano, Schüler Windscheids[19], äußerte sich zur Frage einer möglichen Kodifizierung des Arbeits(vertrags)rechts zumindest mittelbar. In seinem 1871/72 erschienenen zweibändigen Werk „Die Arbeitergilden der Gegenwart“ klassifiziert Brentano den Arbeitsvertrag als Kauf- und Herrschaftsvertrag. Dazu führt Brentano konkret aus, dass die Arbeiter „eine zukünftige Waare zu einem heute fixierten Preis“ verkaufen würden; die Arbeitgeber hingegen, „welche Arbeiter für eine bestimmte Zeit zu einem bestimmten Lohne dingen, verkaufen diese Gegenleistung auf Lieferung gegen die vom Arbeiter zu liefernde Waare“[20]. Ferner würde derjenige, der die Nutzung von etwas kaufe, auch „die Herrschaft über das Nutzung Gebende“ erlangen. Der Käufer der Arbeit erhalte also durch seinen Kauf zugleich die Herrschaft über die Arbeitskraft und damit über

[17] Weitere Ausführungen zur Entwicklung des Arbeitsrechts und Arbeitsschutzrechts in dieser Zeit können an dieser Stelle nicht erfolgen; eine dezidierte und übersichtliche Darstellung dieser Materie findet sich bei BECKER, (wie Anm. 14), S. 85-113; BAUER, Arbeitsschutzgesetzgebung, HWST, Bd. 1, S. 401f.

[18] Zu diesem Themenkreis liegt auch bereits eine ausführliche Ausarbeitung vor; vgl. BECKER, Arbeitsvertrag und Arbeitsverhältnis in Deutschland, Vom Beginn der Industrialisierung bis zum Ende des Kaiserreichs.

[19] Lujo Brentano (1844-1931), der Philologie, Philosophie, Geschichte, Nationalökonomie und Rechtswissenschaft studierte, lehrte u.a. in Straßburg, Wien und Leipzig. Ab 1891 lehrte er bis 1917 durchgängig in München; näheres zur Person Brentanos bei MEITZEL, Brentano, in: Handwörterbuch der Staatswissenschaften, S. 236ff.

[20] BRENTANO, Arbeitsverhältnis, S. 269.

den ganzen Menschen[21]. Dieses Postulat wurde bei der Konkretisierung seines Verständnisses über den Arbeitsvertrag jedoch wieder eingeschränkt; so sollte die Wahrung der persönlichen Freiheit und Unabhängigkeit des Arbeiters gegenüber dem Arbeitgeber gefördert werden[22]. Um dies wirksam umsetzen zu können, setzte sich Brentano ursprünglich für die Schaffung von Selbsthilfevereinigungen ein, da die Stellung des Arbeiters nicht allein im Wege staatlicher Gesetzgebung gewährt werden könne. Durch solche zu schaffende Arbeiterkoalitionen sollte es den Arbeitern künftig möglich sein, das Angebot ihrer Arbeit der Nachfrage anzupassen, wodurch schließlich ein Absinken des Preises der Arbeit zu erreichen sei[23]. Damit würde der Arbeiter seine eigene Unabhängigkeit gegenüber anderen Arbeitern erhalten können. Ferner sollten die Arbeiter künftig in der Lage sein, Verhandlungen über Arbeitsordnungen, Lohn, Arbeitszeit und Arbeitsbedingungen mit Hilfe der zu schaffenden Arbeiterkoalition zu führen. Im Gegenzug sollte es aber auch den Unternehmern nicht verwehrt bleiben, sich auch in Verbänden zusammenzuschließen, womit dann schließlich ein homogenes Kräfteverhältnis zwischen beiden Lagern, Arbeiter und Arbeitgebern, erreicht werden sollte[24].

Kollektive Vereinigungen und weniger Gesetzgebung sollten also nach Brentano erstrangig die zweckmäßige Durchführung des individuellen Arbeitsvertrags sicherstellen und die persönliche Freiheit des Arbeiters bewirken und gleichzeitig im Gegenzug den Herrschaftsanspruch des Arbeitgebers über den Arbeiter zurückdrängen. Die Verzahnung zwischen Inhalten, die heute dem Individualarbeitsrecht zugewiesen sind, und solchen, die nach heutiger Auffassung zum Kollektiven Arbeitsrecht gehören, wird mit diesen Reformpostulat Brentanos deutlich sichtbar.

---

[21] BRENTANO, Gewerbe, S. 922.

[22] So versucht Brentano den Arbeitsvertrag nicht lediglich als privatrechtliches Rechtsverhältnis zu charakterisieren. So wäre auch das öffentliche Interesse daran tangiert, den Vertrag nicht gleich zu solchen zu behandeln, die den Kauf und Verkauf anderer Waren vorsehen. Dabei fordert Brentano eine Weiterentwicklung des Arbeitsvertrages zu einem gleichberechtigten Rechtsverhältnis zwischen Arbeitern und Arbeitgebern, sodass schließlich „die größtmögliche Ausbildung der [Produktions-]Anlagen und die möglichst freie Entfaltung der Persönlichkeit der Individuen“ erreicht würde. Eine zügellose, uneingeschränkte Herrschaft des Arbeitgebers sei nach Brentano damit nicht mehr zu akzeptieren. Vgl. dazu BRENTANO, Gewerbe, S. 906; zur Frage nach möglichem Schutze des persönlichen Freiheit: BRENTANO, Arbeitergilden, S. 15, 16 und 19; näheres zu den materiellen Inhalten und Ausgestaltung des Arbeitsvertrages bei Brentano siehe BECKER, (wie Anm. 14), S. 171ff.

[23] BRENTANO, Arbeitergilden, Bd. 2, S. 21; so auch 1877 in: Arbeitsverhältnis (wie Anm. 20), S. 215.

[24] BRENTANO, Gewerkvereine, S. 1116, 1106; BRENTANO, Arbeitseinstellungen, S. XXXIV.

Dieses Konzept Brentanos wird in der Literatur als „konsequent liberal" bezeichnet[25]. Jedoch sollte der Staat bei der Regelung des Arbeitsverhältnisses nicht vollends ausgespart bleiben. So setzte sich Brentano für staatliche Zwangsregelungen ein und forderte eine umfassende Reform der Gewerbeordnung, um vor allem Arbeiterschutzrechte zu stärken. Namentlich verlangte er u.a. die Durchsetzung eines Verbots der Beschäftigung von Kindern unter zehn Jahren und plädierte für eine differenzierte Regelung der Arbeitszeiten für Männer bis zu einem Lebensalter von 21 Jahren und Frauen jeglichen Alters. Weiterhin wurden Sonn- und Feiertagsverbote und Pausenregelungen gefordert[26]. Derartige Schutzbestimmungen, die auf eine Regelung der Arbeitszeit abzielen sollten, wurden für erwachsene Männer somit nicht vorgesehen. Hier sollte offenbar an dem vorgestellten „Freiheitsprinzip" Brentanos festgehalten werden und eine entsprechende Regelung den Verbänden überlassen bleiben[27].

Weniger konsequent erscheint in diesem Kontext, dass sich Brentano in späterer Zeit für staatlich festgesetzte Minimallöhne aussprach[28]. Weiterhin ist anzuführen, dass er in späteren Werken staatsfreie Selbsthilfe der genannten Art durch Arbeitsvereinigungen bzw. Gewerkschaften nicht ausschließlich als Lösungsmodell ansehen wollte. Zwar wurde konsequenterweise auf den Abschluss von „kollektiven Arbeitsverträgen"[29], also Tarifverträgen zwischen den Vereinigungen, abgestellt; damit allein sei eine Gleichberechtigung der Arbeiter aber noch nicht zu erreichen, so Brentano. Vielmehr sollten die Arbeitsvereinigungen der Arbeiter und Arbeitgeber fortan verpflichtet sein, ihre Streitigkeiten staatlichen Schieds- und Einigungskammern zu übermitteln; ein gewisser Verhand-

[25] So bei RÜCKERT, „Frei und sozial", ZfA, 1992, S. 253, 254; PICKER, Die Regelung der „Arbeits- und Wirtschaftsbedingungen" – Vertragsprinzip oder Kampfprinzip?, ZfA, 1986, S. 324ff. *Rückert* beschreibt die Konzeption des Arbeitsvertrages bei Brentano als ein Konzept der „Freiheit durch Recht", da eine freiheitliche Vertrags- und Privatrechtslösung primär sei. Bei Defiziten, wie hier von Brentano durch mögliche Benachteiligung des Arbeiters infolge eines ungleichen Machtverhältnisses zwischen Arbeitgeber und Arbeitnehmer auf Seiten des Arbeiters aufgedeckt wird, soll „die emanzipierende Selbsthilfe durch Koalition" zuerst aufgesucht und auf unterer Ebene dann „öffentlich-rechtliche Hilfe" quasi als „Hilfe zur Selbsthilfe", etwa im Wege von Spezialgesetzen durch Wahrung rechtsstaatlicher Erfordernisse herangezogen werden.
Becker und *Schröder* distanzieren sich hingegen zumindest von der Sichtweise *Rückerts*, dass die Konzeption des Arbeitsvertrages bei Brentano „konsequent liberal" gewesen sei. Vgl. BECKER, (wie Anm. 14), S. 176 sowie SCHRÖDER, Einleitung, S. 13f.

[26] BRENTANO, Zur Reform der deutschen Fabrikgesetzgebung, Jahrbücher für Nationalökonomie und Statistik, 1872, S. 194ff.

[27] Vgl. auch BRENTANO, Referat über die Fabrikgesetzgebung, in: Verhandlungen des Vereins für Socialpolitik, Bd. 1, 1873, S. 17.

[28] BRENTANO, Die gesetzliche Regelung des Tarifvertrages, Soziale Praxis, 1920, Sp. 508f.

[29] BRENTANO, Das Arbeitsverhältnis in privaten Riesenbetrieben, in: Schriften des Vereins für Socialpolitik, Bd. 116, 1906, S. 145f., 149.

lungszwang für Arbeitgeberverbände und Gewerkschaften sollte hierfür nun erforderlich sein[30].

Als Resümee bleibt es bei der eingangs getroffenen Erläuterung: Eine dezidierte Äußerung zur Frage nach der Kodifizierung des Arbeitsvertragsrechts lässt sich wohl nicht ausmachen. Aus den getroffenen Ausführungen kann jedoch zumindest die Richtung aufgezeigt werden, in welcher sich Brentano zu bewegen vermochte. Primär kollektive Selbsthilfe, freilich mit Einschränkungen, und weniger staatliche Gesetzgebung, gar im Rahmen einer arbeitsrechtlichen Kodifikation, sollte die jeweiligen Inhalte des Arbeitsverhältnisses bestimmen und für Freiheit und Gleichberechtigung des Arbeiters gegenüber dem Arbeitgeber sorgen[31].

b) „Repression" und „Aufschwung" der Arbeitnehmerrechte: Bismarck und Wilhelm II.

aa) Bismarck und die Sozialversicherungsgesetze

Die Einführung der Sozialversicherung in den 1880er Jahren wird stets in unmittelbare Beziehung mit Bismarck gesetzt. Und es war in der Tat Otto von Bismarck (1815-1898), der im Zuge der Einbringung der sogenannten Sozialistengesetze im Jahre 1878 versprach, dass „als Korollär dieses Sozialistengesetzes die ernsthafte Bemühung für eine Besserung des Schicksals der Arbeiter Hand in Hand mit demselben gehen sollte"[32]. So kam es, dass 1883 die Krankenversicherung, ein Jahr später die Unfallversicherung sowie im Jahre 1889 die Rentenversicherung eingeführt wurde. Schließlich wurde ein System der sozialen Sicherung geschaffen, das grds. die hälftigen Beitragszahlungen durch Arbeitnehmer und Arbeitgeber unter staatliche Aufsicht stellte; eine Regelung, die auch schließlich Eingang in unser heutiges SGB finden sollte.

Fortan war „die Heilung der sozialen Schäden nicht ausschließlich im Wege der Repression sozialdemokratischer Ausschreitungen[33], sondern gleichmäßig auf dem der positiven Förderung des Wohles der Arbeiter zu suchen"[34]. Ein Mindestmaß an sozialer Absicherung der Arbeitnehmerschaft schien nun erreicht. Dabei war Bismarck bis zuletzt stets entschiedener Gegner jeglichen

---

[30] Ebd.; eine dezidierte Auswertung dazu liefert erneut bei BECKER, (wie Anm. 14), S. 182f.

[31] So gesehen, erweist sich die Charakterisierung der Konzeption Brentanos als ein solches der „Freiheit durch Recht" im Grundsatz als zutreffend. Vgl. RÜCKERT, „Frei und sozial", in: ZfA, 1992, S. 253.

[32] Bismarcks Reichstagsrede zum Gesetz über die Arbeiterunfallversicherung; entnommen aus: Stenographische Berichte über die Verhandlungen des Reichstags, V. Legislaturperiode, IV. Session 1884, 6. Sitzung, 15. März 1884.

[33] Hier handelt es sich wohl um eine Anspielung auf die vorangegangene Sozialistengesetzgebung.

[34] HUBER, Dokumente zur deutschen Verfassungsgeschichte, Bd. 2, S. 398f.

Ausbaus des Arbeitsschutzes von staatlicher Seite aus. Vielmehr ging es ihm mit der Verabschiedung der Sozialversicherungsgesetze wohl darum, im Kampf gegen die Sozialdemokratie und Sozialisten, die zunehmend Zulauf seitens der Arbeiterschaft erhielten[35], gegen eine mögliche Revolution und für die Erhaltung des monarchischen Staates hinzuwirken[36]. Die Massen, mithin auch die Lohnarbeiter, sollten für den Staat gewonnen und vor allem von der Sozialdemokratie abgetrennt werden[37].

Anhand einer Auswertung von Reichstagsdebatten in den 1880er Jahren lässt sich die ablehnende Haltung Bismarcks in Sachen Arbeiterschutzgesetzgebung recht deutlich aufzeigen. Am 9. Januar 1882 stellte der Abgeordnete Freiherr von Hertling, Mitglied der Zentrumspartei, in der 20. Sitzung des Reichstags eine förmliche Anfrage, die auf eine Ausdehnung von Arbeitsschutzrechten abzielte[38]. Insbesondere schlug Freiherr von Hertling vor, Sonntagsarbeit abzuschaffen und eine „übermäßige Ausdehnung der Arbeitszeit für erwachsene männliche Arbeiter" zu verhindern. Insgesamt seien „positive Maßregeln zum Wohl der arbeitenden Klasse" erforderlich[39]. Die Stellungnahme Bismarcks auf die von Hertling getroffenen Ausführungen folgte prompt und unmissverständlich. So seien die Bestrebungen im Hinblick auf eine Regulierung des Arbeitsverhältnisses in der geforderten Form „wesentlich verfrüht"[40]. Vielmehr müsste die Notwendigkeit staatlicher Arbeitsschutzgesetzgebung noch näher geprüft werden, damit bestehende „Schwierigkeiten und Schäden [...der] Industrie" nicht noch gesteigert würden[41]. Bismarck warnte damit vor einer möglichen Überbelastung der Industrie und damit der Arbeitgeber, indem er weiterhin noch angab, dass man die „Grenze der Tragfähigkeit dieser Industrie doch sehr genau [zu] vergegenwärtigen" habe. So sei ferner ungewiss, „wo [...] die Grenzlinie, bis an welche man die Industrie belasten [könne], ohne dem Arbeiter die Henne zu schlachten, die ihm die Eier [lege]", vorzufinden sei[42]. Bismarck befürchtet Gewinneinbußen der „Henne" – also der Arbeitgeber, die sich durch regulierende staatliche Maßnahmen ergeben könnten. In diesem Falls sei „das Unglück für

[35] Vgl. WILLOWEIT, Deutsche Verfassungsgeschichte, S. 352.
[36] Die Vorgehensweise Bismarcks wird auch mit der Fürsorge absolutistischer Herrscher für ihre Untertanen verglichen und ideologisch als einen patriarchalisch gefärbten Staatssozialismus bezeichnet, mit dem Gedanken, die Idee des sozialen Königtums wieder aufleben zu lassen. Vgl. hierzu FROTSCHER/PIEROTH, Verfassungsgeschichte, Rn. 443.
[37] Nach 1871 war die Sympathie mit der SPD deutlich angestiegen. Gegen Ende der Kaiserzeit wurde sie stärkste Partei im Reichstag.
[38] Vgl. dazu BISMARCK, Die Ausbildung der Fabrikgesetzgebung, in: Fürst Bismarck als Redner, Bd. 12, S. 193ff.
[39] Das wörtliche Vorbringen v. Hertlings ist ebd. auf S. 193f. abgedruckt.
[40] Ebd., S. 194.
[41] Ebd., S. 195.
[42] Ebd., S. 204.

den Arbeiter [...] viel größer [...] als die lange Dauer der Arbeitszeit". So würde sich hieraus nämlich für den Arbeitnehmer die „Gefahr der Brotlosigkeit" ergeben, da der Unternehmer diesen wegen der erlittenen Gewinneinbußen nicht mehr beschäftigen könnte. Jedenfalls seien, bevor man zu einer Ausweitung einer Arbeitsschutzgesetzgebung gelangen könnte, weitere Untersuchungen hinsichtlich der Belastbarkeit der Industrie erforderlich; „en bloc" ließe sich das Vorhaben jedenfalls nicht realisieren[43].

Dies stellt eine klare Absage Bismarcks in Bezug auf die geforderte Regulierung des Arbeitsverhältnisses dar; die Erhaltung der vollen Leistungsfähigkeit der Wirtschaft schien ihm gegenüber staatlicher Regulierung vorrangig, zumal seines Erachtens die Arbeiterschaft anderenfalls noch schlechter gestellt sei, als im gegenwärtigem Falle ohne Ausweitung von Arbeitsschutzrechten.

Einen ähnlichen Kurs schlägt Bismarck auch in späterer Zeit ein, was sich anhand seiner Stellungnahme zur Forderung eines Maximal- und Normalarbeitstags aus dem Jahre 1885 verfolgen lässt[44].

Auch hier hält der Reichskanzler die Forderung nach einer Reglementierung der Arbeitszeit für ausgeschlossen. Vor allem die Lage des Arbeiters würde sich verschlechtern, da zu befürchten sei, dass bei Absenkung der Arbeitszeiten auch „der Lohnsatz unaufhaltsam, ohne daß es die Regierung verhindern [könne], allmählich oder schnell" fallen würde. Erneut sei „der Tod der eierlegenden Henne" zu beklagen, was schließlich dazu führe, dass „die Arbeit absolut aufhör[en], und der Arbeiter gar keine Arbeit mehr" finden würde[45]. Verschärfend führt Bismarck einen internationalen Vergleich an und befürchtet im Exportgeschäft allgemeine „Konkurrenzunfähigkeit", wodurch wiederum zahlreiche Arbeitsplätze verloren gingen und die gesamte deutsche Industrie „darunter [zu] leiden" habe[46]. Darum, so der Tenor, sei es „ganz unmöglich, das [den Normalarbeitstag] in genereller Weise zu reglementieren". Es sei vielmehr eine „Illusion" anzunehmen, „daß sich ein allgemeiner Normalarbeitstag überhaupt festlegen" ließe[47].

Auch wenn Bismarck spätestens seit Mitte der 1880er Jahre zunehmend bezüglich seiner restriktiven Auffassung zur Lage des Arbeiterschutzes isoliert stand[48], vermochte er diese bis zu seinem Abgang im Jahre 1890 erfolgreich

---

[43] Ebd., S. 205.

[44] BISMARCK, Maximal- und Normalarbeitstag; „wie das zu machen, ist Sache des Ministers", Rede vom 15. Januar 1885, in: Fürst Bismarck als Redner, Bd. 14, S. 199ff.

[45] Ebd., S. 203.

[46] Ebd., S. 204.

[47] Ebd., S. 205.

[48] Sämtliche Parteien sprachen sich zu dieser Zeit für eine Ausdehnung von Schutzvorschriften zugunsten der arbeitenden Bevölkerung aus. Bezeichnend ist in diesem Kontext auch der Vorwurf des Abgeordneten Richter, der vortrug, dass Bismarck sich mehr als „Anwalt des

durchzusetzen. Bei Bismarck finden sich, obwohl sich hier lediglich ein Bezug auf Arbeitsschutzrechte herstellen lässt, damit keine Hinweise auf staatliche Festlegung mithin Kodifizierung des Arbeitsverhältnisrechts.

Die Arbeitsparteien sollten vielmehr in dieser Frage das höchste Maß an Autonomie[49] erhalten, was jedoch in dieser Absicht zwangsläufig zu einem Ungleichgewicht der Verhältnisse zugunsten der Arbeitgeber führte.

bb) Der „neue Kurs" Wilhelms II. – Aufwertung von Arbeitnehmerrechten?

Ein Wandel der Verhältnisse kündigte sich erst mit dem Amtswechsel des Kaisers an. Nach dem Tod Kaiser Wilhelm I. übernahm sein Enkel Wilhelm II. die Regentschaft im Jahre 1888.

Bezeichnend ist hier vor allem der Erlass des jungen Kaisers vom 4. Februar 1890. Darin erklärte er, „daß es eine der Aufgaben der Staatsgewalt [sei], die Zeit, die Dauer und die Art der Arbeit so zu regeln, daß die Erhaltung der Gesundheit, der Gebote der Sittlichkeit, die wirtschaftlichen Bedürfnisse der Arbeiter und ihr Anspruch auf gesetzliche Gleichberechtigung gewahrt bleiben" müssten[50].

Anhand dieses oft verwendeten Zitats lässt sich der „neue Kurs", den der junge Kaiser im Bereich der Arbeitsrechtspolitik einschlagen wollte, nachverfolgen. Weitsichtig verfolgte hier Wilhelm II. das ehrgeizige Ziel, ein Arbeitsrecht zu schaffen mit weitreichenden Schutzgesetzen, etwa solchen, die eine feste Regelung der Arbeitszeit und des Mindestlohns vorsahen. Der für die weitere Entwicklung des Kollektiven Arbeitsrechts wichtige Gedanke der Parität sollte damit ebenfalls eingeführt werden[51]. Und tatsächlich gelang unter Mitwirkung des preußischen Handelsministers v. Berlepsch[52] die Durchsetzung einer Reihe von Arbeitsgesetzen, wie das Gewerbegerichtsgesetz vom 29.7.1890 und die

---

Großkapitals und der Arbeitgeber" geriere, „als denjenigen des armen Mannes". Zitat entnommen aus: Fürst Bismarck als Redner, Bd. 12, S. 216.

[49] Im Falle der Ausdehnung von Arbeitsschutzrechten sah Bismarck auch die Autonomie des Arbeiters gefährdet. So sei es der Unabhängigkeit des Arbeiters unverträglich, wenn „man ihm verbietet, Geld zu verdienen an Tagen und in Stunden, wo er dazu geneigt ist." Zitat entnommen aus: BISMARCK, Gedanke und Erinnerungen von Otto Fürst von Bismarck, Bd. 3 (1928), S. 65.

[50] Erlass Kaiser Wilhelm II. an den Handelsminister und den Minister der öffentlichen Arbeiten vom 4. Februar 1890, in: Reichs- und Staatsanzeiger vom 4. Februar 1890, abgedruckt bei HUBER, (wie Anm. 34), S. 414.

[51] ADOMEIT, Der Dienstvertrag des BGB und die Entwicklung zum Arbeitsrecht, NJW 1996, S. 1711.

[52] Hans Hermann Freiherr von Berlepsch (1843-1926). Unter seinem Vorsitz fand die Gründung der Gesellschaft für Soziale Reform statt. Näheres zu seiner Person vgl. KILLY, Deutsche Biographische Enzyklopädie, Bd. 1, S. 207.

Novelle zur Gewerbeordnung vom 1.6.1891, die wesentliche Arbeitnehmerschutzrechte in das Reichsgesetz einführte[53]. Sollte dies etwa der Beginn einer umfassenden gesetzlichen Reform des Arbeitsrechts darstellen? Bismarck konnte sich jedenfalls mit den sozialpolitischen Zielen Wilhelms II. nicht identifizieren. So wundert es auch wenig, dass er den Februar-Erlass des Kaisers in seiner Funktion als Reichskanzler nicht mehr gegengezeichnet hat. Seine Entlassung folgte einen Monat später[54]. Wie Bismarck in seinen „Erinnerungen" festhält, stellte er selbst „ein Hinderniß" für das Streben des Kaisers dar, „die öffentliche Meinung zu gewinnen und die Gegner der Monarchie in Anhänger derselben zu verwandeln"[55]. Bismarck hielt an seiner restriktiven Ansicht bezüglich des Arbeitnehmerschutzes weiterhin fest[56] und befürchtete zudem noch, dass durch die neue Sozialpolitik des Kaisers Deutschlands Aufstieg zur Wirtschaftsmacht im internationalen Vergleich in Gefahr sei, „wenn die anderen großen Industriestaaten [nicht] gleichmäßig verführen"[57]. Und dies sah Bismarck als nicht gegeben an, obwohl Wilhelm II. 1890 sich mit der Internationalen Konferenz in Berlin über die Arbeiterfrage innen- und außenpolitisch abzustimmen versuchte[58]. Den Verlauf und das gefasste Ergebnis dieser Konferenz beleuchtete Bismarck kritisch. So sei im Rahmen dessen „nicht einmal ein für den Kaiser brauchbares Argument gewonnen [worden], sondern nur die Gewißheit, daß die Nachbarn [das Ausland] uns unsere Illusionen gönnten, sie pflegten und sich hüteten, die deutsche Gesetzgebung zu hindern, wenn sie auf dem Wege war, ihrer einheimischen Industrie und ihren Arbeitern Unbequemlichkeiten zu bereiten". Es sei ferner „nicht ihre Sache, die kaiserliche Regierung auf dem Wege zur Selbstbeschädigung aufzuhalten"[59].

---

[53] Die Gewerbeordnung des Norddeutschen Bundes von 1869 wurde nach Übernahme einiger Länder im Deutschen Reich am 1. Januar 1873 als Reichsgewebeordnung in Kraft gesetzt. Zurückzuführen ist es auf die preußische Gewebeordnung von 1845 bzw. der Novellierung von 1849; vgl. HROMADKA, Das Recht der leitenden Angestellten, S. 21f.
In der Novelle von 1891 wurden vor allem zeitliche Beschränkungen der Arbeitszeit, Einhaltung von Pausenzeiten normiert sowie Regelung über die Sonn- und Feiertagsarbeit getroffen; vgl. §§ 105a-i GewO 1891; RGBl., 1891, S. 261-290.

[54] Die Entlassung erfolgte am 20.03.1890.

[55] BISMARCK, (wie Anm. 48), S. 66.

[56] Bismarck hielt den von Kaiser und Reichstag präferierten „Arbeiterschutz" für „Arbeiterzwang", da der Arbeitnehmer gezwungen werde, „weniger zu arbeiten", was zu einem „Ausfall in den Einnahmen des Familienhauptes" führen würde und „die Arbeiter schließlich ihren Erwerb verlieren würden"; ebd., S. 69.

[57] Ebd., S. 69

[58] Vgl. Kaiserlichen Erlass vom 4. Februar 1890: Ziel sei, so wörtlich, „die Herbeiführung gleichmäßiger internationaler Regelung der Grenzen für die Anforderungen anzustreben, welche an die Thätigkeit der Arbeiter gestellt werden dürfen." Erlass abgedruckt bei HUBER, (wie Anm. 34), S. 414.

[59] BISMARCK, Gedanke und Erinnerungen, Bd. 3 (1922), S. 71.

Und tatsächlich wurden auf der Arbeiterschutzkonferenz keine wesentlichen Erfolge erzielt[60]; auch fand der „neue Kurs“ des jungen Kaisers rasch ein Ende, da konservativ industrielle Kräfte auf Wilhelm II. an Einfluss gewinnen konnten[61]. Dies lässt sich insbesondere anhand der im Reichstag geführten Debatte hinsichtlich der Normierung des Arbeitsverhältnisrechts in dem zu verabschiedenden Bürgerlichen Gesetzbuch im Jahre 1896 nachvollziehen. Dennoch führte die Entwicklung in den frühen 1890er Jahren zumindest zu einer leichten Erweiterung der Arbeitnehmerrechte im Rahmen spezialisierter Gesetzgebung, auch wenn von einer umfassenden Reformierung des Arbeitsrechts bzw. einer einheitlichen Kodifizierung des Arbeitsverhältnisrechts noch keine Rede war.

c) Äußerungen im Entstehungskontext des BGB

Die Möglichkeit einer grundlegenden Reformierung des Arbeitsvertragsrechts auf Reichsebene eröffnete die Kodifizierung des BGB[62]. Bis dahin war das Arbeitsrecht allenfalls spezialgesetzlich durch Reichsgesetze oder solche der Bundesstaaten geregelt worden[63]. Dieses „zersplitterte“, im Rahmen von Spezialgesetzgebung ausgestaltete Arbeitsrecht konnte nun seitens des BGB-Gesetzgebers beseitigt und umfassend in der zu schaffenden Privatrechtskodifikation normiert werden[64]. Dass sich das BGB gegen diese Chance einer einheitlichen Kodifizierung des Arbeitsvertragsrechts entscheiden sollte, war bereits mit Veröffentlichung des ersten Entwurfs im Jahre 1887 erkennbar. So widmete der erste Entwurf dem Arbeitsvertrag lediglich acht Paragraphen.

Die Konzeption des ersten Entwurfs[65] war erheblicher Kritik der Fachöffentlichkeit ausgesetzt[66]. In Bezug auf die Regelung des Dienstvertragsrechts erscheint eine Auswertung der in diesem Kontext vorgebrachten Kritikpunkte von Gierke, Menger, Grünberg, Kloeppel und Fuld geboten. Alle Beteiligten kritisierten primär die aus ihrer Sicht unzureichende Berücksichtigung der tatsächlichen Verhältnisse des Arbeitslebens im Entwurf[67].

---

[60] Näheres zur Arbeitsschutzkonferenz bei KERN, Die Wirkungsgeschichte der Arbeitsschutzkonferenz im internationalen Bereich, ZfA, 1991, 323ff.

[61] RAMM, Entwürfe, S. 18.

[62] Zur Entstehungsgeschichte die Ausführungen unter Anm. 6.

[63] Zum Ausbau der Spezialgesetzgebung vgl. obige Ausführungen unter B. II. 1. sowie Anm. 12 und 15.

[64] Näheres dazu auch bei BECKER, (wie Anm. 14), S. 219; RAMM, Entwürfe, S. 12f.

[65] Der Entwurf wurde zusammen mit den „Motiven“ 1888 veröffentlicht.

[66] Zur allgemeinen Kritik vgl. REPGEN, Die soziale Aufgabe des Privatrechts, S. 1ff.

[67] Nähere Auswertungen zur Kritik in diesem Kontext bei BECKER, (wie Anm. 14), S. 220ff.

aa) Die Kritik am ersten Entwurf

Ludwig Fuld[68] bestritt die Möglichkeit einer Normierung des Arbeitsverhältnisrechts in lediglich acht Paragraphen. Konkret führt Fuld in diesem Kontext an, dass die Vorschriften eines Vertrages, „durch welchen Jemand seine ganze Arbeitskraft, in gewissem Sinne seine ganze Persönlichkeit in den Dienst eines anderen" stelle, zu „dürftig" geregelt seien[69]. Insbesondere spricht Fuld in diesem Kontext das bestehende Gesinderecht an, welches vom BGB-Entwurf nicht berücksichtigt wurde, und sieht die „Reichsgesetzgebung" in der Pflicht, „für den Schutz des Gesindes gegenüber der Dienstherrschaft ebenso zu sorgen, wie sie es für den Lohnarbeiter gegenüber dem Arbeitgeber getan" habe. So würden bestehende Gesindeordnungen der Bundesstaaten „vielfach an Zustände erinnern [...], an Zustände der Leibeigenschaft und der Hörigkeit"[70]. Statt an bestehenden Traditionen und Gegebenheiten festzuhalten, sollte die „Kodifikation des bürgerlichen Rechts Anlass" bieten, „sich berechtigten neuen Ideen anzupassen" und für die Herstellung „sozialer Gerechtigkeit" Sorge tragen[71].

Kloeppel[72] plädierte ebenfalls für eine Verbesserung des Schutzes der Schwächeren indem er anführt, dass es nicht möglich sei, das „Verhältnis zwischen ihm [Arbeitgeber] und seinen Arbeitern lediglich auf dem Fuße eines obligatorischen Vertrages" zu behandeln. „Das Missverhältnis der gesellschaftlichen Macht beider Theile [...] [erzwinge] eine Abhängigkeit des Arbeiters, die der Gesetzgeber nicht damit heben [könne], dass er sie mit der Aufschrift der Rechtsgleichheit im freien Dienstvertrag [überklebe]". „Die Rechtsbindung [könne] ihre Aufgabe nur erfüllen, wenn sie die natürlichen Unterschiede [aufnehme] wie sie [seien] und dem Übergewicht der Macht den entsprechenden Schutz der Schwächeren" gegenüberstellen würde[73]. Die Regelung des Arbeitsverhältnisrechts in acht Paragraphen konnte für das von Kloeppel verfolgte Ziel also nicht ausreichend sein.

---

[68] Ludwig Fuld (1859-1935) war als Justizrat und juridischer Schriftsteller tätig. Er ließ sich nach seiner Promotion an der Heidelberger Universität 1884 in Gießen als Rechtsanwalt nieder.
Vgl. WININGER, Große jüdische National-Biographie, Bd. 2, S. 140.

[69] FULD, Das bürgerliche Gesetzbuch und die Sozialpolitik, in: Gruchot's Beiträge 35, S. 650f.

[70] Ebd., S. 651f.

[71] Ebd., S. 657.

[72] Edmund Kloeppel (1871-1926) war auf Urheberrecht spezialisiert und lehrte u.a. an der Kölner Universität zunächst in der Funktion eines Privatdozenten, seit 1922 als a.o. Professor. Näheres zur Person bei DEGENER, Wer ist's? Unsere Zeitgenossen, S. 321; LÜDTKE, Kürschners deutscher Gelehrten-Kalender, S. 322.

[73] KLOEPPEL, Der Entwurf eines bürgerlichen Rechts für das deutsche Reich, in: Gruchot's Beiträge, Jg. 32, 1888, S. 653.

Otto von Gierke[74], der durch seine berühmte Kritik am ersten Entwurf des BGB bis heute noch in weiten Kreisen bekannt geblieben ist[75], hält den Mangel an „sozialrechtliche Bezügen" im BGB-Entwurf für besonders schwerwiegend. Durchweg sei „das Recht der Schuldverhältnisse so geordnet, als stünden sich dabei nur selbstherrliche Individuen gegenüber, aus deren freier verantwortlicher That Verpflichtungen hervorsprießen" würden. Ferner sei von einem „Schutze der Schwachen gegen wirtschaftliche Übermacht [...] weniger als in irgend einem anderen Gesetzbuch zu spüren"[76]. Außerdem sei der Entwurf von einem „kapitalistischer Geist" geprägt; die „freie Arbeit" würde „nirgend zu dem ihr gebührenden Rechte" gelangen. Der Arbeitnehmer diene lediglich als „Werkzeug"[77]. Einen Vorrang der individualistischen Privatautonomie dürfte es wegen der offensichtlichen Schutzbedürftigkeit des Arbeitnehmers als schwächere Partei nicht geben. Individuelle Selbstbestimmung sollte zurückgedrängt und eine herrschaftlich strukturierte Produktionsorganisation etabliert werden; Arbeitgeber müssten Schutz und Fürsorge, Arbeitnehmer Gehorsamspflicht schulden, wodurch eine „personenrechtliche" Verbundenheit statuiert werden sollte[78].

Gierkes Kritik am ersten BGB-Entwurf, die von dem Umfang her als eigener Entwurf anzusehen war, hatte lediglich in wenigen Bereichen Erfolg. So wurden im späteren BGB etwa geforderte Kündigungsvorschriften und in den §§ 617-619 Fürsorgepflichten eingefügt.

Anton Menger[79] verfolgte eine prinzipielle Kritik. Er stellte sich gegen das Prinzip der Vertragsfreiheit, welche dem Entwurf zugrunde gelegt war. Dem „Lohnvertrag", den Menger als „Herrschaftsverhältnis" charakterisiert[80], widmet er in seiner Schrift mehrere Abschnitte, u.a. mit dem Titel „Der Dienst- oder

---

[74] Näheres zur Person Gierkes (1841-1921), der heute auch wegen seiner entscheidenden Beiträge zum Genossenschaftsrecht als „Vater des Genossenschaftsrechts" bezeichnet wird und an verschiedenen deutschen Hochschulen lehrte, zuletzt als o. Professor in Heidelberg und Berlin, bei SCHRÖDER, Otto von Gierke, in: Deutsche Juristen, S. 152ff. sowie DILCHER, Gierke, in: STOLLEIS, Juristen, S. 240ff.

[75] Gemeint ist die Sozialkritik Gierkes und der Ausspruch, dass das Privatrecht ein „Tropfen sozialistischen Oeles durchsickern" müsste; GIERKE, Die soziale Aufgabe des Privatrechts, S. 13.

[76] GIERKE, Entwurf, S. 192.

[77] GIERKE, Genossenschaftstheorie, S. 803.

[78] GIERKE, Privatrecht, Bd. 1, S. 15ff.; 698ff.; 701.

[79] Anton Menger (1841-1906) lehrte als Professor für Zivilprozessrecht in Wien. Besonders bekannt wurde er durch seine einschneidende Kritik am BGB-Entwurf aus sozialistischer Sicht (Vgl. MENGER „Das bürgerliche Recht und die besitzlosen Volksklassen", 1890, 1908). Vgl. KLEINHEYER/SCHRÖDER, Juristen, S. 497.

[80] MENGER, Volksklassen, S. 156; so sei der „Lohnarbeiter" der Herrschaft des „Dienstherrn" mit Leib und Seele unterworfen. Näheres dazu auch bei BECKER, (wie Anm. 14), S. 229.

Lohnvertrag. Dürftigkeit der Bestimmungen des deutschen Entwurfs“[81]. Gleich zu Beginn erachtet er es als unverständlich, dass „der Entwurf das Lohn- oder Dienstverhältnis, obgleich [...] die große Mehrheit der ganzen Nation darauf ihre ganze Existenz gründet, in acht nach Umfang und Inhalt höchst dürftigen Paragraphen abgethan“[82] habe. Diese Aussage teilte auch später Fuld, der sich dieser Argumentation in seiner Schrift zur Kritik des BGB-Entwurfs[83], die ein Jahr später erschien, anschloss. Die Vorschriften des Entwurfs seien insgesamt „unvollkommen und lückenhaft“. Im Einklang mit dem kaiserlichen Erlass vom 4. Februar seien die Bestimmungen daher zu ergänzen bzw. abzuändern. Insbesondere sollte der Dienstherr künftig „dafür Sorge [...] tragen, dass im Dienstverhältnis das Leben, der Körper, die Gesundheit [...] nicht verletzt“ würden. „Die persönlichen Güter des Arbeiters [dürften] nicht verletzt werden“[84].

Besonders „wichtige Fragen, z.B. die Ausdehnung des Arbeitstages [...], die Sonntagsruhe, die Beschränkung der Frauen- und Kinderarbeit“ sollten jedoch „der Reichs- und Landesgesetzgebung vorbehalten bleiben“[85]. Dies würde, so führt Menger fort, eine „völlige Neuordnung des Lohnverhältnisrechts auf privatrechtlichen Grundlagen“[86] zur Folge haben.

Insgesamt habe der „deutsche Entwurf [...] zu allen wichtigen Streitfragen des Dienstverhältnisses keine Stellung bezogen“. Daraus folgert Menger sodann, dass „durch das Stillschweigen des Entwurfs“ über einen solch „wichtigen Punkt, der täglich Arbeitseinstellungen und andere Zusammenstöße zwischen den besitzenden und besitzlosen [Arbeitgeber und Arbeitnehmer] herbeiführt“, betrifft, bewusst „der bisherige ungeordnete und zweifelhafte Zustand aufrecht erhalten werden“ sollte. Dieser Zustand sei allein „für die besitzenden Klassen“, also für die Arbeitgeber, „sehr vorteilhaft“[87].

Schließlich ist auf ein entscheidendes Postulat Mengers einzugehen, in dem er für die Beseitigung des „zweifelhaften Zustandes“ das Folgende anführt:

> „An die Stelle der einseitigen Willkür und der Gewohnheit, welche gegenwärtig dieses wichtige Rechtsverhältnis beherrscht, würde eine umfassende Kodifikation der gesamten Arbeitsordnung treten, die aber andererseits hinreichend biegsam wäre, um allen örtlichen und geschichtlichen Besonderheiten gerecht zu werden und jede notwendige Abänderung zu gestatten.“[88]

---

[81] MENGER, Volksklassen, S. 152. Hier wird auch eine Anlehnung an Fuld erkennbar.
[82] Ebd., S. 152f.
[83] Siehe obige Ausführungen zu Fuld in diesem Abschnitt.
[84] Ebd., S. 183f.; Menger listet einen Katalog von Verbesserungsvorschlägen auf, die maßgeblich auf besseren Arbeitnehmerschutz abstellen; siehe dazu auch S. 163f.
[85] Ebd., S. 172f.
[86] Ebd., S. 173.
[87] Ebd., S. 181.
[88] Ebd., S. 173.

Eine „umfassende Kodifikation“ der Arbeitsordnung sollte also das finale Ziel sein um insbesondere einen „Schutze der Schwachen“ gegenüber der „wirtschaftliche Übermacht“ gewährleisten zu können. Ein Arbeitsrecht, das die privatautonomen Grundlagen des Arbeitsverhältnisses bewahrt, dürfte es also nicht geben. Anstatt auf der Basis von kollektiver Selbsthilfe, wie noch Brentano meinte, sollte künftig vielmehr eine Absicherung durch staatliche Gesetzgebung erfolgen.

Mengers Kritik am ersten BGB-Entwurf hatte lediglich marginale Erfolge. So wurde eine zwingende Fürsorgepflicht des Arbeitgebers in den §§ 617-619 normiert. Einige Forderungen in Sachen Arbeiterschutz konnten aber bereits 1891 in der Novelle zur Gewerbeordnung berücksichtigt werden[89].

Schließlich sei noch Carl Grünberg[90] erwähnt, Schüler von Anton Menger, der ebenfalls erhebliche Kritik am ersten Entwurf des BGB anmeldete[91]. Ähnlich wie Menger, qualifiziert auch Grünberg den „Lohnvertrag“ zur bedeutendsten Vertragsform, der zu einer das wirtschaftliche Leben geradezu beherrschenden Stellung gelangt sei[92]. Neben dezidierter inhaltlicher Kritik[93] bezogen auf den Dienstvertrag moniert Grünberg vor allem, dass sich der Entwurf nicht habe von den herrschenden gemeinrechtlichen Doktrinen lösen können[94]. Der BGB-Entwurf sei lediglich ein „Ausdruck der wirtschaftlichen Machtverhältnisse“ und würde daher keine soziale Gerechtigkeit herstellen können.

Wie Menger, sah wohl auch Grünberg den Gesetzgeber in der Pflicht, für sozial befriedende Ausgestaltung des „Lohnvertrags“-rechts zu sorgen.

Im Tenor lässt sich festhalten, dass wohl sämtliche Kritiker[95] die Normierung des Arbeitsvertragsrechts im BGB als unzureichend ansahen. Insbesondere sei

---

[89] Etwa hinsichtlich Arbeitszeitregelung und Sonn- und Feiertagsarbeit; vgl. dazu auch Anm. 49.

[90] Der Rechts- und Wirtschaftshistoriker Carl Grünberg (1861-1940) lehrte 1909 als Professor zunächst für politische Ökonomie an der Wiener Universität, seit 1924 dann an der Universität in Frankfurt, wo er zugleich noch als Direktor des Instituts für Sozialforschung engagiert war.
Vgl. WININGER, Große jüdische National-Biographie, Bd. 2, S. 11ff; HERLITZ/KIRSCHNER, Jüdisches Lexikon, Bd. 2, S. 17.

[91] Bezeichnend ist hier die Aussage Grünbergs, das ein in „Paragraphenform gebrachtes Pandektenlehrbuch“ ebenso wenig als ein Gesetzbuch angesehen werden könne, als „verifizierte Prosa als Poesie“, GRÜNBERG, Dienstvertrag, in: Deutsche Worte, S. 306.

[92] Ebd., S. 307.

[93] Beispielsweise setzte er sich für eine Verbesserung der Kündigungsvorschriften unter Ausschluss einer Generalklausel und der Regelung von Haftungsfragen ein. Näheres zu den inhaltlichen Kritikpunkten bei BECKER, (wie Anm. 14), S. 225-227.

[94] Vgl. dazu auch die Auswertungen bei RAMM, Entwürfe, S. 14.

[95] Sicherlich können noch weitere Kritiker, wie der Rechtsanwalt O. Jakobi angeführt werden, der in seinem 1890 veröffentlichten Beitrag „Die Lehre vom Dienstvertrag im Entwurf eines Bürgerlichen Gesetzbuchs“ (erschienen in: Archiv für bürgerliches Recht, Bd. 4, 1890, S.

es zu keinerlei Stärkung der Arbeitnehmerrechte gekommen. Der Arbeitnehmer sei vielmehr auch weiterhin lediglich als das „Werkzeug“ des überlegenen Arbeitgebers anzusehen.

Eine dezidierte Normierung des Arbeitsvertragsrechts, besonders in Hinblick auf Arbeitnehmerschutz, müsste seitens der Gesetzgebung erfolgen.

Die Aussage Mengers zum Bedürfnis einer „umfassenden Kodifikation“ des Arbeitsrechts treibt schließlich das sozialrechtliche Anliegen der Kritiker auf die Spitze.

bb) Die Reaktion: Planck als „Vater“ des BGB

Als Begründung für die knappe Anzahl der dienstvertraglichen Vorschriften wird in der neueren Literatur das hierbei verfolgte Ziel der Verknüpfung von Übersichtlichkeit und Ordnung in Verbindung mit den römisch-rechtlichen Grundlagen angegeben[96]. Möglicherweise greift diese Begründung zu kurz. Näheren Aufschluss in dieser Sache könnte jedoch Gottlieb Planck, Redaktor des Familienrechts der ersten BGB-Kommission und Generalreferent der zweiten BGB-Kommission[97], liefern, der sich anlässlich der geführten Kritik des ersten Entwurfs zu Wort meldete. So dürfe das BGB „niemals das Interesse der einen oder anderen Klasse vorzugsweise berücksichtigten“. Es habe „in erster Linie die Aufgabe, das bestehende Recht zu codifizieren, nicht die Aufgabe, dasselbe umzugestalten. Umfassende soziale Neuerungen [seien] daher, soweit thunlich, der Specialgesetzgebung des Reiches oder der einzelnen Bundesstaaten zu überlassen. Abzulehnen [sei] insbesondere das Eingreifen in solche Verhältnisse, welche noch in der Entwicklung begriffen [seien] und eine feste Gestaltung noch nicht gewonnen [hätten], oder über deren gesetzliche Regelung die Ansichten noch nicht genügend geklärt [seien]“. Daher würde sich das BGB „im Zweifel für das bestehende Recht und gegen eine Abweichung von den aus allgemeinen Grundsätzen sich ergebende Consequenzen entscheiden müssen“[98].

137-169) mit einem eigenen Gesetzesvorschlag über den Dienstvertrag, der aus 11 Bestimmungen bestand, aufwartete. Dies würde aber den gewählten Rahmen der vorliegenden Ausarbeitung überschreiten, sodass lediglich eine Auswahl auf bestimmte Persönlichkeiten erfolgen kann.

[96] WEIß, Entwicklung des Arbeitsvertragsrechts im BGB, S. 60; so auch übernommen bei BECKER, (wie Anm. 14), S. 220.

[97] Gottlieb Planck (1824-1910) war als Praktiker in Hannover tätig, wurde wegen seiner Tätigkeit als liberaler Politiker jedoch mehrfach strafversetzt und 1859 auf unbestimmte Zeit beurlaubt. Später war Planck erneut als Richter tätig und schließlich Appellationsgerichtsrat in Celle. Trotz vollständiger Erblindung im Jahre 1873 wirkte Planck als maßgebliche Kraft an der Entstehung des BGB mit und gilt daher als einflussreichster Vater des heutigen BGB. Vgl. KLEINHEYER/SCHRÖDER, Deutsche Juristen, S. 526.

[98] PLANCK, Zur Kritik des Entwurfes eines bürgerlichen Gesetzbuches, in: AcP 75 (1889), S. 406f.

Daher wendet sich Planck gegen das u.a. von Fuld vorgebrachte Anliegen, das Gesinderecht einheitlich zu regeln. So habe dieser Bereich „allenthalben in Deutschland eine an die localen Verhältnisse sich anschließende particularrechtliche Regelung erfahren. Hierin durch das bürgerliche Gesetzbuch einzugreifen, würde eine Überspannung des Einheitsgedankens sein“. Der Entwurf habe daher „in seinen Vorschriften über den Dienstvertrag von der Berücksichtigung derartiger besonderer Verhältnisse abgesehen und sich auf die Aufstellung allgemeiner in Ermanglung von Specialgesetzen zu Anerkennung kommende Grundsätze beschränkt“[99]. Das Gesinderecht als „besonderes Verhältnis“ könne also gar nicht von der „großen Kodifikation“ erfasst werden. Vielmehr sei für die nähere Ausgestaltung solcher Verhältnisse Spezialgesetzgebung erforderlich. Sollte eine Verbesserung des Gesinderechts erforderlich sein, so müsse diese allein im Rahmen der bereits vorliegenden Gesetze geschehen.

Weiterhin bezieht sich Planck auf Gierke und sein Vorbringen, dass der Entwurf nicht hinreichend „den Schwachen gegen die wirtschaftliche Übermacht des Stärkeren“[100] schützen würde. So sei die Entscheidung, wer im konkreten Verhältnis der Stärkere und wer der Schwächere sei „nach allgemeinen Kategorien“ nicht möglich. Ebenso wenig könnte prinzipiell behauptet werden, dass „der Schuldner gegenüber dem Gläubiger der Schwächere“ sei. Vielmehr wäre für die Bestimmung einer solchen Konstellation stets „eine genaue Prüfung der einzelnen Rechtsverhältnisse“ notwendig. Insbesondere sei zu prüfen, „ob sich die Voraussetzungen, unter welchen ein zum Schutze des Schwachen bestimmter Rechtssatz Anwendung finden [solle], sowie der Inhalt dieses Rechtssatzes selbst so bestimmen lassen [könne], dass dadurch wenigstens regelmäßig wirklich nur der Schwache geschützt und nicht daneben schwerwiegende Nachtheile für die Gesamtheit des Verkehrs“ entstehen würden. So könnten Arbeitnehmerschutzvorschriften durch unreflektierte gesetzgeberische Tätigkeit den eigentlich verfolgten Zweck nicht oder möglicherweise nur unvollkommen erreichen und damit den „ehrlichen Geschäftsverkehr in hohem Grade belästigen“. Daher, um das entscheidende Postulat Plancks in dieser Frage mit einzubeziehen, sollten auch „solche sozialen Neuerungen“ der „Specialgesetzgebung des Reiches“ vorbehalten bleiben[101]. Eine Materie wie das Arbeitsrecht, welches noch „in der Entwicklung begriffen“ sei, sich mithin in freiem Fluss befinde, dürfe keiner festen Gestaltung im Rahmen einer Kodifikation[102] zukommen. Es müsse viel-

---

[99] Ebd., S. 408.

[100] GIERKE, Entwurf, S. 192; PLANCK, Entwurf, S. 408.

[101] PLANCK, Entwurf, S. 407.

[102] An dieser Stelle erscheint eine kurze Erläuterung der Begrifflichkeit „Kodifikation“ geboten: Unter dem Begriff Kodifikation versteht man ein Gesetz, das den Anspruch erhebt, eine Materie, wie ein bestimmtes Rechtsgebiet, abschließend und systematisch zu regeln. So wird

mehr anpassungsfähig bleiben und den aktuellen Entwicklungen Rechnung tragen können.

Das Bestreben nach einer Verknüpfung von Übersichtlichkeit und Ordnung als Ziel der Gesetzgebungsarbeit stellte also nicht das maßgebliche Motiv für die knappe Regelung des Arbeitsverhältnisrechts dar. Die Gründe hierfür liegen, wie die Stellungnahme Plancks gezeigt hat, vielmehr auf anderer Ebene.

Ob der Argumentation Plancks noch heute, über 120 Jahre später also, für die Frage der Kodifizierung des Arbeitsvertragsrechts gewisse Aktualität beizumessen ist, wird noch aufzuzeigen sein.

cc) Die Lage nach dem zweiten Entwurf

Der zweite Entwurf, der von der „Zweiten Kommission" zwischen 1890 und 1895 ausgearbeitet wurde, blieb im Wesentlichen unverändert. Die Kritik hatte nur wenig Erfolg. So kam nur weniges später hinzu, wie die Normierung von Fürsorgepflichten in der häuslichen Gemeinschaft; maßgeblich waren für die Regelung des Arbeitsverhältnisses ansonsten bereits bestehende Spezialgesetze, wie Gewerbeordnung, Handelsgesetzbuch oder das Gesinderecht[103] in seiner jeweiligen landesgesetzlichen Ausprägung[104]. In Art. 95 EGBGB wurde klar gestellt, dass die Gesindeordnungen vom BGB unberührt bleiben sollten. Die Auffassung Plancks konnte sich also im Wesentlichen durchsetzen; das Arbeitsrecht wurde weiterhin vorwiegend von Spezialgesetzen bzw. im Wege kollektiver Selbsthilfe geregelt.

Vergleichbare Kritik, die nach Veröffentlichung des ersten Entwurfs aufkam, bestand beim zweiten Entwurf nicht[105].

Der Gesetzgeber des BGB hatte sich also ganz bewusst dazu entschlossen, das Dienstvertragsrecht unvollständig zu regeln.

dd) Die Beratung im Reichstag

Im Januar 1896 erreichte der leicht abgeänderte Entwurf den Reichstag und wurde Grundlage weiterer Beratungen bevor das Gesetz im August desselben

---

nun auch verständlich, weshalb Planck hier von der Möglichkeit einer „festen Gestaltung" dieser Materie spricht. Vgl. auch CARONI, Kodifikation, in: HRG, Bd. 2, Sp. 907.

[103] Die Gesindeordnungen wurden erst am 12.11.1918 abgeschafft.

[104] Vgl. RICHARDI, Der Arbeitsvertrag im Zivilrechtssystem, in: ZfA, 1988, S. 225.

[105] Als Kritiker wären hier Rudolph Sohm und Lotmar anzuführen. Sohm kritisierte die Unbestimmtheit der dienstvertraglichen Vorschriften; Lotmars Kritik war maßgeblich inhaltlicher Natur. U.a. plädierte er für eine nähere staatliche Ausgestaltung von Fürsorgepflichten des Arbeitgebers im Wege staatlicher Verordnungen. Nähere Ausführungen zur Kritik am Zweiten Entwurf bei BECKER, (wie Anm. 14), S. 232f.; vgl. auch SOHM, Der Entwurf in zweiter Lesung, S. 737ff.; LOTMAR, Der Dienstvertrag des zweiten Entwurfs, in: Archiv für soziale Gesetzgebung, 1895, S. 1ff.

Jahres förmlich verabschiedet wurde. Sowohl im Plenum als auch in der Reichstagskommission wurde bei den Beratungen darauf hingewiesen, dass die für die Regelungen über den Dienstvertrag herangezogenen Normen keinesfalls dem Bedürfnis nach einer umfassenden Kodifizierung des Arbeitsverhältnisrechts gerecht würden.

Die Sozialdemokraten plädierten für die Änderung der Bezeichnung „Dienstvertrag“ in „Arbeitsvertrag“; die Bezeichnung „Dienstberechtigter“ und „Dienstverpflichteter“ sollte durch „Arbeitgeber“ und „Arbeitnehmer“ ersetzt werden[106]. Die Herbeiführung eines einheitlichen Arbeitsvertrages für sämtliche Arbeitnehmer sollte hiermit erreicht werden. Der sozialdemokratische Abgeordnete Arthur Stadthagen[107] führte hierzu aus, dass künftig „statt des Landrechts, des code, des sächsischen Gesetzbuchs, kurz statt der partikularrechtlichen Gesetze [...] das bürgerliche Gesetzbuch beim Arbeitsvertrag [...] Anwendung“ finden solle. So sei insbesondere „die Einheitlichkeit der Regelung des Arbeitsvertrags für die ländlichen Arbeiter sowie für das Gesinde“ wichtig, da hier lediglich landesgesetzliche Vorschriften bestehen würden[108]. Dass es den Sozialdemokraten nicht nur um den bloßen Austausch der Namen, sondern die umfassende einheitliche Regelung der Arbeitsverhältnisse ging, zeigt schließlich die Forderung Stadthagens, „nicht den größeren Theil der Bevölkerung dadurch zu verletzen, daß [...] bei dieser wichtigen Aufgabe der Schaffung eines bürgerlichen Gesetzbuchs die wichtigste Aufgabe gewissermaßen hintangesetzt [würde]: die Schaffung der Rechtsgemeinheit eines einheitlichen Arbeitsvertrags!“. Insbesondere das „Gesinde und andere ländliche Arbeiter sollen den gewerblichen Arbeitern gleichgestellt werden“[109].

Mehrheitlich wurde jedoch vertreten, dass der Arbeitsvertrag nicht im BGB geregelt werden sollte. Insbesondere wurde befürchtet, dass vielfach „verschiedenartigste wirtschaftliche“ Rechtsverhältnisse[110] jeweils gesetzlich geregelt

[106] Der Antrag der Sozialdemokraten schlug folgende Fassung vor: „Arbeitsvertrag (Lohnvertrag, Dienstvertrag oder dergleichen) ist ein Vertrag, durch welchen der Arbeitnehmer sich verpflichtet, einen Theil seiner geistigen oder körperlichen Arbeitskraft für die häusliche Gemeinschaft, ein wirthschaftliches oder gewerbliches Unternehmen des Arbeitgebers gegen einen vereinbarten Lohn (Gehalt, Salär, Honorar, Stolgebühr oder dergleichen) zu verwenden.“ Vgl. Stenografische Berichte, IX. Legislaturperiode, IV. Session 1895/97, Bd., 146, S. 2795f.

[107] Arthur Stadthagen (1857-1917) wirkte als sozialdemokratischer Reichstagsabgeordneter und Rechtsanwalt und beschäftigte sich vornehmlich mit arbeitsrechtlichen sowie Rechts- und Verfassungsfragen. Mehr zur Person bei OSTERROTH, Biographisches Lexikon des Sozialismus, Bd. 1, S. 95.

[108] Stenographische Berichte, (wie Anm. 106), S. 2792 C/D.

[109] Stenographische Berichte, 1., 2., 3. Beratung des Entwurfs eines BGBs im Reichstag, S. 325.

[110] Ebd., S. 329.

werden müssten oder die Abgrenzung zwischen Dienst-, Werk-, und Arbeitsvertrag nicht hinreichend klar ausfallen könnte[111]. Wichtiger erschien, wie der Kommissar des Bundesrates, Struckmann[112], in Bezug auf die von Stadthagen im Reichstag vorgebrachten Forderungen erwiderte, dass in das Dienstvertragsrecht des BGB „nur Bestimmungen allgemeiner Art, die sich für die Dienstverhältnisse der verschiedensten Art eignen“ würden, aufzunehmen seien, während „solche Dienstverhältnisse, die mit Rücksicht auf ihre soziale Bedeutung oder anderer Besonderheiten einer besonderen eingehenden Regelung [bedürften], der Spezialgesetzgebung“ überlassen werden sollten[113]. So wird hier von Struckmann auch dezidiert hervorgehoben, dass „das Dienstverhältnis des Gesindes [und weiterer Berufsgruppen] [...] der Landesgesetzgebung überlassen bleiben“ sollte. Konsequent erscheinen dann auch die weiteren Ausführungen Struckmanns, dass „das Dienstverhältnis der gewerblichen Arbeiter durch die Gewerbeordnung, das Dienstverhältnis der Handlungsgehilfen durch das Handelsgesetzbuch, das Dienstverhältnis der Schiffer und Schiffsmannschaft durch die Seemannsordnung und das Binnenschiffahrtsgesetz“ jeweils im Rahmen von reichsgesetzlicher Spezialgesetzgebung geregelt bleiben sollte[114]. Eine einheitliche Normierung der genannten „Arbeitsverhältnisse [... sei] nicht möglich“, da sie jeweils „ihrer Natur nach verschieden“ seien und es daher „einer eingehenden Prüfung der einzelnen Verhältnisse“ bedürfe, welche „voraussichtlich dahin führe, daß nicht alle Verhältnisse gleichmäßig, sondern je nach der Natur der betreffenden Verhältnisse verschieden geregelt werden“ müssten[115]. Dies sei bezogen auf das Gesinderecht besonders geboten, da hier „jeden Tag [...] eine ganz enorme Zahl von Gesindeverträgen“ abgeschlossen würden und dies „von Personen die weniger gesetzeskundig“ seien. Daher hält es Struckmann „für durchaus geboten, daß eine sehr eingehende Regelung des Gesindevertrages [erfolgen müsse], weil nur auf diese Weise es möglich [sei], daß die Vorschriften über den Gesindevertrag in das Volksbewusstsein übergehen und Eingang finden [würden] in die breiten Schichten der Bevölkerung“.

---

[111] Vergleiche dazu auch die Auswertung bei WEIß, (wie Anm. 96), S. 86f.

[112] Gustav Struckmann (1837-1920) ließ sich nach Abschluss seiner juristischen Ausbildung 1864 in Osnabrück als Rechtsanwalt nieder. 1873 wurde er in den Reichstag gewählt; zwei Jahre später wurde er Bürgermeister von Hildesheim. 1879 wurde Struckmann dann in das preußische Abgeordnetenhaus berufen. Als Parlamentarier beteiligte er sich vorwiegend auch an der sozialpolitischen Gesetzgebung der achtziger Jahre.
Vgl. NEUBERT, Deutsches Zeitgenossen-Lexikon, S. 419.

[113] Stenografische Berichte, (wie Anm. 109), S. 326.

[114] Ebd., S. 326f.

[115] Ebd., S. 328.

Schließlich sei, so Struckmann, eine einheitliche Regelung „der verschiedenartigsten [Arbeits-]verhältnisse“ auch deshalb abzulehnen, da dies „nicht nach einem Schema, nach einem Muster“ erfolgen könnte.

In ähnlicher Richtung argumentiert auch der Abgeordnete Gröber[116], der das Vorbringen Stadthagens, den Arbeitsvertrag „in der vorgeschlagenen Weise durch allgemein geltende Einzelbestimmungen zu regeln“, für eine „im Augenblick ganz unlösbare Aufgabe“ hält. Solche Fragen, wie auch die Möglichkeit einer reichsgesetzlichen Regelung des Gesinderechts, könne nicht „im Handumdrehen“ oder „in einer Stunde Arbeit“ geleistet werden[117]. Vielmehr weist Gröber auf mögliche Gefahren hin, die eine Vereinheitlichung der Verhältnisse zur Folge haben könnte: So sei zu befürchten, „daß, wenn man auch nur den Arbeitsvertrag bezüglich der gewerblichen Arbeiter in diesem Abschnitt des bürgerlichen Gesetzbuchs festlegen wollte, ein Erfolg eintreten würde, den die Herrn Antragsteller [Sozialdemokraten] selbst nicht [wünschten], wenn man die Regelung solcher Fragen im bürgerlichen Gesetzbuch fixieren“ würde.

Es sei, so das entscheidende Postulat Gröbers, „wenn solche im Fluß begriffene Fragen durch Spezialgesetze geregelt werden, [...] die Abänderung der bestehenden Gesetze viel leichter möglich“. „Dem Fortschreiten der wirthschaftlichen Entwicklung [könne] viel leichter gefolgt werden, als wenn eine Regelung im bürgerlichen Gesetzbuch vorgenommen [würde], bei der man doch voraussetzt, daß es auf längere Zeit, auf möglichst lange Zeit unverändert bleiben“ solle[118].

Erinnerungen an Planck erwachen, der schon einige Jahre zuvor nach Erscheinen des ersten BGB-Entwurfs erkannte, dass das Arbeitsrecht „noch in der Entwicklung begriffen“ und dementsprechend der „Specialgesetzgebung des Reiches“ zu überlassen sei[119].

Der Entwurf sollte daher in seiner vorliegenden Form angenommen werden; „im übrigen [solle es] der künftigen weiteren Entwicklung“ überlassen werden, wie die Verhältnisse des Arbeitsvertrags auch darüber hinaus, wohl im Wege spezialisierter Gesetzgebung, noch verbessert werden könnten.

Die Auswertung dieser Argumente hat noch einmal deutlich gemacht, dass das Dienstvertragsrecht bewusst unvollständig ausgestaltet worden ist[120]. Die

---

[116] Adolf Gröber (1854-1919) war zunächst als Staatsanwalt und Richter bei Amtsgerichten und Landgerichten tätig – zuletzt in Heilbronn. Ab 1887 gehörte Gröber dem Reichstag an und wirkte als Mitglied der zweiten Kammer des württembergischen Landtags. Darüber hinaus war er 1918 als Staatssekretär des Reichskanzlers Prinz Max von Baden tätig. Vgl. HILLGER, Handbuch, S. 65.

[117] Stenografische Berichte, (wie Anm. 109), S. 329.

[118] Ebd., S. 330.

[119] Vgl. obige Ausführungen unter B. II. 2. c) bb).

[120] Dies wird im Ergebnis auch von WEIß, (wie Anm. 96), erkannt (S. 82).

Zeit erschien noch nicht reif. Besonders beachtlich erscheint der Einwand, der ganz grundsätzlich gegen die Möglichkeit einer Kodifizierung des Arbeitsvertragsrechts und für eine Regelung im Wege von Spezialgesetzen spricht. „Die Fragen des Arbeitsvertrages [seien] im Fluss begriffen“ und daher auf Dauer im Rahmen einer Kodifikation, wie das BGB, bei welcher man voraussetzt, dass sie auf möglichst lange Zeit unverändert bestehen bleiben solle, nicht fixierbar. Spezialisierte Rechtsnormen seien hier deutlich flexibler um den Veränderungen, die sich aus dieser fließend fortentwickelnden Rechtsmaterie ergeben, gerecht werden zu können.

Möglicherweise handelt es sich hier um eine Argumentation, die sich noch auf heutige Entwicklungen bei der Frage nach der Möglichkeit einer Kodifizierung des Arbeitsvertragsrechts übertragen lässt.

ee) Die Resolution von 1896

Die Anträge der Sozialdemokraten auf entsprechende Abänderung der dienstvertraglichen Vorschriften fanden dementsprechend keine Zustimmung. Auf Empfehlung der Reichstagskommission wurde jedoch eine Resolution verabschiedet, worin die Erwartung ausgesprochen wurde, dass „die Verträge, durch welche Jemand sich verpflichtet, einen Theil seiner geistigen oder körperlichen Arbeitskraft für die häusliche Gemeinschaft, ein wirthschaftliches oder gewerbliches Unternehmen eines anderen gegen einen vereinbarten Lohn zu verwenden, für das Deutsche Reich baldthunlichst einheitlich geregelt werden“[121] müssten.

Bis heute ist diese Resolution bekannt geblieben. So wird stets aus den Lagern, die sich für eine Kodifizierung des Arbeitsvertragsrechts einsetzen, auf diese Resolution verwiesen, um zu unterstreichen, dass ein solches Vorhaben auch aus rechtshistorischer Sicht einen folgerichtigen Schritt darstellen würde[122]. Möglicherweise gilt es aber auch zu beachten, welchen Stellenwert die Resolution schließlich seinerzeit einnahm und welche Stellungnahmen sich diesbezüglich ausfindig machen lassen.

So wurde nämlich einerseits hinterfragt, was unter der Bezeichnung „baldthunlichst“ zu verstehen sei und in diesem Kontext die Resolution als überflüssig qualifiziert, da für die Umsetzung ein Zeitraum „von ungefähr 60 bis 70 Jahren“ benötigt werden müsste[123].

---

[121] Stenographische Berichte, IX. Legislaturperiode, IV. Session 1895/97, 3. Anlagenband, S. 2119. Verabschiedet wurde die Resolution in der Sitzung am 11.12.1896. Stenographische Berichte, a.a.O., Bd. 1, S. 3846.

[122] Dies ist auch bei WEIß, (wie Anm. 96), S. 122f. erkennbar, der in seiner Schlussfolgerung festhält, dass es aus „historischer Sicht auch folgerichtig“ erscheint, den Arbeitsvertrag in „einem Gesetz“ außerhalb des BGB festzuschreiben.

[123] Stenographische Berichte, IX. Legislaturperiode, IV. Session 1895/97, Bd. 147, S. 3823 B/C.

Von anderer Stelle aus wurde zur Resolution ausgeführt, dass „der Wunsch, das bürgerliche Gesetzbuch rascher zu erledigen, der Grund war, daß wir [die Verfasser] davon Abstand nahmen, einzelne Materien in das bürgerliche Gesetzbuch aufzunehmen und sie dort zu verarbeiten. Um das Zustandekommen des bürgerlichen Gesetzbuchs in der vorigen Session nicht zu verhindern, verständigten wir uns, einzelne Fragen nicht gesetzgeberisch sofort zu regeln, sondern in diese Resolution zu verweisen und ihre baldthunliche Erledigung durch Spezialgesetze damit anzuregen und auch zu ermöglichen.“[124] Um die zügige Verabschiedung des Gesetzeswerks im Reichstag bewerkstelligen zu können, müsste man „manches im Augenblick unentschieden lassen“. Rückt man die Argumente Plancks, Struckmanns und diejenigen von Gröber in diesen Kontext, so könnte man annehmen, dass die Verabschiedung der Resolution lediglich formellen Zwecken gedient haben könnte; insbesondere um die Kräfte, die sich für eine umfassende Regelung des Arbeitsverhältnisrechts eingesetzt haben, vor allem die Sozialdemokraten, nicht für das große Vorhaben – der Durchsetzung des BGB – verlieren zu müssen[125].

Eine umfassende Regelung des Arbeitsvertragsrechts war jedenfalls, wie die Auswertungen gezeigt haben, nicht von dem Gesetzgeber des BGB gewünscht. Die Reichstagsresolution von 1896 muss also in den gesamten Entstehungskontext des BGB einbezogen werden. Daher erscheint ein unreflektiertes Abstellen nur auf die Resolution als rechtshistorisches Argument, das für eine Kodifizierung des Arbeitsvertragsrechts in „einem Gesetz“[126] sprechen könnte, verfehlt.

3. Äußerungen der Fachöffentlichkeit zur Kodifizierung des Arbeitsvertragsrechts nach der Jahrhundertwende

Eine Vereinheitlichung des Arbeitsrechts konnte auch das BGB mit seinen „dürftigen Paragraphen“ zu arbeitsrechtlichen Fragen nicht herbeiführen. Das Arbeitsrecht des Kaiserreichs blieb weiterhin kompliziert und unübersichtlich. Weiterhin war man auf zahlreiche Sondergesetze verwiesen; die landesrechtlichen Vorschriften des Gesinderechts blieben nach Art. 95 EGBGB bestehen. Bezeichnend ist eine Äußerung Sinzheimers zur Rechtslage des Arbeitsrechts:

> „Die Rechtsordnung selbst war zerklüftet und zerfetzt, ohne inneren Zusammenhang, zufällig übereinandergelagert, ohne einheitlichen Gedanken.“[127]

[124] So trug Peter Spahn (1846-1925) vor; ebd., Bd. 146, S. 3050.

[125] Dennoch stimmte die SPD einstimmig gegen das BGB. So sollte nach Ansicht der Sozialdemokraten die Resolution sogleich im BGB verwirklicht werden; vgl. dazu die Ausführungen Stadthagens, in Beratung des Entwurfs des BGB im Reichstage, (wie Anm. 109), S. 324.

[126] So aber WEIß, (wie Anm. 96), S. 122.

[127] SINZHEIMER, Lotmar, S. 411.

Diesen Mangel konnten auch die Gewerbe- und Kaufmannsgerichte kaum ausräumen; ihre Zuständigkeiten richteten sich nach unterschiedlichen reichs- und landesrechtlichen Gesetzen, sodass eine einheitliche Rechtsauslegung unmittelbar nach dem Inkrafttreten des BGB nicht möglich war[128].

Eine Vereinheitlichung des Arbeitsrechts seitens des Gesetzgebers war nicht absehbar. Fortschritte in dieser Frage waren allenfalls seitens der Wissenschaft zu verzeichnen. So nahm, wie nachfolgend ausgeführt werden soll, die wissenschaftliche und rechtspolitische Diskussion um die Schaffung eines einheitlichen Arbeitsrechts nach der Jahrhundertwende sprunghaft zu.

a) Ernst Abbe und das Statut der Carl Zeiss Stiftung

Auch wenn von staatlicher Seite keine einheitliche rechtliche Ausgestaltung des Arbeitsverhältnisrechts bislang erfolgen konnte, so sollte dies um die Jahrhundertwende zumindest von privater Stelle erfolgen. Hervorzuheben ist an dieser Stelle das Lebenswerk von Ernst Abbe[129] – das Statut der Carl Zeiss-Stiftung. Im 5. Titel dieses neuartigen Modells einer Arbeitsverfassung, die auf betrieblicher Grundlage beruhte, sollte das „Arbeiter- und Angestelltenrecht" näher präzisiert werden. Mit diesem Abschnitt, so führt Abbe in den Motiven zum Statut an, solle die der „Carl Zeiss-Stiftung zugewiesene soziale Aufgabe" erfüllt werden. Zugleich würde hier der „wichtigste Teil des Statuts" liegen, da an dieser Stelle „wichtige Volks- und Staatsinteressen" erfüllt und damit „die Erhaltung, beziehungsweise Wiedererneuerung eines breiten gesunden Mittelstandes, [...der] nicht hinsichtlich der persönlichen und bürgerlichen Verhältnisse schon auf irgend einer Zwischenstufe zum Helotentum stehen und nicht in [seiner] wirtschaftlichen Existenz einem Proletariat, welches nichts mehr zu verlieren [habe], verfallen oder jederzeit zu verfallen bedroht" sei, erreicht würden.[130] Zur Umsetzung dieses Ziels sei jedoch eine „dauernde Hebung der Rechtslage der von industriellen Unternehmungen abhängigen Personen" erforderlich. „Für den ganzen Personenkreis der jetzigen Stiftungsunternehmungen [solle] das öffentliche Proletarierrecht der Reichs-Gewerbeordnung und der einschlägigen Abschnitte des Handelsgesetzbuches durch ein besseres privates ‚Arbeiter- und Angestelltenrecht'" ersetzt werden[131].

---

[128] So auch BECKER, (wie Anm. 14), S. 299.

[129] Ernst Abbe (1840-1905), zwischen 1870 und 1896 Professor für Mathematik und Physik, seit 1889 Alleininhaber der Firma Carl Zeiss, begründete 1891 aus dem Betriebsvermögen die Carl-Zeiss-Stiftung. Abbe schuf zusammen mit Carl Zeiss und Otto Schott die Grundlagen der modernen Optik. Vgl. WASSING, Fachlexikon, S. 21.

[130] ABBE, Motive und Erläuterungen, in: Gesammelte Abhandlungen, Bd. 3, S. 347.

[131] Ebd., S. 348.

Als „die wesentlichen und […] unentbehrlichen Grundlagen für eine auf diesem Weg erstrebte Hebung der Lage des Arbeiter- und Privatbeamtenstandes" wird maßgeblich eine „genaue Präzisierung des vertragsmäßigen Pflichtverhältnisses" zwischen Arbeitgeber und Arbeitnehmer, die sich aus Arbeitern und Angestellten zusammensetzen, angeführt. Ferner seien „feste Garantien gegen den Missbrauch der wirtschaftlichen Abhängigkeit der Arbeiter und Angestellten zur Beschränkung persönlicher Rechte" festzulegen. Auch eine „genaue Umgrenzung der zeitlichen Gebundenheit und Freiheitsbeschränkung" sollte künftig erfolgen. Diese und weitere Vorgaben, etwa hinsichtlich der Kündigung von Arbeitsverhältnissen, Zusicherung von Pensionsleistungen oder Herabsetzung von Gehältern einseitig durch den Arbeitgeber, wurden im Statut der Carl Zeiss-Stiftung aufgenommen[132].

Mit diesem „privaten Arbeiter- und Angestelltenrecht", das auf eine „Hebung der Lage" von Arbeitern und Angestellten abzielte, schuf Abbe, wie heute angeführt wird, das Vorbild für eine spätere Kodifikation des Arbeitsvertragsrechts[133]. Doch sollte das Vorhaben nicht lediglich an privater Stelle stehen bleiben. So plädierte Abbe dafür, als „allgemeine Forderung an die Gesetzgebung des Reichs" zu empfehlen, dass eine „Fortbildung der Reichsgewerbeordnung und der Arbeiterschutzgesetze zu einem wirklichen Arbeiter- und Unternehmerrecht" in dem Sinne der Vorgaben des Statuts der Carl Zeiss-Stiftung angestrebt werden solle[134]. Inwiefern diese Forderung von dem staatlichen Gesetzgeber in den Folgejahren aufgegriffen wurde, wird noch aufzuzeigen sein.

Jedenfalls stieß Abbes Modell einer Arbeitsverfassung auf betrieblicher Grundlage, die dem Arbeitnehmer weitgehende soziale Sicherheit einräumte, von Seiten der Wissenschaft auf Zustimmung.

b) Karl Flesch und das „Gewaltverhältnis im Rechtssinn"

Maßgeblichen Einfluss hat Abbe insbesondere auf den Frankfurter Rechtsanwalt und Stadtrat Karl Flesch[135] ausüben können. Flesch qualifizierte das „Lebenswerk Abbes", die Carl Zeiss-Stiftung, „als Vorversuch zu einem künftigen Arbeiterrecht"[136].

---

[132] Eine exakte Auflistung der Motive Abbes und den Wortlaut der entsprechenden Vorschriften im Carl Zeiss-Statut (§§ 57ff.) finden sich bei ABBE, (wie Anm. 130), S. 348ff.

[133] So folgert RAMM, Entwürfe, S. 23.

[134] ABBE, (wie Anm. 130), S. 39.

[135] Der in Frankfurt/Main gebürtige Sozialpolitiker Karl Flesch (1853-1915) war als Rechtsanwalt und Stadtrat tätig und wirkte als Abgeordneter im preußischen Parlament mit. Mehr zur Person Fleschs bei HERMEL, Karl Flesch (1853-1915) Sozialpolitiker und Jurist.

[136] FLESCH, Ernst Abbe und der Arbeitsvertrag, in: Karl Flesch's soziales Vermächtnis, S. 132.

Er charakterisierte den Arbeitsvertrag als „Stützmauer“, die zusammen mit der „Armenpflege“ die „Volkswirtschaft“ absichere[137]. Weiterhin würde der Arbeitsvertrag „neben der Familie [die] wichtigste Grundlage unserer gesamten Staats- und Rechtsordnung“ darstellen, weshalb es nach Flesch unverständlich sei, dass dieser „Grundpfeiler“ allgemein von Parlament und Rechtswissenschaft gleichermaßen vernachlässigt würde[138]. Äußerungen zur Rolle der Gesetzgebung im Bereich des Arbeitsvertragsrechts lassen sich in seiner Schrift „Zur Kritik des Arbeitsvertrags“ von 1901 belegen. Hier hob Flesch drei Forderungen hervor: Zum einen müsse der Arbeitslohn dem Arbeiter dasjenige gewähren, was er um leben zu können – „während der Arbeit“, „während der Zeit [...] der Ruhe, der Krankheit und sonstigen unverschuldbaren Verhinderung“ – oder was er „zum Unterhalt seiner Familie“ benötige[139].

Weiterhin sei es zu gewährleisten, dass „die Bindung des Arbeiters durch den Arbeitsvertrag nicht so weit gehen [dürfe], daß seine Gesundheit durch die Dauer oder die Art der Arbeit“ geschädigt würde[140]. Dem Arbeiter müsse freie Zeit zugesichert werden, damit er an der „Selbstverwaltung“, an öffentlichen Veranstaltungen, wie Wahlen und Abstimmungen, teilnehmen könne[141].

Schließlich sei, und hier werden die Parallelen zu den Forderungen Abbes besonders deutlich, der Arbeiter umfassend vor „willkürlichen Entlassungen“ zu schützen. Zu diesem Zweck forderte Flesch eine Neuregelung des Kündigungsrechts. Um dem Nachdruck zu verleihen, ging er noch einen Schritt weiter als Abbe vor ihm und verfasste einen eigenen Gesetzentwurf; die erste umfassende Regelung eines Kündigungsschutzes mit schadensersatzrechtlicher Sanktion[142].

Zur einheitlichen Kodifizierung des Arbeitsvertragsrechts äußerte sich Flesch lediglich mittelbar. So wurde moniert, dass das BGB „für den Arbeitsvertrag [...] nur wenige Paragraphen“ bereit halten würde, „tiefergehende Fragen des Arbeitsrechts“ jedoch „überhaupt nicht“ berühre. Einschränkend führte Flesch dabei aber an, dass den Verfassern des BGB daraus kein Vorwurf gemacht werden könne. So habe „jedes Gesetzbuch [...] stets nur in Paragraphen gebracht, was es an klarer Rechtskenntnis“ vorfinden würde. „Für die Regelung des Arbeitsvertrages [sei] aber noch alles zu tun.“[143]

Dennoch sei die Lage des Arbeitsverhältnisrechts unbefriedigend. Dies führte Flesch auch 1910 in seiner berühmten Schrift „Reform des Arbeitsrechts“ deut-

---

137 FLESCH, Zur Kritik des Arbeitsvertrags, in: (wie Anm. 136), S. 15.

138 Ebd., S. 15; FLESCH, Die Tragödie des Arbeitsvertrags, in: (wie Anm. 136), S. 127.

139 FLESCH, (wie Anm. 137), S. 25.

140 Ebd., S. 27.

141 Ebd., S. 28f.

142 Abgedruckt bei FLESCH, (wie Anm. 137), S. 42-44. Veröffentlicht wurde der Gesetzesentwurf bereits im Jahre 1900.

143 Ebd., S. 16.

lich an. Verwerflich sei insbesondere, „wie wenig bisher die Staats- und Rechtsordnung zur Ausgestaltung des Arbeitsverhältnisses, zur Beseitigung der ihm anhaftenden Begleiterscheinungen getan“ habe. Das „bestehende Arbeitsrecht“ sei insgesamt „unterentwickelt“[144].

Der Arbeitsvertrag sei zwar aus rechtlicher Sicht frei, diese Freiheit existiere jedoch aufgrund der Enthaltsamkeit des Gesetzgebers lediglich für den Unternehmer. Der Arbeiter hingegen sei wegen der völlig uneingeschränkten Möglichkeit des Arbeitgebers, die Bedingungen des Arbeitsvertrages festzusetzen und den Arbeiter willkürlich zu entlassen, abhängig[145]. Daher qualifiziert Flesch das Arbeitsverhältnis als ein „Gewaltverhältnis im Rechtssinn“[146], das regelmäßig dann vorläge, wenn ein Rechtsverhältnis „eine besonders große, gesteigerte Unterwerfung des Willens einer fremden Person mit sich bringen“[147] würde.

Diesen Missstand machte Flesch vorwiegend am Mangel geltender Arbeitsschutzrechte fest. Gefordert wurde hier die öffentlich-rechtliche Festsetzung der zum Schutz von Leben und Gesundheit erforderlichen Vorschriften. Regelungen zur Länge der Arbeitszeit, Pausen sowie betreffend die Sonntagsruhe und den Urlaub sollten hierfür erforderlich sein[148].

Im Grundsatz plädierte Flesch jedoch lediglich für die Setzung staatlicher Mindestnormen und damit für „die Umwandlung des Arbeitsverhältnisses aus einem Gewaltverhältnis in ein reines Rechtsverhältnis“, die Beseitigung der wichtigsten Beschwerde der Arbeiter, nämlich die „Unterdrückung ihrer Persönlichkeit im Arbeitsvertrag“[149]. Die Gestaltung des Arbeitsverhältnisses sollte auch weiterhin grds. „dem freien Spiel der wirtschaftlichen Kräfte überlassen und von der Rechtsordnung kaum berührt“ werden[150]. Aufgabe des Gesetzgebers sei es aber, „der Gleichheit der Staatsbürger, nicht im Einklang stehenden Machtverhältnisse zu verhüten“. Das Ziel der umfassenden „Gewährung eines möglichst großen Maßes von Freiheit“ sei dabei stets zu beachten[151].

Das Arbeitsverhältnisrecht sollte nach Flesch also grds. nicht unter dem Vorbehalt staatlicher Bevormundung stehen; vielmehr sollte sich der Ansatz an der Freiheit des Arbeitsvertrages und der Freiheit im Arbeitsverhältnis orientieren[152].

---

[144] FLESCH, Reform des Arbeitsrechts, S. 24.
[145] Ebd., S. 9.
[146] Hierin bestünde, wie Flesch in einem weiteren Aufsatz ausführt, „die Tragödie des Arbeitsvertrags“, FLESCH, Die Tragödie des Arbeitsvertrags, in: (wie Anm. 138), S. 130.
[147] FLESCH, (wie Anm. 144), S. 9.
[148] Vgl. dazu die Thesen, ebd., S. 29ff.
[149] Ebd., S. 9f.
[150] Ebd., S. 24.
[151] Ebd., S. 28f.
[152] BECKER, (wie Anm. 14), S. 249.

c) Heinz Potthoff und die Gesellschaft für Soziale Reform

Für eine Vereinheitlichung des Arbeits(vertrags)rechts und umfassenden Arbeiterschutz trat maßgeblich auch die „Gesellschaft für Soziale Reform" ein. Diese Vereinigung von einzelnen Sozialpolitikern und Körperschaften wurde am 06.01.1901 gegründet[153].

Die programmatische Zielsetzung der Gesellschaft lautete:

> „Durch Aufklärung in Wort und Schrift [soll] die soziale Reform auf dem Gebiete der Lohnarbeiterfrage in Deutschland" gefördert werden und zwar „sowohl durch Gesetzgebung als durch organisierte Selbsthilfe der Arbeitnehmer"[154].

Neben dem Arbeiterschutz, plädierte die Gesellschaft für Soziale Reform für den Ausbau des Einigungs- und Schiedswesens sowie für die Weiterentwicklung des Koalitionsrechts und des Tarifvertragswesens. Gleiche Ziele verfolgte man auch auf dem Gebiet des Individualarbeitsrechts. Konkret sollte die inhaltliche Gestaltung und Verbesserung des „Privatbeamtenrechts"[155] vorangetrieben werden. So beschloss der Hauptausschuss am 19.03.1907, dass „die Sozialpolitik des Reiches grundsätzlich zu einer Fürsorge für alle Arbeitnehmer" zu erweitern sei und „daß bei allen gesetzlichen Maßnahmen die Privatangestellten gerechte Berücksichtigung finden" sollen. So bedürfe „das Recht des Dienstverhältnisses, d.h. die gesetzliche und vertragliche Regelung der Arbeitsbedingungen, [...] einer einheitlichen Gestaltung und Verbesserung"[156].

Der Sozialpolitiker und Reichstagsabgeordnete Heinz Potthoff[157] wurde nun beauftragt, für die Gesellschaft die Herangehensweise an diese Thematik weiter vorzubereiten und Lösungsansätze zu präsentieren. Dass es dabei nicht lediglich

---

[153] Zu den Gründern gehörten Brentano, Schmoller und Wagner. Die Gesellschaft zählte 1910 1475 Einzelmitglieder. Dazu kamen 252 korporative Mitglieder, worunter mehrheitlich nichtsozialistische Arbeiter- und Angestelltenverbände fielen. Weiteres zur personellen Zusammenstellung bei HEYDE, Gesellschaft für Soziale Reform, in: HEYDE, Internationales Handwörterbuch, S. 612; ein guter Überblick dazu bei BECKER, (wie Anm. 14), S. 301.

[154] Ebd., S. 611.

[155] Potthoff charakterisiert Privatbeamten als solche Personen, die „dauernd gegen Gehalt beschäftigt und weder als Arbeiter, noch als Gesinde, noch als öffentliche Beamte anzusehen" seien. Aus heutiger Sicht sind hier also Angestellte gemeint. Vgl. POTTHOFF, Einheitliches Privatbeamtenrecht, in: Annalen des Deutschen Reichs, S. 401.

[156] Vgl. Schriften der Gesellschaft für Soziale Reform, Heft 25; Passage auch abgedruckt bei POTTHOFF, Bestrebungen, in: Gewerbe- und Kaufmannsgericht, 1913, Sp. 285.

[157] Heinz Potthoff (1875-1945), studierte Rechts- und Staatswissenschaften in München, Leipzig und Berlin bevor er 1903 Mitglied des Reichstags wurde und 1918 als Referent für Arbeitsrecht im Bayerischen Ministerium für soziale Fürsorge sowie schließlich 1928 als Ministerialrat im Reichsarbeitsministerium wirkte. Vgl. KOSCH, Biographisches Staatshandbuch, Bd. 1, S. 284.

bei Ansätzen bleiben sollte, belegen die Resultate, die Potthoff in den nachfolgenden Jahren vorbringen konnte.

1908 trat Potthoff mit seinem „Programm eines Reichsarbeitsgesetzes“ an die Öffentlichkeit. Die „Schaffung eines einheitlichen Privatbeamtenrechts“ sei das Ziel, welches durch „Ausdehnung der günstigsten Spezialgesetze auf alle Gruppen“ erreicht werden sollte. Gefordert wurde dabei eine „einheitliche Fortentwicklung nach sozialen Grundsätzen“[158]. Die „Fortsetzung der bisherigen zerrissenen, zusammenhanglosen Spezialgesetzgebung“ würde „in eine Wildnis führen, in der kein Richter sich mehr zurechtfinden“ könne und „in der man allgemeine Rechtsgrundsätze vergeblich suche“. „Jedes Spezialgesetz [sei] ein Übel, wenn auch oft ein notwendiges“, führt Potthoff fort. Um „ein möglichst einfaches, klares, gerechtes und volkstümliches Recht“ erlangen zu können müsse es „allgemein gültig sein“. So sei eine „Reihe von Mindestbedingungen [...] für alle Dienstverträge möglich und notwendig“. Das BGB biete mit seinen 20 dienstvertragsrechtlichen Vorschriften[159] eine „unzureichende Grundlage“ für das Arbeitsverhältnis. „An seine Stelle sollte ein umfassendes Gesetz über den Dienstvertrag treten, das zunächst alle privatrechtlichen Beziehungen zwischen Arbeitgeber und Arbeitnehmer in sozialem Sinne soweit regelt, als eine Regelung neben den allgemeinen Rechtsgrundsätzen notwendig und gegenüber der Bewegungsfreiheit des Wirtschaftslebens möglich“ sei. Notwendig wäre daher die „Aufhebung der Vertragsfreiheit“ an Stellen, wo sie zu einer „Fesselung und Beeinträchtigung der Persönlichkeit“ führe[160]. Parallelen zu Flesch werden hier erkennbar. Soziales Recht müsse „Zwangsrecht“ sein. Umfassende Vertragsfreiheit ohne staatlichen Mindestschutz könne es nur geben, wenn sich „gleich Starke gegenüberstehen“ würden[161].

So räumt Potthoff ein, dass ein „soziales Gesetz nicht alle Spezialgesetze überflüssig machen“ würde, es könne aber „diese auf ein Minimum beschrän-

[158] POTTHOFF, Programm, DJZ 1908, Sp. 1302.

[159] Im Ersten Entwurf waren es hingegen lediglich 8 Paragraphen. Vgl. die obigen Ausführungen unter B. II 2. c).

[160] Ebd., Sp. 1304.

[161] Dieses Postulat führt er auch später weiter aus. Die „(Vertrags-)Freiheit“ sei zwar ein „erstrebenswertes Ziel und jede Beschränkung durch Staatsgesetze ein Uebel“. Ein „Eingreifen des Staates“ sei aber nicht immer vermeidbar. Auch wenn dadurch die „Vertragsfreiheit beschränkt“ würde, erfolge dies doch gerade „im Interesse der Freiheit“, denn es beschränke „nur die Freiheit des Einzelnen, seine Freiheit zu verkaufen“. So gelte es zu verhindern, dass der Einzelne im Arbeitsverhältnis nicht „zu einem willenlosen Werkzeug des anderen, zu einem seelenlosen Rädchen im Maschinengetriebe der Großunternehmung“ werde. Sozialpolitik sei schließlich ein „Zwang zur Freiheit“. Näheres zu diesem Ansatz, den auch schon vor Potthoff andere hervorhoben und gegen die „Herrschaft der Arbeitgeber“ appellierten, wie beispielsweise Brentano oder Fuld, bei POTTHOFF, Grundlagen des Arbeitsrechts, in: Annalen des Deutschen Reichs, S. 634.

ken" und „die für alle Arbeitsverträge wichtigen Verhältnisse regeln und eine große Reihe sozialer Bestimmungen einzelner Gesetze und Wünsche der Arbeitnehmer verwirklichen"[162].

Nachdem man mit dem zu schaffenden „allgemeinen Arbeitsgesetz" und seinen zwingenden Vorschriften eine „Grundlage für alle Arbeitsverhältnisse geschaffen" habe, würden „daneben noch viele dispositive Regeln oder Lücken stehen, die der Vertragsfreiheit Spielraum" ließen. An dieser Stelle sollten ergänzende Vorschriften über den Dienstvertrag der Privatbeamten eingefügt werden[163]. Ein „allgemeines Reichsarbeitsgesetz" sollte also geschaffen werden, das einerseits zwingende Normen beinhalte und als „Zwangsrecht" zu charakterisieren sei, andererseits auch Ergänzungen in Form von dispositiven Regelungen zulassen würde, um den einzelnen Besonderheiten, umfassend gerecht werden zu können[164].

Doch schon zuvor machte Heinz Potthoff mit seinem Reformvorhaben, das primär zentrale Probleme des Arbeitsvertragsrechts unter Wahrung von zwingenden „Mindestbedingungen" zu regeln beabsichtigte und damit allgemeine Rechtsunsicherheit verdrängen sollte[165], auf sich aufmerksam.

Von einer „beispiellosen Zerfahrenheit der Rechtsverhältnisse der sogenannten Privatangestellten" spricht Potthoff auch schon 1906.[166] Die „Unzahl von Gesetzen", deren Vorschriften für das Dienstvertragsrecht anwendbar seien, würde für Verwirrung sorgen. Einschränkend führte Potthoff jedoch an, dass das „Nebeneinanderstehen vieler Gesetze [...] an sich noch kein Unglück [darstelle], wenn alle Gesetze auf den gleichen Grundsätzen aufgebaut" wären[167]. Maßgeblich für das „Unglück" sei vielmehr die zwischen den einzelnen Berufsgruppen herrschende „Rechtsungleichheit". So bestünden unterschiedliche Vorschriften aus verschiedenen Gesetzen, wie BGB, GewO oder HGB, die für jede Berufs-

[162] POTTHOFF, (wie Anm. 158), S. 1304; im Anschluss fügte Potthoff seinen Ausführungen einen umfangreichen Forderungskatalog bei, in dem er vorschlug, was gesetzlich geregelt werden sollte. Zu nennen sind hier beispielsweise Begriffsbestimmungen über den Arbeitsvertrag und seinen Parteien (I. Nr. 1); die Regelung der allgemeinen Pflichten der Arbeitgeber und Arbeitnehmer (I. Nr. 2); Festsetzung wichtiger Gründe, die zur fristlosen Kündigung des Dienstverhältnisses führen könnten (II. Nr. 12), Mindestbedingungen des Arbeitgebers gegenüber den Arbeitern in gesundheitlicher und sittlicher Beziehung (II. Nr. 18) sowie Regelungen über die tägliche Höchstarbeitszeit (II. Nr. 21) und Verbot der Sonntagsarbeit (II. Nr. 23). Die Auflistung aller Forderungen: POTTHOFF, (wie Anm. 158), Sp. 1304-1306.

[163] Hier sollten beispielsweise Regelungen zur Kündigungsfrist des Arbeitsverhältnis festgeschrieben werden; vgl. POTTHOFF, (wie Anm. 158), Sp. 1306.

[164] So folgert auch BECKER, (wie Anm. 14), S. 304.

[165] Unter demselben Titel erschien 1912 sein Werk „Probleme des Arbeitsrechts", in welchem er sein Programm für ein Reichsarbeitsgesetz erneut berücksichtigte; vgl. dazu insb. S. 102-105.

[166] POTTHOFF, Einheitliches Privatbeamtenrecht, in: Annalen des Deutschen Reichs, S. 401.

[167] Ebd., S. 406f.

gruppe Angelegenheiten, die das Dienstverhältnis betreffen würden, verschieden regelten[168].

Diese vorherrschende Rechtszersplitterung stelle „keinen Ruhm" für die Gesetzgebung dar. Die Zersplitterung arbeitsrechtlicher Normen würde dadurch begünstigt werden, dass die Gesetzgebung auf diesem Gebiet lediglich durch Wünsche einzelner Gruppierungen, die auf Unterstützung einflussreicher Parteien stoßen würden, einseitig durch Verabschiedung von „Sondergesetzen" in Gang gebracht werde. Um die hieraus resultierenden „Verlegenheitsgesetze", die im Ergebnis lediglich spezielle Gruppen von Arbeitnehmern begünstigen, mithin privilegieren würden, zugunsten gleichgeordneter Verhältnisse zurückdrängen zu können, sei eine „Vereinheitlichung des Rechts" und damit bezogen auf die Angestellten ein „einheitliches Privatbeamtenrecht" erforderlich.

Für die Realisierung dieses Ziels sei es jedoch nicht notwendig, „ein Gesetzbuch für alle Gruppen" zu erschaffen. Dies sei auch nicht möglich, da die verschiedenen Berufsgruppen der Privatangestellten „stets gewissen Rechtsverschiedenheiten" unterliegen würden. Maßgeblich sollte vielmehr sein, dass „allen Gesetzen einheitliche Gedanken zugrunde gelegt" und „Abweichungen sich auf das Notwendige und Vernünftige beschränken" würden.[169]

Die Notwendigkeit eines „Reichsarbeitsgesetzes", bestand also noch nicht; zwei Jahre, bevor Potthoff mit seinem „Programm" an die Öffentlichkeit trat. Spezialgesetzgebung sei zwar ein Übel, wenn aber auch ein notwendiges, das darin begründet sei, dass verschiedenartige Berufsgruppen, Rechtsverhältnisse nicht „in wörtlicher Übereinstimmung" gebracht werden könnten. Anknüpfungspunkt für die Beseitigung der „Zerfahrenheit der Rechtsverhältnisse der Privatangestellten" sollte schließlich eine Verbesserung der Spezialgesetze sein.

Dass Potthoff in seinen späteren Schriften mit seinen Reformierungsbestrebungen des Arbeits(vertrags-)rechts weiter gehen wollte, belegt nicht nur sein umfassendes Programm eines Reichsarbeitsgesetzes aus dem Jahre 1908. Anlässlich der Verhandlungen der 4. Generalversammlung der Gesellschaft für Soziale Reform rügt Potthoff erneut das Vorherrschen von „Gelegenheitsgesetzgebung", und das nur „stückweise" Voranschreiten der „sozialen Gesetzgebung", die jedoch lediglich die „Erfüllung von Wünschen bestimmter Interessengrup-

---

[168] Potthoff listet hier einen ganzen Katalog von Gegenständen auf, die je nach Berufsrichtung separat geregelt seien. Beleuchtet werden beispielsweise Beendigung des Dienstverhältnisses, Gehaltszahlung in Krankheitsfällen sowie die Vorschriften über die Gewährung eines Dienstzeugnisses.
Besonders misslich erschien, wie sich auch später auf den Verhandlungen des Deutschen Juristentages von 1910 und 1912 aufzeigen lässt, die Privilegierung der Handlungsgehilfen, die seinerzeit bereits über diverse Schutzvorschriften, die sich aus dem HGB ergaben, verfügten und damit gegenüber den übrigen Angestelltengruppen privilegiert waren.

[169] Ebd., S. 412.

pen“ verfolge. Die Folge dessen sei eine Verabschiedung von Sondergesetzen, welche wiederum keine Rücksicht auf die Wirkungen nehmen würden, die „ein solches Sondergesetz auch auf benachbarte soziale Gruppen haben müsste“[170].

Begünstigt würde diese Rechtslage durch die Mehrheitsverhältnisse im Reichstag: Die „Parteizersplitterung“ bringe „eine sehr starke Konkurrenz von Anregungen, Anträgen und dergleichen mit sich“, die es erschwere, „zeitgemäße Gedanken in Ruhe und Gründlichkeit ausreifen zu lassen“[171]. Auch müsse die Regierung mit „immer wechselnden Parteikonstellationen, oft mit ganz zufälligen Mehrheiten für bestimmte soziale Wünsche und Gesetze rechnen“. Die Verhältnisse im Parlament scheinen also auch eine Rolle hierbei zu spielen.

Die Folge dieser Entwicklung sei schließlich „die kolossale Zersplitterung“ des Dienstvertragsrechts der Privatangestellten.

Weiterhin charakterisiert Potthoff das gegenwärtige Recht als unsozial; gleiches wäre auch auf Seiten der Rechtsprechung zu vertreten, da sie willkürliche Privilegierung von bestimmten Berufsgruppen vornehmen würde[172]. Der Grund für diese, wie es Potthoff qualifizierte, „mangelhafte Rechtsprechung“ schien erneut in der „Zersplitterung des Rechts“ zu liegen. Würde ein „einheitliches“, „einfaches“, „allgemein gültiges“ Arbeitsrecht existieren, so würde den Richtern „das Eindringen in diese Gesetzgebung wesentlich erleichtert“, was schließlich zu einer Verbesserung der Rechtsprechung führen könne[173].

An dieser Stelle verweist Potthoff auf die Resolution von 1896, bezweifelt aber zugleich, ob ein „damals beschlossenes Gesetz besonders gut in unserem Sinne ausgefallen“ wäre. So sei in den letzten Jahren „viel zugelernt“ worden. Die Zeit für die Notwendigkeit eines sozialen Arbeitsvertragsrechts“, im Rahmen eines „allgemeinen Reichsgesetzes“[174], schien erst jetzt reif zu sein.

Dieses Ziel sollte in zwei Schritten realisiert werden. Auf erster Stufe galt es, „aufklärende Arbeit“ zu leisten, insbesondere durch Veröffentlichung „kleiner Aufsätze und Flugblätter“ mit der Zielvorstellung, auch „in solche Kreise zu dringen“, die mit der Fachöffentlichkeit nicht in unmittelbarer Verbindung stehen würden. Auf zweiter Ebene sollte ein Ausschuss „zur Ausarbeitung des Entwurfs eines allgemeinen Reichsgesetzes über den Dienstvertrag“ eingesetzt werden. Mit dem Entwurf sollten sodann große Teile der bestehenden „Sondergesetze“ überflüssig werden. Skeptisch äußerte sich Potthoff hinsichtlich der

---

[170] POTTHOFF, Das Dienstrecht der Privatbeamten, in: Das Recht der Privatbeamten und die Pensionsversicherung der Privatbeamten, S. 19.

[171] Ebd., S. 19.

[172] Als Beispiel führt Potthoff hier die Anwendung der sog. Konkurrenzklausel an, die lediglich gegenüber Rechtsanwälten und Ärzten als unsittlich anzusehen sei, nicht jedoch gegenüber technischen und kaufmännischen Angestellten; POTTHOFF, (wie Anm. 170), S. 29f.

[173] Ebd., S. 32.

[174] Ebd., S. 41.

Rolle, die hierbei das Parlament und die Regierung zu spielen habe. So sei nicht anzunehmen, dass „aus dem heutigen Reichstage mit seiner Zerrissenheit, mit dem Mangel einer einheitlichen Mehrheit ein Werk wie ein soziales Recht des Dienstvertrages [...] geboren werden" könne. Daher bestünde auch wenig Hoffnung, „dass die Regierung hier die Initiative" ergreife. Als Lösungsvorschlag führt Potthoff nachfolgend etwas an, was aus heutiger Perspektive, bezogen beispielsweise auf das Bertelsmann-Projekt, sehr aktuell erscheint: Um das Ziel einer Kodifizierung des Arbeitsvertragsrechts voranbringen zu können, empfiehlt Potthoff, „die Initiative von außen her, von dritter Seite" einzuleiten. „Durch Heranziehung hervorragender Männer der Wissenschaft und Praxis" sollte dieses „künftige Reichsgesetz" unter der Schirmherrschaft der Gesellschaft für Soziale Reform vorbereitet werden[175].

Schließlich versucht Potthoff „die Notwendigkeit eines sozialen Arbeitsvertragsrechts" zu begründen, indem er hervorhebt, dass „die gesetzlichen Bestimmungen über den Arbeitsvertrag [...] die Grundlage geben [würde] für die wirtschaftliche Existenz der Mehrheit des ganzen Deutschen Volkes"[176]; eine „Gruppe von weit über 30 Millionen Menschen", die nach Maßgabe „dieser zersplitterten Paragraphen" [im] Arbeitsrecht" lebe und arbeite. So sei es umso wichtiger, dass, wenn auch in „jahrelanger Arbeit", ein „fortschrittliches, soziales Reichsgesetz über den Arbeitsvertrag" geschaffen werden müsste[177]. Bemerkenswert ist an dieser Stelle, dass Potthoff offenbar nicht lediglich isoliert von Privatangestellten spricht, sondern vielmehr das Bedürfnis nach einem Arbeitsvertragsgesetz nahezu für die gesamte arbeitende Bevölkerung hervorhebt.

1912 wiederholte er seine Forderung nach einem einheitlichen Arbeitsrecht in seiner bekannten Schrift „Probleme des Arbeitsrechts". Erneut wurde die „Zersplitterung des Rechts in mehrere Dutzend von einander abweichender Gesetze" angeprangert und dies „als die größte Schwierigkeit für die richtige Kenntnis und Auslegung des Rechts" qualifiziert[178]. Doch ging nun Potthoff noch einen Schritt weiter; sein Vorbringen aus den Jahren zuvor ließ dies schon anklingen:

---

[175] Ebd., S. 42.

[176] Ebd., S. 43. Erneut werden hier Parallelen zu Karl Flesch erkennbar, der den Arbeitsvertrag zur wichtigsten „Grundlage" der gesamten Staats- und Rechtsordnung erhob; vgl. die Ausführungen unter B. II. 3. b).

[177] Ebd., S. 43; das Eintreten für soziales Recht wird auch in späteren Schriften als maßgebend hervorgehoben. Sozialpolitik sei „keine Liebesgabe" an einzelnen Schichten, sondern „eine Notwendigkeit im Gesamtinteresse". Sie beruhe nicht auf „Mitleid oder Nächstenliebe", sondern auf „Zweckmäßigkeitserwägungen". So sei es nämlich im Interesse des Staates, dass „mit der Arbeitskraft, mit der Leistungsfähigkeit" der arbeitenden Staatsbürger „rentabel gewirtschaftet wird". Der größte Teil des „Volksvermögens" stecke nämlich nicht in Grund und Boden, sondern „in den Staatsbürgern". Vgl. POTTHOFF, Grundfragen des Arbeitsrechts, in: Annalen des Deutschen Reichs, S. 633; POTTHOFF, (wie Anm. 170), S. 24.

[178] POTTHOFF, Probleme, S. 94.

Fortan sollte es nicht nur um die Förderung eines „einheitlichen Privatangestelltenrechts“ gehen. Dieses könne, so führte Potthoff an, „nicht isoliert stehen“. Seine „Schaffung [würde] einen starken Einfluss auch auf das übrige Arbeitsrecht ausüben“. Der Begriff der sozialen Gesetzgebung sei „allen Gruppen gegenüber grundsätzlich der gleiche“. „Eine scharfe Scheidung [ließe] sich auch zwischen Angestellten und Arbeitern gar nicht ziehen“[179]. Hier scheint sich ein Wandel in den Ansätzen Potthoffs vollzogen zu haben. So sprach er sich in seiner Schrift aus dem Jahre 1906, in welcher er die Verabschiedung eines einheitlichen Gesetzbuches noch nicht für notwendig erachtete, wie auch in seiner späteren Veröffentlichung von 1908, noch für eine Trennung zwischen Arbeiter und Angestellten aus. Es sei falsch, „von vornherein nur auf ein einheitliches Recht der Privatangestellten abzuzielen“. Die Frage müsse künftig weiter gestellt werden; nämlich „inwieweit an Stelle des jetzigen Wirrwarrs von Spezialgesetzen einheitliche soziale Schutzvorschriften für die Gesamtheit der Arbeitnehmer gesetzt werden [könnten] und inwieweit solche allgemeine Bestimmungen dann einer Ergänzung durch besondere soziale Schutzvorschriften zugunsten der Privatangestellten“ bedürften. Unterschiede zwischen Arbeitern und Angestellten bestünden nun doch weiterhin. Diese könnte man aber dadurch ausgleichen, indem ergänzende Vorschriften für die jeweilige Berufsgruppe festgelegt würden[180].

Das zu schaffende „einheitliche Arbeitsgesetz“ sollte „praktisch“ sein; dies sei bei einer Rechtsmaterie wie beim Arbeitsrecht besonders wichtig. So sollte nicht „jedes einzelne Arbeitsverhältnis“ durch Gesetz bestimmt werden, sondern lediglich „die untere Grenze für Vertragsabmachungen festgelegt werden“. Kasuistik müsse vermieden werden. Auch eine Aufzählung „jeden einzelnen Falls“ wäre nicht sinnvoll. Vielmehr gelte es, „allgemeine Regeln“ zu schaffen, „die der soziologisch geschulte Richter dann nach den sich ändernden Bedürfnissen der Zeit und nach der Lage des einzelnen Falles mit Inhalt“ füllen könne[181]. Ein „praktisches“ mithin flexibles Gesetz müsste also geschaffen werden. Doch lässt sich dies mit Hilfe „allgemeiner Regeln“, die dann der Richter auszulegen und auf den konkreten Fall anzuwenden habe, bewerkstelligen?

Nun sollte also nicht mehr nur von einem einheitlichen Privatangestelltenrecht sondern vielmehr vom einheitlichen „praktischen“ Arbeitnehmerrecht die Rede sein. Und tatsächlich schien der Zeitpunkt für die Erweiterung dieser Forderung aus Sicht Potthoffs passend. So war nunmehr der „Stein ins Rollen“ gebracht worden[182], jedenfalls was die Materie des Privatangestelltenrechts anbe-

---

[179] Ebd., S. 99.
[180] Ebd., S. 99f.
[181] Ebd., S. 102.
[182] Ebd., S. 88.

langte. Die Deutschen Juristentage von 1910 und 1912 in Danzig und Wien beschäftigten sich mit dieser Angelegenheit und damit mit der möglichen Vereinheitlichung des Privatangestelltenrechts. Auch die Gesellschaft für Soziale Reform schloss sich dem Vorbringen Potthoffs an und erhob am 12.3.1912 die systematische Behandlung des gesamten Arbeitsrechts zur Aufgabe. Daher setzte der Hauptausschuss einen besonderen Unterausschuss ein, der sich nur mit arbeitsrechtlichen Fragen beschäftigen sollte[183].

Heinz Potthoff gehört schließlich, das hat die Auswertung der zentralen Schriften ergeben, zu den strikten Befürwortern der Kodifizierung des Arbeits(vertrags)rechts. Er ging sogar erstmals soweit, ein Gesetzbuch für alle Arbeitnehmer, also für Arbeiter und Angestellte zugleich, freilich mit gewissen Einschränkungen bzw. Erweiterungen für die jeweilige Berufsgruppe, zu fordern. Inwiefern ihm die Deutschen Juristentage von 1910 und 1912 folgten, ist gesondert im folgenden Abschnitt zu erörtern.

4. Wiederholung der Reichstagsresolution und die Verhandlungen des Deutschen Juristentages 1910/12

Auf politischer Ebene schienen die Ansätze aus der Wissenschaft, die gerade nach der Jahrhundertwende, wie die Ausführungen zu Abbe, Flesch und Potthoff gezeigt haben, im Bereich des Arbeitsvertragsrechts zunehmend auf eine Reformierung dieser Rechtsmaterie abzielten, Anklang zu finden. Hinsichtlich der Fragestellung nach einer möglichen Kodifizierung des Arbeitsvertragsrechts lässt sich dies an einem Resolutionsantrag belegen, der am 12.12.1907 im Reichstag von Seiten der Sozialdemokratie eingereicht worden war[184]. Bezeichnend erscheint der Inhalt dieses Antrags:

> „Der Reichstag wolle beschließen: die verbündeten Regierungen zu ersuchen, baldigst einen Gesetzesentwurf vorzulegen, der alle Arbeits- und Dienstverhältnisse, durch welche sich jemand verpflichtet, einen Teil seiner geistigen und körperlichen Arbeitskraft für die

---

[183] Der Beschluss des Hauptausschusses der Gesellschaft lautete: „Das Arbeitsrecht, d.h. die Summe der Rechtsnormen und Verkehrssitten, die die individuellen und kollektiven Beziehungen zwischen Arbeitgeber und Arbeitnehmer inner- und außerhalb des Betriebes regeln sollen, ist in einer umfassenden Systematik planmäßig unter Anfügung von Reformvorschlägen, in den Schriften der Gesellschaft darzustellen [...].
Unbeschadet der systematischen Behandlung des gesamten Arbeitsrechts sind bestimmte Aufgaben von großer Wichtigkeit und Dringlichkeit vorwegzunehmen, um sie als Themata für die nächste Generalversammlung vorzubereiten [...]"; entnommen aus: POTTHOFF, Die Bestrebungen des letzten Jahrhunderts zur Schaffung eines einheitlichen deutschen Arbeitsrechts, in: Gewerbe- und Kaufmannsgericht, 1913, Sp. 291.

[184] Dieser Antrag geht maßgeblich auf den Sozialdemokraten Albrecht zurück und wurde im Rahmen der Beratungen des Reichshaushalts-Etats für das Reichsamt des Inneren eingebracht.

häusliche Gemeinschaft, ein wirthschaftliches oder ein gewerbliches Unternehmen eines anderen gegen Lohn zu verwenden, durch reichsgesetzliche Vorschriften einheitlich regelt, die insbesondere
1. die Zeit, die Dauer und die Art der Arbeit so regeln, wie es die Erhaltung der Gesundheit, die Gebote der Sittlichkeit, die wirthschaftlichen Bedürfnisse der Arbeiter und ihr Anspruch auf gesetzliche Gleichberechtigung fordern,
2. die Kranken-, Unfall-, Invaliditäts-, Alters-, Arbeitslosen-, Relikten- und Mutterschafts-Versicherung ausbauen“[185].

Zwar handelt es sich hier inhaltlich lediglich um eine Wiederholung der vom Reichstag im Jahre 1896 gefassten Resolution; auffällig sind an diesem Antrag aber insbesondere die angefügten Ergänzungen, die sich an dem kaiserlichen Erlass Wilhelms II. vom 4. Februar 1890 orientierten[186].

Der Antrag wurde in der 113. und 114. Sitzung[187] des Reichstags behandelt und schließlich abgelehnt. So führte der Abgeordnete Pauli Bedenken gegen eine allgemeine Begrenzung der Arbeitszeit an. Es sei ausgeschlossen, dass man alle Arbeiter „gleichmäßig behandeln und einen Maximalarbeitstag für alle Branchen einführen“ könne. Zwischen den einzelnen Berufsgruppen bestünden hinsichtlich der Lage der Arbeitszeit derart gravierende Unterschiede, was von vorn herein einer einheitlichen Behandlung der Arbeiter entgegenstünde[188].

„Sozialpolitische Gesetzgebung“ könne zwar gefördert werden, „Unmögliches sollte man [...] dem Deutschen Volke nicht zumuten“ Die mit dem Antrag vorgebrachten Forderungen seien „nicht durchführbar“; vielmehr sei nur dasjenige zu realisieren, was „das Deutsche Volk zu leisten imstande“ sei. Darum wäre es zunächst erforderlich der „weiteren Entwicklung entgegen[zu]sehen“ und schließlich von einer „sozialpolitischen Gesetzgebung“ im Sinne des Resolutionsantrags abzusehen.

Auch wenn der Antrag der Sozialdemokraten keine Zustimmung im Reichstag fand, so kann doch konstatiert werden, dass die Forderung nach einer einheitlichen, gleichberechtigten Regelung des Arbeitsverhältnisrechts, welche sich vor allem gegen die Zersplitterung des für Arbeiter und Angestellte geltenden Rechts richtete, zunehmend lauter wurde. Dies lässt sich auch an den im

---

[185] Reichstagsdrucksache Nr. 544, Verhandlungen des Reichstags, XII. Legislaturperiode, I. Session, Anlage zu den Stenographischen Berichten Nr. 527-566, S. 3076.

[186] So gleichen sich die Ausführungen im Abschnitt zu Nummer 1 im Antrag genau mit jenen der kaiserlichen Botschaft von 1890, vgl. dazu die Ausführungen unter Anm. 50.

[187] Die 113. Sitzung fand am 2.3.1908, die 114. Sitzung am 3.3.1908 statt, vollständig abgedruckt in: Verhandlungen des Reichstags, XII. Legislaturperiode, I. Session 1907/1908, S. 3529ff.

[188] Heinrich Pauli führt hier beispielsweise Arbeiter an, die im Sommer bei der Ernte auf dem Feld einen längeren Arbeitstag benötigen würden als im Winter; Verhandlungen des Reichstags, 114. Sitzung, XII. Legislaturperiode, I. Session 1907/1908, S. 3573.

Rahmen der Deutschen Juristentage von 1910 und 1912 geführten Debatten, die im Folgenden näher beleuchtet werden sollen, aufzeigen.

a) Der 30. Deutsche Juristentag und das Angestelltenrecht

Der 30. Deutsche Juristentag in Danzig erhob die Prüfung hinsichtlich der grundsätzlichen Möglichkeit einer Ausdehnung von bereits bestehenden sozialen Schutzvorschriften der Handlungsgehilfen auf andere Angestelltengruppen zu einem Themenschwerpunkt[189]. Hierzu wurden Paul Oertmann[190], sowie Heinz Potthoff beauftragt, Gutachten zu verfassen, die sich im Rahmen der Beleuchtung der aufgeworfenen Fragestellung inhaltlich auch mit der Forderung nach der Entwicklung eines einheitlichen Angestellten- gar Arbeitsrechts beschäftigten[191].

Oertmann, der für die Schaffung eines „selbständigen Arbeitsrechts" plädierte, qualifizierte die für Privatangestellten bestehenden dienstvertragsrechtlichen Vorschriften als nicht ausreichend. So erschien ihm „die vorhandene Regelung als viel zu dürftig"; das „gesamte Recht des Dienstvertrages, der doch für das Wohl und Wehe von Millionen unserer Volksgenossen die Grundlage ihrer wirtschaftlichen Existenz" bedeute, könne nicht im Wege von „ganzen zwanzig Paragraphen" im BGB ausgestaltet werden. Zahlreiche Regelungen seien „zu lückenhaft", „wichtige Fragen" überhaupt nicht berücksichtigt. Eine „weitergehende Sonderregelung sei angebracht", zumal es mangels Vorliegen von sachlichen Gründen nicht einzusehen sei, lediglich die Handlungsgehilfen „einem Spezialrecht" zu unterwerfen, die Privatangestellten hiervon jedoch auszuschließen[192].

Inhaltlich stellten die Klagen keine neue Erscheinung dar; die Dürftigkeit bestehender Regelungen sowie die ungleiche Behandlungsweise wurde schon zuvor von Potthoff moniert.

Folgerichtig hielt Oertmann eine „Vereinheitlichung des Angestelltenrechts" für dringend erforderlich. Eine „Zersplitterung" des Angestelltenrechts in verschiedenen Gesetzen würde „die Gefahr einer Verschiedenheit des Rechtszu-

---

[189] Konkret lautete die dem Juristentag vorgelegte Fragestellung: „Empfiehlt es sich, soziale Schutzvorschriften, in der Art der für Handlungsgehilfen bestehenden, für Privatangestellte überhaupt zu treffen?" Vgl. Gutachten und Stenographische Berichte zu den Verhandlungen des 30. DJT (1910), Bd. 1 und 2.

[190] Mehr zu Paul Oertmann (1865-1938), Schwiegersohn von Bernhard Windscheid, bedeutender Zivil- und Prozessrechtler mit Lehrtätigkeit als o. Professor in Erlangen sowie Göttingen, Begründer des Rechtsbegriffs vom Wegfall der Geschäftsgrundlage, bei KLEINHEYER/ SCHRÖDER, Deutsche Juristen, S. 524; HATTENHAUER, Grundbegriffe, S.102; RÜCKERT, Richtertum, in: Gw., S.288.

[191] OERTMANN, Gutachten, Verhandlungen des 30. DJT, Bd. 1, S. 112ff.; POTTHOFF, a.a.O., S. 266ff.

[192] OERTMANN, (wie vorherige Anm.), S. 119.

standes“ mit sich bringen, was sachlich nicht gerechtfertigt sei. Würde der Gesetzgeber weiterhin arbeitsrechtliche Reformen auf dem „Wege der spezialisierenden Gesetzgebung“ durchsetzen, so würde eine „Ausgleichung erschwert“ und dieser noch entgegengearbeitet, da hierbei die Gefahr bestünde, dass Reformen lediglich auf bestimmte Gruppen von Angestellten beschränkt blieben[193]. Eine sich hieraus ergebende „innerlich unbegründete Verschiedenheit des Rechtszustandes“ würde sich „höchst abträglich auf die Übersichtlichkeit und Anwendbarkeit des Rechts“ auswirken sowie „empfindlich das Rechtsbewusstsein“ schädigen und es weiterhin den Beteiligten erschweren, „sich bei Übertritt in eine andere Sondergruppe der Angestellten in den maßgebenden Rechtszustand einzugewöhnen“[194]. Nebeneinanderstehende Spezialgesetze würden mithin „die Übersichtlichkeit des Rechtszustandes“ hindern und eine „eingehende wissenschaftliche Behandlung“ erschweren. Erforderlich sei vielmehr lediglich „eine Regelung, die auf die typischen inhaltlichen Verschiedenheiten der Dienstverhältnisse Rücksicht“ nehme, unabhängig davon, ob hiervor etwa Arbeiter oder Angestellten tangiert wären. Eine Abgrenzung nach „Lebensberufen“ habe „im Sinne einer Differenzierung nur insofern Berechtigung, als die Besonderheit des Berufes auch einen zureichenden Grund für eine besondere Gestaltung der maßgebenden Rechtssätze“ liefere.

Hieran lässt sich erkennen, dass Oertmann nicht nur die Angestellten einer einheitlichen Regelung des Arbeitsverhältnisrechts zuführen will. Berücksichtigungsfähig seien hier auch die Arbeiter, sofern eine einheitliche Regelung dieser Rechtsverhältnisse zusammen mit den übrigen Gruppen der Angestellten möglich erscheine.

Nach Oertmann sei nicht nur eine „Vereinheitlichung“ des „Angestelltenrechts“ erforderlich. Vielmehr solle sich das „Augenmerk des Gesetzgebers [...] auch auf inhaltliche Verbesserung“ richten. So seien die Angestellten vom Gesetzgeber „bislang als Stiefkinder“ behandelt worden; Schutzvorschriften, nun kehrt Oertmann wieder auf die vom Juristentag aufgebrachte Fragestellung zurück, seien nur spärlich ausgeprägt und müssten vielerorts erst noch entwickelt werden[195].

Schließlich äußerte sich Oertmann zur formalen Frage der Realisierung eines einheitlichen Angestelltenrechts. Dabei lehnte er eine Novellierung des BGB explizit ab. Wollte man sich für eine Änderung des BGB entscheiden, so würde dies zu einem „fortwährenden, ruhelosen Herumexperimentieren des Gesetzgebers“ führen und die „Heiligkeit des geltenden Rechts“ noch mehr untergraben. Die Vorschriften des BGB sollten vielmehr erhalten bleiben und neben ihnen ein

[193] Ebd., S. 120.
[194] Ebd., S. 121.
[195] Ebd., S. 122.

„Sonderrecht" geschaffen werden. Ein Sonderrecht „nicht nur für gewisse Einzelberufe, sondern ein Sonderrecht für die berufsmäßige Arbeit der Angestellten überhaupt". Ziel sei es damit zu erreichen, dass neben dem Handels- und Gewerberecht ein „selbständiges Arbeitsrecht" im Sinne einer Ergänzung des allgemeinen bürgerlichen Rechts trete.[196]

Oertmann plädierte schließlich für eine Kodifizierung des Arbeitsvertragsrechts. Auch wenn er im Ergebnis lediglich von „Angestelltenrecht" spricht, so ließ er doch erkennen, dass eine selbständige gesetzliche Regelung der verschiedenen Berufsgruppen, wie jene der Arbeiter und Angestellten, nicht vorbehaltlos ohne Rücksichtnahme von „zureichenden Gründen" für eine separate Gestaltung der Vorschriften, gefordert werden könne.

Der zweite Gutachter, Heinz Potthoff, plädierte ebenfalls für eine Vereinheitlichung des Arbeitsrechts. Er ging aber noch etwas weiter und forderte, wie auch schon vor dem Juristentag, die Schaffung eines Arbeitsgesetzes, das die Regelungen über den Dienstvertrag im BGB ersetzen und nicht, wie Oertmann forderte, ergänzen sollte. „Einheitliche soziale Schutzvorschriften für die Gesamtheit der Arbeitnehmer" sollten an die Stelle „des jetzigen Wirrwarrs von Spezialgesetzen" gesetzt werden[197]. So seien allgemeine Regelungen für alle Arbeitsverhältnisse zu schaffen. Für spezielle Berufsgruppen der Privatangestellten und Arbeiter sollte mittels „Sonderbestimmungen" Rechnung getragen werden[198]. Hinsichtlich der im Gutachten aufgestellten Forderungen an ein zukunftsfähiges Angestellten-, ja Arbeitsverhältnisrechts im Rahmen eines „Reichsarbeitsgesetzes" für die „Gesamtheit der Arbeitnehmer" lässt sich auf Postulate verweisen, die Potthoff in verschieden Schriften zwischen 1906 und 1912 an die Öffentlichkeit herantrug[199].

Weitere Stellungnahmen zur Frage der Vereinheitlichung des Privatbeamtenrechts lassen sich in der Diskussionsrunde des Juristentages ausmachen, an welcher auch die Gutachter teilnahmen.

---

[196] Ebd., S. 123.

[197] POTTHOFF, Gutachten, (wie Anm. 191), S. 281; diese Kernaussage findet sich auch später in seiner Schrift „Probleme des Arbeitsrechts" (1912), vgl. dazu die Ausführungen unter B. II. 3. c)

[198] Ebd., S. 282f.; 291.

[199] Vgl. hierzu die obigen Ausführungen unter B. II. 3.c) und im seinem Gutachten für den Juristentag in Danzig das gefasste Ergebnis auf S. 291. Wiederum plädierte Potthoff für eine Beschränkung der Vertragsfreiheit durch zwingende Gesetzesvorschriften, die den Schutz aller Arbeitnehmergruppen bezwecken sollte. Bedeutende Fragen, die das Arbeitsverhältnis tangierten, wie Arbeitszeit, Gesundheits- sowie Persönlichkeitsschutz sollten künftig jedoch nicht mehr ausschließlich zum Schutze des Individuums normiert und beschränkt werden. Vielmehr wurden diese Fragen auf übergeordnete kollektive Zwecksetzungen, wie der Gesamtgesellschaft oder des Staates bezogen. Näheres zu diesen inhaltlichen Ansätzen Potthoffs, vgl. BECKER, (wie Anm. 14), S. 308.

Staatsminister Klein[200] aus Wien rügte ebenfalls „die gegenwärtige Zerfahrenheit und Zersplitterung der Rechtsquellen über den Dienstvertrag“[201]. Es sei nicht einsichtig, weshalb nicht „auch andere Angestellte die sozialen Schutzvorschriften des Handelsrechts genießen“ sollten, weshalb lediglich den Handlungsgehilfen diese Vorschriften nach dem HGB zukommen und den übrigen Angestelltengruppen diese versagt würden[202]. Es gebe „keinen plausiblen Grund, den nichtkaufmännischen Privatangestellten [den] gleichen sozialen Schutz zu verweigern“[203]. In den meisten Fällen würden „die Interessen der kaufmännischen, gewerblichen, technischen und sonstigen Angestellten parallel“ verlaufen[204]. Eine „grelle Rechtsverschiedenheit“ zwischen diesen Berufsgruppen sei nicht zu konstatieren. Insbesondere hinsichtlich der „Dauer und Endigung des Dienstverhältnisses“ würde es sich empfehlen, „die nicht kaufmännischen Angestellten auf gleichem Fuße mit den kaufmännischen Angestellten zu behandeln“[205].

Hinsichtlich der von den Gutachtern geforderten Vereinheitlichung des Angestelltenrechts äußerte sich Klein skeptisch. Gewiss sei es nachvollziehbar, wenn das Thema und die dem Juristentag vorgelegte Fragestellung weiter gefasst würde – Klein bezieht sich hier auf das Gutachten von Heinz Potthoff – und „anstatt nach einem Teile zu fragen, sich gleich auf das Ganze zu richten“. Doch sei der „Juristentag augenblicklich nicht in der Lage [...], auch über alle außerhalb des Handelsgesetzes gelegenen Materien zu entscheiden“[206]. Die „formelle Vereinheitlichung des Dienstvertragsrechts für die Gesamtheit der Privatangestellten“ könne zunächst lediglich „als ein vielleicht mögliches Ziel“ ins Auge zu fassen sein. Zuvor jedoch würden hier „noch manche harten Nüsse zu brechen sein“. Das Dienstverhältnis sei „organisch“; die Juristentagsbeschlüsse sollten sich nicht „an ein noch so unüberschaubares Projekt wagen“. Anstatt lediglich einen Wunsch für ein einheitliches Dienstvertragsrecht äußern zu können, sollte dieses Ziel besser auf einen späteren Zeitpunkt verschoben werden – bis zu dem Tag nämlich, an dem genau angegeben werden könne, „mit welchem Inhalte und in welcher Gestalt [...] das einheitliche Dienstrecht als empfehlenswert und realisierbar“ zu qualifizieren sei.

Folgerichtig plädierte Klein im Ergebnis dafür, lediglich die vom Juristentag vorgelegte Fragestellung derart zu bejahen, dass die bestehenden sozialen

---

[200] Franz Klein (1854-1926) bekleidete das Amt des österreichischen Justizministers zwischen 1906 und 1908 sowie 1916.
[201] KLEIN, Protokolle, Verhandlungen des 30. DJT, Bd. 2, S. 127.
[202] Ebd., S. 131.
[203] Ebd., S. 131f.
[204] Ebd., S. 133-135.
[205] Ebd., S. 135.
[206] Ebd., S. 143.

Schutzvorschriften als zwingendes Recht für alle Privatangestellten auszudehnen seien[207].

Justizrat Junck monierte ebenfalls die unzureichende rechtliche Ausgestaltung des Arbeitsverhältnisrechts der Angestellten. So sei das „Bürgerliche Gesetzbuch auf dem Gebiete des [...] Dienstvertragsrechts etwas karg und lückenhaft“ ausgeprägt. Gerade „im Punkte sozialpolitischer Schutzvorschriften“ bliebe das Recht der Angestellten „mehrfach hinter dem Handelsgesetzbuche“ zurück[208]. Die Vereinheitlichung des Privatangestelltenrechts würde nicht dazu führen, dass der weitere sozialpolitische Fortschritt der Handlungsgehilfen zurückgehalten oder erschwert würde. Vielmehr sollten diese Regelungsgegenstände, die die Handlungsgehilfen haben zuvor erringen können, wegen ihrer Fortschrittlichkeit als Vorbild dienen[209]. Eine Übertragung des Handlungsgehilfenrechts auf die übrigen Privatangestellten könne jedoch nicht vorbehaltlos erfolgen. Dies würde „das Übel nur verschlimmern“, da das [...] Handlungsgehilfenrecht selbst und das Recht der benachbarten Berufskategorien sich gegenwärtig im Flusse der Gesetzgebung“ befinde. Deshalb sei eine unreflektierte Ausdehnung der Schutzvorschriften der Handlungsgehilfen auf die Berufsgruppe der übrigen Privatangestellten nicht zielführend. Als Lösungsansatz votierte Junck, im Gegensatz zu seinem Vorredner Klein, für die Schaffung eines einheitlichen Angestelltenrechts. Soweit wie Potthoff, den Junck als ein „Prophet des Angestelltenrechts“ charakterisierte, könnte aber nicht vorangeschritten werden. So sollte auch künftig das Recht der Angestellten von dem des Arbeiters getrennt bleiben. Zur Begründung führte Junck an, dass die „wirtschaftlichen Bedürfnisse, die Standesbedürfnisse des Arbeiters auf der einen, des Angestellten auf der anderen Seite“ nicht dieselben sein könnten. So sei die „historisch gewachsene Trennung zwischen Arbeitern und Angestellten aufrecht“ zu erhalten. Auch benötige man für das „Ziel eines einheitlichen Angestelltenrechts“ einen „über allen Parteien stehenden, mit weitem Blick ausgerüsteten, geistig souveränen Gesetzgeber“. Daher, so folgerte Junck zweifelnd, würde es „kaum eine nahe Zukunft sein, die uns diese große Rechtsbildung bringen“ werde. Dennoch müsste an dem Ziel „festgehalten“ werden[210].

Obwohl Junck die Schwierigkeiten für die Gestaltung eines einheitlichen Angestelltenrechts erkannte, hielt er eine Realisierung dennoch für möglich. Allerdings könne man dies allenfalls als „eine Aufgabe der Zukunft“ auffassen. Auf den ersten Blick scheint dieser Ansatz mit dem von Klein vergleichbar, der die Vereinheitlichung des Angestelltenrechts als „vielleicht mögliches Ziel“ der

[207] Ebd., S. 144.
[208] JUNCK, Protokolle, Verhandlungen des 30. DJT, Bd. 2, S. 147.
[209] Ebd., S. 151, 153.
[210] Ebd., S. 154.

(nahen) Zukunft qualifizierte. Dennoch versuchte sich Junck mit seinem Postulat von Klein abzugrenzen. So sei es nicht die Aufgabe des Juristentages, eine Prüfung einzelner sozialpolitisch umstrittener Vorschriften vorzunehmen; vielmehr sei der Juristentag dazu berufen, „die Forderung aufzustellen, im Sinne des Ansehens unseres Rechtes, im Sinne seiner Übersichtlichkeit, der wissenschaftlichen und praktischen Durchdringung [...] als zukünftiges Ziel des Gesetzgebers ein einheitliches Angestelltenrecht“ zu entwickeln[211].

Junck verfolgte im Gegensatz zu Klein also einen weitergehenden Ansatz, wenngleich dieser auch nicht so weit wie bei Potthoff reichte, der von der Schaffung eines einheitlichen Arbeitsrechts für die „Gesamtheit der Arbeitnehmer“ sprach. Dementsprechend sollte, so der abschließende Antrag Juncks, die von der Deputation formulierte Frage nicht nur bejaht sondern zusätzlich erklärt werden, dass „die Kodifikation des gesamten Angestelltenrechtes [... als] eine Aufgabe der Gesetzgebung der Zukunft“ aufzufassen sei[212].

Als strikter Gegner des Vorhabens nach einer Vereinheitlichung des Privatbeamtenrechts trat Viktor Blobel, Vertreter des Deutschnationalen Handlungsgehilfen-Verbandes, auf. Blobel befürchtete, dass infolge einer rechtlichen Gleichstellung der Handlungsgehilfen mit der Gesamtheit der Privatangestellten „die Handlungsgehilfenschaft einen Nachteil“ erleiden würde. Ihre rechtlich privilegierte Stellung würde durch das Ausscheiden dieser Berufsgruppe aus der „Berufsgemeinschaft mit dem Kaufmann“ abgeschwächt bzw. herabgesetzt werden[213]. Eine rechtliche Gleichsetzung der Handlungsgehilfen mit der Gruppe der Privatangestellten sei nicht sachgerecht. Zwar räumte Blobel ein, dass er und der Handlungsgehilfenverband, den er vertrat, grundsätzlich nicht gegen das Bestreben sei, der „Gesamtheit der Privatangestellten dieselben sozialen Rechte“ zu gewähren, die die Handlungsgehilfen bis dahin bereits inne gehabt hätten. Jedoch sei anzunehmen, dass infolge der Realisierung des geplanten Vorhabens zugunsten der Privatangestellten Bestrebungen der Handlungsgehilfen in Bezug auf den weiteren Ausbau ihres Rechts nicht erreicht werden könnten[214]. So plädierte Blobel im Ergebnis dafür, dass „unter keinen Umständen ein einheitliches Privatangestelltenrecht“ angestrebt werden sollte[215].

Die von Blobel angeführten Einwände stießen bereits während seinem Vortrag im Plenum auf Ablehnung[216]. Dementsprechend fand die Ansicht Blobels

---

211 Ebd., S. 155.

212 Ebd., S. 156.

213 BLOBEL, Protokolle, Verhandlungen des 30. DJT, Bd. 2, S. 160.

214 Ebd., S. 162f.

215 Ebd. S. 163.

216 Laut Sitzungsprotokoll wurde Blobel immer wieder durch Zurufe unterbrochen; in den Reihen der Zuhörer machte sich teilweise allgemeine Unruhe breit. Der Vorsitzende musste

auch bei der Beschlussfassung des Juristentages keine Berücksichtigung. Dies lässt sich auch damit belegen, dass unmittelbar nach der Rede Blobels ein weiterer Antrag gestellt wurde. Hiermit sollte zum Ausdruck gebracht werden, dass nicht einmal eine „Ausdehnung der für Handlungsgehilfen bestehenden sozialen Mindest-Schutzvorschriften auf sämtliche Privatangestellte" ausreichen würde und „vielmehr [...] ein einheitliches Privatbeamtenrecht für sämtliche Privatangestellte notwendig" sei[217].

Schließlich ist noch auf einen weiteren Diskutanten zu verweisen, der sich, wie auch andere Diskutanten, gegen die zuvor von Blobel vorgebrachten Einwände bezüglich der verfolgten Zielsetzung nach der Schaffung eines einheitlichen Privatangestelltenrechts wandte. So führte Günther, Vertreter des Deutschen Techniker-Verbandes, an, dass, obwohl der Vorredner Blobel als Vertreter des Deutschnationalen Handlungsgehilfenverbandes auftrat, keineswegs alle Handlungsgehilfen gegen eine Vereinheitlichung des Privatangestelltenrechts votieren würden[218]. Damit schien es also auch unter den Anhängern dieser rechtlich privilegierten Berufsgruppe durchaus Stimmen zu geben, die sich für eine Gleichstellung der Angestellten einsetzten.

Die Diskutanten schienen sich also im Grundsatz einig zu sein; eine gänzliche Ablehnung hinsichtlich der Frage nach einer Vereinheitlichung des Angestelltenrechts, so wie es Blobel forderte, würde nicht in Betracht zu ziehen sein. Die Frage nach dem „ob" schien entschieden zu sein. Uneinigkeiten bestanden jedoch weiterhin hinsichtlich der jeweils vorgeschlagenen Vorgehensweise zur Erreichung dieses Ziels. Potthoffs Forderung nach der Schaffung eines „allgemein gültigen Gesetzes" für die „Gesamtheit aller Arbeitnehmer"[219], gleich ob Arbeiter oder Angestellter, ging freilich am weitesten. Andere, wie Klein oder Junck, wollten behutsamer vorgehen und das Projekt jedenfalls als eine „Aufgabe der Zukunft" oder als „ein vielleicht mögliches Ziel" betrachten und zunächst, im ersten Schritt, die dem Juristentag vorgelegte Fragestellung bejaht wissen.

In diesem Sinne kam der 30. Deutsche Juristentag zu folgendem Ergebnis: „Die für Handlungsgehilfen bestehenden sozialen Schutzvorschriften sind als zwingendes Recht auf alle Privatangestellten auszudehnen, die höhere Dienste

---

schließlich Blobel unterbrechen, um den Vortragenden darauf aufmerksam zu machen, dass seine Ausführungen an der einschlägigen Fragestellung vorbeiführen würden.

[217] So sollte auf „die Tagesordnung des nächsten Juristentages die Frage zu setzen [sein], welche sozialen Schutzvorschriften gleichmäßig für alle Privatangestellten zu treffen" seien; vgl. Protokolle, Verhandlungen des 30. DJT, Bd. 2, S. 163.

[218] GÜNTHER, Protokolle, Verhandlungen des 30. DJT, Bd. 2, S. 163ff.

[219] POTTHOFF, Protokolle, Verhandlungen des 30. DJT, Bd. 2, S. 281, 291.

zu leisten haben“[220]. Potthoff hatte sich mit seinem weit reichendem „Programm eines Reichsarbeitsgesetzes“, noch nicht durchsetzen können.

Am Schluss der Tagung wurde dann die Prüfung der Frage, welche sonstigen sozialen Schutzvorschriften sich zur Ausdehnung auf alle Privatangestellten eignen würden, zum Programm des nächsten Juristentages erhoben. Potthoff sollte damit zwei Jahre später, auf dem 31. Deutschen Juristentag in Wien, erneut die Chance erhalten, für das Vorhaben eines einheitlichen Arbeitsverhältnisrechts im Rahmen eines „Reichsarbeitsgesetzes“ werben zu können.

b) Der 31. Deutsche Juristentag und das Angestelltenrecht

Der 1912 in Wien tagende 31. Juristentag beschäftigte sich sodann mit der Frage, welche für Handlungsgehilfen geltende Schutzvorschriften auf die Berufsgruppe der übrigen Privatangestellten erstreckt werden könnten[221]. Diesmal wurden im Vorfeld drei Gutachten vorgelegt. Neben Georg Baum[222] und Rudolf Kobatsch[223] aus Wien trat erneut Heinz Potthoff als Gutachter auf.

Potthoff stellt gleich zu Beginn seines Gutachtens klar, dass er hinsichtlich seiner bereits vor dem 30. DJT „aufgestellten Forderungen für ein allgemeines Angestelltenrecht auf der Grundlage eines sozialen Arbeitsrechts nichts zurückzunehmen“ habe[224]. Insofern ließ er auch davon ab, erneut seine Thesen für ein Reichsarbeitsgesetz für alle Arbeitnehmer aufzustellen und beschränkte seine Ausführungen weitgehend auf inhaltliche Fragen, deren Erörterung für die Durchführung der dem Juristentage vorgelegten Fragestellung von Bedeutung sei.

Dennoch versäumte es Potthoff nicht, auf die damaligen Schwierigkeiten der arbeitsrechtlichen Gesetzgebung hinzuweisen. So würde die vorherrschende „beängstigende Paragraphenzahl zum großen Teil auf der Gelegenheitsgesetzesmacherei und der zu weit gehenden Kasuistik unserer Spezialgesetze“ beru-

---

220 Protokolle, Verhandlungen des 30. DJT, Bd. 2, S. 197.

221 Konkret lautete die Fragestellung: „Welche der für Privatangestellte außerhalb des Handelsgesetzbuches geltenden sozialen Schutzvorschriften eignen sich zur Erstreckung auf alle Privatangestellten?“ Vgl. Gutachten und Stenographische Berichte zu den Verhandlungen des 31. DJT (1912), Bd. 1 und 3.

222 Georg Baum (1874-1933) war in Berlin als Rechtsanwalt und Dozent an der Handelshochschule tätig. Baum gilt als Mitschöpfer der Gewerbe- und Kaufmannsgerichte, der Vorläufer der Arbeitsgerichte. Vgl. TETZLAFF, 2000 Kurzbiographien, S. 77.

223 Rudolf Kobatsch (1868-1929) lehrte als Professor für politische Ökonomie zunächst an der Konsularakademie, dann als PD an der Technischen Hochschule in Wien. Kobatsch verfasste zahlreiche Abhandlungen auf dem Gebiet der Zoll- und Handelspolitik. Vgl. KILLY, Deutsche Biographie, S. 439; OBERMAYER-MARNACH, Österreichisches biographisches Lexikon, Bd. 4, S. 54f.

224 POTTHOFF, Gutachten, Verhandlungen des 31. DJT, Bd. 1, S. 70.

hen[225]. Diese „Gefahr“, die „aus dem gegenwärtigen kasuistischen Wirrwarr“ entstanden sei, wäre dann beseitigt, sobald man sich daran gewöhnt habe, „allgemein gültige Gesetze für die Gesamtheit der Arbeitnehmer oder wenigstens der Privatbeamten“ zu entwickeln, „sobald diese Gesetze sich auf die Festlegung von Regeln beschränken und die Anwendung auf alle Einzelfälle wieder mehr als bisher dem Richter überlassen“ würde. Potthoff greift hier wieder sein Ziel auf, für die Vereinheitlichung des Arbeitsrechts neben den Angestellten auch die Arbeiterschaft in den Blick zu nehmen. Augenfällig erscheint an dieser Stelle aber die von Potthoff getroffene Einschränkung, im Zweifel „wenigstens“ die Angestellten für die Realisierung des Vorhabens zu erfassen. Dieser „Rückzug“ Potthoffs lässt sich auch anhand eines weiteren Postulats ausmachen: So sei „für die vielen besonderen Verhältnisse und Bedürfnisse der einzelnen Gewerbezweige und Berufe [...] nicht das Reichsgesetz der geeignete Ort der Regelung“. Vielmehr würde hier „die Aufgabe für Vereinbarungen zwischen den organisierten Parteien (Tarifverträge) oder für amtliche Organisationen“ liegen. Es wäre möglich, die „Gesetzgebung und [...] Verwaltung außerordentlich [zu] entlasten“, wenn man sich entschließen könnte, „Arbeitskammern mit weitgehenden Befugnissen zu schaffen, so daß sie einerseits die Gewerbepolizei aus den Händen der Bureaukratie in die der Selbstverwaltung der Beteiligten brächten, andererseits den Boden abgäben, auf dem in paritätischer Verhandlung eine auf Sachkenntnis beruhende Regelung der Rechtsverhältnisse einzelner Berufe und Landesteile erfolgen könnte“[226].

Ein „allgemeines Reichsgesetz“ würde also für das Vorhaben nach einer Vereinheitlichung des Arbeitsrechts, das unübersichtliche, zersplitterte „Wirrwarr von Spezialgesetzen“, welche Rechtsungleichheit und Rechtsunsicherheit fördern würden, nicht allein beseitigen können. Zum einen sollte die Funktion des Richters bei der Gesetzesanwendung im konkreten Einzelfall gestärkt werden, der mithilfe allgemeiner Vorschriften interessengerechte Ergebnisse erzielen sollte[227]. Zum anderen räumte Potthoff ein, dass für „besondere Verhältnisse“ einzelner Berufsgruppen ein Reichsgesetz, mithin die arbeitsrechtliche Kodifikation, für die Regelung des Arbeitsverhältnisrechts nicht zielführend sein könnte. Vielmehr sei hier ein autonomer Interessenausgleich förderlich, etwa durch Vereinbarung von Tarifverträgen zwischen den organisierten Parteien. Auf diesem Wege könnte im Rahmen paritätisch geführter Verhandlungen eine im Einzelfall sachgerechte Regelung der Rechtsverhältnisse erfolgen, die durch staatliche Gesetzgebung möglicherweise nicht erzielt würde.

---

[225] Ebd., S. 110.
[226] Ebd., S. 110f.
[227] Dies führte Potthoff auch in seiner Schrift „Probleme des Arbeitsrechts“ an; vgl. obige Ausführungen unter Anm. 197 sowie unter B. II. 3. c).

Potthoff scheint hier bereits erkannt zu haben, dass die Kodifizierung des Arbeitsrechts wegen der Verschiedenartigkeit der jeweiligen Arbeitsverhältnisse nicht zur alleinigen Steuerung des Arbeitsverhältnisrechts geeignet sein würde.

Der zweite Gutachter, Rechtsanwalt Georg Baum, plädierte, ähnlich wie Potthoff, dafür, bei der Prüfung nach der Ausdehnung von Schutzvorschriften der Handlungsgehilfen nicht lediglich auf Privatangestellte abzustellen, sondern „alle Arbeitnehmer“ hierfür in den Blickpunkt zu rücken[228]. Schutzvorschriften seien für alle Arbeitnehmer erforderlich. Diese würden auch „dadurch nicht entbehrlich, daß der Arbeitgeber nicht mehr der wirtschaftlich Stärkere“ sei. Der Arbeitnehmer bedürfe des staatlichen Schutzes nicht nur deshalb, „weil er sich nicht schützen [könne], sondern auch zum Teil, weil er sich aus wirtschaftlichen Gründen nicht schützen“ wolle. Der Staat müsste gewährleisten können, dass der „wirtschaftliche Zweck des Arbeitsvertrages“, die „Verschaffung eines dauernden und standesgemäßen Lebensunterhalts“, erreicht werde. Zur Erreichung dieses Ziels seien soziale Schutzbestimmungen erforderlich; ein staatliches Eingreifen in das Arbeitsverhältnis sei in diesem Sinne also geboten[229].

Hinsichtlich der Realisierungschancen eines einheitlichen Arbeitsverhältnisrechts äußerte sich Baum eher skeptisch. Die Durchführung des einheitlichen Arbeitsrechts im Rahmen eines „besonderen Gesetzes“ erscheine jedenfalls „aus praktischen Gründen für Deutschland wenig aussichtsvoll“. So hielt es Baum kaum für möglich, „ein Gesetzgebungswerk in der Weise durchzuführen, daß man [...] sich streng auf die Kodifikation des geltenden Rechts beschränken“ könne.

Einzelne Fragen, „wie die Regelung der Rechtsverhältnisse der Landarbeiter und des Gesindes, das Koalitionsrecht der Eisenbahnangestellten, [... seien] politisch von zu einschneidender Bedeutung, als daß Aussicht [bestünde] sie nebenbei bei Einführung des allgemeinen Arbeitsrechts zu lösen“.

„Viel leichter“ sei es dagegen, das „einheitliche Arbeitsrecht“ in Form einer Änderung „weniger Paragraphen der Gewerbeordnung und des Gewerbegerichts- und Kaufmannsgerichtsgesetzes“ herbeizuführen. So sei man nämlich an „Gewerbenovellen“ in Deutschland „einigermaßen gewöhnt“[230]. Wäre das Ziel der Rechtseinheit auf dem Gebiet des Arbeitsrechts erst einmal erreicht, so könnte in einem weiteren Schritt „bei einer späteren Verbesserung des einheitlichen Arbeitsrechts an die Frage eines besonderen Arbeitsgesetzbuches“ herangegangen werden, in „das dann auch die betreffenden Bestimmungen aus dem Handelsgesetzbuch und aus dem Bürgerlichen Gesetzbuch mit auszunehmen

---

[228] BAUM, Gutachten, Verhandlungen des 31. DJT, Bd. 1, S. 140f.

[229] Ebd., S. 141f.

[230] Ebd., S. 144.

wären“[231]. Baum votierte zwar nicht grundsätzlich gegen eine Arbeitsrechtskodifikation. Doch rief er dazu auf, eine behutsame Vorgehensweise zu wählen: „Gerade auf dem Gebiete des Arbeitsrechts [bräuchte] nicht Alles auf einem Schlag geschehen. Die tatsächlichen Verhältnisse [seien] hier noch keineswegs fest“, diese wären vielmehr noch in „andauernder Entwicklung begriffen“. „Eine feste Kodifikation“ könnte zur Folge haben, „daß Reformbestrebungen der Einwand entgegengehalten [würde], man könne ein eben abgeschlossenes Gesetzgebungswerk nicht leichthin wieder durch Novellen“ abändern[232].

Man erinnert sich: Ähnliche Bedenken gegen die Kodifizierung des Arbeitsverhältnisrechts wurden schon bei der Ausarbeitung des BGB einige Jahre zuvor geäußert[233].

Nach Baum zufolge sollte zunächst noch an arbeitsrechtlichen Spezialgesetzen festgehalten werden. Eine Novellierung derselben, wie insbesondere die der Reichsgewerbeordnung, könnte bestehende Mängel beseitigen und die Schaffung eines einheitliches Arbeitsrecht ermöglichen. Insofern stellte sich Baum weitgehend gegen die von Potthoff und dessen Anhängern vorgebrachten Forderungen; jedoch nicht deshalb, weil ihm die hierbei verfolgten Motive nicht einsichtig erschienen, sondern eher darum, weil Baum dessen Realisierung in der vorgebrachten Weise aus rechtstatsächlichen Gründen nicht für möglich hielt.

Auch wandte sich Baum gegen das Vorbringen Potthoffs „allgemein gültige Gesetze“ zu erschaffen, die dann vom Richter durch Auslegung auf die konkrete Fallsituation transportiert werden sollten. Eine derartige „richterliche Freiheit“ sei nicht zu billigen, da den Parteien somit von vorn herein die Möglichkeit genommen würde, mit „einiger Sicherheit voraussagen zu können, wie das Gericht ein bestimmtes Verhalten beurteilen [werde] für den Fall, daß es zum Prozess“ käme. Gerade auf dem Gebiet des Arbeitsrechts müsste der betroffene Arbeitnehmer stets „selbst prüfen“ können, ob „sein Verhalten mit der Rechtsordnung“ übereinstimme. Dies sei jedoch nicht möglich, wenn das „ganze Recht nur aus allgemeinen Regeln“ bestehe, die „alles in die richterliche Auffassung“ stellen würde[234].

Die Furcht Baums vor richterlicher Willkür bei der Rechtsfindung und Entstehung undurchsichtigen sowie unvorhersehbaren Entscheidungen im Falle arbeitsrechtlicher Streitigkeit tritt hier offen zu Tage. Dabei scheint diese Problematik im heutigen Kontext nach wie vor aktuell zu sein. Ließe sich, um an die Argumente Baums anzuknüpfen, eine Überwindung von „unübersichtlichem“

[231] Ebd., S. 144f.
[232] Ebd., S. 145.
[233] Zu verweisen ist hier insbesondere auf die entsprechenden Stellungnahmen von Planck, Struckmann und Gröber, vgl. obige Ausführungen unter B. II. 2. c).
[234] Ebd., S. 145.

bzw. „unvorhersehbarem" Richterrecht auch mit einer Kodifizierung des Arbeitsrechts, das weitgehend aus „allgemeinen Regeln" bestünde, nicht realisieren?

Der letzte Referent stellte für die Realisierung eines einheitlichen, allgemeinen Rechts für Angestellte zwei Wege zur Diskussion. Zum einen könnte eine Novelle des BGB angestrebt werden, welche „die notwendigen Ergänzungen des sozialen Schutzrechtes enthalten" würde. Alternativ käme die „Schaffung eines selbständigen allgemeinen Angestelltengesetzes" in Betracht[235].

Hinsichtlich der Schaffung eines „selbständigen Angestelltengesetzes" meldete Kobatsch aus rechtspolitischer Sicht Bedenken an. So bestünden zwischen den einzelnen Berufsgruppen der Angestellten „gewaltige Unterschiede" in wirtschaftlicher und sozialer Perspektive; das jeweilige Angestelltenverhältnis sei von „ganz spezifischen sozialpolitischen Wünschen und Bedürfnissen" geprägt. Dementsprechend sei auch das „Verhältnis der Angestellten zu ihren Dienstgebern in den einzelnen Kategorien" sehr verschieden. Mithin könne die „Pflicht der Gesetzgebung", mittels sozialpolitischer Vorschriften „wirtschaftlich Schwächeren" zu unterstützen, nicht „für alle Angestellten-Kategorien [...] die gleiche" sein[236].

Auch sei anzunehmen, dass „allgemeine einheitliche Angestelltenvorschriften" gegen die eigenen Interessen „wichtiger Gruppen von Angestellten" verstießen, da diese vielmehr ein eigenes „Sonderschutzgesetz" für sich selbst anstreben würden[237]. Neben diesen Erwägungen würden zusätzlich noch systematische Argumente gegen das Bestreben der Kodifizierung des Angestelltenrechts sprechen. Wegen der Vielzahl unterschiedlicher Rechtsverhältnisse und der jeweils bestehenden Sondergesetze verschiedener Angestelltengruppen sei es „gesetzestechnisch nicht leicht, alle diese Sondergesetze in ein einheitliches Angestelltengesetz zu verschmelzen".

Zwar bestünde die Möglichkeit „eine Reihe von Schutzvorschriften", welche allen Angestelltengruppen als ein „Mindestmaß der Sozialpolitik" zukommen sollte, in dem zu schaffenden allgemeinen Angestelltengesetz aufzuzählen und es daneben den Sondergesetzen zu überlassen, je nach „Besonderheiten der einzelnen Berufskategorien Sondervorschriften" aufzustellen. Jedoch sei zweifelhaft, ob eine derartige Vorgehensweise zweckmäßiger und übersichtlicher wäre als etwa eine kurze Novelle des BGB[238].

Weiterhin befürchtete Kobatsch, dass schließlich in sozialpolitischer Perspektive durch ein allgemeines einheitliches Angestelltenrecht für einzelne Gruppen

---

[235] KOBATSCH, Gutachten, Verhandlungen des 31. DJT, Bd. 1, S. 253.
[236] Ebd., S. 253f.
[237] Ebd., S. 254. Gemeint waren hiermit insbesondere die Gruppe der Handlungsgehilfen.
[238] Ebd., S. 255.

von Angestellten, der „Widerstand der Unternehmerschaft stärker geweckt" würde, „als wenn es sich nur um nach und nach zustande kommende Schutzgesetze für einzelne Angestellten-Kategorien" handele[239].

Im Ergebnis tendierte Kobatsch folglich gegen die Kodifizierung des Angestelltenrechts in Form eines „eigenen Gesetzes über den Dienstvertrag". Vielmehr sollte eine „Novelle zum Bürgerlichen Gesetzbuche" angestrebt werden, welche dann die „unumgänglich notwendige sozialpolitische Ergänzung dieses Gesetzes in seinem VI. Teile Abschnitt VII (Dienstvertrag) darstellen würde", so die zentrale Schlussfolgerung Kobatschs[240].

Vergleicht man die Aussagen der Gutachter miteinander, so ergibt sich, anders als am 30. DJT zwei Jahre zuvor, kein einheitliches Bild. Während Potthoff noch an seinen Forderungen, wenn auch inzwischen mit gewissen Vorbehalten, bezüglich der Etablierung eines allgemeinen Arbeitsgesetzes für die „Gesamtheit der Arbeitnehmer" festhielt, plädierten die übrigen Gutachter, Baum und Kobatsch, eher für eine Reformierung bereits bestehender Gesetze, um das verfolgte Ziel der weitgehenden Vereinheitlichung des Angestelltenrechts erreichen zu können. Auffällig erscheint weiterhin, dass sowohl Baum und Kobatsch, anders als Potthoff, weniger die gesamte Arbeitnehmerschaft in den Blick nahmen und schließlich, gemäß der dem Juristentag vorgelegten Fragestellung, lediglich auf die Rechtsverhältnisse der Privatangestellten abstellten.

Entsprechend lebhaft wurde diese Thematik auch bei den Sitzungsterminen des 31. DJT erörtert. Staatsminister Klein, der wie auch zwei Jahre zuvor bei den Verhandlungen anwesend war, votierte im Ergebnis zwar im Grundsatz für eine Ausdehnung von Schutzvorschriften auf alle Privatangestellte[241], äußerte sich jedoch bezüglich der Frage nach der Vereinheitlichung des Angestelltenrechts erneut eher zurückhaltend. Infolge „ökonomischer und technischer Wandlungen" würden beständig „neue Sorgen und Schutzlosigkeiten" hervorgebracht werden; Regelungen zur Beschränkung des Entlassungs- und Kündigungsrechts, Erfinderschutz und weiteres mehr würden jeweils selbständig eingefordert werden, was schließlich „die Aussichten eines durchaus einheitlichen Angestelltenrechts" trübe. „Das einheitliche Angestelltenrecht" sei deshalb auch weiterhin

---

[239] Ebd., S. 255.

[240] Ebd., S. 257. Im Anschluss an sein Gutachten führt Kobatsch schließlich thesenartig in 19 Punkten an, welche Regelungsgegenstände von der favorisierten Novelle des BGB erfasst sein sollten. U.a. sollte in besonderen Fällen die Kündigungsfrist verlängert werden; Mindestruhezeiten und Arbeitspausen sollten ebenfalls zeitlich ausgedehnt sowie das Erfinderrecht der Angestellten geschützt werden; vgl. den vollständigen Katalog bei KOBATSCH, Gutachten, Verhandlungen des 31. DJT, Bd. 1, S. 257f.

[241] Klein nennt im Anschluss seines Referats bestimmte Regelungsgegenstände, die sich jeweils seiner Ansicht nach für eine Ausdehnung auf alle Privatangestellte eignen würden: Vgl. die Leitsätze Kleins in: Protokolle, Verhandlungen des 31. DJT, Bd. 3, S. 375f.

eine „offene Frage", die der Juristentag jedenfalls nicht „ohne volle Übersicht über das zu bewältigende Material" entscheiden könnte[242]. Nicht jede Bestimmung existierender Schutzvorschriften in Spezialgesetzen könne vorbehaltlos auf sämtliche Angestellte als zwingendes Recht ausgedehnt werden. Gewisse Bestimmungen seien lediglich ihrem Grundgedanken nach ausdehnungsfähig, andere dagegen wiederum nur für ganz bestimmte gleichartige Gruppen von Angestellten zu empfehlen[243].

Auch Paul Oertmann nahm an den Sitzungen des Juristentags teil. Ähnlich wie Potthoff plädierte er dafür, was aus seinen Anträgen hervorgeht, „die bestehenden Schutzvorschriften, besonders der Deutschen Gewerbeordnung und des Österreichischen Handlungsgehilfengesetzes [...] (neben denen des Deutschen HGB) in weitem Umfange [...] in das zu schaffende allgemeine Angestelltengesetz" aufzunehmen[244].

Eine „Novelle zum BGB" oder eine „bloße Erweiterung" der Gewerbeordnung sei hingegen nicht zu empfehlen. Ferner sei das „zu schaffende Gesetz" nicht auf „einzelne Klassen von Angestellten" zu beschränken. Vielmehr empfehle sich nur „die Beifügung von Sondervorschriften für solche hinter den allgemeinen Bestimmungen"[245].

Oertmann votierte damit weiterhin für die Schaffung eines Angestelltengesetzes, das allgemeine Vorschriften für sämtliche Gruppen von Angestellten bereithalten würde. Für „einzelne Klassen" könnten jedoch „Sondervorschriften" geschaffen werden, die dann in einem „Besonderen Teil" des künftigen Angestelltengesetzes angelegt werden sollten. Eine Erweiterung bestehender Gesetze, etwa in dem von Baum und Kobatsch vorgeschlagenen Sinne, lehnte Oertmann ausdrücklich ab.

Eine generelle Vereinheitlichung der Rechtsverhältnisse hielt demnach auch Oertmann, ähnlich wie Klein, nicht für durchführbar. Klein verlieh dieser Sichtweise jedoch mehr Nachdruck, indem er in seinen Leitsätzen, die einzelnen zur Ausdehnung empfohlenen Schutzvorschriften genau festlegte[246] und nicht lediglich allgemein davon sprach, die entsprechenden Bestimmungen bestehender Gesetze in „weitem Umfange" zu übertragen.

Ferner ist auf einen Beitrag von Hugo Sinzheimer[247], der aus heutiger Sicht als „Vater des Arbeitsrechts" gilt, hinzuweisen. Der Frankfurter Rechtsanwalt

---

242 KLEIN, Protokolle, Verhandlungen des 31. DJT, Bd. 3, S. 374.

243 Ebd., S. 375f.

244 OERTMANN, Protokolle, Verhandlungen des 31. DJT, Bd. 3, S. 376, These I.

245 Ebd., S. 377, These II.

246 So auch FELLINGER, Der Deutsche Juristentag und das Privatangestelltenrecht, S. 12; bzgl. der Leitsätze Kleins vgl. die Ausführungen bei Anm. 241.

247 Hugo Sinzheimer (1875-1945) ließ sich im Jahre 1903 als Rechtsanwalt in Frankfurt/ Main nieder. 1919 folgte er einem Ruf als Honorarprofessor für Arbeitsrecht an die Universität

plädierte dafür, sich sowohl den „allgemeinen Thesen" Oertmanns als auch diejenigen Kleins, welche mehr auf inhaltliche Einzelheiten bei der Frage nach der Ausdehnung von Schutzvorschriften auf Angestellte abstellten, anzunehmen. Zwar hielt er es „für falsch", wenn der Juristentag sich als eine Art „Gesetzgebungskommission" gerieren würde, welche „zu jeder Einzelheit, die z.B. in den Thesen Kleins" vorlägen, Stellung beziehen müsste. So käme es nämlich dem Juristentage lediglich darauf an, „mit Entschiedenheit die Richtung zu bezeichnen, auf der [man] vorwärtsschreiten" wolle. Doch befürchtete Sinzheimer, dass man dem Juristentag „mit Recht den Vorwurf eintragen" könne, dass man im Falle der Ablehnung des eingereichten Antrags von Klein davor zurückschrecke, den allgemeinen Ansatz, im Sinne der Thesen Oertmanns, nicht auch mit „den nötigen Einzelheiten zu vertreten".

Weiterhin äußerte sich Sinzheimer zur Vorgehensweise bei der Schaffung eines einheitlichen Angestelltenrechts. Zwar würde die Konzeption Baums, der vorschlug, „das ganze Angestelltenrecht in der Gewerbeordnung" unterzubringen, nicht seinem „Ideal" entsprechen. Doch sollte der Juristentag sich nicht „unter allen Umständen" gegen diese Option wenden und den Weg dorthin durch einen negativen Beschluss „verrammeln". Folgerichtig votierte Sinzheimer dafür, den zweiten Absatz von These I – die Ablehnung einer Novelle des BGBs – im Antrag Oertmanns abzulehnen[248].

Sinzheimer teilte also im Wesentlichen den Ansatz Oertmanns hinsichtlich der Schaffung eines Angestelltengesetzes. Um die Realisierung dieses Vorhabens aber nicht zu gefährden, sollte davon abgesehen werden, eine bestimmte Linie einzuschlagen, die es vereiteln würde, das favorisierte Ziel, die Vereinheitlichung des Angestelltenrechts, auch auf anderem Wege als durch Schaffung eines besonderen Gesetzes, etwa durch Novellierung des BGB oder der Gewerbeordnung, zu erringen.

Schließlich ist noch auf Viktor Blobel hinzuweisen, der sich ebenfalls bei der Sitzung des Juristentags zu Wort meldete. Blobel stellte zu Beginn seines Beitrags einen Bezug zu der zuvor von Oertmann eingeführten These her und monierte, dass durch diesen Antrag „der Anschein erweckt" würde, als ob „die Schaffung eines allgemeinen Angestelltengesetzes schon etwas Selbstverständli-

---

Frankfurt/Main, die erst wenige Jahre zuvor gegründet worden war. Sinzheimer initiierte 1921 die Gründung der Akademie der Arbeit. Nachdem er als bekennender Jude von den Nationalsozialisten seiner Professur enthoben wurde, emigrierte Sinzheimer in die Niederlande, wo er Professor für Rechtssoziologie zunächst in Amsterdam, später dann in Leiden wurde. Mit seinen Schriften „Der korporative Arbeitsnormenvertrag von 1907/08 sowie „Ein Arbeitstarifgesetz" von 1916 schuf er die Grundlagen des modernen Tarifvertragsrechts.
Vgl. WININGER, Große jüdische National-Biographie, Bd. 7, S. 65ff; KLEINHEYER/SCHRÖDER, Deutsche Juristen, S. 535.

[248] SINZHEIMER, Protokolle, Verhandlungen des 31. DJT, Bd. 3, S. 393.

ches“, etwa auf dem „vorigen Juristentage in Danzig Beschlossenes“ wäre[249]. Vielmehr verwies Blobel auf die Äußerungen Kleins, der bei den Verhandlungen des 30. DJT die Vereinheitlichung des Dienstvertragsrechts „für die Gesamtheit der Privatangestellten“ als „vielleicht mögliches Ziel“ qualifizierte[250]. Ein einheitliches Angestelltenrecht könne, so stellte Blobel mit den Worten Kleins heraus, allenfalls ein mögliches Ziel sein, das jedoch ohne entsprechende Vorarbeit und Prüfung des Verlangens nach einem „solch einheitlichen Rechte“ nicht eingefordert werden dürfe.

Ferner befürchtete Blobel, dass eine „mechanische Übernahme der Bestimmungen des HGB“ die Industrie „in ihrem Kampfe mit dem ausländischen Wettbewerb“ schädigen würde[251], ein Argument, das schon Bismarck mehrere Jahre lang aufrecht zu erhalten versuchte. Eine nähere Begründung für diesen Ansatz lieferte Blobel indes nicht.

Weiterhin wird angeführt, dass eine Gleichstellung der Handlungsgehilfen mit den industriellen Arbeitern nicht erreicht werden dürfe. Handlungsgehilfen würden einen „besonderen Stand“ bilden und über besondere Interessen verfügen, die mit jenen der Arbeiterschaft nicht vergleichbar seien. Diese Ansicht wäre, so führte Blobel schließlich aus, allgemein anerkannt[252].

Folgerichtig votierte Blobel schließlich weiterhin gegen ein einheitliches Angestelltengesetz. So sei das Angestelltenrecht noch „sehr wenig entwickelt“; nicht mit „Verallgemeinerung“ bereits bestehenden, sondern mit „Sonderausbildung des eigenen Rechts“ sei den Angestellten gedient. Der Juristentag könne allenfalls „wertvolle Arbeit“ in Einzelfällen leisten und sollte sich daher nicht „von Zukunftsträumen einzelner Gruppen und ihrem Ruf nach dem ungeklärten Ziel einheitlichen Privatangestelltenrechts“ dazu verleiten lassen, „das Endziel eines Angestelltengesetzes als das Gegebene“ anzuerkennen[253].

Zweckdienlicher als die Schaffung eines allgemeinen Angestelltengesetzes, so führte Blobel abschließend aus, sei vielmehr, „die Sondergesetze weiter auszubauen und nach Bedarf neue Sondergesetze zu schaffen“[254].

Entsprechend empfahl er dem vorliegenden Antrag, der ursprünglich auf Oertmann zurückging und im Verlauf der Verhandlungen, mit Oertmanns Zu-

[249] BLOBEL, Protokolle, Verhandlungen des 31. DJT, Bd. 3, S. 398f.
[250] Ebd., S. 399; vgl. auch die obigen Ausführungen unter B. II. 4. a).
[251] Ebd., S. 400.
[252] Ebd., S. 401. Bei diesen Äußerungen bezieht sich Blobel auf den Reichstagsabgeordneten Heinze, der sich entsprechend zu den „Standesunterschieden“ der genannten Berufsgruppen geäußert habe.
[253] Ebd., S. 402.
[254] Ebd., S. 403.

stimmung, von Hugo Sinzheimer und seinen Anhängern[255] modifiziert wurde, nicht zu folgen und lediglich als Ziel die Ausdehnung der Schutzvorschriften auf alle Privatangestellten ins Auge zu fassen[256]. Blobels Abänderungsantrag fand keine Zustimmung[257]. Die Mehrheit der abstimmungsberechtigten Teilnehmer stimmten vielmehr dafür, den ersten Teil des Antrags, der die Schaffung eines „allgemeinen Angestelltengesetzes" zum Ziel erhob, in unveränderter Fassung beizubehalten[258].

Damit war, jedenfalls aus Sicht des Juristentages, der erste Schritt hin zu einem Angestelltengesetz getan. Selbst der eher kritisch eingestellte Staatsminister Klein ließ sich schließlich für das Vorhaben gewinnen. So weit wie Potthoff, der nach wie vor im Grundsatz für ein einheitliches Arbeitsrecht, wenn auch in den aufgezeigten Grenzen, für die „Gesamtheit aller Arbeitnehmer" eintrat, wollte auch der 31. Deutsche Juristentag in Wien nicht gehen.

Doch kam allmählich Bewegung auf hinsichtlich der Frage nach einer Kodifizierung des Arbeitsverhältnisrechts. Obwohl davon erstrangig lediglich die Angestellten betroffen waren, lässt sich doch anhand der aufgezeigten Stellungnahmen zur Lage des Arbeitsverhältnisrechts, insb. von Potthoff, konstatieren, dass der Weg hin zu einer arbeitsrechtlichen Kodifikation für alle Arbeitnehmer nicht grundsätzlich versperrt schien.

---

[255] Ebd., S. 396. Für die Abänderung des Antrags plädierten neben Sinzheimer Baum, Potthoff, Prenner, Schulz und Weinberg; vgl. dazu auch die obigen Ausführungen zur Begründung dieses Abänderungsantrags von Sinzheimer in diesem Abschnitt.

[256] Der modifizierte Antrag, über den der Juristentag schließlich zu entscheiden hatte, lautete auszugsweise: „I. Die bestehenden Schutzvorschriften, besonders der deutschen Gewerbeordnung und des österreichischen Handlungsgehilfengesetzes eignen sich (neben denen des deutschen HGB) in weitem Umfang zur Aufnahme in das zu schaffende allgemeine Angestelltengesetz. Das zu schaffende Gesetz ist nicht auf einzelne Klassen von Angestellten zu beschränken." Im zweiten Teil des Antrags folgen die einzelnen Vorschläge Kleins, die er bereits in seinen Leitsätzen bzgl. der inhaltlichen Festsetzung der einzelnen zur Ausdehnung empfohlenen Schutzvorschriften vortrug. Im dritten und vierten Teil des Antrags werden Angaben zur Besetzung der Gerichte sowie zur Beseitigung von eventuellen Kollisionen zwischen verschiedenen einschlägigen Normen zwecks Herstellung eines „klaren und sicheren Rechtszustandes" getroffen.
Vgl. Protokolle, Verhandlungen des 31. DJT, Bd. 3, S. 403f.; vgl. auch die Diskussionsbeiträge um die Abänderung des von Oertmann ursprünglich eingebrachten Antrags sowie seine Reaktion in: a.a.O., S. 396, 403, 405f.

[257] Ebd., S. 430.

[258] Auch der 2. und 4.Teil des Antrags fand allgemeine Zustimmung. Lediglich Teil 3 wurde abgelehnt. Da die übrigen drei Punkte jedoch nahezu einstimmig angenommen wurden, sah man von einer Gesamtabstimmung ab. Vgl. Protokolle, Verhandlungen des 31. DJT, Bd. 3, S. 432f.

5. Äußerungen der Fachöffentlichkeit zur Kodifizierung des Arbeitsvertragsrechts nach den Deutschen Juristentagen

Nachdem sich die Deutschen Juristentage von 1910 und 1912 im Grundsatz für die Entwicklung eines einheitlichen Angestelltenrechts und schließlich für ein Angestelltengesetz ausgesprochen haben, bleibt im folgenden Abschnitt nun zu erörtern, wie die Reaktionen hierzu seitens der Fachöffentlichkeit und von staatlicher Seite ausgefallen sind.

a) Der Verband Deutscher Gewerbe- und Kaufmannsgerichte

Im September 1913 sah sich der Verband Deutscher Gewerbe- und Kaufmannsgerichte dazu veranlasst, wohl motiviert durch die vorhergehenden Entwicklungen der Angestelltenbewegung, die „Grundgedanken und die Möglichkeiten eines einheitlichen Arbeitsrechts für Deutschland" auf der Verbandsversammlung in Leipzig zu thematisieren. Vorbereitet wurde die Tagung durch mehrere Berichte. Hervorzuheben ist besonders das Referat Potthoffs mit dem Titel „Die Bestrebungen des letzten Jahrzehnts zur Schaffung eines einheitlichen deutschen Arbeitsrechts"[259] sowie der Aufsatz von Philipp Lotmar „Die Idee eines einheitlichen Arbeitsrechts"[260]. Sinzheimer trat mit seinem Beitrag[261] als Hauptreferent auf. Daneben wurden zahlreiche Berichte über die Auffassungen verschiedener Vertreter der hauptsächlichen Berufskreise und die Reformbestrebungen im Ausland eingeholt[262].

aa) Philipp Lotmar und seine „Idee eines einheitlichen Arbeitsrechts"

Philipp Lotmar[263]. äußert sich in seinem Aufsatz „Die Idee eines einheitlichen

---

[259] POTTHOFF, Die Bestrebungen, Gewerbe- und Kaufmannsgericht Nr. 11 (1913), Sp. 284ff.

[260] LOTMAR, Die Idee, Gewerbe- und Kaufmannsgericht Nr. 11 (1913), Sp. 278ff.

[261] Das Referat mit dem Titel „Grundgedanken und die Möglichkeiten eines einheitlichen Arbeitsrechts für Deutschland" erschien 1914 als eigene Schrift. Der Beitrag Sinzheimers lieferte zugleich den Thementitel des entsprechenden Tagesordnungspunktes der Verbandsversammlung.

[262] Siehe Gewerbe- und Kaufmannsgericht Nr. 11 (1913), Sp. 297ff.
Im Folgenden können lediglich diejenigen Beiträge, und diese auch nur auszugsweise, berücksichtigt werden, welche die Vereinheitlichung des Arbeitsrechts thematisieren. Daneben wurden auch noch weitere Beiträge veröffentlicht, die die Lage des Arbeitsrechts im Ausland beleuchteten. Außerdem wurden zahlreiche Berichte zu inhaltlichen arbeitsrechtlichen Fragen in diesem Kontext erstattet. Vgl. zur Übersicht die Einleitung von Rechtsanwalt GEORG BAUM, Gewerbe- und Kaufmannsgericht Nr. 11 (1913), Sp. 246ff.

[263] Philipp Lotmar (1850-1922), als einer der „Väter" der modernen Arbeitsrechtswissenschaft war seit 1888 als ordentlicher Professor für Römisches Recht in Bern tätig. Zu seinen wohl berühmtesten Schriften gehören „Der unmoralische Vertrag, insbesondere nach Gemeinem Recht" aus dem Jahre 1896, worin inhaltlich maßgeblich auf die Bindungswirkung von Tarifverträgen eingegangen wird. Fünf Jahre später kam es, zusammen mit Georg Sulzer (1844-1929), zu einer ersten Ausarbeitung eines Vorschlags für eine gesetzliche Normierung

Arbeitsrechts“[264], zur Frage hinsichtlich der Normierung eines „vollständigen Arbeitsrechts, das alle Dienstverträge jeder Arbeitsart mit ihren Einzelheiten darbiet[en] und einen lückenlosen code de travail darstell[en]“ könne[265]. Die Dringlichkeit nach einer einheitlichen Regelung wurde von Lotmar in dieser Schrift eher eingegrenzt und sei „nur in dem Sinne zu billigen und mit dem größten Nachdruck zu erstreben, dass im Gebiete der Gesetze, welche den Arbeitsvertrag der nichtbesitzenden Klasse regeln, die vom Standpunkte der austeilenden Gerechtigkeit unbegründeten Ungleichheiten in der Richtung des Maximums von Arbeiterschutz vertilgt“ würden.

Jede andere „Vereinheitlichung [sei] entweder verwerflich, nämlich diejenige, welche die Einheitlichkeit auf Kosten des Arbeiterschutzes“ erziele. Eine Vereinheitlichung des Arbeitsrechts sei jedenfalls „bloß zweiten Ranges und daher erst in der Folge mit Nachdruck zu erstreben, nämlich diejenige, welche nur die Übersichtlichkeit des geltenden Arbeitsrechtes [erhöhe] und damit seiner Erkenntnis und Anwendung erleichter[n]“ würde[266]. Lotmar befürchtet also durch eine Vereinheitlichung Gerechtigkeitsnachteile für den Arbeiterstand gegenüber den Privatangestellten.

Daher plädierte er vielmehr für die Schaffung „neuer Spezialgesetze“ für die jeweiligen Berufsgruppen[267]. Daneben sollte das BGB, dessen Normenstand

des Tarifvertrages (LOTMAR/ SULZER, Soziale Praxis, 1901/ 1902, Sp. 349ff.). Diese gilt als erster Entwurf für eine gesetzliche Regelung des Tarifvertragsrechts in Deutschland (BECKER, [wie Anm. 14], S. 250). Weiterhin ist die bahnbrechende Schrift „Der Arbeitsvertrag nach dem Privatrecht des deutschen Reiches“, erschienen in zwei Bänden, aus den Jahren 1902 und 1908 anzuführen (In der Sache schreibt Lotmar auch schon früher (1895) in seiner Schrift „Der Dienstvertrag des zweiten Entwurfs eines bürgerlichen Gesetzbuches für das Deutsche Reich“.). Hier sollte erstrangig eine privatrechtliche Darstellung des Arbeitsvertrages „auf Grund der deutschen Reichsgesetze und an der Hand wirtschaftlicher Thatsachen“ erfolgen (LOTMAR, Der Arbeitsvertrag, Bd. 1, S. 1). Grundlegende materielle Fragen, die den Arbeitsvertrag betreffen, werden hier von Lotmar erörtert, wie die Definition des Arbeitsvertrages als gegenseitiger obligatorischer Vertrag, in welchem Leistung von Arbeit auf der einen und Leistung von Entgelt auf der anderen Seite vereinbart wurde. Grundlage seiner Ausarbeitung war die beherrschende Stellung der Arbeit in der industriellen Gesellschaft. Die Institution des Arbeitsvertrages sollte dabei vor allem für die Masse der Lohnarbeiter bestimmt sein, deren Existenz mit dem Abschluss eines Arbeitsvertrages verbunden sein sollte (LOTMAR, Der Arbeitsvertrag, Bd. 1, S. 3ff., 11ff.; näheres dazu bei BECKER, [wie Anm. 14], S. 251). Näheres zur Person und Werk Lotmars bei KLEINHEYER/SCHRÖDER, Deutsche Juristen , S. 517 sowie RÜCKERT, Lotmars Konzeption, S. XI ff.

264 LOTMAR, Die Idee, in: Gewerbe- und Kaufmannsgericht, 1913; Schrift auch abgedruckt in: RÜCKERT, Philipp Lotmar, Schriften zu Arbeitsrecht, Zivilrecht und Rechtsphilosophie, S. 603-614.

265 Ebd., Sp. 281.

266 Ebd., Sp. 277.

267 Ebd., Sp. 281.

Lotmar in Bezug auf den Arbeiterschutz als nicht mehr zeitgemäß ansah[268], als „Stammgesetz" bzw. „Generalrecht" weiter ausgebaut werden[269]. Ein vollständiges Arbeitsrecht in dem eingangs erwähnten Sinne erachtet Lotmar jedoch konsequent als „Utopie"[270]. So seien „so viele arbeitsgesetzlich zu berücksichtigende Unterschiede gegeben, dass eine erschöpfende, auch der nahen Zukunft Rechnung tragende Aufreihung sämtlicher Regeln der Gesetzgebung mehr zumutet als sie zu leisten vermag". Auf Spezialgesetze könnte auch künftig nicht verzichtet werden; ohne diese würde die „Volkswirtschaft nicht auskommen", so führt Lotmar fort[271]. Vielmehr sollten einzelne Probleme, etwa im Bereich Gefahrenschutz, Akkordrecht und Kündigung, gelöst werden[272].

Auf die wichtige Bedeutung von Tarifverträgen wird in diesem Kontext schließlich auch hingewiesen. Grundsätzlich sei zwar die „Vereinheitlichung [des Arbeitsrechts] letzten Endes eine Sache der Gesetzgebung". Jedoch gehöre die „Realisierung der Idee, zu den schwierigen und ihres Erfolges unsicheren Aktionen so lange, als in den gesetzgebenden Körperschaften des Reichs und der Bundesstaaten die unbeugsamen Vertreter der Arbeitnehmerinteressen in der Minderheit" seien.

Weiter führt Lotmar fort, dass „dieser Schwierigkeit wegen [...] die Vereinheitlichung des Arbeitsrechts nicht für das schlechthin anzuwendende, einzige und unübertreffliche Mittel zur Beseitigung der Mängel gelten [könne], deren Empfindung das Einheitsideal geboren [habe], falls es noch andere Mittel [gebe], jene Mängel ohne Aufgebot der Gesetzgebung zu verringern"[273].

Als „anderes Mittel" spricht Lotmar sodann das Institut des Tarifvertrages an, durch dessen Abschluss Arbeiter und Angestellten „aller Berufe" ihre Arbeitsverhältnisse „die nämliche Rechtsordnung verschaffen [könnten], die ihnen eine Vereinheitlichung des Arbeitsrechts bringen würde"[274]. Soll damit dem Abschluss eines Tarifvertrages durch eine Arbeitnehmerkoalition und der Arbeitgeber eine Ersatzfunktion zur Vereinheitlichung des Arbeitsrechts zukommen?

An dieser Stelle lohnt möglicherweise ein Blick auf vorhergehende Aussagen Lotmars zur Institution des Tarifvertrages:

In seiner Schrift „Die Tarifverträge zwischen Arbeitgebern und Arbeitnehmern" aus dem Jahre 1900[275] wird erkennbar, welch überragende Stellung Lot-

[268] Ebd., Sp. 279.
[269] Ebd., Sp. 281.
[270] Ebd., Sp. 281.
[271] Ebd., Sp. 281.
[272] Ebd., Sp. 282.
[273] Ebd., Sp. 283.
[274] Ebd., Sp. 283.
[275] LOTMAR, Die Tarifverträge zwischen Arbeitgebern und Arbeitnehmern, in: Archiv für soziale Gesetzgebung und Statistik, XV, 1900, S. 1-122.

mar diesem Vertragsmodell sogar gegenüber der Aufstellung objektiven Rechts einzuräumen vermag. So führt Lotmar an, dass „die autonome Ordnung, eben weil sie durch Beteiligte [des Arbeitsverhältnisses] geschaffen wird, teils einen Inhalt, teils einen Grad der Ausbildung [erreiche], wie er auf dem Weg der staatlichen Gesetzgebung, wenn jemals, dann nur in großer und ungewisser Ferne erlangt werden könnte“[276]. Ferner könne der Tarifvertrag die „Fortbildung des Privatrechts für den Arbeitsvertrag“ zu weiten Teilen ersetzen. Schließlich sei sogar diese „Fortbildung auf dem gesetzlich geschützten indirekten Wege des Tarifvertrages [...] der Aufstellung objektiven Rechtes vorzuziehen“[277].

Stellt man diese Erwägungen nun in den Kontext der zuvor ergangenen Postulate aus dem Jahre 1913, so wird der Tenor Lotmars in Bezug auf eine einheitliche Arbeitsvertragskonzeption sehr deutlich. Dem Gesetzgeber wird weitgehend Handlungsunfähigkeit attestiert; zwar seien gesetzliche Vorschriften im Sinne von Spezialgesetzen für besondere Verhältnisse stets erforderlich, auch in dem Falle des Vorliegens einer einheitlichen arbeitsrechtlichen Kodifikation; doch mehr jedoch könne man dem Gesetzgeber wegen der unter den jeweiligen Berufsgruppen bestehenden Unterschiede nicht „zumuten“. Eine befriedende Vereinheitlichung der Verhältnisse sämtlicher Arbeitnehmer könne lediglich durch den Abschluss von Tarifverträgen zwischen den einzelnen Parteien herbeigeführt werden.

Abschließend kann zwar gesagt werden, dass Lotmar grundsätzlich für ein eigenständiges Arbeitsrecht plädiert hat[278]; jedoch sollte nicht der Gesetzgeber mit allgemeinen Normen agieren sondern vielmehr der Tarifvertrag für eine befriedende Vereinheitlichung des Arbeitsrechts sorgen.

Im Ergebnis optierte Lotmar eher gegen eine umfassende Kodifizierung des Arbeitsvertragsrechts. Dies jedoch erstrangig aus Skepsis gegenüber der Hand-

---

[276] Ebd., S. 122.

[277] Ebd., S. 122; Im Jahre 1908 nahm er dann in der gleichnamigen Schrift Stellung zu der vom damaligen 29. Juristentage in Karlsruhe aufgeworfenen Frage „Empfiehlt sich die gesetzliche Regelung des gewerblichen Tarifvertrages?“ (abgedruckt in: DJZ, 1908, Sp. 902-909) und führte in diesem Kontext aus, dass Reichsgesetzgebung ein problematisches Mittel darstelle. Der Tarifvertrag wurzele bereits im Rechtsboden, sodass eine Gesetzgebung hier gar nicht erst erforderlich wäre (Sp. 903). Lotmar führt weiterhin aus, dass es „im heutigen Rechtsstaat gar nicht zweifelhaft sein [könne], daß ein auf rechtliche Verbindlichkeit angelegter Vertrag, der nicht gegen zwingende Gesetze und nicht gegen die guten Sitten verstößt, rechtlich bindend [sei], auch wenn er in keinem Paragraphen irgend eines Gesetzes erwähnt“ würde (Sp. 903/904). Auch hieran wird die eher skeptische Haltung Lotmars gegenüber der Reichsgesetzgebung in Bezug auf arbeitsrechtliche Normausprägungen erkennbar.

[278] Dies ergibt sich auch aus seiner Begrifflichkeit „Arbeitsvertrag“, den er schon bald nach Erlass des BGB im Rahmen der besagten Schrift näher geprägt hat, indem er die Sachgüteraustauschverträge von den personenbezogenen Austauschverträgen abgrenzte; so auch BECKER, (wie Anm. 14), S. 271.

lungsweise des deutschen Gesetzgebers und weniger aus Gründen, die inhaltlich oder ganz grundsätzlich gegen ein solches Vorhaben sprechen würden.

Daher lässt sich in Bezug auf die Äußerungen zum Deutschen Juristentag von 1910 und 1912 zur Frage nach einer möglichen Vereinheitlichung des Arbeitsrechts konstatieren, dass sich Lotmar zwar im Ergebnis den Gegnern dieses Reformvorschlags anzunähern scheint, jedoch andere Argumentationslinien verfolgt. So erscheint ihm Gesetzgebung unter dem im Reich vorliegenden Umständen nicht als das passende Mittel zur Lösung der Frage; auf etwa eine mögliche Beschneidung der Rechte der Handlungsgehilfen wird dabei, anders bei Blobel, weniger verwiesen.

bb) Potthoff und der Rückhalt für sein „letztes Ziel"

In seinem Referat blickte Potthoff zunächst auf die bisherigen Entwicklungen der letzten Jahre in Bezug auf die Vereinheitlichung des deutschen Arbeitsrechts zurück. Hier ließ er auch die Resolution von 1896 nicht aus, die, zu seinem Bedauern, bislang „keinerlei Folgen" entfalten konnte[279]. Weiterhin verwies er auf die „außerordentliche Bedeutung" der Gesellschaft für Soziale Reform, die sich nachhaltig für die Verbesserung des Angestelltenrechts eingesetzt und es erst ermöglicht habe, dass sich die Deutschen Juristentage mit dieser Frage beschäftigten und schließlich zu dem Entschluss gelangten, ein allgemeines Angestelltengesetz zu empfehlen[280]. Auch der nächste Juristentag sollte sich im Jahre 1914, so führte Potthoff zukunftsweisend an, mit der Vereinheitlichung des Angestelltenrechts beschäftigen[281].

Ferner sei zu konstatieren, dass die Angestellten nach den Tagungen der Juristentage in „wachsendem Maße die Forderung des einheitlichen Angestelltenrechts" aufgenommen hätten. Vor allem bei den Verbänden wäre dies zu beobachten. Hinzuweisen sei dabei insbesondere auf einen Beschluss des Bundes der technisch industriellen Beamten aus dem Jahre 1912. Namentlich wurde hier „die gegenwärtige Zersplitterung des Dienstvertragsrechts in sechs Reichsgesetze und Dutzende von Landesgesetzen" als „unhaltbar" qualifiziert. Bestehende Gesetze, wie die Gewerbeordnung oder das Handelsgesetzbuch würden hingegen „gute Sonderbestimmungen" enthalten, deren „Verallgemeinerung allen Gruppen Vorteil" brächte[282].

Ähnliches sei vom Deutschen Werkmeister-Verband am 21. Delegiertentag 1913 beschlossen worden. So wurde dort gefordert, „an der Verwirklichung des

[279] POTTHOFF, Die Bestrebungen, Gewerbe- und Kaufmannsgericht Nr. 11 (1913), Sp. 284.
[280] Ebd., Sp. 285f.
[281] Dass es infolge des Krieges jedoch erst im Jahre 1921 zu einer weiteren Tagung kommen sollte, konnte Potthoff noch nicht erahnen.
[282] Ebd., Sp. 287f; der Auszug des Beschlusses ist hier auszugsweise abgedruckt.

einheitlichen Angestelltenrechts zu arbeiten". Auch seitens weiterer Verbände sei das Bestreben für die Schaffung eines einheitlichen Angestelltenrechts erkennbar[283]. Lediglich unter der Berufsgruppe der Handlungsgehilfen sei die „Stimmung noch geteilt". So würde etwa der Deutschnationale Handlungsgehilfenverband in Hamburg weiterhin mit aller Schärfe gegen den Gedanken eines einheitlichen Angestelltenrechts optieren, da die „Gefahr" befürchtet würde, einen „dauernden Schaden in der sozialen Entwicklung der Handlungsgehilfenschaft" zu bewirken. Ein einheitliches Recht sei jedenfalls in dem vom Juristentag vorgebrachten Sinne „unmöglich". Auf dem 13. Handlungsgehilfentag 1913 wurde schließlich einstimmig ein Beschluss gefasst, in dem zum Ausdruck gebracht wurde, dass die Handlungsgehilfenschaft „mit aller Entschiedenheit die Bestrebungen, das Recht aller Privatangestellten oder sogar das gesamte Arbeitsrecht zu einem besonderen Gesetzbuche zusammenzutragen" verurteilen würden[284]. Explizit distanzierte man sich damit von dem am 31. DJT ein Jahr zuvor gefassten Entschluss und schloss sich der Ansicht Blobels an, der die Vorbehalte der Handlungsgehilfen schon auf dem 30. und 31. DJT vortrug[285].

Doch nicht nur die Handlungsgehilfen standen dem Gedanken eines einheitlichen Angestelltenrechts ablehnend gegenüber. Auch der Verband katholischer kaufmännischer Vereinigung war, wie Potthoff anhand eines Beschlusses des Verbandes von 1913 belegte, der Ansicht, dass die „Einführung eines einheitlichen Privatbeamtenrechts unmöglich und undurchführbar" sei[286]. Nicht alle Verhältnisse der Privatangestelltengruppen seien untereinander gleichzusetzen, sodass eine grundsätzliche Einführung eines einheitlichen Angestelltenrechts nicht empfohlen werden könne.

„Übrige kaufmännische Verbände" stünden, wie Potthoff schließlich hervorhob, „dem Einheitsgedanken" freundlich gegenüber. Neuentstandene hätten indes die Forderung des einheitlichen Angestelltenrechts ausdrücklich in ihr Programm aufgenommen. Als Beleg dafür führte Potthoff die Rheinische Arbeitszentrale in Köln an. Und tatsächlich erklärte die Organisation in einem Beschluss vom Mai 1913 „die Schaffung eines einheitlichen Privatangestelltenrechts für eine dringende Notwendigkeit". Das zu schaffende „Gesetz [dürfe] in keinem Punkte hinter dem besten gegenwärtig bestehenden Sondergesetze zurückbleiben". Als „nächste Aufgabe" müsse ein „Gesetzesentwurf, der als Aus-

---

[283] Ebd., Sp. 288: Potthoff führt hier weitere Verbände und Vereine katalogartig auf.

[284] Ebd., Sp. 288. Die Hauptsätze des Beschlusses der Handlungsgehilfenschaft vom 14.06.1913 wurden bei POTTHOFF, (a.a.O.), als Fußnote abgedruckt.

[285] Vgl. obige Ausführungen unter B. II. 4.

[286] Vollständiger Beschluss abgedruckt in Verbandszeitschrift Merkuria, Nr. 15, S. 148.

druck der Wünsche der Gesamtheit der Angestellten“ gelten könne, aufgestellt werden[287].

Auch wenn sich Potthoff auf den Juristentagen mit seiner Forderung der Vereinheitlichung des Arbeitsrechts für die Gesamtheit der Arbeitnehmer nicht durchsetzen konnte, so sei doch „anerkannt“, dass als „letztes Ziel“, das „einheitliche, soziale Arbeitsrecht“ stehen müsse, in dessen Rahmen auch die Stellung der Arbeiter zu berücksichtigen sei[288]. „Praktische Gründe“ hätten bislang dazu geführt, dass lediglich die Bestrebungen „zunächst auf die Vereinheitlichung des Angestelltenrechts“ bezogen wurden. Zu dieser Ansicht gelangten auch die technisch industriellen Beamten in ihrem Beschluss[289], in dem sie die „Schaffung eines allgemeinen Arbeitsrechtes mit ergänzendem Angestelltenrechte“ als „letztes Ziel“ proklamierten. „Aus praktischen Gründen“ würde „die Gesetzgebung zunächst ein einheitliches Angestelltenrecht [...] schaffen müssen“[290].

Auf erster Stufe sei also, so führte Potthoff fort, zunächst das erste Ziel, die Schaffung eines einheitlichen Angestelltenrechts, zu erreichen. So habe man, wie auch der Deutsche Juristentag, „das einheitliche Arbeitsrecht“ vorläufig zurückgeschoben, um die „erste Stufe“ dafür „desto sicherer erreichen zu können“[291].

Auch seitens der Gewerkschaften sei das Verlangen nach einem einheitlichen Arbeitsrecht für alle Arbeitnehmer nachweisbar. Als Beleg dafür führt Potthoff einen Beschluss der Freien Gewerkschaften aus dem Jahre 1908 an. Darin wurde die Notwendigkeit eines einheitlichen Arbeitsrechts für alle Personen betont, die gegen Lohn oder Gehalt körperliche oder geistige Arbeit im Dienste eines anderen verrichten würden[292]. Für dieses Ziel setzten sich auch die christlichen Gewerkschaften ein, deren Vorstand auf dem 8. Kongress 1912 „die Notwendigkeit“ für ein „übersichtliches und möglichst einheitliches Arbeitsrecht, das den Nächstbeteiligten auch verständlich“ sei, hervorhob[293].

Auch von Seiten politischer Parteien würden Forderungen nach einem einheitlichen Arbeitsrecht ausgehen. Potthoff belegte dies mit dem Parteiprogramm der Demokratischen Vereinigung von 1910[294] und mit einem Beschluss der Fort-

---

287 Schriften der Rheinischen Arbeitszentrale, Heft 6; Auszug des Zitats auch abgedruckt bei POTTHOFF, (wie Anm. 279), Sp. 289f.

288 Ebd., Sp. 290.

289 Vgl. dazu obigen Ausführungen unter Anm. 282.

290 Ebd., Sp. 291.

291 Ebd., Sp. 291.

292 Wiederum abgedruckt bei POTTHOFF, (wie vorherige Anm.), Sp. 292.

293 Protokoll der Verhandlungen des 8. Kongresses der christlichen Gewerkschaften Deutschlands, S. 253

294 Hier wird die Forderung eines „Einheitlichen Arbeitsrechts“ expliziert hervorgehoben.

schrittlichen Volkspartei, der 1912 auf dem Parteitag von Mannheim einstimmig gefasst wurde[295].

Das Streben Potthoffs nach der Schaffung eines einheitlichen, allgemeinen Arbeitsrechts im Rahmen eines „Reichsarbeitsgesetzes“ sollte also nicht aufgegeben werden. Und dass er mit seinem „letzten Ziel“ nicht allein stand belegt nicht zuletzt auch der Einsatz der Gesellschaft für Soziale Reform, dessen Hauptausschuss sich im März 1913 ausdrücklich für eine systematische Behandlung des gesamten Arbeitsrechts aussprach[296].

Im folgenden Jahr legte Potthoff dann selbst einen Entwurf über ein „Gesetz über den Dienstvertrag der Angestellten“ auf Basis der Mindestbedingungen, die er bereits in seinem 1908 aufgestellten Forderungskatalog[297] darlegte, vor[298]. Der Gesetzesentwurf umfasst 52 Vorschriften und hat die Bestimmungen des BGB über den Dienstvertrag als Grundlage. Dabei war die Entwurfsfassung vor allem darauf beschränkt, bestimmte Mindestbedingungen und Sonderregeln für Angestelltengruppen vorzusehen, die näher in § 1 des Gesetzes festgeschrieben werden sollten[299].

Sämtliche Arbeitnehmer wurden von dem Gesetzesentwurf mithin nicht erfasst; lediglich bestimmte Angestelltengruppen sollten von dem geplanten Gesetz profitieren können. Dieser Vorstoß Potthoffs schien angesichts der an den Juristentagen geführten Debatten um die Vereinheitlichung des Angestelltenrechts nur konsequent[300].

---

[295] Bezeichnend erscheint hier der Wortlaut des Beschlusses: „In der Erwägung, daß der Arbeitsvertrag fast für drei Viertel der deutschen Bevölkerung die Grundlage ihrer wirtschaftlichen, politischen und geistigen Lebensäußerung ist, [...] beschließt der Parteitag: Die Partei wird mit allen ihr zu Gebote stehenden Mitteln eintreten für:
Ausbau und Vereinheitlichung des Arbeitsrechts, vor allem durch Umwandlung des Arbeitsverhältnisses in ein geordnetes Rechtsverhältnis.“ Beschluss abgedruckt bei POTTHOFF, (wie Anm. 279), Sp. 292f.

[296] Vgl. dazu die Ausführungen unter Anm. 183.

[297] Vgl. obige Ausführungen bei Anm. 162.

[298] Vgl. POTTHOFF, Entwurf eines Gesetzes über den Dienstvertrag der Angestellten, Arbeitsrecht 1919, S. 44f.

[299] Um einen Vorschlag für ein umfassendes Arbeitsvertragsgesetz, das sämtliche Arbeitnehmer erfassen sollte, handelte es sich also nicht.
Mehr zu Potthoffs Gesetzesentwurf aus dem Jahre 1914 nebst Würdigung bei SEELIG, Heinz Potthoff, S. 160ff.

[300] Unterstützung fand Potthoff nach Veröffentlichung seines Entwurfs zunächst kaum. Bemerkenswert erscheint aber, dass Sinzheimer die Entwurfsfassung Potthoffs als reifen und fertigen Entwurf eines einheitlichen Angestelltenrechts würdigte, der als Diskussionsgrundlage dienen könnte. Jedoch stufte er diverse Bestimmungen als verbesserungsbedürftig ein und hielt überdies weitere Vorschriften für erstrebenswert.
Vgl. SINZHEIMER, Die Notwendigkeit des einheitlichen Angestelltenrechtes, in: Flugschriften, S. 8.

Inwiefern man von staatlicher Seite auf diese Entwicklungen des Arbeitsverhältnisrechts und der zunehmenden Erstarkung der Angestelltenbewegung reagierte, soll in einem späteren Abschnitt noch skizziert werden.

cc) Fellinger und das „unrechte Arbeitsgesetz"

Richard Fellinger, Prokurist und Direktor der Wirtschaftspolitischen Abteilung der Siemens & Halske AG und der Siemens-Schuckertwerke AG[301], meldete hinsichtlich dem Bestreben nach Schaffung eines allgemeinen „Angestellten"- bzw. „Arbeiterrechts" Bedenken an.

So sei fraglich, ob bei der „dadurch herbeigeführten gleichmäßigen rechtlichen Regelung von wirtschaftlich doch recht grundverschiedenen Verhältnissen die einzelnen Gruppen letzten Endes mehr verlieren als gewinnen" würden[302]. Sinnvoller für die Verbesserung der Rechtsverhältnisse der einzelnen Gruppen sei vielmehr, wenn nicht ein „allgemeines Angestelltenrecht, sondern nach Erfordernis sondergesetzliche Bestimmungen für die einzelnen Gruppen von Angestellten erlassen" würden. Die „Verhältnisse mancher Angestelltengruppen" seien „zurzeit noch so ungeklärt und bezüglich ihrer Rechtslage noch so wenig erforscht", sodass gewisse „praktische Bedenken" gegenüber einem „allgemeinen Gesetz", das den verschiedenen Berufsgruppen gerecht werden müsse, nicht unberechtigt seien.

Wie Blobel auf dem Juristentag, optierte auch Fellinger zunächst für eine Beibehaltung bestehender Spezialgesetze bzw. einen weiteren Ausbau derselben. Die Rechtsverhältnisse derjenigen Gruppen, so führte Fellinger fort, die von der Gesetzgebung noch nicht genügend berücksichtigt seien, also jene der Privatangestellten, sollten sich erst einmal „ungestört nach ihren eigenen Lebensbedingungen entwickeln", bevor sie durch „Zusammenfassung in einem allgemeinen Gesetz zur einer gewissen Erstarkung gebracht" würden. Ein „Angestelltengesetz", das auf Basis der damaligen Erkenntnisse zustande käme, würde „auf jeden Fall ein Bruchstück" bleiben, da es nicht alle Berufsgruppen, Fellinger führt hier die Beamten an, erfassen könne.

Ähnliche Bedenken bestünden bei der Realisierung des Vorhabens, das Potthoff als „letztes Ziel" ins Auge fassen wollte – der Schaffung eines allgemeinen „Arbeiterrechts". Würden die von Fellinger vorgebrachten Schwierigkeiten bei der Realisierung eines allgemeinen Angestelltenrechts infolge der „fortschreitenden Entwicklung der Rechtsverhältnisse in den einzelnen Untergruppen kleiner werden oder vielleicht einmal verschwinden" so stünden dennoch „der Schaffung eines ‚Arbeitsrechts', das Angestellte und Arbeiter als Ar-

[301] WENZEL, Deutscher Wirtschaftsführer, S. 124.

[302] FELLINGER, Die deutsche Industrie, Gewerbe- und Kaufmannsgericht, Nr. 11 (1913) Sp. 318.

beitnehmer zusammen umfassen würde, dauernde Hinderungsgründe“ entgegen, die bei „gesunder Entwicklung der sozialen Anschauungen“ sich mit der Zeit nicht abschwächen, sondern verstärken würden[303].

Die Gegensätze, die zwischen den „zwei Schichten“ der Bevölkerung – der Angestellten und Arbeiter – festzustellen seien, dürften nicht unterschätzt werden[304]. Auch bestünde kein „innerer Grund“, die Rechtsverhältnisse der „Angestelltenschaft und der Arbeiterschaft“ in „einem und demselben Gesetz“ zu regeln. Vielmehr müssten Bestimmungen über das Dienstverhältnis für „Angestellte anders lauten als für Arbeiter“; eine „Zusammenfassung“ beider „Volksschichten“ in einem „einzigen Gesetz“ würde eine „rein äußerliche Zusammenfügung von einander im Wesen völlig fremden Teilen bedeuten, woraus niemals ein Gesetz werden könnte“. Auch sei zu bezweifeln, dass die Angestellten selbst „den Wunsch nach einem gemeinsamen Arbeitsrecht“ verspürten[305].

Fellinger optierte also strikt gegen die Schaffung eines allgemeinen „Arbeitsgesetzes“, das sowohl das Rechtsverhältnis der Angestellten als auch dasjenige der Arbeiterschaft erfassen würde. Beide „Volksschichten“ seien so „grundsätzlich verschieden“, dass eine einheitliche Regelung der jeweiligen Verhältnisse in einem Gesetz nicht in Betracht kommen dürfe – wohl auch nicht in dem von Potthoff verfolgten Sinne, der dafür plädierte, ein allgemeines Arbeitsgesetz für alle Arbeitnehmer zu schaffen und Sonderbestimmungen für bestimmte Berufsgruppen, der Angestellten etwa, separat festzulegen.

Ein „Arbeitsgesetz“, das sowohl Angestellte als auch Arbeiter berücksichtige, sei, so die Schlussfolgerung Fellingers, „unbegründet“ und erweise sich als „Unrecht gegenüber einem Teil des deutschen Volkes“.

Weiterhin bestünde die Gefahr, „daß man sich an den mit der Vorbereitung der Gesetzgebung betrauten Stellen vor der Aufstellung neuer Gesetzentwürfe nicht genügend darüber unterrichten [würde], ob der Ruf nach dem Erlaß gesetzlicher Schutzmaßnahmen einem vorhandenen Bedürfnis“ entspringe oder lediglich „zur Förderung einseitiger Parteiinteressen erhoben“ werde. Leicht könnte übersehen werden, dass die „Rufe aus Parteilagern meist am lautesten erschallen, und ferner [ließe] man sich, wenn es sich um soziale Fragen“ handeln würde, „oft mehr vom Gefühl leiten, als dies bei der Schaffung von Gesetzen [...] zulässig“ wäre.

---

303 Ebd., S. 320.

304 Fellinger versucht an dieser Stelle die bestehenden Unterschiede zwischen Arbeitern und Angestellten zu belegen. Arbeiter würden eine „bestimmte mechanische Wirkung“ durch ihre Tätigkeit erzielen, während Angestellte „nicht nur gewisse Fertigkeiten, sondern die sämtlichen Fähigkeiten seines Geistes und seines Charakters, kurz seine gesamte Persönlichkeit, in den Dienst“ einstellen müsste. Vgl. FELLINGER, (wie vorherige Anm.), Sp. 320.

305 Ebd., Sp. 323.

Schließlich sei zu befürchten, dass lediglich die „Wünsche einer drängenden, von poltischen Parteien unterstützten Interessentengruppe auf dem Wege eines Sondergesetzes erfüllt [würden], ohne Rücksicht darauf, welche Wirkung ein solches Sondergesetz auf die benachbarten Gruppe“ haben könnte[306]. Dadurch ließen sich „allzu leicht diejenigen täuschen“, „welche Gesetze vorbereiten, und auch diejenigen, welche ohne Parteiinteresse als Gelehrte, Sozialreformer usw. sie empfehlen“ würden[307].

Inwiefern diese These, welche zum einen hinsichtlich des grundsätzlichen Bedürfnisses einer Kodifikation des Arbeitsverhältnisrechts Zweifel auflegt, als auch dem Einfluss bei der politischen Meinungsbildung eines Gesetzes, das erst noch den Weg durch das Gesetzgebungsverfahren beschreiten muss, kritisch entgegensieht, noch heute für die Frage der gesetzlichen Regelung des Arbeitsverhältnisrechts von Relevanz sein könnte, bleibt im späteren Teil der Arbeit zu erörtern.

dd) Zahnbrecher und die Stellungnahme der Arbeitgeber

Franz Zahnbrecher, Syndikus des Verbandes bayrischer Metallindustrieller[308], beleuchtet in seinem Beitrag zur Verbandsversammlung die Reaktionen der Arbeitgeber in Bezug auf den am 31. DJT gefassten Beschluss zur Vereinheitlichung des Angestelltenrechts. In seiner Stellungnahme kritisiert Zahnbrecher zunächst, dass es bei der Tagung des Juristentages versäumt wurde, Arbeitgebervertretern die Möglichkeit zu eröffnen, „als Gutachter oder Referenten“ ihre Anschauungen darzulegen. So sei „die Frage der Vereinheitlichung des Angestelltenrechts […] nicht eine Frage der Angestellten allein, sondern zweifellos in gleichem Maße auch eine Frage der Arbeitgeber“[309].

Ein „allgemeines Arbeitsrecht“ in dem von Potthoff geforderten Sinne, das Angestellten und Arbeiter gleichermaßen berücksichtige, sei abzulehnen. Eine „vollständige Verschiebung [der] gesamten sozialpolitischen Gesetzgebung“ sei unnötig. Gesetze, die zu einer umfassenden Reglementierung jeglicher Rechtsverhältnisse und Bürokratisierung führen, seien „nur dann notwendig, wenn sie von einzelnen größeren Bevölkerungsschichten dringend gewünscht […] oder wenn sich Mißstände aus dem Nichtvorhandensein von Gesetzen“ ergeben würden[310].

[306] Ebd., Sp. 328. Fellinger nimmt hier eine These Potthoffs auf, die er im Gutachten zum 30. DJT in einem anderen Zusammenhang ausführte (POTTHOFF, Gutachten, Verhandlungen des 30. DJT, Bd. 1, S. 272).
[307] FELLINGER, Der DJT und das Privatangestelltenrecht, S. 27.
[308] DEGENER, Wer ist's?, S. 361.
[309] ZAHNBRECHER, Stellungnahme, Gewerbe- und Kaufmannsgericht, Nr. 11 (1913) Sp. 329.
[310] Ebd., Sp. 330.

Ähnlich wie Fellinger zweifelte auch Zahnbrecher an dem Vorliegen eines allgemeinen Bedürfnisses nach einem entsprechenden Arbeitsgesetz. Bestehende „Mißstände", die etwa, wie Potthoff immer wieder hervorhob, an der erheblichen Zersplitterung des Arbeitsverhältnisrechts festzumachen seien, bestünden Zahnbrecher zufolge nicht.

Auch dürfe, wiederum fühlt man sich an Aussagen Fellingers erinnert, die „scharfe Scheidung" von Angestellten und Arbeitern nicht aufgegeben und diese beiden Gruppen, mit ihren jeweils unterschiedlichen Bedürfnissen, in einem Gesetz gleichgestellt werden[311].

Ferner befürchtet Zahnbrecher, dass mit der Schaffung eines einheitlichen Angestelltenrechts in dem vom Juristentag geforderten Sinne lediglich dem Interesse der Angestellten und weniger den Bedürfnissen der Arbeitgeber Rechnung getragen würde, was schließlich zu einer „ganz gewaltigen Belastung der deutschen Industrie" führen und den Arbeitgeber gegenüber dem Arbeitnehmer schutzlos stellen würde[312].

Erneut wurde Kritik, diesmal von Seiten der Arbeitgeber, an dem Reformprojekt laut. Ein „allgemeines Arbeitsrecht" für alle Arbeitnehmer schien zunehmend in weite Ferne zu rücken. Ließe sich denn zumindest die Vereinheitlichung des Angestelltenrechts als „Mindestziel" erreichen? Zahnbrecher zufolge war man auch von der Realisierung dieses Ziels weit entfernt.

ee) Schmidt und die Arbeiterschaft

Reichstagsabgeordneter Robert Schmidt[313], der in seinem Beitrag die Rolle der Arbeiterschaft für das zu schaffende „einheitliche Arbeitsrecht in Deutschland" erörterte, optierte für eine „einheitliche Gestaltung der sozialen Schutzvorschriften und des Dienstvertrages für alle Arbeiterschichten". Zwar könne die Schwierigkeit, „ein einheitliches Recht bei der Verschiedenheit der sozialen Gliederung der Berufsschichten zu finden" nicht verkannt werden. Doch werde die „Zer-

[311] Ebd., Sp. 331.

[312] Ebd., Sp. 334ff.: Zahnbrecher stellt hier einige Forderungen der Gutachter vor, deren Realisierung eine rechtliche Schlechterstellung zur Folge haben würde. Abgestellt wird hier u.a. auf die Modalitäten der Lohn-/ Gehaltszahlung und hierbei gegen die vorgeschlagene generelle Ausschließung von Aufrechnung und Zurückbehaltung gegenüber Gehaltsansprüchen jeder Art appelliert.

[313] Robert Schmidt (1864-1943), Mitglied der Sozialdemokratischen Partei, war zwischen 1893-1898 und 1903-1918 Reichstagsabgeordneter und vertrat dort den Wahlkreis Berlin V. Von 1903-1919 war Schmidt Mitglied der Generalkommission der Gewerkschaften. In der Weimarer Republik führte Schmidt zunächst das Amt des Ernährungsministers im Kabinett Scheidemanns (1919), später wurde er zum Wirtschaftsminister, Vizekanzler und Minister für Wiederaufbau im ersten Kabinett Stresemanns (1923) ernannt.
Vgl. OSTERROTH, Biographisches Lexikon des Sozialismus, Bd. 1, S. 446f.; SCHRÖDER, Sozialdemokratische Reichstagsabgeordnete 1898-1918, S. 449.

splitterung, die auf diesem Rechtsgebiet immer mehr [zunehme], die Schwerfälligkeit der Materie [...] dem Verlangen nach Einheitlichkeit und Einfachheit für die Folgezeit stärkere Arznei geben". Zu beachten sei jedoch, dass grundsätzlich die „Einheitlichkeit der Gesetzgebung" nicht mit „Einfachheit und Klarheit [...] Hand in Hand zu gehen" brauche. Mit einer reinen „Zusammenfassung" der betreffenden Rechtsmaterie wäre nichts gewonnen, wenn dabei das Ziel der „Einfachheit" und Übersichtlichkeit nicht erreicht würde[314].

Doch würde ein einheitliches Arbeitsrecht einen „großen Vorzug bedeuten gegenüber dem bisherigen Zustand". Wie auch Potthoff hielt es Schmidt ebenfalls für „selbstverständlich, daß gewisse soziale Schichten der Erwerbstätigen besondere Berücksichtigung finden" müssten. Aber sollte es nicht lediglich bei einer rechtlichen Ausgestaltung des Angestelltenrechts bleiben. Die Reformierung des Angestelltenrechts müsste weiter gehen und eine Verknüpfung mit einer „umfassenden Ordnung des Arbeiterrechts" erzielt werden[315].

Schmidt optierte also für die Schaffung eines allgemeinen Arbeitsrechts für die „Gesamtheit aller Arbeitnehmer". Dabei machte er auch deutlich, dass nicht lediglich „eine Kodifizierung des geltenden Rechts" sondern zusätzlich noch „sozialpolitischer Fortschritt" erzielt werden solle[316]. Allein mit einer „Zusammenfassung" bereits geltender gültiger Normen sei noch nicht viel gewonnen. Ansätze dazu, wie man nun diesen „sozialpolitischen Fortschritt" erreichen könne, lieferte Schmidt indes nicht. Vielmehr blieb es nur bei der Formulierung allgemeiner Forderungen.

ff) Sinzheimer und seine „Grundgedanken" eines einheitlichen Arbeitsrechts

> „Ist der Gedanke des einheitlichen Arbeitsrechts nur eine jener vorübergehender Ideen, wie sie so oft auf Gebieten auftauchen, die in einer starken, oft noch unklaren Entwicklung begriffen sind, oder ist er einem wirklichen, wichtigen Bedürfnis erwachsen?"[317]

Mit dieser Ausgangsfrage trat Hugo Sinzheimer in seiner Schrift an die Untersuchung bestehender Möglichkeiten für die Schaffung eines einheitlichen Arbeitsrechts für Deutschland – einer Arbeitsrechtskodifikation – heran.

Die Arbeiten Sinzheimers betrafen während der Kaiserzeit zunächst dogmatische arbeitsrechtliche Fragestellungen[318]. In seinem Vortrag „Die soziologische

[314] SCHMIDT, Die Arbeiterschaft, Gewerbe- und Kaufmannsgericht, Nr. 11 (1913) Sp. 340.
[315] Ebd., Sp. 342.
[316] Ebd., Sp. 341.
[317] SINZHEIMER, Grundgedanken, in: Gesammelte Aufsätze und Reden, S. 36.
[318] Als seine bedeutenden Schriften sind neben seiner Dissertation „Lohn und Aufrechnung" (1902), „Der korporative Arbeitsnormenvertrag" sowie das Werk „Ein Arbeitstarifgesetz. Die

Methode in der Privatrechtswissenschaft" optierte Sinzheimer schließlich für eine Erneuerung des Arbeitsrechts[319].

Zurück zur Verbandsversammlung und Sinzheimers Referat: Für eine Vereinheitlichung des Arbeitsrechts sei zunächst die unübersichtliche und unterschiedliche Rechtsquellenlage anzuführen. Die „Quellen des Arbeitsrechts seien von Gegensätzen erfüllt". Gerade die „landesgesetzliche Quelle" würde „die Keime der Verschiedenheit" in sich tragen. So bestünden 44 Gesindeordnungen im Deutschen Reich, und alle wichen in „wesentlichen Punkten" voneinander ab[320]. Die verschiedenen „Personenklassen des Arbeitsrechts" erhielten ihr Recht teilweise nicht „aus einer Rechtsquelle, sondern aus verschiedenen Rechtsordnungen, die sich übereinander aufbauen oder in sich verschachteln" würden. Ferner sei im Arbeitsrecht die „Information über die in Betracht kommende Rechtslage für Juristen umständlich, für den Laien oft kaum möglich"[321].

Die „quellenmäßige Anlage" des Arbeitsrechts sei kaum mehr zu überblicken; ähnlich wie in der „Zeit des gemeinen Rechts", sei nicht nur streitig, „was der Inhalt eines Rechtssatzes" sei, vielmehr wäre problematisch, „welche Rechtssätze überhaupt zur Anwendung kommen sollten". Das Arbeitsrecht sei mithin „unübersichtlich und unsicher", und damit „auf einem Gebiet, wo die sozialen Spannungsverhältnisse am größten [seien], wo also Einfachheit, Klarheit und Volkstümlichkeit am größten sein sollten!"

Sinzheimer würde diesen „Zustand der äußeren Rechtszersplitterung" hingegen „zur Not noch […] ertragen", wenn neben diesem nicht noch „der Mangel an innerer Harmonie" hinzukäme. So sei der Inhalt, „wie schon sein Äußeres, die in tausendfältigen Rechtssätzen zerstreute, systemlos aneinandergereihte Kasuistik, vermuten [ließe], in sich widerspruchsvoll, unvollständig und lebensfremd"[322].

Idee der Sozialen Selbstbestimmung im Recht" von 1916 – hier arbeitete er einen Entwurf eines Tarifgesetzes aus – hervorzuheben. Vgl. auch die obigen Ausführungen zur Person und Werk Sinzheimers bei Anm. 247.

[319] Vgl. zu den inhaltlichen Postulaten Sinzheimers zu diesen dogmatisch arbeitsrechtlichen Fragen die Ausführungen bei BECKER, (wie Anm. 14), S. 282ff.
Hier werden auch die Gestaltungsebenen des Arbeitsvertrages, die Sinzheimer in seinen methodischen Überlegungen auflegte, näher analysiert. Im „Arbeitsnormenvertrag" charakterisiert Sinzheimer den Arbeitsvertrag nicht lediglich als einen gegenseitigen Vertrag, sondern zugleich auch als einen „Herrschaftsvertrag", durch den der arbeitende Mensch sich durch seine persönliche Arbeit in die Verfügungsgewalt eines anderen begebe (SINZHEIMER, Arbeitsnormenvertrag, Bd. 1, S. 16f.)
Die wichtigsten Schriften Sinzheimers wurden im Sammelband „Arbeitsrecht und Rechtssoziologie", Gesammelte Aufsätze und Reden, hrsg. von KAHN-FREUND/RAMM, in 2 Bänden abgedruckt.

[320] SINZHEIMER, (wie Anm. 317), S. 36.

[321] Ebd., S. 37.

[322] Ebd., S. 38.

Wäre eine Visualisierung des Arbeitsrechts möglich, so führt Sinzheimer metaphorisch an, könnte man annehmen, ein „Gemälde eines begabten, aber zuchtlosen Meisters“ anzutreffen. Zum einen würde man auf „seinem Bilde einzelne Partien bis ins kleinste mit fast übertriebener Sorgfalt ausmachen können. Daneben erblicke man jedoch „große und wichtige Partien, über die der Pinsel des Meisters“ kaum gestrichen habe[323].

Für einen Ausweg aus dieser Lage sei zwar eine „vollständige Kodifikation des Arbeitsrechts in einem besonderen Gesetzbuche“ ein Ziel, das sich Sinzheimer auf das „innigste“ wünsche. Doch müsste „dieses Ziel ausscheiden“, würde man praktische Maßnahmen „für unsere Zeit“ ins Auge fassen. „Zu diesem Werk“ sei die Zeit noch nicht „berufen“, „nicht, weil sie an Schöpfungskraft zu arm, nein, weil sie daran zu reich und zu lebendig“ sei. Die Materie, die ein „solches Gesetzbuch“ regeln müsste, sei eine der „lebendigsten und unruhigsten“; in ihr sei alles „im Flusse“. Bezeichnend ist hierbei besonders die folgende Begründung Sinzheimers:

> „Ein Gesetzbuch, das es unternähme, das Werdende festzulegen, würde in jedem Falle das Schicksal des Unzeitgemäßen haben. Es würde zu früh kommen, wenn es versuchte, in jedem Punkte nicht nur die Gegenwart, sondern auch für die nächste Zukunft zu schaffen, oder es würde zu spät kommen, wenn es nur die momentanen Bedürfnisse der Gegenwart befriedigen wollte. Auf keinen Fall wäre es ein Gesetz, welches dem Leben gerecht werden könnte. Ein solches Werk würde der Entwicklung des Arbeitsrechts nicht förderlich sein. Denn wäre einmal eine Kodifikation in diesem Sinne erfolgt, dann würde die weitere gesetzgeberische Energie, wie die Geschichte der Kodifikationen und unsere Erfahrungen mit dem BGB beweisen, bald erlahmen.“[324]

Sinzheimer befürchtete also, dass die Rechtsmaterie des Arbeitsrechts infolge einer Kodifizierung erstarre und damit die weitere Entwicklung gehemmt werde. Erinnerungen an die Debatte im Reichstag bei Verabschiedung des BGB erwachen. Auch könnte dieser Einwand Sinzheimers bei der Frage hinsichtlich einer Kodifizierung des Arbeitsverhältnisrechts in heutiger Perspektive eine Rolle spielen. Würde einem Arbeitsvertragsgesetz also stets „das Schicksal des Unzeitgemäßen“ anhaften müssen?

Mit einer reinen Zusammenfassung geltender Rechtsnormen im Arbeitsrecht, so führt Sinzheimer fort, etwa nach französischem Vorbild, sei nichts gewonnen[325]. Dadurch würde allenfalls ein „Überblick über das bestehende Recht“ unter Auflegung bestehender Lücken herbeigeführt. Eine solche „Zusammenstellung aller gültigen Bestimmungen des Arbeitsrechts“ sollte eher von „privater

[323] Ebd., S. 40.
[324] Ebd., S. 44.
[325] Ebd., S. 44f; Sinzheimer bezieht sich hierbei auf den französischen Code du travail.

Seite“ geschaffen werden[326]. Eine Zusammenstellung geltender Rechtsnormen müsste also nicht zwingend von staatlicher Seite im Rahmen einer Kodifizierung dieser Rechtsmaterie erfolgen. Wäre, wiederum in aktueller Perspektive, eine Zusammenfassung geltender Rechtsnormen über das Arbeitsverhältnisrecht, etwa im Rahmen einer übersichtlichen Gesetzeskommentierung, gegenüber einem „Restatement“, so bezeichnet jedenfalls Bertelsmann den aktuellen Gesetzesentwurf, vorzugswürdig?

Als weiteres Argument gegen eine Kodifizierung des Arbeitsrechts, das sämtliche Angestellten- und Arbeitergruppen berücksichtige, wird angeführt, dass es kein Arbeitsrecht geben könne, „das für alle Arbeiter und Angestellten gleich sein könnte, so daß nur ein Arbeitsrecht für alle vorhanden wäre“. So würden „von Tag zu Tag [...] neue Arbeiter- und Angestelltenschichten lebendig werden, um für sich ein besonderes Recht zu fordern“. Ein „Recht, das sich diesem Strome entgegenstellen wollte [...], stünde auf verlorenem Posten“[327].

Das Ziel der „Einheit im Arbeitsrechte“, welches Sinzheimer in seiner Schrift an vielen Stellen hervorhob, könne schließlich nur erreicht werden, indem „ohne gesetzbuchmäßige Festlegung unter Aufrechterhaltung der Spezialgesetzgebung und Wahrung des sozialen Schutzgedankens das vorhandene und das künftige Recht“ so vereinfacht würde, dass es schließlich als „übersichtlich, sicher und in sich harmonisch“ qualifiziert werden könne[328].

Die Vereinfachung des Arbeitsrechts sollte durch „Zentralisation des Rechtsstoffs“ vorangetrieben werden. Ein „möglichst allgemeiner Rechtsinhalt“ sollte „möglichst viele Beziehungen des Arbeitsrechts“ ergreifen[329].

Wenn schon ein „einheitliches Arbeitsgesetz“ nicht möglich erscheint, so sei doch zumindest die „Aufgabe der Schöpfung eines allgemeinen, alle arbeitsrechtlichen Teile durchströmenden und ergänzenden Arbeitsrechts“ denkbar. Es sei nur der „gesetzliche Ausdruck dafür, was im Arbeitsrecht allgemein“ sei bzw. sein könnte. Dazu müsste sich das „Arbeitsrecht vom allgemeinen bürgerlichen Recht, dessen Geist ihm fremd [sei], möglichst [...] emanzipieren“[330]. Ferner sollte dafür gesorgt werden, dass das Arbeitsrecht in allen seinen Teilen „mindestens dasjenige Kulturniveau einhält, welches unseren heutigen Moral- und Rechtsanschauungen“ entsprechen würde. Schließlich sollten solche „Sozi-

[326] Ebd., S. 45.
[327] Ebd., S. 46.
[328] Ebd., S. 48.
[329] Anstatt zahllose Gesetze zu erschaffen, sollten vielmehr ihre Prinzipien aufgesucht werden, mit diesen man dann auch noch so besondere oder aktuelle Entwicklungen begegnen könne. Doch lässt sich dies, was im Bürgerlichen Recht schon seit über 100 Jahren praktiziert wird, überhaupt auf die hochsensible Materie des Arbeits(vertrags)rechts übertragen? Mehr zu den „Prinzipien“ des BGB in einem späteren Abschnitt.
[330] Ebd., S. 49.

albestimmungen" verallgemeinert werden, „die ihrer Natur nach allgemein für alle Arbeitsrechtsbeziehungen gültig" sein könnten[331].

Ein „allgemeines Arbeitsrecht" als Mindestziel sei also lediglich realisierbar. Ob eine derart geforderte „Verallgemeinerung des Rechtsstoffs" mittels schwierig zu bestimmbaren Rechtsbegriffen und -inhalten zur Verbesserung der Rechtslage beigetragen hätte, darf bezweifelt werden.

Doch könne „das bloße Gesetz" ohnehin nicht genügen. „Bürokratie und Kasuistik" könnten die „Kraft und Buntheit unseres Lebens nicht erörtern". Hier seien die „gesellschaftlichen Kräfte selbst zur Rechtsgestaltung" aufgerufen und ihre „objektive Rechtswirkung" zuzulassen[332]. Anstelle des staatlichen Gesetzes müssten „elastische, anpassungsfähige Norm[en] der genossenschaftlichen Rechtsbildung" treten, die die „Starrheit und Kasuistik des Rechts durch Beweglichkeit und Abänderlichkeit" ersetzen würden. „Arbeitstarifverträge" sollten es also sein, die künftig staatliche Gesetzgebung entlasten und das Gesetz sogar „überflüssig" machen könnten[333].

Sinzheimer plädierte mithin für die Einsetzung von Tarifverträgen; die Gesetzgebung sollte damit „immer größere Teile von Gesetzgebungsmaterien" an neue „Gemeinschaftsformen" abzugeben haben und sich darauf beschränken, lediglich „die Grenzen und die Voraussetzungen festzulegen, die für solche soziale Gesetzesbildung maßgebend" sein müssten[334]. Soweit möglich, sollte sich das Arbeitsrecht autonom entwickeln; das bloße Gesetz sei jedenfalls nicht mehr ausreichend. Ein einheitliches Arbeitsgesetz sei erst recht nicht zu realisieren; vielmehr sollte hier die geltende Spezialgesetzgebung aufrechterhalten und diese durch „Zentralisation" und Autonomisierung des Rechtsstoffs vereinfacht werden.

Folgerichtig optierte Sinzheimer im Ergebnis gegen eine eigenständige Kodifizierung des Arbeitsrechts. Die Verwirklichung des Einheitsgedankens müsste vielmehr, in Einklang mit dem von Rechtsanwalt Baum vor dem Deutschen Juristentag 1912 vorgetragenen Sinne, durch Novellierung der Gewerbeordnung erzielt werden, und dies lediglich in Bezug auf das „Arbeiterrecht". Spezialgesetzgebung sollte also auch weiterhin noch erforderlich sein und damit die maßgebliche Rechtsquelle im Arbeitsrecht bleiben[335].

---

[331] Ebd., S. 49ff.
[332] Ebd., S. 56.
[333] Ebd., S. 57.
[334] Ebd., S. 58.
[335] Ebd., S. 60f. Eine Novelle zum BGB sei indes nicht zu empfehlen, da hierdurch „der einheitliche Charakter dieses Gesetzbuches gestört" werde.
Als Ansatzpunkt für die Novellierung der Gewerbeordnung schlug Sinzheimer den VII. Titel vor. Dieser Titel sollte in zwei Teile gelöst werden. Im ersten Teil müsste dann das „allgemeine Arbeitsrecht", in dem beschriebenen, eher als unbestimmt einzustufenden Sinne (vgl.

gg) Zwischenergebnis

Vergleicht man die einzelnen Beiträge der Teilnehmer der Verbandstagung miteinander, so zeigt sich doch recht deutlich, dass man die Schaffung eines einheitlichen Arbeitsrechts für Deutschland zunächst für weniger realistisch hielt und vielmehr bloß als eine gedankliche Möglichkeit auffassen wollte. Lotmar qualifizierte das Ziel eines „vollständigen Arbeitsrechts" als „Utopie". Ähnlich wie Sinzheimer plädierte er für den Ausbau von Tarifverträgen, da sich deren Abschluss gegenüber staatlicher Gesetzgebung in vielen Bereichen als wirkungsvoller erweisen würde. Fellinger verschärfte den Ton und sah ein „einheitliches Arbeitsgesetz", das die Verhältnisse der Arbeiter und Angestellte gleichmäßig zu regeln beabsichtige, als „Unrecht" an. Auch von Anderen, etwa den Arbeitgebern oder Handlungsgehilfen[336] wurde die Notwendigkeit eines einheitlichen Arbeitsgesetzes bezweifelt.

Sowohl die Schaffung eines einheitlichen Angestelltenrechts als auch Potthoffs „letztes Ziel", der Entwicklung eines einheitlichen Arbeitsrechts für alle Arbeitnehmer, schien mehrheitlich auf Bedenken zu stoßen. Ein allgemeiner Konsens lag hier jedenfalls noch in weiter Ferne. Da wundert es auch kaum, dass das Vorhaben vor dem Kriege von Parlament und Regierung nicht mehr angegangen wurde.

b) Otto von Gierke und die „Treuepflichten"

Gierke, der schon bei Entstehung des BGB erhebliche Kritik am Dienstvertragsrecht äußerte, nahm auch in den letzten Jahren des Kaiserreichs zu Problemen des Arbeitsvertrages und des Arbeitsverhältnisses Stellung[337].

Gierke qualifizierte den Dienstvertrag, dessen historische Wurzeln er fälschlich im deutschrechtlichen Treudienstvertrag und im Gesindeverhältnis sah[338], als „entgeltlichen Arbeitsvertrag dessen Gegenstand die Leistung von Arbeit im

---

die Ausführungen unter Anm. 331), entstehen. Im übrigen Teil war dann lediglich das Arbeiterrecht unter Überwindung „überflüssiger Kasuistik" zu schaffen. Im Übrigen müsste weiterhin mit Sondergesetzen verfahren werden. So könne die „reichsrechtliche Regelung der landesgesetzlichen Arbeitsverhältnisse, die Vereinheitlichung des Privatangestelltenrechts, das Tarifrecht, die Selbstverwaltung der Arbeit, die Arbeitsgerichte […] nur in Spezial- und Sondergesetzen zur gesetzlichen Wirklichkeit werden".

336 Für die Handlungsgehilfen trat erneut Viktor Blobel auf, der mit ähnlichen Argumenten, wie auch schon zuvor auf den Deutschen Juristentagen, gegen ein einheitliches Angestellten- und mithin gegen ein allgemeines Arbeitsrecht votierte; vgl. dazu auch seinen Beitrag zur Verbandsversammlung: BLOBEL, Die Handlungsgehilfen, Gewerbe- und Kaufmannsgericht, Nr. 11 (1913), Sp. 345ff.

337 Eine dezidierte Auswertung findet sich dazu bei BECKER, (wie Anm. 14), S. 273ff.; die vorliegenden Ausführungen werden daher lediglich die wesentlichen Aussagen Gierkes zu diesem Themenkreis skizzieren.

338 GIERKE, Privatrecht, Bd. 3, S. 593ff.

Sinne von persönlicher Tätigkeit“ bilde[339]. Der Dienstverpflichtete sei gegenüber seinem Dienstherrn zum vollen Einsatz und Gehorsam verpflichtet, während der Dienstherr zur Fürsorge verpflichtet gewesen sei[340]. Der Anspruch auf „Dienstleistung“ führe dazu, dass im Dienstvertrag ein „Herrenrecht“ entstünde, was eine „Gewalt über die Person als solche“ zulassen würde. Der Dienstvertrag begründe stets eine „persönliche Treueverpflichtung“[341]. Je nach Ausgestaltung des Dienstverhältnisses sei die Treuepflicht mehr oder weniger stark ausgeprägt[342]. Die dem Arbeitgeber obliegende Fürsorgepflicht bezeichnete Gierke als eine allgemeine Verhaltenspflicht, die über den im BGB normierten Fälle der §§ 617, 618 hinausgehen würde[343].

Die gegenseitigen Treue- und Fürsorgepflichten von Arbeitnehmer und Arbeitgeber blieben nahezu inhaltsleer und auch zu unbestimmt. Je nach Auslegung konnte dies dazu führen, dass die Pflichten im Arbeitsverhältnis über das arbeitsvertraglich vereinbarte Leistungsversprechen hinaus gingen und schließlich eine Erhöhung der Abhängigkeit im Arbeitsverhältnis eintreten konnte[344]. Individuelle Interessen des einzelnen Arbeitnehmers wurden dadurch zurückgedrängt, dass er im Arbeitsverhältnis in kollektiven Strukturen, die der Arbeitgeber allein beherrschte, eingestellt wurde. So konnten Arbeitnehmer zu Werkzeugen der Unternehmen werden. Mithilfe der „Treue- und Fürsorgepflichten“ war es möglich, individuelle Interessen und Freiheitsansprüche der arbeitenden Bevölkerung zurücktreten zu lassen. Zugleich wurde der richterlichen Interpretation größtmögliche Gestaltungsmöglichkeiten eröffnet, was dazu führte, dass die Inhalte von Arbeitsverhältnissen weitgehend im Dunkeln blieben und geradezu die Chance zu einer offenen, gar unbegrenzten Auslegung bieten konnten[345].

Aus Sicht von Befürwortern einer Arbeitsrechtskodifikation stellten diese Ansätze Gierkes eher einen Rückschritt dar. So galt es doch gerade zu vermeiden, dass das Arbeitsrecht auf unbestimmte und von der staatlichen Rechtsprechung abhängige Grundlage gestellt würde.

So gesehen, boten auch die Stellungnahmen Gierkes zum Arbeitsverhältnisrecht keine Argumente für die Schaffung eines allgemeinen Angestellten- oder gar Arbeitsrechts in Form einer Kodifikation. Die Zeichen schienen gegen eine

---

339 Ebd., S. 590f.
340 GIERKE, Schuld und Haftung, S. 58.
341 GIERKE, Privatrecht, Bd. 3, S. 610.
342 Als Ausflüsse der Diensttreue werden von Gierke etwa die Pflicht zum achtungsvollen Benehmen oder die Abwendung von Schaden und Hilfeleistung in Gefahr genannt. Vgl. GIERKE, (wie Anm. 338), S. 611.
343 Ebd., S. 620ff.
344 So auch BECKER, (wie Anm. 14), S. 277.
345 So folgert auch BECKER, (wie Anm. 14), S. 281.

Vereinheitlichung des Arbeitsrechts und damit gegen ein Arbeits(vertrags)gesetz zu stehen.

c) Anträge zur Vereinheitlichung des Arbeitsrechts im Reichstag

Doch sollte es nicht lediglich bei parteiintern erklärten Zielen bleiben. So wurden seit der 13. Legislaturperiode Anträge im Reichstag eingebracht, die auf ein einheitliches Arbeits- bzw. Angestelltenrecht abzielten. Hinzuweisen ist hier auf einige Resolutionsanträge, die am 22. Januar 1913 im Rahmen der Beratungen des Reichshaushaltsetats beraten wurden[346]. Seitens der Sozialdemokraten wurden in einem Antrag die „verbündeten Regierungen" aufgefordert, „möglichst noch in dieser Session einen Gesetzentwurf vorzulegen, durch den zur leichteren Schaffung eines einheitlichen Privatangestelltenrechts zunächst in der GO [...] gleiche oder ähnliche Vorschriften vorgesehen werden, wie sie für Handlungsgehilfen gelten"[347]. Die Nationalliberalen traten mit folgendem Antrag an den Reichstag heran: „die verbündeten Regierungen [sind] um Vorlegung von Gesetzesentwürfen zu ersuchen, worin die jetzt im BGB, HGB, der GO und anderen Einzelgesetzen enthaltenen sozialrechtlichen Bestimmungen zusammengesetzt werden und ein einheitliches, den Forderungen der neuzeitlichen sozialen Verhältnisse entsprechendes Privatbeamtenrecht für die kaufmännischen, ferner für die technischen Angestellten [...] geschaffen wird."[348] Weiterhin ist auf einen Antrag der polnischen Reichstagsfraktion hinzuweisen, worin die „verbündeten Regierungen um Vorlegung von Gesetzentwürfen" ersucht wurden, „welche durch Zusammenfassung und Ausbau der in den verschiedenen Reichsgesetzen über die kaufmännischen, technischen und anderen Privatangestellten enthaltenen Vorschriften ein möglichst einheitliches, die neuzeitlichen sozialen Anforderungen berücksichtigendes Privatbeamtenrecht" schaffen könnten[349].

Schließlich ist noch auf einen weiteren Antrag der Sozialdemokraten hinzuweisen, der erneut[350] von Albrecht und seinen Anhängern eingereicht wurde. Darin sollten die „verbündeten Regierungen" ersucht werden, „dem Reichstage einen Gesetzesentwurf vorzulegen, durch welchen die zum Schutze der Arbeiter und Angestellten und zur Regelung des Arbeitsvertrages bestehenden Gesetze

[346] Vergleiche zur vollständigen Übersicht der gestellten Anträge das Verhandlungsprotokoll der 95. Sitzung des Reichstags vom 22.1.1913, in: Verhandlungen des Reichstags, XIII. Legislaturperiode, XIII. Legislaturperiode, 1913, S. 3129ff.

[347] Verhandlungen des Reichstags, XIII. Legislaturperiode, 1913, S. 3129f; Nr. 203.

[348] Ebd., S. 3130; Nr. 241.

[349] Ebd., S. 3130; Nr. 274.

[350] Zu erinnern ist an den Resolutionsantrag aus dem Jahre 1907; vgl. dazu die obigen Ausführungen unter B. II. 4.

und Verordnungen zu einem einheitlichen Arbeitsrecht vereinigt und ausgebaut" werden sollten[351].

Die Beschlüsse des Reichstags, die im Kern auf eine Vereinheitlichung des Angestelltenrechts, und bezüglich des letzten Antrags sogar auf eine Vereinheitlichung des Arbeitsrechts für sämtliche Arbeitnehmer, abzielten, scheiterten jedoch regelmäßig am Widerstand des Bundesrats. Besonders Meinungsverschiedenheiten zwischen Reichstag und Bundesrat führten dazu, dass ein einheitliches Angestellten- oder gar Arbeitnehmerrecht im Kaiserreich und damit bis 1918 nicht erwachsen konnte[352].

Die Entwicklungen führten hier nicht weiter, sodass es lediglich bei den partiell beschlossenen Reichstagsresolutionen verbleiben musste.

6. Kodifikationsbemühungen zur Kaiserzeit – Würdigung

Wie die Ausführungen gezeigt haben, war bereits zur Kaiserzeit das Ziel einer Kodifizierung des Arbeitsvertragsrechts sehr umstritten. Auch wenn die Forderungen nach einem selbstständigen, allgemeinen Arbeitsvertragsgesetz bis zur Jahrhundertwende noch nicht lautstark geltend gemacht wurden, zeigte sich hier schon der Weg dorthin, etwa bei Ausarbeitung und Verabschiedung des BGB. Als dann in den ersten Jahren des neuen Jahrhunderts die wissenschaftliche Bearbeitung des Arbeitsrechts insgesamt stark zunahm, zu erinnern sei beim Arbeitsvertragsrecht etwa an Lotmars berühmtes Werk „Der Arbeitsvertrag", und daran, dass das geltende Arbeitsverhältnisrecht verstärkt als zersplittertes „Wirrwarr" qualifiziert wurde, war der Grundstein für ein zukünftig zu schaffendes Arbeitsvertragsgesetz gelegt. Dabei ist gar nicht entscheidend, wer genau hierzu den ersten Schritt geleistet hat[353], zu konstatieren ist vielmehr, dass die Wissenschaft, als solche im Gesamten betrachtet, das Vorhaben gleichermaßen voran brachte. Heinz Potthoff gelang es dabei maßgeblich die Diskussion voranzutreiben und weitere Kreise für das Projekt zu gewinnen[354]. Dass das Vorhaben im Wesentlichen lediglich Streitgegenstand der Wissenschaft blieb, hervorzuheben sind hier besonders die Deutschen Juristentage von 1910 und 1912 sowie die erwähnte Verbandsversammlung aus dem Jahre 1913, lässt sich insbesondere daran ablesen, dass es keine weiteren Kreise schlagen konnte, Parlament und Regierung mithin von der Ausarbeitung eines entsprechenden Gesetzesentwurfs absahen.

---

[351] Nr. 148.

[352] So beschränkte man sich zunächst lediglich auf einige Ergänzungen des HGBs über Wettbewerbsvereinbarungen und Lehrlinge. Vgl. RGBl. 1914, S. 209.

[353] *Ramm*, ist der Auffassung, dass Abbe „das Vorbild für die spätere Kodifikation des Arbeitsvertrags" lieferte. Vgl. oben unter Anm. 133.

[354] Zu erwähnen ist hier insb. die Gesellschaft für Soziale Reform; vgl. oben unter B. II. 3.c).

III. KODIFIKATIONSBEMÜHUNGEN IN DER WEIMARER REPUBLIK

1. Rückblick: Erster Weltkrieg

Im Ersten Weltkrieg wurde die Forderung nach einem einheitlichen Arbeitsrecht und damit einer Kodifikation erneut aufgegriffen. So klagte der Magistratsrat Paul Wölbling[355] über die „Unübersichtlichkeit" und über die „Inhaltslosigkeit" des Arbeitsrechts. „Tausende von Einzelbestimmungen" und ein „dürftiges allgemeines Dienstrecht im Bürgerlichen Gesetzbuch" sowie „zahlreiche Sonderrechte für einzelne Gruppen mit ziemlich willkürlicher Abgrenzung ohne genügenden Grund für die abweichende Behandlung derselben Rechtsfrage bei den verschiedenen Gruppen" würden zu dieser Lage des Arbeitsverhältnisrechts beitragen. Schließlich sei „dieser Zustand [...] wesentlich ein Ausfluss der Scheu gegen eine allgemeine Regelung, die Folge eines schrittweisen Zurückweichens vor einer neuen Entwicklung, die man nicht als richtig anerkennen" wolle. Dabei hob Wölbling hervor, das es nicht an „der Intelligenz zur Schaffung klarer allgemein anwendbarer Bestimmungen" fehle, sondern vielmehr an dem „kräftigen Entschluss an die Sache heranzugehen"[356].

Wölbling plädierte schließlich für eine „reichsrechtliche", „alle Arbeiter- und Angestelltenklassen umfassende Regelung" des Arbeitsvertragsrechts. Die „Gründe für die partikularrechtliche Regelung einzelner Gruppen" seien hingegen „zu unbedeutend, um dadurch die Komplizierung des Arbeitsrechts" rechtfertigen zu können[357].

Die „Notwendigkeit der Reform des Arbeitsrechts" bestehe auch weiterhin. Einzelne „Vorschläge und Anregungen" würden ebenfalls bereits vorliegen[358]. Spätestens „nach dem Kriege", wenn man einer „neuen Welt" gegenüberstünde, wäre die Zeit reif, „für eine andere, vielleicht einfachere Gestaltung des Arbeitsrechts"[359].

Und tatsächlich sollte man nach Ende des Krieges einer neuen Welt, jedenfalls bezogen auf Deutschland, gegenübertreten, auch wenn man dies zuvor mehrheitlich in dieser Form noch nicht absehen konnte bzw. wollte. Deutschland wurde eine demokratische Republik mit rechtsstaatlicher Verfassung. Inwiefern nun in diesem „neuen Staat" die Forderung nach einem einheitlichen Arbeitsrecht bzw. einer Kodifizierung des Arbeitsvertragsrechts aufgebracht und vorangetrieben wurde, soll im folgenden Abschnitt näher beleuchtet werden.

---

[355] DEGENER, Wer ist's?, S. 264f.

[356] WÖLBLING, Die Erneuerung des deutschen Arbeitsrechts, in: Jahrbuch, 1917, S. 71.

[357] Ebd., S. 73.

[358] Wölbling dürfte sich hierbei auf die wissenschaftlichen Ausarbeitungen der Theoretiker und Praktiker bezogen haben. Vgl. dazu die obigen Ausführungen unter B. II.

[359] Ebd., S. 75.

Auch in den Kriegsjahren wurde der Gedanke nach einem einheitlichen Arbeitsrecht, mithin einer Arbeitsvertragskodifikation, allenfalls partiell von Seiten der Praxis und Wissenschaft vorangetrieben. Politiker und Gewerkschaften griffen diese Forderungen zu dieser Zeit nicht auf[360].

2. Auf dem Weg zum „neuen Arbeitsrecht"

In der Weimarer Republik schien die auf Schaffung eines einheitlichen Arbeitsrechts gerichtete Strömung Aufschwung zu finden[361]. Nach Einrichtung einer besonderen Behörde, des Reichsarbeitsministeriums[362], waren die ministeriellen und organisatorischen Voraussetzungen für eine umfassende Reformierung des Arbeitsrechts gegeben. Im März 1919 kündigte dann die Reichsregierung an, dass „ein Gesetz über ein einheitliches, demokratisches und soziales Arbeitsrecht mit dem Ziele der Schaffung demokratisch-konstitutioneller Verhältnisse in den Betrieben alsbald vorgelegt werden solle"[363]. Zum ersten Mal wurde hiermit von autoritativer Seite das Arbeitsrecht als eigenes Rechtsgebiet anerkannt und bekräftigt, es als Ganzes durch Gesetz zu regeln. Nicht nur das Arbeitsvertragsrecht sondern das gesamte Arbeitsrecht sollte nun kodifiziert werden. Das Arbeitsrecht war fortan also nicht mehr lediglich von Kreisen der Wissenschaft zu behandeln. Doch woher kam der plötzliche Sinneswandel? Schien die Zeit für ein umfassendes Arbeitsgesetzbuch oder zumindest eine Kodifizierung des Arbeitsvertragsrechts nun reif zu sein? Beim näheren Hinsehen und der Beleuchtung der Hintergründe vermag sich möglicherweise ein anderes ergeben.

a) Die Hintergründe

Mit dem Versailler Vertrag vom 28. Juni 1919 wurde der Kriegszustand zwischen dem Deutschen Reich und den Mächten der Triple Entente formell beendet; die Kampfhandlungen selbst wurden bereits mit der Unterzeichnung des Waffenstillstands von Compiegne am 11.11.1918 eingestellt. Infolge November-

---

[360] Dies änderte sich auch nicht, als Sinzheimer im Jahre 1916 forderte, ein „arbeitsrechtliches Arbeitsprogramm für ein gemeinsames Vorgehen zur Verselbständigung und Verbesserung des Arbeitsrechts" auszuarbeiten, um auch das „Ziel" eines „einheitlichen Arbeitsrechts [...], dem alle Richtungen der Arbeiter- und Angestelltenschaft" zusteuerten, erreichen zu können. Vgl. SINZHEIMER, Einheitliche Arbeiterorganisation?, in: Arbeitsrecht, 1916, S. 125.

[361] Weitere Untersuchungen zur Vereinheitlichung des Arbeitsrechts in der Weimarer Republik bei BOHLE, Einheitliches Arbeitsrecht in der Weimarer Republik; RAMM, Entwürfe, S. 34ff; BECKER, Arbeitsvertrag und Arbeitsverhältnis während der Weimarer Republik und in der Zeit des Nationalsozialismus, S. 308.

[362] Eingerichtet wurde das Amt (ursprünglich „Reichsarbeitsamt") bereits am 4. Oktober 1918 durch kaiserlichen Erlass. Im Februar des darauf folgenden Jahres wurde es in das Reichsarbeitsministerium umgewandelt.

[363] Zitat abgedruckt bei SIEFART, Zur Geschichte der Entstehung eines deutschen Arbeitsgesetzbuchs, NZfA 1921, S. 261.

revolution und Flucht des Kaisers war die Staatsautorität stark erschüttert worden, obgleich die Staatsgewalt durch den letzten Reichskanzler Max von Baden an den Sozialdemokraten Friedrich Ebert übertragen wurde. Mit dem eingerichteten Rat der Volksbeauftragten sollte die staatliche Kontinuität aufrechterhalten werden. Als dann die Unabhängigen Sozialdemokraten anlässlich der Ablehnung der Einrichtung eines Rätesystems auf dem Rätekongress in Berlin im Dezember 1918 aus dem Rat der Volksbeauftragten austraten und als Reaktion die Kommunistische Arbeiterpartei gegründet wurde, kam es kurz darauf zum Eklat. Am 6. Januar 1919 brach der Spartakusaufstand in Berlin aus, der zu einem Generalstreik führte und militärisch niedergeschlagen wurde. Kurz darauf übernahm nach den Wahlen zur Nationalversammlung Friedrich Ebert (1871-1925) das Amt des Reichspräsidenten; Philipp Scheidemann (1865-1939) wurde erster Reichskanzler[364]. Am 1. Mai 1919 kam es in München zur Ausrufung der Räterepublik, was wiederum eine militärische Intervention zur Folge hatte[365].

Auf dem Gebiet des Arbeitsrechts lassen sich in dieser Zeit diverse Reformen beobachten. So wurden am 12.11.1918 die Gesindeordnungen abgeschafft und ab 1.01.1919 der achtstündige Maximalarbeitstag in Kraft gesetzt. Mit dem Stinnes-Legien Pakt vom 15.11.1918 wurden ohne Mitwirkung des Staates im Kollektiven Arbeitsrecht neue Maßstäbe gesetzt. Gewerkschaften waren nun durch diese Vereinbarung zwischen Arbeitgeberverbänden und Gewerkschaften als die „berufenen Vertreter der Arbeiterschaft" anerkannt; eine Beschränkung des Koalitionsrechts der Arbeiter sollte nun unzulässig sein.

Der Staat blieb bei dieser Entwicklung jedoch nicht ausgeklammert. So erließ der Rat der Volksbeauftragen am 23.12.1918 die Verordnung über Tarifverträge, Arbeiter und Angestelltenräte sowie Schlichtung von Arbeitsstreitigkeiten. Damit waren die Grundlagen des Kollektiven Arbeitsrechts von staatlicher Seite her gesetzt[366]. Insgesamt sind allein für die Zeit vom 9.11.1918 bis zum 21.03.1919 neununddreißig arbeitsrechtliche Gesetze und Verordnungen nachzuweisen, denen noch weitere nachfolgten. Das Arbeitsrecht wurde in materieller Hinsicht deutlich verbessert und ausgedehnt; die Unübersichtlichkeit dieser Rechtsmaterie nahm dadurch hingegen noch weiter zu[367].

---

[364] Zu diesem Zeitpunkt lautete der Amtstitel noch Ministerpräsident.

[365] Näheres zur Vorgeschichte der Weimarer Republik im Überblick bei MALLMANN, Deutsches Reich, HRG, Bd. 1, Sp. 712ff. Ferner in diesem Kontext auch bei RAMM, Entwürfe, S. 34f.

[366] Näheres auch bei RAMM, Entwürfe, S. 35: So wurden die Bestimmungen der Tarifverträge zu unabdingbaren Mindestbestimmungen für alle Arbeitnehmer und Arbeitgeber festgelegt, die Mitglieder der Arbeitsverbände waren oder den Arbeitsvertrag unter Verweis auf den Tarifvertrag abschlossen.

[367] Walter Kaskel (1882-1928), erhielt an der Universität Berlin 1920 eine Professur für Sozialrecht, die erste arbeitsrechtliche Professur überhaupt. Kaskel stellte heraus, das durch das

Sollte dem Arbeitsrecht, bezogen vor allem auf die einheitliche Kodifizierung dieser Materie, auf politischer Ebene künftig eine wichtigere Rolle zukommen, als dies noch in den Jahren zuvor der Fall war? In der Regierungserklärung vom 13.02.1919, in der Philipp Scheidemann lediglich von einer Anpassung des Arbeitsrechts an die neuen Verhältnisse sprach, war davon noch wenig erkennbar. Dies sollte sich jedoch kurz darauf ändern. Als der führende Kopf der christlichen Gewerkschaften und Abgeordnete des Zentrums Adam Stegewald in der Sitzung des Reichstags vom 21.02.1919 die Forderung nach einem einheitlichen Arbeitsrecht erhob, schien sich das Blatt zu wenden[368]. So erklärte Reichsjustizminister Landsberg in der Reichstagssitzung vom 1.03.1919, dass jegliche Wünsche der Arbeiter aller gewerkschaftlichen Organisationen erfüllt würden, in denen sich die Arbeiter sämtlicher gewerkschaftlichen Zusammenschlüsse einig gewesen seien und sprach sich schließlich für die „Kodifikation des gesamten Arbeiterrechtes" aus[369]. Um dem Nachdruck zu verleihen, wurde am 2.3., einen Tag vor Ausrufung des Generalstreiks durch die Kommunistische Partei, in einem Appell sämtlicher Mitglieder des Kabinetts verkündet:

> „Wir sind dabei, das Gesetzbuch der wirtschaftlichen Demokratie zu schaffen, nämlich: Das einheitliche sozialistische Arbeitsrecht auf freiheitlicher Grundlage"[370].

Dieses Ziel wurde am 4. und 5. März noch weiter präzisiert durch die Vereinbarung mit der Abordnung der sozialdemokratischen Arbeiterräte Berlins am 4.3. und der Abordnung der Streikleitung des Berliner Vollzugsrats am 5.3. So sei ein „Gesetz über ein einheitliches, demokratisches Arbeitsrecht mit dem Ziel der Schaffung demokratisch-konstitutioneller Verhältnisse in den Betrieben [...] sofort der Nationalversammlung vorzulegen"[371].

Hinzukommen der arbeitsrechtlichen Gesetze und Verordnungen „die Unübersichtlichkeit des Arbeitsrechts" bis zur „Unerträglichkeit" gesteigert worden sei. Vgl. KASKEL, Aufgabe und Gegenstand des künftigen Arbeitsgesetzbuches, DJZ 1919, Sp. 622.
Zur Person Kaskels vgl. JACOBI, Deutsches Biographisches Jahrbuch, Bd. 10, S. 11ff.

[368] Verhandlungen der verfassungsgebenden Deutschen Nationalversammlung, Sten. Berichte, Bd. 326, S. 269.

[369] Verhandlungen der verfassungsgebenden Deutschen Nationalversammlung, Sten. Berichte, Bd. 326, S. 443f.
Otto Landsberg (1869-1957), Mitglied der Sozialdemokratischen Partei bekleidete zwischen Februar und Juni das Amt des Reichsjustizministers.
Mehr zur Person bei: OSTERROTH, Biographisches Lexikon des Sozialismus, Bd. 1, S. 196ff.; SAUTTER, Landsberg, Otto, in: Biographisches Lexikon zur deutschen Geschichte, S. 258.

[370] Zitat abgedruckt bei WINKLER, Revolution, S. 177.

[371] Vgl. MÜLLER, Bürgerkrieg, S. 142ff., 157ff.

Augenscheinlich befand sich die Reichsadministration in Zugzwang. Weitere Ausschreitungen und Arbeitsniederlegungen/ Generalstreits galt es zu verhindern. Dass der Nationalversammlung „sofort" eine arbeitsrechtliche Kodifikation vorgelegt werden konnte war freilich mangels entsprechender Vorarbeiten ausgeschlossen[372]. Vielmehr war das Versprechen, ein umfassendes Arbeitsrecht zu schaffen, ein Mittel, um den kommunistischen Kräften im Land den Wind aus den Segeln zu nehmen, vielleicht war es aber auch „eine Waffe im politischen Kampf gegen den Kommunismus" schlechthin[373].

Der Aufruf des Kabinetts und die Vereinbarungen mit den Streikenden blieben aber nicht folgenlos. Zum einen wurden dadurch die Beratungen der Nationalversammlung über den Verfassungsentwurf beeinflusst, was schließlich zu einer verfassungsrechtlichen Absicherung der Reformbestrebungen für ein einheitliches Arbeitsrecht führte und das Projekt damit Eingang in Art. 157 II der Weimarer Reichsverfassung vom 11.08.1919 fand. Ferner setzten die vorangegangenen Entwicklungen das Gesetzgebungsverfahren des Reichsarbeitsministeriums in Gang[374].

So erklärt sich nun auch, dass die Regierung rasch handeln musste, vor allem auch, um in der Öffentlichkeit nicht an Glaubwürdigkeit und Rückhalt zu verlieren, zumal in der werdenden Republik die Machtverhältnisse sich noch leicht hätten verschieben können, sodass dementsprechend viel auf dem Spiel stand.

b) Der Weg zum Arbeitsgesetzbuch: Der Arbeitsrechtsausschuss[375]

Und tatsächlich bemühte sich die Regierung, das Vorhaben zügig voranzutreiben. Zu diesem Zweck wurde am 2.05.1919 ein Arbeitsrechtsausschuss einberufen. Dieser sollte ein Gesetzbuch für das gesamte Arbeitsrecht ausarbeiten[376]. Dieses Sachverständigengremium, das aus 19 in Wissenschaft und Praxis anerkannten Mitgliedern bestand[377], wurde von dem sozialdemokratischen Reichsar-

---

372 So auch BOHLE, (wie Anm. 361), S. 5.
373 So folgert RAMM, Entwürfe, S. 36.
374 BOHLE, (wie Anm. 361), S. 6.
375 Dazu zuletzt ausführlich KAISER, Kündigungsschutz ohne Prinzip, S. 22ff.
376 Nähere Ausführungen zum Arbeitsrechtsausschuss und seiner Zusammensetzung finden sich ausführlich bei KAISER, (wie vorherige Anm.) und BOHLE, (wie Anm. 361), S. 7ff., sodass eine nochmalige eingehende Behandlung dieser Thematik hier nicht erfolgen muss.
377 SIEFART, Zur Geschichte, NZfA 1921, Sp. 270f.; ausführlich zur Zusammensetzung des Ausschusses auch BOHLE, (wie Anm. 361), 8ff. und die Auswertungen bei KAISER, Kündigungsschutz ohne Prinzip, S. 28ff.
Kaskel spricht von 18 Mitgliedern, ders., Aufgabe und Gegenstand des künftigen Arbeitsgesetzbuchs, DJZ 1919, Sp. 622.
Um die Kontinuitäten zur Reformbewegung im Kaiserreich aufzuzeigen lohnt sich ein Blick auf die Mitgliederliste: Emanuel Adler (1873-1930), Ministerialrat und Universitätsprofessor, Wien; Marie Baum (1874-1964), Leiterin der sozialen Frauenschule, Hamburg; Georg Baum

beitsminister Gustav Bauer[378] einberufen, der bei seiner Eröffnungsrede als Ziel des Gesetzgebungsvorhabens die Erhöhung der „Übersichtlichkeit des geltenden Arbeitsrechts" anführte. Dazu sollte das „zu schaffende Gesetz [...] durch Zusammenfassung des gesamten, in zahlreichen Gesetzen und Verordnungen verstreut sich findenden Rechtsstoffes" ebenfalls seine „Erkenntnis und Anwendung erleichtern". Erforderlich sei hierfür, dass das „Recht selbst neu gestaltet werden" müsste[379].

Ferner gab Bauer an, dass das künftige Arbeitsgesetzbuch den „ganzen Bereich der Arbeitsbeziehungen" umfassen sollte. Dabei betonte er, dass das Gesetzbuch „nicht nur das Arbeitsvertragsrecht unter Beachtung der Sonderart der einzelnen Arbeitnehmergruppen möglichst einheitlich gestalten, sondern auch das Koalitionsrecht, das Recht der Berufsvereine und das Tarifvertragsrecht regeln" sollte[380].

Den Vorsitz des Ausschusses übernahm bis zum Ende des Jahres 1920 Hugo Siefart und anschließend Johannes Feig[381].

Nachdem der Arbeitsplan für den Ausschuss festgelegt[382] und damit der maßgebliche Inhalt des künftigen Gesetzes skizziert wurde, sollte schnell be-

(1874-1933), Rechtsanwalt, Berlin; Julius Dehne (1873-1957), Ministerialdirektor, Dresden; Anton Erkelenz (1878-1945), Arbeitersekretär der H.-D.-Gewerkvereine, Berlin; Ernst Francke (1852-1921), Stellvertretender Vorsitzender der Gesellschaft für Soziale Reform, Berlin; Käthe Gaebel (1879-1962), Leiterin der Auskunftsstelle für Heimarbeitsreform, Berlin; Hugo Heinemann (1863-1919), Rechtsanwalt, Berlin; Walter Kaskel (1882-1928), seit 1920 Universitätsprofessor, Berlin; Martin Landsberger (1871-?), Magistratsrat, Berlin; Paul Oertmann (1865-1938), Professor, Göttingen; Heinz Potthoff (1875-1945), Sozialpolitiker und Reichstagsabgeordneter, Mitglied der Gesellschaft für Soziale Reform; Karl Pribram (1877-1973), Professor, Wien; Gustav Rohmer (1868-1946), bayerischer Ministerialdirektor im Staatsministerium, Berlin; Franz Röhr (1888-1934), Vorstandsmitglied und Bildungsobmann der christlichen Gewerkschaften, Berlin; Max von Schulz (1854-1920), 1. Vorsitzender des Gewerbe- und Kaufmannsgerichts Berlin; Hugo Sinzheimer (1875-1945), Rechtsanwalt, Frankfurt am Main; Paul Umbreit (1868-1932), Redakteur des „Correspondenzblatt der Generalkommission der Gewerkschaften Deutschlands", Berlin sowie Kurt Wolzendorff (1882-1921), Professor, Halle/S.
In den Folgejahren änderte sich, insb. durch zwischenzeitlich verstorbene Mitglieder, die ursprüngliche Zusammensetzung des Ausschusses mehrfach. So kam beispielsweise im Jahre 1923 Justus Wilhelm Hedemann hinzu. Nähere Angaben dazu wie auch zur originären Zusammensetzung des Arbeitsrechtsausschusses finden sich mit weiteren Nachweisen bei BOHLE, (wie Anm. 361), S. 8-12.

[378] Gustav Adolf Bauer (1870-1944) übernahm nach dem Rücktritt Scheidemanns am 20.06.1919 das Amt des Reichskanzlers. Unter seiner Regierung wurde der Versailler Vertrag unterzeichnet. Mehr zur Person Bauers bei GEISS, Bauer, Gustav Adolf, in: Biographisches Lexikon zur Weimarer Republik, S. 363ff.

[379] SIEFART, (wie Anm. 377), Sp. 273f.

[380] Zitat abgedruckt bei BOHLE, (wie Anm. 361), S. 7.

[381] SIEFART, (wie Anm. 377), Sp. 269, Anm. 2.

wusst werden, dass die Fertigstellung des gesamten Gesetzentwurfs im Rahmen eines „Arbeitsgesetzbuches“ „eine geraume Zeit in Anspruch nehmen“ würde[383]. Auch bedurften „manche Teilgebiete des Arbeitsrechts so dringend einer Regelung oder Neugestaltung“, dass diese nicht „bis zur Fertigstellung des Gesamtwerks verschoben werden“ könnten sondern vielmehr bereits im Vorfeld durch Einzelgesetze geregelt werden müssten. Daher wurde bereits am 2.05.1919 beschlossen, dass zunächst lediglich Teilentwürfe eines künftigen Arbeitsgesetzbuchs ausgearbeitet werden sollten. Hierzu sah der gefasste Arbeitsplan vor, dass Unterausschüsse zu bilden waren, die aus „Mitgliedern und Mitarbeitern des Arbeitsrechtsausschusses“ bestehen sollten[384]. Dem Unterausschuss, der sich mit der Ausarbeitung eines allgemeinen Arbeitsvertragsgesetzes beschäftigte, gehörten einige Persönlichkeiten an, die auch schon Jahre zuvor für den Gedanken eines einheitlichen Angestellten- oder gar Arbeitnehmerrechts eingetreten waren: Zu nennen sind hier vor allem Heinz Potthoff, Paul Oertmann und Georg Baum[385].

Die Leitung der jeweiligen Unterausschüsse übernahm je ein Mitglied des Arbeitsrechtsausschusses.

Auf den ersten Blick schien man von einer Beteiligung von Verbänden der Arbeitgeber- oder Arbeitnehmer an den Entwurfsarbeiten in den jeweiligen Aus-

---

[382] Siefart hatte zu diesem Zweck entsprechende Richtlinien in Thesenform ausgearbeitet. Diese sind abgedruckt und damit gut greifbar bei RAMM, Entwürfe, S. 39ff.; vgl. auch BA Koblenz R 43 I/2062-1 Bl. 11-12.

[383] SIEFART, (wie Anm. 377), Sp. 274f.

[384] Folgende Unterausschüsse wurden gebildet:
„1. für allgemeines Arbeitsvertragsrecht, nebst den Arbeitsgebieten: Recht der Landarbeiter und des landwirtschaftlichen Gesindes, Recht der Hausangestellten, Recht der Staatsarbeiter und der Staatsangestellten, sowie Beziehungen zum Beamtenrecht, Recht der Seeschiffahrt, der Binnenschiffahrt, der Flößerei und der Fischerei, Arbeitsordnung, Lohnbeschlagnahme, Recht der Berufsvereine der Arbeitnehmer und der Arbeitgeber;
2. für Angestelltenvertragsrecht;
3. für die öffentlich-rechtlichen Vorschriften des Arbeiterschutzes (Arbeiterschutzrecht);
4. für Arbeitsbehörden und Arbeitsgerichte;
5. für Arbeitsvermittlung (Arbeitsnachweis);
6. für Arbeitstarifrecht;
7. für Koalitionen und Koalitionsrecht (außer dem zu Unterausschuß 1 gehörenden Rechte der Berufsvereine der Arbeitgeber und der Arbeitnehmer), Lohnkämpfe und Einigungswesen;
8. für Landarbeitsrecht;
9. für Bergarbeitsrecht.“
Mitglieder der ersten beiden Unterausschüsse bildeten ferner besondere Unterausschüsse für das Lehrlingswesen; vgl. SIEFART, (wie Anm. 377), Sp. 277f.

[385] Insgesamt gehörten diesem Unterausschuss Sinzheimer, Adler, Oertmann, Titze, Hedemann, Potthoff, Reichsgerichtsrat Bewer sowie die Rechtsanwälte Abel, Baum, Oppenheimer und die Obermagistratsräte Landsberger und Wölbling an.
Vgl. FEIG, Die Vorarbeiten für das deutsche Arbeitsgesetzbuch, in: RArbl., 1928, S. 206.

schüssen abzusehen, möglicherweise um damit den Ausschuss nicht zu groß und damit schwerfällig werden zu lassen. Der Fortgang der Arbeiten sollte keinesfalls durch uferlose Diskussionen der Interessenvertreter gefährdet werden. Die Mitgliederzahlen des Ausschusses sollten überschaubar bleiben[386]. Sinzheimer optierte ebenfalls gegen eine unmittelbare Beteiligung der Verbände an den Entwurfsarbeiten. Erst nach der Gesamtredaktion der Einzelentwürfe – sobald „der Gesamttext endgültig" feststünde – sollte er einer „Sachverständigenkonferenz, die aus Vertretern aller beteiligten Gruppen" zusammenzusetzen war, als „Diskussionsgrundlage zur Begutachtung" vorgelegt werden[387]. Diese Vorgehensweise stieß bei Arbeitgeber- und Arbeitnehmerverbänden auf Widerstand. Die hieraus resultierende Kritik stellte maßgeblich auf die Zusammensetzung des Arbeitsrechtsausschusses ab. So wurde gefordert, dass vordinglich für die Ausarbeitung der Entwürfe Praktiker herangezogen werden sollten[388]. Hier votierte man dafür, das künftige Arbeitsgesetzbuch lediglich durch solche Personen entwerfen zu lassen, die sich mit dem Arbeitsrecht wissenschaftlich beschäftigt hatten „und dadurch die Gewähr" boten, „daß sie sich für die Ausarbeitung eines Gesetzentwurfs" eigneten[389]. Bei näherem Hinsehen war diese Kritik nur teilweise berechtigt. Wirft man einen Blick auf die Mitgliederliste des Ausschusses, so stellt man fest, dass hier durchaus Repräsentanten der Interessengruppen vertreten waren: So nämlich Paul Umbreit für die Freien Gewerkschaften; Anton Erkelenz für die Hirsch-Dunkerschen Gewerkvereine und Franz

---

386 BOHLE, (wie Anm. 361), S. 19; RAMM, Entwürfe, S. 42.

387 SINZHEIMER, Programm, BA R 43 I/2062-1 Bl. 15; vgl. auch die näheren Untersuchungen dazu bei BOHLE, (wie Anm. 361), S. 17ff.
Bemerkenswert ist aber, dass nach Konstituierung des Arbeitsrechtsausschusses zumindest die großen Arbeitgeber- und Arbeitnehmerverbände vom Reichsarbeitsministerium eingeladen wurden, um sie über die Gegenstände und den Arbeitsplan des Arbeitsrechtsausschusses unterrichten zu können. Eine unmittelbare Einflussnahme der Verbände sollte dadurch wohl weniger ermöglicht werden. Sie sollten zwar über den Vorgang der Arbeiten unterrichtet werden; Wünsche und Anregungen hingegen konnten die Verbände lediglich auf dem Schriftwege äußeren. Diese Vorgehensweise hob Reichsarbeitsminister Bauer bei der Zusammenkunft der Verbände im Ministerium am 19.05.1919 expliziert hervor: „[...] und es können schon heute Wünsche allgemeiner Art geäußert werden. Nicht möglich wird es allerdings sein, hierbei schon materiell auf das zu schaffende Recht näher einzugehen, ich würde vielmehr empfehlen, daß die Organisationen später ihre Wünsche schriftlich formulieren. Diese würden dann den Kommissionen und Sachverständigen bei der Ausarbeitung der Entwürfe als wertvolle Unterlage dienen". Siefart, erster Vorsitzende des Arbeitsrechtsausschusses, hob hervor: „Nachdem die einzelnen Vorentwürfe aufgestellt sind, soll einem größeren Kreis von Sachverständigen aus allen Berufszweigen Gelegenheit gegeben werden, Stellung zu ihnen zu nehmen [...]. Es ist aber sowohl für das Gesetzgebungswerk als auch für die beteiligten Kreise dringend zu wünschen, daß auch über die Regelung des Rechts selbst eingehende Anträge und Vorschläge, und zwar in schriftlicher Form, geäußert werden [...]".

388 Vgl. dazu die Auswertungen bei BOHLE, (wie Anm. 361) S. 18 m.w.N.

389 SIEFART, S. 11; vgl. auch die Auswertung bei BOHLE, (wie Anm. 361), S. 18f.

Röhr für die Christlichen Gewerkschaften. Damit waren die drei Hauptgewerkschaftsrichtungen äußerlich gleichmäßig vertreten und, wohl entgegen der Intention Sinzheimers, bereits vor Anfertigung arbeitsrechtlicher Gesetzesentwurfsfassungen beteiligt worden. Somit wird deutlich, dass es bei der Aufstellung des Arbeitsrechtsausschusses nicht lediglich darum ging, unabhängige Sachverständige in den Ausschuss zu laden; vielmehr handelte es sich hierbei, wie *Kaiser* bereits herausgearbeitet hat, um eine für die ersten Weimarer Jahre „typische Form der frühen Beteiligung der Gewerkschaften bei der Gesetzgebung“[390].

Anders sah es bei den Arbeitgeberverbänden aus. Diese waren zunächst nicht im Ausschuss vertreten. Erst als man anlässlich der vom Reicharbeitsministerium anberaumten Zusammenkunft der Verbände im Ministerium scharfe Kritik an der personellen Zusammensetzung des Ausschusses übte, wurde kurze Zeit später zumindest Stefan Oppenheimer, Repräsentant der Vereinigung Deutscher Arbeitgeberverbände, in den Arbeitsrechtsausschuss berufen. Später kam noch Hermann Meissinger, Rechtsanwalt und Geschäftsführer der Tarifabteilung der Vereinigung der Deutschen Arbeitsgeberverbände[391], hinzu, was die Präsenz der Arbeitgeberverbände noch leicht stärken konnte. Im Vergleich zu den Gewerkschaften waren die Arbeitgeberverbände jedoch in der Minderheit, zumal die beiden Repräsentanten lediglich als Mitarbeiter[392] und nicht als Mitglieder, anders als Umbreit, Erkelenz und Röhr für die Gewerkschaften, berufen wurden[393].

Dennoch: Auch wenn zumindest die Gewerkschaften als ständige Mitglieder im Arbeitsrechtsausschuss vertreten waren, waren die Sozialverbände insgesamt deutlich in der Minderzahl. Man könnte daher bereits an dieser Stelle behaupten, dass dem Vorhaben des Reichsarbeitsministeriums gleich von Beginn an ein wesentlicher Mangel anhaftete. Kann denn ein Vorhaben, wie die Kodifizierung des Arbeitsvertragsrechts, realisiert werden, das, wie schon Flesch hervorhob, zur „wichtigsten Grundlage unserer gesamten Staats- und Rechtsordnung“ gehört und damit unmittelbar in die Sphäre des arbeitenden Menschen im Alltag eingreift, ohne das die Arbeitgeber und Arbeitnehmer, wiederum repräsentiert und vertreten durch ihre Organisation, gleichberechtigt und im gebührenden Umfange berücksichtigt werden? Andererseits ist der Einwand der Praktikabilität und die befürchtete Gefahr der uferlosen Diskussion im Falle eines Einbe-

---

390 KAISER, Kündigungsschutz ohne Prinzip, S. 92.

391 Vgl. VOLZ, Reichshandbuch der deutschen Gesellschaft, Bd. 2, S. 444.

392 Nach Siefart sollten neben den Ausschussmitgliedern sog. „Mitarbeiter“ als „Sachkundige“ für Sondergebiete herangezogen werden, die jedoch im Ausschuss bzw. in den jeweiligen Unterausschüssen kein Stimmrecht besitzen und lediglich an Arbeiten für ein bestimmtes Einzelgebiet teilnehmen sollten. Vgl. SIEFART, (wie Anm. 377), Sp. 271. Eine Auflistung der Mitarbeiter an den Beratungen zum Arbeitsvertragsrecht bietet KAISER, Kündigungsschutz ohne Prinzip, S. 53ff.

393 KAISER, Kündigungsschutz ohne Prinzip, S. 93.

zugs der Verbände seitens des Reichsarbeitsministeriums bei der Umsetzung des Projekts nicht von der Hand zu weisen. Könnte dennoch diese Vorgehensweise möglicherweise den Grund dafür geliefert haben, dass der Arbeitsrechtsausschuss wenige Jahre nach seiner Konstitutionalisierung trotz Hervorbringen einiger arbeitsrechtlicher Gesetzesentwürfe scheitern sollte?

Von diesem Schicksal war jedenfalls bei Eröffnung des Arbeitsrechtsausschusses am 2.05.1919 noch nichts zu spüren; vielmehr sollten die folgenden Worte Siefarts zunächst bestimmend bleiben:

„Gelingt das große und schwierige Werk so, wie es geplant ist, so wird damit eine Tat sozialer Gerechtigkeit vollbracht und dem deutschen Volk ein unschätzbarer Dienst geleistet sein“[394].

c) Das „Verfassungsversprechen“ und die Reaktionen der Fachöffentlichkeit

> „Die menschliche Arbeitskraft steht unter dem besonderen Schutz des Reichs. Das Reich schafft ein einheitliches Arbeitsrecht.“

So lautete der besagte Art. 157 der Weimarer Reichsverfassung vom 11.8.1919. Damit hatte nun auch das Ziel der Schaffung eines einheitlichen Arbeitsrechts Eingang in die Reichsverfassung gefunden. Die Arbeit des Arbeitsrechtsausschusses schien bestätigt. Doch welchen Stellenwert nahm diese Vorschrift in der Verfassung ein? War sie denn überhaupt durchsetzbar? Oder hatte sie, wie viele andere Vorschriften im zweiten Teil der Verfassung, lediglich einen programmatischen Charakter?

Bevor diese Fragen näher beleuchtet werden, bleibt zunächst, vor der Vorstellung des Entwurfs für ein Allgemeines Arbeitsvertragsgesetz, zu klären, inwiefern die Fachöffentlichkeit zum Vorhaben des Reichsarbeitsministeriums und damit zum Projekt der Kodifizierung des Arbeitsvertragsrechts Stellung bezogen hat.

aa) Äußerungen der Fachöffentlichkeit zur Kodifizierung des Arbeitsvertragsrechts nach Einsetzung des Arbeitsrechtsausschusses[395]

Nachfolgend sollen zunächst einige Äußerungen diverser Wissenschaftler zur Situation des Arbeitsvertragsrechts erörtert werden, die vor allem die Verbin-

[394] SIEFART, (wie Anm. 377), Sp. 278.

[395] Eine umfassende Würdigung bezüglich der Behandlung materieller Fragen im Hinblick auf Arbeitsvertrag und Arbeitsverhältnis in der Rechtslehre in der Weimarer Republik liegt bereits vor, sodass hier im Wesentlichen lediglich bedeutende konkrete Äußerungen in Bezug auf das Reformprojekt skizziert werden können. Vgl. BECKER, (wie Anm. 361), S. 162ff.

dung zur Reformbewegung des Kaiserreichs herstellten. Zu nennen sind hier insbesondere Walter Kaskel, Hugo Sinzheimer, Franz Klein und Heinz Potthoff.

(1) Kaskel und das „Flickenkleid" bisheriger Gesetzgebung

Walter Kaskel[396], wertete es als einen „schweren Fehler der alten Regierung, daß sie sich nicht dazu aufraffen konnte, die gesetzgeberischen Probleme des Sozialrechts zusammenzufassen und einheitlich und großzügig zu regeln". Daher würde die seinerzeit gegenwärtige „sozialpolitische Gesetzgebung das Bild eines Kleides [zeigen], das aus lauter einzelnen winzigen Flicken aus verschiedenem Stoff" zusammengesetzt sei. Doch würde man nicht einmal ein „ganzes Kleid aus Flicken" vorfinden können, da „längst nicht alle Materien, die einer Regelung bedurften" von „dieser Gelegenheitsgesetzgebung" erfasst worden seien. Vielmehr schreite die Gesetzgebung lediglich dann ein, wenn „der Zufall ihr eine Materie und einen schutzbedürftigen Berufsstand in den Weg führte, so daß in dem Kleide die offenen Löscher an Umfang die Flickenstücke bei weitem übertreffen" würden[397].

Die so regelmäßig erschienenen „Flickengesetze", die wiederum sukzessive in die Reichsgewerbeordnung integriert wurden, würden schließlich zu einer „zusammenhanglosen Aneinanderreihung" von Bestimmungen führen, die miteinander „häufig nicht das geringste zu tun [hätten], in ordnungslosem Durcheinander [stünden] und in einer Gesetzessprache von erschreckender Liederlichkeit formuliert" seien[398].

Kaskel forderte daher eine grundlegende Umgestaltung der bestehenden sozialpolitischen Gesetzgebung. Anstelle des „Flickenkleides" sollten neue Gesetze treten, die „volkstümlich, klar und erschöpfend" seien.

Zur Durchsetzung dieses Ziels müssten „drei Aufgabenkreise" erfüllt werden. Kaskel zufolge sollte zunächst die „schlimmste Zersplitterung" des öffentlich-rechtlichen Arbeiterschutzes mittels einer Kodifikation beseitigt werden, die für „sämtliche geschützten und dem Schutz neu zu unterstellenden Berufsstände die schutzrechtlichen Normen erschöpfend" zusammenfasse[399].

Auf dem Gebiet des Arbeitsvertragsrechts forderte er eine „Kodifikation der Grundsätze", die sich „in der Rechtsprechung der Gewerbe- und Kaufmannsgerichte" herausgebildet hätten. Die Rolle der Rechtsprechung sei auf diesem Sektor besonders beachtlich. So führte Kaskel an, dass durch die Tätigkeit der Gewerbe- und Kaufmannsgerichte „außerhalb des Gesetzes ein neues Recht" her-

[396] Vgl. zur Person Kaskels die Ausführungen unter Anm. 367.

[397] KASKEL, Reichsschutzordnung, Reichsarbeitsvertragsgesetz und Arbeitsgerichte!, in: Soziale Praxis, XXVIII. Jahrgang, Sp. 379.

[398] Ebd., Sp. 380.

[399] Ebd., Sp. 380f.

vorgegangen wäre. Doch könne diese Rechtsprechung aufgrund „dem Mangel einer gemeinsamen obersten Instanz“ nicht zu einheitlichen Grundsätzen führen und daher für „Rechtssicherheit“ sorgen. Auch müsse der „gesetzlose Zustand“, welcher infolge der Aufhebung der Gesindeordnungen[400] hervorgerufen wurde, beseitigt werden. Ansonsten seien etwa die landwirtschaftlichen Arbeiter vielfach der „Willkür ihrer Arbeitgeber“ ausgeliefert. Aus allen diesen Gründen sei schließlich ein „Reichs-Arbeitsvertragsgesetz“ zu entwickeln, welches „das privatrechtliche Vertragsverhältnis zwischen Arbeitgeber und Arbeitnehmer, sowohl das allgemeine Arbeitsvertragsrecht wie das besondere Arbeitsvertragsrecht bestimmter Berufsstände“, kodifiziere[401] .

Auf letzter Ebene seien schließlich „besondere Arbeitsgerichte“ zu schaffen, die für „das gesamte Gebiet des Sozialrechts“ zuständig sein sollten. Das Reichsversicherungsamt sollte dabei als Reichsarbeitsgericht an der Spitze stehen.

„Reichsschutzordnung, Reichsarbeitsvertragsgesetz und Arbeitsgerichte“ müssten nach Kaskel letztendlich „die Mittelpunkte einer großen Reform [der] sozialpolitischen Gesetzgebung“ darstellen[402].

Die Reformen sollten also nicht bei der Kodifizierung des Arbeitsvertragsrecht, das nicht nur Angestellten sondern vielmehr jegliche Gruppen von Arbeitnehmern, unter Rücksichtnahme der jeweiligen „Berufsstände“ erfassen sollte, stehen bleiben. Vielmehr sei auf diesem Gebiet die Rolle der Rechtsprechung zu stärken, die, wie Kaskel ausführte, bereits im Vorfeld trotz Fehlen einer arbeitsrechtlichen Kodifikation Bemerkenswertes zu leisten vermochte.

Insgesamt qualifiziert Kaskel, wie sich an anderer Stelle belegen lässt, den Zustand des gesamten Arbeitsrechts als „trostlos“. Die „meisten Fragen des Arbeitsverhältnisses“ seien gar nicht gesetzlich geregelt; bestehende Regelungen würden lediglich „winzige Gesetzesfetzen“ bilden und damit die „Übersicht über das Rechtsgebiet fast unmöglich machen“[403]. Diese Lage des Arbeitsrechts sei auch gerade deshalb bedenklich, weil das Arbeitsrecht „praktisch einen der wichtigsten Teile des gesamten Rechts“ bilden würde. Ähnlich wie Karl Flesch unterstrich auch Kaskel die überragende Bedeutung des Arbeitsrechts für die gesamte Gesellschaft und damit für das Gemeinwesen schlechthin. So greife der „Arbeitsvertrag wesentlich tiefer in das Leben des Einzelnen ein als andere Verträge, weil er nicht die Leistung eines Vermögenswertes, sondern Arbeit, d.h. eine menschliche Tätigkeit und den Einsatz der Persönlichkeit“, erfordere[404].

---

400 Die Gesindeordnungen wurden durch Verordnung vom 12.11.1918 abgeschafft.
401 Ebd., Sp. 381.
402 Ebd., Sp. 381.
403 KASKEL, Aufgabe und Gegenstand des künftigen Arbeitsgesetzbuches, DJZ 1919, Sp. 621.
404 Ebd., Sp. 621.

Das künftige Gesetzbuch sollte schließlich „eine Kodifikation des Arbeitsrechts“ werden, und damit das „gesamte Recht des Arbeitsverhältnisses möglichst lückenlos regeln“[405]. Doch sah Kaskel schließlich auch gewisse Schwierigkeiten, die für die Realisierung dieses Projekts bestünden. Zum einen fehle es im „Inland wie Ausland an jeglichem Vorbild“, sodass eine gänzliche „Neuschöpfung“ erforderlich wäre[406].

Ferner sei die „Masse des zu regelnden Stoffes so groß, daß das Gesetz schon rein äußerlich eines der umfangreichsten Gesetze des deutschen Reiches“ sein würde. Auch seien „eine Reihe von Fragen zu regeln [...], die im Mittelpunkt des schärfsten politischen und sozialen Kampfes“ stünden. Weiterhin sei zu konstatieren, dass es sich „bei dem Arbeitsrecht um eine Materie [handele], die nicht völlig abgeschlossen [sei], sondern sich noch mitten im Fluß der Entwicklung“ befinde[407].

An dieser Stelle lässt sich erneut eine Parallele zu den Einwänden ziehen, die anlässlich der Vorarbeiten und Verabschiedung des BGBs bereits heftig kontrovers vorgetragen wurden[408].

Dass die Realisierung des Vorhabens nicht leicht und ohne weiteres zu erreichen sein würde, war Kaskel bewusst. Dennoch hielt er an dem Projekt fest, was anlässlich der erst kurz zuvor eingeleiteten Reformmaßnahmen, vor allem der Einsetzung des Arbeitsrechtsausschusses, seitens des Reichsarbeitsministeriums, auch opportun erschien.

(2) Franz Klein und sein „wohlgegliedertes System“

Franz Klein, der sich bereits auf den Deutschen Juristentagen von 1910 und 1912 einen Namen machte und schließlich, mit gewissen Vorbehalten, für die Vereinheitlichung des Angestelltenrechts eintrat[409], meldete sich 1920 zu Wort um bezüglich der geplanten Reformierung des Arbeitsrechts Stellung zu beziehen. Zunächst stellte Klein einen Vergleich der neuen Reformbewegung mit jener zur Kaiserzeit her. Während vor dem Kriege die Reformierung bzw. Vereinheitlichung des Arbeitsrechts lediglich maßgeblich von Sozialpolitikern vorangetrieben wurde, sei das Projekt nunmehr als „Regierungsgeschäft“ anzusehen.

---

[405] Ebd., Sp. 623.

[406] Ebd., Sp. 624, Anm. 4: Der bereits seinerzeit realisierte französische Code du travail stelle nach Kaskel keine Kodifikation im eigentlichen Sinne dar. Tatsächlich handelt es sich hierbei auch eher lediglich um eine Zusammenfassung mehrerer Einzelgesetze; das für eine Kodifikation maßgebliche systematische Element dürfte hier fehlen. Vgl. zum Kodifikationsbegriff obige Ausführungen unter Anm. 102.

[407] Ebd., Sp. 625f.

[408] Vgl. dazu insbesondere die Ausführungen von Planck, Struckmann und Gröber oben unter B. II. c) dd).

[409] Vgl. obige Ausführungen unter B. II. 4.

Auch würde nun keine „Zweiteilung“ hinsichtlich der Reformierung des Angestellten- und Arbeiterrechts mehr verfolgt. Vielmehr nehme man nun sämtliche Arbeitnehmer in den Blickpunkt, sodass insgesamt betrachtet, „die gegenwärtig eingeleitete Kodifikation [...] von dem vor dem Kriege geplanten beträchtlich“ abweiche[410]. Die Rechtsvereinheitlichung solle nun dem Wiederaufbau und der „Wiedererstarkung“, dem Kern der Regierungspolitik der besiegten Staaten, dienen[411].

Optimistisch zeigte sich Klein mit der Annahme, dass die Vereinheitlichung des Arbeitsrechts „mit dem Bunten und Lückenhaften des heutigen ‚unkonsolidierten' Arbeitsrechtes, mit dessen sinnlosen Unterscheidungen und mit der Rechtsunsicherheit, [...], tüchtig aufräumen“ würde[412]. Drei Tatsachen bestimmten nun die Vereinheitlichung. Zum einen sei sie in Anlehnung an die Grundrechte der neuen Reichsverfassung zu konzipieren, was die Stellung der „arbeitenden Personen und Gruppen im und zum Staate“ betreffe. Daher müsse das einheitliche Arbeitsrecht einen „eigenen verfassungsrechtlichen Teil“ zukommen. Allen Arbeitsgruppen sei gleiches Arbeitsverfassungsrecht zu verleihen, was auch für die Streikfrage gelten solle[413]. Zukünftig müsste schließlich dem „gebundenen Verkehr“ gegenüber dem freien Vorrang eingeräumt werden. Arbeitsschutz und Fürsorge sei künftig nicht mehr den Parteien des Arbeitsvertrages zu überlassen, sondern sollte dem „sozialpolitischen Schutz teilhaft“ werden. Sozialisierungen und Betriebsräte, mittels derer Arbeitnehmer an der Regelung der Lohn- und Arbeitsbedingungen beteiligt würden und den freien Einzelwillen zugunsten der gemeinsamen Arbeiterinteressen verbannten, führten zu einem neuen Sonderrecht fortan nicht bestimmter Berufsgruppen, sondern bestimmter Betriebsformen. Schließlich führe die Vereinheitlichung zur „Gleichmachung“, „Einebnung“, was besonders für kleinere Betriebe nachteilhaft wäre[414].

Doch wie sollte nun der Zustand des künftigen Arbeitsrechts in Deutschland aussehen? So schwinge, wie Klein weiter ausführt, bei der Vereinheitlichung des

---

410 KLEIN, Entwicklungen im Probleme des einheitlichen Arbeitsrechtes, in: Arbeitsrecht, Jg. VII (1920), S.1-3. Möglicherweise sollte der Titel des Aufsatzes „Entwicklungen und Probleme des einheitlichen Arbeitsrechtes“ heißen.

411 Ebd., S. 3.

412 Ebd., S. 5.

413 Klein nennt hier als Stichworte Streikverhütung und Einsatz von Einigungsämter; ebd., S. 5.

414 Ebd., S. 6. An dieser Stelle trifft Klein jedoch eine Differenzierung:
„Wo der unentbehrliche sozialpolitische Schutz nur um den Preis der fast vollständigen Bedeutungslosigkeit des Individuums und seines Wollens zu haben ist, kann dagegen nichts eingewendet werden. Anderenfalls müsste das Beeinträchtigen der Selbstbestimmung als Unrecht empfunden werden, sodaß hier mittels Sonderrechtes Abstufungen zu machen sein dürften, damit zwischen den Bindungen und dem dadurch erzielbaren Vorteile und dessen Werte für die verschiedenen Berufe ein Ebenmaß waltet.“

Arbeitsrecht der „Wunsch mit, einen tunlichst dauerhaften Rechtszustand zu begründen; und deshalb [würde] die Kodifikation genötigt sein, einen absehbaren Abschnitt der künftigen Entwicklung vorweg zu nehmen". Was jedoch „in dieser Hinsicht den Eindruck des Zweckmäßigen" machen würde, aber „noch nicht erprobt [sei], oder offenbar noch nicht seine letzte Form" erhalten habe, würde man nicht sogleich dem „Gesetzbuche der Arbeit" einverleiben können. Für solche Neuerungen bestünden andere Mittel, etwa in Form von „ergänzende selbständige Sondergesetze, nachgiebiges Recht, vorläufige Veranstaltungen der Verwaltungsbehörden oder zunächst bloß verbindliches Aufstellen der leitenden Grundsätze". Als letzten Ausweg könne „die Ordnung in gewissen Grenzen einverständlicher Selbsthilfe oder Selbstverwaltung der Verbände überlassen werden, bis die Sache für das Gesetz reif geworden" sei[415].

Schließlich dürfe die Vereinheitlichung des Arbeitsrechts nicht zu einem „dicken, unverdaulichen Folianten mit tausend Paragraphen" führen. Maßgeblich sollte laut Klein vielmehr „ein wohlgegliedertes System von Anordnungen des verschiedensten Gepräges sein, zusammengehalten durch die in allem lebendige Idee des staatlichen und gesellschaftlichen Interesses am vollkommensten Schutze der Arbeitskraft und jeglicher der Gesamtheit gewidmeter Arbeit. Es muss ein Spiegelbild der heutigen gelenkten, anschmiegsamen, leicht umstellbaren und schwungvollen Arbeitsorganisation werden; nur dann erfaßt es die Lebensinhalte, die das Recht, wie man es nun verlangt, in geläuterter Reinheit darzustellen hat"[416].

Klein sprach sich im Ergebnis also grundsätzlich für eine Kodifikation im Arbeitsrecht aus. Die Probleme, die sich in diesem Kontext ergeben würden, wurden erkannt. Da man mittels einer Kodifikation künftigen Entwicklungen nicht vorbeugen könne, müsse man auf dem Gebiet des Arbeitsrechts und damit auch auf dem des Arbeitsvertragsrechts auch weiterhin auf Spezialgesetzgebung angewiesen sein. Ob sich auf dieser Grundlage der „Wunsch" nach der Etablierung eines „dauerhaften Rechtszustandes" realisieren lässt bleibt zweifelhaft. Ebenso die Annahme, dass lediglich durch die Kodifizierung dieser Rechtsmaterie ein „wohlgegliedertes System von Anordnungen" entstünde und als „Spiegelbild [...] der schwungvollen Arbeitsorganisation" wirken könne.

(3) Potthoff und die Rückbesinnung zur Sondergesetzgebung

Heinz Potthoff qualifizierte das geplante Reichsarbeitsgesetzbuch 1919 als Teil der künftigen Reichsverfassung und monierte die bisherige Vernachlässigung dieses „allerwichtigsten Rechtsgebiets". Es sei „zu lückenhaft und rückständig,

[415] Ebd., S. 7.
[416] Ebd., S. 8.

als daß es auch nur noch kurze Zeit so bleiben könne". Mahnend führte er an, dass „was jetzt gemacht werden [müsse] eigentlich die Arbeit von 1900" gewesen sei. Durchzusetzen sei nun „die soziale Regelung des Arbeitsvertrags auf der bis 1918 bestehenden Rechtsgrundlage"[417].

1921 sollte der Tenor Potthoffs in Bezug auf das „künftige Arbeitsgesetzbuche" dezidierter ausfallen. „Die Erwartung, daß eines schönen Tages ‚das deutsche Arbeitsgesetzbuch' als ein geschlossenes System im Reichsgesetzblatte erscheinen" werde, sah Potthoff nunmehr als unerfüllbar an[418]. „Wer in den Dingen" stecke, würde schon längst erkennen können, dass „die Entwicklung nicht so einfach sein" werde. Zahlreiche „Teilgesetze" könnten nicht bis zur Fertigstellung des gesamten Werks warten. Vielmehr sei nicht zu vermeiden, dass es lediglich in „Stücken" erscheine, und dass diese wiederum nicht zusammenpassten und nach Inhalt und Form nicht vollständig übereinstimmten, da nicht nur „eine Hand" sondern die „verschiedensten Körperschaften" daran arbeiten müssten[419].

Um schließlich die „notwendige Übereinstimmung" der verschiedenen separat erscheinenden Arbeitsgesetze erreichen zu können, müsste am Ende ein „ganz kleiner Ausschuss" von Sachverständigen eingesetzt werden, der dann das „Ganze" noch einmal überarbeiten und nach Inhalt und Form in Einklang bringen müsste. Das Parlament könnte dies jedoch nicht realisieren. Dieses könne allenfalls das „Gesamtgesetz" in seiner endgültigen Form beschließen. Würde das Parlament erneut in „Einzelberatungen" eintreten, käme es mit dem „Riesenwerke" niemals zu einem Ende; weiterhin würden durch „einzelne Abänderungen Fehler entstehen, die den Bau des Ganzen" störten[420].

Potthoff zufolge könne also ein derart umfassendes Gesetzeswerk wie die Kodifizierung des Arbeitsrechts kaum der parlamentarischen Einzelberatung zugänglich sein. Vielmehr müsste es im Vorfeld von einer geringen Anzahl von Sachverständigen ausgearbeitet werden, und zwar in einer Form, die weitere, einzelne Beratungen im Gesetzgebungsverfahren des Parlaments entbehrlich machen würde. Anderenfalls sei ungewiss, ob das Gesetzeswerk jemals zu Stande käme und dies mit einem Inhalt, der für einen allgemeinen Rechtsfrieden sorgen würde. Dieses Postulat scheint im heutigen Kontext nach wie vor aktuell zu sein. Die Befürchtungen, dass ein derart brisantes und inhaltlich stets kontrovers diskutiertes Vorhaben, wie die Kodifizierung des Arbeits- bzw. Arbeitsvertragsrechts, wenn denn einmal dessen Gesetzesentwurf auf einen allgemeinen Konsens der Beteiligten stoßen werde, im Gesetzgebungsverfahren wieder derart

[417] POTTHOFF, Die künftige Arbeitsverfassung, Arbeitsrecht Jg. VI (1919), S. 84.
[418] POTTHOFF, Vom künftigen Arbeitsgesetzbuche, Arbeitsrecht Jg. VIII (1921), S. 156.
[419] Ebd., S. 156.
[420] Ebd., S. 156f.

modifiziert wird, dass im Ergebnis ein Gesetz entsteht, welches für keinerlei Seite befriedigend wirkt, sind auch bei den gegenwärtigen Reformbemühungen um ein Arbeitsvertragsgesetz wahrnehmbar.

Ebenso ist nicht damit zu rechnen, gerade auf Basis des heutigen Gesetzgebungsverfahrens und unter Berücksichtigung bisheriger Verfahren beim Erlass von größeren Gesetzesprojekten, dass ein solches Gesetzeswerk ohne eingehende parlamentarische Einzelberatungen verabschiedet werden könnte.

Ein künftiges Arbeitsgesetz, so führt Potthoff fort, müsse schließlich auch sprachlich verständlich bleiben. Arbeitsrecht müsse „Volksrecht" und daher dem „Volke verständlich sein". „Deutlichkeit" und „Kürze" seien hierfür dringend zu gewährleisten. Ausführlichkeit und Kasuistik wären hingegen nicht förderlich; die gesetzliche Fassung sollte vielmehr knapp bleiben. „Gerade weil das Arbeitsrecht unendlich vieles sagen" müsse, dürfe es „kein Wort mehr als nötig daran wenden"[421].

Auch dieses Vorbringen Potthoffs dürfte von aktuellem Interesse sein; man denke nur an die teilweise überlangen Gesetzesnormen des aktuellen Bertelsmann-Entwurfs für ein Arbeitsvertragsgesetz, welche nicht selten aus bis zu neun Absätzen und unzähligen, oftmals nicht abschließenden Katalogtatbeständen bestehen.

Schließlich thematisiert Potthoff ein weiteres Problem, das einem „künftigen Arbeitsgesetzbuch" anhaften könnte. So sei zu erwarten, dass ganze „Teile des Arbeitsrechtes alle paar Monate einmal geändert" werden müssten. Daraus resultiere die Gefahr einer stetigen „Schachtelei" bestehender Gesetzesparagraphen[422]. Potthoff erkannte, dass sich die Materie des Arbeitsrechts noch in „einer Entwicklung" befinden würde, deren Verlauf man nicht explizit vorhersehen könne. Daher sei man auch weiterhin auf „Sondergesetze" angewiesen. Diese sollten dann als „besondere Annexe" zum künftigen Arbeitsgesetzbuch treten und separat parafiert werden, damit eine leichte Veränderung der Vorschriften erreicht werden könne, ohne, dass „das Ganze in seiner Ordnung gestört" würde.

Potthoff, der sich einst noch so heftig gegen das bestehende „Wirrwarr von Spezialgesetzen" zur Wehr setzte, schlug nun einen anderen Weg ein. Er musste einsehen, dass man ohne „Sondergesetze" nicht auskommen konnte – erst recht nicht durch die Schaffung einer einheitlichen Arbeitsrechtskodifikation. Die Rechtsmaterie Arbeitsrecht schien weiterhin dem stetigen Wandel der jeweiligen Verhältnisse ausgesetzt zu sein, was, wie Potthoff ebenfalls bemerkte, eine dau-

---

421 Ebd., S. 157.

422 Potthoff führt hier als Beispiel die bestehende Situation der Reichsgewerbeordnung an mit seinen zahlreichen Einschüben von neuen Gesetzesnormen, was erst zur Unübersichtlichkeit des Gesamtwerks geführt habe.

erhafte Fixierung der Rechtsverhältnisse im Rahmen einer Kodifikation – eines „Arbeitsgesetzbuches“ – unmöglich erschienen ließ.

(4) Hedemann und sein Ausweg aus den „Novellen“

Ähnlich wie Potthoff argumentierte auch der Zivilrechtslehrer Justus Wilhelm Hedemann[423]. Die Fertigstellung der geplanten Kodifikation würde „mindestens ein Jahrzehnt“ in Anspruch nehmen[424]. Weiterhin sei überhaupt fraglich, ob man „wirklich auf eine Gesamtkodifikation hinstreben [...] oder je nach dem Bedürfnismaximum und je nach der Fertigstellung Teilstücke auf den Markt des Lebens bringen“ solle[425].

Ferner warnte Hedemann vor der Festlegung auf Einzelgesetzgebung und deren späteren Verschmelzung und berief sich dabei auf die abschreckenden Erfahrungen der RVO[426]. Die permanente Notwendigkeit von „allerlei Novellen“ sei auch mit einem Arbeitsgesetzbuch nicht gänzlich zu vermeiden. Dazu würden sich die Entwicklungen auf dem Gebiet des Arbeitsrechtes viel zu sehr im „Flusse“ befinden[427]. Um jedoch künftig die Novellierungsbedürftigkeit etwas hemmen zu können, sollte man sich bei den Vorarbeiten für die künftige arbeitsrechtliche Kodifikation nicht „zu sehr auf Einzelheiten dogmatisch verrennen“ und dafür in das Gesetzbuch „möglichst viele bewegliche Vorschriften hineinschreiben, in Erinnerung daran, daß das BGB gerade durch einige wenige bewegliche Regeln, einige ‚königliche Paragraphen’ aus dem Versacken gerettet“ wurde[428].

Und dennoch würde, so führt Hedemann schließlich aus, das künftige Gesetzbuch einen „ausgesprochenen Kompromißcharakter“ aufweisen. „Volle Harmonie“ sei keinesfalls erreichbar; dem stünde, neben existierenden „parteipolitischen Gegensätzen“, entgegen, dass sich nun einmal nicht die „elementarsten menschlichen Kontraste, wie der zwischen Großindustrie und kleinerem Betrieb, zwischen Stadt und Land, zwischen materiellem Lohn und ideeller Stär-

---

423 Justus Wilhelm Hedemann (1878-1963), Professor u.a. in Berlin mit Lehrtätigkeit für die Gebiete bürgerliches Recht, Wirtschaftsrecht und Privatrechtsgeschichte. Im Nationalsozialismus fungierte er als leitender Redakteur des Volksgesetzbuchentwurfs von 1942. Mehr zur Person Hedemanns bei KILLY, Deutsche Biographische Enzyklopädie, Bd. 4, S. 122.

424 HEDEMANN, Kodifikation des Arbeitsrechtes, Recht und Wirtschaft, Sp. 255.

425 Ebd., Sp. 252.

426 Ebd., Sp. 253.

427 Ebd., Sp. 251.

428 Ebd., Sp. 255f. Mit den „königlichen Paragraphen“ waren die §§ 157 und 242 BGB gemeint. Nach Hedemann waren es diese „Paragraphen, um die sich die moderne Entwicklung gruppiert“ habe; sie würden „einen neuen Wert“ repräsentieren: nämlich die „Schranke gegen die entfesselte Bewegungsfreiheit; eine Schranke gegen Freierklärung der Persönlichkeit“. Vgl. HEDEMANN, Die Fortschritte des Zivilrechts im 19. Jahrhundert, Bd. 1, S. 121, 118, 122.

kung der Persönlichkeit“, in ein allumfassendes Gesetzbuch, einer Kodifikation, aufnehmen ließe[429].

Dennoch hielt Hedemann, wie auch Heinz Potthoff, im Ergebnis an dem Ziel einer arbeitsrechtlichen Kodifikation fest: Das „werdende Arbeitsgesetzbuch“ sei zwar „wesentlich schwerer herzustellen“ als das BGB, vor allem weil es auf „die Basis jahrhundertlanger Traditionen verzichten“ musste. Und obwohl dem künftigen Gesetzbuch noch „mancher Tadel, mancher Zank“ beschieden sein werde, sei dennoch die „Herstellung eines Arbeitsgesetzbuches [...] ein Stück unserer historischen Aufgabe“[430].

(5) Hugo Sinzheimer und die Autonomie im Arbeitsrecht

Zur Lage und Möglichkeit einer Reformierung des Arbeitsrechts äußerte sich Sinzheimer zunächst im Jahre 1919. Wie er bereits anlässlich der Verbandsversammlung des Verbandes deutscher Gewerbe- und Kaufmannsgerichte im September 1913 kundgab, sei auch weiterhin die bestehende rechtliche Ungleichstellung zwischen den einzelnen Arbeitnehmergruppen zu monieren. Diese Entwicklung würde ferner die „weitgehende Zersplitterung der Rechtsquellen“ begünstigen, obgleich sie durch die bereits erfolgte „Aufhebung der landesgesetzlichen Gesindeordnungen“ gemildert worden sei. Weiterhin würde es an einer „klare Übersicht über den Rechtsstoff“ fehlen. Eine Besserung der Lage könne lediglich durch eine „völlige Neuschöpfung aus einheitlichem Geiste“ erreicht werden, deren Aufgabe es sei, „für das gesamte Gebiet der Arbeitsbeziehungen in klarer, einfacher und übersichtlicher Weise die bis heute getrennten Rechtsmaterien zusammenzufassen, sie innerlich auszugleichen, Überlebtes auszuscheiden und den neuen sozialen Bedürfnissen Rechnung zu tragen“[431]. Das „Interesse der abhängigen Arbeit“ solle künftig „in den Mittelpunkt einer eigenen und selbständigen Rechtordnung“ gestellt werden[432]. Die „Neuordnung des Arbeitsrechts“ sei also nur durch Schaffung einer eigenen Rechtsordnung zu erreichen, die insoweit selbständig und damit nicht länger als „Anhängsel der Eigentumsordnung“ zu behandeln sei.

Der Aufbau des „neuen Arbeitsrechts“ solle zunächst mit der Regelung des Arbeitsvertrages beginnen. Dabei seien in einem voranzustellenden allgemeinen Teil sämtliche Bestimmungen aufzunehmen, die den „Arbeitsverträgen der Angestellten und Arbeiter gemeinsam“ wären. Dieses „allgemeine Arbeitsvertragsrecht“ müsse aus allen Spezialgesetzen sämtliche „Sätze herausholen und voranstellen, die allen Arbeitsverhältnissen gemeinsam“ sein könnten. Aus dem „bis-

[429] Ebd., Sp. 256.
[430] Ebd., Sp. 256.
[431] SINZHEIMER, Die Neuordnung des Arbeitsrechts, S. 62f.
[432] Ebd., S. 62.

herigen Dienstvertragsrecht des BGB“ könnte man jedoch nicht schöpfen; „diese Bestimmungen“ seien „zu kahl und inhaltslos“ und damit für das Vorhaben weniger nützlich[433].

Das künftige „allgemeine Arbeitsvertragsrecht“ würde schließlich eine „große Fülle heute noch bestehender gesetzlicher Spezialvorschriften überflüssig“ werden lassen; ferner würde „jenes Jagen nach Sonderregelungen“ aufhören, das „zu einer immer größeren Gelegenheitsgesetzgebung mit allen ihren Gefahren geführt“ habe und weiter zu führen drohe.

Neben dem zu schaffenden „allgemeinen Arbeitsvertragsrecht“ dürften künftig also keine Sonderbestimmungen stehen.

Hier verfolgte Sinzheimer nun einen weitergehenden Ansatz, als noch in seiner Schrift aus dem Jahre 1914, in der er grundsätzlich noch für eine Aufrechterhaltung der Spezialgesetzgebung plädierte und das „allgemeine Arbeitsrecht“ in die Reichsgewerbeordnung unterbringen wollte[434]. Nun musste eine „selbständige Rechtsordnung“ her, die von bestehenden losgelöst sein sollte. So ergebe sich mit dem neuen Arbeitsvertragsrecht für Arbeiter und Angestellte ein „neues großes Rechtsgebiet“. Verbindungen mit dem allgemeinen Recht und damit dem BGB müssten dadurch jedoch nicht aufgegeben werden. Dem Verhältnis zum BGB maß Sinzheimer lediglich gesetzestechnische Bedeutung zu und verwies insoweit auf das Vorbild des HGB[435].

Zur Neuordnung des Arbeitsrechts gehöre weiterhin die Schaffung einer einheitlichen Gerichtsbarkeit mit oberster Spruchinstanz, der alle grundsätzlichen Rechtsfragen vorzulegen seien[436]. Ebenso gehöre zur Aufgabe einer Neuordnung die Einrichtung einer Arbeitsverfassung. Jeder Betrieb müsse eine eigene Arbeitsordnung haben, dessen „Muß- und Kanninhalt“ einheitlich festzulegen sei. Bei Streitigkeiten müssten außerbetriebliche Schlichtungsstellen regulierend eingreifen. Ferner seien Vertretungskörper für Arbeiter und Angestellte zu bilden, dessen Tätigkeitsgebiet sich auf die Wahrnehmung aller Interessen, welche die abhängige Arbeit tangierten, erstrecken müsste[437].

Neben der selbstständigen gesetzlichen Regelung des Arbeits(vertrags)rechts seien somit noch weitere Maßnahmen erforderlich, um das Ziel einer übersichtlichen und klaren Regelung unter Zurückdrängung des „zersplitterten Rechtszustandes“ erreichen zu können. Dazu sei es ferner erforderlich, sämtliche „staatliche Verwaltungsbefugnisse auf dem Gebiete des Arbeitswesens den Zentralverwaltungsbehörden zu entziehen und auf besondere Behörden zu übertragen“. Als

[433] Ebd., S. 63.
[434] Vgl. obige Ausführungen unter B. II. 5. a) ff).
[435] Ebd., S. 64.
[436] Ebd., S. 65.
[437] Ebd., S. 66f.

solche Behörden kämen namentlich Arbeitsgerichte, Arbeiterräte mit Aufsichts- und Kontrollbefugnissen und Wirtschaftsräte, die sich zum Erlass von Ausführungsverordnungen eignen würden, in Betracht. Letztendlich sollte also nicht nur ein „eigenes Recht“ sondern auch „eigene Organe“ geschaffen werden[438].

Jedoch dürfe die Regelung des Arbeitsrechts nicht nur durch „staatliches Recht“ sondern vielmehr auch durch „soziale Selbstbestimmung“ erfolgen. Diese spiegele sich vornehmlich beim Abschluss von Tarifverträgen wider. Ähnlich wie schon in seiner Schrift aus 1914, optierte Sinzheimer auch weiterhin dafür, an dieser „autonomen Regelung“ festzuhalten, da sie im Einzelfall durchaus „leistungs- und anpassungsfähiger“ sei und mithin zu praktikableren Ergebnissen führen würde als dies mit staatlicher Regelung der Fall wäre. Solche „soziale Arbeitsnormen“ müssten „vor den staatlichen Gesetzen“ vorrangig gelten, soweit das „staatliche Recht nicht zwingend“ ausgestaltet sei. Dies würde die Möglichkeit eröffnen, dass die Parteien „autonom ihr eigenes Arbeitsrecht“ für sämtliche Gebiete des Arbeitsrechts, „der Gerichtsbarkeit, der Arbeitsverfassung und Arbeitsverwaltung“ schaffen könnten[439].

Doch versäumte es Sinzheimer nicht, auch die Schwierigkeiten herauszukehren, mit welchen das Vorhaben konfrontiert sein könnte. Die Aufgabe der „Neuordnung des Arbeitsrechts“ sei zwar nicht so umfangreich, wie jene, die den „Schöpfern des Bürgerlichen Gesetzbuchs“ gestellt war. Jedoch stünde sie „an Schwierigkeit und Verantwortlichkeit“ nicht hinter der „bis jetzt größten gesetzgeberischen Aufgabe, die das Deutsche Reich bewältigt“ habe, zurück. So könne der Gesetzgeber, der nun die Reformierung des Arbeitsrechts vorzunehmen habe, anders als der BGB-Gesetzgeber nicht auf wissenschaftliche Vorarbeiten zurückgreifen; diese würden sich, wie Sinzheimer zutreffend herausstellt, erst seit wenigen Jahren entwickeln[440]. Erschwerend wirke weiterhin die „ungeheure Fülle des sozialen Materials“, welches das Recht zu bewältigen habe, sowie die „zum Teil noch unabsehbare Entwicklung, der das Gesetz nicht vorgreifen“ dürfe, und die „Wandlung der Anschauungen und Bedürfnisse, die den Schwerpunkt des rechtlichen Daseins immer mehr nach der Seite der Arbeit“ verlegen würde. „In solcher Flut des gegenwärtigen Lebens“ könne schließlich „nur ein großer schöpferischer Wille“ bestehen, der nicht lediglich von einem einzelnen ausgehen könne. Daher sei, so lautet schließlich der Auftrag Sinzheimers, die „Bildung einer schaffensfrohen, von einheitlichem Geist erfüllten Arbeitsge-

[438] Ebd., S. 67.
[439] Ebd., S. 68.
[440] Sinzheimer führt hier besonders die Werke Lotmars an, die für das Vorhaben zunutze gemacht werden könnten. Vgl. dazu auch obige Ausführungen unter Anm. 263.

meinschaft erforderlich, um durch Arbeitsteilung und Arbeitsvereinigung die Probleme zu lösen, die dem Gesetzgeber“ gestellt seien[441].

„Gebündelte Kräfte“ sollten also agieren, um das Werk vollenden zu können. Ob man dadurch aber den „Wandlungen der Anschauungen und Bedürfnisse“ und mithin der „Flut des gegenwärtigen Lebens“ begegnen konnte bzw. kann bleibt zweifelhaft.

Auch ein Jahr vor Veröffentlichung des Entwurfs eines Arbeitsvertragsgesetzes, 1922, plädierte Sinzheimer konsequent für die Schaffung eines einheitlichen, selbstständigen Arbeitsrechts und damit für eine eigene Rechtsordnung dieses Rechtsgebiets.

Nicht nur auf dem Gebiet des Arbeitsvertragsrechts solle eine Vereinheitlichung der Rechtsmaterie erfolgen. Einheitliches Arbeitsrecht bedeute vielmehr „das ganze Arbeitsrecht“. Der Arbeitsvertrag sei lediglich ein „Teil des Arbeitsrechts, aber nicht das Arbeitsrecht“. So sei das Arbeitsrecht zusammengesetzt aus dem „Rechte des Arbeitsvertrages, des Arbeitsverbandes und des Arbeitsberufes“. Eine Trennung der jeweiligen Materie sei nicht möglich; vielmehr handele es sich beim einheitlichen Arbeitsrecht um „unteilbares Recht“[442]. Eine Bereichstrennung im Arbeitsrecht sei schließlich nicht möglich und daher unbedingt zu vermeiden.

Arbeitsrecht sei schließlich ein „gemeinsames Recht für alle Arbeitnehmer“. Jedoch würden stets innerhalb der gemeinsamen Interessen aller Arbeitnehmer „besondere Interessen“ einzelner Arbeitnehmergruppen bestehen. Für diese müsste neben dem allgemeinen Recht ein besonderes geschaffen werden; entscheidend sei dabei, dass stets das „Allgemeine dem Besonderen“ vorangehe[443].

Schließlich hob Sinzheimer erneut die Notwendigkeit spezieller Behörden hervor, die für das Arbeitswesen einzurichten seien. Separate Arbeitsgerichte müssten geschaffen werden, die nicht in die bestehenden ordentlichen Gerichte einzugliedern seien[444].

Zu beachten sei endlich der „Drang zur Autonomie“ im Arbeitsrecht, was sich zunächst außerhalb der staatlichen Tätigkeit durch das Wirken freiorganisierter sozialer Kräfte nachvollziehen ließe. Tarifverträge und Betriebsvereinbarungen seien hier die Rechtsquellen. Autonomie tritt an „die Stelle staatlicher Tätigkeit“ und würde dadurch für eine Entlastung des Staates sorgen. Diese Entwicklung sei fortzuentwickeln, gerade weil „Autonomie den Lebensquellen näher als die reflektierte reine Staatstätigkeit“ stünde. Jedoch könne nicht das ganze Arbeitsrecht der autonomen Entwicklung bzw. der „Ordnung durch Tarif-

---

[441] Ebd., S. 69.
[442] SINZHEIMER, Die Fortbildung des Arbeitsrechts, S. 79.
[443] Ebd., S. 80.
[444] Ebd., S. 81f.

verträge“ überlassen werden[445]. Zwingende staatliche Vorschriften seien in keinem Fall entbehrlich[446]. Insofern knüpft Sinzheimer auch mit diesem Statement an seine vorhergehenden Ausführungen aus dem Jahre 1919 an. Die „Schaffung eines neuen Arbeitsgesetzbuches“[447] sei also auch weiterhin das Ziel, um die „Neuordnung“ und „Fortbildung des Arbeitsrechts“ voranbringen zu können.

Schließlich lohnt sich noch ein Blick auf einen weiteren Aufsatz, den Sinzheimer 1924, ein Jahr nach der Veröffentlichung des Entwurfs eines Arbeitsvertragsgesetzes, erscheinen ließ. Nach wie vor stelle die „Erhaltung und Förderung des Tarifgedankens“ den „wichtigsten Zweig des autonomen Arbeitsrechts“ dar. Die Zukunft der Arbeitsverfassung liege in der Weiterentwicklung des autonomen Rechtsgedankens. Dabei solle der Staat jedoch nicht passiv bleiben; vielmehr sei ihm fortan die Aufgabe zugewiesen zu „begrenzen, unterstützen, beschneiden und schlichten“. Die unmittelbar organisierende Kraft“ werde aber stets der „Wille zur sozialen Selbstbestimmung“ sein. In diesem Rahmen sei die Fort- und nicht die Rückbildung des Tarifvertrages die „Lösung“[448]. Die Zusammenarbeit mit den Gewerkschaften sei für die Erreichung dieses Ziels unentbehrlich.

Wie auch schon zuvor, hob Sinzheimer auch 1924 hervor, dass die Fortbildung des Arbeitsrechts nicht allein auf autonomem Wege zu vollziehen sei, sondern vielmehr auch der „staatlichen Gesetzgebung“ bedürfe. Dabei verwies Sinzheimer insbesondere auf die Arbeit des Arbeitsrechtsausschusses und die Veröffentlichung des Entwurfs eines Allgemeinen Arbeitsvertragsgesetzes[449]. Obgleich auf den besagten Entwurf noch näher einzugehen sein wird, erscheint bereits an dieser Stelle die Beleuchtung der Bewertung dieses Werks durch Sinzheimer lohnenswert.

So sei zu konstatieren, dass der Entwurf zwar „eine sorgfältige Kodifikation mit im ganzen 169 Paragraphen“ biete. Seine Bedeutung liege dabei nicht „in kühnen Neuerungen“ gegenüber dem bestehenden Recht. Diese liege vielmehr in der „Zusammenfassung, Klärung und Vervollständigung des bestehenden Rechts“. Daher sei der Gesetzesentwurf lediglich als ein „Kompromißwerk“ zu charakterisieren, das großer Kritik ausgesetzt sein werde[450]. So sei das Werk für seine Realisierung auf „positive Kritik“ angewiesen; doch sei die „Beachtung des Entwurfs in Arbeitnehmerkreisen“ bislang zu gering gewesen.

---

[445] Ebd., S. 83f.
[446] Ebd., S. 87.
[447] Ebd., S. 90.
[448] SINZHEIMER, Der Kampf um das neue Arbeitsrecht, S. 95f.
[449] Ebd., S. 96f.
[450] Ebd., S. 98. Berechtigte Kritik bestünde nach Sinzheimer vorwiegend bei der Regelung des Wettbewerbsverbots, beim Erfinderschutzes und des sog. Betriebsrisikos.

Der Entwurf müsste „sobald wie möglich“ Eingang in die parlamentarischen Verhandlungen finden; daher sei es auch unerklärlich, weshalb hier seitens des Reichsarbeitsministeriums noch gezögert würde. Bezeichnend erscheint dabei die Aussage Sinzheimers zur Lage der Arbeiterschaft. So sei es aus „staatspoltischen Gründen“ geboten, „in dieser Zeit des Elends den Arbeitern wenigstens den Glauben an ein sicheres Recht [zu] erhalten und die Hoffnung [zu] stärken, daß der neue Staat nicht nur gegen den Arbeiter“ regiere[451].

Sinzheimer hielt also auch weiterhin an der Schaffung einer Kodifizierung des Arbeits(vertrags-)rechts fest, obwohl er offenbar auch gewisse Mängel an dem damals erst kürzlich veröffentlichten Entwurf eines Allgemeinen Arbeitsvertragsgesetzes auszumachen vermochte. Schließlich sei wenigstens der „Glaube“ an ein „sicheres Recht“ mit Hilfe einer solchen arbeitsrechtlichen Kodifikation zu stärken. Sollte also lediglich dieser „Glaube“ zumindest als Mindestziel mit Verabschiedung des Entwurfs verfolgt werden? Sinzheimer schien dies jedenfalls für die Reformierung des Arbeitsrechts und damit auch für das Arbeitsvertragsrecht ein tauglicher Ansatz zu sein.

Abschließend lässt sich konstatieren, dass Sinzheimer zwar grundsätzlich für eine staatliche Regulierung des Arbeitsrechts eintrat, dies jedoch nicht allein die Reformierung des Arbeitsrechts vorantreiben sollte. Die Regelung der Arbeitsbeziehungen müsse auch durch soziale Selbstbestimmung erfolgen, deren Arbeitsnormen objektives Recht und gegenüber den staatlichen Gesetzen vorrangig zu behandeln seien, solange letztere nicht zwingend ausgestaltet wären. Neben staatlichen Regeln und somit auch der arbeitsrechtlichen Kodifikation müsste also autonomes Arbeitsrecht, mit seinen entsprechenden Rechtsquellen treten. Als ein weiteres wesentliches Anliegen Sinzheimers sei noch die Einrichtung von Arbeitsgerichten genannt. Die Reformierung des Arbeitsrechts sollte nicht lediglich durch eine umfassende Kodifizierung dieser Rechtsmaterie erfolgen. Eine arbeitsrechtliche Kodifikation war damit, anders formuliert, nicht das alleinige Mittel, um eine „Neuordnung des Arbeitsrechts“ realisieren zu können. Abgesehen von der Durchsetzung einer arbeitsrechtlichen Kodifikation konnte das Vorbringen Sinzheimers tatsächlich weitgehend auf Anklang stoßen, was einerseits die Stärkung der autonomen Gestaltung arbeitsrechtlicher Verhältnisse als auch die Gründung der Arbeitsgerichtsbarkeit in den Folgejahren der Weimarer Republik belegt.

(6) Feig und der „Puls der Zeit“

Kurz vor Fertigstellung des Entwurfs eines Allgemeinen Arbeitsvertragsgesetzes schilderte Ministerialrat Johannes Feig[452] in seinem Bericht „Vom Werden des

[451] Ebd., S. 99.

Deutschen Arbeitsrechts“ den Arbeitsstand des Arbeitsrechtsausschusses und seiner Unterausschüsse bei der Erarbeitung gesetzlicher Teilentwürfe[453].

Insgesamt könne man konstatieren, dass in den Ausschüssen zwar „viel Arbeit“ geleistet worden sei, das „Ziel des einheitlichen Arbeitsgesetzbuchs“ jedoch „noch recht fern“ liege. Dabei habe man die Zeit bei „Einberufung des Arbeitsrechtsausschusses [...] unterschätzt“, die für das „Werden eines solchen Gesetzbuchs erforderlich“ sei. Die Schwierigkeiten, die sich „ einer raschen Fertigstellung des Arbeitsgesetzbuchs entgegenstellen“ würden, seien „ganz erheblich größer“ als dies etwa bei anderen Kodifikationsprojekten, wie beim BGB oder HGB, der Fall gewesen wäre. Vielfach stünden sich bei dem laufenden Projekt „Meinungen großer Volksgruppen, insbesondere der Arbeitgeberschaft und der Arbeitnehmerschaft, auf das schärfste gegenüber“. Diese „Gegensätzlichkeit“ würde dann „im Kampf der politischen Parteien den stärksten Widerhall“ vorfinden und lediglich durch „schwierigste Verhandlungen“ einen Weg der Zusammenarbeit auffinden lassen, der zu einem Erlass des Gesetzes führen könne. Als weitere Schwierigkeit käme der Umstand hinzu, dass das Recht „auf keinem Gebiete [...] zurzeit stärker den Charakter des Werdenden“ trage. Daher könne man auch nicht analog dem BGB, „das Gewordene systematisch neu und klar [...] ordnen und vielleicht im einzelnen [...] verbessern“; vielmehr sei es hier mehr als auf anderen Gebieten erforderlich, „der Zeit den Puls zu fühlen und alle die vielen Triebe und Keime, die sich [...] in den Tarifverträgen, in der Entwicklung der Organe des Arbeitskampfes und des Arbeitsfriedens“ zeigen würden, auf ihre „Lebenskraft und ihre Entwicklungsrichtung zu prüfen“.

Als weiteres Problem käme hinzu, dass aus der Gesamtheit des Arbeitsrechts „ein Stück nach dem anderen als Einzelgesetz vorweggenommen“ worden sei. Dies stelle, so Feig, jedoch eine „unvermeidliche Schwierigkeit“ dar, weil es sich dabei um „Zeitkämpfe“ handeln würde, die ausgetragen werden müssten und nicht „beliebig verschoben“ werden könnten[454].

---

[452] Johannes Fürchtegott Joseph Feig (1873-1936), promovierter Jurist, war zur Kaiserzeit u.a. im Reichswirtschaftsamt tätig. Seit 1920 wirkte er als Ministerialrat im Reichsarbeitsministerium und wurde 1928 Ministerialdirigent. Nach der Herrschaftsübernahme durch die Nationalsozialisten wurde Feig wegen seiner jüdischen Vorfahren suspendiert. Vgl. KILLY, Deutsche Biographische Enzyklopädie, Bd. 3, S. 19.

[453] FEIG, Vom Werden des Arbeitsrechts, RArbl. NAT 1923, S. 74. Sein Bericht bezieht sich auf folgende Gegenstände, die seinerzeit von verschiedenen Unterausschüssen behandelt wurden: Allgemeines Arbeitsvertragsrecht, Arbeitsschutzrecht, Sonderberufsrecht, Arbeitsverfassung, Gesamtvertragsrecht, Berufsvereins- und Arbeitskampfrecht, Arbeitsvermittlung, Arbeitsverwaltung und Arbeitsrechtsprechung. Auf den jeweils konkreten Arbeitsstand kann hier jedoch nicht eingegangen werden; vielmehr ist lediglich auf das Gesamtfazit einzugehen, welches sich aus der Stellungnahme Feigs ermitteln lässt.

[454] Ebd., S. 77.

Einzelgesetze also als unvermeidbares, notwendiges Übel? Es galt nun der „Zeit den Puls zu fühlen“. So wies Feig folgerichtig dem Arbeitsrechtsausschuss die Aufgabe zu, den „sich entwickelnden Rechtsgedanken nachzuprüfen, ihre Folgen für das gesamte Gebiet des Arbeitsrechts zu durchdenken und von dem so gewonnenen Standpunkt aus die einzelnen Teile nach Klarstellung ihres innerlichen Zusammenhangs auch äußerlich in eine Einheit zu bringen“. Die jeweils von den Unterausschüssen vorbereiteten Gesetzesentwürfe sollten schließlich zusammengefasst werden, um im Ergebnis zu einem „systematisch und sprachlich klaren und innerlich einheitlichen Arbeitsgesetzbuch“ gelangen zu können. Dieser Vorgang würde jedoch einen gewissen zeitlichen Spielraum benötigen, sodass „in naher Zeit“ allenfalls eine „systematische Vorarbeit“ geleistet werden könne. Zunächst müssten „die wichtigsten Gesetzesentwürfe“ – Feig hebt hier neben dem allgemeinen Arbeitsvertragsrecht[455] das Tarif- und Betriebsvereinbarungsrecht hervor – veröffentlicht werden. Erst anschließend könnten die jeweiligen Teilentwürfe zu einem „Arbeitsgesetzbuch zusammengearbeitet, vereinheitlicht und redigiert werden“, was wiederum durch einen weiteren „kleinen Ausschuß von etwa fünf Mitgliedern“ zu leisten wäre.

Feig hält in seinem Bericht aus dem Jahre 1923, kurz vor Verabschiedung des Entwurfs eines allgemeinen Arbeitsvertragsgesetz, die Realisierung einer arbeitsrechtlichen Kodifikation, die aus mehreren gesetzlichen Teilentwürfen zusammengesetzt werden sollte, durchaus noch für möglich. Hinsichtlich des zeitlichen Rahmens meldet er jedoch ersichtlich Bedenken an.

In einem weiteren Bericht aus dem Jahre 1928 weist Feig erneut auf die Lage und Zustand des Arbeitsrechts hin. Weiterhin entbehre es „jeglicher Einheitlichkeit“ und sei „äußerlich in zahlreiche Gesetze zersplittert“[456]. Doch konnte nun eine arbeitsrechtliche Kodifikation in dieser Sache Abhilfe schaffen? Feig bedauert, dass der Arbeitsausschuss seine Tätigkeit nach Erscheinen des Entwurfs für ein allgemeines Arbeitsvertragsgesetz aus „Sparsamkeitsgründen“ eingestellt hatte.

Feig erneuert schließlich seine Argumentation, die er bereits 1923 vortrug und damit gewisse Bedenken an einer zügigen Realisierbarkeit des Projekts äußerte. So stünden auf „fast allen Gebieten die Forderungen und Meinungen der Hauptbeteiligten, Arbeitgeberschaft und Arbeitnehmerschaft, in vielfach heftigem Gegensatze zueinander“, sodass es nicht möglich sei, „Gesetzentwürfe, die im Ministerium oder im Arbeitsrechtsausschuss [entstünden] ohne weiteres den gesetzgebenden Körperschaften“ vorzulegen. Hierfür seien vielmehr stets einge-

[455] Feig wies explizit auf die „erhebliche Bedeutung“ des Arbeitsvertrags hin, die auch dann noch bestünde, wenn man „den Schwerpunkt des Arbeitsrechts in den Verträgen der Gesamtheiten, insbesondere dem Tarifvertrag“, erblicken würde. Vgl. ebd., S. 74.

[456] FEIG, Die Vorarbeiten für das deutsche Arbeitsgesetzbuch, RArbbl. NAT 1928, S. 205.

hende Beratungen zwischen den übrigen Reichsministerien und den Landesregierungen erforderlich, was stets „längere Zeit“ in Anspruch nehmen würde.

Daher sei so zu verfahren, dass das künftige Arbeitsgesetzbuch abschnittsweise aufgebaut werde; „jeder seiner wichtigeren Abschnitte müsste den „Gegenstand eines besonderen Gesetzes“ bilden, und dass erst dann, wenn „die wichtigsten dieser Gesetze in Kraft“ stünden, sie „zu dem Arbeitsgesetzbuch bzw. einigen Büchern des Arbeitsgesetzbuchs zusammengefaßt“ werden könnten[457].

Das Kodifikationsprojekt sollte also behutsam Schritt für Schritt realisiert werden. Doch zu einer abschnittsweisen Bearbeitung der vorgetragenen Art sollte es nicht mehr kommen, ebenso nicht zur Verabschiedung eines „besonderen Gesetzes“, etwa in Form des „allgemeinen Arbeitsvertragsgesetzes“.

(7) Molitor und das „Kompromißwerk“

In einer Stellungnahme aus dem Jahre 1924 setzte sich der Wissenschaftler Erich Molitor[458] erstmals mit dem Entwurf des kürzlich erst veröffentlichten Entwurfs eines Arbeitsvertragsgesetzes auseinander. Seine im folgenden Jahr erschienene Schrift mit dem Titel „Das Wesen des Arbeitsvertrages“[459] beschäftigte sich dann vornehmlich differenziert mit den materiellen Inhalten des Entwurfs. Unter Mitwirkung von Alfred Hueck[460] und Erwin Riezler[461] ist sodann die Schrift „Der Arbeitsvertrag und der Entwurf eines Allgemeinen Arbeitsvertragsgesetzes“ aus dem gleichen Jahr zu nennen. Schließlich gab Molitor zusammen mit Hans Carl Nipperdey[462] und Richard Scott eine dreibändige Sammlung zum „Europäischen Arbeitsvertragsrecht“ (1928-1930) heraus.

---

[457] Ebd., S. 206.

[458] Erich Molitor (1886-1963) war als Professor für Deutsche Rechtsgeschichte, bürgerliches Recht, Handels-, Wirtschafts- und Arbeitsrecht u.a. in Mainz tätig.
Mehr zur Person Molitors bei KILLY, Deutsche Biographische Enzyklopädie, Bd. 7, S. 298.

[459] Der vollständige Titel des Werks lautet: „Das Wesen des Arbeitsvertrages. Eine Untersuchung über die Begriffe des Dienst- und Werkvertrages, sowie des Vertrags über abhängige Arbeit“.

[460] Alfred Hueck (1889-1975), Professor für Handels-, Arbeits- und Gesellschaftsrecht in Jena und München. Durch seine zahlreichen Veröffentlichungen leistete Hueck einen wesentlichen Beitrag zum Arbeits- und Gesellschaftsrecht. Mehr zur Person Huecks bei ZÖLLNER, Alfred Hueck, Juristen im Portrait, S. 239ff.

[461] Erwin Riezler (1873-1953), Professor in Freiburg, Erlangen und München. Die Schwerpunkte seiner Tätigkeit lagen im bürgerlichen Recht, Urheberrecht, Internationales Recht, ausländische Rechte und Rechtsphilosophie.
Vgl. BOSL, Bosls Bayerische Biographie, S. 136.

[462] Hans Carl Nipperdey (1895-1968), erster Präsident des Bundesarbeitsgerichts (1954-1963) und Professor für Bürgerliches Recht, Handels- und Arbeitsrecht in Köln.
Vgl. STEIMEL, Kölner Köpfe, S. 310.

Molitor plädierte für die Schaffung eines „Gesetzgebungswerks“ auf dem Gebiet des Arbeits- bzw. Arbeitsvertragsrechts, dass „nicht wie manches in den letzten Jahren in Deutschland Geschaffene nur aus vorübergehende Gelegenheitsgesetzgebung gedacht“ sei, sondern für „lange Zeit“ maßgebend und auch „dem Ausland gegenüber führend“ sein sollte[463]. Der vorliegende Entwurf eines Arbeitsvertragsgesetzes würde hier „seiner Aufgabe“ aber noch nicht gerecht werden können. Er müsste „schöpferisch“ wirken und weniger als „Kompromißarbeit“. „Vollständigkeit“ könne jedoch in keiner Weise erstrebt werden. Ziel müsste jedoch sein, ein „Um- und Ausbau des ganzen Rechts des Arbeitsvertrages in weitestem Sinne einschließlich des Werkvertrages und des unentgeltlichen Arbeitsvertrages unter vorsichtiger und wohlüberlegter Anwendung der im Entwurfe zweifellos vorhandenen wertvollen Gedanken“ zu erreichen[464].

Neben diversen inhaltlichen, materiellen Kritikpunkten, die hier nicht im Einzelnen erörtert werden können, äußerte sich Molitor zum rechtlichen Gestaltungselement des Tarifvertrages, welchem er offenbar gegenüber staatlicher Gesetzgebung eine bedeutende Rolle zumaß. Gerade die Flexibilität dieser Rechtsquellen würde die Möglichkeit eröffnen, dass sie „viel leichter und schneller den tatsächlichen Bedürfnissen“ angepasst werden könnten. Dies sei aber nur dann durchführbar, wenn tarifvertragliche Vereinbarungen sich ggf. auch unabdingbaren Rechtsnormen des Gesetzes entziehen könnten, was wiederum durch den Entwurf auch zugelassen sei[465]. Also auch bei Molitor kam die Förderung der Autonomie im Arbeitsrecht gegenüber staatlicher Gesetzgebung einem maßgeblichen Stellenwert zu. Nicht allein staatliche Steuerung dürfte im Arbeitsrecht bestimmend bleiben. Wohl schon gar nicht, wenn es von einem Gesetz bestimmt werden sollte, was lediglich als „Kompromißarbeit“ anzusehen sei und nur einzelne „Gedanken“ aufgreife, anstatt einen umfassenden „Um- und Ausbau“ des gesamten Arbeitsvertragsrechts voranzutreiben und damit für eine grundlegende Reformierung des Arbeitsrechts zu sorgen.

(8) Die Stimme der Gewerkschaften: Die Gewerkschaftskongresse des ADGB

Schließlich soll noch der Blick auf die Gewerkschaften gelenkt werden. Hier lassen sich insbesondere auf den Gewerkschaftskongressen des ADGB[466] in

---

[463] MOLITOR, Juristische Betrachtungen zum Entwurf eines Allgemeinen Arbeitsvertragsgesetzes, in: RArbl. 1924, S. 79.
Der Aufsatz wurde in weiteren Ausgaben fortgesetzt und erschien 1924 in folgenden Heftnummern: Nr. 4, 7, 9, 10 und 11.

[464] Ebd., S. 83.

[465] Ebd., S. 147.

[466] Der Allgemeine Deutsche Gewerkschaftsbund wurde auf dem ersten Gewerkschaftskongress der freien Gewerkschaften nach dem Krieg im Juni/ Juli 1919 gegründet. Dabei verei-

Leipzig von 1922 und Breslau von 1925 Stellungnahmen zur geplanten Reformierung des Arbeitsrechts und damit auch zur Kodifizierung des Arbeits(vertrags)rechts ausmachen.

Auf dem Leipziger Kongress sollten nicht lediglich einzelne arbeitsrechtliche Fragen sondern vielmehr „das Arbeitsrecht als Ganzes" erörtert werden. So wurde in Leipzig ein besonderer Tagesordnungspunkt dem „zukünftigen Arbeitsrecht in Deutschland" gewidmet. Referent war Hugo Sinzheimer, der in seinen Leitsätzen wiederum für eine „Vereinheitlichung des gesamten Arbeitsrechts" plädierte, was eine „planvolle Zusammenfassung aller Zweige des [...] zersplitterten, unübersichtlichen und unverbundenen Rechtsstoffes für alle Arbeitnehmer in allen Beziehungen sowie die Errichtung von einheitlichen, dem Arbeitswesen besonderen dienenden Arbeitsbehörden" erfordere. Neben der Errichtung von Arbeitsgerichten hob Sinzheimer erneut die Bedeutsamkeit von „sozialer Selbstgesetzgebung" und „Selbstverwaltung organisierter Wirtschaftsgruppen" hervor[467].

Der Kongress folgte grundsätzlich dem Vorbringen Sinzheimers:

> „Der Kongress stimmt den Leitsätzen des Referenten Professor Dr. Sinzheimer (Frankfurt a. M.) zu dem vorstehenden Tagesordnungspunkt im allgemeinen zu und fordert, dass die Reichsregierung und die gesetzgebenden Körperschaften das neue Arbeitsrecht im Sinne der hier niedergelegten Grundsätze baldmöglichst verwirklichen[468]."

Das neue Arbeitsrecht sollte „die Einheit der Arbeitsgesetzgebung für alle Arbeiter, Angestellten und Beamten" zum Ausdruck bringen und sowohl in „einheitlichem Geiste" aufgebaut, als auch unter „einheitlicher Verwaltung" durchgeführt werden. Wie Sinzheimer bekräftigte auch der Kongress die Notwendigkeit einer Einrichtung von Arbeitsgerichten, die unabhängig von den ordentlichen Gerichten tätig werden sollten.

„Der Weg der Spezialgesetzgebung" sei jedoch bis zum „Abschluss des Arbeitsgesetzbuchs" nicht zu vermeiden und damit nach der Maßgabe aufrechtzuerhalten, dass diese Einzelgesetze „den gleichen Grundsätzen sozialer Zwecksetzung und Selbstverwaltung" entsprechen würden. Ein „einheitliches Arbeits-

---

nigten sich 52 Arbeitnehmerorganisationen zum größten Dachverband, der weiterhin noch durch Kooperationsverträge mit dem Allgemeinen freien Angestelltenbund (AfA) und dem Allgemeinen Deutschen Beamtenbund (ADB) verbunden war.

[467] Hinsichtlich der inhaltlichen Aussagen kann also auf die parallel dazu erschienenen Schriften Sinzheimers verwiesen werden. Passage entnommen aus: SCHWARZ, Handbuch, S. 151f.

[468] Ebd., S. 153.

recht" sei ferner mangels entsprechend tauglicher Gesetzesentwürfe noch nicht zu erwarten[469].

Schließlich wurde einstimmig beschlossen[470], dass der Kongress eine Empfehlung an sämtliche Gewerkschaften ausgibt, „an dem Aufbau des neuen Arbeitsrechts im Sinne der einleitend erwähnten Leitsätze[471] mitzuwirken". Dabei werde ferner von den „Arbeitervertretungen" erwartet, in „allen gesetzgebenden Körperschaften keinem Gesetzentwurf zuzustimmen, der errungene Arbeiterrechte" preisgebe oder den „Aufbau eines einheitlichen und wirklich sozialen Arbeitsrechts" erschweren würde[472].

Die Resolution fand allgemeine Zustimmung[473], doch blieb es weitgehend nur bei der Bezeichnung der Ziele[474].

Auf dem 12. Gewerkschaftskongress im Jahre 1925 in Breslau wurde die „Erneuerung des Arbeitsrechts" erneut beraten. Der hier gefasste Beschluss über die „Sozialgesetzgebung in Deutschland" lautete wie folgt:

> „Der 12. Kongress der Gewerkschaften Deutschlands fordert von neuem den Aufbau eines einheitlichen, wirklich sozialen Arbeitsrechts. Er bedauert auf das lebhafteste, dass die Vorarbeiten für ein Gesetzbuch der Arbeit eingestellt sind, und dass die Gesetzgebung der neueren Zeit nicht auf Vereinheitlichung des Arbeitsrechts, sondern auf Vermehrung der Zersplitterung eingestellt ist. Als besonders dringend erachtet der Kongress die Schaffung

---

469 Der Entwurf eines Allgemeinen Arbeitsvertragsgesetzes war zu diesem Zeitpunkt noch nicht fertig gestellt. Die Kritik bezog sich daher auf die vorliegenden Entwürfe einer Schlichtungsordnung, Arbeitsnachweisgesetz und die Gesetzesentwürfe zur Regelung der Arbeitszeit gewerblicher Arbeiter und der Angestellten. Beim letzten Entwurf wird insb. die differenzierte Behandlung der verschiedenen Arbeitnehmerkreise bei der Frage der Arbeitszeit moniert. Im Einklang mit dem „obersten Ziel", der Herstellung einer einheitlichen Arbeitsgesetzgebung, wird hier ein „einheitliches Gesetz für alle Arbeitnehmer" gefordert.

470 Lediglich die Kommunisten enthielten sich ihrer Stimme. Anschließend wurde jedoch im Namen der kommunistischen Delegierten erklärt, dass auch sie „geneigt waren, der Resolution zuzustimmen", davon jedoch Abstand genommen wurde, um durch Stimmenthaltung ihren Prostest gegen die Ablehnung des kommunistischen Antrages betreffend das Schlichtungswesen und das Streikrecht Ausdruck zu verleihen. Vgl. SCHWARZ, Handbuch, S. 154f.

471 Die Leitsätze deckten sich insoweit mit jenen Sinzheimers und favorisierten als Ziel die Einheit der Arbeitsgesetzgebung für alle Arbeitnehmer. Vgl. die entsprechenden Ausführungen in diesem Abschnitt.

472 Ebd., S. 154.

473 So wurde beispielsweise vom Kongress nach dem Entschluss noch ein Antrag der Eisenbahner Berlin angenommen, in dem zum Ausdruck gebracht wurde, dass „die Gewerkschaften [...] für ein einheitliches Arbeitsrechts" eintreten würden, wobei als „Fundament des Arbeitsrechts" das „uneingeschränkte Koalitions- und Streikrecht" zu gelten habe.

474 So beabsichtigte ein Antrag der Textilarbeiter Chemnitz den Bundesvorstand der ADGB zu verpflichten, „unter Hinzuziehung von Vertretern größerer Ortsausschüsse bzw. Arbeitersekretariate aus allen Bezirken einen Gesetzesentwurf zum Arbeitsrecht auszuarbeiten und der Reichsregierung als Forderung des ADGB. zu unterbreiten". Der Antrag wurde lediglich

eines Arbeitsvertragsgesetzes, eine den Interessen der Arbeitnehmer entsprechende einheitliche Zusammenfassung aller den Arbeitsvertrag betreffenden Bestimmungen unserer Gesetzgebung [...]"[475].

Die Einstellung des Arbeitsrechtsausschusses, was de facto der Einstellung der Vorarbeiten an einer künftigen arbeitsrechtlichen Kodifikation gleichkam, wird hier nun auf das „lebhafteste" bedauert sowie die Dringlichkeit der Schaffung eines Arbeitsvertragsgesetzes betont. Dabei wird es jedoch versäumt, auf den anzustrebenden Inhalt eines solchen Arbeitsvertragsgesetzes näher einzugehen und vor allem darauf, inwieweit der bereits seit 1923 vorliegende entsprechende Entwurf des Arbeitsrechtsausschusses als tragfähig angesehen werden könne. Aus der zeitgenössischen Literatur wird hier als Begründungsansatz angegeben, dass sich diese Materie nur schwer zu einer eingehenden Erörterung auf einem Gewerkschaftskongress eignen würde, sodass allenfalls „Teilprobleme aus dem großen Fragenkomplex" hätten erörtert werden können[476].

War die Materie des Arbeitsvertragsrechts möglicherweise zu brisant, um sie im Rahmen des Kongresses eingehend behandeln zu können? Oder befürchtete man, dass bei inhaltlichen Punkten zu viele Gegensätze zu Tage gefördert würden, die eine Einung der Gewerkschaften in dieser Frage eher schwächen als stärken würde? Oder sah man auf Basis des Entwurfs von 1923 erst überhaupt keine Grundlage für die baldige Realisierung eines solchen Gesetzes und erachtete daher eine Beratung in dieser Sache für nicht geboten?

Betrachtet man den Entschluss des Kongresses, so schien die Schaffung eines Arbeitsvertragsgesetzes zwar allgemein gewollt gewesen zu sein; doch um die Frage des „wie" neben der des „ob" vermochte man nicht einzugehen, was sich schließlich auch auf die tatsächlichen Realisierungschancen des Vorhabens auswirken sollte.

bb) Zwischenergebnis

In der Fachöffentlichkeit schien also gegenüber dem Vorhaben des Reichsarbeitsministeriums grundsätzlich Konsens zu bestehen. Allerdings blieb gewisse Skepsis, besonders hinsichtlich der Verfahrensdauer, dabei nicht auf der Strecke. Man hatte bereits eingesehen, dass sich eine solche sensible Materie, wie das Arbeitsrecht insgesamt, die noch „mitten im Fluß der Entwicklung" begriffen und daher zunächst „der Zeit den Puls zu fühlen" sei, nicht in kurzer Zeit im Rahmen eines einheitlichen Arbeitsgesetzbuches würde kodifizieren lassen.

---

dem Bundesvorstand als Material überwiesen. Zu einer entsprechenden Entwurfsausarbeitung kam es nicht. Vgl. ebd., S. 155.

[475] Ebd., S. 155.

[476] Ebd., S. 157.

Weiterhin bezweifelte man auch zunehmend, ob die Kodifikation als einziger Lösungsansatz für eine Reformierung des Arbeitsrechts überhaupt dienen konnte. Auf der einen Seite plädierte man für eine Stärkung der Autonomie der Parteien im Arbeitsrecht gegenüber staatlicher Gesetzgebung; auf anderer Seite erkannte man, dass auch eine umfassende Kodifikation des Arbeitsrechts Spezialgesetzgebung aufgrund seiner sprunghaften Entwicklung nicht würde entbehrlich machen können.

d) Der Entwurf eines Allgemeinen Arbeitsvertragsgesetzes und das Ende des Arbeitsrechtsausschusses

Zwei Jahre vor Veröffentlichung des Entwurfs eines allgemeinen Arbeitsvertragsgesetzes wurde am 7.03.1921 Heinz Potthoff von den ersten beiden Unterausschüssen des Arbeitsrechtsausschusses beauftragt, einen umfassenden Gesetzesentwurf zum Arbeitsvertragsrecht auszuarbeiten[477]. Da Potthoff das Ziel einer umfassenden Kodifizierung ohne Sonderrecht für aussichtslos erachtete, erscheint verständlich, dass er sich daneben noch mit den rechtlichen Besonderheiten der Arbeiter, Angestellten, Beamten und Lehrlinge befasste[478]. Das Lehrlingsverhältnis müsste gesondert behandelt werden, auf das Beamtenverhältnis sollte lediglich dann im Arbeitsvertragsgesetz eingegangen werden, soweit die bestehenden Beamtengesetze nichts Gegenteiliges normieren würden oder sich aus der Natur des Dienstverhältnisses nicht ein anderes ergebe. Zwischen Angestellten und Arbeitern müsse zwingend unterschieden werden, da dieser Unterschied „große Teile des Arbeitsrechtes" durchziehen würde[479].

---

[477] Entwurf eines Arbeitsvertragsgesetzes, Vorbemerkung, abgedruckt in: RAMM, Entwürfe, S. 128.
Der Gesetzesentwurf wurde von der Reichsverwaltung herausgegeben und im Jahre 1923 im 28. Sonderheft zum Reichsarbeitsblatt veröffentlicht. Ein Abdruck findet sich ebenso bei RAMM, Entwürfe, S. 133ff.

[478] Bezeichnend ist hier folgende Aussage: „Wenn auch das künftige Vertragsrecht möglichst einheitlich sein soll und eine Prüfung der Vorschläge für ein Angestelltengesetz gezeigt hat, daß die Einheit sich weiterführen läßt, als zuerst geglaubt war, so ist ein völliges Aufgehen aller bisherigen, bestehenden und erstrebten, Sonderrechte in das allgemeine Vertragsrecht doch unmöglich".
Zwischen den vier „großen Gruppen der Arbeitnehmer: Arbeiter, Angestellte, Beamte, Lehrlinge" bestünden „erhebliche Unterschiede, die nur zum Teile auf geschichtlicher, also mehr oder minder zufälliger Entwicklung" beruhen würden und „zum Teil aber auch im Wesen des Angestelltenverhältnisses" begründet seien.
POTTHOFF, Zur Systematik des künftigen Arbeitsvertragsrechtes, in: Annalen, 1921, 1922, S. 327.
Vgl. zu diesem grundsätzlichen Postulat Potthoffs bzgl. der Notwendigkeit von Sondergesetzen auch obige Ausführungen unter B. III. 2. c) aa) (3).

[479] Ebd., S. 327; Potthoff führt dazu zur Begründung wörtlich aus: „Der Arbeiter will grundsätzlich möglichste Freiheit, um im Stellenwechsel, in der Freizügigkeit, in der Anwendung

Eine Aufnahme sämtlicher Schutzvorschriften in das Allgemeine Arbeitsvertragsgesetz schien ausgeschlossen, besonders deshalb, um das künftige Gesetzeswerk nicht unübersichtlich zu gestalten und es ständigen Veränderungen unterwerfen zu müssen. Vielmehr sollten die wichtigsten Gruppen von Arbeitnehmerschutzvorschriften in „geschlossenen Abschnitten (nach der Art der bisherigen Schutzvorschriften über Kinderarbeit, Heimarbeit)“ als Anhang beigefügt werden[480].

Auf „Sonderrechte“ könne also nicht völlig verzichtet werden; eine „einheitliche“ Regelung sei ebenfalls insbesondere wegen der scheinbar bestehenden Unterschiede der jeweiligen Berufsgruppen nicht möglich[481].

Bereits im Juli 1921 legte Potthoff einen ersten Entwurf eines Arbeitsvertragsgesetzbuches dem Ausschuss vor. Dieser wurde vom 19. September 1921 an in drei Lesungen behandelt, wobei während der Beratungen zahlreiche Einzelgutachten erstattet wurden. Ein Jahr später folgte ein zweiter Entwurf Potthoffs, welcher im Vergleich zum ersten mit deutlich weniger Vorschriften auskam[482]. Am 24. Mai 1923 wurden die Beratungen des Allgemeinen Arbeitsvertragsgesetzes in dritter Lesung beendet. Daneben erfolgte die Überarbeitung durch eine Redaktionskommission, die schließlich einen dritten Gesetzesentwurf[483] erstellte, nebst Beschlussfassung durch den Arbeitsrechtsausschuss. Die Ausarbeitung einer Denkschrift zum finalen Entwurf des Arbeitsvertragsgesetzbuches übernahm Potthoff selbst[484].

---

gewerkschaftlicher Kampfmittel nicht gehindert zu sein. Der Angestellte strebte bisher vorwiegend nach dauernder Sicherung von Beschäftigung und Einkommen, nach beamtenmäßiger Festigung, nach Lebensstellung.“

[480] Ebd., S. 326. Anderenfalls befürchtete Potthoff, dass das „Arbeitsgesetzbuch [...] sehr bald schlimmer aussehen [würde] als die Gewerbeordnung, die sich schon der Doppelbuchstaben bedienen [müsse], um die Paragraphen in der alten Reihenfolge“ halten zu können. Die Einsetzung eines besonderen Buches über den Arbeitnehmerschutz wollte Potthoff nicht empfehlen; hier würden sich nämlich lediglich „allgemeine Grundregeln“ postulieren lassen, deren Durchführung dann ohnehin den Sondergesetzen überlassen bliebe.

[481] Potthoff sprach zuletzt die zu berücksichtigende rechtliche Unterscheidung nach Wirtschaftsgruppen an. Da sich die Sonderregelungen für diese Gruppen überschneiden würden, sei festzulegen, wo die Regelung zu erfolgen habe. Zu entscheiden sei also, ob beispielsweise Sonderbestimmungen für Angestellte im Bergbau im Zusammenhang mit dem Angestelltenrecht oder mit dem Bergarbeitsrecht, „d.h. zusammen mit den Bestimmungen für andere Angestellte oder mit denen für die Arbeiter im Bergbau“ geregelt werden sollten. Vgl. ebd., S. 329.

[482] Der Entwurf umfasst 182 Paragraphen. Näheres zu den Entwurfsfassungen und den diesbezüglichen Beratungen im Ausschuss bei KAISER, Kündigungsschutz ohne Prinzip, S. 60ff.

[483] Die jeweiligen Entwurfsfassungen sind im Bundesarchiv erhalten; vgl. BA R 3001/2244, Bd. 1-3.

[484] Entwurf eines Arbeitsvertragsgesetzes, Vorbemerkung, abgedruckt in: RAMM, Entwürfe, S. 128f; die Denkschrift ist abgedruckt bei RAMM, Entwürfe, S.171ff.

aa) Die Denkschrift zum Entwurf

Vorab in seinen „Bemerkungen zur Denkschrift“[485] gestand Potthoff ein, dass sich die Fertigstellung des Entwurfs eines „Allgemeinen Arbeitsvertragsgesetzes [...] wesentlich länger verzögert [habe], als erwartet wurde“. Ferner sei in „Übereinstimmung mit dem Arbeitsrechtsausschuss die Denkschrift tunlichst kurz gefasst“ worden. So wurde bewusst „auf jede geschichtliche Einleitung oder Schilderung des geltenden Rechts“ wie auch auf „ausführliche Erläuterung und Begründung dort, wo die vorgeschlagene Regelung nicht vom geltenden Rechte [abweiche] oder keinen Anlaß zu Zweifeln und Meinungsverschiedenheiten“ gebe, verzichtet[486].

Ein Blick in die Denkschrift selbst deckt zunächst die Motive der Verfasser auf, die bei dem Vorhaben bestanden haben[487]. Das Arbeitsvertragsgesetz verfolge „wie das ganze Arbeitsgesetzbuch einen dreifachen Zweck“. Zunächst soll es „Rechtseinheit an Stelle der bisherigen Buntschedigkeit und damit Klarheit an Stelle der bisherigen Verworrenheit setzen“. Sämtliche schuldrechtlichen Beziehungen aus „allen Arbeitsverhältnissen“ würden künftig nach dem „Reichsvertragsgesetze“ geregelt.

„An Stelle der lückenhaften Gelegenheitsgesetzgebung [solle] eine abgerundete Kodifikation“ treten. Einschränkend wurde in diesem Kontext jedoch darauf hingewiesen, dass eine „lückenlose Ordnung aller Beziehungen [...] unmöglich“ sei. Insbesondere sollte es grds. den organisierten Parteien auch weiterhin überlassen bleiben, „Gesamtvereinbarungen“ durch Tarifverträge oder Betriebs-

---

[485] POTTHOFF, Bemerkungen zur Denkschrift vom 17.4.1923, entnommen aus: BA R 3001/2244, Bl. 168. Ebenfalls beigelegt in einer Akte des Reichsarbeitsministeriums zusammen mit der Denkschrift. Die „Bemerkungen“ Potthoffs wurden nicht zusammen mit der Denkschrift veröffentlicht.

[486] Ebd., Bl. 168.

[487] Eine nähere Auswertung der inhaltlichen Grundstrukturen des Entwurfs kann hier weniger erfolgen. Einen guten Überblick bietet hierzu bereits BECKER, (wie Anm. 361), S. 310ff.
Insb. wird als problematisch hervorgehoben, dass der Entwurf die individuelle Selbstbestimmung des Einzelnen zurückzutreiben versuche. Das Individualarbeitsrecht sollte betriebsorganisatorisch ausgestaltet werden, was eine Realisierung individueller Autonomieansprüche verhindert hätte. Freiheitssicherung sollte vorrangig durch zwingendes Gesetzesrecht in Verbindung mit kollektivvertraglicher Rechtssetzung der Tarif- und Betriebspartner realisiert werden. Der Arbeitsvertrag war somit nicht der maßgebliche Anknüpfungspunkt und Garant für Freiheitsschutz. Schließlich wurde in der Denkschrift hervorgehoben, dass die neue Staatsverfassung „die Ausbildung möglichst wertvoller, selbstbewußter, tatbereiter und verantwortungsfreudiger Bürger“ erfordere und das Arbeitsrecht damit „zur ihrer Erziehung [...] im hohen Maße berufen“ sei. Somit stand nicht die individuelle Selbstbestimmung, sondern vielmehr die Erziehung an erster Stelle des modernen Arbeitsrechts in Weimar. Individuelles Arbeitsvertragsrecht sollte künftig an Bedeutung verlieren und Kollektivrecht zum maßgeblichen Rechtsbildungsfaktor im Arbeitsrecht erhoben werden.
Vgl. Entwurf eines Arbeitsvertragsgesetzes, Denkschrift, abgedruckt bei RAMM, Entwürfe, S. 174 sowie die Analysen bei BECKER, (wie Anm. 361), S. 314f.

satzung zu schließen. Weiterhin könne keine „Rede davon sein, alle für das Arbeitsverhältnis wesentlichen Rechtssätze in den Entwurf“ aufzunehmen. Regelungen des BGB und andere Reichsgesetze würden weiterhin subsidiär bestehen bleiben[488].

Als weiteren Gesetzeszweck wird die Förderung von Rechtsfortbildung genannt. So solle es den „neuen Bedürfnissen wirtschaftlicher Entwicklungen und der neuen Staatsverfassung“ Rechnung tragen. In diesem Rahmen sei der Entwurf nicht nur auf eine „Verallgemeinerung des bisher sozialsten Sonderrechts“ bedacht, sondern verwirkliche „darüber hinaus eine Reihe von Forderungen der Sozialpolitik“, was sich etwa beim Arbeitnehmerschutz, namentlich anhand von „zwingenden Gesetzesvorschriften, die zum Nachteile des Arbeitnehmers nicht abgedungen werden“ könnten, zeigen würde[489].

Schließlich wird die Bedeutung der Auswirkungen von kollektivrechtlichen Regelungen für den Einzelarbeitsvertrag kenntlich gemacht und damit signalisiert, dass eine Bereichstrennung zwischen Individual- und Kollektivem Arbeitsrecht nicht durchführbar sein könne und dies auch nicht sein dürfe. „Kollektive Regelung[en] der Arbeitsbedingungen in unabdingbare[n] Tarif- und Betriebssatzung[en] [würden] die Bedeutung des Einzelarbeitsvertrages“ zurücktreiben und damit unmittelbar in individualarbeitsrechtliche Sachverhalte einwirken. Auch die „Verwirklichung des Rechtes durch Arbeitsgerichte, Einigungsämter und Tarifinstanzen“ werde in die „Hände der Beteiligten“ gelegt und würde damit „Sicherheiten für unparteiische, fachverständige Anwendung des Gesetzes, aber auch für zeitgemäße Fortbildung seines Inhalts“ sorgen können[490]. Die Autonomie im Arbeitsrecht sollte also auch in dem zu schaffenden Arbeitsvertragsgesetz einem bedeutenden Stellenwert zukommen.

Das Arbeitsgesetzbuch, in dem das Allgemeine Arbeitsvertragsgesetz als drittes Buch eingegliedert werden sollte[491], müsste „nach drei Richtungen hin äußerste Beschränkung in der Form“ auferlegt werden.

So begnüge sich der Entwurf lediglich im Allgemeinen mit „Grundlinien und Mindestbedingungen“, die in „allen Fällen“ gelten könnten und sollten. Die „Anpassung an die besonderen Bedürfnisse der Zeit, des Ortes und des Berufes“ würde den „Organen der Selbstverwaltung (in erster Linie dem Tarifvertrage) überlassen“.

Weiterhin könne die „übliche Festlegung möglichst vieler Einzelheiten im Gesetze [...] wegfallen, weil die Anwendung des Rechts in die Hände der Beteiligten selbst gelegt“ würde. Daher verzichte der Entwurf nach Möglichkeit auf

---

488 Denkschrift, (abgedruckt bei RAMM, Entwürfe), S. 172f.
489 Ebd., S. 173f.
490 Ebd., S. 174.
491 Ebd., S. 171.

Kasuistik und begnüge sich weitgehend mit „allgemeinen Regeln“[492].

Schließlich bemühe sich der Entwurf sprachlich „durch Knappheit seinen Umfang soweit zu beschränken, als die Rücksicht auf Schönheit und Deutlichkeit“ dies zulasse[493].

Auch hier wird deutlich, dass die Autonomie der Vertragsparteien im Arbeitsrecht möglichst erhalten bleiben sollte. Diese seien, und weniger das staatliche Gesetz, in der Lage, aktuellen Entwicklungen im Arbeitsrecht zu begegnen und mithin eine „Anpassung an die besonderen Bedürfnisse der Zeit“ vorzunehmen. Lediglich allgemeine Regeln und weniger Kasuistik sollten in dem zu schaffenden Gesetz bestimmend sein; dementsprechend findet man im Entwurf von 1923, anders etwa, als der aktuelle Entwurf der Bertelsmann-Stiftung, keine überlangen katalogartigen Gesetzestatbestände mit unzähligen Absätzen, die möglichst viele denkbare Konstellationen benennen und damit für Rechtssicherheit sorgen wollen[494].

Das oberste Ziel der „Rechtseinheit“ sollte schließlich durch eine „abgerundete Kodifikation“ erlangt werden, die wiederum aber nicht „lückenlos“ gestrickt sein könne. Lediglich „Grundlinien und Mindestbedingungen“ und weniger eine dezidierte Regelung „vieler Einzelheiten“ mit entsprechender Kasuistik seien festzulegen. Alles Weitere sollte bei den Parteien bzw. den „Organen der Selbstverwaltung“ liegen, die insbesondere auf die „Anpassung besonderer Bedürfnisse der Zeit“ flexibler und zweckmäßiger reagieren könnten als der Gesetzgeber[495].

---

[492] Als Beispiel kann hier § 18 des Entwurfs angeführt werden: „Art und Umfang der Arbeitsleistung richten sich, soweit Rechtsvorschriften oder Vereinbarungen nichts anderes ergeben, nach Fach-, Orts- und Betriebsüblichkeit. Wenn solche nicht besteht, ist angemessene Arbeit zu leisten.“ Was nun etwa unter „angemessener Arbeit“ zu verstehen ist, bleibt offen.

[493] Ebd., S. 175f.

[494] Als Beispiel kann § 12 (Fragerecht des Arbeitgebers) genannt werden. Da der Katalog nicht abschließend gefasst worden ist und dies angesichts möglicherweise in Zukunft hinzukommender und ebenfalls zu berücksichtigender Gegenstände auch nicht sein darf, kann für abschließende Rechtssicherheit nicht gesorgt werden.

[495] Doch hätte auch diese Vorgehensweise kaum für umfassende Rechtssicherheit sorgen können. Neben den erwähnten Unbestimmtheiten des § 18 ist ferner auf die Leistungspflichten des Arbeitnehmers hinzuweisen. So sollte hinsichtlich dieser festgelegt werden, dass nicht der Arbeitgeber primär ein umfassendes Leistungsbestimmungsrecht bzgl. der vom Arbeitnehmer zu erbringenden Arbeitsleistungen erhalten sollte, sondern objektive, betriebliche Erfordernisse fortan die Leistungspflichten zu definieren hatten. Damit sollte der Arbeitnehmer verpflichtet werden, in Grenzen des zwingenden Rechts, etwa bei Ausnahmeerfordernissen, Mehrarbeit zu leisten. Wann ein solcher „dringender Bedarf“ vorläge, wie sich aus dem hier einschlägigen § 20 des Entwurfs ergeben sollte, blieb unbestimmt. Das Weisungsrecht seitens des Arbeitgebers sollte, wie § 30 vorsieht, auf die „Ausführung der Arbeit“ und auf Gegenstände beschränkt werden, die der „Erhaltung der Ordnung im Betriebe“ dienten.
Gegenseitige Treue- und Fürsorgepflichten wurden von dem Entwurf zwar textlich nicht geregelt, doch schien man an dieser Formel festhalten zu wollen, wie sich aus der Denkschrift

Könnte denn wenigstens ein so verstandenes Gesetzeswerk, eine solche „abgerundete Kodifikation“ praktikabel sein und den Umgang mit der Materie des Arbeitsvertragsrechts erleichtern? Oder würde es wiederum zu wenig in sich tragen, sodass der Rechtsanwender beim Anblick der entsprechenden Normen sich auch weiterhin ratlos fühlen würde und auf konkretisierende Sondergesetzgebung angewiesen wäre?

bb) Die Aufnahme des Entwurfs

Eine amtliche Stellungnahme zu dem vom Arbeitsrechtsausschuss ausgearbeiteten Entwurf erfolgte zunächst nicht, ebenso wenig eine Veröffentlichung desselben von amtlicher Stelle aus. Mit der Veröffentlichung sollte der Entwurf wohl primär der öffentlichen Kritik zugänglich gemacht werden[496]. „Äußerungen, sei es aus dem Kreise der Arbeitgeber oder Arbeitnehmer [...], ihrer Verbände, [... seitens] Praktiker und Sozialpolitiker“, seien erwünscht und würden „bei der Herstellung der Regierungsvorlage sorgfältig geprüft werden“ – so lautete der Appell in der Vorbemerkung zum Entwurf des Arbeitsrechtsausschusses[497].

Und tatsächlich wurde der Entwurf des Arbeitsvertragsgesetzes Gegenstand der wissenschaftlichen Diskussion. Maßgeblich beteiligt war hier insbesondere das Institut für Arbeitsrecht in Leipzig, das von Erwin Jakobi und seinen Mitarbeitern Erich Molitor und Lutz Richter geleitet wurde. In den Folgejahren nach der Veröffentlichung des Entwurfs kam es zur Veröffentlichung zahlreichen Schriften, die sich kritisch mit der Entwurfsfassung des Arbeitsrechtsausschusses beschäftigten[498]. Neben Molitor[499], ist etwa noch Hueck mit mehreren Publi-

ableiten lässt. Vgl. Entwurf eines Arbeitsvertragsgesetzes, Denkschrift, abgedruckt bei RAMM, Entwürfe, S. 186ff. sowie die Analysen bei BECKER, (wie Anm. 361), S. 313f.

496 HUECK/ RIEZLER/ MOLITOR, Der Arbeitsvertrag, S. 25.
In der Vorbemerkung zum Entwurf heißt es hierzu wie folgt: „Das Reichsarbeitsministerium selbst hat zu dem Entwurfe bisher keine Stellung genommen, vielmehr trägt für Form und Inhalt des Entwurfs wie der Denkschrift der Arbeitsrechtsausschuß die alleinige Verantwortung. Dem Reichsarbeitsministerium wäre es jedoch zur Vorbereitung seiner eigenen Stellungnahme sehr erwünscht, wenn sich die Öffentlichkeit in einer, der Bedeutung dieses wichtigen Teilstückes des künftigen Arbeitsgesetzbuchs entsprechenden Weise mit dem Entwurf beschäftigen würde.“
Vgl. RAMM, Entwürfe, S. 129

497 RAMM, Entwürfe, S. 129.

498 In den jeweiligen Darstellungen wurden vorwiegend die materiellen Inhalte des Entwurf besprochen und kritisch bewertet sowie Abänderungsvorschläge formuliert, zumal man manches bereits als zeitlich überholt ansah; eine nähere Ausführung dieser Inhalte kann und soll hierzu im Rahmen dieser Arbeit nicht erfolgen.

499 Hervorzuheben ist hier neben seiner Schrift mit dem Titel „Das Wesen des Arbeitsvertrages. Eine Untersuchung über die Begriffe des Dienst- und Werkvertrages, sowie des Vertrages über abhängige Arbeit“ von 1925 das Werk „Der Arbeitsvertrag und der Entwurf eines Allgemeinen Arbeitsvertrags-Gesetzes“.

kationen zu nennen[500], sowie Melsbach[501], Silberschmidt[502], Aron[503] und nicht zuletzt Hans Kreller, der sich ebenfalls sehr eingehend mit der Materie des Arbeitsvertragsrechts im Entwurf beschäftigte[504].

Neben dem Entwurf des Arbeitsrechtsausschusses schienen im Reichsarbeitsministerium ebenfalls Vorarbeiten zu einem Arbeitsvertragsgesetz geleistet worden zu sein. Molitor zufolge fertige Melsbach ein Referentenentwurf an, der sich vom Entwurf des Ausschusses unterschied und gar in „gewissen Gegensatz“ gestanden habe. Ferner sei aufgrund des Entwurfs eines Allgemeinen Arbeitsvertragsgesetzes im Jahre 1925 ein Regierungsentwurf aufgestellt worden[505]. Über den Fortgang der Arbeiten ist jedoch wenig bekannt[506]; jedenfalls schien ein entsprechender Entwurf niemals Eingang in parlamentarische Verhandlungen gefunden zu haben. In den Akten des Reichsjustizministeriums fin-

---

[500] HUECK, Arbeitsvertrag und Arbeitsverhältnis im neuen Arbeitsvertragsgesetze, Jherings Jahrbücher 74, S. 358ff.

[501] MELSBACH, Richtiges Arbeitsrecht, JW 1924, S. 1001ff. Das Auffinden des „richtigen Arbeitsrechts“ stelle, so Oberregierungsrat Erich Melsbach, „eine der entscheidenden Vorbedingungen für den Wiederaufstieg des deutschen Volkes dar. Dabei seien „drei große Aufgabenkreise“ festzustellen: Der erste umfasse „alles das, was bisher als Gegenstand des Arbeitsrechts aus dem Austausch von Leistung und Gegenleistung verstanden worden“ sei. Die beiden anderen, „neuen, entscheidenden Aufgaben“ ließen sich in die Schlagworte „‚Überwindung der Tragik des Arbeitnehmertums’ und ‚Genossenschaftliche Arbeitsgemeinschaft des Arbeitgebertums und des Arbeitnehmertums’“ zusammenfassen. So verstanden, müsse das „Arbeitsvertragsgesetz des kommenden Arbeitsgesetzbuchs [...] nicht nur das bürgerliche Recht eines Schuldverhältnisses im Sinn von Leistung und Gegenleistung enthalten, sondern darüber hinaus die Entwicklungslinie der wirtschaftlich unselbständigen Arbeit im Leben des einzelnen wie des Arbeitgebertums und des Arbeitnehmertums verkörpern [...], die zur innerlichen Befriedigung des Arbeitnehmertums und zum genossenschaftlich gemeinschaftlichen Zusammenarbeiten zwischen Arbeitgebertum und Arbeitnehmertum“ führe. Vgl. MELSBACH, a.a.O., S. 1001f.
Laut den Untersuchungen *Kaisers*, war Melsbach der u.a. für das Arbeitsvertragsrecht zuständige Referent in der mit der Schaffung des Arbeitsgesetzbuchs befassten Unterabteilung III D/B des Reichsarbeitsministeriums.
Zur Person vgl. KAISER, Kündigungsschutz ohne Prinzip, S. 62, Anm. 285.

[502] SILBERSCHMIDT, Der Entwurf eines „Allgemeinen Arbeitsvertragsgesetzes“, GewKfmG, Bd. 19, 1924, Sp. 186ff.

[503] ARON, Der Entwurf eines allgemeinen Arbeitsvertragsgesetzes und das Bürgerliche Gesetzbuch, BayrZfRpfl., Bd. 20, 1924, S. 179ff.

[504] KRELLER, Zum Entwurf eines Allgemeinen Arbeitsvertragsgesetzes, in: AcP, Bd. 122 (1924), S. 1ff; fortgesetzt in Bd. 123 (1925), S. 263ff., Bd. 125 (1929), S. 1ff. Das Ziel seiner ausführlichen Abhandlung sollte die „zivilistische Würdigung der Hauptregeln des Entwurfs“ sein (vgl. a.a.O., AcP, Bd. 125 [1929], S. 149). Die ausführliche Abhandlung Krellers kann insgesamt als Grundlagenkritik betrachtet werden.

[505] HUECK/ RIEZLER/ MOLITOR, Der Arbeitsvertrag, S. 26.

[506] Entsprechende Akten des Reichsarbeitsministeriums, die über den Fortgang der Arbeiten Aufschluss geben könnten, sind heute kaum noch erhalten bzw. lassen sich im Bundesarchiv nicht ausfindig machen.

det sich ein Zeitungsausschnitt vom 28.9.1924, in dem bekannt gegeben wurde, dass das „Reichsarbeitsministerium [plane], in den nächsten Monaten einen Entwurf eines allgemeinen Arbeitsvertragsgesetzes dem Reichstag vorzulegen“ [507]. Inhaltlich äußerte man sich eher kritisch gegenüber den Gesetzesentwurf[508]. Zwar blieb der Artikel in den Akten unkommentiert, doch könnte durch die Aufnahme des Ausschnitts zu schließen sein, dass man im Ministerium den geäußerten Einwänden zumindest einen gewissen Stellenwert einzuräumen schien. Dieser Verdacht scheint sich auch dadurch zu bestätigen, dass man der Akte eine weitere öffentliche Stellungnahme zum Gesetzesentwurf eines Arbeitsvertragsgesetzes beifügte, die sich sehr kritisch und im Ergebnis ablehnend gegenüber der Entwurfsfassung äußerte: Zwar sei es „vom juristischen Standpunkt durchaus zu begrüßen [...], wenn die augenblicklich gültigen Normen des Arbeitsvertragsrechts, die in zahlreichen Gesetzen und Verordnungen verstreut [lägen] und nicht zuletzt in dem durch [...] langjährige Tarifpraxis entwickelten Gewohnheitsrecht zu finden [seien], in einem einzigen Gesetz zusammengefaßt würden“. Jedoch sei es „sehr zweifelhaft [...], ob jetzt schon der Zeitpunkt gekommen [sei], die noch in Fluß befindliche Entwicklung durch starre Gesetzesnormen zu bannen; zahlreiche Gründe [würden] vielmehr dagegen“ sprechen[509].

Bezeichnend ist weiterhin ein Vermerk des Reichsjustizministeriums vom 5.03.1925. In der ursprünglichen Variante des Textes heißt es, dass das Ministerium damit rechne, den Entwurf eines Arbeitsvertragsgesetzes noch im „Laufe dieses Jahres“ einzubringen. Diese Angabe wurde jedoch mittels handschriftli-

---

[507] BUTTEN, Zum Entwurf eines Allgemeinen Arbeitsvertragsgesetzes, Arbeitgeberzeitung vom 28.9.1924, Ausschnitt wurde zu den Akten des Reichsjustizministeriums gelegt; vgl. BA 3001/2244, Bl. 183.

[508] Zu monieren sei schließlich nicht nur „die finanzielle Belastung, die aus sozialen Gründen der Entwurf der notleidenden Wirtschaft aufbürden will, sondern vor allen Dingen die grundsätzliche Tendenz, die aus den meisten Bestimmungen hervorgeht, das Recht des Arbeitsvertrages auf eine teilweise ganz neuen, von der allgemein bürgerlichen, vertragsrechtlich vollkommenen abweichende Grundlage zu stellen. An dem Grundsatz, daß das Arbeitsverhältnis ein Vertrag [sei], auf dem die allgemein schuldrechtlichen Begriffe Anwendung finden“ dürfe nicht „gerüttelt“ werden.

[509] Befürchtet werden wiederum übermäßige „soziale Belastungen“ für die Unternehmen. Ferner wird moniert, dass der Entwurf mit generalklauselartigen Begriffen zu operieren versuche. So sollte man es vermeiden, mit „auslegungsfähigen Begriffen wie „angemessen“, „billig“, „unbillig“, „üblich“, „geringfügig u.a.m. die Klarheit des gesetzgeberischen Willens zu beeinträchtigen und Anlaß zu zahllosen Auslegungsstreitigkeiten zu geben“. Insgesamt wird die übermäßige Stärkung von Arbeitnehmerrechten moniert, die schließlich zu einer „Machtverstärkung der Gewerkschaften“ und zur „Abkehr vom Prinzip der Vertragsfreiheit zugunsten unabdingbarer Arbeitnehmerrechte“ führe. Vgl. CULEMANN, Zum Entwurf eines Allgemeinen Arbeitsvertragsgesetzes, aus: Weser Zeitung vom 14.1.1925, aufgenommen in Akte des Reichsjustizministeriums, BA 3001/2244, Bl. 184.

cher Korrektur mit der eher unbestimmten Beschreibung „in absehbarer Zeit“ ersetzt[510].

Wie sich aus der Lektüre verfügbarer Akten des Reichsjustizministeriums erschließen lässt, schien man zunehmend von dem Vorhaben der Durchsetzung einer einheitlichen arbeitsrechtlichen Kodifikation Abstand zu nehmen. Stattdessen wandte man sich einzelnen zentralen Problemen zu. So findet sich ein Vermerk in dem verkündet wurde, dass die „Reichsregierung“ erkannt hätte, dass „unter den erwerbslosen älteren Angestellten eine besondere Notlage“ vorherrschen würde[511]. Anträge zur Behebung der Notlage älterer Angestellten häuften sich im Laufe des Jahres 1926. Dementsprechend befinden sich bei den Akten diverse Entwürfe eines „Gesetzes zum Schutze älterer Angestellten[512] . Am 9.07.1926 wurde dann ein „Gesetz über die Fristen für die Kündigung von Angestellten“ verabschiedet, wobei ursprünglich geplant war, den Anwendungsbereich eines solchen „Kündigungsgesetzes“ nur für Angestellte mit einem Alter von über 40 Jahren zu eröffnen. Aufgenommen wurden schließlich aber sämtliche versicherungspflichtigen Angestellten[513].

Dennoch wurden auch weiterhin Lösungsansätze zur „Behebung der Not älterer Angestellten“ gesucht[514]. In den Folgejahren wurden daneben u.a. offenbar vornehmlich folgende arbeitsrechtliche Themen im Reichsjustizministerium behandelt: Kündigungsschutz, Versorgung von erwerbslosen Angestellten, Beschränkung des Doppelverdienertums[515]. Von einer Kodifizierung des Arbeitsvertragsrechts war jedenfalls nicht mehr die Rede. Es galt wohl erstrangig zentrale arbeitsrechtliche Themenkomplexe mit besonderer Dringlichkeit einer ge-

---

[510] BArch R 3001/2244, Bl. 187 (75).
Der Vermerk erfolgte aufgrund eines Gesetzesantrages im Reichstag vom 10.2.1925 (vgl. Drs. Nr. 539; Antrag wurde auch der Akte des RJM beigefügt [BA R 3001/2244, Bl. 186 (74)]. Dabei handelte es sich um einen Gesetzesentwurf „zur Abänderung des HGB“. Neben Kündigungsfristen von „Dienstverhältnissen“ sollten weitere arbeitsrechtliche Vorschriften eingefügt bzw. modifiziert werden, wie etwa das Zeugnisrecht:
„Der Antrag Torgeler, Stoecker, Rädel und Genossen (Reichstagsdrucksache Nr. 539) betrifft ein Gebiet, das Gegenstand des vom Reichsarbeitsministerium bearbeiteten Arbeitsvertragsgesetzes ist. [...] Da das Reichsarbeitsministerium damit rechnet, den Entwurf eines allgemeinen Arbeitsvertragsgesetzes noch im Laufe dieses Jahres [hier die handschriftliche Korrektur: „in absehbarer Zeit“] dem Reichstag vorzulegen, dürfte es sich nicht empfehlen, die gesetzliche Regelung eines Sondergebiets dieses Entwurfs schon jetzt ins Auge zu fassen. Es kann daher auch unberücksichtigt bleiben, dass der Antrag Torgler, Stoecker, Rädel und Genossen inhaltlich wesentlich von dem Vorschlage des Reichsarbeitsministeriums zu Gunsten der Arbeitnehmer abweicht“.

[511] BA 3001/2244, Bl. 217 (94).

[512] Vgl. BA 3001/2244, Bl. 202 (84), 203ff. (85), 222ff. 230, 239.

[513] Vgl. BA 3001/2244, Bl. 244.

[514] In den Akten des Reichsjustizministeriums finden sich hier bis 1932 zahlreiche Nachweise.

setzlichen Regelung zuzuführen und dies nicht durch eine allumfassende Kodifikation sondern durch Einzelgesetze[516].

Das Vorhaben blieb also lediglich Gegenstand etwaiger Vorarbeiten des Reichsarbeitsministeriums.

Dennoch kann konstatiert werden, dass der Entwurf des Arbeitsrechtsausschusses nicht nur Bezugspunkt der wissenschaftlichen Auseinandersetzung seitens der Fachöffentlichkeit war; auch von dem Reichsministerium wurde er beachtet und zumindest auch versuchsweise verwertet.

cc) Die Einstellung des Arbeitsrechtsausschusses[517]

Das Ende des Arbeitsrechtsausschusses fiel nahezu mit dem Ende der Arbeiten am Entwurf des Allgemeinen Arbeitsvertragsgesetzes zusammen. Noch im Oktober 1923 hatte der Ausschuss den Aufbau des geplanten Arbeitsgesetzbuches vorläufig beschlossen[518]. Kurz darauf wurde der Arbeitsrechtsausschuss aufgelöst. Fortan sollten mangels finanzieller Mittel lediglich abschließende Arbeiten durch einen fünfköpfigen, in seiner Zusammensetzung nicht näher bekannten, „engeren Ausschuss" durchgeführt werden[519].

---

[515] Vgl. Akte BA 3001/2245 (1927-1932).

[516] Insofern wurden die Vorgaben des Vermerks vom 5.03.1925 schließlich nicht eingehalten und die Reformierung der arbeitsrechtlichen Materie auch weiterhin durch einzelne Gesetze vorangetrieben. Vgl. dazu auch obige Anm. 510.

[517] Dazu zuletzt ausführlich KAISER, Kündigungsschutz ohne Prinzip, S. 86ff.

[518] Der Aufbau gliedert sich in neun Abschnitte:
I. Allgemeiner Teil
a) Begriffsbestimmungen
b) Arbeitsbehörden
II. Arbeitsvertragsrecht
III. Arbeitsschutzrecht
IV. Arbeitsbeschaffung
V. Arbeitsverfassung
a) Recht der Betriebsvertretungen
b) Berufsvereinsrecht
VI. Gesamtvertragsrecht (Tarifvertrags-. Betriebsvertragsrecht)
VII. Arbeitsstreitigkeiten
a) Arbeitsgerichtsbarkeit
b) Schlichtungswesen und Arbeitskampfrecht
VIII. Lehrlingswesen
IX. Sonderberufsrecht
a) Heimarbeitsrecht
b) Landarbeitsrecht
c) Bergarbeitsrecht
d) Seemannsrecht
e) Hausgehilfenrecht
Melsbach nahm jedoch eine andere Einteilung vor. Fraglich bleibt, wie *Ramm* bereits herausarbeitete, ob dies aus privaten Neigungen hin geschah, oder ob der gewählte Aufbau des Ar-

Die Frage nach der personellen Zusammensetzung wurde schon früher angesprochen und dabei die hohe Zahl der Ausschussmitglieder moniert. Entsprechende Einwände machten zur Jahreswende 1921/22 insbesondere Potthoff[520] und Kaskel[521] geltend. Potthoff zufolge sollte ein weiterer engerer Ausschuss eingerichtet und mit der Ausarbeitung des AGB betraut werden. Kaskel präzisierte dies, indem dieser einzurichtende engere Ausschuss, der dem Gesamtausschuss gegenüberzustellen war, lediglich aus Juristen bestehen sollte. Das Reichsarbeitsministerium befürwortete zwar grundsätzlich den Vorschlag, der auf eine Verkleinerung des Ausschusses abzielte. Angesichts des Stands der Vorarbeiten sei es jedoch erst gegen Ende des Jahres 1922 möglich, eine entsprechende Reduzierung von drei bis fünf Mitgliedern vorzunehmen. Jedoch fanden die Vorschläge Potthoffs und Kaskels im Ausschuss keine Mehrheit, sodass es zunächst zu keiner Änderung der Arbeitsform kommen konnte[522].

Im Frühjahr 1923 kam die Frage nach einer möglichen Verkleinerung des Arbeitsrechtsausschusses erneut auf, diesmal jedoch unter finanzpolitischen Ge-

---

beitsrechtsausschusses nicht den Vorstellungen des Reichsarbeitsministeriums entsprach und Melsbach aufgrund dessen zur Ausarbeitung eines alternativen Aufbaus motiviert wurde. Vgl. RAMM, Entwürfe, S. 47, 111 Anm. 47; BOHLE, (wie Anm. 361), S. 137. Laut den Untersuchungen *Kaisers* war Melsbach jedoch nicht mehr im Reichsministerium an den Arbeiten am Arbeitsvertragsrecht beteiligt, sodass hier eher auf eine private Initiative zu schließen sein könnte.

519 Vgl. dazu das Schreiben des Reichsarbeitsministeriums an die Mitglieder des Arbeitsrechtsausschusses. Darin heißt es seitens des Ministers: „Der Herr Reichsminister der Finanzen hat gegen die Einsetzung weiterer Mittel für die Arbeiten des Arbeitsrechtsausschusses in den Haushaltsplan für 1924 trotz voller Würdigung der von mir für die Fortsetzung der Arbeiten des Ausschusses geltend gemachten wichtigen Gründe Einspruch erhoben und darauf hingewiesen, daß die verhängnisvolle Notlage der Reichsfinanzen die Streichung auch wichtiger Kulturausgaben zur unbedingten Notwendigkeit machte. [...] Zu meinem lebhaften Bedauern wird es daher vorerst nicht möglich sein, die Arbeiten des Arbeitsrechtsausschusses zu Ende zu führen. Die geringen, noch aus der letztmaligen Bewilligung stammenden Mittel werden lediglich dem Abschluß einiger im Gang befindlichen Arbeiten dienen können, worüber zurzeit mit den Mitgliedern des engeren Ausschusses Fühlung genommen wird [...]."
Das Schreiben ist abgedruckt in: Das Ende des Arbeitsrechtsausschusses beim Reichsarbeitsministerium, Soziale Praxis 33, 1924, S. 122.

520 Potthoff ließ dies schon 1921 anklingen, indem er etwa bei der Zusammenarbeitung bestehender Arbeitsgesetze lediglich für die Einsetzung eines „ganz kleinen Ausschuss" plädierte. Vgl. dazu die obigen Ausführungen unter B. III. 2. c) aa) (3).

521 Dies ergibt sich aus einem Rückblick Kaskels 1928, in welchem er nach möglichen Gründen für das „Versagen des Arbeitsrechtsausschuss" suchte. So hätten einige Mitglieder lediglich „aus politischen Gründen" dem Ausschuss angehört – „Persönlichkeiten", die sich nicht „für eine Gesetzgebungsarbeit" eignen würden, und den „Ausschuß als Schauplatz parlamentarischer Reden" ansahen. KASKEL, Die Grundrechte und Grundpflichten der Reichsverfassung, Art. 157 II, S. 372.

522 Vermerk über einen Besuch Potthoffs beim Staatssekretär Hermann Geib (1872-1939) am 13.12.1921. Vgl. dazu die entsprechenden Untersuchungen bei BOHLE, (wie Anm. 361), S. 20f.;

sichtspunkten[523]. Im Reichstag stellte der nun amtierende Reichsarbeitsminister Brauns bei der Beratung des Reichshaushaltsplans für das Rechnungsjahr 1923 in Aussicht, dass die „Vorarbeiten des großen Arbeitsgesetzbuches" so weit fortgeschritten seien, „daß bald eine Unterkommission für die Kodifizierung eingesetzt" werden könne[524]. Wiederum war geplant, dass etwa fünf vom Ausschuss gewählte Mitglieder ab Mitte des Jahres 1923 als ständiges Gremium die bis dahin vorliegenden Entwürfe innerhalb des nächsten halben Jahres einer Gesamtredaktion unterziehen sollten. Dazu kam es jedoch nicht mehr. Aus finanziellen Gründen wurde der Ausschuss Ende des Jahres 1923 schließlich aufgelöst, obgleich planmäßig die Tätigkeit ohnehin mit dem Ablauf dieses Jahres enden sollte[525]. Die weiteren Vorarbeiten für das zu schaffende Arbeitsgesetzbuch musste sodann nach Beendigung der abzuschließenden Arbeiten durch den besagten „engeren Ausschuß" allein das Reichsarbeitsministerium durchführen.

Noch 1927 verkündete Brauns vor dem Reichstag, dass die Vorarbeiten zur arbeitsrechtlichen Gesetzgebung weiter fortschreiten würden und dass man sich als nächste Aufgabe u.a. dem Arbeitsvertragsrecht zuwenden wolle[526]. Doch schon im Jahr darauf nahm man von dem einst gefassten Ziel einer umfassenden arbeitsrechtlichen Kodifikation Abschied und bezeichnete die Realisierung eines Arbeitsvertragsgesetzes gegenüber dem Arbeitsschutz- und Tarifvertragsgesetz als nachrangig[527].

3. Das Scheitern des Kodifikationsvorhabens

a) Allgemeines

Das Scheitern des Kodifikationsvorhabens wird größtenteils an dem Ende des Arbeitsrechtsausschusses festgemacht. Kaskel machte hierfür nicht primär etwaige „Sparsamkeitsgründe" sondern das „unleugbare Versagen des Arbeitsrechtsausschusses" verantwortlich. Der Ausschuss sei von vielen Mitgliedern für eigene politische Zwecke missbraucht und dadurch der Ausschuss in einen „Schauplatz parlamentarischer Reden" verwandelt worden[528]. Ferner habe sich die „Materie des Arbeitsrechts […] als so politisch" erwiesen, dass der „Reichsarbeitsminister die Sachbearbeitung nicht aus der Hand geben wollte und konn-

[523] Bislang wurden für die Vorarbeiten des Ausschusses zweimal 250000 Mark bewilligt; vgl. die Auswertungen bei BOHLE, (wie Anm. 361), S. 21.
[524] Reichstag, I. Wahlperiode 1920/23, Ausschuss für den Reichshaushalt, 248. Sitzung, Reichshaushaltsplan 1923, RAM (17.04.1923).
[525] BOHLE, (wie Anm. 361), S. 21; vgl. auch die Ausführungen oben unter Anm. 519.
[526] Verhandlungen des Reichstages, Sten. Berichte, Bd. 354, S. 7284-7268.
[527] RAM, Deutsche Sozialpolitik, Erinnerungsschrift, S. 42ff.
[528] Vgl. dazu auch obige Ausführungen unter Anm. 521.

te, sondern den Ausschuß mit eingehenden Direktiven versah, die manchmal bei Regierungswechsel geradezu ins Gegenteil" umgeschlagen seien[529].

Schließlich habe der Ausschuss „in den Augen des Ministeriums, aber auch seiner eigenen Mitglieder, keine besonders würdige Rolle" eingenommen. „Im großen und ganzen [habe] daher der Ausschuß nur wenig geleistet und sich an den Entwürfen zu größeren Gesetzen nur unwesentlich beteiligt"[530].

Ob der Arbeitsausschuss tatsächlich – ex post betrachtet – nur wenig geleistet habe, darf bezweifelt werden. So könnte man argumentieren, dass der Ausschuss im Zeitpunkt seiner Auflösung bereits seine „Motorfunktion"[531] erfüllt hatte. Wichtige arbeitsrechtliche Gesetzesentwürfe waren fertig gestellt worden, so die Entwürfe zum Arbeitsgerichtsgesetz (Ende 1920), zum Arbeitstarifgesetz (März 1921) und schließlich zum Arbeitsvertragsgesetz. Überdies waren bereits für andere Teilbereiche des geplanten Arbeitsgesetzbuches zwischenzeitlich einzelne Sondergesetze durchgesetzt worden[532]. Nicht zu vergessen bleibt, dass zumindest das Arbeitsgerichtsgesetz vom 23.12.1926 nach jahrelangen, teilweise zähen Verhandlungen, auch mit den Ländern, schließlich erfolgreich verabschiedet werden konnte, was zu einer Einführung der Arbeitsgerichtsbarkeit am 1.07.1927 führte, wodurch wenigstens ein Stück des formellen Teils des geplanten Arbeitsgesetzbuches der Weimarer Republik geschaffen werden konnte[533].

Zutreffend erscheinen jedoch die Argumente Kaskels, die auf die grundsätzlichen Schwierigkeiten bei der Realisierung der geplanten arbeitsrechtlichen Kodifikation hinweisen. Die Materie schien politisch zu brisant, als dass sie das Reichsministerium selbst aus der Hand hätte geben können. In besonders heiklen Bereichen, wie bei der Arbeitszeitregelung und Regelung der Kündigungsfristen war es erforderlich, zügig eigene Entwürfe zu entwickeln; auf die Ergebnisse des Arbeitsrechtsausschusses konnte oftmals nicht gewartet werden.

Nicht zuletzt dürfen die möglichen Interessengegensätze und -konflikte der Mitglieder des Ausschusses, die, wie erörtert, verschiedenen Lagern angehörten, nicht verkannt werden.

Es stand viel auf dem Spiel in der jungen Republik; das Versprechen, für die Herstellung eines „einheitlichen, demokratischen und sozialen Arbeitsrechts" zu sorgen musste erfüllt werden; wenn nicht auf Grundlage einer allumfassenden Kodifikation, dann wenigstens zunächst in Form von Einzelgesetzen. Schließ-

---

[529] KASKEL, (wie Anm. 521), S. 372.
[530] Ebd. S. 372f.
[531] So auch BOHLE, (wie Anm. 361), S. 138.
[532] So das Betriebsrätegesetz vom Februar 1923, das Arbeitsnachweisgesetz vom Juli 1922 und die Schlichtungsverordnung vom Oktober 1923.
[533] Näheres zur Entstehungsgeschichte des Arbeitsgerichtsgesetz bei BOHLE, (wie Anm. 361), S. 85ff.

lich stellte das Arbeitsrecht „das Bindeglied zwischen Republik und Arbeiterschaft“ dar[534].

Eine besondere Schwierigkeit, die mit dem Unternehmen verbunden war, stellte also der Zeitdruck dar, dem sich die Reichsregierung ausgesetzt sah. Dazu kam, wie Feig zutreffend anmerkte, dass im Arbeitsrecht „fast jede Einzelheit Kampfgebiet“ gewesen war und das Recht „stärker den Charakter des Werdenden“ getragen hatte, was ein zügiges Vorantreiben von Gesetzgebungsarbeiten zwangsläufig erschwerte[535].

Obwohl das Projekt von der Fachöffentlichkeit auf den ersten Blick scheinbar positiv aufgenommen wurde, äußerte man doch auch einige, teils erhebliche Vorbehalte, die bei der Realisierung einer arbeitsrechtlichen Kodifikation oder auch nur bei der Kodifizierung von Teilgebieten, wie dem Arbeitsvertragsrecht bestünden. Neben Kaskel und Feig kann ferner auf Sinzheimer und Molitor hingewiesen werden, die angesichts des Arbeitsvertragsgesetzesentwurfs vor der Verabschiedung eines arbeitsrechtlichen „Kompromisswerks“ warnten.

Auch die Gewerkschaften schienen für die Realisierung einer arbeitsrechtlichen Kodifikation, insbesondere für ein Arbeitsvertragsgesetz, zu plädieren und bedauerten demzufolge die Einstellung entsprechender Vorarbeiten im Zuge der Auflösung des Arbeitsrechtsausschusses, wie die Auswertung der Sitzung des Gewerkschaftskongresses des ADGB in Leipzig im Jahre 1925 gezeigt hat. Wie aufgezeigt worden ist, wurde es hier aber versäumt, konkret, etwa infolge Äußerung konstruktiver Kritik, auf den angestrebten Inhalt eines künftigen Arbeitsvertragsgesetzes näher einzugehen. Lediglich die Frage des „Ob“ wurde diskutiert.

Dazu kam dann noch, dass der ADGB, der Allgemeine freie Angestelltenbund und die wichtigsten Teile des Gewerkschaftringes Ende 1923 und Anfang 1924 aus der Zentralarbeitsgemeinschaft austraten. Dadurch und mangels dezidierter Beteiligung der Gewerkschaften bei der Ausarbeitung der materiellen

---

[534] Durch „Schlichtung und Arbeitsverwaltung [sei eine] Verknüpfung zwischen den wirtschaftlichen Organisationen der Arbeiterschaft und der Staatsgewalt eingetreten“ und das Arbeitsrecht zum „Prunkstück der Republik“ geworden, so folgerte 1932 der Rechtsanwalt und spätere Politikwissenschaftler Ernst Fraenkel. Fraenkel (1898-1975) war von 1927 bis zu seiner Flucht aus Berlin im Jahre 1938 als Rechtsanwalt tätig. Wegen seiner jüdischen Abstammung sah sich Fraenkel gezwungen zunächst nach Großbritannien und wenig später in die USA auszuwandern. 1951 kehrte er dann nach Deutschland zurück und lehrte Politikwissenschaft an der Freien Universität in Berlin.
Sein bis heute bekannt gebliebenes Werk „Der Doppelstaat“, in dem er das politische System des NS-Staats analysierte, erschien 1941 und wurde 2001 wieder neu aufgelegt.
Zitat entnommen aus: FRAENKEL, Die politische Bedeutung des Arbeitsrechts, abgedruckt in: RAMM, Arbeitsrecht und Politik, S. 254. Zum Werdegang Fraenkels vgl. RAMM, a.a.O., S. 263f.

[535] Vgl. dazu obige Ausführungen unter B. III. 2. c) aa) (6).

Inhalte des zu schaffenden Arbeitsgesetzbuches bzw. der jeweils entsprechenden Teile, wie des hier primär zu beleuchtenden Arbeitsvertragsgesetzes, verlagerte sich das Gewicht noch intensiver vom primär eher wissenschaftlich ausgerichteten Arbeitsrechtsausschuss hin zur politischen Instanz, zum Reichsarbeitsministerium. Als der Gewerkschaftskongress in Frankfurt im Jahre 1931 erneut „mit Nachdruck [...] den Ausbau des Arbeitsrechts" forderte und erklärte, dass „die Vereinheitlichung des Arbeitsvertragsgesetzes und die Erweiterung des Arbeitsschutzes [...] endlich mit ernstem Willen baldiger gesetzlicher Neuregelung in Angriff" zu nehmen sei[536], schien es bereits angesichts der (innen-)politischen Entwicklungen im Deutschen Reich zu spät gewesen zu sein – zu spät für die Realisierung eines „einheitlichen, demokratischen und sozialen" Arbeitsrechts.

b) Die Weimarer Reichsverfassung und die Kodifikation: Bloßes Versprechen oder zwingender Verfassungsauftrag?

Möglicherweise ist der Grund für das Scheitern des Kodifikationsvorhabens noch an anderer Stelle, auf tieferer Ebene im Zusammenhang mit der Weimarer Reichsverfassung zu suchen.

Im zweiten Hauptteil der Weimarer Reichsverfassung wurden in den Art. 109-165 die „Grundrechte und Grundpflichten der Deutschen" festgelegt. So war die Weimarer Nationalversammlung versucht, in fünf Abschnitten wesentliche Lebensbereiche durch die Festschreibung von verfassungsmäßigen Rechten und Pflichten zu regeln. Schließlich wurde der Grundrechtsteil der Verfassung als Versuch eines „Klassenkompromisses" bewertet, da keine Seite der jeweiligen politischen Kräfte ein Übergewicht in der Verfassungsgebenden Nationalversammlung erlangen konnte. Die Resultate traten bald offen zu Tage. Viele Bestimmungen des zweiten Hauptteils der Verfassung kamen von vorn herein lediglich appellativen Charakter zu, wie sich beispielsweise im fünften Abschnitt über das Wirtschaftsleben, an Art. 162 WRV und seinen rein programmatischen Erklärungen ablesen lässt[537]. An anderer Stelle standen programmatische Erklärungen neben unmittelbaren Einwirkungen auf das geltende Recht, wie an Art. 163 WRV aufgezeigt werden kann[538].

---

[536] Bericht des Gewerkschaftskongresses abgedruckt in: Arbeitsrecht, Jg. XIX (1931), S. 584f.

[537] Art. 162 WRV lautet: „Das Reich tritt für eine zwischenstaatliche Regelung der Rechtsverhältnisse der Arbeiter ein, die für die gesamte arbeitende Klasse der Menschheit ein allgemeines Mindestmaß der sozialen Rechte erstrebt."
Rein programmatischen Charakter wiesen etwa auch Art. 151, 161 oder 165 II-V auf. Vgl. dazu auch RAMM, Entwürfe, S. 52f., Anm. 63.

[538] Art. 163 WRV lautet: „Jeder Deutsche hat unbeschadet seiner persönlichen Freiheit die sittliche Pflicht, seine geistigen und körperlichen Kräfte so zu betätigen, wie es das Wohl der Gesamtheit erfordert.

Dennoch, die Wortgewaltigkeit und die damit vielfach einhergehenden Schwierigkeiten bei der Auslegung der jeweiligen Rechtsnorm[539] tendierten dahin, dass Rechtsprechung und Lehre viele Bestimmungen des zweiten Teils der Verfassung weniger als geltendes Recht und mehr als unverbindliche Programmsätze behandelten und diese mithin bei der konkreten Rechtsanwendung nicht weiter berücksichtigten[540].

Doch darf hieraus nicht geschlossen werden, dass im zweiten Teil der WRV lediglich Programmsätze formuliert bzw. von der Rechtspraxis als solche verstanden wurden. Er umfasste tatsächlich sehr vielseitige Bestimmungen, von denen zumindest einige unmittelbare Geltung entfalten sollten, während andere wiederum erst durch eine konkrete Normierung umzusetzen waren[541].

Wie stand es nun mit Art. 157 der Weimarer Reichsverfassung? Hier ist zunächst zwischen dem ersten und zweiten Absatz zu differenzieren. In der zeitgenössischen Literatur wurde Art. 157 I[542] als Programmsatz angesehen. Radbruch stellt hierzu fest:

> „Diese Bestimmung hat im wesentlichen nur die Bedeutung eines Programms für die künftige Gesetzgebung. Es ist, so sagt der Berichterstatter im Verfassungsausschuss, eine irgendwie positiv erzwingbare rechtliche Konsequenz daraus nicht zu ziehen'. Als bloßer Programmsatz kann Art. 157 I z.B. nicht als Schutzgesetz im Sinne des § 823 II BGB betrachtet werden"[543].

Art. 157 II[544] hingegen verlangte nun noch einen konkreten Umsetzungsakt durch konkrete rechtliche Normierungen. Kaskel charakterisierte diesen Auftrag zur Schaffung eines einheitlichen Arbeitsrechts zwar auch als „Programm"[545],

---

Jedem Deutschen soll die Möglichkeit gegeben werden, durch wirtschaftliche Arbeit seinen Unterhalt zu erwerben. Soweit ihm angemessene Arbeitsgelegenheit nicht nachgewiesen werden kann, wird für seinen notwendigen Unterhalt gesorgt. Das Nähere wird durch besondere Reichsgesetze bestimmt."

[539] *Apelt* bemängelte später, dass „kein Teil der Verfassung der Auslegung in Theorie und Praxis so große Schwierigkeiten bereitet [habe] wie dieser", APELT, Geschichte der Weimarer Verfassung, S. 291.

[540] Vgl. FROTSCHER/ PIEROTH, Verfassungsgeschichte, Rn. 497.

[541] Vgl. WILLOWEIT, Deutsche Verfassungsgeschichte, S. 365f.

[542] Wortlaut: „Die Arbeitskraft steht unter dem besonderen Schutz des Reichs."

[543] RADBRUCH, Art. 157 I, in: NIPPERDEY, Die Grundrechte und Grundpflichten der Reichsverfassung, Bd. 3, S. 349f.
Die Bestimmung gelte lediglich als „Zuständigkeits- und „Auslegungsvorschrift": Zum einen würde die Zuständigkeit der Reichsgesetzgebung für den Schutz der Arbeitskraft festgelegt, andererseits sei die Vorschrift schließlich bei „Mehrdeutigkeit einer auf die Arbeitskraft beziehbaren Bestimmung" heranzuziehen und im Ergebnis der „Sinn zu bevorzugen, bei dessen Annahme die Bestimmung auch dem Schutz der Arbeitskraft dienen" könne.

[544] Wortlaut: „Das Reich schafft ein einheitliches Arbeitsrecht."

[545] KASKEL, Art. 157 II, in: (wie Anm. 521), S. 359.

doch könnte zweifelhaft erscheinen, ob in der Rechtspraxis diese Bestimmung tatsächlich lediglich als „bloßen Programmsatz" behandelt worden ist. Dagegen könnte vor allem das Engagement sprechen, das seitens der Reichsregierung bzw. dem Reichsarbeitsministerium dem Kodifikationsprojekt entgegen gebracht wurde. Zum anderen sind die partiellen Erfolge, etwa durch Verabschiedung des Arbeitsgerichtsgesetzes im Jahre 1926 oder der zahlreichen arbeitsrechtlichen Sondergesetze seit Bestehen der Republik, hervorzuheben, die auf diesem Sektor erfolgt sind.

Die Kernfrage muss hier jedoch lauten, ob alles dies tatsächlich unter Verweis auf die verfassungsrechtliche Vorschrift des Art. 157 II WRV geschah. Dagegen könnte sprechen, dass die Bemühungen um eine möglichst umfassende und zügig zu realisierende Reformierung des Arbeitsrechts und der damit einhergehenden Vereinheitlichung dieser Rechtsmaterie bereits Monate vor Verabschiedung der Reichsverfassung eingeleitet worden ist.

Ferner wurde vertreten, dass ein Auftrag zur umfassenden Kodifizierung des Arbeitsrechts und damit zur Schaffung eines Arbeitsgesetzbuches nicht aus Art. 157 II WRV herzuleiten war. So bestritt Kaskel, entgegen „einer verbreiteten Ansicht", dass die „Einheitlichkeit des angekündigten Arbeitsrechts [...] vor allem darin zum Ausdruck" käme, dass das „gesamte Arbeitsrecht in einem einheitlichen Gesetzbuch kodifiziert" werden solle[546]. Vielmehr sei das Ziel der Einheitlichkeit und damit auch des Art. 157 II WRV erreicht, wenn die „einzelnen Teilgebiete des Arbeitsrechts in kodifikatorisch getrennten Gesetzen" geregelt würden. Gefordert sei also weniger eine geschlossene Kodifikation, als eine „Abänderung des heutigen Zustandes, wo immer noch das Arbeitsverhältnis einzelner Arbeitnehmerkreise gar nicht oder nur unzureichend geregelt" sei[547].

Sein Beitrag zu Art. 157 II stellte Kaskel noch kurz vor seinem Tode am 9. Oktober 1928 fertig.

[546] Kaskel verweist hierbei insb. auf die Entstehungsgeschichte der Norm, da der Berichterstatter des zuständigen Unterausschusses im Plenum des Verfassungsausschusses das Merkmal der Einheitlichkeit dahingehend erläuterte, dass die geplante Regelung schließlich in seiner äußeren Zusammenfassung, in einer Kodifikation aufgehen sollte.
Vgl. ebd., S. 367.

[547] Diese Auffassung ist überdies auch mit dem Wortlaut des Art. 157 II in Einklang zu bringen, da hier etwa von einem Arbeitsgesetzbuch gar nicht erst gesprochen wurde. Vgl. KASKEL, (wie Anm. 521), S. 367f.; ebenso auch später NIKISCH, Das Arbeitsgesetzbuch und die Lehre vom Arbeitsverhältnis, in: FS-Molitor, S. 85.
Kaskel, der noch vorher fest für die Schaffung einer umfassenden Kodifikation, mithin für die Verabschiedung eines Arbeitsgesetzbuchs plädiert hat, versuchte, was diese Zeilen belegen dürften, kurz vor seinem Tode zumindest noch für eine Kodifikation arbeitsrechtlicher Teilgebiete einzutreten. Möglicherweise war ihm bewusst, dass eine Realisierung eines Arbeitsgesetzbuches im ursprünglich geforderten Sinne in nächster Zeit nicht mehr realisierbar erschien.

Dass nun Art. 157 II WRV als zwingende Rechtsgrundlage für die Kodifizierung des Arbeitsrechts oder gar etwaiger Teilgebiete, wie des Arbeitsvertragsrechts, angesehen wurde, kann bezweifelt werden. Auch wenn diesem „Verfassungsauftrag" zumindest graduell Folge geleistet wurde, lag dies wohl weniger daran, dass man diese Bestimmungen als zwingenden Normbefehl von Verfassungsrang ansah, als dass man die Reformierung des Arbeitsrechts allgemein als dringend geboten ansah – sei es, um eine „Waffe" im politischen Kampf gegen den Kommunismus bereit zu halten, sei es um den Erfordernissen und Veränderungen des modernen Arbeitsrechts in der jungen Republik gerecht werden zu können.

Die Beantwortung der Frage, ob nun der Verfassungsauftrag des Art. 157 II der Reichsverfassung bloß als unverbindlichen Programmsatz aufgefasst wurde, mag unter diesem Gesichtspunkt schließlich dahinstehen.

4. Kodifikationsbemühungen in der Weimarer Republik – Würdigung

Als im Mai 1919 der Arbeitsrechtsausschuss eingesetzt wurde, schienen die Realisierungschancen einer umfassenden arbeitsrechtlichen Kodifikation noch greifbar nahe. Doch sollte bald sichtbar werden, dass eine solche komplexe Rechtsmaterie nicht innerhalb weniger Monate oder gar Jahre zu kodifizieren war. Um das Projekt nicht ganz aufgeben zu müssen, einigte man sich darauf, zunächst lediglich Teilentwürfe herzustellen, die dann nach einer Gesamtredaktion in dem später zu schaffenden Arbeitsgesetzbuch zusammengetragen werden sollten. Bis auf das Arbeitsgerichtsgesetz, ließen sich jedoch auch diese Teilentwürfe bzw. die Kodifizierung von Teilgebieten des Arbeitsrechts, darunter auch der Entwurf eines Allgemeinen Arbeitsvertragsgesetzes, nicht verabschieden. Wie aufgezeigt worden ist, erscheinen monokausale Erklärungsversuche für das Scheitern der Kodifizierungsbemühungen untauglich. Die Ursache für das Scheitern ist wohl vielmehr in einem Zusammenspiel von mehreren Faktoren zu suchen.

Der Arbeitsrechtsausschuss ist hierfür in erster Linie weniger verantwortlich zu machen; bedenke man, dass er mit der Ausarbeitung wichtiger Teilentwürfe seine Motorfunktion für das einheitliche Arbeitsrecht durchaus erfüllen konnte. Ein „unleugbares Versagen" des Ausschusses kann jedenfalls nicht konstatiert werden.

Die maßgeblichen Ursachen für das Scheitern sind eher an anderer Stelle zu suchen. Das Arbeitsrecht, als „Prunkstück der Republik"[548], musste nicht zuletzt aus politischen Gründen einer zügigen Reform unterzogen werden. Auf ein Arbeitsgesetzbuch konnte man jedenfalls nicht mehrere Jahre warten, sodass sich

[548] FRAENKEL, (wie Anm. 534), S. 254.

die Reichsadministration genötigt sah, auf dringende Bedürfnisse durch eine Lösung von einzelnen, zentralen Problemen mittels Verabschiedung von Einzelgesetzen, etwa im Kündigungsrecht, zu reagieren, was zwar eine „Zersplitterung" der Rechtsordnung noch begünstigte aber zumindest die ursprünglich außerordentlich lückenhafte Regelung im Arbeitsrechts sukzessive abmildern konnte.

Bezogen auf den Teilentwurf eines Allgemeinen Arbeitsvertragsgesetzes erschien eine Durchsetzung dieses Entwurfs weiterhin nicht nur wegen der ständig wechselnden Mehrheiten im Parlament politisch aussichtslos. Anders als beim BGB war im Arbeitsrecht „fast jede Einzelheit Kampfgebiet". Auch wenn seitens der Wissenschaft dem Entwurf teilweise positive Signale entgegen gebracht wurden, blieb bei näherer Würdigung oftmals eine kritische Behandlung dieser Rechtsmaterie nicht aus.

Zudem schienen die Sozialpartner den kritischen Umgang mit der Entwurfsfassung eher zu vermeiden. Wie die Auswertung der Gewerkschaftskongresse gezeigt hat, votierte man zwar grds. für die Schaffung eines Arbeitsvertragsgesetzes und gar für eine umfassende Kodifizierung des gesamten Arbeitsrechts, doch eine dezidierte Bewertung des Entwurfs blieb aus. Ein Grund hierfür könnte möglicherweise im bekundeten Entschluss des Reichsarbeitsministeriums zu suchen sein, eine unmittelbare Beteilung von Arbeitnehmer- und Arbeitgeberverbänden bei den Vorarbeiten für das einheitliche Arbeitsrecht nicht vorzusehen. Damit wurde zwangsläufig das neue Selbstbewusstsein und der Gestaltungswille der Sozialpartner, die sich fortan nicht mehr nur als Objekt, sondern auch als Subjekt einer Normsetzung im Arbeitsrecht ansahen, ignoriert[549]. Diese Sichtweise ist jedoch dadurch zu relativieren, dass zumindest drei Mitglieder wesentlicher Gewerkschaftsverbände aktiv an den Vorarbeiten für ein Arbeitsgesetzbuch im Arbeitsrechtsausschuss mitarbeiten konnten, sodass schließlich zu konstatieren bleibt, dass die Verbände ihre Wünsche und Vorstellungen nicht lediglich, wie Reichsarbeitminister Bauer bei Einsetzung des Ausschusses bekräftigte, auf dem Schriftwege einzureichen hatten; vielmehr waren sie per se durchaus in der Lage, unmittelbaren Einfluss auf das geplante Gesetzeswerk zu nehmen.

Dennoch waren die Sozialverbände, vor allem die Arbeitgeberverbände, bei der Ausarbeitung der arbeitsrechtlichen Gesetzesentwürfe in der Minderheit. Vielleicht liegt gerade hierin ein weiterer Grund für das Scheitern des Vorha-

---

[549] So folgert BOHLE, (wie Anm. 361), S. 17.
Infolge des sog. Stinnes-Legien-Abkommen" vom 15.11.1918 galten die Gewerkschaften fortan als legitimierte Vertreter der Arbeitnehmerschaft. Maßgeblich einigten sich durch dieses Abkommen Arbeitgeber- und Arbeitnehmerverbände darauf, dass weite Bereiche des Arbeitsverhältnisses kollektivrechtlich zu regeln seien; der Tarifvertrag wurde dabei als die eigentliche Quelle des kollektiven Arbeitsrechts anerkannt.

bens; möglicherweise waren die Sozialpartner, die sich auf diesem Sektor als maßgebliche Schlüsselfigur betrachten wollten, letztendlich nicht mehr geneigt, sich mit einer Entwurfsfassung zu beschäftigen, die maßgeblich von Politik und Wissenschaft und weniger aus den eigenen Lagern entwickelt wurde.

Auch wenn diese Ausführungen spekulativ anmuten, könnte diesem Ansatz im Vergleich zu aktuellen Entwicklungen um das Bertelsmann-Projekt und den Entwurf eines Arbeitsvertragsgesetzes (2006/2007) gewisser Auftrieb zukommen. So wird seitens der Gewerkschaften im Rahmen der Ausarbeitung einer neuen Entwurfsfassung eines Arbeitsvertragsgesetzes erneut das Fehlen einer konkreten Einbeziehung der Gewerkschaften moniert. Als Folge scheinen sich die Gewerkschaften eher zurückhaltend und kritisch gegenüber dem laufenden Projekt zu äußern; dazu legte der DGB Anfang 2009 einen ganz eigenen Entwurf eines Arbeitsverhältnisgesetzes vor[550].

Mehrere Ursachen führten also zur Einstellung der Kodifikationsbemühungen und damit zum Scheitern des ursprünglich groß angelegten Projekts. Da konnte auch Art. 157 II WRV nicht mehr helfen; die Bestimmung schien jedenfalls in absehbarer Zeit nicht erfüllbar, gleich, ob man diesen „Kodifikationsauftrag" als zwingenden Normbefehl oder lediglich als unverbindlichen Programmsatz ansah. Dennoch erlebte das Arbeitsrecht insgesamt im Vergleich zu den Entwicklungen zur Kaiserzeit erheblichen Auftrieb. Erstmals wurde ernsthaft, und nicht etwa im Rahmen etwaiger Resolutionen, von einer Kodifikation des gesamten Arbeitsrechts und damit auch des Arbeitsvertragsrechts gesprochen. Endlich schien das Arbeitsrecht seine eigenständige, in der Gesellschaft so wesentliche Stellung einzunehmen.

Gleichwohl sollte das Arbeitsrecht auch im letzten Jahr der Weimarer Republik „unfertig und in sich widerspruchsvoll" bleiben, wie der Rechtsanwalt und spätere Politikwissenschaftler Ernst Fraenkel[551] schließlich bemängelte[552]. Ob bzw. inwiefern sich dies nun nach der politischen „Machtergreifung" Hitlers, bzw. nach Abschluss der „nationalen Revolution" ändern sollte, ist nun im folgenden Abschnitt zu beleuchten.

---

[550] Mehr dazu folgt unter B. VII. 3. in dieser Arbeit.

[551] Vgl. zur Person Fraenkels auch die Ausführungen unter Anm. 534.

[552] Das Arbeitsrecht sei „in einem ersten Prozeß der Versteinerung" geraten. „Drei Schichten" seien übereinander gelagert; „das von der liberal kapitalistischen Gesellschaft geschaffene, durch das Arbeitsschutzrecht ergänzte Arbeitsvertragsrecht, das nunmehr staatlich anerkannte, von der gesellschaftlichen der Vorkriegsarbeiterschaft angeregte Kollektivrecht, und schließlich die Ablagerung der revolutionären Kräfte, verwandelt in arbeitsrechtliche Gesetzesbestimmungen".

IV. KODIFIKATIONSBEMÜHUNGEN IM NATIONALSOZIALISMUS

1. Die neue Arbeitsverfassung[553]

Mit der Einsetzung von Präsidialkabinetten durch den Reichspräsidenten Hindenburg, wodurch die jeweilige Regierung fortan nicht mehr von der politischen Mehrheit sondern lediglich vom Vertrauen des Reichspräsidenten abhängig sein sollte, war der Niedergang der Republik eingeleitet worden. Bereits Ende 1932 waren die Alternativen des Präsidialsystems verbraucht. Wenige Möglichkeiten standen zu diesem Zeitpunkt offen; Konfrontation oder Kooperation, defensive Anpassung an die vorherrschenden Kräfteverhältnisse oder der offensive Kampf um den Erhalt der Republik und der Demokratie[554]. Als am 21.01.1934, ein Tag nach der Verkündung des „Gesetzes zur Ordnung der nationalen Arbeit (AOG)" der Arbeitsausschuss der „Akademie für Deutsches Recht" gegründet wurde[555], war jedenfalls die Entscheidung gegen die Option eines offenen Kampfes für den Erhalt der Demokratie gefallen. Nicht nur die Arbeitsverfassung hatte sich in den Monaten zuvor grundlegend geändert; auch der Staat, das gesamte Leben in Deutschland hatte sich einem grundlegenden Wandel unterzogen.

Die Ereignisse nahmen zügig nach Ernennung Hitlers zum Reichskanzler durch den Reichspräsidenten Hindenburg am 30.01.1933 ihren Lauf:

Auf politischen Druck hin lösten sich die Parteien auf; zuvor waren politische Gegner weitgehend auf legalem Wege unterdrückt worden[556]. Die NSDAP wurde Staatspartei[557]. Zuvor kam es zu einer Selbstentmachtung des Reichstags[558], dessen Ereignis noch durch Unterdrückungsmaßnahmen und Terrorakte seitens der SA gegenüber politischen Gegnern überschattet wurde.

Nachdem Hitler am 6.07.1933 dann die „nationalsozialistische Revolution" für beendet erklärte, und er sich bereits im vollen Besitz der Macht befand, begann die formale Absicherung derselben. Am 14.10.1933 kam es zur Auflösung

---

[553] Dazu ausführlich m.w.N. BECKER, (wie Anm. 361), S. 382ff.

[554] BECKER, (wie Anm. 361), S. 345. Zu den Entwicklungen der letzten Jahre der Weimarer Republik und den Übergang zum NS-Staat vgl. für einen Überblick WILLOWEIT, Deutsche Verfassungsgeschichte, S. 367ff. (§ 38).

[555] Nachweise dazu in BA R 61/113.

[556] Grundlage bot hier die Verordnung vom 28.02.1933 („Reichstagsbrandverordnung"): Der Reichstagsbrand, der sich in der Nacht zum 28.02.1933, ereignete, wurde als Anlass gewählt, um den Ausnahmezustand auszurufen und die wichtigsten politischen Grundrechte außer Kraft zu setzen. Vgl. STOLLEIS, Nationalsozialistisches Recht, in: HRG, Bd. 4, Sp. 876.

[557] Vgl. Gesetz gegen die Neubildung von Parteien vom 14.07.1933.

[558] Vgl. sog. „Ermächtigungsgesetz" („Gesetz zur Behebung der Not von Volk und Reich") vom 24.03.1933. Der Deutsche Reichstag übertrug hier, zunächst befristet, die Befugnis zur Gesetzgebung der Reichsregierung.

des Reichstags; infolge der „Gleichschaltung" der Länder[559] wurde der Föderalismus beendet und infolgedessen der Reichsrat aufgelöst[560]. Nach dem Tod Hindenburgs vereinigte Hitler schließlich das Amt des Reichspräsidenten und Reichskanzlers in seiner Person[561].

Eine endgültige nationalsozialistische Arbeitsverfassung bestand jedoch auch nach Abschluss der sog. „Machtergreifung" noch nicht. Von den gravierenden Umstürzen auf politischer Ebene war freilich auch die gesamte Arbeitsverfassung betroffen. Auf dem Gebiet des Kollektiven Arbeitsrechts wurde bereits am 10.05.1933 der Einheitsverband für Arbeitnehmer und Arbeitgeber, die deutsche Arbeitsfront (DAF), gegründet, wodurch sämtliche Arbeitnehmer- und Arbeitgeberverbände überflüssig und schließlich aufgelöst wurden[562]. Hitler wollte offenbar keine Massenorganisationen dulden, die politisch gefährlich werden konnten. Gerade vom Kollektiven Arbeitsrecht und den einflussreichen Gewerkschaften befürchtete er eine mögliche Bastion des politischen Widerstandes. Dennoch schien dieser Ansatz nicht dem zu entsprechen, was Hitler noch zuvor in seinem Buch „Mein Kampf" beschrieben hatte.

Hier bezeichnet Hitler die Gewerkschaften jedenfalls dann als notwendig, „solange es unter Arbeitgebern Menschen mit geringem sozialem Verständnis oder gar mangelndem Rechts- und Billigkeitsgefühl" gebe[563]. An anderer Stelle wiederum hob Hitler hervor, dass „die Gewerkschaften gar nicht entbehrt werden" könnten und zu den „wichtigsten Einrichtungen des wirtschaftlichen Lebens der Nation" gehören würden. Jedoch liege „ihre Bedeutung nicht nur auf sozialpolitischem Gebiet, sondern noch viel mehr auf einem allgemeinen nationalpolitischen", nämlich auf dem der „Erziehung"[564].

---

[559] Vgl. Gesetz über den Neuaufbau des Reichs vom 30.01.1934.

[560] Vgl. Gesetz vom 14.02.1934.

[561] Vgl. Gesetz vom 01.08.1934. Hindenburg starb einen Tag nach Verabschiedung des Gesetzes.
Einen guten Überblick zum Verlauf der sog. Machtergreifung (Phase 30.01.1933-02.08.1934) bietet FROTSCHER/PIEROTH, Verfassungsgeschichte, Rn. 551-594.

[562] Dies galt auch für die nationalsozialistische Betriebszellenorganisation (NSBO), die sich ab 1927 gegen den Willen Hitlers (vgl. RAMM, Das deutsche kollektive Arbeitsrecht zwischen den beiden Weltkriegen, in: ZfA 1988, S. 168) als Alternative zu den Freien und Christlichen Gewerkschaften zusammenschlossen. Anfang April wies Hitler Robert Ley (1880-1945; Leiter des Einheitsverbands DAF) an, die Aktivitäten der NSBO zu beenden. Nur temporär nahm die NSBO die Funktionen der zuvor aufgelösten Gewerkschaften wahr, bis die Organisation selbst in die DAF aufging. Die NSBO sah sich selbst nie als Gewerkschaft an; eine große Rolle konnte sie indes auch in der Weimarer Republik nicht spielen, da sie relativ zu den großen Gewerkschaften, wie dem AGDB, nur über wenige Mitglieder verfügte. Vgl. dazu auch RAMM, Entwürfe, S. 57, Anm. 5.

[563] HITLER, Mein Kampf, S. 48.

[564] Ebd., S. 672.

Schließlich lässt sich aus dem zweiten Band seiner Schrift[565] schließen, dass Hitler vor der Machtübernahme offenbar die Bedeutung der Gewerkschaften insgesamt überschätze. Die „Gründung eigener Gewerkschaften" hielt er jedenfalls nicht realisierbar. Als Ausweg empfahl er daher den „Parteigenossen [...] in den bisherigen [Gewerkschaften] zu bleiben, um dort möglichst destruktiv zu wirken"[566].

Mit der Auflösung sämtlicher Gewerkschaften und Arbeitgebervertretungen stand auch das Ende des Kollektiven Arbeitsrechts fest. Fortan waren „alle im Arbeitsleben stehenden Menschen ohne Unterschied ihrer wirtschaftlichen und sozialen Stellung" in dem Einheitsverband der DAF, der „Organisation der schaffenden Deutschen der Stirn und Faust" vertreten[567].

Ein weiterer entscheidender Schritt, der zur staatlichen Ordnung des Arbeitsrechts und damit zur Festigung der künftigen nationalsozialistischen Arbeitsverfassung führen sollte, wurde durch das Gesetz über die Treuhänder der Arbeit vom 19.05.1933 vollzogen. Die Treuhänder der Arbeit waren weisungsgebunden und dem Reichsarbeitsministerium unterstellt. Zu ihrem Aufgabenbereich gehörten beispielsweise der Erlass von Tarifordnungen, die an Stelle der Tarifverträge traten, sowie die Vorgabe von Richtlinien, die bei der Ausarbeitung von Einzelarbeitsverträgen einzuhalten waren. Obwohl die Treuhänder der Arbeit ursprünglich nur bis zur „Neuordnung der Sozialverfassung" eingesetzt werden sollten, blieben sie auch nach Verabschiedung des AOG festen Bestandteil der neuen nationalsozialistischen Arbeitsverfassung[568].

In der Arbeitsverfassung sollte künftig nicht die Gesetzgebung oder Rechtsprechung den wesentlichen Bestandteil bilden. Wie auch in sonstigen Bereichen des Rechtslebens sollte sich auch das Arbeitsrecht strikt dem „Führerwillen" beugen. Das AOG[569] legte gleich zu Beginn in § 1 fest, dass „im Betriebe der Unternehmer als Führer des Betriebes, die Angestellten und Arbeiter als Gefolgschaft gemeinsam zur Förderung der Betriebszwecke und zum gemeinsamen Nutzen von Volk und Staat" zu arbeiten hatten[570]. Wie sich schon aus § 1 des AOG entnehmen lässt, fand die Arbeitsverfassung im Nationalsozialismus durch

[565] Dieser Band erschien Ende 1926, rund einundeinhalb Jahre nach Erscheinen des ersten Bandes.

[566] Ebd., S. 682; nähere Auswertungen dazu auch bei RAMM, (wie Anm. 562), S. 167ff.

[567] VO vom 24.10.1934.

[568] Mehr dazu bei RAMM, Entwürfe, S. 58f.; ausführliche Untersuchungen zur Entwicklung der Treuhänder der Arbeit bei KRANIG, Lockung und Zwang, S. 168ff.

[569] Näheres dazu bei KRANIG, Lockung und Zwang, S. 38ff.; BECKER, (wie Anm. 361), S. 387ff.

[570] Nach § 3 III war es in Sonderfällen möglich, Betriebsführer, die etwa bei „gröblichen Verletzungen der durch die Betriebsgemeinschaft begründeten sozialen Pflichten" (vgl. § 36 I Nr. 1-4) abzusetzen. In diesem Fall hatte der Unternehmer, der fortan im Betrieb lediglich wirtschaftliche Funktionen auszuüben hatte, einen neuen Betriebsführer zu ernennen.

das Führerprinzip und der Vergemeinschaftung seine maßgebliche Prägung. Doch sollte noch eine weitere Einrichtung entscheidend zum Arbeitsrecht beitragen: die soziale Ehrengerichtsbarkeit[571]. Diese Institution stellte eine Art Disziplinargerichtsbarkeit dar, welcher nicht lediglich Arbeitnehmer, sondern auch Arbeitgeber unterlagen[572]. Mit ihr wurde eine Trennung von Arbeitsvertrag, Betriebsverfassung und Verwaltungsrecht erzielt[573]. Behandelt wurden von den Ehrengerichten[574] etwa Verstöße gegen die Volksgemeinschaft, für die gerade nicht die Arbeitsgerichte zuständig sein durften, sondern eine Gerichtsbarkeit, die für die Durchsetzung der neuen ideologischen Basis gerecht werden sollte.

Eine endgültige nationalsozialistische Arbeitsverfassung bestand aber trotz DAF, AOG, Treuhänder der Arbeit und Ehrengerichtsbarkeit noch nicht. Zwar seien „mit der Gründung der Deutschen Arbeitsfront und mit dem Gesetz zur Ordnung der nationalen Arbeit [...] die beiden Grundpfeiler des neuen deutschen Arbeitsrechts aufgestellt“ worden. Doch würden erst „das Gesetz über den Arbeitsvertrag und ein Arbeitsschutzgesetz [...] das Werk vollenden“ können. „Ein einheitliches Arbeitsgesetzbuch“ solle schließlich „das Arbeitsrecht des nationalsozialistischen Staates zusammenfassen“[575].

Sollte also ein Arbeitsvertragsgesetz oder gar eine umfassende Arbeitsrechtskodifikation den Abschluss der neuen nationalsozialistischen Arbeitsverfassung bilden?

2. Die Vorarbeiten

a) Die Akademie für Deutsches Recht und der Arbeitsrechtsausschuss[576]

Und tatsächlich wurden die Arbeiten an einem Gesetzesentwurf für das Arbeitsverhältnisrecht zügig aufgenommen. Bereits Ende 1933 seien die Vorarbeiten für ein Arbeitsvertragsgesetz eingeleitet worden, berichtete rückblickend der Ministerialdirektor des Reichsarbeitsministeriums, Werner Mansfeld in einer Berichterstattung aus dem Jahre 1938[577]. Mansfeld schien hier auf die im No-

---

[571] Vgl. dazu die neueren Untersuchungen zur Ehrengerichtsbarkeit bei HAMANN, Die soziale Ehrengerichtsbarkeit und die Konfliktkommissionen sowie bei KRANIG, (wie Anm. 568), S. 232ff.

[572] So wurde die Absetzung von Betriebsführern im Falle von § 36 I AOG seitens des Ehrengerichts vorgenommen.

[573] RAMM, Entwürfe, S. 59.

[574] Vgl. erneut den gesamten Katalog des § 36 AOG: Exemplarisch ist etwa auf Nr. 2 hinzuweisen, der eine Sanktion im Falle einer „böswilligen Verhetzung der Gefolgschaft“ vorsieht.

[575] NIPPERDEY, Das System des neuen Arbeitsrechts, ZAkfDR, 1935, S. 911.

[576] Vgl. dazu auch die Untersuchungen bei RAMM, Entwürfe, S. 60ff. sowie bei KRANIG, (wie Anm. 568), S. 96ff.

[577] MANSFELD, Zum Entwurf eines Gesetzes über das Arbeitsverhältnis, DAR 1938, S. 178.

vember 1933[578] stattgefundene erste Vollsitzung der am 26.06.1933[579] von Hans Frank[580], dem bayerischen Justizminister und „Reichskommissar für die Gleichschaltung der Justiz in den Ländern und für die Erneuerung der Rechtsordnung", gegründeten „Akademie für Deutsches Recht" und den an diese neu geschaffene Institution adressierten Auftrag Franks vom 28.12.1933 abzustellen, der die Schaffung eines „volkstümlichen deutschen Rechts" vorsah[581]. Am 21.01.1934 wurde dann ein Arbeitsrechtsausschuss eingesetzt, der aus 22 Personen bestand; wobei beachtlich erscheint, dass hier die Arbeitsrechtswissenschaftler von eher konservativer Prägung mehrheitlich vertreten waren[582]. Insgesamt ist hier auch der hohe Anteil der Arbeitswissenschaft im Ausschuss auffällig. Den Vorsitz

---

[578] Diese fand am 3.11.1933 im Berliner Rathaus statt. Vgl. DJZ 1933, S. 1481. Kurz danach wurde die Akademie von München nach Berlin verlegt.

[579] ANDERSON, The Academy for German Law 1933-1945.

[580] Der „Reichsrechtsführer" Frank (1900-1946) übernahm zugleich den Vorsitz und bildete zu den Rechtsgebieten, die aus nationalsozialistischer Sicht reformbedürftig waren, besondere Ausschüsse.

Frank war seit 1929 Leiter des Reichsrechtsamts der NSDAP. Im Juni 1933 begründete er die „Deutsche Rechtsfront" und nahm als Führer des Bundes nationalsozialistischer deutscher Juristen die Funktion des „Reichsrechtsführers" an. Nach Ende des Polenfeldzuges wurde er als Generalgouverneur in Polen eingesetzt. In seiner Position machte er sich dort für die Ermordung von 1,2 Millionen Juden verantwortlich, weshalb er schließlich in Nürnberg 1946 als Kriegsverbrecher zum Tode verurteilt wurde.

Mehr zu Frank bei FEST, Das Gesicht des Dritten Reichs, S. 286; zur Rolle Franks in der „Akademie für Deutsches Recht" vgl. HATTENHAUER, JuS 1986, S. 680ff.

[581] Vgl. FRANK, Preisausschreiben zur Schaffung eines volkstümlichen deutschen Rechts, DR 1934, S. 21; zur Tätigkeit und Werdegang der „Akademie für Deutsches Recht" siehe auch bei HATTENHAUER, (wie vorherige Anm.), S. 680ff. sowie PICHINOT, Die Akademie für Deutsches Recht.

[582] Drei Mitglieder des Ausschusses gehörten der DAF an: Franz Mende, Leiter des Sozialamts der DAF; Richard Pawelizki, Abteilungsleiter, des arbeitswissenschaftlichen Institut der DAF sowie Curt Gusko, Sozialamt der DAF. Ministerialdirektor Werner Mansfeld sowie Ministerialrat Steinmann kamen aus dem Reichsarbeitsministerium; Erich Volkmar gehörte dem Reichsjustizministerium an. Vom Reichswirtschaftsministerium ist ferner Oberregierungsrat Krause anzuführen. Ferner trat als Mitglied der Senatspräsident am Reichsgericht Schrader sowie der Landgerichtsdirektor Denecke, Landgerichtsrat Theodor Rohlfing und der Geschäftsführer der Reichswirtschaftskammer, Gerhard Erdmann auf. Ebenso gehörten dem Ausschuss Daeschner in Funktion des Reichstreuhänders der Arbeit sowie sein Stellvertreter Schaeffer an. Mit dabei waren außerdem Adolf Strauß, Vorstandsmitglied der Rütgerswerke AG; Carl Pepper sowie Zeitler, Vizepräsident des Deutschen Gemeindetages. Aus dem Lager der Arbeitsrechtswissenschaft ist Dersch, Hueck, Nikisch, Nipperdey und Richter jeweils als Mitglied anzuführen. 1936/37 kam schließlich noch Siebert hinzu. Kreller und Molitor, die noch in der Weimarer Republik maßgeblich im Rahmen der wissenschaftlichen Auseinandersetzung an der Entwurfsfassung eines Arbeitsvertragsgesetzes beteiligt waren, gehörten dem Ausschuss nicht an.

Vgl. Verzeichnis der Mitglieder und Mitarbeiter des Arbeitsrechtsausschusses, in: Entwurf eines Gesetzes über das Arbeitsverhältnis (1938), S. 111 sowie dort im Vorwort, S. 8. BECKER, (wie Anm. 361), S. 528f.

übernahm bis 1938 Hermann Dersch, der wiederum anschließend von Alfred Hueck abgelöst wurde[583].

Ursprünglich war die Ausarbeitung eines umfassenden Arbeitsgesetzbuchs geplant. So führte Dersch in seinem Tätigkeitsbericht aus dem Jahre 1935 an, dass sich der Ausschuss „inzwischen schon dem weiteren Ziel zugewendet [habe], wissenschaftliche und praktische Vorarbeiten für ein kommendes allgemeines Arbeitsgesetzbuch zu leisten und in Sitzungen am 13. und 28. Juni d. J. bereits mit einem einleitenden allgemeinen Referat und anschließender Aussprache dieses große Aufgabengebiet in Angriff" zu nehmen[584].

Dennoch wandte sich der Ausschuss zunächst primär dem Arbeitsvertragsrecht zu, da „man bald zu der Erkenntnis [kam], daß es in der großen Masse der zur Erneuerung des Arbeitsrechts notwendigen Umstellungen einige vordringliche Aufgaben [gebe] und daß erst dann an den Aufbau [eines allgemeinen Arbeitsgesetzbuches] herangetreten werden" könne[585]. Doch war die Ausarbeitung eines Arbeitsvertragsgesetzes, ein Gesetz, das die individuellen Bedürfnisse von Arbeitnehmer und Arbeitgeber erstrangig zum Gegenstand hat, tatsächlich eine vordringliche Aufgabe in einem Staat, der maßgeblich auf Gemeinschaftsideologien abstellte und dementsprechend subjektive Rechte auszuschalten beabsichtigte?

Dennoch schien man mit den Vorarbeiten in dem Ausschuss voranzukommen. Dersch zufolge wurde insgesamt über 18 „Fragenkomplexe" referiert[586].

---

[583] Beide waren als Universitätsprofessoren tätig; Dersch (1883-1961) in Berlin, Hueck (1889-1975) in München.

[584] DERSCH, Werdendes Arbeitsrecht, DAR 1935, 192. Offenbar handelte es sich bei dem Referat um Nipperdeys Abhandlung über das „System des neuen Arbeitsrechts". In der inhaltlich weitgehend inhaltsgleichen Veröffentlichung des Berichts in der ZAkfDR 1935 (S. 368ff.), die offenbar zeitlich vorher erfolgte, spricht Dersch lediglich von einer Sitzung am 15. Juni, in welcher man mit den Vorarbeiten für ein künftiges Arbeitsgesetzbuch Beratungen aufnahm; vgl. DERSCH, Werdendes Arbeitsrecht, ZAkfDR 1935, S. 372.

[585] DERSCH, Werdendes Arbeitsrecht, ZAkfDR 1935, S. 370.

[586] Im einzelnen lauteten die Themenkomplexe:
„1. Systematischer Aufbau des Arbeitsvertragsgesetzes;
2. der Arbeitsvertrag: Form, Parteien;
3. der nichtige Arbeitsvertrag;
4. die Arbeitspflicht des Beschäftigten;
5. Wettbewerbsabrede;
6. Lohnzahlungspflicht, Aufwendungen;
7. Provisionen, Tantiemen, Gratifikationen, Gedinge im Arbeitsvertragsgesetz;
8. Lohnsicherungen;
9. Pflichten des Dienstherrn: Fürsorgepflicht, Beschäftigungspflicht, Zeitgewähren zum Aufsuchen einer neuen Stellung;
10. Erholungsurlaub;
11. Zeugnis;
12. Treuepflicht, Schweigepflicht;

Die Referate seien, so Dersch, sowohl schriftlich ausgearbeitet als auch im Rahmen mündlicher Berichterstattung von den Referenten mit weiteren Erläuterungen in den Ausschusssitzungen vorgetragen worden. Nach „gründlichen Erörterungen“ kam es zur Abfassung einer Stellungnahme; die endgültige Fertigstellung des Entwurfs eines Arbeitsvertragsgesetzes, der zunächst lediglich 118 Paragraphen umfasste, erfolgte am 4.5.1935, nachdem der Entwurf in erster und zweiter Lesung am 18./19.12.1934 bzw. 23.2.1935 eingehend behandelt worden war. Offiziell wurde der vorläufige Entwurf des Arbeitsrechtsausschusses wie folgt charakterisiert:

> „Im Gegensatz zu der früheren romanistischen und häufig klassenkämpferischen Ausgestaltung des Arbeitsrechts will der Entwurf das Gedankengut der nationalsozialistischen Weltanschauung in dem neuen Gesetz verwirklichen. In diesem Sinne ist vor allem die personenrechtliche Seite des Arbeitsverhältnisses mit der sich daraus ergebenden Treu- und Fürsorgepflicht in den Mittelpunkt der gesamten Regelung gestellt“[587].

Der Entwurf wurde, nachdem er offenbar wieder geändert worden war, schließlich dem Reichsarbeitsministerium vorgelegt[588].

---

13. Schadensersatz;
14. Übergang des Arbeitsverhältnisses; Wegfall der Vertragsparteien;
15. Zeitablauf, ordentliche Kündigung, einschließlich Kündigungsschutz;
16. außerordentliche Kündigung;
17. Gruppenarbeitsverträge;
18. der Lehrvertrag“.

Vgl. DERSCH, Werdendes Arbeitsrecht, ZAkfDR, 1935, S. 370.

[587] ZAkfDR, 1935, S. 305.

Der entsprechende Entwurf scheint im Bundesarchiv nicht mehr auffindbar zu sein. An einer Stelle (vgl. BA R 61/115, Bl. 1-9.) wird er als „Entwurf eines Gesetzes über das Arbeitsverhältnis“ bezeichnet, der in „dritter Lesung“ aufgestellt worden sei. Hier sind aber lediglich das Inhaltsverzeichnis und die ersten 17 §§ verfügbar. An anderer Stelle wird erneut auf einen Entwurf mit 118 Vorschriften hingewiesen und als „formulierter Vorschlag eines Entwurfs eines Arbeitsvertragsgesetzes“, aufgestellt in „zweiter Lesung“, qualifiziert. Erstaunlich ist zwar, dass das Inhaltsverzeichnis dieses Entwurfs mit dem obigen, der in den Akten zuvor als „Entwurf eines Gesetzes über das Arbeitsverhältnis“ bezeichnet wird, auf dem ersten Blick identisch zu sein scheint. Ein Vergleich der ersten 17 §§ zeigt aber Abweichungen zwischen beiden Fassungen auf, jedoch teilweise nur marginal. So wird in § 3 des „formulierten Vorschlags eines Arbeitsvertragsgesetzes“ dem Titel entsprechend die Rechtsnatur des Arbeitsvertrages näher bestimmt. Der Verdacht, dass der Entwurf wiederverwendet wurde kann damit nicht, bzw. nicht uneingeschränkt, bestätigt werden, zumal ein Vergleich der restlichen Vorschriften (§§ 18ff.) derzeit nicht möglich ist (vgl. RAMM, Entwürfe, S. 114f., Anm. 22 und 30). Vgl. BA R 22/2063, Bl. 129ff. (-171).

[588] Im Bundesarchiv ist hier von einem „Referentenentwurf (4) vom Mai 1935“ die Rede, welcher insgesamt 132 Vorschriften fasste und noch vollständig verfügbar ist. Vgl. BA R 22/2063, Bl. 79ff. Dieser Entwurf wurde Grundlage eingehender Beratungen im Ausschuss und Reichsjustizministerium. In dieser Phase scheint er auch wieder abgeändert worden zu

Mansfeld hob hervor, dass mit diesem Entwurf die „Vorarbeiten für ein kommendes ‚Arbeitsvertragsgesetz' bereits weit gediehen" seien". „Das Wort [habe] jetzt der ‚Gesetzgeber'. Ihm [stünde] eine große Aufgabe bevor"[589]. Doch befasste sich der Arbeitsrechtsausschuss mit seinem Gesetzesentwurf nur wenige Monate später, nämlich am 20./21.12.1935 erneut. An dieser Sitzung nahm auch der Kieler Universitätsprofessor Wolfgang Siebert teil, der sich zuvor und auch danach eingehend mit dem Arbeitsverhältnisrecht beschäftigte[590]. Über die Sitzungsergebnisse, die teils in „Leitsätzen teils in Paragraphenform" eingearbeitet worden seien und insgesamt als „Entwurf dritter Lesung" bezeichnet wurde[591], informierte schließlich Dersch den Reichsarbeitsminister[592].

Mansfeld übersandte den Entwurf eines „Gesetzes über das Arbeitsverhältnis" vom Januar 1936, der diesmal 133 Paragraphen fasste[593], dem Sozialamt der DAF. Daraufhin richtete sich Franz Mende, Leiter des Sozialamtes der DAF, mit einem Schreiben an den Reichsarbeitsminister, woran sich die verfolgten Intentionen der DAF belegen lassen. Darin trug Mende vor, dass er vom „Reichsorganisationsleiter und Reichsleiter der Deutschen Arbeitsfront, Dr. Ley, [beauftragt wurde], Sie zu bitten, von weiteren Erörterungen und Besprechungen auf der Grundlage dieses Entwurfs abzusehen". Der Gesetzesentwurf stütze sich „im wesentlichen auf die bereits bekannten Vorarbeiten des Arbeitsvertragsgesetz-

sein, so fasste er zwischenzeitlich lediglich 118 §§. Vgl. BA R 22/2063, Bl. 107ff., Bl. 129ff., 175 (65) sowie Bl. 177ff.

589 MANSFELD, Vom Arbeitsverhältnis, ZAkfDR, 1935, S. 906.

590 Neben Sieberts (1905-1959) Schrift „Das Arbeitsverhältnis in der Ordnung der nationalen Arbeit" sind noch mehrere Abhandlungen anzuführen, wie: Der Einzelarbeitsvertrag, DR 1934, S. 461ff.

591 Möglicherweise war damit der 118 §§ umfassende Entwurf gemeint, der heute nicht mehr vollständig vorzuliegen scheint; vgl. auch obige Anm. 587.

592 Zusammenfassend trägt Dersch in einem Schreiben vor, dass man künftig den Ausdruck Arbeitsvertrag durch „Arbeitsverhältnis" ersetzen werde und der Entwurf nun die Bezeichnung „Gesetz über das Arbeitsverhältnis" erhalten solle. „Besondere Anfechtungs- und Nichtigkeitsgründe" seien zu normieren und die „Gefahr einer Gesetzeslücke" zu vermeiden. Die „besondere Eigenart" des Arbeitsvertrags müsste ferner in „Sondervorschriften" ausgedrückt werden. Weiterhin seien Arbeitsvertrag und Arbeitsverhältnis nicht zu trennen. „Grundsätzlich trete die Wirkung des Arbeitsverhältnisses erst von dessen Beginn an ein, ohne daß dieser von der Eingliederung in die Betriebsgemeinschaft abhängig wäre." Einschränkend führt Dersch jedoch an, dass „gewisse Einzelwirkungen erst mit der Eingliederung in die Betriebsgemeinschaft" eintreten würden, was zu berücksichtigen sei. Endlich seien die „Vorschriften des Bürgerlichen Gesetzbuchs" nur insoweit anwendbar, „als sich nicht aus dem Gesetz über das Arbeitsverhältnis oder „aus dem Wesen der Arbeits- und Betriebsgemeinschaft was anderes" ergebe. Die Vorschriften des BGB über den Dienstvertrag seien nicht anzuwenden.
Der Wortlaut des (undatiert vorliegenden) Schreibens ist abgedruckt bei RAMM, Entwürfe, S. 65f. und befindet sich im BA R 22/2063 Bl. 220-222 (72).

593 Möglicherweise ist der sog. „Referentenentwurf 6", verfügbar im BA R 22/2063, Bl. 191ff.

entwurfs von 1923"; insbesondere die „Terminologie, sein Aufbau sowie die ihm enthaltenen Grundsätze und sonst geregelten Einzelheiten" würden Anlass zu „erheblichen Bedenken" geben. Vielmehr seien zunächst „die Grundsätze" des AOG ausreichend, „um den Durchbruch nationalsozialistischer Rechtsauffassung zu ermöglichen. Daher sei es insgesamt „verfrüht, schon heute in einer endgültigen und abschließenden Form die Neuordnung des Arbeitsverhältnisses zu regeln, wie es in dem Entwurf vorgesehen" sei". Die „völlige Umstellung auf das Gemeinschaftsdenken" würde jedenfalls noch „ihre Zeit" benötigen[594].

Daraufhin nahm Mansfeld mit dem Ministerialdirektor Erich Volkmar Verbindung auf, der im Reichsjustizministerium für die Neuregelung des Arbeitsverhältnisrechts zuständig war. In dem Schreiben bekräftige Mansfeld einerseits, dass er „keineswegs ein großer Anhänger der neuen namentlich von Siebert aufgestellten Lehre" sei. Im gewissen Gegensatz zu Siebert, der das Arbeitsverhältnis nicht als „gegenseitigen Vertrag im Sinne der §§ 320ff. BGB" einstufte, sondern als ein „personenrechtliches Gliedschaftsverhältnis eigener Art" ansah[595], plädierte er im Einklang mit dem Arbeitsrechtsausschuss dafür, „in die Gemeinschaftslehre den Vertrag einzubauen und so der Gemeinschaftslehre ihre Gefährlichkeit für jede Rechtsunsicherheit zu nehmen". Entgegen Mende optierte aber Mansfeld im Ergebnis für eine „beschleunigte Verabschiedung des Gesetzes über das Arbeitsverhältnis trotz des [...] von Prof. Siebert z.Zt. geschürten Widerstandes der Deutschen Arbeitsfront" – gerade auch deshalb, um die „unverhüllt [...] zum Ausdruck gebrachte Absicht der Deutschen Arbeitsfront [...] die Unternehmer zum Gemeinschaftsdenken zu erziehen [...]"[596] zu verhüten.

Die DAF, welche kaum in die Arbeiten des Arbeitsrechtsausschusses mit einbezogen wurde, schien den eher unklaren und unbestimmten Rechtszustand, welcher gerade durch das AOG und seine Generalklauseln hervorgerufen wurde, beibehalten zu wollen, was sich gerade auch aus dem Postulat Mendes erschießen lässt, der vertrat, dass die „Grundsätze" des AOG ausreichen würden, um die „nationalsozialistische Rechtsauffassung" durchsetzen zu können.

Wie schon *Kranig*[597] herausarbeitete, schienen die Bestrebungen des Reichsarbeitsministeriums und des Arbeitsrechtsausschusses eher auf den Erhalt liberaler Freiheiten der Unternehmer und weniger auf eine „sozialistische Gemeinschaftsgesinnung" und „wesentliche Verbesserungen auf sozialem Gebiete" ab-

---

594 Das Schreiben Mendes an den Reichsarbeitsminister betreffend dem Gesetz über das Arbeitsverhältnis vom 22.1.1936 ist vollständig abgedruckt bei KRANIG, (wie An. 566), S. 97f.; siehe auch BA R 22/2063, Bl. 219 (71).

595 SIEBERT, Das Arbeitsverhältnis in der Ordnung der nationalen Arbeit, S. 118. Im nächsten Abschnitt soll dieser Ansatz Sieberts nochmals beleuchtet werden.

596 Das Schreiben Mansfelds an den Ministerialdirektor Volkmar vom 28.1.1936 ist vollständig abgedruckt bei KRANIG, (wie Anm. 568), S. 99f.; BA R 22/2063, Bl. 181ff. (68).

597 Vgl. KRANIG, (wie Anm. 568), S. 100f.

zuzielen. So sollte verhindert werden, dass die DAF weiter zügellos darauf hinwirken konnte, „die Unternehmer zum Gemeinschaftsdenken zu erziehen“[598].

Im Reichsjustizministerium fand dann am 1.02.1936 unter dem Vorsitz des Reichsjustizministers Franz Gürtner eine „Besprechung über das Wesen des Arbeitsverhältnisses“ statt, an welcher der Staatssekretär Franz Schlegelberger sowie Volkmar vom Reichsjustizministerium, Oberregierungsrat Krause vom Reichswirtschaftsministerium sowie seitens des Reichsarbeitsministeriums Staatssekretär Johannes Krohn, Ministerialrat Steinmann und Mansfeld teilnahmen. Dabei stellte Gürtner ausdrücklich fest, dass aus „rechtssystematischen Gründen das Arbeitsverhältnis nicht als ein Vertragsverhältnis aufgefasst werden brauche“. Das Arbeitsverhältnis, das bereits mit dem Eintreten in die Betriebsgemeinschaft beginne, sei als Gemeinschaftsverhältnis aufzufassen, welches auf der sittlichen Grundlage eines Treueverhältnisses beruhen würde. Aus der Treuepflicht ließen sich dann weitere Rechte und Pflichten ableiten. Einschränkend gestand Gürtner jedoch ein, dass beim Arbeitsverhältnis auf gewisse vertragliche Abreden nicht gänzlich verzichtet werden könne, auch wenn diese stark in den Hintergrund treten würden. Dass diese vertraglichen Abreden schließlich erfüllt werden müssten, ergebe sich schließlich nicht nur aus der vertraglichen Vereinbarung sondern vielmehr aus dem das Arbeitsverhältnis beherrschenden Grundsatz der gegenseitigen Treue, „denn dazu gehöre in erster Linie, dass man zu seinem Worte stehe“[599].

Die Entscheidung gegen die Einbindung des Arbeitsvertrages im Arbeitsverhältnis und dementsprechend für eine gänzliche Klassifizierung desselben als „Gemeinschaftsverhältnis“ war indes noch nicht gefallen. Damit vermochte sich weder die eine noch die andere Seite durchzusetzen: die konservativen Kräfte im Reichsarbeitsministerium und Arbeitsrechtsausschuss auf der einen Seite versuchten zumindest noch einen gewissen Rest an Rechtssicherheit[600] zu erhalten; die DAF hingegen trat für eine gänzliche Umsetzung des Gemeinschaftsdenkens unter voller Zurückdrängung des Vertragsmodells ein.

Obwohl der „Entwurf dritter Lesung“ offensichtlich Gegenstand weiterer Debatten war und dementsprechend auch Eingang ins Reichsjustizministerium fand, blieb er schließlich lediglich im Ressort des Reichsarbeitsministers. Erst zwei Jahre darauf sollte es zu einer Veröffentlichung des Entwurfs eines „Gesetzes über das Arbeitsverhältnis“ kommen.

---

598 Zitate aus dem oben (Anm. 596) vorgestellten Schreiben Mansfelds.

599 Vermerk vom 12.3.1936, BArch 22/2063 , Bl. 223f. (73).

600 Vgl. KRANIG, (wie Anm. 568), S. 100f. sowie obige Ausführungen zum Ansatz Mansfelds in diesem Abschnitt.

b) Äußerungen der Fachöffentlichkeit zur Kodifizierung des Arbeitsvertragsrechts nach Einsetzung des Arbeitsrechtsausschusses[601]

Im Folgenden sollen, bevor die eigentliche Entwurfsfassung eines Arbeitsverhältnisgesetzes vorgestellt wird, zunächst einige Stimmen gehört werden, die in dieser Reformbewegung Gelegenheit haben konnten bzw. haben durften zu dem Projekt des Reichsarbeitsministeriums und Arbeitsrechtsausschusses Stellung zu beziehen.

aa) Hermann Dersch und das „neue" Vertragsmodell im Arbeitsrecht

In seinem bereits vorgestellten Tätigkeitsbericht über das „Werdende Arbeitsrecht" äußerte sich Dersch[602] nicht nur über den Fortgang der Arbeiten im Reichsarbeitsministeriums, sondern auch dazu, ob und wie die geplante Kodifizierung des Arbeitsverhältnisrechts zu realisieren sein würde.

Obwohl Dersch erkannte, dass die Ausarbeitung eines Arbeitsvertragsgesetzes neben dem eines umfassenden Arbeitsgesetzbuchs zunächst als vorrangig zu betrachten wäre, sprach er sich dennoch gegen die Option aus, dieses einzelne Gesetz oder weitere möglicherweise zu schaffende „Sondergesetze über besondere Arten von Arbeitsverträgen" isoliert nebeneinander zu belassen. Vielmehr seien diese Einzelgesetze, wie auch das zu schaffende Arbeitsverhältnisgesetz künftig „in einem allgemeinen Arbeitsgesetzbuch" aufzunehmen, „denn wenn ein künftiges allgemeines Arbeitsgesetzbuch eine wirklich umfassende Bedeutung haben soll", so Dersch weiter, dürften „nicht wieder daraus Sondergebiete des Arbeitsrechts in Sondergesetzen abgesplittert sein"[603].

„Aufgabe" des künftigen Arbeitsverhältnisgesetzes sollte dabei nicht sein, „etwa durchgängig den Parteien des Einzelarbeitsvertrages die Hände zu binden". Es sei vielmehr „angebracht [...] der Übereinkunft möglichst weiten Spielraum zu lassen". Die „Vertragsteile" sollten also „ihr Arbeitsverhältnis durch freie Übereinkunft regeln können, soweit nicht zwingende Vorschriften von Gesetzen, Tarifordnung oder Betriebsordnungen entgegenstehen" würden[604]. Den Vertragspartnern des Arbeitsverhältnisses sollten also gewisse Freiheiten erhalten bleiben; eine gänzliche staatliche Bevormundung war jedenfalls nicht beabsichtigt. Fraglich ist allerdings, ob nicht dieser verfolgte Ansatz Derschs in gewissem Widerspruch mit dem steht, was er zu Beginn seines Beitrags kundgab.

---

601 Eine umfassende Würdigung bezüglich der Behandlung materieller Fragen im Hinblick auf das Arbeitsvertragsrecht in der Rechtslehre zur Zeit des Nationalsozialismus liegt bereits vor, sodass hier im Wesentlichen lediglich bedeutende konkrete Äußerungen in Bezug auf das Reformprojekt skizziert werden sollen. Vgl. BECKER, (wie Anm. 361), S. 435ff.

602 Mehr zu Hermann Dersch (1883-1961), Universitätsprofessor für Arbeitsrecht in Berlin, bei KILLY, Deutsche Biographische Enzyklopädie, S. 34.

603 DERSCH, (wie Anm. 584), S. 371.

604 Ebd., S. 371.

Hier kündigt Dersch an, dass im „nationalsozialistischen Staat [...] sich alsbald eine völlige Umwandlung“ vollziehe und dadurch der „Einzelne“ erkenne und fühle, dass „er nicht für seine Person Mittelpunkt alles Geschehens ist, sondern daß er nur ein unselbständiges Glied des großen Ganzen, des Staates, [darstelle] und infolgedessen das Wohl des Volksganzen und des Staates vor sein persönliches Ich zu stellen“ habe. Nicht mehr der Einzelne sondern das „Volksganze“, die Gemeinschaft sollte fortan im Mittelpunkt jeder Tätigkeit stehen. Konnte nun bei strenger Befolgung dieses „Gemeinschaftsgedanken“ für die individuellen Bedürfnisse Einzelner im Arbeitsverhältnis noch Raum bleiben? Offenbar schon; jedenfalls sollten, wie sich aus dem Vorbringen Derschs gezeigt hat, die subjektiven Rechte des Einzelnen nicht gänzlich dem „neuen“ Gemeinschaftsdenken weichen. Der Arbeitsvertrag wurde schließlich auch weiterhin als notwendig angesehen, wenngleich dieser aber „so ganz von anderem Geist durchdrungen“ sein sollte, völlig anders als der „alte Arbeitsvertrag“. Der „neue“ Arbeitsvertrag sei jedenfalls kein „rein schuldrechtlicher Vertrag in der altherkömmlichen Weise“ mehr, sondern stelle „einen Vertrag eigener Art“ dar. „Die Arbeitsgemeinschaft zwischen diesen Personen im Arbeitsvertrag [werde] nunmehr das ethisch Hervortretende sein und [sei] auf Ehre, Vertrauen, Treue und Fürsorge gegründet“. So habe es künftig für „alle Rechtsgeschäfte und Rechtshandlungen des Arbeitslebens Auslegungsgrundsätze“ zu geben, die „mehr auf verinnerlichte Momente abgestellt [seien], also dem Geist einer von Ehre, Vertrauen, Treue und Fürsorge getragenen Betriebsgemeinschaft“ entsprechen würden[605].

Die bewusst unscharfen und inhaltsleeren Begriffe wie Treue und Fürsorge sollten künftig im Arbeitsverhältnis den bestimmenden Faktor darstellen. Dennoch bleibt festzuhalten, dass auch nach Dersch, ähnlich wie bei Mansfeld[606], der (individuelle) Vertrag auch weiterhin, wenngleich auch mit deutlich modifizierten Konturen, eine Rolle zu spielen hatte.

---

[605] Ebd. S. 371.
In einem weiteren Aufsatz versuchte Dersch die Rechtsnatur der Fürsorgepflicht sowie dessen Umfang näher zu bestimmen. Freilich musste es eher bei unbestimmten und keineswegs abschließenden Erläuterungen bleiben.
Vgl. DERSCH, Grundsätzliches zu einer künftigen Neugestaltung der Fürsorgepflicht im Arbeitsrecht, ZAkfDR 1935, S. 902ff.
Vgl. dazu auch die neueren Untersuchungen bei BECKER, (wie Anm. 361), S. 435ff., insb. S. 437ff.

[606] Vgl. dazu obige Ausführungen unter B. IV. 2. a).

bb) Nipperdey und das System des neuen Arbeitsrechts

Hans Carl Nipperdey[607], Mitglied der Akademie für Deutsches Recht und des Arbeitsrechtsausschusses, votierte für die Schaffung eines „Gesetz[es] über den Arbeitsvertrag und ein Arbeitsschutzgesetz“, das schließlich in einem Arbeitsgesetzbuch zusammen mit „einige[n] anderen wichtigen Gebieten des sozialen Rechts einzugliedern“ sei. Nipperdey definierte das Arbeitsrecht als das „Recht der Arbeitsgemeinschaft“, in welcher sich „Arbeitsherr (Unternehmer) und Arbeitsgehilfe (Beschäftigter)“ zusammenschließen würden. Eine „Definition des Arbeitsrechts als des Rechts der Arbeit“ sei jedenfalls „inhaltslos“. Nicht nur die „Betriebsgemeinschaft“ sondern auch „jedes Einzelarbeitsverhältnis [sei] eine solche konkrete Gemeinschaft des Miteinanderarbeitens“. Das so verstandene Arbeitsrecht zerfalle in „zwei Hauptteile“; der erste Teil würde dem auf den „Selbstverwaltungsgedanken gegründeten Aufbau der Arbeitsgemeinschaft“ gewidmet sein, „während der zweite den staatlichen Schutz der Arbeitsgemeinschaft“ zu behandeln habe.

Ferner gliedere sich die Arbeitsgemeinschaft in „Treuegemeinschaft, Betriebsgemeinschaft und Schaffensgemeinschaft“ auf. Die erste stelle ein „personenrechtliches Gemeinschaftsverhältnis“ dar, das sein Gepräge dadurch erhalte, dass „die Arbeitskraft ein Stück des lebendigen Menschen und ein nationales Gut“ sei. Es verpflichte jeden Teil des Arbeitsverhältnisses zur Treue und Fürsorge[608].

Die Betriebsgemeinschaft sei ebenfalls als „personenrechtliches Gemeinschaftsverhältnis“ aufzufassen. Treue- und Betriebsgemeinschaft bildeten „keinen Gegensatz, sondern ergänzen sich und erfüllen sich gegenseitig mit ihrem Ethos“.

Die „große Schaffensgemeinschaft“ schließlich bilde die „Deutsche Arbeitsfront“, die „Organisation der schaffenden Deutschen“.

Der staatliche Schutz der Arbeitsgemeinschaft, als den zweiten Hauptteil des Arbeitsrechts, würde ferner nicht auf die „für das Arbeitsrecht besonders unbrauchbare“ Unterscheidung von öffentlichem und privatem Recht beruhen. Vielmehr drücke es das Interesse der Gemeinschaft an einer rechtlichen Regelung aus, das verschieden sein kann, „je nachdem ob sich ein Träger öffentlicher Gewalt als solcher unmittelbar am Rechtsverhältnis“ beteilige oder ob „etwa die Reaktion bei Rechtsverletzung dem betroffenen Einzelnen überlassen bleibt und der Staat eine unmittelbare Einwirkung“ nicht vornehme[609].

Der zweite Hauptteil des Arbeitsrechts sollte aus vier Abschnitten bestehen: „Tarifordnungen“, „sozialer Ehrenschutz“, wohl bewusst vage formuliert,

---

[607] Zur Person Nipperdeys vgl. die Ausführungen bei Anm. 462.

[608] NIPPERDEY, Das System des neuen Arbeitsrechts, ZAkfDR 1935, S. 912.

[609] Ebd., S. 912.

„Schutz der Arbeitskraft" (Arbeitsschutzrecht), worunter etwa Arbeitszeitschutz, Lohnschutz sowie besonderen Schutz für Frauen und Jugendliche gefasst werden sollte und schließlich „Rechtsschutz". „Diesen Hauptmaterien" waren endlich noch zwei „kürzere Teile" voranzustellen. Im ersten Teil seien die „Grundgedanken des Arbeitsrechts, die Arbeitspflicht des Volksgenossen, Auslegungsprinzipien (Generalklauseln) und einige Grundbegriffe, wie Unternehmen und Betrieb, Arbeiter und Angestellte usw. zusammenzufassen". Der zweite Teil bilde „das Recht auf Arbeit", das durch „staatliche Maßnahmen, die nicht nur vorübergehend, sondern auf die Dauer der Arbeitsbeschaffung im weitesten Sinne (Arbeitsvermittlung, Berufsberatung, Arbeitsverteilung [...])" realisiert werden sollte[610].

Im Ergebnis würde „dieses System" es gestatten können, „die Fülle der Normen nach ihren Grundgedanken und ihrem sachlichen Gehalt zu ordnen und geistig zu beherrschen"[611].

Inwiefern nun dieses „System" und seinen überwiegend unbestimmten Ausdrucksformen Eingang etwa in das zu schaffende Arbeitsgesetzbuch finden sollte, ließ Nipperdey wohl bewusst offen. Lediglich die „wichtige Frage der wissenschaftlichen Systematisierung, die Ausdrucksformen für Sinn und Inhalt des neuen Rechts", sei zunächst maßgebend[612]. Jedoch zeigt dieses Vorbringen Nipperdeys, dass die Akademie und der Arbeitsrechtsausschuss jedenfalls nicht bei der Schaffung eines „Gesetzes über den Arbeitsvertrag" stehen bleiben wollte; das Ziel der Erschaffung eines einheitlichen Arbeitsgesetzbuches, das dem „System des neuen Arbeitsrechts" gerecht werden konnte, war zumindest anvisiert.

---

[610] Ebd., S. 913.

[611] Das „System des Arbeitsrechts" sieht nach Nipperdey wie folgt aus:
„I. Erster Teil: Einleitende Bestimmungen.
II. Zweiter Teil: Das Recht auf Arbeit.
III. Die Arbeitsgemeinschaft.
1. Erstes Buch: Treuegemeinschaft
2. Zweites Buch: Betriebsgemeinschaft
3. Drittes Buch: Schaffensgemeinschaft
IV. Vierter Teil: Der staatliche Schutz der Arbeitsgemeinschaft
1. Erstes Buch: Treuhänder und Tarifordnung
2. Zweites Buch: Ehrenschutz
3. Drittes Buch: Schutz der Arbeitskraft
4. Viertes Buch: Rechtsschutz".
Ebd., S. 914.

[612] Ebd., S. 911.
Näheres zur Behandlung von Arbeitsvertrag und Arbeitsverhältnis bei Nipperdey vgl. die ausführliche Untersuchung bei BECKER, (wie Anm. 361), S. 512ff.

cc) Mansfeld und die Rolle des „Schuldvertrags" im Arbeitsrecht

Ministerialdirektor Werner Mansfeld setzte sich ebenso für die Verabschiedung eines Arbeitsvertragsgesetzes ein, was auch schon anhand seiner Stellung als Mitglied der Akademie für Deutsches Recht belegen lässt. Der Titel des zu schaffenden Werkes könnte jedoch nicht mehr „Arbeitsvertragsgesetz" lauten, da „der ‚Arbeitsvertrag' in ihm nicht, oder, wenn man die Eintrittseinigung so bezeichnet[e], nicht überwiegend geregelt werden" solle[613]. Der Arbeitsvertrag sei „kein Schuldvertrag"; Die Rechte und Pflichten der Arbeitnehmer und Arbeitgeber würden vielmehr „aus den für die Gemeinschaft geltenden Rechte" folgen[614], welche sich wiederum aus dem AOG und seinen vielfach unbestimmten Vorschriften ergeben dürften, und stellten „daher nicht schuldrechtliche Rechte und Pflichten [dar], die nur aus einem schuldrechtlichen Arbeitsvertrage" abgeleitet werden könnten[615]. Der Arbeitsvertrag vollziehe allenfalls „den Eintritt in die Gemeinschaft und hat als Rechtsfolge die Unterstellung des Eintretenden unter die Rechtssätze der Gemeinschaft". Er sei lediglich Gestaltungs- nicht Verpflichtungsakt und unter dieser Prämisse als „Einstellungsvertrag" zu qualifizieren[616].

Dennoch sei es nicht möglich, etwa auf „Sonderregelungen [...] vertraglicher Art" gänzlich verzichten zu können. Im Falle von „Lücken", die sich dadurch realisieren könnten, dass die „Ordnung der Betriebsgemeinschaft nicht erschöpfend genug bestimmt" sei, müsse „Raum sein für ‚zusätzliche Vereinbarungen' über den Lohn, den Urlaub, Bußen [...] usw.". Diese würden dann „das Recht der Betriebsgemeinschaft" wirksam ergänzen können. Keineswegs würde jedoch „ihre Anerkennung aber die Anerkennung des alten schuldrechtlichen Arbeitsvertrages" bedeuten. Sie seien vielmehr, „eine Ergänzung des Gemeinschaftsrechtes durch zwei oder mehrere der diesem Gemeinschaftsrecht unterliegenden Glieder der Gemeinschaft zur Regelung einzelner, von dem Gemeinschaftsrech-

[613] MANSFELD, Vom Arbeitsverhältnis, ZAkfDR 1935, 910.

[614] Die „völkische Gemeinschaft" stellte nach Mansfeld die alles beherrschende Lebens- und Gestaltungsgrundlage dar. Daher würden sich der Unternehmer und seine Beschäftigten zum Zwecke des gemeinsamen Schaffens zu einer Gemeinschaft zusammenschließen. Die Gemeinschaft trage ihre Ordnung in sich selbst und würde sich keinesfalls in „Paragraphen und rechtlichen Schablonen" einfangen lassen. Ferner müssten die neue, nationalsozialistische Ordnung und die im AOG festgelegten Grundgedanken der Treue und Ehre im Arbeitsleben einem künftigen „Vertragsrecht" vorangehen. Schließlich sei Arbeitsrecht Gemeinschaftsrecht und das Arbeitsverhältnis ein Gemeinschaftsverhältnis.
Vgl. MANSFELD, Vom Arbeitsvertrag, DAR 1936, 123; MANSFELD, Die arbeitsvertragliche Begründung und Ausgestaltung des Arbeitsverhältnisses, JW 1936, S. 481; MANSFELD, Vom Arbeitsverhältnis, ZdAkfDR 1935, S. 907. Näheres zu Mansfeld und seiner Lehre vom Arbeitsvertrag und Arbeitsverhältnis siehe bei BECKER, (wie Anm. 361), S. 455ff.

[615] Ebd., S. 908.

[616] Ebd., S. 910.

te nicht hinreichend erfaßter, dem Arbeitsverhältnis eigentümlicher Rechtsbeziehungen“[617]. Wie sich auch schon aus seinem besagten Schreiben an das Reichsjustizministerium gezeigt hat[618], sollte nach Mansfeld die Rolle individueller Abreden und mithin diese des Arbeitsvertrages schlechthin zumindest nicht gänzlich dem Gemeinschaftsgedanken zum Opfer fallen.

Dennoch gab er zu, dass er „in Kommentaren und Aufsätzen die Bedeutung vertraglicher Abmachungen“ bislang „überschätzt“ und damit „den Vertrag zu stark in den Vordergrund gestellt“ habe, „allerdings überwiegend aus der [...] Besorgnis, daß hauptsächlich bei der Regelung der Arbeitsbedingungen Klarheit und Bestimmtheit unentbehrlich“ seien[619].

Auch wenn Mansfeld zumindest für „Sonderregelungen“ und dafür plädierte, den „Vertrag [...] in die Gemeinschaftslehre einzubauen“[620], blieb der Arbeitsvertrag in diesem Konzept lediglich verbal als Begründungsakt erhalten - quasi im Rahmen einer möglichen „Ergänzung des Gemeinschaftsrechtes“. Ungeklärt blieb schließlich seine Gestaltungsfunktion hinsichtlich der Pflichten im Arbeitsverhältnis. Hier wurde nämlich maßgeblich auf eine gemeinschaftsbezogene Gestaltung abgestellt und die jeweilige Partei im Arbeitsverhältnis zum funktionalisierten Objekt stilisiert. So hatte der „Gefolgschaftsangehörige“ nämlich primär die Regeln der Gemeinschaft und die damit einhergehenden Treuepflichten zu beachten, wobei unklar blieb, welche konkreten Inhalte diese Vorgaben aufweisen sollten[621].

dd) Siebert und die Überwindung des Arbeitsvertrages

Wolfgang Siebert[622] konnte in den ersten zwei Jahren nach Einsetzung des Arbeitsrechtsausschusses zwar noch nicht als dessen Mitglied entsprechenden Einfluss auf die Vorarbeiten für ein Arbeitsvertragsgesetzbuch nehmen, doch gelang es ihm, seine Lehren und Ansichten vom Arbeitsverhältnisrecht einzubringen, was insbesondere sein Auftreten vor dem Arbeitsrechtsausschuss in der Sit-

---

617 Als Beispiel für solche notwenigen „zusätzlichen Vereinbarungen“ führt Mansfeld etwa die „Festlegung von Einzelfällen, die einer generellen Regelung nicht zugänglich“ seien an, wie dies beispielsweise hinsichtlich bei Einzelgehälter und Akkorde festzustellen sei.
Solche „Abmachungen“ würden schließlich „die einen nun einmal [...] Arbeitsvertrag, die anderen Ergänzungen des Gemeinschaftsrechtes“ nennen. Die Bezeichnung sei aber unerheblich, da sie jedenfalls unentbehrlich seien und auf einer Willenseinigung der Beteiligten beruhen würden.
Vgl. ebd., S. 909.

618 Vgl. obige Ausführungen unter B. IV. 2. a)

619 Ebd., S. 908.

620 Vgl. oben unter Anm. 596.

621 Vgl. auch die Würdigung bei BECKER, (wie Anm. 361), S. 462f.

622 Wolfgang Siebert (1905-1959), Professor für Bürgerliches-, Handels- und Arbeitsrecht in u.a. Kiel und Berlin. Vgl. VOLBEHR/WEYL, Professoren und Dozenten, S. 158.

zung am 20./21.12.1935 kurz vor Verabschiedung des „Entwurfs dritter Lesung" belegt.

Siebert charakterisierte das Arbeitsverhältnis als „personenrechtliches Gliedschaftsverhältnis"; die Wirkungen desselben beruhten nicht auf dem „freien Geschäftswillen der Parteien" oder der „Summe von einzelnen Vertragsbeziehungen unter den Beteiligten" sondern seien „unmittelbar in der Ordnung des Gemeinschaftsverhältnisses begründet"[623]. Die Wirkungen des Arbeitsverhältnisses beruhten dabei auf dem „Treuverhältnis zwischen den Beteiligten", also einer „beiderseitigen Treupflicht". Siebert versuchte dieser Formel von der gegenseitigen Treuepflicht im Arbeitsverhältnis gewisse Konturen zu verschaffen. So seien „auf der Seite der Beschäftigten namentlich folgende Pflichten festzustellen: die Arbeitspflicht [...]; die Gehorsamspflicht; die besondere Treuepflicht gegenüber dem Betriebe [...]; schließlich die Pflicht zur Beschränkung der Erwerbstätigkeit während und nach Beendigung des Arbeitsverhältnisses"[624].

Auf der Seite des Unternehmers würden schließlich als Erscheinungsformen seiner Treuepflicht „vor allem die Fürsorgepflicht, dann die Beschäftigungspflicht, die Urlaubspflicht und die Pflicht zur Lohnzahlung" hervortreten[625].

Konsequent erscheint schließlich das Vorbringen Sieberts, dass das Arbeitsverhältnis, verstanden als „personenrechtliches Gliedschaftsverhältnis", die „bisherige Trennung von BGB-Arbeitsvertrag" und das faktische oder öffentlich-rechtliche Beschäftigungsverhältnis „überwinden" sollte. Lediglich „ein Arbeitsverhältnis mit einheitlichem Wesen und einheitlichen Wirkungen" könne es schließlich geben[626]. Folgerichtig plädierte Siebert dafür, wie auch Mansfeld, das zu schaffende Gesetz, „das das Arbeitsverhältnis näher regeln" sollte, nicht als „Arbeitsvertragsgesetz" zu bezeichnen[627].

Siebert übertrug im Ergebnis die nationalsozialistischen ideologischen Ansätze auf das Arbeitsverhältnis und bezog es daher konsequent auf die Grundentscheidungen der NS-Arbeitsverfassung und die durch das AOG, das er auch für das Wesen und den Inhalt des einzelnen Arbeitsverhältnisses als das „entscheidende Grundgesetz" ansah[628], festgelegten ideologischen Grundsätze. Bisherige Strukturen, wie etwa das Modell des Arbeitsvertrages als „Schuldvertrag", sollten vor allem durch Rekurrieren auf einen propagierten „Gemein-

[623] SIEBERT, Das Arbeitsverhältnis in der Ordnung der Ordnung der nationalen Arbeit, S. 117f.
[624] Ebd., S. 100f.
[625] Ebd., S. 101.
[626] Ebd., S. 117.
[627] Ebd., S. 119.
[628] SIEBERT, Der Einzelarbeitsvertrag, DR 1934, S. 461; ders., (wie vorherige Anm.), S. 10.

schaftsgedanken“ überwunden werden[629]. Siebert wollte mit seiner Lehre über das Arbeitsverhältnisrecht also noch ein Stück weiter gehen, als etwa Mansfeld, der jedenfalls noch, wenn auch in sehr engen Grenzen, am „Arbeitsvertrag“ im originären Sinne festhalten wollte. So betrachtet, schien Siebert als Wissenschaftler die nationalsozialistischen Ansätze konsequenter zu vertreten, als beispielsweise sein zuvor genannter Vertreter. Dass seine Lehren auch auf Akzeptanz stoßen konnten, war freilich nicht verwunderlich, was sich schließlich daran aufzeigen lässt, dass Siebert nach Verabschiedung des „Entwurfs dritter Lesung“ eines Arbeitsverhältnisgesetzes als Mitglied des Arbeitsrechtsausschusses kooptiert wurde[630].

3. Der Entwurf eines Gesetzes über das Arbeitsverhältnis von 1938

Nachdem Anfang 1936 der „Entwurf dritter Lesung“ eines Arbeitsverhältnisgesetzes dem Reichsjustizminister vorgelegt wurde, kam es in den darauf folgenden Monaten zur weiteren Überarbeitung der Entwurfsfassung[631]. Anfang 1938 wurde ein Tätigkeitsbericht der Ausschusssitzung vom Dezember 1937 veröffentlicht, in dem u.a. bekannt gegeben wurde, dass man über die Aufnahme von Vorschriften der „allgemeinen Grundsätze des nationalsozialistischen Rechts- und sozialpolitischen Gedankenguts“ in die geplante Entwurfsfassung diskutiert habe und zu dem Schluss gekommen sei, dass „derartige Vorschriften in gewissem Umfang in einem arbeitsrechtlichen Gesetz“ nicht entbehrt werden könnten[632]. Im Januar 1938 wurde dann seitens eines separaten Redaktionsausschusses, der aus namhaften Persönlichkeiten wie Hueck[633], Nikisch und Nipperdey

[629] Mehr dazu vgl. die ausführliche Würdigung der Ansätze Sieberts bei BECKER, (wie Anm. 361), S. 492ff.

[630] RAMM, Entwürfe, S. 67, Anm. 37.

[631] Die Sitzungen fanden jeweils am 24./25.4.1936, 22./23.1.1937 und 29.5.1937 statt; vgl. ZAkfDR 1936, S. 436; a.a.O., 1937, S. 117; a.a.O., 1937, S. 181; a.a.O., 1937, S. 437. Lediglich für den Sitzungstermin vom 3. und 4.12.1937 finden sich in der ZAkfDR inhaltliche Angaben zu den behandelten Themenkreisen.

[632] ZAkfDR 1938, S. 60. Ferner wurden „Einzelfragen“ im Ausschuss diskutiert, wobei „die Arbeit jedoch unerwartet viel Zeit in Anspruch nahm, so daß ein Abschluß in der Tagung nicht möglich war“ und deshalb auf die nächste Sitzung im Februar 1938 verschoben wurde. Ein entsprechender Sitzungsbericht des Arbeitsrechtsausschusses vom 25. und 26.2. wurde jedoch nicht veröffentlicht. Der nächste Sitzungsbericht des Ausschusses wurde erst im November 1938 in der ZAkfDR veröffentlicht. Vgl. Sitzungsbericht vom 23. und 24.9.1938, ZAkfDR 1938, S. 779.

[633] Alfred Hueck (1889-1975), Professor für Bürgerliches Recht, Handels-, Arbeits- und Wirtschaftsrecht u.a. in München, war nun neuer Vorsitzender des Arbeitsrechtsausschusses wie sich aus der Sitzungsbekanntgabe vom 25./26.2.1938 erschließen lässt (hier wurde kein Bericht erstattet; vgl. vorherige Anm.). Vgl. ZAkfDR 1938, S. 237. Möglicherweise übernahm Dersch bereits im Dezember den Vorsitz, doch fehlt für diese Sitzung jegliche Angabe zur Person des Vorsitzenden.

bestand, die Neufassung des Entwurfs ausgearbeitet. Diese Entwurfsfassung wurde sodann dem Arbeitsrechtsausschuss zugeleitet und dort im Februar und in den Folgemonaten eingehenden Beratungen unterworfen, bis sie dann im Mai 1938 dem Reichsarbeitsministerium überstellt wurde und dort erstrangig als „Material für das in Aussicht gestellte Gesetz" dienen sollte[634].

Die Entwurfsfassung des Arbeitsrechtsausschusses bestand schließlich aus 128 Vorschriften und wurde 1938 veröffentlicht[635]. Mit der Veröffentlichung des „Entwurfs eines Gesetzes über das Arbeitsverhältnis" war zugleich die „Hoffnung" verbunden, dass „er [der Entwurf] für Wissenschaft und Rechtsprechung der Anlaß sein möge, in einem fruchtbringenden Gedankenaustausch über die noch vorhandenen Zweifelsfragen einzutreten"[636]. Die scheinbar beabsichtigte Einbeziehung der Öffentlichkeit bei dem Projekt erscheint angesichts der politischen Situation auf dem ersten Blick beachtlich. Gelangt man aber zu einer Würdigung der Beweggründe, die letztendlich die Initiatoren des Vorhabens zu diesem Schritt bewogen haben dürften, könnte sich jedoch ein anderes Bild aufgeben.

a) Grundlegendes zur Entwurfsfassung[637]

Dem Entwurf des Gesetzes über das Arbeitsverhältnis werden gleich zu Beginn im 1. Abschnitt „Allgemeine Grundsätze" (§§ 1-5) vorangestellt[638]. Nach § 1 I sollte künftig „das Arbeitsverhältnis [...] das auf Ehre, Treue und Fürsorge gegründete Gemeinschaftsverhältnis, in dem ein Gefolgsmann seine Arbeitskraft für ein Unternehmer in dessen Betrieb oder sonst in dessen Dienst einsetzt", sein. Der Arbeitnehmer sollte damit fortan in Anlehnung an das germanische Treudienstverhältnis lediglich als „Gefolgsmann" bezeichnet werden, der Arbeitgeber hingegen als „Unternehmer"; die Begriffe Arbeitgeber und Arbeitnehmer wurden jedenfalls bewusst nicht mehr verwendet[639]. Eine begriffliche

---

[634] HUECK, Entwurf eines Gesetzes über das Arbeitsverhältnis, Vorwort, S. 7.

[635] Siehe: Entwurf eines Gesetzes über das Arbeitsverhältnis, Arbeitsberichte der Akademie für Deutsches Recht (Hrsg.: Hans Frank). Der Entwurf ist ebenso abgedruckt bei RAMM, Entwürfe, S. 245ff.

[636] HUECK, (wie Anm. 634), S. 7f.

[637] Vgl. dazu auch die Untersuchungen bei BECKER, (wie Anm. 361), S. 530ff. und KRANIG, (wie Anm. 568), S. 101ff.

[638] Entwurf eines Gesetzes über das Arbeitsverhältnis (1938), in: Arbeitsberichte der Akademie für Deutsches Recht, S. 11 ; gut greifbar auch bei RAMM, Entwürfe, S. 247ff.

[639] Entwurf eines Gesetzes über das Arbeitsverhältnis, Begründung, S. 279 (abgedruckt in: RAMM, Entwürfe): Dazu wörtlich in der Begründung: „Die früher üblichen Ausdrücke ‚Arbeitgeber' und ‚Arbeitnehmer' sind aus Gründen, die hier nicht näher dargelegt zu werden brauchen, nicht mehr verwendbar. Für den Begriff des Arbeitnehmers hat sich in letzter Zeit mehr und mehr das Wort ‚Gefolgsmann' eingebürgert, das dem etwas schwerfälligeren ‚Gefolgschaftsmitglied' vorzuziehen ist. [...]".

Festlegung, wer nun im Arbeitsverhältnis als Arbeitnehmer anzusehen sein sollte, unterblieb entsprechend der Annahme, dass „das Arbeitsverhältnis als ein personenrechtliches Gemeinschaftsverhältnis, das von den Grundsätzen der Treue, Fürsorge und Ehre beherrscht“ werde, anzusehen sei[640]. Die Festsetzung des Normbereichs des Gesetzes sollte auch nicht mehr über den Arbeitnehmerbegriff erfolgen; vielmehr sollte es „alle Arbeitsverhältnisse arbeitsrechtlicher Art“ erfassen[641]. Im Einklang mit den Lehren Sieberts oder Mansfelds etwa, stellte das Arbeitsverhältnis künftig kein „reines Schuldverhältnis“ mehr dar[642]. Beachtlich erscheint aber, dass man in der Entwurfsfassung vom Arbeitsvertrag als Grundlage des Arbeitsverhältnisses jedenfalls nicht gänzlich absehen wollte. So sieht § 1 II des Entwurfs vor, dass der „Arbeitsvertrag [...] die das Arbeitsverhältnis begründende und gestaltende Einigung“ sein sollte. Auch an anderen Stellen der Entwurfsfassung ist eine gewisse Distanz zu dem Gemeinschaftsdenken Sieberts oder der DAF spürbar, die von einer absoluten Verdrängung des Arbeitsvertrages aus dem Arbeitsverhältnis unter Hervorhebung des „neuen“ Gemeinschaftsgedankens geprägt war. Während § 1 II festlegt, dass das Arbeitsverhältnis durch den Arbeitsvertrag begründet und gestaltet werden sollte, trat daneben die Generalklausel von „Ehre und Treue, Vertrauen und Fürsorge“ des § 3 lediglich als „Auslegungsregel“ auf[643]. Ähnliches ergibt sich aus der Systematik der weiteren Abschnitte des Entwurfs über den Arbeitsvertrag (§§ 6-11), die Pflichten aus dem Arbeitsverhältnis (§§ 12ff.), sowie die Lösung des Arbeitsverhältnisses (§§ 91ff.).

Maßgebliche Pflichten aus dem Arbeitsverhältnis, wie jene der Arbeitsleistung (§§ 13ff.) sowie die der Lohnzahlung (§§ 32ff.) folgten nicht prinzipiell als Ausfluss der Treue- und Fürsorgepflichten. Vielmehr schien der Entwurf von seiner Systematik her den Anwendungsbereich der Treue- und Fürsorgepflichten einzuschränken bzw. diese lediglich separat zu behandeln. So wurden nämlich einzelne Treuepflichten des „Gefolgsmanns“ (§§ 19ff.) und Fürsorgepflichten des „Unternehmers“ (§§ 68ff.) auf die gleiche Stufe neben den Hauptpflichten des Arbeitsverhältnisses gestellt[644]. Auch wenn der Entwurf offenbar arbeitsver-

[640] Ebd., S. 277.
[641] Ebd., S. 277.
[642] Ebd., S. 277.
[643] Ebd., S. 281; vgl. auch KRANIG, (wie Anm. 568), S. 102.
[644] Hier lohnt ein Blick in die Entwurfsfassung des Gesetzes über das Arbeitsverhältnis: Im dritten Abschnitt (Pflichten aus dem Arbeitsverhältnis) werden zunächst unter I. die „Pflichten des Gefolgsmannes“ unter 1. hinsichtlich der „Arbeitsleistung“ (§§ 13ff.) aufgeführt und erst im Anschluss unter 2. „besondere Treupflichten“ (§§ 19ff.) neben den unter 1. genannten Hauptpflichten gestellt.
Gleiches ist hinsichtlich der Fürsorgepflichten von Arbeitgebern zu konstatieren: Ebenfalls im dritten Abschnitt des Entwurfs werden unter II. allgemein die „Pflichten des Unternehmers“ zunächst hinsichtlich Lohn (§§ 32ff.), Erstattung von Auslagen und Aufwendungen (§§ 65f.)

tragliche Rechte und Pflichten teilweise derart detailliert zu regeln beabsichtigte, und dabei den Austausch von Leistungen als wichtigsten Grundtatbestand des Arbeitsverhältnis erhob, womit man auf eine Vernachlässigung des nationalsozialistischen Gemeinschaftsgedankens schließen konnte, darf nicht übersehen werden, dass der Gesetzesentwurf dennoch weitgehend mit nationalsozialistischem Gedankengut zersetzt und dennoch maßgeblich von den Wertungsprinzipien Ehre, Treue und Fürsorge geprägt war. Letztere fanden nicht immer separat neben den „Hauptpflichten" der jeweiligen Arbeitspartei ihre Ausprägung, sondern wurden auch nicht selten Bestandteil der jeweiligen Vorschrift. So hatte nach § 13 des Entwurfs der „Gefolgsmann" seine „Arbeitspflicht im Geiste wahrer Arbeits- und Betriebsgemeinschaft" zu erfüllen. Ebenso hatte er den „Unternehmer" niemals „im Stich" zu lassen und musste „in dringenden Fällen auch mehr oder andere als die im Vertrag übernommene Arbeit leisten, wenn die Treupflicht dies erwarten" ließe (§ 15). Nach § 19 war der Arbeitnehmer ferner verpflichtet, sich „nach besten Kräften für das Wohl des Unternehmers und des Betriebes einzusetzen und alles zu unterlassen, was den berechtigten Interessen des Unternehmers und des Betriebes" zuwiderlaufen könnte[645].

Auch wenn mit *Kranig* zu konstatieren bleibt, dass wohl die wichtigsten Pflichten aus dem Arbeitsverhältnis – hinsichtlich Arbeitsleistung und Lohnzahlung – nicht prinzipiell als Ausfluss der Treue- und Fürsorgepflichten angesehen wurden[646], so darf der Eindruck jedoch nicht darüber hinwegtäuschen, dass die nationalsozialistischen ideologischen Wertungsprinzipien der Gemeinschaftstreue einen festen und überwiegenden Bestandteil des Entwurfs eines Gesetzes über das Arbeitsverhältnis bildeten und nicht etwa eine „individualistische" Konzeption als vorrangig behandelt werden sollte, wenn auch durchaus ein „individualistischer Zug" in der Entwurfsfassung festzustellen ist[647].

Wie auch schon zuvor gefordert wurde[648], nahm der Gesetzesentwurf den Begriff „Arbeitsvertrag" nicht in die Überschrift auf und stellte vielmehr lediglich auf das Arbeitsverhältnis ab.

---

sowie Beschäftigung (§ 67) bestimmt, bevor unter 4. auf die „Fürsorgepflicht" separat eingegangen wird (§§ 68ff.).
Vgl. dazu auch eingehend die Ausführungen bei KRANIG, (wie Anm. 568), S. 102ff.

645 Zutreffend charakterisiert *Kranig* diese Vorschrift als eine „Blankoermächtigung" für den Arbeitgeber; vgl. KRANIG, (wie Anm. 568), S. 103.

646 Vgl. KRANIG, (wie Anm. 568), S. 102, sowie obige Ausführungen in diesem Abschnitt.

647 KRANIG, (wie Anm. 568), S. 103. Abzustellen ist hier insb. auf die relativ detailliert ausformulierten Rechte und Pflichten von Arbeitnehmer und Arbeitgeber im dritten Abschnitt des Entwurfs, welche vorrangig auf die Beziehung zwischen den am Arbeitsverhältnis beteiligten Parteien rekurrieren.

648 Vgl. dazu etwa die Stellungnahme von Mansfeld oder Siebert oben unter B. IV. 2. b) cc) bzw. dd).

Da fortan das Arbeitsverhältnis kein „reines Schuldverhältnis" mehr darstellen sollte wurde konsequent in § 4 II der Abschied vom BGB normiert:

> „Die Vorschriften des Bürgerlichen Gesetzbuches über den Dienstvertrag sind nicht anzuwenden. Die sonstigen Vorschriften des Bürgerlichen Gesetzbuches gelten insoweit, als sich nicht aus diesem Gesetz oder aus dem Wesen der Arbeits- und Betriebsgemeinschaft etwas anderes ergibt."

Die Vorschriften über den Dienstvertrag im BGB würden von „einer so abweichenden Grundauffassung ausgehen, daß sie für das Gebiet des Arbeitsrechts völlig ausgeschlossen werden" müssten[649]. Die übrigen Normen des BGB sollten aber nach Maßgabe des § 4 II anwendbar bleiben.

Durch diese Maßnahme, so weiter in der Gesetzesbegründung, sollte „dem Rechtverkehr und dem richterlichen Amt" [...] ein dankbares Feld ganzheitlicher Gestaltung" eröffnet werden, sowie die „Aufgabe, abzusondern, was vom alten Bestand des bürgerlichen Recht auf das nach seinem Wesen verstandene Arbeitsverhältnis nicht mehr" passe[650].

Damit sollte dem Richter bei der Gesetzesauslegung, und dies nicht nur an dieser Stelle, einen wesentlichen Stellenwert zukommen, denn nur er konnte bzw. musste bestimmen, wann sich „aus dem Wesen der Arbeits- und Betriebsgemeinschaft" im konkreten Einzelfall ein anderes ergeben würde, was zu einem Ausschluss der BGB-Vorschriften in bestimmten Fällen führen konnte. Auch an anderen Stellen, wie in dem schon erwähnten § 15 des Entwurfs, sollte es künftig der Richter sein, der zu entscheiden hatte, wann ein „Gefolgsmann" den „Unternehmer" im Einzelfall „im Stich" ließ. Kurzum, der Richter sollte nun also entscheiden müssen, welche Inhalte im jeweiligen Fall dem „gegenseitigen Treuegedanken", der in vielen Normen des Entwurfs zum Ausdruck kommt, zu entnehmen waren. Dass der Ausgang eines gerichtlichen Verfahrens unter diesem Gesichtspunkt im Vorfeld als übermäßig ungewiss und unbestimmt anzusehen war, dürfte sicherlich einhellig sein, jedoch auch die Annahme, dass dies gemäß den nationalsozialistischen ideologischen Wertungsprinzipien und unbestimmten Lehren vom Gemeinschaftsdenken, durchaus beabsichtigt sein sollte.

Führerprinzip sowie das totalitäre Gemeinschaftsprinzip sollten durch den Entwurf in das Arbeitsleben transformiert werden. Sicherlich kann man mit *Becker* die Auffassung vertreten, dass der Gesetzesentwurf das Arbeitsverhältnis mit umfassenden Treue- und Fürsorgepflichten zu etablieren versuchte und in diesem Rahmen die Inhalte nicht mehr von den am Arbeitsverhältnis beteiligten

---

[649] Begründung, (zitiert vorrangig nach RAMM, Entwürfe) S. 282 (48).
[650] Begründung, S. 282 (48).

Parteien bestimmt werden sollten[651]. Doch darf nicht außer Acht gelassen werden, dass ein „individualistischer Zug“ im Entwurf durchaus auszumachen ist und das Element des Arbeitsvertrages offenbar nicht gänzlich zum Opfer fallen musste. Jedenfalls schien sich das Modell Sieberts und der DAF in Bezug auf den Gemeinschaftsgedanken nicht vollends gegenüber den konservativen Kräften und ihren überkommenen Lehren vom Arbeitsvertrag durchzusetzen[652].

b) Die Aufnahme des Entwurfs

Die Stellungnahmen zur veröffentlichten Entwurfsfassung eines Gesetzes über das Arbeitsverhältnis erfolgten rasch. Dezidiert äußerte sich etwa Werner Mansfeld und qualifizierte den Entwurf als „ein Meisterwerk deutscher Sorgfalt und juristischer Gründlichkeit“[653], der dem Gesetzgeber „nicht nur als wertvolles Material“ diene sondern habe „gleichzeitig auch alle diejenigen auf den Plan gerufen, die aus eigener wissenschaftlicher oder praktischer Erfahrung etwas zu sagen [hätten], deren Anhörung aber im regelmäßigen Verlaufe der Gesetzgebungsarbeit unmöglich“ sei[654].

Der Entwurf solle nun nach seiner Veröffentlichung zunächst vom Reichsarbeitsminister dahingehend geprüft werden, „ob und gegebenenfalls mit welchen – aus praktischen Erwägungen vielleicht notwendig werdenden – Abänderungen der Entwurf dem Reichskabinett zur Verabschiedung vorgelegt“ werden könnte[655]. Auch „zahlreiche andere Reichsminister“ sowie „viele Dienststellen der Partei und ihrer angeschlossenen Verbände“ seien an dieser Prüfung beteiligt und würden „um gutachtlicher Stellungnahme zu dem gegebenenfalls auszuarbeitenden Ministerialentwurf gebeten werden“[656].

Mansfeld erkannte, dass „trotz der Gründlichkeit der Akademiearbeit“ ein „solches Gesetz [...] der eingehendsten Vorbereitung“ bedürfe, die „naturgemäß nicht schon mit dem im kleinsten Kreise vorgenommenen Ausschußberatungen abschließend geleistet sein“ könne. So dürfe jedenfalls infolge der Veröffentlichung der Entwurfsfassung nicht darauf geschlossen werden, „daß nun mit der Verabschiedung eines Gesetzes schon in Kürze zu rechnen“ wäre. Allenfalls sei der „endgültige Termin dank der Mitarbeit der Akademie schon wesentlich näher gerückt“[657].

---

[651] Vgl. BECKER (wie Anm. 361), S. 535.
[652] Vgl. auch KRANIG, (wie Anm. 568), S. 101.
[653] MANSFELD, Zum Entwurf eines Gesetzes über das Arbeitsverhältnisses, DAR 1938, S. 177.
[654] Ebd., S. 179.
[655] Ebd., S. 177.
[656] Ebd., S. 177f.
[657] Ebd., S. 178.

Dennoch bestehe, so Mansfeld, die „von den beteiligten Stellen zu entscheidende Frage […] des ‚ob', d.h. ob überhaupt die gegenwärtige Zeit für die Verabschiedung eines so grundlegenden Gesetzes" geeignet sei. „Ob aber die soziale Entwicklung bereits so weit fortgeschritten und konsolidiert [sei], daß ihre Ergebnisse schon jetzt gesetzgeberisch festgelegt" werden könnten, erfordere jedenfalls eine „ernstere Prüfung"[658].

Obwohl Mansfeld offenbar, wie sich nicht nur anhand dieser Ausführungen bestätigen lässt, durchaus die Realisierung des geplanten Arbeitsverhältnisgesetzes mit gewisser Skepsis entgegen sah, sprach er sich dennoch für dessen Verabschiedung und damit für die Bejahung der „eingangs gestellten Frage nach dem ‚ob'" aus. Doch sollte es im Ergebnis um die „Schaffung eines für einen möglichst langen Zeitraum gültigen Grundgesetzes der deutschen Arbeit" gehen, das „würdig neben das erste große Arbeitsgesetz, das Gesetz zur Ordnung der nationalen Arbeit", treten könne. Auch sei die Zeit „reif für eine abschließende Behandlung der in den vergangenen Jahren gewonnen Erfahrungen". Neben dem AOG sah er das nationalsozialistische Arbeitsrecht vor allem durch einheitlich ausgerichtete Tarifordnungen der Reichstreuhänder der Arbeit fortentwickelt, auf dessen „Fundament" dann das künftige Arbeitsverhältnisrecht aufbauen könne.

Jedoch dürfe das Gesetz nicht „durch zwingendes Recht jede weitere Entwicklung abschneiden", was geschehen könnte, falls „zwingende Vorschriften" Mindestbestimmungen aufstellen würden, die „allzuhoch bemessen" seien und dadurch eine „freiere Weiterbildung", insbesondere durch künftige Tarifordnungen, unmöglich machten. Daher plädierte Mansfeld für den Einsatz von dispositiven Normen, die einer „Weiterentwicklung Raum" ließen[659].

Dennoch bleibt zu konstatieren, dass Mansfeld, der noch 1936 ganz entschieden für die Kodifizierung des Arbeitsverhältnisrechts eintrat, sich nun leicht von dem Vorhaben zu distanzieren schien. Anhand seiner Äußerung lässt sich näm-

---

[658] Ebd., S. 178.

[659] Ebd., S. 178f.
Die Abfassung von dispositiven Normen als Lösung eines Problems, was einer Kodifikation mehr oder minder immanent sein dürfte, wird immer wieder gefordert und auch vollzogen. Damit soll, wie auch die Äußerungen Mansfelds zeigen, eine Kodifikation auch für künftige Fragen offen gehalten werden, wohl vor allem, um aktuellen oder sonstigen Bedürfnissen, etwa im Arbeitsverhältnis, begegnen zu können, an die der Gesetzgeber bei Abfassung des Gesetzes nicht gedacht hatte. Ob aber im Arbeitsverhältnisrecht, einem Rechtsgebiet, das, wie noch näher aufzuzeigen sein wird, unter einem ständigen Korrekturvorbehalt, vor allem wegen der fließenden Fortentwicklung dieser Rechtsmaterie, steht, mit diesem „Regelungsinstrument" tatsächlich befriedigende und auf die Dauer praxistaugliche Ergebnisse unter Wahrung der stets als vorrangig bezeichneten Ziele der Rechtssicherheit und Kalkulierbarkeit liefern und den Weg zu einem „zukunftsfähigen Arbeitsrecht" weisen wird, erscheint zweifelhaft.

lich entnehmen, dass er, trotz des Lobes der inhaltlichen Arbeit des Arbeitsrechtsausschusses, die Chance einer Übernahme des veröffentlichten Gesetzesentwurfs durch das Reichskabinett eher als gering einschätzte, jedenfalls ohne zuvor mindestens „notwendige Abänderungen“ hinnehmen zu müssen. Jedenfalls sei hierfür noch einige Zeit erforderlich, zumal zunächst nach Veröffentlichung der Entwurfsfassung die „Stimmen der wissenschaftlich oder praktisch Interessierten zu hören“ seien. „Wissenschaft, Rechtsprechung und Praxis“ könnten, so fügte Mansfeld hinzu, „unendlich viele Anregungen geben, durch die dem Gesetzgeber wertvolle Hilfe zuteil“ würde. Die hier von Mansfeld favorisierte und für die Gesetzgebungspraxis des Dritten Reiches eher als untypisch zu qualifizierende „Anhörung der Beteiligten“ war jedoch keineswegs als eine Art demokratische Öffnung des Systems zu verstehen[660]. Dies stellt auch Mansfeld indirekt klar, indem er anführte, dass die Veröffentlichung des Gesetzesentwurfs nicht erfolge, „um der Öffentlichkeit Rechenschaft über die sorgsame und wertvolle Arbeit der Akademie zu geben oder sie etwa nur von dem Ergebnis dieser Arbeit in Kenntnis zu setzen“.

Jedenfalls schien eine Entscheidung über die Frage der Kodifizierung des Arbeitsverhältnisrechts noch fern zu sein. Vielleicht wollte bzw. konnte man auch diesbezüglich noch keine Entscheidung treffen und versuchte durch die Phase der Anhörung das Vorhaben zunächst noch etwas hinauszuzögern. Denn schließlich, das räumte auch Mansfeld ein, unterlag es „allein der Entscheidung der Reichsregierung“, welche Gestalt ein „endgültiges Gesetz über das Arbeitsverhältnis“ annehmen würde[661].

Dass der Entwurf bereits die „geeignete Lösung“ darstellen würde, bezweifelte Mansfeld. Sicher sei lediglich, dass er „als Grundlage für die neue Arbeit dienen“ konnte, wie Mansfeld wenige Jahre nach Veröffentlichung des Entwurfs bekräftigte[662].

Die Reichsregierung regte sich jedenfalls nicht den Gesetzesentwurf, der dem Gesetzgeber als „wertvolles Material“ und wohl weniger als Grundlage für ein Arbeitsverhältnisgesetz als vielmehr einer Basis für weitere Arbeiten an dem geplanten Projekt dienen sollte, umzusetzen. Mögliche Gründe lassen sich möglicherweise durch eine Beleuchtung weiterer Stellungnahmen zur Entwurfsfassung eines „Gesetzes über das Arbeitsverhältnis“ anführen.

Besonders kritisch zum Gesetzesentwurf äußerte sich beispielsweise die Schriftleitung der Zeitschrift „Soziale Praxis“. Im ersten Beitrag, ohne Verfassernamen veröffentlicht, wurde zunächst moniert, dass der Entwurf insgesamt nicht die neueren „sozialen Fortschritte“ aufgenommen habe. So spiele die „Ta-

[660] So auch KRANIG, (wie Anm. 568), S. 107.
[661] Ebd., S. 179.
[662] MANSFELD, Um die Zukunft des deutschen Arbeitsrechts, DAR 1942, S. 120.

rifordnung“ im Gesetzesentwurf „gar keine Rolle“ und werde „stets nur im Zusammenhange mit Betriebsordnung, Dienstordnung und Arbeitsvertrag genannt, als ein Mittel zur näheren Bestimmung der Arbeitsbedingungen im Rahmen des Gesetzes“. So werde der „Tarifordnung [...] keine Aufgabe gestellt und keine Befugnis eingeräumt, die nicht auch die übrigen Rechtsakte zur Gestaltung der Arbeitsbedingungen“ aufweisen würden[663]. Weiterhin reklamierte man den Verzicht hinsichtlich der Festsetzung von zwingenden Vorschriften im Entwurf. Konkret wurde hierbei ein Bezug auf die vom Entwurf festgelegten Verjährungsfristen hergestellt. Hinsichtlich „Verwirkungsklauseln“ in Bezug auf die Durchsetzung von Lohnansprüchen der Arbeitnehmer wurde hier, wie die Ausführungen zur Begründung der Entwurfsfassung belegen, bewusst davon abgesehen, „Mindestfristen, etwa von 10 Tagen, vorzusehen, die dem Gefolgsmann zur Geltendmachung seines Lohnanspruchs unbedingt zur Verfügung stehen müßten“[664]. So befürchtete man, dass „Mindestfristen nur allzu leicht zur Regel“ würden und eine „allgemeine Einführung so kurzer Verfallfristen aber unerwünscht sei“. Auch würden „die Verhältnisse in den einzelnen Fällen zu verschieden liegen, um eine allgemeine Regel zu ermöglichen“[665].

Offenbar erkannte man im Arbeitsrechtsausschuss durchaus mögliche Gefahren, insbesondere hinsichtlich eines möglichen Verlustes an Flexibilität und Praktikabilität, die solche zwingenden Vorschriften mit sich bringen konnten, obwohl bei deren Festlegung wohl vorrangig Schutzzwecke des Arbeitnehmers verfolgt werden sollten. Diese Absichten wurden dann auch in dem Beitrag gewürdigt und das Folgende ausgeführt:

> „Das ist die Gefahr jeder zwingenden Regelung: je tiefer sie die zwingende Grenze setzt, desto größer ist die Möglichkeit, daß sie den Anlaß zur Verschlechterung besserer Arbeitsbedingungen gibt. Das darf aber kein Grund sein, zwingende Sozialvorschriften ganz zu unterlassen, sondern nur den Anlaß, sie tunlichst so zu erlassen, wie sie für die überwiegende Mehrheit der Arbeitsverhältnisse möglich erscheinen“[666].

Wer nun die „überwiegende Mehrheit der Arbeitsverhältnisse“ stellt und ob eine bestimmte zwingende Vorschrift sich für diese Gruppe dann auch im Einzelfall immer als vorteilhaft auswirke, dürfte in vielerlei Fällen nicht einfach zu entscheiden sein. Daher birgt eine als zwingend ausgestaltete Gesetzesvorschrift gerade im Arbeitsverhältnis, das stets, wie kein anderes Rechtsverhältnis, dem Wandel der Zeit unterworfen sein dürfte, durchaus Gefahren, die sich im kon-

663 O.V., Die Tarifordnung im Gesetzentwurf über das Arbeitsverhältnis, Soziale Praxis 1938, Sp. 1452f.
664 Begründung, S. 323 (89).
665 Ebd., S. 323f.
666 Ebd., (wie Anm. 663), Sp. 1454.

kreten Einzelfall derart realisieren könnten, dass eine Vorschrift, die von ihrer ursprünglichen Intention für die jeweilige Partei des Arbeitsverhältnisses sozial befriedende Zwecke erfüllen sollte, sich durchaus nachteilig auf das Arbeitsverhältnis auswirken könnte. Eine Schwierigkeit, die bei einer Kodifizierung einer überaus sensiblen Rechtsmaterie, wie das Arbeitsvertragsrecht, keinesfalls übersehen werden darf – dies haben offensichtlich auch die Verfasser des Gesetzesentwurfs für ein Arbeitsverhältnisgesetz im Nationalsozialismus erkannt, wie die Würdigung des Begründungstextes zur Entwurfsfassung gezeigt hat.

Dass die am Entwurf geübte Kritik grundlegender Natur war, lässt sich anhand eines weiteren Beitrags der Schriftleitung der Zeitschrift „Soziale Praxis" belegen. Moniert wurde insbesondere, dass der Entwurf des Arbeitsrechtsausschusses „nur das Arbeitsverhältnis jedes einzelnen Gefolgsmannes zu seinem Unternehmer" regele. „Insofern [sei] er genau so individualistisch wie das BGB. und die Gewerbeordnung"[667]. Ferner sei das „Arbeitsverhältnis [...] kein individuelles Verhältnis zwischen je einem Unternehmer und einem Gefolgsmann". Vielmehr stelle es ein „Organisationsverhältnis" dar, „in dem alle Mitwirkenden wirtschaftlich, sittlich und rechtlich miteinander verbunden und voneinander abhängig" seien. Von dieser „Tatsache" müsse auch „ein Gesetz über das Arbeitsverhältnis ausgehen". Daher könne es „über die Bedeutung, die der ‚Betrieb' als solcher für die Erfüllung des Arbeitsverhältnisses [habe], nicht mit Stillschweigen hinweggehen"[668].

Diese Kritikpunkte entsprachen wohl im Wesentlichen jenen, die schon Mende, Leiter des Sozialamtes der DAF, zwei Jahre zuvor in dem besagten Schreiben an das Reichsarbeitsministerium richtete und darin vor allem zum Ausdruck brachte, dass durch das Projekt des Arbeitsrechtsausschusses die „Grundlage des Arbeitsrechts", das AOG und sein Gemeinschaftsdenken, welches die „Gemeinschaftstätigkeit aller Schaffenden" ordne und damit „bestimmend für das Wesen des Arbeitsverhältnisses" sei, nicht hinreichend beachten würde und daher Anlass zu „erheblichen Bedenken" gebe.

„Grundsätzliche Einwendungen" und „verschiedene Einzelbedenken" meldete ferner Heinz Rhode, Mitglied des Arbeitswissenschaftlichen Instituts der DAF, an[669]. Zwar bewertete er den „in vieljähriger Arbeit geschaffenen Entwurf der Akademie" als entscheidenden Beitrag „zur Vereinheitlichung und Konsolidierung" des Arbeitsrechts[670]. Jedoch sei geboten, „auch kritisch zu dem Entwurf Stellung" zu nehmen.

---

[667] O.V., Der Betrieb im Gesetzentwurf über das Arbeitsverhältnis, Soziale Praxis 1938, Sp. 1512.

[668] Ebd., Sp. 1516.

[669] RHODE, Zum Akademie-Entwurf, DR 1938, S. 443ff.

[670] Ebd., S. 443.

So monierte Rhode insbesondere, dass im Entwurf zwar einerseits das Arbeitsverhältnis gemäß „der neuen Entwicklung im Arbeitsrecht“ als „personenrechtlich“ anerkannt wurde, man jedoch nicht „jede Wendung, die einen Rückzug auf das Arbeitsvertragsverhältnis alter Prägung ermöglichen könnte“ ex ante zu vermeiden suchte[671]. Auch habe insgesamt der „Text des Entwurfs“ den „personenrechtlichen Charakter“ des Arbeitsverhältnisses nicht ausreichend kenntlich gemacht[672].

Auch wehrte sich Rhode gegen jede „Verwendung der Bezeichnung ‚Arbeitsvertrag'“, da diese „nun einmal schuldrechtlich abgestempelt“ sei und in einem „ganz neuen Sinne [...] Möglichkeiten für Missverständnisse und Konstruktionen im Geiste des BGB“ eröffnen würde, welche schließlich „um so gefährlicher für den aus alten Anschauungen kommenden Rechtswahrer erscheinen [würden], als selbst die sorgfältig arbeitenden Verfasser des Entwurfs ihnen nicht ganz entgangen“ seien. So sei künftig lediglich das „personenrechtliche Verhältnis“ maßgebend; allein aus diesem und nicht aus „der Auslegung des Konstitutiv-Aktes“ würden sich „Ansprüche und Pflichten“ fortan ergeben können[673].

Abschließend stellte Rhode fest, dass das „neue Gesetz das Arbeitsverhältnis ganz aus dem Geiste des AOG“ zu gestalten habe. Dass die derzeitige Entwurfsfassung eines Arbeitsverhältnisgesetzes noch davon entfernt schien, war Rhode bewusst, obgleich er schließlich die Hoffnung zum Ausdruck brachte, dass „nach der Ausmerzung der hier aufgewiesenen Mängel“ die „demnächst dem Reichskabinett vorzulegende Fassung sich in Aufbau und Ausgestaltung nicht allzu sehr von dem Entwurf“ entfernen könnte[674].

---

671 Ebd., S. 445.

672 Ebd., S. 444.

673 Ebd., S. 445.
Rhode optierte damit wohl gegen das Bestreben der Verfasser, die Einbindung des Arbeitsvertrages im Arbeitsverhältnis noch aufrechtzuerhalten und dementsprechend eine gänzliche Klassifizierung desselben als „Gemeinschaftsverhältnis“ zurückzuhalten.
Rhode äußerte sich bereits vorher zur Rolle des Arbeitsvertrages bzw. zum Wesen des Arbeitsverhältnisses. 1936 schien er noch für die Beibehaltung des Arbeitsvertrages zu plädieren, jedoch lediglich für einen „auf eine Hilfsstellung zurückgesetzte[n], entthronte[n] Vertrag, der als vermögensrechtliche Stütze in der Wirklichkeit des Arbeitslebens noch nicht zu entbehren [sei], der aber aus seiner Hilfsstellung heraus dem aus der konkreten Betriebsgemeinschaft erwachsenden Arbeitsverhältnis als der unmittelbaren Quelle aller arbeitsrechtlichen Beziehungen nichts von seiner Bedeutung [nehme], es nur hier und da nach der vermögensrechtlichen Seite“ unterstützen würde. RHODE, Und doch Arbeitsvertrag?!, ZAkfDR 1936, S. 375.

674 Ebd., S. 448.
Bereits 1937 votierte Rhode für einen „baldige[n] Erlaß“ eines Gesetzes über das Arbeitsverhältnis, da anderenfalls eine „starke Zersplitterung der Materie in einzelnen Tarifordnungen zu befürchten“ sei. Vgl. RHODE, Arbeitsverhältnis – Arbeitsvertrag, ZAKfDR, 1937 S. 206.

Insgesamt schienen aber auch die Verfasser des Gesetzesentwurfs Zweifel an der Realisierung des Projekts und damit an der Verabschiedung eines entsprechenden Gesetzes anzumelden, was nicht nur die leicht distanzierte Stellung Mansfelds zur Entwurfsfassung zeigt. Eine ähnliche Tendenz lässt sich etwa an den Ausführungen Lutz Richters aufzeigen, der den Gesetzesentwurf des Arbeitsrechtsausschusses nach seiner Veröffentlichung näher vorstellte[675].

So gab Richter zu, dass der Entwurf eines Arbeitsverhältnisgesetzes „keine Überraschungen" und auch keine „ganz großen, bahnbrechenden Neuerungen" mit sich bringen könnte. Schließlich sei es nicht „Sache wohlüberlegter und pflichtbewußter Gesetzgebung, das Paradies auf Erden zu versprechen und einseitigen, wenn auch noch so gutherzigen sozialpolitischen Wünschen nachzugeben, sondern dem ganzen Volk eine wirklich brauchbare Ordnung seiner Arbeit auch in der Einzelformung der Arbeitsverhältnisse zu geben"[676]. Adressat dieses Vorbringens dürften insbesondere Kräfte seitens der DAF gewesen sein, die etwa, wie die zuvor beleuchteten Beiträge der Zeitschrift „Soziale Praxis" und die Ausführungen Mendes gezeigt haben, vornehmlich für die Festschreibung zwingender Sozialvorschriften und strikte Wahrung des „neuen Gemeinschaftsdenken" plädiert hatten.

Auch wenn Richter als Mitglied des Akademieausschusses verständlicherweise für eine Umsetzung der Entwurfsfassung warb und folgerichtig „ein solches Gesetz" für „erforderlich" erachtete, ließ er doch auch Zweifel an einer raschen Realisierung des Projekts aufkommen, wie sich aus seinen Ausführungen schließen lässt:

> „Ob freilich und wann der Entwurf, wie er jetzt vorliegt, Gesetz wird, das hängt von Umständen und Entschlüssen ab, die außerhalb des Arbeitsrechtsausschusses liegen"[677].

Bezeichnend sind hier auch die Äußerungen Richters am Ende seines Beitrags:

> „Vermutlich wird der Entwurf mancherlei Kritik auf sich ziehen. Daß er nicht alle Wünsche befriedigen kann, liegt in der Art seiner Aufgabe. Jedenfalls aber wird er unsere Erkenntnis von guter Ordnung des Arbeitsverhältnisses ein Stück vorwärts bringen und eine geeignete Grundlage für weitere Aussprache und Klärung sein"[678].

---

675 RICHTER, Der Entwurf eines Gesetzes über das Arbeitsverhältnis, Soziale Praxis, 1938, Sp. 769ff.

676 Ebd., Sp. 771.

677 Ebd., Sp. 770.

678 Ebd., Sp. 776.

Parallelen zu Mansfeld werden erkennbar, der im Wesentlichen die Ausarbeitung des Entwurfs der Akademie auch lediglich als „wertvolles Material“ für weitere „ vielleicht notwendig werdenden Abänderungen“ ansah[679].

Schließlich ist noch auf Alfred Hueck hinzuweisen, der sich als neuer Vorsitzender des Arbeitsrechtsausschusses nach Veröffentlichung des Gesetzesentwurfs zu Wort meldete. In seinem Beitrag über die Entwurfsfassung des Arbeitsrechtsausschusses bekräftige er einerseits, dass zwar „alle kommenden arbeitsrechtlichen Gesetze“ – und damit auch das geplante Arbeitsverhältnisgesetz, „der näheren Ausgestaltung der in diesem Gesetz [dem AOG] enthaltenen Grundgedanken“ dienen müssten und damit die „Gesichtspunkte der Gemeinschaft, der sozialen Ehre, der Treue und Fürsorge“ maßgebend seien. Dennoch solle der Entwurf „den Begriff des Arbeitsvertrages beibehalten“, da vor allem anerkannt sei, dass „das Arbeitsverhältnis grundsätzlich zu seiner Begründung eine Willenseinigung der Beteiligten“ voraussetze und dass „andererseits die Beteiligten die Möglichkeit [hätten], im Rahmen der zwingenden Gesetze und der Tarifbestimmungen die Arbeitsbedingungen durch Vereinbarung festzusetzen, also das Arbeitsverhältnis näher auszugestalten“[680].

Die individuelle Komponente im Arbeitsverhältnisrecht schien also auch bei Hueck, ebenso wie nach Mansfeld, weiterhin eine Rolle zu spielen, obgleich er aber das Einzelarbeitsverhältnis als Gemeinschaftsverhältnis charakterisierte und angab, dass das Arbeitsverhältnis insgesamt als „personenrechtliche Gemeinschaft“ angesehen werden müsse[681].

Weiterhin verteidigt Hueck die Intention des Gesetzesentwurfs, davon abzusehen, die arbeitsrechtlichen Vorschriften „grundsätzlich für zwingend zu erklären“. Anderenfalls hätten lediglich „die äußersten Mindestbedingungen formuliert“ werden können, wodurch die Gefahr resultiere, dass „solche Mindestbedingungen, wenn sie einmal im Gesetz festgelegt [seien], weitgehend zur Regel würden“[682]. Zweckmäßiger sei es vielmehr, „Regeln aufzustellen, die weit über diesen Mindestbedingungen [hinausgingen], die den normalerweise wünschens-

---

679 Vgl. obige Ausführungen in diesem Abschnitt.

680 HUECK, Der Entwurf eines Gesetzes über das Arbeitsverhältnis, ZAkfDR 1938, S. 298.

681 HUECK, Die Begründung des Arbeitsverhältnisses, DAR 1938, S. 180.
Hueck zufolge sollte der Arbeitsvertrag kein vermögensrechtlicher Austauschvertrag darstellen, sondern primär auf die Begründung einer personenrechtlichen Gemeinschaft gerichtet sein. Zwar würden durch den Arbeitsvertrag gegenseitige Rechte und Pflichten begründet; im Vordergrund stehe jedoch lediglich die Begründung eines Gemeinschaftsverhältnisses. Daher sei der Arbeitsvertrag als „gemeinschaftsbegründender Vertrag“ zu qualifizieren.
Vgl. HUECK, Deutsches Arbeitsrecht, S. 70; ders. Die Begründung des Arbeitsverhältnisses, DAR 1938, S. 180f.
Näheres zu Huecks Lehre vom Arbeitsvertrag und Arbeitsverhältnis vgl. BECKER, (wie Anm. 361), S. 496ff.

682 HUECK, (wie Anm. 680), S. 299.

werten Zustand festlegen, wobei dann aber für wirtschaftlich schwächere Betriebe die Möglichkeit von Ausnahmen offengehalten“ werden müsse[683].

Im Einklang mit der Begründung zum Gesetzesentwurf eines Arbeitsverhältnisgesetzes, plädierte Hueck für eine nur sehr eingeschränkte Anwendbarkeit des BGB bei arbeitsrechtlichen Fragen[684]. Lediglich die allgemeinen Vorschriften des BGB könnten anwendbar bleiben, solange sich aus dem zu schaffenden Arbeitsverhältnisgesetz nicht ein anderes ergebe. Die Vorschriften des BGB seien nicht nur dann unanwendbar, wenn „das AVG [Arbeitsverhältnisgesetz] eine ausdrückliche Sonderreglung“ treffen würde, „sondern schon dann, wenn es mit der [...] grundsätzlichen Auffassung vom Wesen des Arbeitsverhältnisses oder mit den Grundgedanken des AOG über die Betriebsgemeinschaft im Widerspruch“ stehe[685]. Diese Regelung ermögliche es, dass das „Arbeitsrecht nicht [...] völlig aus dem Rahmen des allgemeinen [...] geltenden Rechts“ gelöst werde, „was für die Fortbildung weder des allgemeinen Rechts noch des Arbeitsrechts von Vorteil wäre“. Die Rechtsprechung sei an dieser Stelle berufen den „richtigen Gebrauch“ des Rechts vorzugeben, also zu ermitteln, ob die entsprechende BGB-Norm Anwendung finden könne bzw. dürfe.

Weiterhin führt Hueck an, dass das Gesetz zwar „einheitliche Grundsätze für alle Arbeitsverhältnisse“ aufstellen sollte. Einschränkend gibt er aber zu, dass „auf bestimmten Gebieten besondere Bedürfnisse vorhanden [seien], die Sonderbestimmung notwendig“ machten. „Solche Sondergesetze“ müssten dann „natürlich dem allgemeinen Arbeitsverhältnisgesetz vorangehen“[686]. Auch in einer „homogenen Gesellschaft“, in der jeder Einzelne gemäß seinen Treue- und Fürsorgepflichten für das Wohl des Ganzen hinzuwirken habe, schien es dennoch nicht umgänglich, für einzelne, individuelle Bedürfnisse Sonderbestimmungen abzufassen; Sondergesetze für besondere Berufsgruppen und –formen bzw. Arbeitsverhältnisse würden jedenfalls durch ein „Arbeitsverhältnisgesetz“, auch im Nationalsozialismus, nicht entbehrlich werden können.

Obwohl Hueck eindeutig hinter dem Entwurf stand und sicherlich auch eine baldige Umsetzung desselben begrüßt hätte, schien auch er zu befürchten, dass die Entwurfsfassung nicht voll den aktuellen politischen Vorstellungen des NS-Regimes entsprach und dementsprechend nicht ohne weiteres umzusetzen sein würde. So führt Hueck im Vorwort zum Gesetzesentwurf für ein Gesetz über das Arbeitsverhältnis aus, dass der Arbeitsrechtsausschuss glaube, dass „manche Bestimmungen des Entwurfs so sehr der nationalsozialistischen Grundauffassung vom Wesen des Arbeitsrechts“ entsprächen, dass „sie, auch ohne formal als

683 Ebd., S. 299.
684 Vgl. Begründung des Gesetzesentwurfs, (wie Anm. 649), S. 282 (48).
685 Ebd., S. 299; vgl. auch § 4 II der Entwurfsfassung (1938).
686 Ebd., S. 299.

Gesetz erlassen zu sein, schon heute Beachtung verdienen und deshalb der Rechtsprechung schon jetzt wichtige Anregungen für die Fortentwicklung des Rechts bieten“ könnten[687].

Schließlich bringt Hueck zum Ausdruck, dass der vom Ausschuss aufgestellte Entwurf bestenfalls „eine brauchbare Unterlage für das in Aussicht gestellte Gesetz bilde und daß der Entwurf zugleich für Wissenschaft und Praxis der Anlaß sein möge, in einen fruchtbringenden Gedankenaustausch über die noch vorhandenen Zweifelsfragen einzutreten, so daß die Entwicklung auch auf diesem Gebiet vorwärts geführt werde hin zu einem gerechten, dem sozialen Frieden und der echten Gemeinschaft dienenden Sozialrecht“[688].

Hueck erkannte also, ähnlich wie auch Mansfeld oder Richter, dass der Entwurf im besten Fall als „brauchbare Unterlage“ und gerade, wohl vorwiegend wegen der noch „vorhandenen Zweifelsfragen“, noch nicht als Grundlage für ein künftiges Arbeitsverhältnisgesetz dienen konnte.

4. Das Schicksal des Entwurfs und das Scheitern des Kodifikationsvorhabens

a) Der „Abschied vom BGB“: Das „Volksgesetzbuch“ und die neue Situation des „Gesetzes über das Arbeitsverhältnis“[689]

Der Entwurf eines Gesetzes über das Arbeitsverhältnisrecht wurde bekanntlich niemals in Kraft gesetzt. Die Gründe hierzu sind vielfältig und nicht zuletzt anhand der rechtspolitischen Entwicklung im Nationalsozialismus festzumachen.

Bereits 1933 hatte Reichsjustizminister Gürtner eine sorgsame Reform des Zivilrechts favorisiert, bei der die schon seit Jahrzehnten bewährten Rechtsnormen weitgehend unangetastet bleiben sollten[690]. Vielmehr war vorgesehen, Einzelgesetze, bestenfalls Teilkodifikationen erarbeiten zu lassen, was auch mit

---

687 HUECK, Entwurf eines Gesetzes über das Arbeitsverhältnis, Vorwort, S. 8.

688 HUECK, (wie Anm. 680), S. 301; inhaltsgleich auch: HUECK, (wie vorherige Anm.), S. 7f.

689 Vgl. dazu auch die Untersuchungen bei RAMM, Entwürfe, S. 69ff. Zum Volksgesetzbuch vgl. die Untersuchung und Zusammenstellung bei SCHUBERT, Akademie für Deutsches Recht 1933 – 1945 Protokolle der Ausschüsse, Band III, 1 - Volksgesetzbuch, Teilentwürfe, Arbeitsberichte und sonstige Materialien.

690 Gürtner führte dazu in einer Presseerklärung vom 26.10.1933 aus, dass man bei der Reform des Zivilrechts „mit besonderer Vorsicht und Sorgfalt vorzugehen“ habe. Im Gegensatz zum Strafrecht werde man sich auf diesem „überaus verzweigten und sehr viel komplizierteren Gebiete“ lediglich auf „eine gründliche Durcharbeitung der bestehenden gesetzlichen Bestimmungen (vor allem des BGB.) beschränken, um im Einzelfalle festzustellen, welche Vorschriften den nationalsozialistischen Anschauungen nicht mehr entsprechen und demgemäß abgeändert werden müssten“. Die „große Summe von Rechtsnormen, die sich auf diesem Gebiet jahrzehntelang bewährt haben“, sollte jedoch „unangetastet bleiben“.
Vgl. Bericht „Neues Recht“, in: Bayr. Staatszeitung vom 28.10.1933; Zitate ebenfalls abgedruckt bei GRUCHMANN, Justiz im Dritten Reich (1933-1940), S. 925f.

dem Rechtsmodell vom „konkreten Ordnungsdenken" in Einklang zu bringen war[691]. 1937 hatte dann das Reichsjustizministerium die Zerschlagung des BGB in Einzelgesetze präferiert. Den entscheidenden Anstoß dazu lieferte der Staatssekretär des Reichsjustizministeriums, Franz Schlegelberger (1876-1972), der im selben Jahre nach Einladung der Universität Heidelberg mit seinem Vortrag den „Abschied vom BGB" forderte. Hinsichtlich der Rechtsmaterie des Arbeitsrechts brachte er zum Ausdruck, dass sich das „soziale Arbeitsrecht" bereits vom BGB – einem „Werk der Vergangenheit, das beschleunigter Ablösung" bedürfe – gelöst habe und „seine eigenen Wege" gehen würde. Die Erneuerung des Rechts sollte je nach Dringlichkeit auf den einzelnen Rechtsgebieten in Form von „Einzelgesetzen" erfolgen[692].

Dass die Reichsführung sich dem Vorbringen Schlegelbergers anschloss, lässt sich anhand der Novellierungsgesetzgebung im Jahre 1938 belegen: Mit dem Ehe- und Testamentsgesetz wurde die „Zerschlagung" des BGB wirksam eingeleitet. Dennoch schien die Akademie für Deutsches Recht, die sich nicht nur um arbeitsrechtliche Fragen sondern mit der „Erneuerung" des gesamten deutschen Rechts befasste, an der Realisierung einer zivilrechtlichen Kodifikation, die nicht nur das Arbeitsrecht umfassen sollte, festzuhalten. So trug Hedemann auf einer Ausschusssitzung am 30.10.1937 an der Universität in München vor, dass „ein Allgemeines Gesetzbuch im Auge zu behalten" sei. Zwar solle „mit Einzelgesetzen begonnen", doch „auf den großen und schönen Gedanken eines zentralen, volksgenössischen bürgerlichen Gesetzes nicht verzichtet werden"[693]. Neben Hedemann traten vor allem auch Nipperdey[694] und

[691] Maßgeblicher Begründer dieses Rechtsmodells war der damals in Berlin lehrende Staatsrechtler Carl Schmitt (1888–1985). „Konkrete Ordnungen" sollten der ideologischen Rechtfertigung des NS-Führerstaates dienen. An Stelle des Regel- oder Gesetzesdenkens, des „Normativismus", und neben des Typus des autoritär-souveränen machtbestimmten Entscheidungsdenkens sollten „konkrete Ordnungen" treten. Recht sollte fortan nicht im Wege eines rationalen, konkreten Ableitungsprozess, sondern durch Beobachtung der Lebenswirklichkeit in ihren Ordnungen, die wiederum der „Führer" zu bestimmen hatte, erkannt werden.
Näheres dazu im Überblick bei SCHLOSSER, Neuere Privatrechtsgeschichte, S. 291ff.

[692] SCHLEGELBERGER, Abschied vom BGB, Vortrag gehalten am 25.01.1937 an der Universität von Heidelberg; zitierte Stellen jeweils auf S. 22, 15, 24.

[693] HEDEMANN, Protokoll der Sitzung der Vorsitzenden der bürgerlich-rechtlichen Ausschüsse am 30.10.1937, BA R 61/111 (Bl. 1ff.); abgedruckt bei SCHUBERT, (wie Anm. 689), S. 301.

[694] Nipperdey forderte wörtlich: „Das künftige Privatrecht sollte nicht in vielen Einzelgesetzen zergliedert, sondern in seinen Kernstücken in einem Privatrechtsgesetzbuch zusammenfassend geregelt werden". „Ein allgemeines volksgenössisches oder volksbürgerliches Gesetzbuch sollte [...] das Recht des wirtschaftlichen Lebens, den Rechtsverkehr, das Gemeinrecht regeln".
NIPPERDEY, Das System des Bürgerlichen Rechts, in: Schriften der Akademie für Deutsches Recht, Nr. 7, S. 95, 103. Der Vortrag Nipperdeys, den er anlässlich des Richtfestes des neuen Hauses der Akademie in München im Oktober 1937 gehalten hat und Anfang 1938 veröffent-

Walter Schmidt-Rimpler[695], Mitglied der Akademie für Deutsches Recht, für dieses Konzept ein[696]. Hans Frank forderte dann am 13.05.1939 die Ausarbeitung eines einheitlichen „Volksgesetzbuches" als „Abschluß und Krönung der Gesetzesarbeiten auf dem Gebiet des bürgerlichen Rechts"[697].

Frank, der von Hitler noch im selben Jahr als Generalgouverneur nach Polen versetzt wurde, hielt auch nach Kriegsausbruch, wohl entgegen den Intentionen Hitlers[698], vehement an den Arbeiten der Akademie fest. Auf die von Reichsjustizminister Schlegelberger[699] im September 1939 an die Akademie gerichtete Frage, „ob für Zwecke des dortigen Geschäftsbereichs Akademieausschüsse tätig [seien], deren Arbeiten auch unter den gegenwärtigen Verhältnissen unbedingt fortgesetzt werden [müssten]"[700], reagierte Frank entsprechend, indem er fortan noch energischer die Arbeiten der Akademie voranzutreiben suchte und damit die dringende Notwendigkeit seiner Institution zu bekräftigten versuchte[701].

---

lich wurde, findet sich auch bei SCHUBERT, (wie Anm. 689), S. 425ff. Zitierte Stellen: S. 425, 433.

[695] Auch Schmidt-Rimpler optierte für die Realisierung eines „einheitlichen Gesetzes" und im Grundsatz gegen Einzelgesetzgebung. Zwar würde es „zunächst [...] nur möglich sein, einzelne Gebiete, deren Erneuerung besonders dringlich [sei], herauszugreifen". Doch sei es „zweckmäßig [...], systemstrebig zu verfahren, auch bei dem einzelnen Gebiet also seine Eingliederung in das System stets im Auge zu behalten". Dann würde aus „dem Einzelnen von selbst das auch äußerlich gegliederte Ganze entstehen".
Vgl. SCHMIDT-RIMPLER, Vom System des bürgerlichen, Handels- und Wirtschaftsrechts, in: HEDEMANN, Zur Erneuerung des Bürgerlichen Rechts, S. 91, 94.

[696] Näheres dazu und zu weiteren Stellungnahmen von Mitgliedern der Akademie für Deutsches Recht vgl. die Ausführungen und Hinweise, bei SCHUBERT, (wie Anm. 689), S. 8f.

[697] Vgl. dazu SCHUBERT, Akademie für Deutsches Recht, Bd. III,, 1, S. 9f.

[698] FRANK, Im Angesicht des Galgens, Autobiographie, S. 342.

[699] Das Amt wurde von ihm nach dem Tod Gürtners 1941 lediglich kommissarisch verwaltet.

[700] Schreiben Schlegelbergers vom 26.9.1939. Schlegelberger befürchtete wohl zu hohe finanzielle Ausgaben, die für die Fortsetzung der Ausschussarbeiten anzusetzen waren. So mahnte er nämlich zugleich, jegliche „Aufwendungen des Reichs in engste Grenzen [zu] halten". „Insbesondere [könnten] nur mehr für solche Ausschüsse der Akademie Beträge bereitgestellt werden, deren Arbeiten einem zwingenden sachlichen Bedürfnis entsprechen" würde. Vgl. BA R 43 II/1510a, Bl. 49.

[701] HATTENHAUER, Die Akademie für Deutsches Recht (1933-1944), JuS 1986, S. 684.
Im Bundesarchiv findet sich hierzu eine Stellungnahme Franks gerichtet an das Reichsverkehrsministerium vom 13.10.1939, welche auf das Vorbringen Schlegelbergers vom 26.09.1939 unmittelbar Bezug nimmt:
„Als Präsident der Akademie für Deutsches Recht bestimme ausschließlich ich, einem ausdrücklichen Befehl des Führers zufolge, Umfang und Art der zur Erfüllung der der Akademie für Deutsches Recht vom Führer gestellten Aufgaben notwendigen Tätigkeit." Schließlich bekräftigte Frank, dass die Arbeiten in der Akademie trotz des Krieges fortzuführen seien: „Die Arbeiten der Akademie für Deutsches Recht gehen in den durch die Kriegsgesetzgebung erweiterten Umfange selbstverständlich weiter".
Vgl. BA R 43 II/1510a, Bl. 50.

Nachdem sich Frank durch Beschluss des Großdeutschen Reichstags vom 26.04.1942 zum obersten Gerichtsherrn ernennen ließ und damit erneut gegen Hitler stellte, setzte er sich in vier Reden an den Universitäten von Berlin, Wien, München und Heidelberg für die Unabhängigkeit des Richters ein und erhob auf diesem Wege beachtlichen Protest gegen die vorherrschende Willkürherrschaft[702], woraufhin Hitler ihn prompt seiner Ämter als „Reichsrechtsführer“ und als Präsidenten der „Akademie für Deutsches Recht“ enthob[703]. Als Nachfolger wurde Otto Thierack[704] bestimmt, der den Willen Hitlers mit vollem Gehorsam umzusetzen suchte[705].

Schlegelberger schien offenbar das Vorliegen eines derartigen „ausdrücklichen Führerbefehls”, der es Frank ermöglichte, „allein über die Arbeit der Akademie zu befinden” anzuzweifeln und ließ Frank um eine entsprechende Stellungnahme bitten. Vgl. Vermerk in BA R 43 II/1510a, Bl. 51. Die „Stellungnahme“ Franks folgte nach einer „Unterredung“ dann wohl am 3.11.1939, gerichtet an den Reichsminister und den Chef der Staatskanzlei, Hans Heinrich Lammers, worin Frank den Antrag stellte, die „Akademie für Deutsches Recht mit sofortiger Wirkung von der Aufsicht des Reichsjustiz- und des Reichsinnenministeriums zu befreien“, da sich insb. die „Aufsichtsführung durch das Reichsjustizministerium“ in „zunehmenden Maße zu einer Erschwerung des Dienstbetriebes der Akademie für Deutsches Recht entwickelt“ habe. Hinsichtlich seiner Kompetenzen an der Akademie für Deutsches Recht führte Frank eine Erklärung Hitlers an, in der er gegenüber Frank nach der Beorderung nach Polen „ausdrücklich bestätigt“ haben soll, dass Frank auch weiterhin „in vollem Umfang im Besitz [seiner] Partei-, Reichs- und sonstigen Ämter bleibe“ und dass er „diese Ämter vollkommen selbständig“ ausüben solle. Ohnehin sei Frank durch seine Berufung zum „Generalgouverneur für die besetzten polnischen Gebiete durch Erlaß des Führers vom 12. Oktober 1939 in eine Position gerückt, die über dem Niveau eines unter Aufsicht von Fachministerien stehenden Mannes liegen“ würde, sodass insgesamt die „Aufsicht des Justizministeriums [...] nicht mehr länger haltbar“ sei. Vgl. BA R 43 II/1510a, Bl. 52f.
Frank konnte sich schließlich mit seinem Vorbringen nicht durchsetzen. Vielmehr blieben die Aufsichtsbestimmungen bis zum Zusammenbruch des NS-Staates bestehen. Am 6.11.1939 – drei Tage nach dem Antragsschreiben Franks – erweiterte Frank jedoch die Kompetenzen der Akademie, indem er ihr weitere Aufgaben auftrug, die mit seiner neuen Tätigkeit als Generalgouverneur im Zusammenhang standen. Beispielweise hatte die Akademie fortan eine Sammlung des gesamten Kriegsrechts zusammenzustellen. Vgl. BA R 61/96, Bl. 4; nähere Analysen dazu auch bei PICHINOT, Die Akademie für Deutsches Recht, S.124.

[702] Wörtlich trug er vor: „Ich muß mich […] mit Nachdruck gegen eine wesentlich übersteigerte, manchmal völlig unverständliche Kritik am Wirken und an der Arbeit des Juristen wenden […]. Ohne Recht keine Gemeinschaft! Wenn es aber das Recht in diesem Sinne geben soll, muß es auch den Betreuer dieses Rechtes geben, und zwar den geschulten Betreuer […]. Sie wissen, daß ein großer Kampf geht um die so viel erörterte Unabhängigkeit des Richters. Man hört oft die Meinung, daß die Unabhängigkeit des Richters etwas wäre, was der autoritären Staatsführung unseres Reiches widerspricht. Ich bin der Auffassung […], daß die Unabhängigkeit, wie wir sie verstehen und wie es auch vernünftig verstanden werden muß, dem Richter als ein Wesenselement beigegeben ist, soll er überhaupt Richter sein“.
Zitat entnommen aus: FRANK, Im Angesicht des Galgens, Autobiographie, S. 429f.

[703] Die „Entlassungsurkunde“ befindet sich im Bundesarchiv: BA R 43 II/ 1510a, Bl. 93.

[704] Otto Thierack (1889-1946) wurde 1936 als Präsident des Volksgerichtshofs ernannt. Zwischen 1942 und 1945 war Thierack Reichsjustizminister mit der Ermächtigung Hitlers, eine

Doch gelang es Frank noch vor seiner Absetzung die Arbeiten der Akademie und damit auch die Reform des Arbeitsrechts weiter voranzutreiben. Dabei war die Realisierung des Vorhabens maßgeblich von der Gestaltung des nun geforderten „Volksgesetzbuchs" abhängig. Zum einen konnte man darauf hinwirken, dass das ursprünglich favorisierte Projekt der Schaffung eines Arbeitsgesetzbuchs[706] bestehen bleiben und das geplante „Gesetz über das Arbeitsverhältnis" in das Arbeitsgesetzbuch eingefügt werden sollte[707]. Alternativ dazu wurde die Aufnahme des Entwurfs in das geplante „Volksgesetzbuch" diskutiert[708].

Die Eingliederung des Entwurfs in das „Volksgesetzbuch" dürfte vom Anspruch her gegenüber der ersten Variante die aufwendigere und ehrgeizigere Lösung gewesen sein, da man hierdurch ein allgemeines Gesetzbuch hätte erschaffen müssen, das über individualrechtliche Beziehungen hinausgehend sich vom bisherigen Verständnis des bürgerlichen Rechts distanziert hätte[709].

Über die Frage der Einbeziehung des Arbeitsrechts in das „Volksgesetzbuch" wurde sowohl im Arbeitsrechtsausschuss als auch im Hauptausschuss der Akademie für Deutsches Recht eingehend beraten. Zumindest war geplant, dass das

---

„nationalsozialistische Rechtspflege" aufzubauen. Während seiner Amtszeit kam es verstärkt zu einer Radikalisierung der Strafverfolgung, wobei besonders die Zahl der Todesurteile zunahm. Durch Selbstmord entzog sich Thierack schließlich in britischer Gefangenschaft seiner Verantwortung.
BEDÜFTIG, Lexikon, III. Reich, S. 311; KILLY, Deutsche Biographische Enzyklopädie, Bd. 10, S. 315.

705 HATTENHAUER, (wie Anm. 701), S. 684.
Die „Ernennungsurkunde" befindet sich im Bundesarchiv: BA R 43 II/ 1510a, Bl. 94.

706 Vgl. obige Ausführungen unter B. IV. 2. a).

707 Diese Option verfolgte Mansfeld, der dafür plädierte, dass „die Normen, die das Arbeitsverhältnis [regelten], [...] in einem großen Gesetze über das Arbeitsverhältnis zusammenzufassen" seien. Vgl. MANSFELD, Um die Zukunft des deutschen Arbeitsrechts, DAR 1942, S. 122.

708 Hierzu besonders Heinrich Lange, Generalbeauftragter für die Erneuerung des bürgerlichen Rechts: „Aus dem Bereich, der für eine Einbeziehung in das Volksgesetzbuch in Betracht kommt, sind vor allem das Arbeitsrecht und das Recht der Arbeitsverhältnisse abgeschlossen und in Gesetzesvorschlägen niedergelegt [...]". Lange stellte hierbei auf den Gesetzesentwurf von 1938 ab. Vgl. LANGE, Wesen und Gestalt des Volksgesetzbuchs, ZgS 1943, S. 212.
Otto Thierack sprach differenzierter von drei Möglichkeiten, wie das Arbeitsrecht „bei einer neuen Kodifikation des volksgenössischen Rechts" zu gestalten sei. In Betracht käme entweder die „Übernahme des Handels- und Arbeitsrecht im allgemeinen in das neu zu schaffende Volksgesetzbuch oder Einbau der leitenden Gedanken dieser Gebiete und Schaffung von besonderen Kodifikationen oder aber Verzicht auf jegliche Übernahme in das VGB". Vgl. den Bericht von der Besprechung über die Frage des Einbaus des Handels- und Arbeitsrechts in das Volksgesetzbuch am 30.11.1942, abgedruckt bei SCHUBERT, (wie Anm. 689), S. 375.

709 So auch RAMM, Entwürfe, S. 70.

Arbeitsvertragsrecht in das neue „volksgenössische, bürgerliche Gesetz" aufzunehmen sei[710].

Die Ergebnisse der Sitzung des Hauptausschusses der Akademie, die am 26./27.05.1941 stattfand[711], trug Hedemann zusammen. So würde der „totale [Regelungs]anspruch" des „Volksgesetzbuchs" auch zwingend das Arbeitsrecht einschließen[712]. Anderenfalls sei zu befürchten, dass mit der Schaffung eines „zentralen Gesetzbuchs der Arbeit" ein „Riss im Volk" entstehen und das zu schaffende Werk lediglich ein „Torso" bilden könnte. So würde der „Mann aus dem Volk" die arbeitsrechtliche Kodifikation als sein „Volksgesetzbuch" bezeichnen und das andere Buch sei eben wiederum lediglich ein „Bürgerliches Gesetzbuch". Schließlich wäre ein „Volksgesetzbuch" ohne die Einbeziehung des Arbeitsrechts, was das höchste Rechtsgut der Millionen deutschen Volksgenossen darstelle, unvorstellbar[713].

Der Hauptausschuss rückte schließlich von der ursprünglich favorisierten Orientierung am BGB ab. In seiner 9. Sitzung vom 6. – 8.10.1941 bekräftigte er, dass fortan das Arbeitsrecht nicht mit einigen dürftigen Sätzen abzuspeisen sei, sondern müsse vielmehr „mit einem ganz umfassenden Charakter" aufgenommen werden. Das Arbeitsverhältnis dürfe nicht isoliert, sondern müsse, vor allem um den Klassengegensatz endgültig zu überwinden, zwingend in das zu schaffende „Volksgesetzbuch" aufgenommen werden[714].

Auch wenn man sich offenbar in der Akademie hinsichtlich der Aufnahme des Arbeitsrechts in die neue bürgerliche Kodifikation weitgehend einig zeigte, spiegelte dies nicht zwingend die Auffassung wider, die man dem Vorhaben anderenorts beimaß. So berichtete anlässlich der 10. Sitzung des Hauptausschusses vom 26.-28.02.1942 Hedemann, Vorsitzender dieses Ausschusses, über eine Unterredung, die er zusammen mit Hueck im Reichsarbeitsministerium und im Arbeitsrechtlichen Institut der DAF geführt hatte.

Dabei hob er hervor, dass seitens der DAF „starke Bedenken gegen die Eingliederung auch nur beschränkter Teile des Arbeitsrechts" in das geplante Volksgesetzbuch erhoben worden seien, da anderenfalls „eine Überschneidung

---

[710] Vgl. SCHUBERT, (wie Anm. 689), S. 4

[711] Laut amtlichen Bericht der ZAkfDR fand die Tagung vom 26. – 28.5.1941 statt. Vgl. ZAkfDR 1941, S. 194.

[712] Sitzungsbericht des Hauptausschusses vom 26./27.05.1941, Ergebnisse zusammengetragen von Hedemann, abgedruckt bei SCHUBERT, (wie Anm. 689), S. 333.
Mit dem „totalen Anspruch" sollte auf das Folgende abgezielt werden: „alles Materielle der volksgenössischen Lebensordnung muß dem Grundsatz nach in das VGB hinein, auch die ‚besonderen' Lebensgebiete der Volksgenossen".

[713] Ebd., S. 333, 335.

[714] Ebd., S. 356.

mit den großen Plänen für das deutsche Versorgungswerk" eintreten würde[715]. Jedoch habe man sich darauf verständigen können, dass beide Teile zunächst ihr Vorhaben weiterverfolgen, „das heißt, jeder die Arbeit so weit in seine Gesetzesvorschläge einfügen" solle, als sie „ihm dorthin gehörig" erscheine[716].

So vermochte man trotz des Krieges auch weiterhin an dem Ziel einer Reformierung des Arbeitsrechts festzuhalten. In seinem Aufsatz „Die Deutsche Arbeitsverwaltung im Kriege" machte Friedrich Syrup[717] deutlich, dass auch nach wie vor „ein umfassendes Rahmengesetz als Grundgesetz zum Schutz der nationalen Arbeit, das ein Gegenstück zum Gesetz zur Ordnung der nationalen Arbeit sein würde" erforderlich sei[718].

Ähnliches bekräftigte vor ihm Mansfeld, der von der Notwendigkeit einer Ordnung dreier Rechtsgebiete sprach. Gemeint war die Arbeitsverfassung – die „Ordnung der Arbeit", das „Arbeitsverhältnis" und „endlich der Arbeitsschutz"[719].

So kam es, dass im Spätsommer des Jahres 1942 im Arbeitsrechtsausschuss[720] ein weiterer Entwurf eines Arbeitsverhältnisgesetzes vorlag, der von Hueck und Nikisch bereits im Frühjahr des Jahres ausgearbeitet wurde[721]. Im Vergleich zum vorhergehenden Entwurf von 1938 schien der Entwurf einer „Regelung der Arbeit" wesentlich erweitert worden zu sein, und wies dementsprechend diesmal 216 Paragraphen auf[722]. Eine Gesetzesbegründung wurde

---

715 So wurde von Robert Ley am 28.12.1938 vorgeschlagen, „im Zusammenhang mit dem Problem Abschöpfung der Kaufkraft und Kriegsfinanzierung" die Altersversorgung auszubauen. Geplant war wohl, das Arbeitsrecht in das geplante Gesetz über die Altersversorgung einzubauen. Vgl. KRANIG, (wie Anm. 568), S. 123; RAMM, Entwürfe, S. 71, 74.

716 Ergebnisse der Februar-Sitzung des Hauptausschusses in Wien am 26., 27., 28. Februar 1942, abgedruckt in: SCHUBERT, (wie Anm. 689), S. 368.

717 Friedrich Syrup (1881-1945), seit 1938 Staatssekretär im Reichsarbeitsministerium. Mehr zur Person Syrups bei HENNING, Persönlichkeiten der Verwaltung, S. 223ff.

718 SYRUP, Die deutsche Arbeitsverwaltung im Kriege, RArbl. 1942, Teil V, Nr. 18, S. 333.

719 MANSFELD, Eine Bilanz, DAR 1941, S. 3.

720 Nach einer Namensliste mit dem Titel „Ausschuss für Arbeitsrecht" (Stand 24.04.1941) und einer weiteren, undatierten Liste lassen sich gewisse Veränderungen in der Besetzung des Arbeitsrechtsausschusses nachzeichnen. Zwar stimmten die Listen mit der Besetzungsliste von 1938 überein (vgl. Namensverzeichnis in der Veröffentlichung eines Gesetzes über das Arbeitsverhältnis, in: Arbeitsberichte der Akademie für Deutsches Recht, [vgl. Anm. 638], S. 111; vgl. zur Auflistung aller Mitglieder auch die Ausführungen unter Anm. 582), doch wurden nun Pawelitzki, Rhode, Gusko und Mende nicht mehr angeführt. Hinzugekommen waren Hupfauer, Leiter des Amtes für soziale Selbstverantwortung, Schimmelpfennig und Bulla aus dem Amt für Rechtsberatungsstellen der DAF.
Vgl. BA R 61/115 und R 61/113.

721 Angaben zu den Verfassern des Entwurfs finden sich in der ZAkfDR 1942, S. 313.

722 Der Entwurf wurde ursprünglich offenbar nicht veröffentlicht. Er befindet sich im Bundesarchiv (BA R 61/115). Eine kritische Edition des Entwurfs findet sich bei RAMM, Die „Rege-

dem Entwurf, anders als bei der vorhergehenden Entwurfsfassung von 1938, nicht beigelegt.

b) Der Entwurf zur „Regelung der Arbeit“ (1942)

aa) Grundlegendes zur Entwurfsfassung[723]

Die Entwurfsfassung einer „Regelung der Arbeit“ übernahm, mit wenigen Ausnahmen, im Wesentlichen die Vorschriften des Entwurfs eines Gesetzes über das Arbeitsverhältnis von 1938[724]. So wurden dem Entwurf, ähnlich wie auch schon in der Entwurfsfassung von 1938, die „Grundlagen der Arbeitsverfassung“ vorangestellt. Wie sich aus § 1 des Entwurfs erschließen lässt, sollte fortan nicht mehr der „Gefolgsmann“ sondern der „Volksgenosse“ „seine Kräfte für die Volksgemeinschaft“ einsetzen. Beachtlich erscheint auch, dass durch Hervorhebung der „Volksgemeinschaft“ wohl fortan nicht mehr lediglich die „Arbeits- und Betriebsgemeinschaft“ im Vordergrund stehen sollte, sondern der wesentliche Bestimmungsfaktor und die maßgebliche Wertungsgrundlage auf staatliche Ebene verschoben wurde. Eine Verstaatlichung des Arbeitsverhältnisses sollte die Folge sein[725].

Weiterhin sollte der einzelne Arbeitnehmer, also das Individuum, nach den Anforderungen der staatlichen Volksgemeinschaft weitgehend funktionalisiert werden. Nach § 1 war, die „Rechtsstellung des Volksgenossen im Arbeitsleben allein nach den Aufgaben, die er zu erfüllen [habe] und nach der Art, wie er sie [erfülle]“, zu bestimmen. Die „Rechtsstellung“ des Arbeitnehmers sollte schließlich nach den Pflichten festzulegen sein. Eine vergleichbare Vorschrift wies hingegen der Entwurf von 1938 nicht auf, ebenso wenig wie das AOG.

Die favorisierte Verstaatlichung des Arbeitsverhältnisses lässt sich auch anhand weiterer Vorschriften in der Entwurfsfassung von 1942 belegen, etwa durch Stärkung der Position der Treuhänder der Arbeit hinsichtlich der Gestaltung der „Arbeitsbedingungen“ im Arbeitsverhältnis (§ 3) oder durch den staatlich kontrollierten und gesteuerten Arbeitseinsatz eines jeden „Volksgenossen“ (§ 4).

Anders als der vorhergehende Entwurf nahm die Entwurfsfassung einer „Regelung der Arbeit“ Definitionen zu Angestellten und Arbeitern mit auf (§§ 7, 8)[726].

---

lung der Arbeit“ (1942), ZfA 1990, S. 435ff.; der Entwurf ferner ist er abgedruckt bei RAMM, Entwürfe, S. 347ff.

[723] Vgl. dazu auch die Untersuchungen bei BECKER, (wie Anm. 361), S. 536ff.

[724] Vgl. dazu obige Ausführungen unter B. IV. 3.

[725] BECKER, (wie Anm. 361), S. 536.

[726] Arbeiter war nach § 7 derjenige, „wer seine Arbeitskraft im Betrieb, Haushalt oder sonst im Dienst eines anderen“ (des Unternehmers) einsetzt.

Der Arbeitsvertrag musste im Vergleich zur Entwurfsfassung von 1938 einen weiteren Bedeutungsverlust hinnehmen. Während er zuvor noch, zumindest textlich, als „begründende und gestaltende Einigung" bezeichnet wurde[727], nahm man im Entwurf von 1942 zum Arbeitsvertrag lediglich mit einer Formvorschrift Stellung[728]. Vereinbarungen über Arbeitsbedingungen konnten die Parteien nach § 34 nur unter dem Vorbehalt der „Grundgedanken der Arbeits- und Betriebsgemeinschaft", der „gesetzlichen Vorschriften" sowie der „Tarif- und Betriebsordnungen" treffen.

Eine vertragliche Gestaltung der Arbeitsbedingungen war somit nur sehr eingeschränkt möglich, wenn nicht sogar gänzlich ausgeschlossen, jedenfalls aber von vielerlei, teils wohl sehr unbestimmten Faktoren abhängig, sodass zu konstatieren bleibt, dass der Arbeitsvertrag im Entwurf allenfalls ein untergeordnetes, eher noch fast vollständig zurückgedrängtes Gestaltungselement des Arbeitsverhältnisses darstellen sollte[729].

Ein arbeitsvertraglicher Begründungsakt des Arbeitsverhältnisses kam fortan nicht mehr in Betracht; vielmehr sollte ein Arbeitsverhältnis schon dann begründet sein, wenn sich der Arbeitnehmer mit seiner Arbeitskraft für einen anderen, etwa im Betrieb oder Haushalt, einsetzte. Folge dieser Sichtweise wäre eine Umsetzung der sog. „Eingliederungstheorie" gewesen, wodurch der Arbeitsvertrag weitgehend entbehrlich geworden wäre.

Obwohl der Entwurf einer „Regelung der Arbeit" von 1942 großteils die Vorschriften der Entwurfsfassung von 1938 übernahm, bleibt dennoch festzustellen, dass die neue Fassung inhaltlich viel deutlicher den ideologischen Ansätzen des NS-Regimes angepasst war. Ausdrücklich entschied man sich gegen das Individuum und für das Kollektiv bzw. die „Volksgemeinschaft", in welche sich der Einzelne mit seinen Arbeitspflichten einzugliedern hatte.

Schließlich stellte die Entwurfsfassung einer „Regelung der Arbeit" eine konsequente Umsetzung des nationalsozialistischen Arbeitsrechts dar, in dem der totalitäre Staat die wesentliche Einflussnahme jederzeit vorbehalten wurde und das autoritäre Führerprinzip konsequent umgesetzt werden konnte[730].

Angestellter sollten nach § 8 „Arbeiter" sein, die „überwiegend mit kaufmännischen Diensten oder Büroarbeit beschäftigt werden oder leitende oder beaufsichtigende oder sonstige Arbeit" verrichten.

[727] Vgl. § 1 II Entwurf 1938.

[728] Vgl. § 36 des Entwurfs (1942).

[729] So auch BECKER, (wie Anm. 361), S. 538.

[730] So auch BECKER, (wie Anm. 361), S. 539.

bb) Die Aufnahme des Entwurfs

Wie in einer offiziösen Notiz der Zeitschrift der Akademie für Deutsches Recht vermerkt wurde, fand am 9. und 10.10.1942 unter Vorsitz Huecks eine Sitzung des Arbeitsrechtsausschusses statt. Nachdem durch ein Referat über die Vorarbeiten des Arbeitsrechtswissenschaftlichen Instituts der DAF zum Sozialwerk berichtet wurde, habe der Ausschuss Stellung zum „Entwurf einer Regelung der Arbeit" bezogen. Ebenso sei die Frage behandelt worden, ob der Entwurf als „Buch der Arbeit" in das „künftige Volksgesetzbuch" eingearbeitet oder „ob er Grundlage für ein selbständiges Arbeitsgesetz" werden sollte. Entsprechende Ergebnisse – bzw. eine Beantwortung dieser Frage – wurden an dieser Stelle nicht veröffentlicht[731].

Im Rahmen einer Besprechung mit Reichsjustizminister Thierack vom 30.11.1942[732], machte Hueck dann nähere Angaben zur entsprechenden Stellungnahme des Arbeitsrechtsausschusses. Thierack habe zwar zunächst das Anstreben eines Reichsarbeitsgesetzes als ideal angesehen und erhebliche Bedenken gegen eine Aufnahme des Arbeitsrechts, und damit auch gegen diese des Gesetzesentwurfs einer „Regelung der Arbeit", in das Volksgesetzbuch geltend gemacht. Nach weiteren Besprechungen habe man sich aber für die Aufnahme in das Volksgesetzbuch ausgesprochen. Jedoch sei zu beachten, dass das Arbeitsrecht nur als Ganzes in das Volksgesetzbuch eingestellt werden könne. Arbeitsvertragsrecht, das AOG sowie die Bestandteile des Arbeitsschutzrechts und das Jugendarbeitsrecht müssten berücksichtigt werden. Schließlich sei eine Aufnahme auch nur dann zu vertreten, wenn das geplante Volksgesetzbuch eine breitere Basis als das BGB einnehme[733].

Hueck zufolge hätte sich aber das Arbeitswissenschaftliche Institut der DAF gegen die Eingliederung in das Volksgesetzbuch ausgesprochen, da so eine „Reprivatisierung des Stoffs" zu befürchten sei[734].

Bei der Besprechung war auch Siebert zugegen. Wie sein Kollege Alfred Hueck plädierte auch er für die Aufnahme des neuen Entwurfs eines Arbeitsverhältnisgesetzes in das geplante Volksgesetzbuch. Zwar seien im Vorfeld viele Bedenken hierzu geltend gemacht worden. Eine „Reprivatisierung des Stoffes" könnte jedoch durch sorgfältige Arbeit unter Herausstellung der „gemeinsamen Grundsätze" verhindert werden. Für den Einbau des Arbeitsrechts spräche ins-

---

[731] ZAkfDR 1942, S. 313.

[732] Bericht von der Besprechung über die Frage des Einbaus des Handels- und Arbeitsrechts in das Volksgesetzbuch am 30.11.1942 im Hause der Akademie für Deutsches Recht, abgedruckt bei SCHUBERT, (wie Anm. 689), S. 375ff.

[733] Ebd., S. 378.

[734] Ebd., S. 379; vgl. zur Haltung der DAF auch schon die entsprechende Stellungnahme vor Vorliegen des neuen Entwurfs einer „Regelung der Arbeit" unter B. IV. 4. a). Die DAF schien von ihrer Position trotz des neuen Entwurfs also nicht abzuweichen.

besondere der Gesichtspunkt der „einheitlichen Volksordnung" und die einheitliche Rechtspflege". Schließlich bekräftige Siebert, dass eine „zusammenfassende Darstellung des Arbeitsrechts in einem Buch der Arbeit im VGB zu versuchen" sei[735].

Endlich ist auf die Stellungnahme des Reichsjustizministers Thierack hinsichtlich einer möglichen Aufnahme des Arbeitsrechts in das VGB einzugehen. Wie aus einem Vermerk über die Besprechung vom 30.11.1942 hervorgeht[736], schien Thierack sich noch eine abschließende Entscheidung in dieser Frage vorbehalten zu wollen.

Im Arbeitsrecht könne man jedoch nicht wie im Handelsrecht – hier sprach er sich für eine Beibehaltung eines besonderen Handelsgesetzbuches aus – lediglich auf eine Regelung in Sondergesetzen verweisen. So sei schließlich nur die Frage relevant, in welchem Umfang und in welcher Art man das Arbeitsrecht übernehmen könnte[737]. Wie Hedemann in einem Rundbrief vom 11.12.1942 kundgab, war Thierack also für die Aufnahme des Arbeitsrechts im „wesentlichen einverstanden", obwohl er nachdrücklich darauf hinwies, dass „nicht zu viel in das VGB hineingenommen werden dürfe"[738].

Im Anschluss an dem Vermerk über die Besprechung Thieracks mit den Ausschussvorsitzenden der Akademie, optierten die Sachbearbeiter des Reichsjustizministeriums für eine Aufnahme des Entwurfs einer „Regelung der Arbeit" in das geplante VGB, da insbesondere die „Regelung des Arbeitsverhältnisses" den „Kernpunkt des Arbeitsrechts" bilde. So sei es schließlich wünschenswert, eine entsprechende Regelung im VGB gegenüber Robert Ley und „nötigenfalls auch gegenüber dem federführenden Reichsarbeitsministerium" vorzubehalten. Zu klären sei aber noch die Mitwirkung der beteiligten Sachbearbeiter des Reichsarbeitsministeriums bei den weiteren Beratungen des Ausschusses. Diese sei jedoch „im Hinblick auf die Kriegsverhältnisse als undurchführbar bezeichnet worden", sodass eine „Förderung der Ausschußarbeit kaum möglich" erscheine[739].

Offenbar schienen die Zeichen sowohl für die Schaffung eines Volksgesetzbuchs als solches, das erstrangig das BGB ablösen sollte, als auch für die Aufnahme des neuesten Entwurfs eines Arbeitsverhältnisgesetzes von 1942 günstig

---

735 Ebd., S. 379.

736 Vermerk der Sachbearbeiter des Reichsjustizministeriums über eine Besprechung des Reichsjustizministers Thierack mit den Ausschussvorsitzenden am 30.11.1942 über den Umfang des Volksgesetzbuchs, abgedruckt bei SCHUBERT, (wie Anm. 689), S. 382ff.

737 Ebd., S. 383, 384f.

738 Rundbrief von Hedemann vom 11.12.1942 an die Mitglieder des Hauptausschusses und die Vorsitzenden der zivilrechtlichen Ausschüsse, abgedruckt bei SCHUBERT, (wie Anm. 689), S. 386f.

739 Vermerk der Sachbearbeiter, (vgl. Anm. 736), S.385.

zu stehen. Dennoch regte sich auch Widerstand, zumindest was die geplante Eingliederung des Arbeitsverhältnisrechts in das VGB anbelangte, vorwiegend aus den Lagern der DAF, die wohl auch weiterhin, was ein Vergleich mit entsprechenden Äußerungen aus den Vorjahren belegt[740], gegen eine umfassende Normierung des Arbeitsverhältnisrechts optierten. Dass schließlich die Arbeiten am „Volksgesetzbuch" eingestellt wurden und damit die Schaffung eines Arbeitsverhältnisgesetzes scheitern musste, scheint zwar im Hinblick auf die Entwicklungen im Zweiten Weltkrieg nicht verwunderlich zu sein. Doch könnten die tatsächlichen Gründe für das Scheitern der arbeitsrechtlichen Kodifikation im Nationalsozialismus in tieferen Schichten zu suchen sein.

c) Das Scheitern des Kodifikationsvorhabens

Die Ereignisse des Krieges ließen, besonders nachdem im Februar 1943 Goebbels öffentlich den „Totalen Krieg" proklamierte und sich zunehmend abzeichnete, dass sich die Hoffnungen auf den „Endsieg" allenfalls als unrealistische Wunschträume entpuppten, die Arbeiten an der Kodifizierung des Arbeitsrechts sowie am geplanten Volksgesetzbuch zunehmend belanglos werden[741]. So kam es, dass der Arbeitsrechtsausschuss zusammen mit den anderen Ausschüssen der Akademie für Deutsches Recht, die sich ebenso mit der „Erneuerung der Rechtsordnung" beschäftigten, suspendiert wurde[742]. Die letzte Sitzung des Arbeitsrechtsausschusses, Hedemann war inzwischen Mitglied geworden[743], wurde wohl am 9./10.10.1942 abgehalten[744]. Schließlich berichtet Thierack dem Chef der Staatskanzlei, dass er durch „die Verschärfung des totalen Krieges [... dazu] veranlasst [worden sei], die Arbeiten der Akademie für Deutsches Recht vorläu-

---

[740] Vgl. etwa das Vorbringen Mendes gegenüber dem Reichsarbeitsministerium von 1936; vgl. dazu auch die obigen Ausführungen unter B. IV. 2. a).

[741] Hitler machte mit einem Führererlass vom 5.06.1940 deutlich, dass die militärische Kriegsführung absoluten Vorrang hätte und dementsprechend anordnete, „daß bis auf weiteres alle solche Gesetze und Verordnungen zurückgestellt werden [müssten], die mit der Reichsverteidigung in keinem Zusammenhang stehen" würden. Damit waren auch die Arbeiten an einem künftigen Arbeitsverhältnisgesetz gemeint. Dennoch gingen die Arbeiten an dem Projekt trotz des Krieges zunächst weiter, wie die vorhergehenden Ausführungen gezeigt haben; Zitat entnommen aus: BROSZAT, Der Staat Hitlers, S. 382.

[742] Dies belegt eine Liste nach dem Stand vom 1.05.1943. Vgl. BA R 61/30.

[743] Dies lässt sich anhand eines Verzeichnis vom 24.04.1941 sowie eines undatierten Vermerks erschließen. Vgl. BA R 61/113, Bl. 1, 10.

[744] Dies ergibt sich aus einem wohl nach der Suspension der Ausschüsse abgefassten Vermerk vom 1.05.1943. Nach dem Vermerk hatten nämlich bis zu diesem Zeitpunkt 31 Sitzungen stattgefunden. Vgl. BA R 61/113

fig stillzulegen“[745]. Gleichzeitig stellte aus kriegsbedingten Gründen die Zeitschrift der Akademie für Deutsches Recht ihr Erscheinen ein[746].

Doch lieferten lediglich die Ereignisse des Krieges den maßgeblichen Grund für die Einstellung der Arbeiten in der Akademie, was damit auch zum Scheitern des Kodifikationsvorhabens auf dem Gebiet des Arbeitsverhältnisrechts führte?

Zwar schien die Aufnahme des Gesetzesentwurfs einer „Regelung der Arbeit“ in das favorisierte Volksgesetzbuch beschlossene Sache gewesen zu sein. Dennoch darf der wohl bis zuletzt ausgeübte Widerstand seitens der DAF nicht aus dem Auge verloren werden. Ob man aber tatsächlich seitens der DAF eine Eingliederung eines Arbeitsverhältnisgesetzes in das VGB hätte verhindern können erscheint zweifelhaft. Zumal der Entwurf einer „Regelung der Arbeit“ durchaus gegenüber der DAF Kompromissbereitschaft signalisierte – gerade indem man durch die Absicherung ihrer Rechtsstellung im Entwurf die Bedeutsamkeit dieser Einrichtung hervorhob[747]. Auch aus propagandistischen Gründen war ein Verzicht ohnehin nur schwer möglich, da man das Arbeitsrecht durchaus als Einfalltor zur Durchsetzung ideologischer Ziele nutzen wollte[748].

Dennoch wäre es möglich gewesen, dass die DAF zumindest einen eigenen Entwurf eines Arbeitsverhältnisgesetzes, etwa im Rahmen eines Gesetzes über die Altersversorgung, in den Arbeitsrechtsausschuss eingebracht hätte, was jedenfalls eine Durchsetzung des eigens vom Ausschuss und deren Mitglieder ausgearbeiteten Entwurfs einer „Regelung der Arbeit“ hätte verhindern und die tatsächliche Realisierung des Projekts wenigstens zeitlich nach hinten schieben können.

Doch nicht nur seitens der DAF schien man auf Ablehnung zu stoßen. Selbst Nikisch, der zuvor noch ganz maßgeblich an der Entwurfsfassung von 1942 beteiligt war, schien sich von ihr zu distanzieren[749].

---

745 BA R 43 II/1510a, Bl. 151: Gleichzeitig bekundete er aber auch das folgende Bestreben: „Sobald es die Verhältnisse gestatten [würden], beabsichtige ich die Arbeit der Akademie an der Neugestaltung des deutschen Rechts fortsetzen zu lassen“.

746 Ihr letztes Heft erschien am 18.9.1944. Gegründet wurde die Zeitschrift 1934, ihre erste Ausgabe erschien im November dieses Jahres.

747 Gleich zu Beginn, in § 2 des Entwurfs (1942), erhielt die DAF eine eigene Regelung.

748 Dies dürfte gerade im Rahmen eines „volksgenössischen Gesetzes“, das den Bürger zum Adressaten hatte, besonders wirkungsvoll gewesen sein. Dass das Arbeitsrecht überaus nützlich für die Einschleusung ideologischer Ansätze war, lässt sich sehr anschaulich am Entwurf einer „Regelung der Arbeit“ belegen. Vgl. Ausführungen unter B. IV. 4. b) aa).

749 Diese Tendenz lässt sich anhand seiner Schrift „Das Arbeitsverhältnis im Betriebe“ von 1944 (Stand vom 1.07.1944) nachzeichnen. Die „Regelung der Arbeit“ wird in seiner Schrift nicht einmal erwähnt. An einigen Stellen wird lediglich auf den Entwurf eines Gesetzes über das Arbeitsverhältnis von 1938 verwiesen (vgl. dazu NIKISCH, a.a.O., jeweils S. 23, Anm. 60; S. 84, Anm. 44; S. 134, Anm. 40; S. 153, Anm. 22 [Hier wird besonders kritisch die Nähe zum BGB im Falle des Betriebsrisikos (§ 38 Entwurf) erwähnt.]) sowie S. 168, Anm. 57.

Wäre das Projekt nicht infolge der Kriegsereignisse und Niedergang des NS-Systems gescheitert, so fragt sich, ob es denn zumindest in „Friedenszeiten“ hätte realisiert werden können – im Falle des tatsächlichen Eingreifens des so oft propagierten „Endsieges“ also. Überblickt man aber nun die gesamte Entwicklung des Arbeitsrechts im Nationalsozialismus, so dürfte schnell klar werden, dass eine vorschnelle Bejahung der entsprechenden Durchsetzung eines Arbeitsverhältnisgesetzes selbst in diesem Kontext verfehlt erscheint. Zwar wären die Arbeiten an dem VGB wohl weitergeführt und auch abgeschlossen sowie ein Arbeitsverhältnisgesetz möglicherweise sogar eingefügt worden; doch hätte man hierfür erst einmal den Widerstand der DAF brechen müssen. Dass diese Einrichtung durchaus eigene Initiative hätte ergreifen können, um zumindest den Entwurf des Arbeitsrechtsausschusses auszuräumen, wurde aufgezeigt.

Doch auch seitens der NS-Administration schien das Interesse an einem solchen Arbeitsverhältnisgesetz nicht gerade groß gewesen zu sein. Man erinnert sich: Bereits im Januar 1934, knapp einem Jahr nach der Machtübernahme Hitlers, war das Gesetz zur Ordnung der nationalen Arbeit fertig gestellt und in Kraft gesetzt worden. Ein entsprechendes Arbeitsverhältnisgesetz wurde hingegen selbst in 12 Jahren NS-Herrschaft nicht vollendet. Dass etwa die Entwurfsfassung eines „Gesetzes über das Arbeitsverhältnis“, welche im Mai 1938 und damit vor Kriegsausbruch veröffentlicht wurde, schon keine hinreichenden Realisierungschancen haben konnte, hatte vielerlei Ursachen. Zum einen wurden in diesem Jahr andere arbeitsrechtliche Einzelgesetze erlassen, die der Reichsadministration wohl vorrangig erschienen. Zu nennen ist hier die Dienstpflichtordnung[750] und die Verordnung über die Lohngestaltung[751] jeweils vom Juni des Jahres. Zwar tangierten die Vorschriften dieser Verordnungen nur relativ wenige Arbeitsverhältnisse, doch wurde erkennbar, dass sich zunehmend ein Strukturwandel weg vom individualistisch ausgestalteten Arbeitsverhältnis hin zum gemeinwohlorientierten auf Staatszwecke verpflichteten Gemeinschaftsverhältnis vollzog. Zuvor hatte sich dieses neue Verständnis vor allem im AOG gezeigt. Der Entwurf eines „Gesetzes über das Arbeitsverhältnis“ jedenfalls schien diesen Ansatz nicht ausreichend aufzunehmen – dies haben auch die Verfasser des Entwurfs vorausgesehen, wie die Auswertung der Stellungnahmen, insb. von Mansfeld, Hueck und Richter, gezeigt haben. So sollte nämlich der Gesetzesentwurf das Individualarbeitsverhältnis zwischen Arbeitgeber und Arbeitnehmer durchaus noch als Rechtsverhältnis behandeln und die arbeitsvertraglichen Gestaltungsmöglichkeiten den Parteien überlassen. Staatliche Regelungsvorbehalte

[750] Erste Verordnung des Kräftebedarfs für Aufgaben von besonderer staatspolitischer Bedeutung vom 22.06.1938, RGBl. I, S. 652; RArbl. I, S. 210.
[751] VO vom 25.06.1938; RGBl. I, S. 691; RArbl. I, S. 213.

und der Gemeinschaftsgedanke schienen nicht ausreichend umgesetzt worden zu sein, was auch seitens der DAF scharf kritisiert worden war.

Eine Verabschiedung des Entwurfs eines Arbeitsverhältnisgesetzes von 1938 schien also von vorn herein nicht realistisch – jedenfalls nicht solange man auf eine konsequente Umsetzung nationalsozialistischer ideologischer Standpunkte setzte. Ein Arbeitsverhältnisgesetz, das noch den Aspekt des Arbeitsverhältnisses zu behandeln versuchte, musste für das NS-Regime völlig ungeeignet erscheinen, zumal es bei Befolgung den Einfluss der NS-Administration hinsichtlich der Gestaltung von Arbeitsverhältnissen eher gebremst als gefördert hätte[752].

Möglicherweise erschien ferner eine Durchsetzung eines Arbeitsverhältnisgesetzes aus Sicht des Regimes gar nicht dringend notwendig gewesen zu sein. Die Transformation der ideologischen Vorgaben war schon durch das AOG von 1934 erfolgt. Eine „Erziehung" des „Gefolgsmanns" gemäß den ideologischen Vorgaben und dem autoritären Führerprinzip war dadurch bereits auf rechtlicher Basis ermöglicht worden.

Echte Realisierungschancen erhielt lediglich der Entwurf einer „Regelung der Arbeit" von 1942. Hier wurde der individualistische Charakter im Arbeitsverhältnis weitgehend zurückgedrängt und der Arbeitsvertrag als Gestaltungsfaktor von weitgehenden Geltungsvorbehalten, wie staatlichen Eingriffen durch gesetzliche Vorschriften, abhängig gemacht. Dennoch schien man, was die Debatte um die Eingliederung des Entwurfs in das geplante VGB deutlich gezeigt hat, von einer Realisierung auch dieses dem nationalsozialistischen Herrschaftssystem deutlich besser angepassten Gesetzesentwurfs noch entfernt gewesen zu sein. Die DAF blieb trotz weiterer Zurückdrängung des Arbeitsvertrags ihrer früheren Ansicht treu und bekräftigte ihre Bedenken, dass das Arbeitsrecht durch Eingliederung in das VGB einer zu starken privatrechtlichen Beeinflussung ausgesetzt sein könnte.

Möglicherweise sah sich die DAF auch nur selbst dazu berufen, ein entsprechendes Arbeitsverhältnisgesetz vorzubereiten, das ihren eigenen Zielen gerecht werden sollte und wollte es daher nicht akzeptieren, dass eine andere Institution, wie die Akademie für Deutsches Recht und deren Arbeitsrechtsausschuss an etwas arbeite, was man vielmehr dem eigenen Kompetenzbereich zu unterstellen beabsichtigte.

Eine weitere Variable, die vor Verabschiedung eines nationalsozialistischen Arbeitsverhältnisgesetzes noch hätte berücksichtigt werden müssen, wäre ein möglicher Widerstand Hitlers gewesen. Von je her war er gegen jede rechtliche Festlegung gewesen, die seine Macht hätte beschränken können; nicht zuletzt ein Grund dafür, weshalb Hitler Juristen als ein Übel empfand. Ein vollendetes

---

[752] So auch KRANIG, (wie Anm. 568), S. 106.

Volksgesetzbuch hätte er möglicherweise erst gar nicht verabschieden wollen, da es den Anspruch erhob, die grundlegende Aussage über die nationalsozialistische Rechtsordnung zu sein. Intransparenz und Unvorherbestimmtheit sicherten schließlich den uneingeschränkten Machtanspruch eines Führers, der jederzeit eine jede Rechtsordnung für seine eigenen Zwecke anzupassen suchte.

Abschließend bleibt zu konstatieren, dass die Realisierungschancen einer Kodifizierung des Arbeitsvertragsrechts selbst durch ein totalitäres Regime, das jederzeit in der Lage war, jedwede gesetzliche Vorschriften einseitig zu erlassen, nicht gerade hoch zu sein schienen. Doch woran lag dies? Wäre ein solches Gesetz, dass vom Inhalt her das Individualarbeitsrecht behandeln sollte, der nationalsozialistischen Ideologie abträglich gewesen? Möglicherweise. Wäre es zudem in sozialpolitischer Hinsicht zu brisant gewesen für ein System, das sich auf eine verbindliche Rechtsordnung nicht dauerhaft festlegen wollte? Auch diese Frage wird wohl zu bejahen sein.

Festzuhalten bleibt jedenfalls, das dürften die vorhergehenden Ausführungen gezeigt haben, dass allein monokausale Gründe auch im Nationalsozialismus für ein Scheitern der arbeitsrechtlichen Kodifikation nicht angeführt werden können.

5. Kodifikationsbemühungen im Nationalsozialismus – Würdigung

Selbst im Nationalsozialismus konnte eine einheitliche Kodifizierung des Arbeits(vertrags)rechts nicht erreicht werden. Ähnlich wie in der Weimarer Republik, scheinen auch hier monokausale Begründungsansätze verfehlt zu sein. So wurde ebenfalls das ursprünglich favorisierte Ziel der Ausarbeitung eines umfassenden Arbeitsgesetzbuches beiseite geschoben, um zunächst „vordringliche Aufgaben" hinsichtlich der geplanten Erneuerung des Arbeitsrechts erledigen zu können. Dazu schien wohl auch das Arbeitsvertragsrecht bzw. die Schaffung eines „Arbeitsverhältnisgesetzes" zu gehören. Auch wenn die Akademie für Deutsches Recht und sein Arbeitsrechtsausschuss zügig bei der Ausarbeitung eines entsprechenden Gesetzesvorschlages voran kamen und bereits 1938 eine Entwurfsfassung vorlegen konnten, schienen die Realisierungsaussichten von vorn herein gering gewesen zu sein. Schon zuvor wurde das Vorhaben seitens der DAF kritisch bewertet und eine Annäherung an den Gesetzesentwurf von 1923 befürchtet. Eine Verabschiedung der Entwurfsfassung von 1938 blieb jedenfalls aus. Selbst die Verfasser des Entwurfs zweifelten an ihrem Projekt, wohl wissend, dass der Gesetzesentwurf nicht völlig den neuen ideologischen Vorstellungen des Nationalsozialismus gerecht werden konnte.

Doch sah sich die Reichsführung auch aus anderen Gründen offenbar nicht dazu veranlasst, ein entsprechendes Arbeitsverhältnisgesetz – möglicherweise auch nach Abänderung bzw. Anpassung der vom Ausschuss vorgelegten Fassung – zu erlassen. Zum einen hatte man mit dem AOG bereits die Arbeitsverfassung auf das nationalsozialistische Gedankengut angepasst; zum anderen schien man, was sich auch durch den Erlass entsprechender Verordnungen aus dem Jahre 1938 erschließen lässt, arbeitsrechtliche Einzelgesetze zu favorisieren. Ohnehin schien allgemein für die Durchsetzung einer Kodifikation der Zeitpunkt kaum unpassender gewesen zu sein. Kurz zuvor hatte Schlegelberger für den „Abschied des BGB" und damit für eine Abkehr einer allumfassenden bürgerlichen Kodifikation, als vielmehr für die Schaffung einzelner Spezialgesetze geworben. Dennoch ließ man seitens der Akademie für Deutsches Recht nicht von dem Vorhaben ab. Man versuchte, trotz des inzwischen ausgebrochenen Krieges und der Weisung Hitlers sämtliche Gesetzesvorhaben, die in keiner Verbindung mit der „Reichsverteidigung" stünden, zurückzustellen, auf den Erlass eines Arbeitsverhältnisgesetzes hinzuwirken. Äußerlich schien das Projekt auch wieder im Rahmen der Debatte um die Schaffung eines „Volksgesetzbuchs", einer „volksgenössischen" bürgerlichen Kodifikation, an Auftrieb zu gewinnen; ebenso als 1942 dann ein weiterer Entwurf eines Arbeitsverhältnisgesetzes vorgestellt wurde, der den Grundsätzen des Nationalsozialismus deutlich stärker als der vorhergehende Entwurf Rechnung zu tragen schien.

Ob das Vorhaben in Friedenszeiten realisiert worden wäre kann nur schwerlich beantwortet werden. Jedenfalls wäre dies aus ideologischen Gesichtspunkten problematisch gewesen. Dem VGB hätten jedoch gerade deshalb schwere Hindernisse im Weg gestanden, weil es wohl weniger im Interesse Hitlers und überhaupt eines totalitären Regimes gelegen haben dürfte, ein Gesetz zu verabschieden, das die nationalsozialistische Rechtsordnung abschließend zu behandeln versuchte.

Die Kodifizierung des Arbeits(vertrags)rechts musste mithin trotz der erheblichen Mühen und Vorarbeiten auch im Nationalsozialismus scheitern. Auch wenn für eine Verabschiedung eines entsprechenden Gesetzes, anders als in der Weimarer Republik, keine parlamentarischen Mehrheiten notwendig gewesen wären, schien das Projekt dennoch zumindest auch vom Konsens der an der Vorarbeit involvierten Kräfte mit abhängig gewesen zu sein. Wäre man seitens der DAF etwa nicht schon von vorn herein dem Bestreben der Akademie bei der Ausarbeitung eines Arbeitsverhältnisgesetzes mit gewissem Widerstand, wohl auch aus eigenen Interessen, begegnet, hätte die Entwicklung möglicherweise anders verlaufen können. Beachtlich erscheint dabei aber insbesondere, dass der Mangel eines einheitlichen Konsens der beteiligten Kräfte, wenn auch auf völliger anderer Ebene als etwa in der Weimarer Republik, auch noch im Nationalsozialismus eine nicht gerade unbeachtliche Rolle für das Scheitern des Kodifizierungsprojekts gespielt haben dürfte.

V. KODIFIKATIONSBEMÜHUNGEN IN DER BUNDESREPUBLIK BIS 1977

1. Entwicklungen bis zur Gründung der Bundesrepublik[753]

Mit der bedingungslosen Kapitulation Deutschlands am 8.05.1945 und Übernahme der Staatsgewalt durch die alliierten Besatzungsmächte war das Ende der nationalsozialistischen Willkürherrschaft besiegelt. Die Arbeitsverfassung wurde sukzessive von dem nationalsozialistischen Gedankengut und den entsprechenden ideologischen Vorgaben befreit, was sich nicht nur anhand der Aufhebung des AOG durch den Alliierten Kontrollrat belegen lässt[754].

Durch „Entnazifizierung" und „Reeducation" sollte eine demokratische Erziehung der Bürger erfolgen und dabei entsprechend der jeweiligen individuellen Schuld eine Sanktionierung erfolgen. Heute wird der Erfolg der insgesamt in den Besatzungszonen unterschiedlich praktizierten Entnazifizierung als gering eingestuft. Während in der sowjetischen Besatzungszone auf „die rigorose Entfernung der bürgerlichen Führungselite aus den öffentlichen Funktionen"[755] hingewirkt wurde, kam es in den übrigen Zonen überwiegend zu personellen Kontinuitäten[756].

Das Potsdamer Abkommen vom 2.08.1945 legte fest, dass die lokale Selbstverwaltung in ganz Deutschland nach demokratischen Grundsätzen wiederherzustellen war. Der Wiederaufbau staatlicher Strukturen erfolgte rasch und sollte von unten nach oben vollzogen werden. Der Verwaltungsaufbau endete schließlich mit der Errichtung von Ländern innerhalb der Besatzungszonen. Die eingerichteten Länderverfassungen orientierten sich an der Weimarer Reichsverfassung von 1919, wobei die entsprechenden Lehren aus Weimer bzw. der NS-Vergangenheit gezogen wurden[757].

---

[753] Einen guten Überblick über die Entwicklung der Arbeitsverfassung und Arbeitsrecht im Allgemeinen bietet RICHARDI/THIEL, Arbeitsverfassung und Arbeitsrecht, in: Geschichte der Sozialpolitik in Deutschland seit 1945, Bd. 2/1, S. 153ff.

[754] Gesetz Nr. 40 des Alliierten Kontrollrats für Deutschland vom 30.11.1946 (ABl, S. 229).

[755] STERN, Staatsrecht, Bd. 5, S. 983.

[756] Nach *Frotscher/Pieroth* diente der Vorgang der Entnazifizierung schließlich als Alibi für die fehlende Aufarbeitung der NS-Vergangenheit durch deutsche Behörden, Gerichte, Parteien und Politik. Vgl. FROTSCHER/PIEROTH, Verfassungsgeschichte, Rn. 674.

[757] Konstruktives Misstrauensvotum, die verfassungsrechtliche Aufwertung der politischen Parteien, Grundrechtsverwirklichung auch für Feinde der verfassungsmäßigen Ordnung, ein Wahlrecht mit Sperrklausel sowie Einrichtung einer Verfassungsgerichtsbarkeit nebst Verwirklichung der Verfassungsbeschwerde gehörten hierzu.

Auch die Rechtsmaterie des Arbeitsrechts wurde in den Landesverfassungen berücksichtigt. So wurde das soziale Grundrecht auf Arbeit häufig anerkannt[758]. Koalitionsfreiheit wurde allseits gebilligt. Die Forderung nach einer Kodifizierung des Arbeitsrechts nahm man in den Landesverfassungen in verschiedenen Ausprägungen auf. Nach Art. 54 S. 1 Verf. Rheinland-Pfalz sollte für „alle Arbeitnehmer [...] ein einheitliches Arbeitsrecht" geschaffen werden. Ähnliches ergibt auch einen Blick in die Verfassung des Saarlandes:

> „Für alle Arbeitnehmer ist ein einheitliches Arbeitsrecht mit besonderer Gerichtsbarkeit zu schaffen, welches das Schlichtungsverfahren sowie die unabdingbaren Kollektivvereinbarungen zwischen Gewerkschaften und Arbeitgeber-Organisationen regelt."[759].

Für Bremen und Hessen sind Art. 50 I bzw. 29 I anzuführen[760]. Allein auf die Materie des Individualarbeitsrechts beschränken sich hingegen die Verfassungen aus Bayern[761] und Württemberg-Baden[762] sowie Württemberg-Hohenzollern[763]. In den Ländern der sowjetischen Besatzungszone gab es hingegen keinerlei entsprechende Bestimmungen. Inwiefern nun den von den Landesverfassungen aufgelegten Forderungen in der am 23.05.1949 gegründeten Bundesrepublik Folge geleistet worden ist, gilt im Folgenden aufzudecken.

---

[758] Die hessische Verfassung bestimmt hierzu in Art. 28 II: „Jeder hat nach seinen Fähigkeiten ein Recht auf Arbeit und, unbeschadet seiner persönlichen Freiheit, die sittliche Pflicht zur Arbeit". Vgl. ferner Art. 37 I Baden, Art. 8 I Bremen, Art. 17 I Sachsen-Anhalt, Art. 24 I S. 2 Nordrhein-Westfalen sowie Art. 53 II Rheinland-Pfalz, Art. 45 S. 2 Verf. Saarland und schließlich verbunden mit staatlicher Wirtschaftslenkung: Art. 12 Berlin, Art. 15 Mecklenburg sowie Art. 16 Sachen.

[759] Art. 47 S. 1 Verf. Saarland.

[760] Art 29 I HVerf. verspricht darüber hinaus, ähnlich wie auch die saarländische Verfassung, die Schaffung eines „einheitlichen Arbeitsrechts" für „alle Angestellte, Arbeiter und Beamten".

[761] Vgl. Art. 172 Verf. Bayern: „Die Rechte und Pflichten der Arbeitnehmer und Arbeitgeber werden in einem besonderen Gesetz geregelt".

[762] Vgl. Art. 22 I Verf. Württemberg-Baden: „Es ist ein Arbeitsrecht zu schaffen, das dem Arbeitnehmer einen gerechten Lohn, ausreichende Freizeit und Urlaub gewährleistet".

[763] Vgl. Art. 96 Verf. Württemberg-Hohenzollern: „Die Arbeiter und Angestellten sind berechtigt, in Gemeinschaft mit dem Unternehmer an der Verwaltung, Gestaltung und Entwicklung des Betriebes teilzunehmen. Die Regelung der Arbeits- und Lohnverhältnisse bildet vornehmlich den Gegenstand der auf gegenseitigem Vertrauen und gegenseitiger Anerkennung und Achtung beruhenden Zusammenarbeit mit den Unternehmern. Bei der Regelung der Zusammenarbeit der Arbeitnehmer mit den Unternehmern sind die besonderen Bedürfnisse der Klein- und Mittelbetriebe zu berücksichtigen. Der auf Fortschritt gerichtete freie Entschluß der Unternehmer solcher Betriebe darf nicht gehemmt werden. Die Arbeitnehmer haben Anspruch auf gerechten Lohn, auf ausreichende Freizeit und auf Urlaub. Ein Arbeitsrechtsgesetz bestimmt das Nähere".
Nach Gründung des Landes Baden-Württemberg im Jahre 1952, wurde in der Verfassung von 1953 die Schaffung eines Arbeitsrechts bzw. „Arbeitsrechtsgesetz" nicht mehr erwähnt.

2. Die Diskussion um eine Reformierung des Arbeitsvertragsrechts in den Frühjahren der Bundesrepublik

a) Der Verlauf der Entwicklungen bis zur Einsetzung des Arbeitsrechtsausschusses

Das Bonner Grundgesetz, das nicht nur durch Voranstellung eines umfassenden, textlich aber bewusst knapp gehaltenen Grundrechtskatalogs und der sog. „Ewigkeitsklausel" entsprechende Lehren aus der unmittelbaren Vergangenheit zu ziehen suchte, gewährleistete zwar Koalitionsfreiheit (Art. 9 III) sowie Berufsfreiheit (Art. 12) und untersagte den Arbeitszwang (Art. 12 II); doch schwieg es, anders noch als die Weimarer Reichsverfassung, zur Frage der Kodifizierung des Arbeitsrechts.

Dennoch gelang die Forderung nach einer arbeitsrechtlichen Kodifikation nicht in Vergessenheit. Wenige Monate nach Gründung der Bundesrepublik und Inkrafttreten des Grundgesetzes trat der DGB auf seinem Gründungskongress in München (12.10.-14.10.1949) hervor und postulierte als 8. sozialpolitischen Grundsatz die „Schaffung eines einheitlichen Arbeitsrechts, das in einem Arbeitsgesetzbuch zusammenzufassen" sei[764].

Der DGB bestätigte die Forderung später mehrfach. So wurde auf dem 3. ordentlichen Bundeskongress des DGB in Frankfurt in der Zeit vom 4. – 9.10.1954 folgender Entschluss gefasst:

> „Der Dritte ordentliche Bundeskongreß erneuert die heutige gewerkschaftliche Forderung nach Schaffung eines einheitlichen Arbeitsgesetzbuchs. Der Bundesvorstand wird beauftragt, bei der Bundesregierung hierzu die notwendigen Schritte zu unternehmen und selbst die erforderlichen Vorarbeiten hierüber einzuleiten"[765].

In seinem Grundsatzprogramm von 1963 trug der DGB dem „sozialen Rechtsstaat" auf, „die Grundlagen für die Verwirklichung des Rechtes auf Arbeit zu schaffen"[766].

---

[764] Das vollständige Programm mit den gefassten acht sozialpolitischen Grundsätzen ist abgedruckt in: RdA 1949, S. 459f.

[765] Zitat abgedruckt bei SCHELP, Es muß der Anfang gemacht werden, RdA 1960, S. 128.

[766] Vollständig heißt es im Grundsatzprogramm von 1963 dazu wörtlich: „Der soziale Rechtsstaat hat die Verpflichtung, die Grundlage für die Verwirklichung des Rechtes auf Arbeit zu schaffen. Die Vollbeschäftigung und ihre Erhaltung sind hierzu wesentliche Voraussetzungen. Die freie Wahl des Arbeitsplatzes, des Berufes und der Ausbildungsstätte ist uneingeschränkt zu gewährleisten. Die Arbeitnehmer haben das Recht, sich in Gewerkschaften zusammenzuschließen. Die freie Betätigung der Gewerkschaften im Rahmen ihrer selbstbestimmten Aufgaben ist uneinschränkbarer Bestandteil der freiheitlichen demokratischen Grundordnung."
Von der Schaffung eines „einheitlichen Arbeitsrechts" bzw. einem „Arbeitsgesetzbuch" war indes nicht die Rede.
Vgl. SCHUSTER, Die Deutsche Gewerkschaftsbewegung, DGB, S. 99.

Von der Schaffung eines Arbeitsgesetzbuches war dann in einem Aktionsprogramm von 1972 erneut die Rede[767].

Doch schien die Forderung nach einer Kodifikation im Arbeitsrecht nicht nur von den Arbeitnehmervertretern auszugehen. So wird berichtet, dass auf einer Konferenz der Landgerichtspräsidenten am 18.05.1955 auch das „Für und Wider der Schaffung eines Arbeitsgesetzbuches“ behandelt worden sei, wobei man seitens der Vertreter, die sich für die Schaffung eines solchen „Gesetzgebungswerkes“ aussprachen, für die Einsetzung einer Kommission votierte, welche sich mit der Vorbereitung einer solchen Kodifikation beschäftigen sollte[768].

Das Bundesarbeitsministerium schien sich zu dieser Zeit ebenfalls mit der Forderung nach der Schaffung eines Arbeitsgesetzbuches zu beschäftigen. So wird berichtet, dass die Arbeiten an einem Gesetzesentwurf über das Arbeitsvertragsrecht aufgenommen worden seien, was seinerzeit als einen „ersten Schritt zur Kodifikation“ angesehen wurde[769].

Voran kamen entsprechende Arbeiten jedoch erst gegen Ende der 1950er Jahre[770].

Auch die politischen Parteien machten ein entsprechendes Bedürfnis geltend. So forderte die SPD in ihrem Godesberger Programm von 1959 „die gesamte Arbeits- und Sozialgesetzgebung [...] einheitlich und übersichtlich in einem Ar-

---

767 Hervorzuheben sind die drei folgenden Aussagen im Abschnitt „Fortentwicklung des Arbeits- und Dienstrechts“:
„Ein einheitliches Arbeitsgesetzbuch ist zu schaffen. Es muß der Fortentwicklung der sozialen Demokratie und des Rechtsstaats dienen. Die tarifvertragliche Gestaltungsfreiheit ist zu sichern. Alle noch bestehenden arbeits- und sozialrechtlichen Unterschiede zwischen Arbeitern und Angestellten sind zu beseitigen“.
Zitat abgedruckt in: LEMINSKY/OTTO, Politik und Programmatik des DGB, S. 65.

768 Nach SCHELP, (wie Anm. 765), S. 133. Schelp fügte hinzu, dass bei der einzurichtenden Expertenkommission „von vornherein versucht werden [müsse], alle beteiligten Kreise an einen Tisch zu bekommen. Nur so [könne] das Werk von Anfang an Aussicht auf Erfolg haben“.
Nähere Angaben zu ihm und seinen Forderungen bei der zu schaffenden arbeitsrechtlichen Kodifikation folgen in einem gesonderten Abschnitt in diesem Kapitel.

769 Vgl. KUMMER, Kodifikationen des Auslands, DRdA 1955, S. 32.

770 Hier ergibt eine Durchsicht der Akten des Bundesministeriums näheren Aufschluss. So war die Erteilung diverser Forschungsaufträge – zehn an der Zahl – in arbeitsrechtlichen Angelegenheiten für das Jahr 1955 geplant, musste jedoch aus Mangel an Mitteln zunächst zurückgestellt werden. Vgl. BA 149/ 26484, 3063.30, Bd. 1, Bl. 1. Dies darf jedoch nicht den Eindruck erwecken, als ob zu dieser Zeit keinerlei Vergabe etwaiger Aufträge erfolgte – im Gegenteil: Aus einer Liste vergebener Forschungsaufträge zwischen den Jahren 1952 und 1965 geht hervor, dass 1952 und 1960 allein 36 Aufträge erteilt wurden.
Vgl. BA 149/ 26484, 3063.30, Bd. 1 (vorderer Teil).
Ferner war ein Arbeitskreis mit der Vorbereitung des Entwurfs eines Gesetzes über das Arbeitsverhältnis beschäftigt. Dazu finden sich besonders einige wenige Nachweise aus dem Jahre 1956. Voranzukommen schien man auf diesem Gebiet wohl noch nicht.
Vgl. BA 149/ 26484, 3063.30, Bd. 1, Bl. 11ff.

beitsgesetzbuch und einem Sozialgesetzbuch zu regeln“[771]. Ein Jahr zuvor stellte bereits die Bundestagsfraktion der FDP den Antrag im Bundestag, die Bundesregierung zu beauftragen, „dem Deutschen Bundestag den Entwurf eines Deutschen Arbeitsgesetzbuchs unter Einschluß aller arbeitsrechtlichen Bestimmungen vorzulegen“[772].

Auf diesen Antrag hin beschäftigte sich der Rechtsausschuss im Bundestag in seiner 58. Sitzung am 18.03.1959 mit dem Anliegen, wobei seitens des Referenten, dem Abgeordneten Harm (SPD), bekräftigt wurde, dass man zwar grundsätzlich dem Antrag zuzustimmen neige, sich jedoch im übrigen zunächst eingehend mit der Materie nach der Stellungnahme des Ausschusses für Arbeit und der diesbezüglichen Ansicht der Bundesregierung beschäftigen solle. Hingegen meldete aber der Korreferent des Ausschusses, Abgeordneter Winter von CDU/CSU, im Hinblick auf die Notwendigkeit einer derart geforderten gesetzlichen Regelung Bedenken an und erklärte, dass ihm der Antrag für eine Annahme durch das Plenum des Bundestages kaum geeignet erscheine. Schließlich wurde beschlossen, zur Frage des Arbeitsgesetzbuches zunächst noch Vertreter des Bundesministers für Arbeit und Sozialordnung und des Bundesjustizministers möglichst im Rahmen einer gemeinsamen Sitzung mit dem Ausschuss für Arbeit zu hören. Von einer Anhörung der Gewerkschaften sollte nach Willen des Ausschusses abgesehen werden[773].

Kurz darauf, am 8.04.1959, wurde dann im Ausschuss für Arbeit über den Antrag der FDP Fraktion beraten. Dabei war auch, wie zuvor gefordert, Ministerialdirigent Günther Schelp als Vertreter des Bundesministeriums für Arbeit und Sozialordnung anwesend. Schelp plädierte für die Schaffung eines „umfassenden Arbeitsgesetzbuches“, das als „Gesamtkodifikation“ die bestehende „große Rechtszersplitterung auf dem Gebiet des Arbeitsrechts“ beseitigen sollte. Dadurch würde eine „erhebliche Erleichterung für die arbeitsgerichtliche und sozialgerichtliche Rechtsprechung“ erreicht[774].

---

[771] Grundsatzprogramm der Sozialdemokratischen Partei Deutschlands, beschlossen vom Außerordentlichen Parteitag der SPD in Bad Godesberg vom 13. bis 15.11.1959, S. 19.

[772] Die Antragstellung erfolgte am 15.10.1958; vgl. BT-Drs. Nr. 563 (3. Wahlperiode); ebenfalls abgedruckt in: RdA 1958, S. 456.

[773] Vgl. Bericht über die Diskussion des Rechtsausschusses des Bundestages über ein Deutsches Arbeitsgesetzbuch, in: RdA 1959, S. 280.

[774] Weiterhin skizzierte Schelp, wie nach seinen Vorstellungen ein zu schaffendes Arbeitsgesetzbuch aufgebaut sein sollte. Das Werk sei in sechs Büchern aufzugliedern; der allgemeine Teil sollte im ersten Buch, das gesamte Arbeitsrecht mit allen Nebengebieten im 2. Buch untergebracht werden. Das 3. Buch müsste dem Arbeitsschutz, das 4. Buch dem Gebiet der Arbeitsvermittlung und Arbeitslosenversicherung gewidmet werden. Im 5. Buch sollte die Sozialversicherung und im letzten Buch schließlich die rechtstechnischen Voraussetzungen normiert werden.

Bei der anschließenden Diskussion überwog jedoch die Meinung, „sich zunächst mit Teillösungen, etwa durch Schaffung eines Arbeitsvertragsgesetzes nach Vorbild des ‚Potthoff'schen Entwurfs' aus dem Jahre 1923 und des Entwurfs der Akademie für Deutsches Recht aus dem Jahre 1937[775], zu begnügen"[776].

Am Ende der Sitzung verständigte man sich schließlich darauf, von einer gemeinsamen Sitzung mit dem Rechtsausschuss absehen zu wollen und zunächst in den Fraktionen über den vorliegenden Antrag der FDP zu beraten.

Von der Herangehensweise an das Projekt Arbeitsrechtskodifikation scheint sich im Vergleich zu Weimar und Nationalsozialismus nicht viel geändert zu haben. Erneut schien man die Forderung nach einer allumfassenden Kodifikation des Arbeitsrechts beiseite schieben zu wollen und zunächst zumindest „Teillösungen", wie die Kodifizierung des Arbeitsvertragsrechts, zu favorisieren.

Die Diskussion um die Schaffung eines Arbeitsgesetzbuches wurde aber weitergeführt. Die FDP-Fraktion zog indes ihren ursprünglichen Antrag bzgl. der Forderung nach einem allumfassenden „Deutschen Arbeitsgesetzbuch" zurück und brachte, wie in einem weiteren Bericht des Ausschusses für Arbeit vermerkt wurde, unter „Berücksichtigung der Schwierigkeiten einer gegenwärtigen Gesamtkodifikation des Arbeitsrechts"[777] einen entsprechend abgeschwächten Antrag mit folgendem Wortlaut ein:

> „Der Bundestag wolle beschließen: Die Bundesregierung wird beauftragt, mit der Einleitung der Vorarbeiten zu einem Entwurf eines Deutschen Arbeitsgesetzbuchs zu beginnen"[778].

In dem besagten Bericht des Ausschusses wurden zunächst eine „Reihe von Gründen" erörtert, die für die Schaffung eines „Deutsches Arbeitsgesetzbuches" sprechen würden. So sei das „geltende Arbeitsrecht" weitgehend „zersplittert". Neben „besonderen arbeitsrechtlichen Einzelgesetzen" gebe es „viele arbeitsrechtliche Einzelbestimmungen oder Vorschriftengruppen, die in zahlreichen anderen Gesetzen verstreut" seien, wie es etwa beim Dienstvertragsrecht im BGB zu beobachten wäre. Das Arbeitsrecht sei daher insgesamt „eine recht unübersichtliche Rechtsmaterie, da einmal seine verstreuten Einzelvorschriften nicht immer aufeinander abgestimmt [seien] und zum anderen wichtige Rechts-

---

Vgl. Bericht über die Diskussion des Bundestagsausschusses für Arbeit über ein Deutsches Arbeitsgesetzbuch, in: RdA 1959, S. 335.

[775] Gemeint dürfte wohl die Entwurfsfassung von 1938 gewesen sein.

[776] Ebd., S. 335.

[777] Vgl. Bericht des Ausschusses für Arbeit, in: RdA 1960, S. 19; ebenfalls einsehbar in BA 149/26476, 3063.0, Bl. 58ff.

[778] BT-Drs. Nr. 1401 (3. Wahlperiode) v. 30.10.1957.

grundsätze nur aus einer schwer überschaubaren Fülle von Rechtsprechung und Lehrmeinungen entnommen" werden könnten.

Die „Arbeiten an einem Arbeitsgesetzbuch" würden ferner Gelegenheit bieten, „reformbedürftige Teile des Arbeitsrechts neu zu fassen oder zu ergänzen, bestehende Lücken in der arbeitsrechtlichen Gesetzgebung zu schließen und sachlich zusammenhängende Vorschriften in einem Gesetz zu vereinigen"[779].

Deutlich ausführlicher wurden in dem Bericht des Ausschusses für Arbeit jedoch die bei dem Vorhaben zu überwindenden Schwierigkeiten geschildert.

So bestehe der Zweck eines Arbeitsgesetzbuchs nicht darin, „das geltende Arbeitsrecht in seinem derzeitigen Entwicklungsstand in einem einheitlichen großen Gesetzeswerk zu sammeln". Vielmehr müssten auch die „künftigen Entwicklungstendenzen" berücksichtigt werden, worin gerade die „große Schwierigkeit" bestünde. Die „Fortbildung des Arbeitsrechts" würde nämlich „vom Entwicklungstempo unseres Arbeitslebens" bestimmt. Da die Materie des Arbeitsrechts jedoch einer „unaufhörlichen Wandlung" ausgesetzt sei, müsse konstatiert werden, dass es sich beim Arbeitsrecht um ein „stark dynamisches Rechtsgebiet" handele, was die Arbeiten an einer „Gesamtkodifikation" in diesem Rechtsgebiet, anders als etwa im Zivilrecht – „einem mehr statischen Rechtsgebiet" – erschweren würde. Daher müsse zunächst überprüft werden, ob die „Entwicklung des Arbeitslebens zu einem gewissen Abschluß gekommen" sei, sodass eine „Gesamtkodifikation Aussicht auf Bestand" haben könnte[780].

Ferner bestünden hinsichtlich der Begriffe im Arbeitsrecht „erhebliche Unterschiede", wie etwa hinsichtlich der Begriffe Arbeiter und Angestellte sowie der leitenden Angestellten. Beim Arbeitsvertragsrecht müsse im Falle einer Gesamtkodifizierung des Arbeitsrechts u.a. beachtet werden, dass sich „Wesen und Umfang des Direktionsrechtes des Arbeitgebers unter dem Einfluß der Mitbestimmung der Arbeitnehmer zu wandeln" beginnen würde. Im „Tarifrecht" erscheine es zweckmäßig, zum „gegenwärtigen Zeitpunkt bestehende gesetzliche Regelung nicht anzurühren", da anderenfalls mit Widerständen der Sozialpartnern zu rechnen sei. Die Entwicklungen im Betriebsverfassungsrecht seien „am allerwenigsten" zu überschauen. Die Einführung des Arbeitszeitrechts in eine Gesamtkodifikation des Arbeitsrechts sei schließlich „besonders problematisch", da es sich hier, wie beim gesamten Arbeitsrecht, „im höchsten Grade" um „dynamisches Recht" handele, das einer „ständigen Wandlung begriffen" sei, die „sowohl durch soziale Spannungsverhältnisse als auch durch die laufende Fortentwicklung der Technik" bedingt wäre.

---

779 Bericht des Ausschusses für Arbeit, RdA 1960, S. 20.
780 Ebd., S. 20.

Neben den angeführten sachlichen Schwierigkeiten bei der Realisierung einer arbeitsrechtlichen Kodifikation wurde im Bericht des Ausschusses für Arbeit auf den nötigen „Personalaufwand" und den Mangel an Zeit hingewiesen. Die Bewältigung einer „so großen Aufgabe" erscheine jedenfalls „in absehbarer Zeit oder gar innerhalb einer Legislaturperiode" ausgeschlossen.

Obwohl erkannt wurde, dass einer Gesamtkodifizierung des Arbeitsrechts, und damit auch hinsichtlich der Kodifizierung des Arbeitsvertragsrechts, „erhebliche Schwierigkeiten" entgegenstehen würden, wurde dennoch „auf weite Sicht gesehen, die Schaffung eines Deutschen Arbeitsgesetzbuchs" als ein „lohnendes Ziel" bezeichnet. Um sich dem „Endziel" nähern zu können, plädierte man dafür, zunächst lediglich „Teilkodifikationen" im Arbeitsrecht vorzunehmen, etwa in Form eines Arbeitsverhältnisgesetzes oder Berufsausbildungsgesetzes.

Mit dem abgeschwächten Antrag der FDP-Fraktion schien man sich auf die erkannten Probleme bei der Realisierung des Projekts einzustellen. Jedenfalls sollte dem Umstand Rechnung getragen werden, dass sich entsprechende Vorarbeiten zwingend über einen längeren Zeitraum als die laufende Legislaturperiode hinauszögern würden[781].

Die Arbeiten im Ausschuss schienen zügig Früchte zu tragen. So wurde in der Sitzung vom 2.12.1959 vom Bundestag einstimmig der Beschluss gefasst, mit der Einleitung der Vorarbeiten zu einem Entwurf eines Deutsches Arbeitsgesetzbuchs zu beginnen. Daraufhin leitete das Bundesarbeitsministerium entsprechende Arbeiten ein. Im Jahre 1961 und 1962 wurden 31 Forschungsaufträge und Gutachten[782] an Arbeitsrechtswissenschaftler und an die „Gesellschaft für sozialen Fortschritt" vergeben[783]. Für die Realisierung der geplanten arbeitsrechtlichen Gesamtkodifikation sollten sämtliche Vorschriften aufgenommen werden, die aus ihrer wesensmäßigen Zusammengehörigkeit heraus in ein solches Gesetz hineingehörten. Demnach sollten alle Rechtsbereiche erfasst werden, die unter den Begriff des Arbeitsrechts zu fassen waren, wie etwa das Arbeitsverhältnisrecht, das Recht der Berufsausbildung, das Arbeitsschutzrecht, das Kollektive Arbeitsrecht sowie die Arbeitsgerichtsbarkeit[784]. Die Arbeiten schienen zunächst voranzukommen. Laut eines Tätigkeitsberichts des Bundesministeriums für Arbeit und Sozialordnung aus dem Jahre 1963 lag zu diesem Zeitpunkt bereits eine systematische Gliederung des gesamten Arbeitsrechts

---

[781] Ebd., S. 20.

[782] Eine genaue Aufstellung der vom Ministerium vergebenen Forschungsaufträge bis 1972 befindet sich im Bundesarchiv: BA 149 26484, 3063.30, Bd. 2.

[783] Konkret sollte sich die Gesellschaft mit der Rechtsnatur des Arbeitsverhältnisses beschäftigen und dabei auch die Theorien und ihre praktischen Konsequenzen einschließlich des Begründungsaktes eines Arbeitsverhältnisses beleuchten. Vgl. NIKISCH, in: FS-Molitor, S. 101.

[784] SCHELP, Vorarbeiten zur Schaffung eines Deutsches Arbeitsgesetzbuches, BB 1962, S. 229.

vor[785]. Wie die Bundesregierung anlässlich einer Anfrage im Bundestag herausstellte, seien hierbei rund 2000 für die Kodifizierung des Arbeitsrechts bedeutsame Rechtskomplexe herausgearbeitet und „unter Berücksichtigung sowohl rechtssystematischer Erkenntnisse als auch der Erfordernisse der praktischen Gesetzgebungsarbeit" in eine „systematische Ordnung" gebracht worden[786]. Ob es sich bei den genannten 2000 „Rechtskomplexen" um Einzelvorschriften oder Rechtsfragen handeln sollte, konnte vom Bundesminister für Arbeit und Sozialordnung, Theodor Blank, der die Beantwortung der Anfrage zusammenfasste, nicht hinreichend geklärt werden[787].

Ferner bekräftigte Blank, dass eine baldige Einsetzung eines Sachverständigengremiums nicht zu erwarten sei, da „angesichts der Vielfältigkeit und des Umfangs der zu berücksichtigenden Sachverständigenkreise – Wissenschaft, Rechtsprechung, Verwaltung und Sozialpartner – eine ausgewogene Zusammensetzung des Gremiums" Schwierigkeiten bereite[788]. Ebenso müsste zunächst das „Ergebnis wichtiger Forschungsaufträge abgewartet werden"[789]. Dazu kam, dass

---

[785] Tätigkeitsbericht des Bundesministeriums für Arbeit und Sozialforschung, RdA 1964, S. 258.

[786] Der Entwurf eines Deutsches Arbeitsgesetzbuches, Anfrage des Abgeordneten Jahn im Bundestag und Antwort der Bundesregierung, RdA 1964, S. 142f.

[787] Blank erwiderte auf diese Frage wörtlich: „Sicherlich um 2000, ich will nicht direkt sagen, Einzelfragen, aber immerhin um solche unterteilten Gruppen. Daraus ergibt sich diese ungeheure Zahl." Was konkret mit den vom Bundesministerium herausgearbeiteten „2000 Rechtskomplexen" gemeint war, wusste also selbst der Minister nicht.

[788] Die zügige Einrichtung eines solchen „Sachverständigen-Beraterkreises" wurde an anderer Stelle jedoch ausdrücklich empfohlen. So stellte Ministerialdirigent Günther Schelp heraus, dass „zu der grundsätzlichen Planung" eines Arbeitsgesetzbuches die „Erkenntnis" gehöre, „daß es bei der Durchführung dieser Aufgabe der Mitarbeit aller beteiligten Kreise aus Wissenschaft und Praxis" bedürfe, damit von vornherein „die sachdienlichen Erfahrungen, Gesichtspunkte, Gedanken und Erkenntnisse aller Beteiligten in dem notwendigen Maße berücksichtigt und koordiniert werden" könnten.
Konkret schlug Schelp vor, dass die einzurichtende Kommission etwa aus 30 bis 35 Mitgliedern bestehen sollte. In dem Gremium sollten sowohl die Wissenschaft, als auch Rechtsprechung, Sozialpartner und die Verwaltung vertreten sein. Zur „weiteren Beschleunigung und Förderung der Arbeiten" seien ferner „im Rahmen des Sachverständigengremiums zur Behandlung von einzelnen Fragenkomplexen Ausschüsse" zu bilden, die aus jeweils 10 Mitgliedern zu bestehen hatten. In diesen Ausschüssen sollte es jedoch weniger auf die „Ausarbeitung von formulierten Gesetzesentwürfen ankommen"; vielmehr seien hier die „zu kodifizierenden Gegenstände zuvor in Thesenform" herauszuarbeiten. Insgesamt plädierte Schelp für die Einsetzung von drei solchen Ausschüssen. Der erste sollte sich mit der „Festlegung des Umfangs der Kodifikation und der Systematik eines Arbeitsgesetzbuches" beschäftigen. Ein weiterer Ausschuss sollte den allgemeinen Teil eines Arbeitsgesetzbuches nebst Begriffsinhalte herausarbeiten. Der letzte Ausschuss schließlich hatte sich um die „Vereinheitlichung des Arbeitsrechts" zu sorgen.

[789] Ebd. S. 142.

1963 zwei weitere Forschungsaufträge vergeben wurden[790]. Auch in den darauf folgenden Jahren kam es zur Vergabe weiterer solcher Aufträge[791].

Dennoch schien man die Erfolgsaussichten einer umfassenden arbeitsrechtlichen Kodifikation nicht zu hoch anzusetzen. Anlässlich einer „Besprechung der Arbeitsrechtsreferenten der obersten Arbeitsbehörden der Länder“ am 12.01.1961 wurden Einschränkungen bei der Realisierung des Vorhabens diskutiert und dafür plädiert, die Arbeiten zunächst lediglich auf den Bereich eines „Arbeitsverhältnisgesetzes“ zu beschränken[792].

Die Kodifizierung des Arbeitsrechts wurde nicht nur von der Bundesregierung und dem Parlament nachhaltig diskutiert. So veranstaltete am 18.02.1966 das Institut für Sozialpolitik und Arbeitsrecht eine Tagung in München mit dem Arbeitstitel „Möglichkeiten einer Kodifikation des Arbeitsrechtes in der Bundesrepublik Deutschland“. An der Tagung nahmen diverse Wissenschaftler des In- und Auslands teil, so auch Ministerialdirektor Wilhelm Herschel, der nur rund vier Jahre später den Vorsitz der Kommission übernehmen würde, die sich um die Ausarbeitung eines Arbeitsgesetzbuches bemühen sollte. Herschel trat dem Vorhaben eher skeptisch gegenüber und vertrat die Auffassung, vielmehr gezielte legistische Einzelmaßnahmen zu forcieren, da „über eine Reihe prinzipieller Fragen, insbesondere über das Wesen des Arbeitsverhältnisses, verschiedenartige Auffassungen“ bestünden. Vielmehr forderte er, „über den Bereich des Arbeitsrechtes hinaus auch die anderen Rechtsgebiete mit sozialem Geist zu durchdringen“ und empfahl die „Möglichkeiten des Tarifvertrages in stärkerem Ausmaß auszunutzen“[793]. Andere Wissenschaftler lehnten daraufhin Herschels restriktive Ansicht ab und traten mehrheitlich für die Schaffung eines einheitlichen Arbeitsgesetzbuches ein. Hervorzuheben sind hierbei etwa Rolf Dietz sowie der „Altmeister des deutschen Arbeitsrechts“ Alfred Hueck, der zumindest die Kodifikation des Individualarbeitsrechts befürwortete und betonte, dass „die großen

[790] Ein Gutachten sollte sich mit dem Begriff des Arbeitnehmers beschäftigen, das zweite zur Problematik der Ausschlussfristen für die Geltendmachung von Ansprüchen aus dem Arbeitsverhältnis äußern. Vgl. Tätigkeitsbericht (wie Anm. 785), RdA 1964, S. 258.
Vgl. SCHELP, Vorarbeiten zur Schaffung eines Deutschen Arbeitsgesetzbuches, BB 1962, S. 230f. Der Aufsatz ist ebenso abgedruckt in RdA 1962, S. 91.

[791] So scheinen drei weitere Forschungsaufträge 1964 vergeben worden zu sein, was ein Vermerk vom 4.11.1964 des Ministeriums belegt. Ein Jahr später kamen acht weitere hinzu. Vgl. BA 149/ 26478.

[792] So Oberregierungsrat Trieschmann, der befürchtete, dass sich anderenfalls die „konkreten Arbeiten [...] von vorn herein ins Uferlose“ ausweiten würden; vgl. BA 149/26476, 3063.0, Bd. 1, Bl. 91.

[793] Entnommen aus: SCHWARZ, Wissenschaftliche Tagung über die Arbeitsrechtskodifikation, DRdA 1966, S. 99.
Schon zuvor hatte sich Herschel gegenüber der Schaffung einer arbeitsrechtlichen Kodifikation kritisch geäußert. Mehr dazu folgt in einem gesonderten Abschnitt in diesem Kapitel.

Aufgaben, die mit der Arbeitsrechtskodifikation verbunden [seien], durchaus realisierbar" wären[794].

Indessen schritt die Einzelgesetzgebung im Arbeitsrecht weiter fort[795]. So wurde am 14.08.1969 das Erste Arbeitsrechtsbereinigungsgesetz[796] verabschiedet. Ergebnis dieser Gesetzgebung war vornehmlich eine Novellierung des Kündigungs- und Kündigungsschutzrechts[797]. Ein für 1971 geplantes Zweites Arbeitsrechtsbereinigungsgesetz, das u.a. eine Regelung des Arbeitsentgelts, die Regelung der Vertragsstrafe sowie die Beschränkung der Arbeitnehmerhaftung mit sich bringen sollte, kam jedoch nicht über den Referentenentwurf hinaus[798].

Auch wenn noch keine greifbaren Ergebnisse bezüglich der Vorarbeiten an dem eigentlichen Kodifikationsprojekt erkennbar waren, schien das Vorhaben dennoch erneut an Aufschwung zu gewinnen, als Willy Brandt mit der Regierungserklärung der ersten sozialliberalen Koalition der Bundesrepublik am 28.10.1969 an die Öffentlichkeit trat. Der folgenden Erklärung gebührt dabei besondere Aufmerksamkeit:

> „Die Bundesregierung ist dem sozialen Rechtsstaat verpflichtet. Sie wird zur Verwirklichung dieses Verfassungsauftrags das unübersichtlich gewordene Arbeitsrecht in einem Arbeitsgesetzbuch zusammenfassen"[799].

Mit dieser Erklärung wurde das Kodifikationsprojekt nun zum „Verfassungsauftrag" erhoben. Der Gedanke war freilich nicht neu. Wie gezeigt worden ist, leite-

794 Ebd., S. 100.

795 Die Durchsicht der Akten des Bundesministeriums geben hierzu näheren Aufschluss. Trotz allgemeiner Skepsis, die etwa Herschel, Ministerialdirektor des Ministeriums, äußerte, wurden die Arbeiten fortgesetzt. Den Schwerpunkt der Arbeiten verlagerte man dabei zunehmend auf den Sektor des Individualarbeitsrechts. Zunehmend begann man die Arbeiten an einem Arbeitsgesetzbuch einzuschränken; „Grundsatzforschung" sollte zunächst betrieben werden, die durch die Vergabe und Auswertung von Forschungsaufträgen vorangebracht werden sollte. Das Ziel, durch ein Arbeitsgesetzbuch die Materie des Arbeitsrechts „volksnah" zu machen, wurde aufgrund der zunehmenden „Komplifizierung der heutigen Rechtsentwicklung" offenbar zurückgestellt. Vgl. BA 149/26478; 3063.01.

796 BGBl. I 1969, S. 1106.

797 Die amtliche Gesetzesbezeichnung lautete auf Anregung des Bundestagsausschusses nämlich „Gesetz zur Änderung des Kündigungsrechts und anderer arbeitsrechtlicher Vorschriften (Erstes Arbeitsrechtsbereinigungsgesetz); vgl. BT-Drs. 5/4376 v. 12.6.1969, S. 2.
Näheres dazu auch bei RICHARDI, Geschichte der Sozialpolitik in Deutschland seit 1945, Band 5, S. 242 sowie RAMM, Entwürfe, S. 82.

798 Nach Wlotzke war der Entwurf im Frühjahr 1972 kabinettsreif, konnte aber wegen der vorgezogenen Bundestagswahl nicht mehr realisiert werden; vgl. auch Sozialbericht 1973, S. 3.
Vgl. WLOTZKE, Die arbeitsrechtliche Gesetzgebung in der 7. Legislaturperiode des Deutschen Bundestages, ArbuR 1974, S. 2, Anm. 4. Vgl. auch DIETERICH, Die Kodifikation des Arbeitsrechts, RdA 1978, S. 333.

799 Der sozialpolitische Teil der Regierungserklärung ist abgedruckt in: RdA 1969, S. 353f.

te man das Erfordernis einer arbeitsrechtlichen Kodifikation bereits aus der Weimarer Reichsverfassung ab. Dennoch war der Ansatz nun ein anderer: Im Gegensatz zur Reichsverfassung ließ sich jedenfalls ein unmittelbarer Auftrag aus dem Bonner Grundgesetz nicht herleiten. Um die Realisierung des Projekts dennoch als Auftrag von Verfassungsrang bezeichnen zu können, wurde das Sozialstaatsprinzip in Ansatz gebracht.

Am 21.05.1970 war es dann soweit. Das Bundeskabinett beschloss auf Vorschlag des Bundesarbeitsministers, eine Sachverständigenkommission zur Erstellung eines Arbeitsgesetzbuches einzuberufen. Das Gremium sollte aus insgesamt 22 Mitgliedern, darunter sieben Wissenschaftlern, drei Richtern, zehn Vertretern von Arbeitnehmer- und Arbeitgeberverbänden sowie zwei Vertretern der Länder, bestehen.

Hinsichtlich der weiteren Vorgehensweise war geplant, wie das Bundeskabinett verlauten ließ, dass das „gesamte Arbeitsrecht" zunächst „auf seine Übereinstimmung mit den Gegebenheiten und Erfordernissen der Menschen in der Arbeitswelt sorgfältig zu überprüfen" sei. Ferner sollten dabei die „sozialen Wandlungen ebenfalls so berücksichtigt werden, wie die sich anbahnenden Entwicklungstendenzen". Unter diesen Voraussetzungen solle „eine gleichzeitige umfassende Kodifizierung des individuellen und des Kollektiven Arbeitsrechts sinnvoll eingeordnet werden". Schließlich verfolge die Bundesregierung „mit dem Arbeitsgesetzbuch das Ziel, eine möglichst weitgehende Transparenz der sozialen Rechtsordnung zu verwirklichen, um das Arbeitsrecht für den Staatsbürger besser überschaubar zu machen und die Rechtsanwendung für die arbeitsrechtliche Praxis der Betriebe sowie der Verbände und für die Gerichte zu erleichtern[800].

Das Arbeitsrecht sollte fortan also transparenter, übersichtlicher und damit einfacher gestaltet werden, und zwar für sämtliche Parteien, die mit dieser Materie in Berührung kommen würden. Und gerade dieses Ziel sollte dadurch realisiert werden, dass man einen umfassenden Arbeitsrechtskodex erschafft, in dem nicht nur das Arbeitsverhältnisrecht sondern vielmehr neben dem Arbeitsschutzrecht auch das Kollektive Arbeitsrecht aufgenommen werden sollte. Dass ein solches Vorhaben auf Schwierigkeiten stoßen würde, sah man bereits voraus. So sollte dieses „große Gesetzgebungsvorhaben unter Berücksichtigung der damit verbundenen Schwierigkeiten stufenweise" verwirklicht werden. Daher sei zunächst eine „Rechtsbereinigung der in Betracht kommenden Teilbereiche zum Zwecke der Einordnung in das Gesamtsystem eines Arbeitsgesetzbuches" vorzunehmen, die „die wechselseitige Abstimmung der tragenden Rechtsgrundsätze

[800] Bericht des Bundeskabinetts: Berufung einer Sachverständigenkommission für ein Arbeitsgesetzbuch, BArBl 1970, S. 414.

sowie eine Vereinheitlichung und Modernisierung von allgemeinen Rechtsbegriffen" einschließe. Dabei müsste „im Rahmen der erforderlichen Möglichkeiten bereits eine Anpassung der Rechtsvorschriften an die gewandelten sozialen, wirtschaftlichen und gesellschaftlichen Verhältnisse" erfolgen.

Damit schließlich die „Sachverständigenkommission" auch tatsächlich diese vom Kabinett erklärten Ziele zügig umsetzen konnte, sollte noch ein „Lenkungsausschuss" zur „Steuerung und Koordinierung der Arbeiten" gebildet werden[801].

Der Weg für die Kodifizierung des Arbeitsrechts schien nun frei zu sein. Bevor die Arbeitsweise und das Vorankommen der am 3.11.1970 vom Bundesarbeitsminister eingesetzten Kommission näher beleuchtet wird, soll zunächst untersucht werden, inwiefern die Fachöffentlichkeit auf das geplante Reformprojekt Stellung bezogen hat.

b) Äußerungen der Fachöffentlichkeit zur Kodifizierung des Arbeitsvertragsrechts vor Einsetzung des Arbeitsrechtsausschusses

aa) Herschel und die „Reife" eines „Gesetzbuchs der Arbeit"

Am 13.11.1959 referierte Ministerialdirektor Wilhelm Herschel auf der Arbeitsministerkonferenz in Bremen über die Erfolgsaussichten eines „einheitlichen Gesetzbuchs der Arbeit".

In seinem Vortrag verglich er zunächst den Zustand des Arbeitsrechts mit dem des deutschen Zivilrechts zum Zeitpunkt der im frühen 19. Jahrhundert zwischen Savigny und Thibaut geführten Kontroverse um die Vereinheitlichung des bürgerlichen Rechts[802]. Dabei bemerkte Herschel, dass „damals [...] auf dem

801 Ebd., S. 414.

802 Eingeleitet wurde der sog. „Kodifikationsstreit" mit Thibauts im Jahre 1814 erschienen Schrift „Über die Nothwendigkeit eines allgemeinen bürgerlichen Rechts für Deutschland". Darin plädierte der Heidelberger Rechtslehrer Friedrich Justus Thibaut (1772-1840) für eine nationale, im Sinne der Aufklärung „weise" Gesetzgebung; mithin für eine umfassende Kodifikation des bürgerlichen Rechts, worunter er ausdrücklich das gesamte Privat-, Kriminal- und Prozessrecht fasste.
Widerspruch erfolgte noch im selben Jahr. In seiner bis heute bekannt gebliebenen Gegenschrift „Vom Beruf unserer Zeit für Gesetzgebung und Rechtswissenschaft" lehnte der damals führende Zivilrechtslehrer Friedrich Carl von Savigny (1779-1861) jede Kodifikation als typische rechtspolitische Konkretisierung des unhistorischen Naturrechts ab. Überdies attestierte er seiner Zeit mangelnde Reife, eine Rechtseinheit durch eine Kodifikation herzustellen. Vielmehr votierte Savigny für eine umfassende wissenschaftliche Reform, in dessen Rahmen sich die Wissenschaft zunächst des gesamten Rechtsstoffs zu bemächtigen habe. Die Rechtswissenschaft sollte nun dazu berufen sein, die zukünftige Gesetzgebung vorzubereiten. Dazu sollte sie aber zwingend „historisch" und „systematisch" verfahren. Da alles Recht „organisch", wie die „Spreche, Sitte, Verfassung" wachsen würde, könne man es ohnehin lediglich „geschichtlich", als organisch Gewordenes erfassen.

Felde des bürgerlichen Rechts zu diesem Einheitsstreben mehr sachlicher Grund als heute auf dem Gebiet des Arbeitsrechts" bestanden habe. Ein derart „krasses Gemisch des alten Wirwarrs" wie es Thibaut beklagt habe, gebe es „heute im Arbeitsrecht denn doch nicht". Ein „chaotisches Allerlei" sei im Arbeitsrecht ebenfalls nicht zu beklagen, so Herschel[803]. Indes seien für das „fast messianische Verlangen, mit dem unsere Vorfahren die Gesetzbücher in einer Art Adventsstimmung herbeisehnten, heute auch die geistigen Voraussetzungen nicht mehr gegeben". Im Vergleich zu Weimar fehle die Abneigung des Zentralismus und das Favorisieren des Föderalismus. Mit dem Ziel der Kodifizierung des Arbeitsrechts wollte man in Weimar lediglich den „sozialen Aufgaben der Zeit gerecht werden, indem man dem Arbeitnehmer gab, was der Bürger schon lange besaß, nämlich sein besonderes Gesetzbuch". Und dies sei, so führt Herschel fort, eine „etwas naive Auffassung" gewesen, die sich „bald als zu einfach" erweisen sollte. Maßgeblich sei nämlich nicht, den Arbeitnehmer dem Bürger gegenüberzustellen. Vielmehr bestehe die „schicksalhafte Aufgabe [...] darin, Bürger und Arbeitnehmer in eine harmonische, ausgeglichene höhere Volksordnung und damit Rechtsordnung hinein zu integrieren, [...] das gesamte Recht in allen seinen Zweigen mit sozialem, lebensspendendem Geiste zu erfüllen"[804].

Deutlich stellte Herschel schließlich heraus, dass das Bemühen um eine Kodifikation „aus der Natur der Sache heraus" auf Grenzen stoßen müsste, so auch ein „modernes Gesetzbuch der Arbeit". Zwar würde ein „gutes Gesetzbuch der Arbeit erhebliche Vorteile" mit sich bringen. Dennoch müsse auf „einige besondere Schwierigkeiten" hingewiesen werden. Dabei erörterte Herschel zunächst inhaltliche Kriterien; würde man etwa das „ganze Recht der Arbeit" zusammenfassen wollen, so müsste auch die Sozialversicherung einbezogen werden, was aber angesichts des Umfangs und der ständigen Novellierungsbedürftigkeit nicht zu empfehlen sei. Entsprechendes gelte für den Lohnpfändungsschutz, das Handwerksrecht oder die Mitbestimmung[805].

Doch auch ganz grundsätzliche Hindernisse würden den Realisierungschancen einer arbeitsrechtlichen Kodifikation möglicherweise im Wege stehen. So würde eine „Konzentration des Arbeitsrechts in einem einzigen Gesetzbuch [...] die Gefahr der sozialen Verengung des übrigen Rechts" mit sich bringen. Erschwerend käme der Umstand hinzu, dass es bislang nicht gelungen sei, „für alle Teile des Arbeitsrechts" einheitliche Begriffe durchzusetzen, was sich insbeson-

Mehr dazu im Überblick bei BEHRENDS, Thibaut, HRG, Bd. 5, Sp. 177f.; SCHRÖDER, Thibaut, in: Deutsche Juristen, S. 436ff.; ausführlich zu dieser Thematik HATTENHAUER, Thibaut und Savigny: ihre programmatischen Schriften.

803 HERSCHEL, Gesetzbuch der Arbeit – heute?, DB 1959, S. 1441.

804 Ebd., S. 1442.

805 Ebd., S. 1442.

dere anhand der rechtlichen Unterscheidung von Arbeitern und Angestellten aufzeigen ließe.

Weiterhin könnte die Gefahr bei einer umfassenden Kodifizierung und Vereinheitlichung des Arbeitsrechts bestehen, dass die „Autonomie" bzw. die „autonome Rechtserzeugung der Sozialpartner" in unverträglichem Maße eingeschränkt würde. Autonomie sei „wesensgemäß Dezentralisation der Rechtsetzung und damit Vielfalt des Rechtsinhalts", wodurch sich schließlich „Autonomie und Einheit des Rechts wie Feuer und Wasser" verhalten würden[806].

Die Kodifizierung des Arbeitsrechts erweise sich jedoch noch aus weiteren Gründen als besonders schwierig, fuhr Herschel fort. So seien „große Teile unseres Arbeitsrechts unmittelbar aus dem Rechtsbewusstsein unseres Volkes heraus organisch gewachsen". Arbeitsrecht sei weitgehend kein „Kunstrecht", kein „Juristenrecht", sondern „Volksrecht".

Eine Kodifikation des Arbeitsrechts bringe die Gefahr mit sich, dass „wir von seinen tieferen Quellen und seinen in die Zukunft weisenden Entwicklungslinien abgelenkt" würden. Eine „Gesamtkodifikation des Arbeitsrechts" würde schließlich „Festlegen, Zementieren und damit Abgehen von dem organischen natürlichen Fluß der tieferen Quellen des Rechts, die gerade auf unserem Gebiet reichlich und heilbringend sprudeln" würden[807].

Insgesamt sei zwar die Schaffung eines Gesetzbuches der Arbeit als eine „große Chance" zu bewerten. Wie auch beim Roulettespiel bestünde jedoch nicht nur eine „Chance nach oben" sondern vielmehr auch eine „Chance nach unten". Das Arbeitsrecht sei außerdem grundsätzlich „dynamisches Recht", das sich anschicken würde, „in eine Periode besonders schneller und vielseitiger Entwicklung einzutreten". Daher würden „manche Teile des Stoffes dem Gesetzgeber geradezu unter den Händen fortlaufen". Gerade dieser Umstand, so kann man aus Herschels wichtigsten Einwand folgern, spricht ganz besonders gegen eine erfolgreiche Kodifizierung des Arbeits(vertrags)rechts. Aufgrund der Dynamik des Rechts müsste das einmal geschaffene „Gesetzbuch der Arbeit" geändert, bzw. wie schon Thibaut meinte, „nachher erforderlichenfalls gebessert" werden[808], was zwar auf den ersten Blick möglich erscheinen möge. Dies ließe sich jedoch, so folgerte auch ganz zutreffend Herschel in seinem Vortrag, nicht ohne weiteres bewerkstelligen; was einmal „verfehlt angelegt ist", lässt sich nicht so einfach wieder korrigieren. Ein „Gesetzbuch, das von vornherein auf baldigen Umbau oder gar Abbruch gebaut würde, wäre ein Zerrbild seiner selbst".

---

[806] Ebd., S. 1443.
[807] Ebd., S. 1443f.; so auch Herschel im Jahr zuvor; vgl. HERSCHEL, Das Arbeitsrecht, in: Die Grundrechte, S. 369f.
[808] Zitat auch verwendet von Herschel; vgl. ebd., S. 1444.

Würde man dennoch zu einer „Zementierung“ des geltenden Arbeitsrechts im Sinne einer Kodifikation schreiten und eine „Regelung aus den Gegebenheiten und Stimmungen des Augenblicks“ erschaffen, würde man „vielleicht schon bald erleben müssen, daß das Produkt seiner gesetzgeberischen Arbeit dahinsiech[e] und nur noch auf dem Papier ein kümmerliches Dasein“ friste. Aufgrund der „Dynamik“ der allermeisten arbeitsrechtlichen Regelungssachverhalte[809] und dadurch, dass sich „die Dinge [...] zu sehr im Fluß“ befinden würden, könne eine umfassende Kodifizierung im Arbeitsrecht nicht sinnvoll bewerkstelligt werden. Parallelen zu Planck, Struckmann und Gröber werden hier besonders deutlich, die sich bereits im Entwicklungsprozess des BGB gegen eine entsprechende allumfassende Kodifizierung aussprachen und vielmehr auf spezialisierte Einzelgesetzgebung setzten.

Obwohl schließlich Herschel gegen eine „alsbaldige Schaffung eines Gesetzbuches der Arbeit“ votierte und bekräftigte, dass aus den vorgebrachten Gründen „die Zeit für die Verabschiedung des umfassenden und für lange Dauer abschließenden Gesetzbuches der Arbeit noch nicht reif“ sei, billigte er dennoch, dass man zwischenzeitlich mit entsprechenden Vorarbeiten begonnen habe. Doch sollten zunächst lediglich „Teilkodifikationen“, wie eine solche des Arbeitsverhältnisses, mit „klarer Gesetzessprache“ in Betracht gezogen werden.

Dennoch hielt Herschel „den Plan eines Gesetzbuches der Arbeit“ erst dann für realisierbar, „nachdem die arbeitsrechtliche Entwicklung einen weiteren theoretischen und praktischen Reifeprozeß durchgemacht“ habe[810]. Derzeit jedenfalls sei lediglich eine „zweck- und planmäßige Spezialgesetzgebung“ vorzuziehen, die auf die „Gesamtkodifikation“ abziele[811].

Einzelgesetzgebung, allenfalls „Teilkodifikationen“, wie eine solche des Arbeitsvertragsrechts, waren also nach Herschel im Arbeitsrecht in der nahen Zukunft zu verwirklichen. Dass selbst diesem „Mindestziel“ möglicherweise dieselben Hindernisse entgegenstehen könnten, die Herschel in Bezug auf eine Gesamtkodifikation des Arbeitsrechts ins Auge fasste, hatte er wohl nicht vorausgesehen.

---

809 Als Beispiel führt Herschel das Arbeitszeitrecht an. Aber auch zahlreiche weitere „große Fragen“ seien in „Bewegung geraten“ und damit im Wandel begriffen. Ein „Gesetzbuch der Arbeit“, so Herschel weiter, „würde sich geradezu lächerlich machen“, wenn es diese Probleme ausklammere oder gar übergehe.
Ebd., S. 1444.

810 Ebd., S. 1445; Herschel scheint sich hier auf den Ansatz Savignys im Kodifikationsstreit zu beziehen; vgl. dazu auch Anm. 802.

811 Ebd., S. 1445.

bb) Schelps „Betrachtungen zur Schaffung eines Gesetzbuchs der Arbeit"

„Es muß der Anfang gemacht werden", so forderte Ministerialdirigent Günther Schelp gleich im Titel seines Aufsatzes im Hinblick auf eine mögliche Kodifizierung des Arbeitsrechts.

Ein „Deutsches Arbeitsgesetzbuch" könne zwar „die auf arbeitsrechtlichem Gebiet bestehende Rechtszersplitterung" und „Unübersichtlichkeit", welche zusammen genommen „notwendigerweise zu einer nicht zu unterschätzenden Rechtsunsicherheit" führe, beseitigen[812]. Jedoch solle „bei denjenigen, die mit dieser Materie nicht so vertraut" seien, nicht durch die Wahl des Titels „Arbeitsgesetzbuch" der Eindruck erweckt werden, „als ob alle Vorschriften in diesem Gesetzbuch vereinigt werden sollten, die die menschliche Arbeit in irgendeiner Form betreffen" würden. So erscheine es keineswegs sinnvoll, in einem „Mammutgesetz" in „äußerlicher Form Materien zusammenzufügen, die in keinem hinreichend engen Zusammenhang zueinander" stünden, was beispielsweise bei der Sozialversicherung der Fall sei. Ähnliches ließ zuvor auch Herschel verlauten, der ebenso gegen die Aufnahme des Sozialversicherungsrechts angesichts des Umfangs und seiner aktuellen Brisanz votierte. Wollte man dennoch, so Schelp weiter, die Erschaffung eines Gesetzbuches anstreben, was den Anspruch einer „Gesamtkodifikation" erheben wolle, so müsste zwingend „all das aufgenommen werden [...], was aus einer wesensmäßigen Zusammengehörigkeit heraus in ein solches Gesetz" hineingehören würde[813].

Neben der „Beseitigung der Zersplitterung" auf dem Gebiet des Arbeitsrechts könnte die „Schaffung eines Arbeitsgesetzbuchs" ferner zur Folge haben, dass man sich „der Lücken" bewusst würde, die „in diesem Bereich der Gesetzgebung noch klaff[ten]". Weiterhin solle der Gesetzgeber künftig „das Recht so zu kodifizieren [haben], wie es nicht nur den Anforderungen der Gegenwart, sondern auch den sich abzeichnenden zukünftigen Entwicklungen" entsprechen würde[814]. Wie genau man nun eine solche Präjudizierung zukünftiger Entwicklungen umzusetzen habe, wurde freilich nicht erörtert.

Eine Kodifizierung des Arbeitsrechts, so führt Schelp weiter aus, würde „im übrigen auch für lange Zeit zu einer strengeren Bindung des Richters an das Gesetz und damit auch zu einer größeren Vorausberechenbarkeit der richterlichen Entscheidungen führen". Insgesamt bewirke außerdem die Schaffung einer Ar-

---

812 SCHELP, Es muss der Anfang gemacht werden, RdA 1960, S. 128f.

813 Zwei Jahre später schien Schelp jedoch leicht von dem favorisierten Ziel der Schaffung einer „Gesamtkodifikation" abzuweichen. So konstatierte er, dass es durchaus „arbeitsrechtliche Bereiche" gebe, „die einfach für eine Kodifizierung noch nicht reif erscheinen" würden und daher zunächst zurückgestellt werden müssten. Vgl. SCHELP, Vorarbeiten, DB 1962, S. 230.

814 Ebd., S. 129.

beitsrechtskodifikation eine „Vertiefung der Arbeitsrechtswissenschaft“ sowie eine „Befruchtung der gesamten Zivilrechtswissenschaft“[815].

Trotz des klaren Votums realisierte Schelp auch zahlreiche dem Projekt „entgegenstehende Schwierigkeiten“: So handele es sich beim Arbeitsrecht einerseits nicht um „ruhendes Recht“, das lediglich „von Zeit zu Zeit gewisser Korrekturen“ bedürfe. Aufgrund der „eigenen Dynamik“ dieser Rechtsmaterie würden einmal festgelegte gesetzliche Bestimmungen gerade in „unserer schnellebigen Zeit“ schon bald „von der dem Arbeitsrecht eigenen dynamischen Kraft überholt“. Erneut erinnert dieses Argument, was ganz grundsätzlich gegen eine Kodifizierung dieser Materie spricht, an die Ausführungen Herschels. Dennoch versuchte Schelp diesen Ansatz zu entschärfen, indem er gelungene Kodifizierungen von arbeitsrechtlichen Teilgebieten, wie die im Tarifrecht oder der Betriebsverfassung und Kündigungsschutz, hervorhob.

Weniger die „Dynamik“ sei problematisch, sondern mehr der Umstand, dass bei dem, „was in der Gesamtkodifikation zusammengefaßt werden [müsse], noch so vieles der gesetzlichen Form überhaupt [entbehre], oder bisher nur in völlig veralteten gesetzlichen Formen“ erschienen wäre, so Schelp weiter.

Eine weitere Schwierigkeit sei schließlich darin zu ersehen, dass infolge einer umfassenden arbeitsrechtlichen Kodifikation zwangsläufig der „Wirkungskreis der Sozialpartner“ und die „soziale Autonomie“ eingeschränkt würden. Daher seien seitens der staatlichen Gesetzgebung lediglich „soziale Mindestnormen“ zu schaffen, um den Sozialpartnern Regelungsspielräume, etwa beim Abschluss von Tarifverträgen, zu belassen und die „Fortentwicklung des Arbeitsrechts durch die Sozialpartner“ nicht zu behindern[816].

Auch könne es nicht Ziel des Projekts sein, möglichst „alles vollkommen und bis in die letzten Einzelheiten“ regeln zu wollen. Vielmehr müsse bei „jeder Frage sorgfältig abgewogen werden, ob ihre Regelung zweckmäßigerweise im Gesetzeswege oder über die Sozialpartner erfolgen“ solle. Auf diese Weise würde eine Kodifikation auch „kein Zementieren“ bedeuten, was vor Schelp bereits Herschel als Folge eines „Gesetzbuches der Arbeit“ befürchtet hatte.

Problematisch zu entscheiden sei weiterhin die Frage, inwiefern das neben dem allgemeinen Arbeitsrecht „breit gestreute Sonderrecht“ für bestimmte Arbeitnehmergruppen in die „große Kodifikation“ überführt werden könne und inwieweit es als selbstständige Materie erhalten bleiben müsste[817]. Und schließlich bestünden neben all diesen Schwierigkeiten noch gewisse technische Probleme, insbesondere im Hinblick auf die für die Realisierung des Projekts verfüg-

[815] Ebd., S. 130.
[816] Ebd., S. 130; SCHELP, Vorarbeiten, DB 1962, S. 232.
[817] Ebd., S. 131.

bare zeitliche Perspektive. Innerhalb einer Legislaturperiode sei jedenfalls „ein solch großes Gesetzgebungswerk“ kaum zu verwirklichen.

Sollte das Kodifikationsprojekt dennoch gelingen, müsste zwingend schrittweise vorgegangen werden. Gründliche Vorarbeiten seien keinesfalls abdingbar. Zunächst müsse eine „systematische Übersicht des Stoffs“ erstellt, mithin ein „System für das Arbeitsgesetzbuch“ ausgearbeitet werden. Das zu schaffende Gesetzbuch sollte vom Umfang her eher knapp gehalten werden; „Vorschriften, die zwar gelten, aber nicht praktiziert“ würden, stellten nur „Ballast in den Gesetzen“ dar. Daher sei auch weitgehend auf „kasuistische Regelungen“ zu verzichten, zumal Kasuistik ein Gesetz „verhältnismäßig schnell veralten“ lassen würde[818].

Im Rahmen der Vorarbeiten seien bestehende Tarifverträge und Betriebsvereinbarungen auszuwerten um dadurch den Erfordernissen der betrieblichen Praxis Rechnung tragen zu können[819]. Ebenso eingeschaltet werden müssten Rechtsprechung und Wissenschaft. Hierbei sei es absolut notwendig, dass die von Reichsarbeits- und Bundesarbeitsgericht erarbeiteten Erkenntnisse und Ergebnisse zusammengetragen und entsprechend einbezogen würden[820].

Ferner sei eine „Ausfüllung von Lücken“ auf dem Gebiet arbeitsrechtlicher Gesetzgebung im Vorfeld vorzunehmen. Hier stellte Schelp insbesondere auf das Gebiet des Individualarbeitsrechts ab, das bislang einer gesetzlichen Regelung nicht zugeführt werden konnte. Die „Schaffung eines Arbeitsverhältnisgesetzes“ stelle, so Schelp weiter, „mit die wichtigste Vorarbeit für ein Gesetzbuch der Arbeit“ dar.

Anders als Herschel, sprach sich Schelp gegen „Teilkodifikationen“ aus. Diese dürfte es jedenfalls zukünftig nicht mehr geben. Daher müsse es zwingend zu den „Vorarbeiten für ein Deutsches Arbeitsgesetzbuch“ gehören, dass bei „jeder neuen Gesetzesvorlage, die in den Bereich dieser Gesamtkodifikation“ gehöre, von vorn herein zu versuchen sei, „sie so zu gestalten, daß sie künftig in den großen Rahmen“ hineinpassen würde.

Schließlich müssten auch personell die „notwendigen Voraussetzungen für diese große Aufgabe“ geschaffen werden. So sei die Einsetzung eines spezialisierten „Sachverständigenausschusses“, der ständig eng mit dem zuständigen Ministerium zusammenzuarbeiten hätte, unentbehrlich[821].

„Einmal wird dieses Gesetzbuch der Arbeit Wirklichkeit werden“. „Wenn es geschafft ist, wird Bedeutendes für unser Sozialleben geleistet worden sein“ – so

---

[818] Ebd., S. 131.
[819] Ebd., S. 132; so auch SCHELP, Vorarbeiten, DB 1962, S. 232.
[820] Ebd., S. 132f.
[821] Ebd., S. 133.

lautet die Schlussbemerkung Schelps[822]. Ob eine Gesamtkodifizierung des Arbeitsrechts, oder lediglich eine Teilkodifikation des Arbeitsverhältnisrechts tatsächlich „Bedeutendes" für das „Sozialleben" mit sich bringen wird, kann an dieser Stelle noch nicht entschieden werden – wohl aber, dass der Weg dorthin ohne kritische Reflektierung der aufgeworfenen Schwierigkeiten keinesfalls zu beschreiten sein wird, auch nicht, wenn man behutsam durch gründliche Vorarbeiten der von Schelp geforderten Art an das Projekt heranzutreten versucht.

cc) Erdsiek – „Für und Wider ein Gesetzbuch der Arbeit"

Ministerialdirektor Gerhard Erdsiek bezog ebenfalls zur Möglichkeit einer allumfassenden Kodifikation im Arbeitsrecht Stellung. Eine Kodifizierung des Arbeitsrechts sei gerade angesichts der enormen „Zersplitterung" und lückenhaften und zumeist unklaren Rechtslage zu begrüßen und würde besonders auch für die Rechtsprechung eine „Erleichterung" und schließlich insgesamt Rechtssicherheit mit sich bringen. Diese „Vorteile" könnten jedoch keineswegs die „nüchterne Erkenntnis der ungewöhnlichen Schwierigkeiten" verhindern, denen sich der „Versuch einer Kodifikation" gegenübersehen würde.

Zum einen seien bereits zahlreiche arbeitsrechtliche Normen in Einzelgesetzen, wie BGB oder GewO, enthalten, wodurch es „schwieriger und verantwortungsvoller Überlegungen" erfordern müsste, inwieweit man diese Bestimmungen „aus ihrem bisherigen Zusammenhang" würde lösen können, ohne dabei „den sozialen Gehalt der Einzelgesetze" beeinträchtigen zu müssen.

Weiterhin fehle es im Arbeitsrecht noch an einer „einheitlichen Begriffsbildung". Mangeln würde es hier etwa schon an einer „praktisch brauchbaren Abgrenzung zwischen dem „Arbeiter" und dem „Angestellten".

Schließlich müsste Einigkeit darüber hergestellt werden, ob man den „Rahmen für die Kodifizierung eng oder weit" anlegen würde, welche Regelungsgebiete also schließlich von der arbeitsrechtlichen Kodifikation zu erfassen seien. Erdsiek plädierte hier zunächst für die Aufnahme von drei arbeitsrechtlichen Gebieten, namentlich Arbeitsvertragsrecht, Berufsausbildung und Arbeitsschutz-

[822] Noch entschiedener fiel seine Schlussbemerkung, die auf eine zügige Realisierung des Kodifikationsprojekts abzielte, zwei Jahre später in einem entsprechenden Aufsatz aus. Darin hieß es, dass das „Ziel der Schaffung eines Deutschen Arbeitsgesetzbuches" nicht nur von praktischer sondern auch politisch von „weittragender Bedeutung" sei, was insbesondere deshalb gelte, „weil in der sowjetischen Besatzungszone im vergangenen Jahr ein Gesetz" mit dem Titel „Gesetzbuch der Arbeit" verabschiedet worden sei.
Mit der „sowjetischen Besatzungszone" war freilich die bereits 1949 gegründete Deutsche Demokratische Republik gemeint. Sollten nun die Entwicklungen in diesem völkerrechtlich bis zuletzt nicht anerkannten deutschen Teilstaat ein weiteres Argument für eine zügige Umsetzung des Kodifikationsprojekts in der Bundesrepublik liefern?
Vgl. SCHELP, Vorarbeiten, DB 1962, S. 233.

recht. Für das Kollektive Arbeitsrecht und Betriebsverfassungsrecht sei die Zeit für eine Kodifizierung jedenfalls noch nicht reif, da besonders hier sich noch alles „im Fluß“ befinde und „auf manchen Teilgebieten [...] noch Zündstoff erhalten“ sei.

Neben der Sammlung der „zahllosen verstreuten Bestimmungen“ sei das Ziel, diese drei genannten Rechtsgebiete „einheitlich und angepaßt an die moderne Dogmatik unter Zugrundelegung der Ergebnisse zusammenzufassen, die Rechtsprechung, Rechtslehre und die Praxis der Sozialpartner“ bereits erarbeitet hätten[823].

Schließlich warnte Erdsiek davor, dass die mit der Kodifizierung bezweckte Herstellung von Rechtssicherheit auf einem „noch nicht abgeschlossenen Rechtsgebiet“, wie dem Arbeitsrecht, keinesfalls „mit der Entwicklungshemmung erkauft“ werden dürfe, die „jede Kodifizierung notwendig mit sich“ bringe[824].

Wie Schelp, plädierte auch Erdsiek für gründliche Vorarbeiten ehe zur Verwirklichung des Reformprojekts angesetzt werden sollte, zumal er befürchtete, dass infolge einer „Zementierung“ arbeitsrechtlicher Regelungsverhalte Flexibilität zugunsten von möglicherweise nur vermeintlicher Rechtssicherheit eingetauscht werden könnte.

Eine umfassende arbeitsrechtliche „Gesamtkodifikation“ hielt Erdsiek jedoch in naher Zukunft für aussichtslos, da besonders im Kollektiven Arbeitsrecht zu viele Kontroversen existierten und die Zeit hierfür – wieder einmal – nicht „reif“ zu sein schien.

dd) Nikisch und die „Elastizität“ des Arbeitsrechts

Auch Arthur Nikisch, der bereits im Nationalsozialismus bei den Vorarbeiten für ein Arbeitsverhältnisgesetz mitgewirkt hatte, äußerte sich Anfang der 1960er Jahre zu möglichen Realisierungschancen einer arbeitsrechtlichen Gesamtkodifikation in der jungen Bundesrepublik.

Wie Nikisch einleitend anführte, könne man zwar bei „oberflächlicher Betrachtung“ die „starke Rechtszersplitterung“ auf dem Gebiete des Arbeitsrechts als Mangel ansehen, gerade deshalb, weil Vorschriften, „deren Zahl weit über den Umfang unserer großen Kodifikationen“ hinausginge, „auf etwa dreihundert einzelne Gesetze und Verordnungen verteilt“ seien und dementsprechend die „Notwendigkeit eines kodifikatorischen Arbeitsgesetzbuches“ begründen könnten. Doch stelle sich dabei die Frage, ob man „die damit verbunden Vorteile“ nicht überschätzte.

---

823 ERDSIEK, Zum Bedeutungswandel der Kodifikation – Für und Wider ein Gesetzbuch der Arbeit, NJW 1961, S. 648.
824 Ebd., S. 647.

Man würde nämlich einem Irrtum unterliegen, so Nikisch weiter, wenn man annehme, dass „ein solches Gesetzbuch nun wirklich alles umfassen könnte, was man zur Kenntnis des geltenden Arbeitsrechts und seiner Anwendung" benötige. Zum Arbeitsrecht gehörten „ungezählte Bestimmungen rein technischer Art, die zwar für die Ordnung des Arbeitslebens und seiner Einrichtungen unentbehrlich, zur Aufnahme in ein großes Gesetzeswerk aber ganz und gar ungeeignet" seien[825]. Daher müsse der Inhalt eines solchen Gesetzbuches notwendigerweise begrenzt werden, was jedoch dazu führe, dass man in „vielen Fällen doch wieder lieber zu einer Sonderausgabe" greife, in der ein bestimmtes Teilgebiet mit allen Einzelheiten verzeichnet sei[826].

Eine Aufnahme existierender Sonderbestimmungen, die seit jeher etwa für Arbeitnehmer in der Landwirtschaft, im Bergbau und in der Schifffahrt Anwendung finden würden, könnten einerseits nicht aufgehoben werden; andererseits empfehle sich aber auch keine Aufnahme derselben in einer arbeitsrechtlichen Kodifikation. Vielmehr sollte man die zahlreichen bestehenden Sondervorschriften unangetastet bestehen lassen[827].

Eine mit der Kodifizierung des Arbeitsrechts favorisierte Vereinheitlichung des Rechts sowie eine Besserung der Übersichtlichkeit entsprechender Regelungen erscheine ferner gerade angesichts der zu garantierenden Tarifautonomie der Sozialpartner problematisch. Wie Schelp und Herschel, befürchtete auch Nikisch eine Einschränkung der Autonomie der Sozialpartner, die sich durch eine starre, einheitliche Festlegung von Rechtsnormen für sämtliche Arbeitnehmer bzw. -gruppen nicht mehr entfalten könne. Überhaupt würde eine „völlig gleichmäßige Behandlung aller Arbeitnehmer" schon allein wegen der „Verschiedenheit der Verhältnisse in den einzelnen Wirtschaftszweigen" ausgeschlossen sein, so Nikisch[828].

Ferner sei zu beachten, dass aufgrund der vorherrschenden Tarifautonomie ohnehin weitgehend die organisierten Arbeitgeber und Arbeitnehmer „sich selbst das Recht setzten", sodass man „mit und ohne Arbeitsgesetzbuch das Arbeitsrecht, nach dem die Menschen wirklich leben, nur [erkenne], wenn man auch die Tarifverträge" heranziehen würde.

---

825 Völlig ausgeschlossen sei etwa die Annahme, dass man sämtliche „Normenkomplexe" in ein Arbeitsgesetzbuch würde aufnehmen können, die irgendwie mit dem Arbeitsleben und der Rechtsstellung der Arbeitnehmer zu tun hätten. Als Beispiel führt Nikisch hier Arbeitsschutzvorschriften oder das Sozialversicherungsrecht an.
Vgl. NIKISCH, Das Arbeitsgesetzbuch und die Lehre vom Arbeitsverhältnis, in: FS-Molitor, S. 84f.

826 Ebd., S. 84.

827 Ebd., S. 87f.

828 Ebd., S. 87f.

Arbeitsrecht sei ebenso wie das Arbeitsleben, einer „unaufhörlichen Wandlung“ ausgesetzt und stelle ein „eminent dynamisches Recht“ dar. Außerdem hafte einer Kodifikation im Arbeitsrecht ganz besonders die Gefahr an, dass es nach seiner Fertigstellung schon in Kürze wieder veraltet sein würde[829].

Vor einer „Übereilung bei der Erfüllung der Kodifikationswünsche“ sei jedenfalls eindringlich zu warnen, so Nikisch weiter. Auch bestünden „ernste Zweifel“, ob „die jetzt lebenden Generationen den richtigen Zeitpunkt für eine Kodifikation des Arbeitsrechts wohl noch erleben“ würden[830]. Ebenso müsse vor der „Illusion“ gewarnt werden, dass „ein künftiges Arbeitsgesetzbuch [...], alle arbeitsrechtlichen Bestimmungen zusammenfassen“ könne[831].

Verfehlt sei weiterhin der Ansatz, den Schelp zuvor postulierte[832] und als Ziel einer arbeitsrechtlichen Kodifikation beabsichtigte, „bestehende Lücken in der arbeitsrechtlichen Gesetzgebung“ zu schließen. So könne es schlicht nicht „Aufgabe eines Arbeitsgesetzbuches sein, auf die ungezählten und unvorhersehbaren Fragen, die das Arbeitsleben immer wieder neu [aufwerfe], eine Antwort zu geben“. Hierzu seien vielmehr die „Gerichte berufen, die dabei von der Wissenschaft erarbeiteten Erkenntnisse [verwerteten], wie andererseits die Wissenschaft durch die Rechtsprechung einen Einblick in die Vielfalt der arbeitsrechtlichen Lebenserscheinungen [gewinnen] und den Entscheidungen der Gerichte ständig neue Anregungen“ verdanken würde.

Besonders beachtlich dürfte die sich hier anschließende Bemerkung Nikischs sein:

> „Durch diese fruchtbare Zusammenarbeit von Rechtsprechung und Wissenschaft und nur in viel geringerem Umfange durch Akte der Gesetzgebung hat sich vor allem unser Individualarbeitsrecht [...] zu der heutigen imponierenden Gestalt entwickelt und nur so hat sich das Arbeitsrecht die Elastizität bewahren können, die es braucht, wenn es mit dem ständig fortschreitenden Leben Schritt“ halten will.
> Daß vieles, was die Gerichte für Arbeitssachen als geltendes Recht anwenden, in keinem Gesetze geschrieben steht, scheint mir kein Nachteil, sondern ein entschiedener Vorteil zu sein“[833].

---

829 Nikisch bezieht sich hier auf die entsprechenden Ausführungen des schriftlichen Berichts des Ausschusses für Arbeit (vgl. Anm. 777), der Anfang 1960 veröffentlicht wurde.
Ebd., S. 89.

830 Ebd., S. 89f.

831 Ebd., S. 90.

832 Vgl. dazu auch die Ausführungen oben unter B. V. 2. b) bb).

833 Ebd., S. 90f.
So seien viele bewährte arbeitsrechtliche Regelungsverhalte wie Lohnformen (Prämie, Gratifikation und Gewinnbeteiligung), Recht der Gleichbehandlung, Lohnzahlung bei Betriebsstörungen, Einführung der Kurzarbeit ohne Eingreifen des Gesetzgebers zum Teil durch Tarifverträge, „überwiegend aber von Rechtsprechung und Wissenschaft ausgebildet und in die ihrem Wesen entsprechende rechtliche Form gebracht worden mit dem Ergebnis, daß hier ein

Stellt also die Zusammenarbeit von Rechtsprechung und Wissenschaft ein Surrogat für staatliche Gesetzgebung dar auf einem Rechtsgebiet, das sich möglicherweise infolge seiner „Elastizität" bzw. außerordentlich wandelfähigen Materie, durch eine entsprechende umfassende Kodifikation nicht regeln lässt und die gerade im Arbeitsrecht ein so notwendiges „lebensnahes Recht" nicht zu schaffen vermag?

Würde man, so stellt Nikisch weiter heraus, die überwiegend von Rechtsprechung und Wissenschaft „gewonnenen Erkenntnisse" nun „sammeln und auswerten, um sie als feste und bleibende Bestandteile in ein Gesetzbuch der Arbeit einzufügen, so würde man die natürliche Weiterbildung dieses so überaus lebendigen Rechts unterbinden; das Arbeitsrecht würde für lange Zeit auf dem Stande verharren, auf dem es im Zeitpunkt seiner Kodifikation angelangt war" bzw. „auf dem die bei der Verabschiedung des Gesetzbuches gerade bestehende Parlamentsmehrheit es festzuhalten für gut befunden hätte". Schließlich würde auch die hieraus resultierende „Erstarrung des Arbeitsrechts" nicht dadurch aufgewogen, dass man möglicherweise durch eine entsprechende Kodifikation eine „strenge Bindung des Richters an das Gesetz" und dadurch eine „leichtere Voraussehbarkeit der richterlichen Entscheidungen" erlangen würde[834].

Nikisch bezog damit eindeutig gegen die Schaffung eines Arbeitsgesetzbuches Stellung und distanzierte sich von dem Vorhaben noch einmal deutlich stärker als Herschel vor ihm[835]. Die aufgebrachten Argumente scheinen dabei stark zu wiegen und auch bis heute noch von gewisser Aktualität zu sein. Auf die von Nikisch möglicherweise zu Recht geäußerte überragende Rolle von Rechtsprechung und Wissenschaft bei der Regelung arbeitsrechtlicher Sachverhalte wird noch zurückzukommen sein.

ee) Nipperdey und die „große Aufgabe" des Gesetzgebers

Auch der große Arbeitsrechtler Hans Carl Nipperdey bezog zu den Erwägungen einer arbeitsrechtlichen Kodifikation Stellung. Er bemängelte insbesondere, dass auch weiterhin insbesondere die Grundlage des Arbeitsvertragsrechts in den §§ 611ff. BGB nicht zureichend geregelt sei. Gerade auf dem Gebiet des Arbeits-

---

lebensnahes Recht entstanden [sei], das nicht hinter der Entwicklung des Arbeitslebens [zurückbleibe], sondern dessen ständiger Begleiter" sei.

834 Ebd., S. 91.

835 Für den Fall, dass man dennoch an dem Vorhaben festhalten wolle und entsprechend eine arbeitsrechtliche Kodifikation auszuarbeiten beabsichtige, plädierte Nikisch dafür, dies allenfalls in Form von Teilkodifikationen zu wagen, wie etwa im Bereich des Arbeitsvertragsrechts. Dass man anschließend das Ziel einer Gesamtkodifikation des Arbeitsrechts erreichen würde, stufte Nikisch eher als unrealistisch ein.
Ebd., S. 93.

vertragsrechts müsste die Rechtsprechung mangels bestehender Vorschriften stets eigene Regeln entwickeln.

Zweifelhaft sei aber, ob „unsere Zeit für die Lösung einer so bedeutsamen gesetzgeberischen Aufgabe reif" sei. Jedenfalls dürften die „mit der Schaffung eines so gewaltigen Werkes, wie es ein Deutsches Arbeitsgesetzbuch [sein würde], verbundenen Schwierigkeiten [...] nicht verkannt werden". So dürfe „die große Aufgabe [...] nicht überschätzt werden und sie [bedürfe ferner] einer langjährigen und sorgfältigen Vorarbeit"[836]. So seien die dem Projekt entgegenstehenden „Probleme und Schwierigkeiten [...] mannigfach". Eines der schwerwiegendsten Probleme liege darin, „wie weit das Arbeitsgesetzbuch selbst Regeln, namentlich zwingende Regeln, geben [solle] und wie weit es die Normierung den Sozialpartnern und ihren Tarifverträgen überlassen" wollte. Neben diesem inhaltlichen Aspekt bezweifelt Nipperdey weiterhin eine zeitige Realisierbarkeit des Vorhabens. So sei es jedenfalls nicht möglich, „das gewaltige Werk in einer Legislaturperiode des Bundestages zu vollenden". „Besonders schwierig" mache „eine Gesamtkodifizierung die ständige Dynamik des Arbeitsrechts, das von wirtschaftlichen, sozialpolitischen, konjunkturellen [...] Entwicklungstendenzen bestimmt und immer wieder verwandelt" würde.

Dennoch plädiert Nipperdey, dass „trotz dieser Schwierigkeiten [...] alle Bemühungen und Anstrengungen des Gesetzgebers jede nur erdenkliche Unterstützung erfahren" sollten. „Eine Gesamtkodifikation des Arbeitsrechts [sei] im Interesse der Rechtssicherheit und Rechtseinheit notwendig"[837].

„Rechtssicherheit" und „Rechtseinheit" – dessen Erstreben stellte also das favorisierte Ziel bei der Schaffung eines Arbeitsgesetzbuchs oder eben einer Kodifizierung des Arbeitsvertragsrechts dar. Rund 45 Jahre später sollte das Ziel und damit auch das Argument für die Realisierung eines solchen Projekts dasselbe zu sein.

ff) Trieschmann und das „Aufspüren" künftiger Entwicklungstendenzen im Arbeitsrecht

Oberregierungsrat Günther Trieschmann sah ebenfalls gewichtige Schwierigkeiten, die der Realisierung des Projekts entgegenstünden. Wie schon Schelp ausführte, plädierte auch Trieschmann für die „Schließung von Lücken" in der Gesetzgebung sowie für das „Aufspüren und vielleicht auch nur Erahnen künftiger Entwicklungstendenzen des Arbeitsrechts und ihrer Verarbeitung bei der Gesetzgebung"[838]. Doch würde sich ein solcher Versuch gerade deshalb als prob-

[836] NIPPERDEY, Arbeitsrechtliche Probleme der Gegenwart, Studium Generale, 1961, S. 319.
[837] Ebd., S. 320.
[838] TRIESCHMANN, Stand der Vorarbeiten zur Schaffung eines Deutschen Arbeitsgesetzbuches (I), DB 1962, S. 271.

lematisch erweisen, weil das Arbeitsrecht „als eigenständige Rechtsmaterie noch verhältnismäßig jung“ sei. Die Fortbildung des Arbeitsrechts würde „einmal vom Entwicklungstempo und dem Wandel der Gestaltungsformen unseres Arbeitsleben sowie zum anderen von dem Wandel der nicht zuletzt von gesellschaftspolitischen Gesichtspunkten getragenen Auffassungen von den Erscheinungsbildern des arbeitsrechtlichen Alltags“ bestimmt[839]. Doch befinden sich diese Gestaltungsfaktoren des Arbeitsrechts, wie Trieschmann weiter auflegt, in einem „unaufhörlichen und teilweise stürmischen Umbruch“. Das Arbeitsrecht stelle damit „in seinen wesentlichen Teilen ein stark dynamisches Rechtsgebiet [dar], das sich seiner Natur entsprechend der gesetzlichen Festlegung zu entziehen“ versuche[840]. Insgesamt sei daher die „Ausgangssituation für eine Gesamtkodifikation des Arbeitsrechts [...] viel ungünstiger als etwa bei einem statischen Rechtsgebiet, wie [...] dem bürgerlichen Recht“.

Trieschmann schließt sich hier im Wesentlichen den Ausführungen Nipperdeys an, der die „Dynamik des Arbeitsrechts“ ebenfalls als das einer Kodifizierung des Arbeitsrechts entgegenstehende Hindernis einstufte.

Dennoch sollte das Projekt vorangebracht werden. Grund hierfür sei nicht lediglich die „unerfreuliche und weitgehende Zersplitterung des Arbeitsrechts“ sondern auch der Mangel gesetzlicher Regelungen überhaupt. So ließen sich wichtige Rechtsgrundlagen „mangels einer gesetzlichen Regelung überhaupt nur aus einer kaum noch überschaubaren Fülle von Rechtsprechung und wissenschaftlichen Lehrmeinungen entnehmen“. Eine Neufassung des Arbeitsrechts, mithin die Kodifizierung des Arbeitsrechts überhaupt, sei schließlich erneut unter dem Hinweis der anzustrebenden „Rechtssicherheit“ dringend geboten. Jedoch sei für ein „Gelingen dieses umfangreichen Gesetzgebungsvorhabens eine eingehende, sehr sorgfältige Planung seiner Durchführung und Verwirklichung“ erforderlich[841].

Trieschmann fördert also für das Projekt „Arbeitsrechtskodifikation“ keine neuen Argumente zu Tage; vielmehr schließt er sich dem Vorbringen Nipperdeys an und fordert, trotz entgegenstehender Schwierigkeiten, zugunsten von Rechtssicherheit die Verwirklichung einer arbeitsrechtlichen Gesamtkodifikation.

gg) Mayer-Maly und das „Postulat der Vollständigkeit der Kodifikation“

Der Wissenschaftler Mayer-Maly plädierte, anders als Herschel und Nikisch, für die Schaffung einer Gesamtkodifikation im Arbeitsrecht. Da aber nicht zu erwarten sei, dass zukünftig im Arbeits- und Wirtschaftsleben „schwer wiegende

---

839 Ebd., S. 271f.
840 Ebd., S. 272.
841 Ebd., S. 272.

Veränderungen" ausbleiben würden, könne ein „Entwurf einer kodifikatorischen Ordnung des Arbeitsrechts" nur befürwortet werden, der auch ausreichend starke „Elastizitätsfaktoren" beinhalte. Eine „starre Regelung", so Mayer-Maly weiter, könne lediglich zum „Rendezvousplatz von Novellen", zum „fruchtbarsten Kaninchen des Gesetzgebers" werden. Auf den Einsatz von unabdingbaren Rechtsnormen sollte daher so weit verzichtet werden, wie es für das Aufrechterhalten der Vertragsfreiheit möglich erscheine[842]. Inwieweit mit der Kodifizierung des Arbeitsrechts auch Reformen realisiert werden könnten, bedürfe zunächst einer eingehenden Untersuchung möglicherweise entgegenstehender Problemkreise. Die sich hierbei offenbarenden Hindernisse seien erstrangig in der bestehenden „Schwierigkeit der gesellschaftlichen Willensbildung" zu suchen[843]. Doch stelle die „Herbeiführung einer politischen Einigung über einen Kodifikationsentwurf [...] keine Prinzipienfrage, sondern bloß ein Problem der Diskussionstechnik" dar. Schwierigkeiten würden sich hier allenfalls auf das „Auffinden gemeinsamer Wertungen" reduzieren; deren Bestand jedoch müsse und dürfe vorausgesetzt werden[844]. Für die Durchsetzung möglicher Reformen sei allein die „richtige Dosierung reformierender Faktoren" maßgeblich. Eine „Überdosis an Reformprojekten" würde jedenfalls die „Diskussion über das Kodifikationsvorhaben" sowohl erschweren als auch die Realisierung des Projekts zeitlich verzögern.

Auch gilt es zu beachten, dass infolge möglicher Reformen nicht „unvorhergesehene Sekundärwirkungen" eintreten könnten, die dann denjenigen, den man mit einer entsprechenden Regelung zu schützen suchte, „stärker gefährden" würde, als die jeweils „andere Vertragspartei"[845].

Um die „Erfolgschancen der Kodifikationsarbeit" nicht zu beeinträchtigen, votiert Mayer-Maly zunächst dafür, „reformierende Elemente" beiseite zu stellen und das Hauptaugenmerk auf das „reine Ordnungsanliegen" zu richten.

Auch wenn es „sehr schwer" sei, gerade für brisante arbeitsrechtliche Problemfelder, wie etwa beim Arbeitskampfrecht, parlamentarische Mehrheiten für entsprechende Rechtssätze zu finden, müsste dennoch am „Postulat der Vollständigkeit der Kodifikation" festgehalten werden. Daher sei auch nicht zu empfehlen, das Kodifikationsvorhaben lediglich auf „Teilgebiete des Arbeitsrechts"

---

[842] MAYER-MALY, Grundsätzliches zur kodifikatorischen Ordnung des deutschen Arbeitsrechts, RdA 1964, S. 2f.
[843] Ebd., S. 3.
[844] Ebd., S. 4.
[845] Ebd., S. 5.
Beliebtes Beispiel solcher Gefahren von weit reichenden Schutzvorschriften wäre etwa ein umfassender Verbotskatalog von Einstellungsfragen, was zur Folge haben könnte, dass sich der Arbeitgeber gezielt für die Einstellung bestimmte Bewerber/innen ex ante nicht mehr entscheiden würde.

zu beschränken. So sollte sich das Vorhaben nicht lediglich auf die Schaffung eines Arbeitsvertragsgesetzes beschränken; „legistisch zweckmäßig [sei] alleine eine nicht in Etappen vorgelegte Kodifikation". Eine so verstandene „Gesamtkodifikation" sollte dann neben dem individuellen und Kollektiven Arbeitsrecht auch das „gesamte einschlägige Verfahrens- und Organisationsrecht erfassen"[846].

Ein Arbeitsvertragsgesetz allein war also nach Mayer-Maly nicht ausreichend, um dem Ordnungsanliegen im Arbeitsrecht gebührend Rechnung tragen zu können. Vielmehr sollte eine möglichst allumfassende Kodifizierung des Arbeitsrechts mit möglichst elastischen Rechtsnormen und wenigen „reformierenden Elementen", selbst unter Berücksichtigung der überaus brisanten Materie des Arbeitskampfrechts, versucht werden. Dass diese Zielvorstellung in der näheren Zukunft nicht zu realisieren war, sollte Mayer-Maly schon alsbald erfahren.

hh) Dichgans und die grundsätzliche Problematik der Kodifikation

Hans Dichgans, seinerzeit Mitglied des Deutschen Bundestages, veröffentlichte 1963 einen Beitrag, der zwar zur Frage nach der Möglichkeit einer Kodifizierung des Arbeitsrechts nicht Stellung bezog, jedoch ganz grundsätzlich die Realisierbarkeit von Kodifikationen hinterfragte.

So würden in heutiger Zeit einer erfolgreichen Kodifizierung, unabhängig in welchem Rechtsgebiet, grundsätzliche Schwierigkeiten entgegenstehen. Die Gesetzgebung zeige „eine nervöse Hast, den geltenden Rechtszustand immer wieder zu verändern" und sei insgesamt „nicht fähig, große, auf Jahrzehnte unveränderter Geltung angelegte Kodifikationen zu schaffen"[847]. Mit der „Aufgabe, das Bürgerliche Recht zu kodifizieren", würde man „jetzt kaum mehr fertig werden". Die Ursachen für diese Problematik würden primär beim Parlament zu suchen sein, das für die Verabschiedung derartiger Projekte zu viel Zeit benötigen würde. So beschränke sich der Gesetzgeber gegenwärtig „nicht mehr auf seine politische Aufgabe", sondern habe „den Ehrgeiz [...], es besser zu wissen als die Fachleute, die Ministerialbeamten, die Professoren". In Ausschüssen könnten „große Kodifikationsaufgaben" ebenfalls nicht realisiert werden. Dazu würde die verfügbare Zeit der Ausschüsse nicht ausreichen, „ganz abgesehen davon, daß Formulierungsarbeiten in einem Kreis von 20 Personen und mehr stets mißlich" seien. Vielmehr sollte „das Formulieren [...] grundsätzlich schon deshalb Sache der Regierung sein, weil eine gute Formulierung Ruhe, Überlegung, gelegentlich auch Liegenlassen" erfordere[848]. Weshalb nun allein der Regierung und

[846] Ebd., S. 7.
[847] DICHGANS, Vom Beruf unserer Zeit zur Gesetzgebung, NJW 1963, S. 977f.
[848] Ebd., S. 978.

nicht einem ausgewählten Expertengremium mit entsprechendem Fachwissen eine solche Kompetenz zukommen sollte, ist nicht einzusehen. Gleiches gilt für den von Dichgans ausgeführten Vorschlag, künftig für die Aufgabe der Formulierung von Gesetzestexten neben „juristischen Fachleuten besondere sprachliche Fachleute, etwa erfahrene Journalisten" einzusetzen, die „für eine einfache und sinnfällige Ausdrucksweise" zu sorgen hätten[849]. Ob ein solches Ziel mit solchen Fachkräften, die typischerweise von der juristischen Sprache und Ausdrucksweise regelmäßig nur über begrenzte Kenntnisse verfügen dürften, zu erreichen wäre, darf ernsthaft bezweifelt werden.

Doch schien schon bald die Ansicht Dichgans im Hinblick auf die geäußerten, ganz grundsätzlichen Bedenken bezüglich der Realisierungsfähigkeit von Kodifikationen an Aufwind zu gewinnen.

ii) Kübler und die Verfügbarkeit der Kodifikation als „Instrument rechtlicher Gestaltung und Ordnung"

Friedrich Kübler machte mit seinem 1969 erschienen und in der Folgezeit oft zitierten Aufsatz über „Kodifikation und Demokratie" ganz grundsätzliche Einwendungen gegen Kodifikationen im Recht geltend. So sei „unter den in der Bundesrepublik gegebenen wirtschaftlichen, gesellschaftlichen und politischen Voraussetzungen [die] Kodifikation als ein Instrument rechtlicher Gestaltung und Ordnung nicht mehr verfügbar"[850]. Zum einen sei eine aktive Teilnahme des Parlaments an der Ausarbeitung von Gesetzestexten mit dem Projekt der Kodifizierung kaum in Einklang zu bringen. So würde es den Abgeordneten „häufig an Kenntnissen und mehr noch der Vorbereitungszeit fehlen, die erforderlich [seien], um die Auswirkungen bestimmter Formulierungen und Änderungswünsche auf die anderen Teile des verzweigten Ganzen" überblicken zu können[851]. Doch auch falls ein solcher Überblick einmal gelingen sollte, könne dem dennoch „nicht immer Rechnung getragen werden". Wenn es „hart auf hart" käme, würden sich „Kompromisse" aufdrängen, „bei denen Rücksicht auf die eventuellen Fernwirkungen" kaum zu erwarten wäre. Mit einem „Heraufziehen" eines neuen Kodifikationzeitalters sei jedenfalls nicht zu rechnen, da die Verbände schon „längst Mittel und Wege gefunden [hätten], ihren Einfluß auf die mit der Ausarbeitung der Gesetzesentwürfe betrauten Instanzen des Staatsapparates auszudehnen".

Auch ein weiterer Aspekt würde gegen positive Erfolgsaussichten einer Kodifikation sprechen, namentlich das Bedürfnis der Gesellschaft nach „Schaffung neuen und fortgesetzter Anpassung bestehenden Rechts". Gerade die rasche

[849] Ebd., S. 979.
[850] KÜBLER, Kodifikation und Demokratie, JZ 1969, S. 648.
[851] Ebd., S. 647.

„Mechanisierung zahlreicher Lebensbereiche" würde ein auf „Offenheit hin verfaßtes Gemeinwesen" unausgesetzt zu neuen Regelungen zwingen. Durch die wachsende Einwirkung der Behörden auf den wirtschaftlichen Ablauf um die Verteilung des Ertrags entstünden weiterhin an den „Schnittstellen einflußreicher Interessen [...] eine Fülle von neuen Vorschriften, für die das Gefüge der Kodifikationen keinen Raum" bieten könnte. So würde das von „Reform zu Reform expandierende Recht" den Rahmen bestehender Kodifikationen sprengen; auch Arbeitsrecht oder soziales Miet- und Pachtrecht könnte den zivilrechtlichen Kodifikationen „in der Regel nicht mehr eingefügt werden"[852].

Erschwerend hinzu käme der Umstand, dass das Recht auch „ohne Zutun des staatlichen Gesetzgebungsapparates immer komplizierter" würde. Auch bestünde die Gefahr, dass eine jede „gesetzgeberische Intervention" schließlich mehr Fragen als Antworten aufwerfe[853].

Ferner würde, so Kübler weiter, das Gesetzgebungsverfahren als solches einem Kodifikationsprojekt im Wege stehen. Im System der parlamentarischen Demokratie müsse Gesetzgebung als ein Prozess verstanden werden, an dem typischerweise mehrere Instanzen, wie Bundestag, Bundesrat, Bundesregierung, beteiligt seien. Augenfällig sei jedoch, dass anstelle des Gegensatzes von Parlament und Regierung „mehr und mehr die Konkurrenz von politischen Zentren getreten" sei, die von Koalitionsparteien, ihrer Parlamentsmehrheit sowie von der berufenen Bundesregierung als auch von der Oppositionspartei bzw. –fraktion konstituiert würden. Langfristige Ordnungsaufgaben, denen auch die Kodifikationen zuzurechnen seien, würden „in wachsendem Maße von den aktuellen Erhaltungs- und Befriedungsbedürfnissen einer krisenanfälligen Industriegesellschaft verdrängt". So sei es durchaus möglich, dass akute Regelungsbedürfnisse, etwa durch drohende Rezession oder Beschäftigungslosigkeit, „über Nacht" das Parlament zu „Kompromissen" zwinge, die es anderenorts, etwa bei der Schaffung einer umfassenden Kodifikation, aufgrund der kontroversen Ansichten der zahlreichen politischen Zentren der Fraktionen, selbst in „Jahrzehnten" nicht erreichen könnte[854].

---

[852] Ebd., S. 647; vgl. in der Sache auch WIEACKER, Das Sozialmodell der klassischen Privatrechtsgesetzbücher und die Entwicklung der modernen Gesellschaft, S. 20-24.
Wieacker zufolge würden sich die rechtlichen „Neubildungen" auf dem Gebiet des Arbeitsrechts, Mietrechts, Wohnungseigentums sowie der Vorschriften zur Eigentumsbeschränkung kaum noch in das innere System der bürgerlichen Rechtsordnung einfügen können. Diese „Neubildungen" hätten vielmehr das System des bürgerlichen Rechts gesprengt, obwohl jede sich auf Rechtsverhältnisse [beziehe], die dem Begriffe nach zum Grundbestand des bürgerlichen, d. h. des allgemeinen Privatrechts" gehören würde.

[853] KÜBLER, (wie Anm. 850), S. 647.

[854] Ebd., S. 648.

Noch einmal: „Unter den in der Bundesrepublik gegebenen wirtschaftlichen, gesellschaftlichen und politischen Voraussetzungen“ sei also die „Kodifikation als ein Instrument rechtlicher Gestaltung und Ordnung nicht mehr verfügbar“, so Kübler. Bestehende Gesetzbücher würden in einer sich zunehmend verändernden Umwelt zu Anachronismen; damit bestünde ferner die Gefahr, dass die Kodifikation „zur Fassade“ verkümmere, die den Blick auf die Rechtswirklichkeit verstellen und damit gefährliche Ideologisierungen ermöglichen und begünstigen könnte[855].

Wenn nun, wie Kübler schließlich aus dem Vorbringen folgerte, „Recht nicht mehr kodifizierbar [sei], weil die Ökonomie unseres politischen Systems den Aufwand einer abschließenden kasuistischen Regelung unerschwinglich machen würde“, könnten wiederum „die Generalklauseln“ nicht mehr generell als „illegitim und systemfremd“ verworfen werden. Diese würden jedenfalls das Gesetzgebungsverfahren entlasten, gerade im Falle, wenn die „zu regelnde Materie nicht völlig geklärt oder ihre künftige Entwicklung ungewiß“ sei. Sollten nun also die Gerichte und weniger die staatliche Gesetzgebung berufen sein, wie es im Arbeitsrecht indes bis heute weitgehend der Regelfall ist, mithilfe von Generalklauseln oder gar unbestimmten Rechtsbegriffen angemessene, praxisbezogene und den aktuellen Bedürfnissen Rechnung tragende Lösungen zu finden?

Für Kübler jedenfalls war die Sache klar: Eine solche Vorgehensweise verstoße einerseits nicht gegen das Gewaltenteilungsprinzip; zum anderen seien gerade die Generalklauseln die „starting points oder Aufhänger für die konkrete richterliche Normbildung, deren Ergebnis vielfach klarer und eindeutiger [sei] als das des ordentlichen Gesetzgebungsverfahrens“[856].

Kübler plädierte also ganz strikt gegen die Schaffung einer Kodifikation und damit auch gegen eine solche im Arbeitsrecht. Die „heutige Gesetzgebung“ erschien ihm „schlecht“; „Versagen des Gesetzgebers“ hieß für ihn „Versagen der parlamentarischen Demokratie in der Bundesrepublik“. Die schon „seit langem schwelende Krise der Gesetzgebung“ sei nichts anderes als die „Normalität einer demokratisch verfaßten Industriegesellschaft“, wozu der „fragmentarische und periodische Charakter des Gesetzes“ gehöre und dazu auch die „ständige Gefahr, daß Gesetze nicht genügend durchdacht […] oder daß sie in einer Art und Weise ergehen oder unterbleiben [würden], die Partikularinteressen auf Kosten des Gemeinwohls Vorschub“ leisteten[857].

---

[855] Ebd., S. 649.
[856] Ebd., S. 650.
[857] Ebd., S. 651.

jj) Römer und seine Reaktion auf Küblers Kritik

Der Wissenschaftler Peter Römer würdigte, ehe er tendenziell durchblicken ließ, gegenüber einer möglichen Kodifizierung des Arbeitsrechts wohlwollend eingestellt zu sein, auch das Vorbringen Küblers, der, wie gesehen, ganz grundsätzlich gegen die Schaffung einer umfassenden Kodifikation – auch im Arbeitsrecht – plädierte.

Argumenten, die mit Verweis auf die unzureichende Entwicklung des Arbeitsrechts und die mangelnde Möglichkeit einer arbeitsrechtlichen Kodifikation hinweisen würden, seien nicht stattzugeben. So könne nämlich die Entwicklung letztlich nie abgeschlossen sein. „Ob und inwieweit" ein Arbeitsgesetzbuch die weitere Entwicklung auf diesem Sektor hemmen würde, sei im jeweiligen konkreten Fall eine „Frage der politischen Beurteilung". Zwar bestünde die Gefahr, dass ein Arbeitsgesetzbuch schon „in kurzer Zeit vom Strom der tatsächlichen Entwicklung überspült" werden könnte; „jedoch sollte sie dem Gesetzgeber nur Anlaß sein, Rechtstatsachenforschung zu betreiben und realistisch das ihm wünschenswert Erscheinende mit dem den politisch-sozialen Verhältnissen nach Möglichen zu verbinden". Keinesfalls sollte es ihn jedoch veranlassen, „die Kodifizierung des Arbeitsrechts aufzugeben". Das „maßgebliche Ziel" des Gesetzgebers sollte vielmehr sein, die Entwicklung in „diejenige Richtung zu lenken, die er für politisch richtig" halten würde. Daher sei es auch selbstverständlich, dass das Gesetz, welches Römer als das „vorzüglichste Mittel" für die vom Staat immerzu obliegende leitende und planende Tätigkeit charakterisierte, seiner „ständigen Realisation und Konkretisierung" bedürfe[858].

Dass aber gerade hierbei aufgrund der so zügig wandelnden Entwicklungen auf diesem Gebiet die Problematik hinsichtlich einer ebenso zeitig anzupassenden Rechtslage durch den staatlichen Gesetzgeber als Hindernis wirke, wurde von Römer nicht näher gewürdigt.

Die in diesem Kontext aufgeworfenen Argumente Küblers hielt Römer zwar für nachvollziehbar, müssten jedoch, da ihr Folgen im Ergebnis zur völligen Negierung von umfassenden Kodifikationen führen würde, abgelehnt werden. So dürfe sich der Staat keinesfalls aus „langfristigen Ordnungsaufgaben" fernhalten, da er hierdurch seine „obliegende Aufgabe" versäumte, „die Entwicklung zu lenken und zu leiten", was schließlich dazu führe, dass im Falle einer „wirtschaftlichen und politischen Krise, in welcher „bisher in der Industriegesellschaft gebändigte oder verschleierte antagonistische Interessen freigesetzt [...] und aufeinanderprallen" würden, der Staat lediglich „zum bloßen Objekt der Gewaltunterworfenen desjenigen Teils der Gesellschaft [würde], der auf Grund

[858] RÖMER, Für und wider ein Gesetzbuch der Arbeit, AuR 1970, S. 145.

der ihm zur Verfügung stehenden Macht- und Manipulationsmittel sich im Kampf gegen die anderen gesellschaftlichen Kräfte durchzusetzen“ vermöge[859].

Erstaunlicherweise stimmt Römer Kübler darin zu, dass eine „tatsächliche Unfähigkeit des Staates zu langfristiger gesamtgesellschaftlicher Planung und Reform“ zu konstatieren sei. Dies sollte jedoch nicht den Gesetzgeber davon abhalten, zumindest durch eine Kodifizierung des Arbeitsrechts „die Verhältnisse [zu] verbessern“[860].

Ob dieses Vorbringen Römers in diesem Kontext überzeugen kann, darf bezweifelt werden. Dass der Staat lediglich dadurch seine überragend wichtige „Leitungsfunktion“ im Hinblick auf das Austarieren der internen gesellschaftlichen Machtverhältnisse verlieren würde, dass er etwa im Arbeitsrecht eine auf lange Sicht angelegte Kodifikation nicht anzulegen im Stande wäre, kann nicht bestätigt werden. Anderenfalls wäre zwischenzeitlich die von Römer befürchtete Entwicklung eingetreten. Auch scheint Römer zu übersehen, dass die in der Tat sehr wichtige „Leitungsfunktion“ des Staates nicht zwingend durch längerfristig angelegte gesetzgeberische Interventionen bewerkstelligt werden muss. Kübler ließ dies bereits anklingen, indem er dem staatlichen Gesetzgeber lediglich die Lösung „aktueller Erhaltungs- und Befriedigungsbedürfnisse“ zusprach. Spezialisierte, auf aktuelle Bedürfnisse zugeschnittene Gesetzgebung ist nämlich sehr wohl in der Lage, die staatliche Führungsfunktion in der von Römer aufgeworfenen Perspektive zu erfüllen. Ein Blick auf die heutige Situation des Arbeitsrechts vermag dieses Vorbringen zu bestätigen.

c) Die Einsetzung der Arbeitsrechtskommission

Nachdem die Einsetzung eines Sachverständigenausschusses zwecks Erarbeitung eines Arbeitsgesetzbuchs beschlossen wurde, erfolgte am 3.11.1970 deren Berufung. Insgesamt umfasste die ins Leben gerufene Kommission 23 Mitglieder, darunter sechs Arbeitsrechtler, drei Berufsrichter der Arbeitsgerichtsbarkeit, ein Nationalökonom, zwei Vertreter der Länder[861], fünf Juristen von Seiten der Arbeitnehmerverbände sowie fünf Vertreter[862] seitens der Arbeitgeberverbände. Den Vorsitz der Kommission übernahm erstaunlicherweise Wilhelm Herschel, der bekanntlich wenige Jahre zuvor noch entschieden gegen die Kodifizierung des Arbeitsrechts eintrat.

[859] Ebd., S. 146.

[860] Ebd., S. 146.

[861] *Ramm* führt hier drei Ministerialbeamte der Länder und des Bundesinnenministeriums an; vgl. RAMM, Entwürfe, S. 83.

[862] *Ramm* spricht hier von lediglich vier Teilnehmern; evtl. wurde übersehen, dass auch ein Vertreter seitens der öffentlichen Arbeitgeber anwesend war.

Die Kommission wurde in vier weitere Ausschüsse eingeteilt[863]; in der ersten Abteilung sollte über die Grenzen der Tarifautonomie, im zweiten Ausschuss über das Verhältnis zwischen Tarifverträgen und Betriebsvereinbarungen, im dritten über Nutzung von sozialmedizinischen und soziologischen Erkenntnissen für das Arbeitsrecht sowie die Differenzierung von Arbeitern und Angestellten, im vierten Ausschuss schließlich über die Prüfung von Prozessmaximen im Arbeitsgerichtsverfahren und der Unterscheidung von Rechts- und Regelungsfragen diskutiert werden[864]. Das Vorhaben der Schaffung eines Arbeitsgesetzbuches sollte sich „angesichts der dynamischen Entwicklung“ der Gesellschaft nicht nur in einer „Zusammenfassung und Vereinheitlichung des in zahlreichen Gesetzen und Rechtsgrundsätzen zersplitterten und entsprechend unübersichtlich gewordenen Arbeitsrechts in einem Gesetzbuch“ erschöpfen. Die „Realität“ erfordere vielmehr „unter möglichster Berücksichtigung künftiger und sich anbahnender Entwicklungstendenzen eine Durchleuchtung und Überprüfung des gesamten Arbeitsrechts daraufhin, ob und inwieweit die arbeitsrechtlichen Normen und Grundsätze noch mit den Bedürfnissen der Menschen in der modernen Industriegesellschaft“ übereinstimmten[865]. Insgesamt müsste „auf Grundlage der sozialen Wertentscheidungen des Grundgesetzes eine möglichst weitgehende Transparenz der Arbeitsrechtsordnung erreicht werden, die es auch dem einzelnen Arbeitnehmer [ermögliche], sich selbst über seine Rechte und Pflichten besser als bisher zu unterrichten“[866].

Aufgabe der „Sachverständigenkommission“ sollte zunächst „insbesondere sein, durch die Klärung vielschichtiger Grundsatzfragen eine tragfähige Basis für die Kodifizierung des Arbeitsrechts zu erarbeiten“. Gerade das Scheitern der

---

[863] Eine genaue Aufstellung der Mitglieder sowohl des Sachverständigenausschusses sowie der weiteren Ausschüsse befindet sich im Bundesarchiv: Nach BA 149/26491, 3063.33 gehörten dem Hauptausschuss die Wissenschaftler Wilhelm Herschel (Arbeitsrecht), Peter Badura (Öffentliches Recht), Wilhelm Dütz (Bürgerliches Recht, Arbeits- und Wirtschaftsrecht), Franz Gamillscheg (Arbeitsrecht, Internationales Privatrecht, Bürgerliches Recht), Hans-Jürgen Krupp (Volkswirtschaftslehre, u.a.), Bernd Rüthers (Arbeitsrecht), Alfred Söllner (Arbeitsrecht), Ernst Steindorff (Bürgerliches Recht, Arbeits-Wirtschaftsrecht) sowie die Richter Thomas Dieterich (BAG), Gerhard Müller (BAG), Eugen Stahlhacke (LAG); seitens des DGB Karl Kehrmann, Michael Kittner, Karl Lichtenstein; von Seiten der DAG Rolf-Dieter Falkenberg; von Seiten der BDA Dieter Kirchner, Ernst-Günther Mager, Karl Molitor und Bernhardt Walter; seitens der öffentlichen Arbeitgeber Alfred Breier sowie seitens der Bundesländer Ernst Heel und Karl Heinrich Schmidt an.
Eine Gesamtaufstellung sämtlicher Mitglieder der „Arbeitsgesetzbuchkommission“ befindet sich ferner in dem 1977 vom Bundesarbeitsministerium veröffentlichten Diskussionsentwurf eines Entwurfs eines Arbeitsgesetzbuches – Allgemeines Arbeitsvertragsrecht – , S. 12.

[864] O.V., Vermerk: Darstellung der Vorbereitungsarbeiten für ein Arbeitsgesetzbuch, BA 149/26478, Ordner 3063.01 Bd. 1 (keine durchlaufende Nummerierung in der Akte).

[865] Vermerk (wie vorherige Anm.), S. 2.

[866] Ebd., S. 3.

vorangegangenen Kodifikationsbemühungen, etwa in Weimar, würden hier eindringlich zu „betonter Sorgfalt" auffordern[867].

In einem späteren, undatierten Vermerk aus dem Jahre 1974 werden aufkommende Schwierigkeiten bei der Schaffung eines allumfassenden Arbeitsgesetzbuchs eingeräumt. Insbesondere die „kontroversen Fragen des Arbeitskampfrechts" würden hier zwingend zu „grundlegenden und längerfristigen Arbeiten" führen. Als vorderstes Ziel sollte daher fortan die Neuregelung des „besonders zersplitterte[n] und zum Teil auch sozialpolitisch überholte[n] Arbeitsverhältnisrecht[s]" stehen[868]. Diese Vorgehensweise wurde aber auch schon zuvor von höchster Stelle favorisiert. In der Regierungserklärung vom 18.01.1973 wurde die „Ausgestaltung des Arbeitsrechts und des Arbeitsschutzes" sowie die „weiter überschaubare und verständliche Zusammenfassung des Arbeits- und Sozialrechts" als jeweils wichtige Aufgabe qualifiziert. Am 25.01.1973 erklärte dann der damalige Bundesarbeitsminister Arendt, dass die Pläne, das Arbeitsrecht in einem Arbeitsgesetzbuch zusammenzufassen, eine „anspruchsvolle und längerfristige Aufgabe" darstelle, die nicht von heute auf morgen gelöst werden könne. Indessen gehöre das Recht des Arbeitsverhältnisses zu den Bereichen, in denen eine Initiative des Gesetzgebers besonders dringlich sei[869].

---

[867] Ebd., S. 3.

[868] O.V., Vermerk: Vorbereitung eines Arbeitsgesetzbuches, BA 149/26478, 3063.01, Bd. 2. Schon im Jahre zuvor wurde dem Minister mitgeteilt, dass die „AGB-Kommission" ihre Arbeiten auf das „Recht des Arbeitsvertrages und des Arbeitsverhältnisses" konzentriert habe und damit vorrangig an „einer einheitlichen und teilweise erstmaligen gesetzlichen Regelung wesentlicher Teile des Arbeitsvertrags- und des Arbeitsverhältnisrechts" arbeite. Vgl. die Mitteilung Kleins betreffend dem Stand der Beratungen der Sachverständigenkommission für ein Arbeitsgesetzbuch (AGB-Kommission) vom 16. Mai 1973, in: BA 149/ 26491, 3063.33, Bd. 3. Zurückzuführen dürfte diese Entwicklung wiederum sein auf den noch 1972 getroffenen Vorschlag zur Ausarbeitung lediglich eines Teilentwurfs seitens des Bundesarbeitsministeriums; vgl. Sozialbericht 1973, S. 2ff. Darin wurde wörtlich vorgebracht: „Das Arbeitsverhältnisrecht ist besonders kodifikationsbedürftig. Das bestehende Gesetzesrecht ist äußerst lückenhaft, in Einzelgesetzen zersplittert, teilweise für verschiedene Wirtschaftsbereiche unterschiedlich und zum Teil auch sozialpolitisch überholt. [...] Daraus ergibt sich die Aufgabe, nicht nur wesentliche Teile des Arbeitsverhältnisrechts zu bereinigen, zu vereinheitlichen und vorhandene Lücken in der Gesetzgebung zu schließen, sondern auch diesen Rechtsbereich so weiterzuentwickeln, daß seine Regelung den Bedürfnissen der Menschen in der modernen Industriegesellschaft gerecht wird und daß auch der einzelne Arbeitnehmer ein klares Bild über seine Rechte und Pflichten im Arbeitsleben gewinnen kann. Es ist beabsichtigt, den Gesetzentwurf über das Arbeitsverhältnisrecht so rechtzeitig fertigzustellen, daß er noch in dieser Legislaturperiode von den gesetzgebenden Körperschaften verabschiedet werden kann". Vgl. ebd., S. 3.

[869] Vgl. den Bericht „Aus der Gesetzgebung", ArbuR 1973, S. 82; vgl. auch den stenogr. Bericht über die 9. Sitzung des Bundestages am 25.01.1973, S. 284.
Offiziell konzentrierte die Arbeitsrechtskommission ihre Arbeit seit dem Sommer 1973 auf das Arbeitsvertragsrecht als Teil des geplanten Arbeitsgesetzbuchs. Vgl. Bericht, „Kommissi-

Dass die Schaffung eines umfassenden Arbeitsgesetzbuchs zunächst nicht zu realisieren war, schien man also schon bald einzusehen.

Neben dem Sachverständigenausschuss wurde, wie ursprünglich geplant[870], ein sog. „Lenkungsausschuss" eingesetzt[871]. Hier sollten die jeweils zur Diskussion stehenden Themen gegenüber dem übrigen Sachverständigenausschuss vor- bzw. aufbereitet werden. Den Mitgliedern des Arbeitsrechtsausschusses stand dabei zumindest die Möglichkeit offen, „eigene Gedanken" dem Lenkungsausschuss mitzuteilen[872]. Tatsächlich dürften maßgeblich die Mitglieder dieses „Oberausschusses" bestimmt haben, mit welchen Gegenständen sich der Gesamtausschuss, der auch als „Arbeitsgesetzbuchkommission" bezeichnet wurde, zu beschäftigen hatte.

Der nunmehr zuständige Ministerialdirigent Otfried Wlotzke wies darauf hin, dass die „Kodifikationsbedürftigkeit des Arbeitsverhältnisrechts [...] sicher unbestreitbar" sei und der „neue kodifikatorische Weg [...] den Vorteil [habe], daß er – anders als punktuelle Einzelregelungen – ausgewogene Lösungen" zuließe[873]. Das bestehende Gesetzesrecht sei „zum Teil lückenhaft und für verschiedene Wirtschaftsbereiche unterschiedlich geregelt, zudem in Einzelgesetzen zersplittert". Ebenfalls sei es zu „einem weiteren Teil [...] auch sozialpolitisch überholt". Hinzu trete, dass das an „die Stelle fehlender gesetzlicher Vorschriften getretene Richterrecht eine arbeitsrechtliche Gesetzgebung nicht auf Dauer ersetzen" könne. So sei die auf „die Entscheidung von Einzelfällen bezogene Rechtsprechung [...], so verdienstvoll ihr Bemühen um die Fortentwicklung des Rechts auch sein mag", nicht in der Lage, „eine geschlossene Konzeption des gesetzlichen Arbeitsverhältnisrechts" zu entwickeln. Die Rechtsprechung sei außerdem „so umfangreich und nuancenreich, daß es insbesondere für den Ar-

---

on legt Ergebnisse vor", BArBl 1977, S. 547; Entwurf eines Arbeitsgesetzbuches – Allgemeines Arbeitsvertragsrecht –, S. 3.

[870] Vgl. dazu auch Anm. 801.

[871] Der Lenkungsausschuss konstituierte sich in der von der Sachverständigenkommission für ein Arbeitsgesetzbuch am 3.11.1970 beschlossenen Besetzung unter Vorsitz von Herschel und in Anwesenheit der weiteren Ausschussmitglieder Söllner, Steindorff, Müller, Kettner und Pinther. Seitens des BMAS waren Ministerialdirektor Fitting und MR Trieschmann anwesend.
Vgl. dazu die Akte des Ministeriums BA 149/26497, 3063.340, Bd. 1.
Zu den Mitgliedern des Lenkungsausschusses gehörten Herschel, Gamillscheg, Kehrmann, Mager, Müller, Schmidt, Söllner und Steindorff; vgl. BA 149 26491, 3063.33.

[872] Zu den jeweils „vorberatenen" Gegenständen des Lenkungsausschuss vgl. die o.g. Akte des Ministeriums.

[873] WLOTZKE, Die arbeitsrechtliche Gesetzgebung in der 7. Legislaturperiode des Deutschen Bundestages, AuR 1974, S. 2.

beitnehmer häufig sehr schwierig [wäre], seine Rechte und Pflichten im Arbeitsleben zu erkennen und wahrzunehmen[874].

Zwar habe sich durchaus im Arbeitsverhältnisrecht „vieles bewährt", dennoch müsse das Arbeitsrecht insgesamt nicht nur vereinheitlicht, „sondern unter Auswertung der Rechtsprechung und entsprechend den Anforderungen des heutigen Arbeitslebens zukunftsweisend weiterentwickelt werden", ohne dass im Zuge der „gesetzlichen Neuordnung" der „Handlungsraum der Tarifvertragsparteien" mehr als notwendig eingeengt würde. Nur durch eine „Kodifizierung des Arbeitsverhältnisrechts" könne man nun dieses Ziel verwirklichen.

Doch sollte die favorisierte Kodifizierung des Arbeitsvertragsrechts lediglich ein „Teilstück" des künftigen Arbeitsgesetzbuches darstellen. Neben dem Arbeitsvertragsrecht sollte beispielsweise das Tarifvertragsrecht und Arbeitsschutzrecht aufgenommen werden. Jedoch sei anzunehmen, so folgerte Wlotzke eher skeptisch im Schlusswort seines Beitrags, dass die „Vorbereitung des geplanten Arbeitsgesetzbuches [...] durch Fülle und Dynamik der laufenden arbeitsrechtlichen Gesetzgebung sicherlich nicht erleichtert" würde. Immer wieder sei zu befürchten, dass die Vorarbeiten durch die „aktuelle Einzelgesetzgebung überrollt" würden, was zwar mangels der Möglichkeit eines Stillstandes in der Sozialpolitik unvermeidbar sei; dennoch folge hieraus, dass die „Schaffung eines Arbeitsgesetzbuches nur längerfristig und zudem wahrscheinlich nur stufenweise" zu verwirklichen sei[875].

Die Chancen auf zumindest ein Arbeitsverhältnisgesetz schienen also zu diesem Zeitpunkt noch gut zu stehen. So wurden seitens einer anonymen Arbeitsgruppe des Bundesarbeitsministeriums bereits im ersten Halbjahr 1973 sog. „Rohformulierungen", also denkbare Gesetzesfassungen, teilweise mit Alternativen, erarbeitet, die als Diskussionsgrundlage dienen sollten[876]. Diese Gesetzesvorschläge, denen im übrigen keinerlei Begründungen oder Erläuterungen beigefügt wurden, sollten dann von den Kommissionsmitgliedern in drei neu gebildeten Unterausschüssen näher erörtert werden, namentlich im Ausschuss für den Allgemeinen Teil und die Begründung des Arbeitsverhältnisses, im Ausschuss für den Inhalt des Arbeitsverhältnisses sowie im Ausschuss für die Beendigung des Arbeitsverhältnisses[877]. Die Mitglieder Arbeitsgruppe des Bundesarbeitsmi-

---

[874] Ebd., S. 2.

[875] Ebd., S. 10.

[876] DIETERICH, Die Kodifikation des Arbeitsrechts, RdA 1978, S. 333. In den Akten des Bundesarbeitsministerium lässt sich hierzu ein entsprechender Entwurf ausmachen, der jedoch lediglich 50 §§ umfasst und auf den 27.03. bzw. 15.05.1973 datiert ist. Vgl. BA 149/26491, 3063.33, Bd. 3.

[877] Vgl. zur jeweiligen personellen Aufstellung: Entwurf eines Arbeitsgesetzbuches – Allgemeines Arbeitsvertragsrecht –, S. 13.

nisteriums waren bei der weiteren Erörterung der ihrerseits eingebrachten „Rohformulierungen“ in der Kommission nicht mehr beteiligt.

Der Ausschuss, der sich mit dem Inhalt des Arbeitsverhältnisses beschäftigte, war am stärksten besetzt und ließ daher sogar einzelne Fragen in kleineren Arbeitsgruppen mit drei bis vier Teilnehmern vorbereiten.

So gelang es, dass nach 67 Sitzungen der Ausschüsse und 22 Plenarsitzungen der Kommission[878] im Dezember 1976 ein Gesetzesentwurf vorlag, der als „Entwurf eines Arbeitsgesetzbuchs – allgemeines Arbeitsvertragsrecht“ bezeichnet werden konnte[879]. Es blieb lediglich bei der ersten Lesung; für eine zweite Lesung, in dessen Rahmen eine „systematische Harmonisierung und sprachliche Glättung“ hätte erfolgen sollen, fehlte offenbar die Zeit[880].

d) Der Entwurf eines „Arbeitsgesetzbuches – Allgemeines Arbeitsvertragsrecht“

Im September 1977 veröffentlichte das Bundesarbeitsministerium die „Beratungsergebnisse der Arbeitsgesetzbuchkommission zum Arbeitsvertragsrecht“ und damit den „Entwurf eines Arbeitsgesetzbuches – Allgemeines Arbeitsvertragsrecht“[881]. Dabei handelte es sich um eine „Gegenüberstellung von Vorschriften für ein Arbeitsvertragsgesetz“. Gegenübergestellt wurden einerseits „Formulierungen einer Arbeitsgruppe der arbeitsrechtlichen Abteilung des Bundesministeriums für Arbeit und Sozialordnung“, dann „Formulierungen und Thesen der Ausschüsse für den Allgemeinen Teil und die Begründung des Arbeitsverhältnisses, für den Inhalt des Arbeitsverhältnisses und für die Beendigung des Arbeitsverhältnisses der Arbeitsgesetzbuchkommission“, und schließlich „Formulierungen und Thesen der Arbeitsgesetzbuchkommission“[882]. Vorangestellt wurden dem Entwurf die „Formulierung arbeitsrechtlicher Grundrechte“[883].

Insgesamt sollten mit der Veröffentlichung des Entwurfs in der dargelegten Form jeweils die verschiedenen Formulierungen zur Diskussion gestellt und es der interessierten (Fach-)Öffentlichkeit ermöglicht werden, die Arbeiten der Kommission zu würdigen. Geplant war, den Referentenentwurf eines Arbeits-

---

[878] Nach DIETERICH, (wie Anm. 876), S. 334; *Ramm* spricht hingegen von 177 Sitzungen der Ausschüsse sowie 23 Plenarsitzungen; dabei verweist auch er auf die Ausführungen Dieterichs; vgl. RAMM, Entwürfe, S. 84.

[879] Vgl. den Bericht des Bundesarbeitsministeriums, in: BArBl 1977, S. 547.

[880] DIETERICH, (wie Anm. 876), S. 333.

[881] Der Entwurf erschien in einer vom Bundesarbeitsministerium veröffentlichten Broschüre mit dem Titel „Entwurf eines Arbeitsgesetzbuches – Allgemeines Arbeitsvertragsrecht“. Tatsächlich fertig gestellt war der Entwurf hingegen bereits Ende 1976.

[882] Ebd., S. 15.

[883] Vgl. Art. 1-4 des Entwurfs.

vertragsgesetzes bereits zu Beginn der 8. Legislaturperiode dem Deutschen Bundestag vorzulegen[884]. Dagegen kündigte der Bundesarbeitsminister eher distanziert lediglich die „eingehende Prüfung" der Kommissionsvorschläge an[885]. Demzufolge verwundert es auch kaum, dass ein entsprechender Entwurf eines Arbeitsverhältnisgesetzes tatsächlich niemals Eingang in das Parlament fand.

aa) Grundlegendes zur Entwurfsfassung[886]

Dem Entwurf eines Arbeitsvertragsgesetzes werden zunächst „arbeitsrechtliche Grundrechte" vorangestellt. Art. 1 sollte den „Schutz der Arbeitskraft" sicherstellen und den Arbeitnehmer insb. vor „unzumutbaren Arbeitsbedingungen" bzw. vor „unwürdiger und willkürlicher Behandlung" sowie „Betriebsgefahren und sonstige gesundheitliche und sittliche Schädigungen" bzw. „Gefährdungen" schützen[887]. Was man aber nun etwa unter „unzumutbaren Arbeitsbedingungen" zu verstehen hatte, wurde indes nicht konkretisiert. Vielmehr handelte es sich hierbei eher um inhaltsleere Vorsätze, die im Ernstfall, also bei der Durchsetzung etwaiger Rechte bzw. Ansprüche, kaum zu realisieren gewesen wären. Diese Tendenz lässt sich auch anhand Art. 2 des Entwurfs ausmachen, der ganz allgemein von Gleichheit und Gleichbehandlung im Arbeitsverhältnis handelt. Art. 3 hat hingegen das „Recht am Arbeitsplatz" zum Inhalt. Neben freier Wahl des Arbeitsplatzes (Abs. 1), wird allgemein bestimmt, dass lediglich das Gesetz bestimmen kann, in welcher Weise ein Arbeitsverhältnis beendet werden kann (Abs. 2). Hier, wie auch an anderer Stelle, etwa in Abs. 4, in dem konstatiert wird, dass ein Arbeitsverhältnis immer durch Vertrag begründet werden muss, werden Sachverhalte erörtert, die ohnehin im eigentlichen Gesetzestext – für die Begründung des Arbeitsverhältnis durch Vertrag z.B. in § 3 des Entwurfs – näher geregelt und konkretisiert werden. So scheint es, dass die dem Entwurf vorangestellten „arbeitsrechtlichen Grundsätze" entweder Regelungssachverhalte einbeziehen, welchen lediglich deklaratorischen Charakter beizumessen ist – so auch Art. 4, der vom „Schutz der Persönlichkeit" handelt und die „Persönlichkeit und Würde" des Arbeitnehmers im Arbeitsverhältnis schützen sollte (Abs. 1) – oder gar Verhalte betreffen, die im eigentlichen Gesetzestext ohnehin näher geregelt werden, oder, was sich anhand Art. 2 und 3 der arbeitsrechtlichen Grundsätze belegen lässt, lediglich fast wörtlich Inhalte des GG wiederholen[888].

---

[884] Vgl. dazu das Vorwort Herschels in: (wie Anm. 881), S. 11.

[885] Vgl. RAMM, Entwürfe, S. 84.

[886] Entwurf eines Arbeitsgesetzbuches – Allgemeines Arbeitsvertragsrecht –, gut greifbar auch bei RAMM, Entwürfe, S. 401ff.

[887] Vgl. insb. Art. 1 IV des Entwurfs.

[888] Vgl. für Art. 2 der arbeitsrechtlichen Grundrechte Art. 3 GG sowie für Art. 3 der arbeitsrechtlichen Grundrechte Art. 12 GG.

Ob unter diesen Umständen noch von einem Nutzen einer solchen appellativen „Präambel“ die Rede sein kann, erscheint zweifelhaft.

Im Anschluss der „arbeitsrechtlichen Grundrechte“ schließen sich die eigentlichen Vorschriften zum Arbeitsverhältnisrecht an. Der erste Abschnitt handelt von der Begründung des Arbeitsverhältnisses. Wie aus § 3 ersichtlich, geht der Entwurf von der vertraglichen Begründung des Arbeitsverhältnisses aus und wiederholt weitgehend den Wortlaut des § 611 BGB[889]. Die in der Vergangenheit immer wieder eingebrachte These vom Arbeitsvertrag als „gemeinschaftsbegründenden“ Vertrag[890], die eng an der Auffassung des Arbeitsverhältnisses als „personenrechtliches Gemeinschaftsverhältnis“ angelehnt ist, schien überwunden.

Ausführlich geregelt wurde dann das Fragerecht des Arbeitgebers in § 5 und § 5a des Entwurfs. Danach sollte der Arbeitgeber lediglich solche Fragen bei der Einstellung an den potenziellen Arbeitnehmer richten dürfen, „an denen er im Hinblick auf das zu begründende Arbeitsverhältnis ein berechtigtes Interesse“ habe. „Insbesondere“ seien in diesem Kontext Fragen statthaft, die der Erkundung der „beruflichen und fachlichen Fähigkeiten, Kenntnissen und Erfahrungen“ dienten. Dies sollte nach dem Kommissionsentwurf auch für Fragen nach dem Bestehen einer Schwangerschaft oder Vorstrafen gelten; ein „Recht zur Lüge“ seitens des Arbeitnehmers wollte der Entwurf ausdrücklich nicht begründen. Insofern folgt der Gesetzesentwurf der damaligen Rechtsprechung des BAG, die dem Arbeitgeber wegen der „erheblichen finanziellen Lasten“ und der Erschwerung des „betrieblichen Arbeitsablaufs“ durch das Mutterschutzgesetz „ein rechtliches und wirtschaftliches Interesse“ zubilligte, nach dem Bestehen einer Schwangerschaft zu fragen[891].

Ausdrücklich unzulässig waren jedoch „insbesondere Fragen nach der Religions-, Gewerkschafts- und Parteizugehörigkeit des Arbeitnehmers“. Dass diese Auszählung jedoch nicht abschließend sein sollte, belegt wiederum die „insbesondere-Klausel“. Damit beabsichtigte man wohl, künftigen Entwicklungen auf diesem Sektor nicht dahingehend vorzubeugen, dass man die Berücksichtigung weiterer unzulässiger Fragen ex ante nicht zulassen wollte. Die Wissenschaft und Rechtsprechung sollte also ganz bewusst auch weiterhin dazu aufgerufen

---

[889] § 3 (Formulierung Arbeitsgesetzbuchkommission): Das Arbeitsverhältnis wird durch den Arbeitsvertrag zwischen Arbeitgeber und Arbeitnehmer begründet. Durch den Arbeitsvertrag verpflichtet sich der Arbeitnehmer, die vereinbarte Arbeit unter Leitung und nach Weisung des Arbeitgebers zu leisten; der Arbeitgeber verpflichtet sich, das vereinbarte Arbeitsentgelt zu entrichten.

[890] Vgl. dazu HUECK/NIPPERDEY, Lehrbuch des Arbeitsrechts, Bd. 1, S. 132f.

[891] Vgl. BAG AP Nr. 15 zu § 123 BGB.

Das BAG begründete diese Auffassung damit, dass es dem Arbeitgeber nicht auferlegt werden dürfe, „unerwartet den Geboten des Mutterschutzrechts gegenüberzustehen“.

sein, künftige bzw. neue Entwicklungen entsprechend zu berücksichtigen. Inwiefern nun mit einer solchen Vorschrift, die lediglich die bis dahin maßgeblich geltende Rechtsprechung in eine nicht abschließend und hinreichend bestimmt gefassten Norm zu transferieren vermochte, das allseits favorisierte Postulat nach Rechtssicherheit, Kalkulierbarkeit und Transparenz erreicht werden sollte, bleibt unklar. Andererseits war allgemein anerkannt, dass eine abschließende Regelung eines derartigen offenen und dem permanentem Wandel obliegenden Regelungssachverhaltes in keinem Fall in Betracht hätte kommen können.

Die lange Kette der sich nun anschließenden Einzelvorschriften kann hier nicht näher erörtert werden. Der ganz überwiegende Teil der Vorschriften findet sich jedenfalls in den ersten drei Abschnitten, die neben der Begründung, den Inhalt und die Beendigung des Arbeitsverhältnisses betreffen. Im zweiten Abschnitt lohnt insb. ein Blick auf §§ 26ff. und damit auf die Vorschriften zur Arbeitnehmerhaftung. Hier wurde von einer summenmäßigen Begrenzung der Arbeitnehmerhaftung, die vor allem seitens der Gewerkschaften im Vorfeld gefordert worden war, verzichtet; lediglich bei fahrlässigem Handeln sollte eine Ersatzpflicht wegfallen[892]. Nach § 26 II war es jedoch möglich, dass der „Richter ausnahmsweise die Ersatzpflicht ermäßigen [konnte], wenn wegen besonderer in der Art der Arbeit oder der Person des Arbeitnehmers liegender Umstände die volle Haftung eine unzumutbare Härte bedeuten würde". Wann nun konkret ein solcher Fall vorliegen sollte, gab das Gesetz indes nicht an. Auch an dieser Stelle wird ersichtlich, dass künftig weiterhin der Arbeitnehmer auf Einzelfallentscheidungen der Rechtsprechung angewiesen sein sollte. Erneut drängt sich die Frage nach dem Nutzen einer solchen Kodifikation auf, dessen Normen in ganz zentralen Bereichen offenbar für die geforderten Ziele der Rechtssicherheit und Transparenz nicht nutzbar gemacht werden bzw. werden können.

Der vierte Abschnitt des Entwurfs befasst sich mit der Verjährung und dem Verzicht. Im fünften Abschnitt wird schließlich die Möglichkeit abweichender Vereinbarungen normiert. Dabei sollte grundsätzlich das Günstigkeitsprinzip gelten. Dennoch werden auch zahlreiche Fälle normiert, die eine Abweichung durch Tarifvertrag auch zuungunsten der Arbeitnehmer zulassen sollten[893].

Im sechsten und letzten Abschnitt sollten dann die Schlussvorschriften folgen. Hier lohnt besonders ein Blick auf § 128, in dem festgelegt wurde, dass die §§ 611-630 BGB in Zukunft für Arbeitsverhältnisse keine Anwendung mehr finden und die übrigen Bestimmungen nur insoweit gelten sollten, als „sich nicht aus diesem Gesetz oder aus der Eigenart des Arbeitsverhältnisses etwas anderes" ergeben würde.

---

[892] Vgl. § 26 I, der dem Arbeitnehmers lediglich im Falle von Vorsatzes oder grober Fahrlässigkeit eine Haftung auferlegt.
[893] Vgl. §§ 123f. des Entwurfs.

Insgesamt umfasst der Gesetzesentwurf 130 Vorschriften[894]. Inwiefern der Entwurf in der Öffentlichkeit, insbesondere auch seitens Arbeitgeber- und Arbeitnehmerverbände, aufgenommen wurde, soll nun im folgenden Abschnitt näher erörtert werden.

bb) Die Aufnahme des Entwurfs

Der von der Arbeitsgesetzbuchkommission erarbeitete Entwurf einer Arbeitsvertragsrechtskodifikation wurde unterschiedlich beurteilt[895]. Thomas Dieterich, seinerzeit Richter am Bundesarbeitsgericht, machte auf die größere Mitgliederzahl und die heterogene Zusammensetzung der Kommission aufmerksam. So würde eine „Gruppe von 23 Köpfen und Meinungen, die ganz unterschiedliche Betrachtungsweisen und sozialpolitische Zielvorstellungen" repräsentiere, zwar ein „breites Erfahrungs- und Meinungsspektrum" gewährleisten können; jedoch sei diese Gruppe „für die Erörterungen von rechtlichen Problemen und Formulierungsfragen nicht ideal". Hierfür sei vor allem der „Mangel an Zeit" verantwortlich, den Dieterich als „das wichtigste Handicap der Kommissionsarbeit" ansah; besonders die „berufliche Belastung der Kommissionsmitglieder" würde sich hier bemerkbar machen[896].

Befürchtungen, die darauf abzielten, dass infolge der Realisierung des Kodifikationsvorhabens die Rechtsprechung stärker gebunden würde, seien nicht begründet. Durch die „Unzahl von Generalklauseln", die in dem geplanten Arbeitsverhältnisgesetz auffindbar seien, würde die „dominierende Stellung des Richters" eher bestätigt als geschwächt werden. Mit einer „Erstarrung des Arbeitsrechts" und einer möglichen Behinderung der Fortentwicklung des Rechtsgebiets sei ebenfalls nicht zu rechnen. Der „Strom der Rechtsentwicklung" ließe sich zwar nicht aufhalten und allenfalls zeitweise steuern. Dennoch hätten die „großen Kodifikationen des 19. Jahrhunderts" auch niemals zu einem Stillstand geführt. Gleiches sei von einer Kodifikation im Arbeitsvertragsrecht nicht zu erwarten[897].

Begründet seien vielmehr die Zweifel, „ob sich ein sozialpolitischer Konsens erreichen [ließe], ob also eine bestimmte Kodifikationsrezeption mehrheitsfä-

---

[894] Einige Vorschriften waren zwischenzeitlich entfallen oder wieder gestrichen worden, sodass eine finale Fassung des Gesetzesentwurfs möglicherweise mit weniger als 130 Vorschriften ausgekommen wäre (gemessen an dem veröffentlichten Entwurf des Bundesarbeitsministerium wären etwas über 20 Vorschriften entfallen).

[895] Auf Beiträge, die sich weitgehend unkritisch mit dem Entwurf auseinandersetzen und dementsprechend diesen eher lediglich zu charakterisieren versuchten kann hier nicht näher eingegangen werden; vgl. dazu etwa PULTE, Kodifizierung des Arbeitsrechts, BB 1978, S. 816ff.

[896] DIETERICH, (wie Anm. 876), S. 333.

[897] Ebd., S. 334.

hig“ sein würde. Für das Kollektive Arbeitsrecht sei hier „größter Pessimismus“ angebracht, da über diese Verhältnisse mehrheitlich „tiefgehende Meinungsverschiedenheiten“ existierten. Im Individualarbeitsrecht hingegen gebe es lediglich einen „neuralgischen Punkt von vergleichbarer Empfindlichkeit“ – die Tarifautonomie. Weniger entscheidend sei hier eine Alternativentscheidung – Tarifautonomie oder Kodifikation – sondern die Frage, „wie viel Spielraum für autonome Regelungen [...] den Tarifvertragsparteien“ bleiben dürfe. Die Lösung des Kommissionsentwurfs, die darauf abziele, die Tarifautonomie möglichst wenig zu tangieren, sei grundsätzlich zu begrüßen, sodass an dieser Stelle dem „Vorhaben wohl keine Gefahr“ drohe.

Die „gewichtigsten Zweifel“ an den Chancen einer arbeitsrechtlichen Kodifikation der vorgestellten Art würden sich aber aus den Grenzen der „Leistungsfähigkeit des parlamentarischen Gesetzgebers“ erschließen. Dieterich bezieht sich hierbei auf die von Kübler vorgebrachten Postulate, die dem Gesetzgeber bei der Realisierung von insbesondere sozialpolitisch stark umstrittenen Regelungsverhalten hinsichtlich einer Kodifizierung solcher Materie Handlungsunfähigkeit attestierte. Dennoch, so schließlich das Schlusswort Dieterichs, müsse das Arbeitsrecht zwingend eine „Sonderstellung“ einnehmen. „Die Kalkulierbarkeit des Rechts“ sei besonders hier ein „sozialstaatliches Postulat“. Die „Informationskrise des Rechts“ treffe die sozial Schwächeren besonders hart. Nur wenn dies „allgemein anerkannt und respektiert“ würde, habe das „geplante Arbeitsverhältnisgesetz eine Chance“[898].

Nach Veröffentlichung des Kommissionsentwurfs meldete sich erneut Mayer-Maly zu Wort. Dabei wies er zunächst, ohne näher auf den vorgelegten Kommissionsentwurf einzugehen, auf Argumente hin, die sowohl gegen als auch für die Verabschiedung eines dem Kommissionsentwurf entsprechenden Gesetzes sprechen würden. Von den allgemeinen Argumenten für eine Kodifikation falle nach Mayer-Maly insbesondere ins Gewicht:

> „(1) die Erleichterung der Informationen über das Recht durch die äußerliche Zusammenfassung der Vorschriften;
> (2) die mit einer Kodifikation regelmäßig verbundene systematische Durchdringung des Rechtsstoffes;
> (3) die Chance zum Abbau zufälliger Differenzierungen und zur Überwindung von in die geltende Ordnung geratenen Wertungswidersprüchen;
> (4) die Verbesserung der Rechtssicherheit durch gesetzgeberische Rezeption der Resultate richterlicher Rechtsfortbildung“.

[898] Ebd., S. 335.

Gegen eine Kodifikation würde hingegen regelmäßig vorgebracht, dass

> „(1) die Entwicklung eines in Bewegung befindlichen Rechtsgebietes durch sie nur behindert [würde];
> (2) ein neuer Ansatz zu gesetzespositivistischen Argumenten geschaffen würde;
> (3) der Kodifikationsgedanke dem Gesetzgebungsstil der pluralistischen Gesellschaft nicht mehr adäquat sei".

Neben diesen „allgemeinen Argumenten", die für bzw. gegen eine Kodifikation im Arbeitsrecht anzuführen seien, würden auf beiden Seiten noch arbeitsrechtliche Argumente hinzutreten. Für die Kodifikation könnte geltend gemacht werden, dass das „Sozialstaatsprinzip Vorsorge für ein übersichtliches Arbeitsrecht" gebiete[899]. Sowohl dem Arbeitnehmer als auch dem „kleinen Arbeitgeber ohne Personalbüro" sollte so „ein besserer Zugang" zum Recht eröffnet werden. Gegen eine Arbeitsrechtskodifikation könnte hingegen vorgebracht werden, dass eine „Arbeitsgesetzkodifikation die Relation zwischen Tarifpolitik und Legislative selbst dann verändern [müsse], wenn es Bereiche wie das Akkordrecht oder die Änderungskündigung" ausklammere und tarifliche Regelungen in vielen Fragen den Vorrang einräumen würde.

Insgesamt würden jedoch, so Mayer-Maly weiter, die Argumente, die für eine Kodifikation anzuführen seien, überwiegen. Ausschlaggebend für diesen Standpunkt, den Mayer-Maly auch schon zuvor[900] vertrat, sah er insbesondere die „sozialstaatliche Verpflichtung zur Rechtsklarheit und die Notwendigkeit einer Beseitigung jener teils überflüssigen, teils willkürlichen Differenzierungen an, die mit der bisherigen Entwicklung des Arbeitsrechts durch Sondergesetze und Richterrecht zwangsläufig verbunden" gewesen wären[901].

Auch wenn nach Mayer-Maly der Entwurf eines Arbeitsverhältnisgesetzes eine „respektable Spannweite" aufweisen würde, mahnte er erneut, dass die Entwicklung nicht an dieser Stelle stehen bleiben dürfe. Die Beschränkung auf

---

[899] Mayer-Maly bezieht sich hier auf das entsprechende Postulat der Regierungserklärung vom 28.10.1969; vgl. dazu obige Ausführungen unter Anm. 799.

[900] Vgl. oben unter B. V. 2. b) gg).
Diese Auffassung vertrat er auch in seinem etwa drei Jahre zuvor erschienenen Aufsatz. Darin bekräftigte er außerdem ausdrücklich, dass etwa die „Dynamik des Arbeitsrechts" keineswegs gegen eine Kodifizierung dieser Rechtsmaterie sprechen könnte, da die Kodifikation gerade dort „Elastizitätsfaktoren" einbaue, wo in „naher Zukunft mit neuen Konzepten" zu rechnen sei. Mit Elastizitätsfaktoren dürfte Mayer-Maly wohl insbesondere auf die Aufnahme offener bzw. nicht abschließend gefasster Vorschriften abgestellt zu haben; vgl. dazu auch schon seine zuvor veröffentlichten Ansätze in: MAYER-MALY, (wie Anm. 842), S. 2f.
Vgl. MAYER-MALY, Probleme der Erstellung eines Arbeitsgesetzbuches, AuR 1975, S. 225ff. (226).

[901] MAYER-MALY, Die Begründung und Lösung von Arbeitsverhältnissen als Gesetzgebungsproblem, NJW 1978, S. 1567.

Teilkodifikationen würde nämlich die „Gefahr von Wertungswidersprüchen und entbehrlichen Differenzierungen“ mit sich bringen. Der „Anspruch einer Kodifikation“ ziele vielmehr darauf ab, „ein Rechtsgebiet als Ganzes zu ordnen“[902].

Mayer-Maly äußerte sich dann auch zu inhaltlichen Punkten des von der Arbeitsgesetzbuchkommission vorgelegten Entwurfs eines Arbeitsvertragsgesetzes. Zunächst sei zu begrüßen, dass der Entwurfsfassung „soziale Grundrechte“ vorangestellt worden seien, auch wenn die jeweiligen Regelungen teilweise zu pauschal und starr wirkten.

Kritisch äußerte sich Mayer-Maly zur Möglichkeit einer Emanzipation des Arbeitsrechts vom BGB und bezog sich dabei auf § 128 des Entwurfs. So sei es nicht zu befürworten, dass der Kommissionsentwurf mit der „Orientierung an der Eigenart des Arbeitsverhältnisses eine materielle und deshalb im Einzelfall stets zweifelhafte Teilderogation des BGB“ statuiere. Sinnvoll erscheine vielmehr „der Auftrag, bei jeder Heranziehung von Vorschriften des BGB für Arbeitsverhältnisse deren Eigenart und die im Arbeitsgesetzbuch zum Ausdruck gebrachten Wertungen zu beachten“. Insgesamt solle es also grds. bei einer „subsidiären Geltung des BGB“ bleiben[903].

Erneut kritisch bezog Mayer-Maly zum Fragerecht des Arbeitgebers (§ 5 des Entwurfs) Stellung. Dabei sei insbesondere zu monieren, dass das Fragerecht des Arbeitgebers bei der Einstellung zu weit gefasst sei. Hier wie auch an anderen Stellen sei augenfällig, dass die Sprache des Entwurfs insgesamt zu „schwerfällig und langatmig“ sei und der Terminus „insbesondere“ sein „Lieblingswort“ bilde. Auch steckten „allzu viele Kompromisse“ in den Texten, „allzu viel Bedachtsamkeit auf mögliche Sonderfälle und ein Übermaß an Reaktion auf Kasuistik“ mache sie umständlich. Teilweise würde sich das „Ungeschick der Formulierung dem Wertungswiderspruch“ annähern[904].

Als Gesamtfazit plädierte Mayer-Maly schließlich nicht nur die „Begründung und Lösung von Arbeitsverhältnissen neu zu regeln, sondern überhaupt eine möglichst umfassende, auch das Kollektive Arbeitsrecht einbeziehende Kodifikation des Arbeitsrechts zu schaffen“. Nur eine Gesamtkodifikation könne die „hauptsächliche Aufgabe“, die nicht in der „reformerische[n] Veränderung des Rechts“, sondern vielmehr in der „Verbesserung der Möglichkeit, die Rechtslage zu durchschauen“ liege, realisieren.

---

[902] Ebd., S. 1568.

[903] Ebd., S. 1569.

[904] Dies belegt Mayer-Maly anhand von zahlreichen Beispielen im Entwurf, eines sei hier hervorzuheben: „Zu bösen Witzen über Juristendeutsch und Juristenlogik verlockt § 89 I, der im 1. Satz sagt, der Kündigende könne die Kündigung nicht widerrufen, und im 2. Satz Vereinbarungen über den Widerruf der Kündigung von Formgeboten befreit“. Vgl. MAYER-MALY, (wie vorherige Anm.), S. 1570.

Dennoch sei der von der Arbeitsgesetzbuchkommission ausgearbeitete Entwurf „ungeachtet seiner legistischen Defekte, der zu weit getriebenen Emanzipation vom BGB und der mehr auf Neuerung denn auf Ordnung zielenden Bestrebungen geeignet, die Erfüllung einer Kodifikationsaufgabe zu fördern, die sich aus der Pflicht des Sozialstaates zur Sorge um Rechtsklarheit" ergeben würde[905].

Auch wenn Mayer-Maly, trotz seiner doch sehr kritischen Stellungnahme zur von der Arbeitsgesetzbuchkommission vorgelegten Entwurfsfassung eines Arbeitsvertragsgesetzes, im Ergebnis weiterhin, zumindest nach Ausräumung der schwerwiegendsten Mängel, für die Realisierung eines entsprechenden Gesetzes votierte, schien er aber durchaus erkannt zu haben, dass sich das favorisierte Ziel, was er zugleich als Kernargument für die Kodifizierung des Arbeitsrechts ins Feld führte – die Schaffung eines übersichtlichen Arbeitsrechts unter Wahrung des Sozialstaatsprinzips – auch durch eine arbeitsrechtliche Kodifikation nicht ohne weiteres würde realisieren lassen.

Wolfgang Zöllner hingegen trat gegen die Kodifizierung des Arbeitsrechts ein. Schon vor Veröffentlichung des Kommissionsentwurfs machte er auf die Gefahr aufmerksam, dass aus „jeder Neuformulierung an Neuem hervorgezaubert" werde, was seitens des Gesetzgebers bei Abfassung des Gesetzestextes „keineswegs intendiert" gewesen wäre. Zöllner plädierte vielmehr dafür, „lieber den Gesetzesbestand so zu belassen", wie man ihn bereits vorfinden würde. Denn „das Bundesarbeitsgericht [würde] mit den wirklich wichtigen Fragen verlässlich fertig", so Zöllner weiter. Dieser Standpunkt gelte insbesondere dort, „wo es, wie hier, doch eigentlich darum [ginge], mehr oder weniger einen bestehenden Zustand aufzufangen und in Gesetzesworte zu kleiden". Auch seien die „Texte [...] zum Teil so ungeschickt, daß man selbst den kompliziertesten Leitsatz des Bundesarbeitsgerichts vorziehen"[906] müsste.

Insgesamt handele es sich bei dem Vorhaben der Kommission, eine Kodifikation des Arbeitsrechts in Gestalt eines Arbeitsgesetzbuchs auszuarbeiten, um ein problematisches „Unterfangen", da das Arbeitsrecht auch weiterhin „rascher Veränderung" unterliege. Die „Zusammenfassung unterschiedlicher Regelungsbereiche in einem einzigen Gesetz [führe] daher schnell zu unerfreulichen gesetztestechnischen Problemen". Ferner sei die Zusammenfassung auch „unnötig" und ziehe „hohe Folgekosten im Bereich des rechtlichen Dokumentationswesens nach sich"[907].

Als weiteren Wissenschaftler, der an dieser Stelle erwähnenswert sein dürfte, ist Peter Hanau hervorzuheben, der sich ebenfalls für die Umsetzung des Ent-

[905] Ebd., S. 1570.
[906] ZÖLLNER, Soll die Treue- und Fürsorgepflicht in die Arbeitsrechtskodifikation aufgenommen werden?, in: Treue- und Fürsorgepflicht im Arbeitsrecht, S. 142.
[907] ZÖLLNER, Arbeitsrecht – ein Studienbuch, S. 57.

wurfs eines Arbeitsvertragsgesetzes und damit für die Kodifizierung des Arbeitsrechts im Allgemeinen einsetzte. Dabei versuchte er allgemeine Bedenken gegen arbeitsrechtliche Kodifikationen zu entkräften. Die Befürchtung, dass ein solches Vorhaben, die „Weiterentwicklung des Arbeitsrechts hemmen könnte" sei jedenfalls unbegründet, da die „deutschen Höchstgerichte [...] ihre verfassungs- und verfahrensrechtliche Legitimation zur Rechtsfortbildung so energisch" wahrnehmen würden, dass „sie der Respekt vor einer neuen Kodifikation des Arbeitsrechts schwerlich zu übertriebenem Gesetzesgehorsam veranlassen" würde[908].

Auch die von Zöllner geäußerten Bedenken, es könne aus jeder Neuformulierung etwas Neues „hervorgezaubert" werden, das von den Verfassern des Gesetzes nicht beabsichtigt gewesen sei, könnten nicht überzeugen. So würde nämlich angenommen, dass die Gerichte mit „den wirklich wichtigen Fragen" verlässlich verfahren würden. Daher sei es auch nicht einzusehen, „warum das BAG mit Gesetzen leichtfertig zaubern sollte, wo es ohne Gesetz verlässlich" arbeite.

„Das eigentliche Problem der Kodifikation des Arbeitsrechts" liege hingegen allein im „politischen Bereich". So berühre ein Arbeitsvertragsgesetz viele Fragen, die „zwischen den Sozialpartnern und auch zwischen den Parteien umstritten" wären. Andererseits seien auch „zuletzt so heikle Gesetze wie das Betriebsverfassungsgesetz und das Mitbestimmungsgesetz" mit „sehr großen Mehrheiten" verabschiedet worden.

Im Übrigen hätte eine gesetzliche Regelung des Arbeitsvertragsrechts auch dann einen „erheblichen rechts- und sozialstaatlichen Wert", wenn sie „auf weiten Strecken nur die bisherige Rechtslage" zusammenfassen und klarstellen würde. Dazu bestehe, so Hanau weiter, vorwiegend auch deshalb Anlass, „weil die DDR 1978 bereits die zweite verbesserte Auflage eines Arbeitsgesetzbuchs in Kraft setzen konnte"[909].

Hanau plädierte also für die Schaffung eines Arbeitsvertragsgesetzbuchs, das als Mindestziel zumindest die bisherige Rechtslage zusammenfassen sollte. Ob dies jedoch gerade deshalb erforderlich gewesen wäre, weil die damalige DDR zuvor ihr Arbeitsgesetzbuch verabschiedet hatte, das wiederum das Gesetzbuch der Arbeit vom 12.4.1961 ablöste, darf schon deshalb bezweifelt werden, weil – wie noch aufzuzeigen sein wird – die Intention des DDR Gesetzgebers bei der Schaffung dieses Gesetzes eine gänzlich andere war, als etwa jene der Bundesrepublik.

Bezogen auf den vorgelegten Kommissionsentwurf räumte Hanau jedoch ein, dass dieser insgesamt noch „unfertig" sei. So sei die Aufnahme von arbeitsrecht-

[908] HANAU, Der Kommissionsentwurf eines Arbeitsvertragsgesetzes, ZRP 1978, S. 216.
[909] Ebd., S. 216f.

lichen Grundrechten in einem Arbeitsvertragsgesetz weniger sinnvoll, da zu befürchten sei, dass es dadurch zu kopflastig würde; im Rahmen eines umfassenden Arbeitsgesetzbuchs wäre hingegen die Aufnahme eines solchen Katalogs eher denkbar[910]. Hinsichtlich bestehender inhaltlicher Kontroversen wies Hanau besonders auf das Kündigungsrecht hin, das sowohl „innerhalb als auch außerhalb der Kommission" den umstrittensten Bereich darstelle[911]. Kritisch äußerte sich Hanau weiterhin zur Gesetzesfassung der Arbeitnehmerhaftung im Entwurf[912]. Hier sei insbesondere die vorgesehene vollständige Beseitigung der Haftung des Arbeitnehmers problematisch[913].

Dennoch würden die bestehenden Mängel des vorgelegten Entwurfs in erster Lesung noch lange keinen Anlass dazu bieten, das Vorhaben zurück- oder gar einzustellen. Vielmehr sei weiterhin die „interessierte Öffentlichkeit aufgerufen, sich für die weitere Arbeit an Arbeitsvertragsgesetz und Arbeitsgesetzbuch einzusetzen"[914]. Anderenfalls dürfe man sich künftig nicht mehr über die „Rechtszersplitterung im Arbeitsrecht" beklagen, so Hanau[915].

Von besonderem Interesse dürften Äußerungen zur Entwurfsfassung seitens der Sozialpartner nach Veröffentlichung des Kommissionsentwurfs sein. Dabei ist zunächst die Bundesvereinigung der Deutschen Arbeitgeberverbände (BDA) anzuführen, die unmittelbar nach Veröffentlichung des Entwurfs eine deutlich ablehnende Stellungnahme abgab[916].

So bestünden „erhebliche Zweifel, ob eine Gesamtkodifikation des Arbeitsrechts angesichts der bisherigen Entwicklung auf diesem Rechtsgebiet sachlich erforderlich und geboten" sei. Dies gelte insbesondere für die Kodifikation eines so „grundlegenden und differenziert gestalteten Teilgebietes wie des Arbeitsvertragsrechts". Die Vorschläge der Kommission stünden ferner „im Widerspruch zu dem dringenden Erfordernis, die bestehenden wirtschaftlichen, vor allem aber arbeitsmarktpolitischen Schwierigkeiten zu überwinden". Vielmehr bewirkten sie „neue Kostenbelastungen" sowie eine „Verminderung der Anpassungselasti-

---

[910] Ebd., S. 217.

[911] Ebd., S. 221.

[912] Freilich erörterte Hanau auch weitere Einzelfragen des Entwurfs, auf die jedoch nicht näher eingegangen werden können. Vgl. ebd., S. 217-221.

[913] Ebd., S. 219. Hanau plädierte dabei dafür, bei „mittlerer Fahrlässigkeit" eine Haftung bis zur Höhe von 1 – 3 Monatsentgelten vorzusehen. Eine Unterscheidung zwischen „mittlerer" und „leichter" Fahrlässigkeit nimmt der Entwurf in § 26 indes nicht vor.

[914] Obwohl zu dieser Zeit bereits von der Schaffung eines Arbeitsgesetzbuchs fast kaum mehr die Rede war, sollte nach Hanau dennoch neben der Verwirklichung eines Arbeitsverhältnisgesetzes daran festgehalten werden.

[915] Ebd., S. 221.

[916] Die „Stellungnahme zum Entwurf der Arbeitsgesetzbuchkommission für ein Arbeitsgesetzbuch – Allgemeines Arbeitsvertragsrecht" erschien bereits im September 1977 und wurde als Publikation von der BDA herausgegeben.

zität der Wirtschaft“, behinderten den „Abbau der Arbeitslosigkeit“ und würden eine „Verkrustung des Arbeitsmarktes“ bewirken.

Weiterhin sei das allgemein mit der Kodifizierung des Arbeitsvertragsrechts favorisierte Ziel der Verbesserung der Transparenz dieser Rechtsmaterie für den Einzelnen nicht erreicht worden. Vielmehr erschwerten „neue Rechtsbegriffe und komplizierte Regelungsinhalte [...] den Zugang zu diesem Rechtsgebiet“, was zu „nicht abschätzbare Rechtsunsicherheit“ führen könnte.

„Qualität und Funktionsfähigkeit des Recht“ würden ebenfalls nicht verbessert. „Perfektionistische und konfliktfördernde Regelungen bis in abstrakte Detailfragen, Formalismen und ein bürokratischem vom öffentlichen Dienstrecht geprägtes Problemverständnis“ ließen weder der „inneren Dynamik“ des Arbeitsverhältnisrechts noch seiner „Gestaltung im Wechsel der wirtschaftlichen Entwicklungen Raum“[917].

Ferner wird die „einseitige Ausrichtung des Entwurfs auf den Arbeitnehmerschutzgedanken“ moniert. Die bestehenden „tiefgreifenden Bedenken“ würden besonders durch die „Lösung des Individualarbeitsrechts aus der engen und durchaus begründeten Bindung zur Privatrechtsordnung, seine Ausrichtung als Sonderecht und die Normierung einer Vielzahl von Generalklauseln für weitere Eingriffe in das bestehende und bewährte Rechtsgefüge“ verstärkt. Aus Sicht der Arbeitgeber verständlich erscheint schließlich das Vorbringen der BDA, das sich gegen die „abermalige Ausdehnung“ des Kündigungsschutzes richtet. So würden „Kündigungserschwerungen, Kündigungsbeschränkungen und –verbote [...] zusammen mit Sozialplanansprüchen eine Summe von Kosten und Lasten [ergeben], die notwendigen Anpassungen an veränderte wirtschaftliche Situationen und die fortschreitende Entwicklung zunehmend hinderlich“ werden könnten[918].

Insgesamt, so machte die BDA bereits im Vorfeld – noch bevor auf die einzelnen Normen des Entwurfs näher eingegangen wurde – geltend, stehe die Bundesvereinigung „den Vorschlägen der Arbeitsgesetzbuchkommission [...] aus grundsätzlichen Erwägungen ablehnend gegenüber“[919].

Die vollständige Stellungnahme zu den einzelnen Vorschriften kann hier nicht im Einzelnen nachgezeichnet werden. Exemplarisch sei lediglich auf Äußerungen zu folgenden inhaltlichen Komplexen skizzenhaft hinzuweisen: arbeitsrechtliche Grundrechte, dem Fragerecht des Arbeitgebers bei der Einstellung, Arbeitnehmerhaftung und Kündigungsschutz.

Hinsichtlich der Normierung arbeitsrechtlicher Grundrechte in einem Arbeitsvertragsgesetz sei zu konstatieren, so aus der Erklärung der BDA, dass lediglich eine „Wiederholung von bereits grundgesetzlich verankerten Rechten

[917] Ebd., S. 3.
[918] Ebd., S. 4.
[919] Ebd., S. 5.

[...] überflüssig“ sei. Die „Grundrechte“ würden allenfalls die Wirkung einer „Generalklausel“ entfalten können, zumal die jeweiligen Inhalte teilweise ohnehin im Entwurf einzelgesetzlich geregelt wären. Schließlich erfolge mit der „Verwendung des Begriffs ‚Grundrechte‘ eine Täuschung über die Normqualität dieser Vorschriften und eine Abwertung der Grundrechte des Grundgesetzes“[920].

In Bezug auf das Fragerecht des Arbeitgebers (§ 5) wird lediglich das Verbot ergänzender Fragen bei der Verwendung von Fragebögen moniert. Dass das Fragerecht etwa im Hinblick auf persönliche Eigenschaften, etwa zu Schwangerschaft oder Vorstrafen, sehr weit gefasst und damit für den Arbeitgeber als durchaus vorteilhaft hätte eingestuft werden können, würdigte man nicht[921].

Gegen die Neugestaltung des Haftungsrechts des Arbeitnehmers bestünden „schwerwiegende Bedenken“. So sei nicht einzusehen, weshalb der Entwurf eine „fast vollständige Aufgabe der Schadensersatzfunktion des Haftungsrechts“ vorsehe. So würde die „Schaffung eines Haftungsfreiraums für Fahrlässigkeit“ den unsorgsamen Umgang mit Werkzeugen, Maschinen und anderen Arbeitsmitteln fördern. Die hieraus resultierenden wirtschaftlichen Folgen, die sich „im Hinblick auf sinkende Arbeitsqualität und –moral“ ergeben würden, seien kaum abschätzbar[922].

Zum Kündigungsrecht im Entwurf schließlich sei zu konstatieren, dass die dortigen Reformansätze insgesamt „rechtspolitisch verfehlt [seien] und [...] mit Entschiedenheit abgelehnt“ werden müssten[923]. Das Kündigungsrecht des Arbeitgebers sei nicht nur „wesentlicher Bestandteil des auf autonome Vertragsbeziehungen aufbauenden Privatrechts, sondern zugleich eine entscheidende Grundlage einer freiheitlichen Wirtschaftsordnung“. Der Ausbau des Bestandschutzes im Kündigungsrecht sei ferner auch für die „Lösung von Arbeitsmarkt- und Beschäftigungsproblemen ungeeignet“. So müsse zwingend die „personelle Anpassungsfähigkeit der Unternehmen und die Mobilität der Arbeitnehmer auf dem Arbeitsmarkt erhalten bleiben“. Die „individuellen finanziellen Lasten eines Beschäftigungsrisikos“ sollten weder vom Arbeitgeber noch Arbeitnehmer zu tragen sein; diese müssten vielmehr von der „gemeinsam finanzierten Solidargemeinschaft aufgefangen werden“[924].

Neben der überaus kritischen Bewertung der inhaltlichen Punkte des Kommissionsentwurfs wurde also im Tenor konstatiert, dass die BDA bereits „aus grundsätzlichen Erwägungen [...] den Vorschlägen der Arbeitsgesetzbuchkommission“ ablehnend gegenüber stünde. Die Bundesvereinigung könne deshalb

---

[920] Ebd., S. 7.
[921] Vgl. ebd., S. 9.
[922] Ebd., S. 16f.
[923] Ebd., S. 31.
[924] Ebd., S. 31.

nur „dringend von der weiteren Verfolgung des Kodifikationsvorhabens abraten“[925].

Noch vor Veröffentlichung des Entwurfs eines Arbeitsvertragsgesetzes äußerte sich auch der DGB zu dem Reformprojekt der Arbeitsgesetzbuchkommission, indem er einen eigenen Entwurf am 5.04.1977 verabschiedete[926], der nach eigenen Angaben als „Alternativvorschlag“ dem von der Kommission erarbeiteten und bereits 1976 fertig gestellten „ersten Teil eines künftigen Arbeitsgesetzbuches“ gegenüber gestellt werden sollte[927].

Begründet wurde dieser eigene Vorstoß insbesondere damit, dass die vom DGB bereits auf dem 10. Ordentlichen Bundeskongress im Mai 1975[928] ausge-

---

[925] So auch: O.V., Neues Arbeitsvertragsrecht - Unnötig und gefährlich, Arbeitgeber 1977, S. 864; ebenso in: O.V., Jahresbericht der Bundesvereinigung der Deutschen Arbeitgeberverbände, S.15ff. (17).

[926] Veröffentlicht wurde der Entwurf in: RdA 1977, S. 166ff.
Nach *Ramm* existiert weiterhin noch eine spätere unveröffentlicht gebliebene Bearbeitung des DGB-Entwurfs. Ferner ist zu vermuten, dass Einzelgewerkschaften eigene Gesetzesentwürfe vorbereiteten. Im Mai 1971 erstellte zumindest die ÖTV eine erste Fassung eines Arbeitsgesetzbuchs, das 834 Paragraphen umfasste. Vgl. RAMM, Entwürfe, S. 119, Anm. 38.

[927] Vgl. Presseerklärung des DGB-Informations-Dienst, ID 10/77 vom 15.04.1977, S. 1; inhaltsgleich abgedruckt auch in: ArbuR 1977, S. 245ff.

[928] Der Kongress fand vom 25. – 30.05.1977 in Hamburg statt. Hinzuweisen ist insbesondere auf zwei Anträge, die vom Kongress schließlich auch angenommen wurden:
Im Antrag Nr. 153 (Antragsteller: Bundesvorstand) wurde die Schaffung eines neuen Arbeitsgesetzbuches als „dringend notwendig“ qualifiziert. Die „Zersplitterung des Arbeitsrechts in viele hundert Einzelgesetze und Verordnungen“ erschwere den Arbeitnehmern, „ihre Rechte zu wahren“. Ferner verbiete es das „Sozialstaatsgebot des Grundgesetzes [...], daß aus dem Privateigentum an Produktionsmitteln Herrschaft über Menschen“ würde.
Schließlich sollten die „politischen Parteien“ aufgefordert werden, „bei der Schaffung eines Arbeitsgesetzbuches die vitalen Interessen der erdrückenden Mehrheit unseres Volkes nicht zugunsten einer kleinen Minderheit von Produktionsmittelbesitzern zu opfern“. Allerdings sei ein „Arbeitsgesetzbuch, wie es die Arbeitnehmer durch ihre Gewerkschaften [forderten], nicht in wenigen Monaten zu schaffen“. [...] „Auch wenn die Gesamtkodifikation nicht kurzfristig herbeigeführt werden“ könne, so erwarteten die Gewerkschaften dennoch, dass zumindest ein, „den ersten Teil eines Arbeitsgesetzbuches, nämlichen die Neuregelung des Arbeitsverhältnisrechts“, betreffender Entwurf noch in der laufenden Legislaturperiode in das Gesetzgebungsverfahren eingebracht würde.
Insgesamt sei es schließlich, „25 Jahre nach Inkrafttreten des Grundgesetzes [...] Zeit, daß endlich ein fortschrittliches Arbeitsrecht geschaffen“ würde.
Vgl. Protokoll zum 10. Ordentlichen Bundeskongress in Hamburg, Antrag 153, S. 159ff.
Seitens der IG Metall wurde nahezu inhaltsgleich im Antrag 159 dazu aufgefordert, die „Arbeiten am Arbeitsgesetzbuch zügig voranzutreiben und wenn möglich, noch in dieser Legislaturperiode einen Teil des Arbeitsgesetzbuches, das sogenannte Arbeitsverhältnisgesetz, dem Bundestag als Gesetzentwurf vorzulegen“. Ferner sei, insbesondere durch Beteiligung der Arbeitnehmer bzw. ihren Organisationen bei der Ausarbeitung der finalen Gesetzesfassung, sicherzustellen, dass „dieses Gesetz, wie es Vorstellung der Bundesregierung [sei], für die Arbeitnehmer das Grundgesetz ihrer täglichen Arbeit [werde], mit dem sie sich auch persönlich identifizieren“ könnten.

sprochenen Erwartungen, vor Ablauf der damaligen Legislaturperiode einen entsprechenden Entwurf eines Arbeitsvertragsgesetzes in das Gesetzgebungsverfahren einzubringen, nicht erfüllt worden seien und darüber hinaus auch „keine Erklärungen der jetzigen Bundesregierung erkennen [ließen], daß dies in Kürze geschehe“[929].

Der vorgelegte DGB-Entwurf trage nicht nur dem Anspruch Rechnung, dass „heutige, in vielen Einzelgesetzen und Verordnungen aufgesplitterte und teilweise sogar nur auf Richterrecht beruhende Arbeitsrecht [...] in einem Gesetzeswerk zusammenzufassen“, es würde zugleich auch im „Interesse der davon betroffenen Arbeitnehmer“ für inhaltliche Verbesserungen sorgen. Wie der Kommissionsentwurf, beschränkt sich auch die Entwurfsfassung des DGB lediglich auf das Arbeitsverhältnisrecht und klammert ganz bewusst etwa das Kollektive Arbeitsrecht aus. Die Regelung dieses Rechtsbereichs sollte erst später durch „weitere Teilentwürfe zum Arbeitsgesetzbuch erfolgen“[930].

Wie der Kommissionsentwurf, so stellt auch der DGB-Entwurf arbeitsrechtliche Grundrechte, die sich inhaltlich weitgehend mit den Vorschriften der Arbeitsgesetzbuchkommission deckten, an die Spitze[931]. Bezeichnende Abweichungen werden dann jedoch anhand der das eigentliche Arbeitsverhältnisgesetz betreffenden Vorschriften sichtbar[932]. So wird das Fragerecht in § 10 des Entwurfs deutlich stärker eingegrenzt als im Kommissionsentwurf. Fragen nach der Schwangerschaft und Vorstrafen sollten hiernach ausdrücklich verboten werden, „soweit sie für die verrichtende Tätigkeit keine Bedeutung“ hätten. Ferner sollte stets der „Arbeitgeber [...] die Bedeutung solcher Fragen für die zu verrichtende Tätigkeit dem Arbeitnehmer gegenüber zu begründen“ haben[933]. Sollte der Arbeitgeber dennoch unberechtigt beim Einstellungsgespräch die sich bewerbende Arbeitnehmerin mit einer solchen unzulässigen Frage konfrontieren, so war be-

Vgl. Protokoll zum 10. Ordentlichen Bundeskongress in Hamburg, Antrag 159, S. 165f.

[929] Presseerklärung des DGB-Informations-Dienst, ID 10/77 vom 15.04.1977, S. 1.

[930] Ebd., S. 1f.

[931] Vgl. Art. 1-4 des DGB-Entwurfs, abgedruckt in: RdA 1977, S. 166ff.

[932] Erneut können hier nicht sämtliche Vorschriften besprochen und die jeweils sich vom Kommissionsentwurf unterscheidenden Vorschriften herausgearbeitet werden. Hinzuweisen ist hier lediglich auf bestimmte Schwerpunkte, wie das Fragerecht des Arbeitgebers bei der Einstellung von Arbeitnehmern, der Arbeitnehmerhaftung sowie das Kündigungsrecht.
Einen kurzen Vergleich der beiden Entwurfsfassungen eines Arbeitsverhältnisgesetz bietet etwa MAYER, DuR 1978, S. 203ff.

[933] Vgl. § 10 I des DGB-Entwurfs.
Im Kommissionsentwurf war die Frage nach einer bestehenden Schwangerschaft bzw. Vorstrafen hingegen nur dann unzulässig, „sofern dem Arbeitnehmer ihre Bedeutung für das Arbeitsverhältnis erkennbar ist oder erläutert wird“ (§ 5 I). Im Gegensatz zum DGB-Entwurf wird hier auf die Erkennbarkeit des Arbeitnehmers abgestellt.

absichtigt, ihr ein Recht zur Lüge einzuräumen[934]; der Kommissionsentwurf dagegen hielt hier an einem entsprechenden Fragerecht des Arbeitgebers und einer Offenbarungspflicht der Arbeitnehmerin fest[935].

Ebenfalls restriktiver für den Arbeitgeber behandelt der DGB-Entwurf die Arbeitnehmerhaftung (§ 29). Im Gegensatz zum Kommissionsentwurf, der dem Arbeitnehmer im Falle eines durch vorsätzliches oder grob fahrlässiges Handeln herbeigeführten Schadens eine volle Haftung auferlegt, wartet der DGB-Entwurf mit einer summenmäßigen Beschränkung des zu leistenden Schadensersatzes infolge grob fahrlässigen Verhaltens seitens des betreffenden Arbeitnehmers auf[936].

Hinsichtlich des Kündigungsrechts ist schließlich auf einen gravierenden Unterschied betreffend der Verfahrensweise bei der Beendigung von Arbeitsverhältnissen zwischen den beiden Entwurfsfassungen hinzuweisen. Während der Kommissionsentwurf nach § 92a festlegt, dass „die Gestaltungsklage [...] nicht als ein Instrument zur Beendigung des Arbeitsverhältnisses eingeführt werden" und ein generelles Zustimmungserfordernis des Betriebsrats damit ebenfalls nicht vorgesehen sein sollte, hält § 115 des DGB-Entwurfs hingegen an diesen beiden Verfahrensweisen fest und will daher die Wirksamkeit jeder Kündigungserklärung von der Zustimmung des Betriebsrats abhängig machen und den Arbeitgeber an das Arbeitsgericht zur Auflösung des Arbeitsverhältnisses verweisen[937]. Für betriebsratslose Unternehmen wird ein vergleichbarer Schutz hingegen nicht vorgesehen.

Insgesamt lässt sich aber konstatieren, dass der DGB-Entwurf an vielen Stellen sich am Kommissionsentwurf orientierte und zahlreiche Regelungen dementsprechend im Vergleich übereinstimmten. Dies schien durchaus auch seitens des DGB gewünscht zu sein: Wie der damalige stellvertretende DGB-Vorsitzende Muhr in einer unveröffentlichten Vorbemerkung feststellte, sollte sich der Entwurf „im Interesse einer besseren Vergleichbarkeit und des besseren Verständnisses" in Systematik und Sprache an den Kommissionsentwurf anleh-

---

[934] Vgl. § 10 I, IV des DGB-Entwurfs.

[935] Vgl. §§ 5, 5a des Kommissionsentwurf.

[936] Vgl. § 29 I 3 des DGB-Entwurfs: „Die Ersatzpflicht des Arbeitnehmers darf die Höhe eines Monatsverdienstes, in Sonderfällen die Höhe von drei Monatsverdiensten nicht übersteigen".

[937] Vgl. § 115 I des DGB-Entwurfs: „Hat der Betriebsrat einer beabsichtigten Kündigung mit der Begründung widersprochen, daß nach den ihm vom Arbeitgeber gemäß § 102 I des Betriebsverfassungsgesetzes mitgeteilten Gründen eine Kündigung sozial ungerechtfertigt ist und daß kein wichtiger Grund für die Kündigung vorliegt, so ist eine Kündigung unwirksam".

nen[938]. Die von der Kommission ausgearbeiteten Vorschläge wurden daher, soweit es aus Sicht der Gewerkschaften annehmbar erschien, übernommen[939].

Damit bleibt festzustellen, dass von gewerkschaftlicher Seite der Kommissionsentwurf eines Arbeitsvertragsgesetzes zwar nicht auf eine derart scharfe Ablehnung stieß, wie etwa seitens der Arbeitgeberverbände. Dennoch fiel auch die Stellungnahme des DGB, die durch Veröffentlichung eines Alternativentwurfs bekundet wurde, nicht kritiklos aus. Rein äußerlich betrachtet, hätte mit der Abfassung eines eigenen alternativen Gesetzesentwurfs aber auch geschlossen werden können, dass sich aus Sicht der Gewerkschaften ein rein kritischer Umgang mit der Entwurfsfassung der Arbeitsgesetzbuchkommission nicht gelohnt habe und deshalb zwingend ein völlig neuer, inhaltlich verschiedenartiger Entwurf erforderlich wurde. Bei näherem Hinsehen vermag eine solche Sichtweise aber keineswegs überzeugen. An vielen Stellen deckten sich die Vorschriften des DGB-Entwurfs mit jenen des Kommissionsentwurfs. Abweichungen äußerten sich besonders dort, wo gewerkschaftliche Positionen und Forderungen durchgesetzt werden sollten[940].

Auch der DGB-Entwurf wurde nicht unkritisch aufgenommen. Zwar wurden seine teilweise „fortschrittlichen Regelungen“ lobend hervorgehoben, was insbesondere für die Einschränkung des Fragerechts des Arbeitgebers, der Begrenzung der Arbeitnehmerhaftung gilt. Bedenklich eingestuft wurde hingegen die „häufige Übernahme ausfüllungsbedürftiger Leerformeln“[941]. Der Entwurf der Arbeitsgesetzbuchkommission folge weitgehend den „Leitlinien der BAG-Rechtsprechung“; hauptsächlich würde eine „Umsetzung von Richterrecht in Gesetzesrecht“ erreicht[942]. Die Ursache dafür, dass durch den Kommissionsentwurf schließlich, wie vom DGB gefordert[943], kein „fortschrittliches Arbeitsrecht“ geschaffen werden konnte, sei schließlich an der Zusammensetzung der

---

938 Zitat entnommen aus: RAMM, Entwürfe, S. 85.

939 So auch Wlotzke, der folgerte, dass der Entwurf in „den Grundlinien sowie in den meisten Einzelheiten mit dem der Arbeitsgesetzbuchkommission“ übereinstimmte. Noch pointierter hingegen Rüthers, der feststellte, dass „etwa 90 % [...] aus dem Kommissionsentwurf wortwörtlich abgeschrieben“ worden seien und lediglich die restlichen 10 % darauf abzielten, „Maximalforderungen des DGB für dieses Rechtsgebiet in der Form eines Gesetzesentwurfs festzuschreiben“.
Vgl. WLOTZKE, Zum Vorhaben eines Arbeitsvertragsgesetzes – Eine rechtspolitische Betrachtung, in: 25 Jahre BAG, S. 682; RÜTHERS, Grauzone Arbeitsrechtspolitik, S. 32.

940 Rüthers charakterisierte den Entwurf als „Kompromißentwurf“, der bei allen „begrüßten Verbesserungen der Arbeitnehmerstellung in vielen Einzelfragen bei weitem nicht ‚progressiv‘ genug“ war.
Vgl. RÜTHERS, (wie Anm. 939), S. 32.

941 MAYER, Arbeitsrecht im Wandel?, DuR 1978, S. 216.

942 Ebd., S. 217.

943 Vgl. Antrag 153 auf dem 10. Ordentlichen DGB-Kongress (siehe Anm. 928).

Arbeitsgesetzbuchkommission festzumachen. Bemängelt wurde, dass insgesamt die Gewerkschaftsvertreter gegenüber den Arbeitgebervertretern, Arbeitsrichtern und Staatsvertretern nicht nur „hoffnungslos in der Minderzahl waren, sondern auch in der 7köpfigen Professorenriege [...], versierte Kontrahenten“ gehabt hätten[944].

Insgesamt bleibt zu konstatieren, dass der Gesetzesentwurf eines Arbeitsvertragsgesetzes von keiner Seite vorbehaltlos aufgenommen wurde. Einige lobten zwar das Engagement, nutzten zugleich jedoch die Gelegenheit, um auf zahlreiche Mängel und Verbesserungsmöglichkeiten hinzuweisen – konstruktive Kritik also. Andere lehnten dagegen den Entwurf kategorisch ab und stuften eine Kodifizierung des Arbeitsvertragsrechts überhaupt als bedenklich ein. Wiederum von anderer Stelle wurde gar ein eigens erstellter „Alternativentwurf“ eingebracht, mit dessen Hilfe man freilich auch beabsichtigte, eigene arbeitsrechtliche und sozialpolitische Forderungen durchzusetzen. Allgemeiner Konsens schien jedenfalls nicht zu bestehen – weder im Hinblick auf das „wie“ noch hinsichtlich des „ob“ einer Kodifizierung des Arbeitsvertragsrechts.

Angesichts dieser Umstände wundert es auch kaum, dass es nur kurze Zeit nach Veröffentlichung der Entwurfsfassung eines Arbeitsvertragsgesetzes ruhig um das Vorhaben wurde und überdies das „stille Begräbnis“ der Arbeitsgesetzbuchkommission eingeleitet wurde[945].

e) Das Scheitern des Kodifikationsvorhabens: Der DJT von 1978 und seine Auswirkungen

Auch der 52. DJT in Wiesbaden, der sich mit dem Thema „Neuregelung der Begründung und der Beendigung von Arbeitsverhältnissen unter arbeitsmarktpolitischen Aspekten“ beschäftigte, wurde als Podium etwaiger Stellungnahmen zum Reformprojekt Arbeitsrechtskodifikation genutzt. Neben dem Gutachten Zöllners, der sich vornehmlich kritisch zu Inhalten des Kommissionsentwurfs äußerte[946], ist hier insbesondere auf das Referat von Spiros Simitis hinzuweisen, der grundsätzlich die gesetzliche Regelung in Frage stellte und auf den Vorteil von Tarifverträgen als das entscheidende Regelungsinstrument im Arbeitsrecht abstellte, da „wohl kein anderes Regelungsinstrument [...] über einen auch nur vergleichbaren Grad an Flexibilität und Innovationsfähigkeit“ verfüge und sich

---

[944] MAYER, (wie Anm. 941), S. 204.

[945] Vgl. die Kapitelüberschrift bei RÜTHERS, (wie Anm. 939), S. 28.

[946] Vgl. ZÖLLNER, Gutachten D zur Frage: „Sind im Interesse einer gerechten Verteilung der Arbeitsplätze Begründung und Beendigung der Arbeitsverhältnisse neu zu regeln?“, D 5ff. (D 103ff.)

„kein anderes [...] so gut nach der konkreten Unternehmens- und Arbeitsmarktsituation" richten könne[947].

Dennoch gab Simitis zu, dass die „Rolle tariflicher Vereinbarungen" nicht so weit reichen würde, dass gesetzliche Regelungen deshalb überflüssig würden. Im Interesse aller Arbeitnehmer sollten sie jedoch erstrangig lediglich „Mindestpositionen" absichern; die gesetzlichen Vorschriften sollten dabei an die durch „tarifliche Abmachungen gewonnen Erfahrungen anknüpfen, ohne zugleich deren Wirkungsfeld einzuengen". Insgesamt seien gesetzliche Regelungen „mehr als nur Richtmaß"; sie markierten vielmehr „eine Grenze, hinter die nicht mehr zurückgegangen werden" dürfe[948].

Insgesamt könnten gesetzliche Regelungen aber „keine Alternative zum Tarifvertrag und zur Betriebsvereinbarung" bieten[949]. Zwar votiert Simitis nicht pauschal gegen die Bestrebungen der AGB-Kommission. Dennoch würde eine „widerspruchsfreie, einheitliche Regelung" allgemein Konsens voraussetzen, welcher aber gerade im Kündigungsrecht wegen der vorherrschenden „beträchtlichen Meinungsverschiedenheiten" nicht gegeben sei[950].

Obwohl Simitis nicht vollends gegen die Bestrebungen nach der Schaffung eines Arbeitsgesetzbuches bzw. eines Arbeitsvertragsgesetzes plädierte, ließen seine geäußerten Zweifel, die sich nicht nur differenziert an der Kritik konkreter Einzelnormen im vorgelegten Kommissionsentwurf zeigten, dennoch erkennen, dass eine Kodifizierung des Arbeitsrechts für ihn nicht in Ansatz zu bringen war. Insgesamt sollte der Staat bei arbeitsrechtlichen Angelegenheiten eher in den Hintergrund treten; „Eingriffe des Staates [sollten] nicht auf Kosten der Möglichkeit gehen, andere Lösungen zu wählen"[951]. Gesetzliche Regelungen

---

[947] SIMITIS, Protokolle zum 52. DJT, M 27.

[948] Ebd., S. M 31f.

[949] Beispielhaft führt Simitis hier das Arbeitszeitrecht an: So sei eine gesetzliche Regelung der Arbeitszeit nur schwerlich zu bewerkstelligen; die Verknüpfung von veränderter Arbeitszeit und höherer Einstellungsquote" etwa, könne, „wenn überhaupt, nur über Regelungen erzielt werden, die in Kenntnis der konkreten Unternehmenssituation beides miteinander verbinden" würden.
Ebd., S. M 39.

[950] Ebd., S. M 48f.
Auch bei der Konfliktbewältigung könnte zusätzlich an Alternativen zu gerichtlichen Prozessen gesucht werden. Private Einigungsstellen seien oftmals infolge ihres überlegenen Kenntnisstands über den einzelnen im Betrieb besser in der Lage, Konflikte bereits innerbetrieblich ohne gerichtlichen Eingriff zu lösen. Ferner würde dieser eigene Ausgleichs- bzw. Konfliktbewältigungsmechanismus ohne Staat als nicht zu unterschätzender Nebeneffekt noch die gerichtlichen Verfahren reduzieren und dem Gesetzgeber die Möglichkeit eröffnen, das gerichtliche Verfahren insgesamt „zeitlich und inhaltlich sehr viel nachhaltiger zu straffen". Vgl. ebd., S. M 45ff.

[951] Ebd., S. M 53.

sollten primär Mindestpositionen absichern; das maßgebliche Regelungsinstrument müsste hingegen auch weiterhin der flexible Tarifvertrag bilden.

Zu warnen sei schließlich vor der „Illusion einer allgegenwärtigen und scheinbar auch zu allem befähigten Gesetzgebung", die „nicht minder gefährlich als die Inaktivität der Tarifvertragsparteien" sei[952].

Skepsis gegenüber dem Reformprojekt des Bundesarbeitsministeriums – auch seitens des Deutschen Juristentages; dazu schien die Kritik noch ganz grundsätzlicher Natur zu sein. Da konnte es auch nicht helfen, dass zwei Jahre vor der Auflösung der Arbeitsgesetzbuchkommission erneut Otfried Wlotzke der Kodifizierung des Arbeitsvertragsrechts das Wort redete.

Zwar sei gegenüber einer „Gesamtkodifikation des Arbeitsrechts" hinreichend Skepsis angebracht, da ein gewisser „Grundkonsens" gerade in Sachen Arbeitskampfrecht seitens der „großen Interessenverbände" nicht zu erwarten sei[953]. Auch wenn „spezifische Schwierigkeiten" bei der Verwirklichung eines Arbeitsvertragsgesetzes bestünden – Wlotzke benennt hier etwa die Möglichkeit einer Einengung des Regelungsspielraums der Tarifvertragsparteien oder eine aus Arbeitgebersicht zu starke Ausweitung des Arbeitnehmerschutzes und schließlich die Befürchtung, dass das finale Gesetz an mangelnder „politischer Schubkraft" zu leiden habe, da es nur „begrenzt sozialpolitische Neuerungen" enthalten dürfe, wohl damit das Gesetz nicht von vornherein mangels einer parlamentarischen Mehrheit scheitern müsse – sei die Kodifizierung des Arbeitsvertragsrechts dringend geboten[954]. Anlass dazu würde einerseits die vorherrschende rechtliche Zersplitterung des Arbeitsvertragsrechts geben. Nur ein „zusammenfassendes Gesetz", das die zahlreichen, aus unterschiedlich motivierten Einzelinitiativen hervorgegangenen Einzelgesetze beseitige, könne dieses Rechtsgebiet für Arbeitnehmer und Arbeitgeber, für die Tarifvertragsparteien und die Gerichte „überschaubarer, verständlicher und damit auch einsichtiger" gestalten[955]. Ein gänzlich undifferenziertes „Einheitsrecht" für sämtliche Arbeitnehmergruppen ließe sich jedoch nicht realisieren; separate Regelungen, etwa in den Arbeitsschutzgesetzen, müssten für besondere Arbeitnehmer zumindest solange

---

[952] Ebd., S. M 54.
[953] WLOTZKE, Zum Vorhaben eines Arbeitsvertragsgesetzes, in: 25 Jahre BAG, S. 683.
[954] Ebd., S. 684f.
[955] Einschränkend gibt Wlotzke jedoch zu, dass dieses Ziel gerade in sprachlicher Hinsicht schwierig zu erreichen sei, da ein „AVG" zwingend „in der begriffsstrengen Sprache des Zivilrechts" bleiben müsste, sodass es auch zahlreiche „ausfüllungsbedürftige Rechtsbegriffe und Grundsätze" enthalten müsste, was den Zugang gerade für Unternehmer ohne eigenem Personalbüro den Zugang zum Recht nur schwerlich erleichtern würde.
Vgl. ebd., S. 697.

erhalten bleiben, bis ein das gesamte Arbeitsrecht umfassendes Gesetz verabschiedet worden sei[956].

Weiterhin sollte das künftige Arbeitsvertragsgesetz bestehende „gesetzliche Lücken" ausfüllen – gerade in Hinblick auf das Fragerecht des Arbeitgebers oder hinsichtlich der Beschränkung der Arbeitnehmerhaftung. Auf abschließende Regelungen sollte man hier aber keinesfalls abzielen[957].

Ferner sei zu beachten, dass das bestehende Tarifrecht ein Arbeitsvertragsgesetz keineswegs zu ersetzen vermöge. Gerade das Argument – hier dürfte sich Wlotzke insbesondere auf Simitis und seine Anhänger beziehen – das die Arbeitsbedingungen der meisten Arbeitnehmer durch Tarifverträge geregelt würden, sei nicht überzeugend. So würde oftmals übersehen werden, dass durchaus eine „große Anzahl von Arbeitnehmern" sich nicht auf Tarifverträge berufen könne; außerdem befassten sich die Tarifverträge „ganz überwiegend nicht mit vielen Fragen, die Gegenstand eines AVG sein" sollten, so Wlotzke weiter. Außerdem müsste „ein AVG eine Reihe von grundlegenden Vorschriften enthalten, die außerhalb der Regelungsbefugnis der Tarifvertragsparteien liegen" würden[958].

Schließlich sei zu konstatieren, dass das bestehende Richterrecht ein Arbeitsvertragsgesetz auf Dauer nicht ersetzen könnte. So habe das Richterrecht bereits seit „langem eine allgemeine Ordnungsfunktion" im Arbeitsvertragsrecht eingenommen, sodass es „geradezu eine legitime und notwendige Aufgabe des Gesetzgebers [sei], wieder für ein normales Verhältnis zwischen Legislative und Rechtsprechung zu sorgen". Vor allem größere „Rechtsklarheit" und „Rechtssicherheit" würden für eine „weitgehende Umwandlung der richterrechtlichen Ordnung in gesetzliche Normen" sprechen. Insgesamt dürfe künftig nicht mehr „Richterrecht als etwas Schicksalhaftes"[959] angesehen werden. Gleichzeitig stellt Wlotzke aber klar, dass das Richterrecht auch weiterhin, neben einem Arbeitsvertragsgesetz von erheblicher Relevanz sein würde, da nicht zu erwarten sei, dass ein Arbeitsvertragsgesetz „ohne zahlreiche, der richterlichen Ausfüllung und Fortbildung bedürftige Vorschriften" auskäme, da hier durchaus viele Fragen lediglich „grundsatz- bzw. generalklauselartig" geregelt werden könnten[960].

[956] Ebd., S. 686.
[957] Ebd., S. 687.
[958] Ebd., S. 689f.
[959] Hier bezieht sich Wlotzke auf Gamillscheg und seinen berühmten Ausspruch: „Das Richterrecht bleibt unser Schicksal"; vgl. GAMILLSCHEG, Die Grundrechte im Arbeitsrecht, AcP 164 (1964), S. 445. Gamillscheg stellt jedoch auf das gesamte Arbeitsrecht und nicht nur auf das Arbeitsverhältnisrecht ab.
[960] Ebd., S. 690f.

Wlotzke plädiert schließlich dafür, im „Interesse eines Gelingens dieses Vorhabens […] das Hauptgewicht auf die Zusammenfassung des geltenden gesetzlichen Arbeitsvertragsrechts sowie [...] legislatorische Übernahme anerkannter Grundsätze des Richterrechts" zu legen. Nur auf diese Weise wäre gewährleistet, dass der für die Realisierung des Gesetzes „notwendige Grundkonsens zwischen allen Beteiligten nicht zu stark strapaziert" würde[961]. Zwar käme ein Arbeitsverhältnisgesetz wohl kaum gänzlich ohne sozialpolitisch relevante Neuerungen aus; jedoch dürften diese keinesfalls im Mittelpunkt stehen. Sozialpolitische Reformen seien nur dann durchführbar, wenn diese sowohl für die Gesetzgebung reif seien und entsprechender Konsens verfügbar wäre[962].

Kritisch äußert sich schließlich Wlotzke zur Aufnahme von arbeitsrechtlichen Grundsätzen in das zu schaffende Arbeitsvertragsgesetz. Gerade im „Interesse der Verständlichkeit eines AVG, aber auch der Vermeidbarkeit von Irrtümern und Enttäuschungen bei Arbeitnehmern und Arbeitgebern" sollte sorgfältig erwogen werden, ob sich eine Voranstellung von teilweise generalklauselartig gefassten arbeitsrechtlichen Grundrechten tatsächlich empfehlen würde[963].

Insgesamt sei, so Wlotzkes Fazit, zwar die „Schaffung eines AVG eine rechtlich und politisch schwierige, zugleich aber auch im Sinne der grundgesetzlichen Verpflichtung zum sozialen Rechtsstaat notwendige Aufgabe". Daher sei es nun an der Zeit, „die wesentlichen Ordnungsgesichtspunkte für die Rechtsbeziehungen zwischen dem einzelnen Arbeitnehmer und dem einzelnen Arbeitgeber überschaubar und zeitgemäß zu gestalten"[964].

Schließlich ist noch auf Peter Schwerdtner hinzuweisen, der in seinem im gleichen Jahr erschienenen Beitrag vom „Sinn und Unsinn einer Kodifikation des Allgemeinen Arbeitsvertragsrechts" berichtete.

Ähnlich wie Mayer, war auch Schwerdtner mit der Zusammensetzung der Arbeitsgesetzbuchkommission nicht einverstanden. So mussten Einzelregelungen „häufig in konsensfähigen Kompromißformeln enden". Insgesamt dürfe auch „kaum zweifelhaft sein, daß derart zusammengesetzte Kommissionen schlechte Geburtshelfer einer Kodifikation" seien[965]. Von der Favorisierung einer allumfassenden Kodifikation des Arbeitsrechts sollte aber abgesehen werden, wollte man nicht eine „kaum zu bewältigende Novellierungslawine" auslö-

Inwiefern dadurch nun dieses Rechtsgebiet für Arbeitnehmer oder Arbeitgeber „überschaubarer" bzw. „verständlicher" und das postulierte Ziel der größeren „Rechtsklarheit" bzw. „Rechtssicherheit" erreicht werden sollte, erscheint fraglich.

961 So auch im Grundsatz MAYER-MALY, (wie Anm. 901), S. 1569.

962 Ebd., S. 691ff.

963 Ebd., S. 698.

964 Ebd., S. 707.

965 SCHWERDTNER, Fürsorge- und Treuepflichten im Gefüge des Arbeitsverhältnisses, ZfA 1979, S. 2f.

sen. Lediglich „in beschränktem Rahmen" könne man Regelungsbereiche einer Lösung zuführen; das Arbeitsrecht, das im Übrigen stets „law in action" sei[966], müsse daher auch in Zukunft „notwendigerweise in weiten Bereichen Richterrecht bleiben"[967]. Auch sollte man nicht gutgläubig davon ausgehen, dass ein künftiges Arbeitsgesetzbuch die allseits begehrte Transparenz bieten würde. Die Begründung der Kodifikationsnotwendigkeit des Arbeitsvertragsrechts mit dem Hinweis auf Bürgernähe dieses Rechtsgebiets sei daher eine „wahnwitzige Rückwärtsutopie in unvordenkliche Zeiten"[968].

„Für die Praxis" schließlich bringe ein „Entwurf eines Arbeitsgesetzbuches" ebenfalls „wenig". Dass das Arbeitskampfrecht aus den Kodifikationsbemühungen ausgeklammert werden müsse, sei schon deshalb unumgänglich, da „keiner der Sozialpartner [...] an einer Kodifikation des Arbeitskampfrechts interessiert" sei; vor allem deshalb nicht, „weil jeder Einbußen in seinen gegenwärtigen rechtlichen Positionen" befürchten würde[969].

Als Schwerdtner seinen Beitrag veröffentlichte, waren die Arbeiten in der Arbeitsgesetzbuchkommission schon eingestellt worden. Ihre letzte – die 33. Sitzung – fand am 19.05.1978 statt[970]. Rund drei Jahre später wurde die Kommission dann formell aufgelöst.

Anlässlich einer Festveranstaltung zum 25jährigen Bestehen des BAG im Jahre 1978 kündigte Bundesarbeitsminister Ehrenberg an, dass trotz der „wertvollen Vorarbeit" der AGB-Kommission „der Weg bis zur Verabschiedung eines Arbeitsvertragsgesetzes lang und teilweise dornig sein" werde. Der für die Realisierung des Projekts erforderliche „Grundkonsens" zwischen den „maßgebenden parlamentarischen Kräften und den großen gesellschaftlichen Gruppen" sei nur „teilweise" vorhanden. Gänzlich unverständlich sei etwa das „ungewöhnliche Blockverhalten" seitens der Arbeitgeberverbände. Gerade dort, „wo man aufgrund unterschiedlicher Interessen um Konsensbildung [ringe], sei der Wille zur sachlichen und ehrlichen Auseinandersetzung unverzichtbar".

So könnten weder „das Richterrecht noch das Tarifvertragsrecht [...] auf Dauer eine gesetzliche Regelung der wesentlichen Schutz- und Ordnungsgesichtspunkte des Arbeitsvertragsrechts" ersetzen. Der Gesetzgeber dürfe hier keinesfalls die Gerichtsbarkeit und die Tarifvertragsparteien „alleine lassen"[971]. Im Übrigen müssten „die Arbeitnehmer endlich einmal in einem übersichtlichen

---

966 Ebd., S. 4.
967 Ebd., S. 3.
968 Ebd., S. 4.
969 Ebd., S. 5.
970 Dies ergab eine Auswertung der Akten des Bundesarbeitsministeriums; vgl. BA 149/26496 3063.33.
971 EHRENBERG, Bewährungsprobe bestanden, BArBl 1978, S. 547.

und geschlossenen Gesetz nachlesen können, wie ihre rechtlichen Beziehungen zum Arbeitgeber ausgestaltet" seien. Dies dürfe jedoch nicht so weit gehen, dass der Gesetzgeber die Möglichkeiten zur „Rechtsfortbildung und Rechtsanpassung durch perfektionistische Regelung entscheidend beschränken" würde[972].

„Mehr Einfachheit und Überschaubarkeit" im Arbeitsrecht; dies sei schließlich die zentrale Aufgabe der „kommenden Jahre"[973]; „der lange dornige Weg", hin zu einem Arbeitsvertragsgesetz etwa, sei jedenfalls noch längst nicht beschritten.

Offenbar sollte dies auch in den „kommenden Jahren" nicht zu gelingen sein. So löste Ehrenberg rund drei Jahre später, im Sommer 1981, die Arbeitsgesetzbuchkommission auf. Das Vorhaben, welches einst mit breitem Engagement und entsprechender Zielstrebigkeit etwa zwei Jahrzehnte lang in der Bundesrepublik vorangetrieben wurde, war damit ein weiteres Mal gescheitert.

3. Kodifikationsbemühungen in der Bundesrepublik bis 1977 – Würdigung

Die Bemühungen um die Schaffung einer arbeitsrechtlichen Kodifikation in der jungen Bundesrepublik waren zahlreich – ebenso zahlreich fiel jedoch die Kritik aus, als die 1970 gegründete Arbeitsgesetzbuchkommission mit ihrem Entwurf für ein Arbeitsvertragsgesetz an die Öffentlichkeit trat. „Das Schicksal des ‚Verfassungsauftrages' [...] einer umfassenden Kodifikation des Arbeitsrechts war damit auch für die zweite deutsche Republik auf absehbare Zeit besiegelt" berichtet Rüthers später rückblickend[974]. Wie aufgezeigt worden ist, waren entsprechende Initiativen für die Ausarbeitung eines „Arbeitsgesetzbuchs" bereits vor der Brand'schen Regierungserklärung und Proklamation des „Verfassungsauftrags" zur Schaffung einer arbeitsrechtlichen Kodifikation aus dem Jahre 1969 eingeleitet worden. Allerdings waren bis zu diesem Zeitpunkt allein die prinzipiellen Einwände gegen ein solches Vorhaben so gewichtig, dass über inhaltliche Einzelheiten erst gar nicht diskutiert wurde. Zu erinnern sei nur das Vorbringen von Herschel, der eher für „legistische Einzelmaßnahmen" plädierte und der Zeit für die Kodifizierung des Arbeitsrechts „Unreife" attestierte, oder Kübler, der wiederum vorbrachte, dass „unter den in der Bundesrepublik gegebenen wirtschaftlichen, gesellschaftlichen und politischen Voraussetzungen [die] Kodifikation als ein Instrument rechtlicher Gestaltung und Ordnung nicht mehr verfügbar" sei.

---

[972] Ebd., S. 548.
[973] Ebd., S. 548.
[974] RÜTHERS, (wie Anm. 939), S. 33.

Dennoch wurde das Vorhaben vorangetrieben – sicherlich hat es nach 1969 durch das neue Regierungsprogramm neuen Auftrieb erfahren können; die Durchsetzung des Projekts als „Verfassungsauftrag" zu deklarieren erscheint jedoch überzogen. Dass das in Art. 20 I GG verankerte Sozialstaatsprinzip zur Wahrung bzw. Verbesserung der rechtlichen Situation von Arbeitnehmer und Arbeitgeber etwa, die Ausarbeitung einer entsprechenden Kodifikation vorsieht, darf jedenfalls bezweifelt werden.

Die kritischen Stimmen, die bereits vor Einsetzung einer Kommission und vor der Ausarbeitung des Gesetzesentwurfs gegen das Vorhaben votierten, blieben jedoch auch nach 1969 erhalten. Erstaunlich erscheint allenfalls, dass Herschel trotz seiner im Vorfeld geäußerten, prinzipiellen Einwände plötzlich auf Seiten der Befürworter als Vorsitzender der Arbeitsgesetzbuchkommission auf die Realisierung des Projekts hinwirkte.

Dass die Durchsetzung einer allumfassenden arbeitsrechtlichen Gesamtkodifikation mangels bestehenden Grundkonsenses auch in absehbarer Zeit nicht realistisch war, schien das Bundesarbeitsministerium und damit auch die Arbeitsgesetzbuchkommission schon wenige Zeit nach ihrer Konstituierung einzusehen. Als „Mindestziel" sollte dafür wenigstens ein Arbeitsvertragsgesetz her – über alles Weitere war dann später zu entscheiden.

Doch als nach sechs Jahren Kommissionstätigkeit ein entsprechender Entwurf auf dem Tisch lag, stellte sich allseits allgemeine Ernüchterung ein. Noch vor Veröffentlichung des Kommissionsentwurfs konnte der DGB mit einem „Alternativentwurf" aufwarten, der zwar auf den ersten Blick zumindest nicht gravierend vom Entwurf der Kommission abwich; bei wichtigen Einzelfragen jedoch, wie etwa hinsichtlich der Arbeitnehmerhaftung, völlig eigene Ansätze zu verwirklichen beabsichtigte und damit eigene sozialpolitische Forderungen durchzusetzen suchte. Insbesondere schien dem DGB der Kommissionsentwurf nicht progressiv genug gewesen zu sein[975]. In die entgegengesetzte Richtung tendierten dagegen die Arbeitgeberverbände, die bereits aus ganz „grundsätzlichen Erwägungen" die Entwurfsfassung eines Arbeitsverhältnisgesetzes ablehnten. Die Reformvorschläge gingen allgemein zu weit; der Entwurf sei insgesamt zu einseitig auf den Arbeitnehmerschutzgedanken ausgerichtet worden.

Die sonstige Fachöffentlichkeit nahm den Kommissionsentwurf ebenfalls nicht ohne Skepsis auf. Die Kritik war hier aber keineswegs prinzipiell und bezog sich etwa auf den gesamten Entwurf, sondern betraf zumeist Einzelregelungen, die je nach dem als verbesserungswürdig eingestuft wurden. Diese durchaus als konstruktiv zu bewertende kritische Auseinandersetzung mit dem Kommissionsentwurf schien jedoch gegenüber der ganz grundsätzlichen Ablehnung

[975] So auch RÜTHERS, (wie Anm. 939), S. 32.

seitens der Arbeitgeberverbände und der ebenfalls skeptischen Haltung der Gewerkschaften nicht viel zu wiegen. Eine Überarbeitung des 1977 veröffentlichten Entwurfs eines Arbeitsvertragsgesetzes erfolgte jedenfalls nicht mehr. Waren es also die Verbände, die, wie schon Rüthers anklingen ließ[976], das Ende der arbeitsrechtlichen Reformbewegung einleiteten?

Auch hier sei wiederum vor monokausalen Begründungsversuchen zu warnen; verfehlt erscheint es jedenfalls, lediglich den Sozialpartnern die Schuld für das Scheitern der Reformbemühungen zuzuweisen. Möglicherweise waren die Erwartungen, die an die Kommission und schließlich deren Gesetzesentwurf geknüpft wurden, allgemein zu hoch. Einschneidende sozialpolitische Reformen wurden bewusst ausgespart, um vor allem den Grundkonsens – gerade auch innerhalb der Kommission – und die politische Durchsetzbarkeit nicht zu gefährden. Bestehendes Richterrecht sollte an vielen Stellen in Gesetzesnormen gegossen und bestehende Regelungen in verschiedenen Einzelgesetzen zusammengefasst werden. Vielleicht war es aber auch die Systematik und Reichweite des Gesetzes, welche jeweils vielerorts auf Kritik stieß. Unbestimmte Rechtsbegriffe und offene Generalklauseln waren möglicherweise in vielen Augen nicht gerade das geeignete Mittel, um für allgemeine Rechtssicherheit und Transparenz im Arbeitsrecht zu sorgen.

Alternativen jedoch waren nicht in Sicht – gänzlich abschließende Gesetzesnormen, hier schien man sich einig zu sein, waren andererseits auch nicht gewünscht, insbesondere nicht, um die fließende Fortentwicklung des Arbeitsrechts nachhaltig zu gefährden.

So bleibt schließlich festzuhalten, dass seinerzeit offenbar weder ein „Restatement“ noch ein Arbeitsverhältnisgesetz gewünscht war, das mittels weitgehender sozialpolitischer Reformen neue Wege zu gehen suchte.

Ein weiteres Mal waren die Bemühungen um ein Arbeitsvertragsgesetz, die Bemühungen um ein allumfassendes Arbeitsgesetzbuch gescheitert. Die Kodifizierung des Arbeitsrechts ließ einmal mehr auf sich warten – ganz im Gegensatz zur „zweiten deutschen Republik“, wo man seinerzeit schon längst eine Kodifizierung des Arbeitsrechts durchsetzen konnte. Fraglich bleibt nur, zu welchem Preis man dies hat dort bewerkstelligen können.

---

[976] Vgl. dazu die Ausführungen bei Anm. 939.

VI. KODIFIKATIONSBEMÜHUNGEN IN DER DDR

1. Vorgeschichte

Nachdem die Bemühungen um die deutsche Einheit zwischen den westlichen und der sowjetischen Besatzungszone gescheitert waren, und anlässlich der Londoner Sechs-Mächte Konferenz ohne Beteiligung der Sowjetunion über die Einrichtung eines westdeutschen Staates beraten wurde, stellte die Sowjetunion als Reaktion ihre Arbeit im Alliierten Kontrollrat ein, was dem Ende der Viermächteverwaltung Deutschlands gleichkam. Die Lage verschärfte sich, als die Russen überdies am 24.06.1948 mit der völligen Blockade Berlins reagierten. Sämtliche Zufahrtswege nach Berlin waren gesperrt; die Stadt konnte lediglich auf dem Luftwege versorgt werden. Ziel dieser Blockade war es, die Bevölkerung in Westberlin auszuhungern und die westlichen Alliierten auf diesem Wege dazu zu zwingen, wahlweise die Pläne zur Gründung eines deutschen Teilstaates aufzugeben oder sich aus Berlin gänzlich zurückzuziehen. Die Westmächte jedoch wollten Berlin nicht preisgeben und etablierten die so berühmt gewordene „Luftbrücke" zu Berlin. Fast ein Jahr lang wurde Westberlin über den Luftweg versorgt. Der Plan zur Gründung eines deutschen Teilstaates gewann durch die Blockade noch an Auftrieb. So wurde nämlich der Druck auf die Westalliierten, ein starkes Westdeutschland zu ermöglichen, das dann als „Schutzwall" gegen die Sowjetunion wirken sollte, noch verstärkt.

Die Sowjetunion stand unter Zugzwang. Sie musste auf die veränderten Verhältnisse und damit auf die Gründung eines westdeutschen Teilstaates reagieren. So kam es, dass am 7.10.1949 – wenige Tage nach der Konstituierung der Bundesrepublik – die Deutsche Demokratische Republik auf dem Gebiet der sowjetischen Besatzungszone gegründet wurde[977].

2. Arbeitsrechtliche Rechtsquellen der DDR

Die Entwicklung des Arbeitsrechts in der DDR lässt sich in drei Epochen einteilten. Die erste Phase reicht von 1949 bis 1961; die zweite Epoche schließt den Zeitraum von 1961 bis 1977 ein und schließlich reicht die letzte Phase bis zur Deutschen Einheit von 1990.

[977] Zur Geschichte der Gründung der DDR vgl. SCHRÖDER/ BEDAU/ DOSTAL, Deutsche Demokratische Republik, HRG, Bd. 1, Sp. 957ff.

a) Entwicklung des Arbeitsrechts während der Besatzungszeit und nach Gründung der DDR – 1949-1961[978]

Bereits aus der ersten Verfassung der DDR, der sog. Volksratsverfassung aus dem Jahre 1949, wurde ersichtlich, dass im Unterschied zum GG der Bundesrepublik ein besonderes Augenmerk auf den sozialen Verfassungsteil gelegt wurde. So wurde in Art. 18 I das Folgende festgelegt:

> „Die Republik schafft unter maßgeblicher Mitbestimmung der Werktätigen[979] ein einheitliches Arbeitsrecht, eine einheitliche Arbeitsgerichtsbarkeit und einen einheitlichen Arbeitsschutz".

Bei diesen, wie auch bei den übrigen Absätzen des Art. 18 getroffenen Aussagen[980], handelte es sich lediglich um programmatische Erklärungen – ähnlich wie in der WRV oder in den der DDR-Verfassung vorangegangenen Landesverfassungen[981].

---

[978] Die Entwicklungen können im Rahmen dieser Ausarbeitung lediglich skizziert werden. Ausführliche Darstellungen finden sich hierzu etwa bei THIEL, Arbeitsrecht in der DDR, S. 45ff. oder bei DOST, Arbeitsrecht, in: Die Rechtsordnung der DDR, S. 112ff.

[979] Bei den nachfolgenden Ausführungen ist zu beachten, dass Erwerbstätige in der DDR im Gegensatz zur Bundesrepublik nicht als Arbeitnehmer sondern als Werktätige bezeichnet wurden. Dabei ist anzumerken, dass die Eigenschaften eines Arbeitnehmers in der Bundesrepublik mit den eines Werktätigen in der DDR vergleichbar gewesen sein dürften; eine Unterscheidung ist vielmehr in der jeweils einschlägigen Terminologie zu ersehen.

[980] Der Wortlaut der übrigen Absätze des Art. 18 der Verfassung (1949) lautet:
„(2) Die Arbeitsbedingungen müssen so beschaffen sein, daß die Gesundheit, die kulturellen Ansprüche und das Familienleben der Werktätigen gesichert sind.
(3) Das Arbeitsentgelt muß der Leistung entsprechen und ein menschenwürdiges Dasein für den Arbeitenden und seine unterhaltsberechtigten Angehörigen gewährleisten.
(4) Mann und Frau, Erwachsener und Jugendlicher haben bei gleicher Arbeit das Recht auf gleichen Lohn.
(5) Die Frau genießt besonderen Schutz im Arbeitsverhältnis. Durch Gesetz der Republik werden Einrichtungen geschaffen, die es gewährleisten, daß die Frau ihre Aufgabe als Bürgerin und Schaffende mit ihren Pflichten als Frau und Mutter vereinbaren kann.
(6) Die Jugend wird gegen Ausbeutung geschützt und vor sittlicher, körperlicher und geistiger Verwahrlosung bewahrt. Kinderarbeit ist verboten".

[981] Die Verfassung der DDR enthielt insgesamt eine Reihe von Arbeiterrechten, wie sich aus der Lektüre weiterer Artikel erschließen lässt. Zu benennen ist hier etwa Art. 15, welcher das „Recht auf Arbeit" vorsah, das der Staat „durch Wirtschaftslenkung" jedem Bürger garantierte. Art. 16 legte ein Recht auf Erholung, jährlichen Urlaub und auf Versorgung bei Krankheit fest; Sonn- und Feiertage sollten als Tage der Arbeitsruhe gelten; das Sozialversicherungswesen wurde auf Grundlage der Selbstverwaltung der Versicherten festgeschrieben.
Art. 14 gewährleistete die Koalitionsfreiheit und das Streikrecht der Gewerkschaften. Dass es sich hierbei jedoch um „totes Recht" handelte, lässt sich insbesondere an den Ereignissen des 17.06.1953 und die Auseinandersetzung um die Arbeitsnormen aufzeigen, welche schließlich zum politischen Aufstand führte.

Dennoch suchte man diesen „Verfassungsauftrag“ zur Schaffung eines einheitlichen Arbeitsrechts möglichst zügig zu erfüllen, was die Entwicklungen auf dem Gebiet arbeitsrechtlicher Gesetzgebung in den Folgejahren belegen. Einen ersten Schritt stellte hierbei das „Gesetz der Arbeit zur Förderung und Pflege der Arbeitskräfte, zur Steigerung der Arbeitsproduktivität und zur weiteren Verbesserung der materiellen und kulturellen Lage der Arbeiter und Angestellten“ vom 19.4.1950 dar[982]. Gerade der gewählte Titel „Gesetz der Arbeit“ (GdA) sollte den umfassenden Regelungsgegenstand dieses Gesetzes bestätigen und damit den Anforderungen des Art. 18 der Verfassung Sorge tragen, welcher eine umfassende Regelung des Arbeitsrechts gefordert hat.

Bereits vor Veröffentlichung des Gesetzes forderte der Freie Deutsche Gewerkschaftsbund (FDGB)[983] im März des Jahres auf einer Arbeitstagung die „Herausgabe eines einheitlichen Vertragsgesetzes, das die gesetzliche Grundlage für den Abschluß und die Einhaltung von Tarifverträgen, Betriebsverträgen und Betriebsvereinbarungen schafft“ sowie „Maßnahmen zur breitesten Anwendung des Leistungslohnes [...], die Verbesserung des Arbeitsschutzes, besonders für Frauen und Jugendliche“[984]. Das GdA wurde dann vom Ministerium für Arbeit und Gesundheitswesen in Zusammenarbeit mit dem FDGB ausgearbeitet, am 19.4.1950 von der Volkskammer beschlossen und am 1.5.1950 in Kraft gesetzt.

Das Gesetz war in zehn Abschnitte unterteilt; vorangestellt war das auch schon in der Verfassung festgeschriebene „Recht auf Arbeit“. Im 2. Abschnitt wurde die Mitbestimmung der Arbeiter und Angestellten sowie die Verantwortung der staatlichen Organe geregelt. Im 3. Abschnitt wurde die Steigerung der Arbeitsproduktivität Regelungsgegenstand. Der 4. Abschnitt beschäftigte sich mit der Förderung der Aktivisten- und Wettbewerbsbewegung. Festgelegt wurde hier etwa ein umfassendes System möglicher Auszeichnungen für „Wettbewerbsleistungen“[985]. Im 6. Abschnitt wurde dann die planmäßige Verwendung von Arbeitskräften reguliert, wobei die Sicherung des notwendigen Arbeitskräftebedarfs für Kernbereiche der Wirtschaft bezweckt wurde. Die Berufsbildung war dann Gegenstand des 7. Abschnitts. Der 8. Abschnitt behandelte sodann den

---

Art. 17 schließlich gewährte den Werktätigen eine „maßgebliche Mitbestimmung“ bei der „Regelung der Produktion sowie der Lohn- und Arbeitsbedingungen in den Betrieben“, die durch „Gewerkschaften und Betriebsräte“ wahrgenommen werden sollte.
Ein guter Überblick zu dieser Thematik findet sich bei DOST, Arbeitsrecht, in: Die Rechtsordnung der DDR, S. 111f.

[982] GBl. 1950, S. 349ff.

[983] Der FDGB stellte den Dachverband von 15 Einzelgewerkschaften der DDR dar. Im Jahre 1949 wurde er Mitglied des Weltgewerkschaftsbundes. Er konstituierte sich anlässlich seines ersten Kongresses, der zwischen dem 9. und 11.02.1946 in Berlin stattfand.

[984] PESCHKE, Das Grundgesetz der Arbeit, Arbeit und Sozialfürsorge, S. 145.

[985] Näheres dazu bei THIEL, (wie Anm. 978), S. 51.

Urlaubsanspruch sowie die Länge der Urlaubszeit, die je nach Schwere und Gefährlichkeit der zu verrichteten Tätigkeit differenzierte. Das Kündigungsrecht war im 8. Abschnitt untergebracht; der Arbeiterschutz im 9. Abschnitt. Abschnitt 10 schließlich hatte die Verbesserung der materiellen und kulturellen Lage der Werktätigen zum Gegenstand[986].

Das GdA war der erste Versuch einer umfassenden arbeitsrechtlichen Kodifikation, die den Vorgaben der Verfassung entsprechen sollte. Dennoch erfolgte die Regelung lückenhaft. So kam es in den Folgejahren zu einer Vielzahl aufbauender Verordnungen, Anordnungen und Beschlüssen, welche die neuen Entwicklungen im Arbeitsrecht zu berücksichtigen suchten[987]. Damit sollte sich also alsbald zeigen, dass das GdA den Anspruch einer umfassenden arbeitsrechtlichen Kodifikation nicht gerecht werden konnte.

Die Arbeitsrechtsentwicklung in der DDR erfuhr dann im Jahre 1958 eine entscheidende Wendung. So wurde auf dem V. Parteitag der SED[988] beschlossen, künftig das Arbeitsrecht zum Erziehungsrecht umzugestalten. Die „sozialistische Umwälzung der Ideologie und Kultur“[989] war nun das favorisierte Ziel; die „Einhaltung grundlegender Moralgesetze“ sollte das „Gesicht des neuen sozialistischen Menschen, der sich in diesem edlen Kampf um den Sieg des Sozialismus entwickelte“ bestimmen[990]. Dem Arbeitsrecht kam dabei nun als „Herzstück der gesamten moralischen Beziehungen in der sozialistischen Gesellschaft“ eine vorherrschende Bedeutung zu[991]. Als Folge dieser postulierten Ziele wurde auf dem Parteitag der Auftrag gefasst, ein neues Arbeitsgesetzbuch aus-

---

[986] Hier wurden den staatlichen Organen Pflichten auferlegt, etwa für die Versorgung von Berufskleidung zu sorgen oder Maßnahmen für die Verbesserung von Wohnverhältnissen zu treffen. Vgl. §§ 52-58 GdA.

[987] Eine Liste dieser zahlreichen zwischen 1950 und 1957 ergangenen Verordnungen findet sich bei THIEL, (wie Anm. 978), S. 52ff.
Zu den wesentlichen Regelungsinhalten der Gesetzgebung dieser Jahre vgl. wiederum THIEL, (wie Anm. 978), S. 54ff.

[988] Dieser fand zwischen dem 10. und 14. Juli 1958 statt.

[989] Protokoll des V. Parteitages, Dokumente der SED, S. 101.

[990] Ebd., S. 160.

[991] Dies lässt sich insbesondere anhand der Aussagen Walter Ulbrichts aufzeigen, der in seinem Referat auf dem V. Parteitag die sozialistische (Arbeits-)moral wie folgt charakterisierte und damit auch die Zielvorstellung einer entsprechenden Erziehung des Werktätigen auflegte: „Du sollst gute Taten für den Sozialismus vollbringen, denn der Sozialismus führt zu einem besseren Leben für alle Werktätigen; Du sollst helfen, die Ausbeutung des Menschen durch den Menschen zu beseitigen; Du sollst beim Aufbau des Sozialismus im Geiste der gegenseitigen Hilfe und kameradschaftlichen Zusammenarbeit handeln, das Kollektiv achten und seine Kritik beherzigen; Du sollst das Volkseigentum schützen und mehren; Du sollst stets nach Verbesserung Deiner Leistungen streben, sparsam sein und die sozialistische Arbeitsdisziplin festigen.“
Vgl. ULBRICHT, Der Kampf um den Frieden, für den Sieg des Sozialismus, Referat, V. Parteitag, (wie Anm. 989), S. 162.

zuarbeiten. Die Erziehung des „neuen sozialistischen Menschen“ sollte nun gerade durch das Arbeitsrecht gemäß der vom SED-Regime gefassten Maßstäbe erfolgen.

Die Arbeitsrechtswissenschaft musste nun auf diese neue Entwicklung reagieren; die entsprechende Umsetzung im Rahmen eines arbeitsrechtlichen Gesetzeswerks stand kurz bevor. Führende Arbeitsrechtler der DDR sahen in der Nutzung des Arbeitsrechts ein Instrument zur Förderung der Arbeitsmoral und konstatierten, dass durch Aufnahme moralischer Verhaltensanforderungen in arbeitsrechtliche Normen dessen erzieherische Aufgabe erhöht werde[992].

Bei der Suche nach den arbeitsrechtlichen Formen, mit welchen diese ideologische Einwirkung im Sinne einer sozialistischen Erziehung des jeweiligen Werktätigen hätte erzielt werden können, sollte einerseits die Gewerkschaft „Träger der Erziehungsarbeit“ sein. Daneben maß man auch der Konfliktkommission[993] selbstständige erzieherische Funktionen zu. Bislang wurde sie lediglich zwecks Schlichtung arbeitsrechtlicher Streitfälle tätig; nunmehr sollte sie auch „politisch-moralische Streitfälle“ beilegen[994].

Zurück zum Gesetzgebungsauftrag, der von der SED am V. Parteitag ausgesprochen wurde: Dieser sollte primär darin bestehen, das „Recht in Einklang mit dem Grad der gesellschaftlichen Entwicklung zu bringen, damit es mithilft, daß alle Mitglieder der sozialistischen Gesellschaft zu Organisatoren und bewußten Förderern ihrer eigenen produktiven Kräfte werden“[995]. Ein „Gesetzgebungsplan“[996] konkretisierte die einzelnen Schritte und Ziele, diesen Auftrag zu erfül-

---

992 So folgert auch THIEL, (wie Anm. 978), S. 102; berücksichtigt wurden folgende Stellungnahmen: MICHAS, Das Arbeitsrecht und der Kampf um die Erhöhung der sozialistischen Arbeitsmoral in der DDR, Arbeitsrecht 1959, S. 68; KUNZ, Die Umwandlung der Konfliktkommissionen in Organe der sozialistischen Erziehung, Arbeitsrecht 1959, S. 97; SCHNEIDER, Probleme des Verhältnisses von Arbeitsmoral und Arbeitsrecht in der Etappe des Kampfes um den Sieg des Sozialismus in der DDR, in: FS zur 150-Jahr-Feier der Humboldt-Universität zu Berlin, Bd. III, S. 475.

993 Die primäre Aufgabenstellung der KK bestand nun darin, eine Durchsetzung der „sozialistischen Gesetzlichkeit“, vor allem durch „Erziehung“ des Werktätigen, zu erreichen und für die Gewährleistung von Ordnung, Disziplin und Sicherheit in den Betrieben zu sorgen. Mehr zu den Aufgaben und Funktionen sowie der Entstehungsgeschichte der Konfliktkommissionen siehe unten unter Anm. 1085.

994 Die Diskussion um die Erweiterung des Kompetenzbereichs der Konfliktkommissionen geht zurück auf die Rede Walter Ulbrichts auf dem 4. Plenum der SED vom Januar 1959. Vgl. dazu THIEL, (wie Anm. 978), S. 103, Anm. 8.

995 Protokoll, (wie Anm. 989), S. 55.

996 „Plan für die Arbeit des Ministeriums der Justiz bis zum Jahre 1965“, in: NJ 1958, S. 551ff.
Im Vordergrund stand das Ziel der „Schaffung eines sozialistischen Rechtssystems“. Dabei sollte die „volksdemokratische Ordnung so zu entwickeln [sein], daß die maximale Entfaltung der schöpferischen Kräfte des Volkes ermöglicht [würde] und nach Westdeutschland als Beispiel wahrhafter Demokratie“ wirken könne.

len. So sollte das Arbeitsrecht den aktuellen Verhältnissen angepasst und ein geeigneter Rahmen für künftige Entwicklungen geschaffen werden[997]. Schließlich lag ein Katalog vor, in dem die vorrangigen Ziele des zu schaffenden „sozialistischen Arbeitsgesetzbuchs“ festgehalten wurden[998].

Das neue „Arbeitsgesetzbuch“ ließ nicht lange auf sich warten. So lag es bereits mit dem Titel „Gesetzbuch der Arbeit“ (GBA) im April 1961 nach nur dreijähriger Arbeit vor.

b) Das Gesetzbuch der Arbeit – Arbeitsrechtskodifikation und Erziehungsrecht (1961-1977)[999]

aa) Das GBA als erste umfassende arbeitsrechtliche Kodifikation

Mit der Ausarbeitung der geforderten arbeitsrechtlichen Kodifikation wurde das Komitee für Arbeit und Löhne betraut, das eine Hauptkommission und mehrere Unterkommissionen für die Arbeiten einsetzte. Unter den Mitwirkenden gehörten Gewerkschaftsfunktionäre, Wissenschaftler, Mitarbeiter staatlicher Organe sowie Arbeitsrichter, Staatsanwälte und auch eine Auswahl Vorsitzender von Konfliktkommissionen.

Die Fachöffentlichkeit begleitete die Gesetzgebungsarbeit sehr bereitwillig. So wurden regelmäßig in den Jahren 1959 bis Anfang 1961 Berichte und Aufsätze zum Fortgang der Arbeiten publiziert. Daneben mobilisierten die Gewerkschaften die Öffentlichkeit, um Einzelregelungen diskutieren und weitere Vorschläge unterbreiten zu können. So wird berichtet, dass „an der Diskussion [...] 7 Millionen Werktätige in 325000 Versammlungen teilgenommen und 23000 mündliche und schriftliche Vorschläge zur Verbesserung, Ergänzung und Durchsetzung des Gesetzbuches gemacht“ hätten[1000].

---

[997] Laut dem hier aufgestellten Zeitplan sollte das neue Arbeitsgesetz im August 1962 verabschiedet und am 1. Januar 1963 in Kraft treten. Vgl. ebd., S. 551f.

[998] Diese bestanden in der Anpassung arbeitsrechtlicher Regelungen an die tatsächlichen Beziehungen zwischen den Arbeitsrechtssubjekten; der Fixierung der Mitbestimmung gewerkschaftlicher Organe und Formen der Masseninitiative; der einheitlichen Regelung sozialer Rechte; der rechtlichen Ausgestaltung aller die Arbeitsdisziplin befördernden Formen und Stimulierung und der Sanktionierung – hier kommt der Gedanke der „sozialistischen Erziehung“ zur Geltung; der Beseitigung der letzten noch im Arbeitsrecht geltenden BGB-Regelungen, womit die Rechtsmaterie des Arbeitsrechts vollends als eigenständiges Rechtsgebiet neben dem Zivilrecht stehen sollte; und in der überschaubaren rechtlichen Gestaltung sowie in einer für den Adressaten verständlichen Sprache. Entnommen aus: THIEL, (wie Anm. 978), S. 105.

[999] Ausführlichere Darstellungen hierzu bei THIEL, (wie Anm. 978), S. 105ff. sowie bei DOST, (wie Anm. 978), S. 116ff.

[1000] HEINICKE, Unser neues Gesetzbuch der Arbeit, Schriftenreihe Arbeitsrecht, 1961, Heft 10, S. 11.
Zwar mag dieses Engagement der öffentlichen Beteiligung auf den ersten Blick zu beeindrucken; fraglich bleibt jedoch, inwiefern diese „Massenbefragungen“ schließlich einen Nutzen

Am 12.04.1961 – nach dreijähriger Arbeit – erließ schließlich die Volkskammer der DDR das Gesetzbuch der Arbeit[1001], das dann am 1. Juli 1961 in Kraft trat.

Das GBA[1002] stellte mit seinen 156 Paragraphen eine „nahezu geschlossene Regelung der Arbeitsverhältnisse" dar[1003]. Aufgeteilt war es in 13 Kapiteln[1004], aus deren Überschriften bereits ersichtlich werden konnte, dass hier nicht lediglich die Rechte, Pflichten und gegenseitigen Ansprüche der Vertragspartner schuldrechtlicher Beziehungen geregelt werden sollten. Vielmehr war eine allumfassende Normierung der Arbeitsverhältnisse beabsichtigt. Nach *Dost* lässt sich das Anliegen des Gesetzes am besten mit drei Begriffen umschreiben: „Arbeit, Fürsorge, Erziehung"[1005].

Gerade der Erziehungsgedanke des Gesetzes bedarf der Hervorhebung. Zu keiner anderen Zeit fand wohl der Charakter des gesellschaftlichen Systems der DDR als Erziehungsdiktatur eine derartige Ausprägung in der Rechtsetzung wie in den Jahre nach dem V. Parteitag[1006]. Das Gesetzbuch der Arbeit nahm diese

---

entfalten bzw. ob diese tatsächlich wirksam in den Gesetzgebungsprozess haben einfließen können.

[1001] Offenbar wählte man nicht den Titel Arbeitsgesetzbuch, um dem rechtspolitischem Anliegen wirksameren Ausdruck zu verleihen. Vgl. THIEL, (wie Anm. 978), S. 106, Anm. 17.

[1002] GBl. I, S. 27.

[1003] So THIEL, (wie Anm. 978), S. 106.

[1004] 1. Kapitel: Die Grundsätze des sozialistischen Arbeitsrechts
2. Kapitel: Die Leitung des Betriebes und die Mitwirkung der Werktätigen
3. Kapitel: Der Abschluß und die Auflösung des Arbeitsvertrages
4. Kapitel: Lohn und Prämie
5. Kapitel: Berufsausbildung und Qualifizierung
6. Kapitel: Die Arbeitszeit
7. Kapitel: Der Erholungsurlaub
8. Kapitel: Der Gesundheits- und Arbeitsschutz und die Sozialversicherung
9. Kapitel: Die sozialistische Arbeitsdisziplin
10. Kapitel: Die kulturelle und sportliche Betätigung der Werktätigen und die soziale Betreuung durch den Betrieb
11. Kapitel: Die Förderung der werktätigen Frau
12. Kapitel: Die Förderung der Jugend im Betrieb
13. Kapitel: Die Grundsätze und Organe zur Entscheidung von Arbeitsstreitigkeiten.

[1005] Vgl. DOST, (wie Anm. 978), S. 117; so auch THIEL, (wie Anm. 978), S. 108.

[1006] Der V. Parteitag brachte konkret 10 Prinzipien der sozialistischen Moral und Ethik hervor, die unter der propagandistischen Losung „Sozialistisch arbeiten, lernen und leben" zusammengefasst wurden. Der Vorsitzende des Komitees für Arbeit und Löhne führte dazu aus: „Das sozialistische Arbeitsrecht wirkt auch dadurch fördernd auf die Steigerung der Arbeitsproduktivität, daß es zur sozialistischen Bewußtseinsbildung der Werktätigen, insbesondere zur Herausbildung der sozialistischen Arbeitsmoral, beiträgt. So wie sich in der Deutschen Demokratischen Republik durch die Beseitigung der Ausbeutung der Charakter der Arbeit verändert, entsteht auch ein neues Verhältnis der Menschen zur Arbeit. Aber das Bewußtsein verändert sich langsamer als die materiellen Bedingungen. Die sozialistische Einstellung zur Arbeit bildet sich erst im laufe eines langwierigen konfliktreichen Prozesses

neue Entwicklung überdeutlich auf, indem es den Erziehungsgedanken in „fast allen Bestimmungen" berücksichtigte[1007].

Inwiefern dieser Gedanke tatsächlich Eingang in das Gesetzeswerk fand, soll im Folgenden anhand der Bestimmungen über die arbeitsrechtliche Verantwortlichkeit aufgezeigt werden.

bb) Der Erziehungsgedanke im GBA am Beispiel der arbeitsrechtlichen Verantwortlichkeit

(1) Vorbemerkung: Das Wesen der arbeitsrechtlichen Verantwortlichkeit

Die Einhaltung einer bewussten Disziplin im Arbeitsprozess, wie auch die arbeitsrechtliche Verantwortlichkeit des Werktätigen, gehörte in der DDR zu den staatlich-rechtlichen Garantien für die konsequente Durchsetzung des sozialistischen Arbeitsrechts. Die sozialistische Gesellschaft sollte dabei jedem Werktätigen die Möglichkeit eröffnen, durch die gewissenhafte Erfüllung seiner Arbeitspflichten und die Wahrnehmung seiner Rechte aktiv an der weiteren Gestaltung der entwickelten Gesellschaft mitzuwirken und in Übereinstimmung damit seine Interessen zu realisieren und seine Persönlichkeit zu entfalten[1008].

Dazu wurden die Betriebe konkret verpflichtet, Arbeitsbedingungen zu schaffen, die den Werktätigen hohe Arbeitsleistungen ermöglichen und vor allem Disziplin und Sicherheit gewährleisten sollten.

Allerdings sollte hieraus auch das Recht und die Pflicht der Gesellschaft und des Staates erwachsen, die Werktätigen, welche die genannten Möglichkeiten zu einem gesellschaftsgemäßen Verhalten nicht wahrnehmen und ihre Arbeitspflichten schuldhaft verletzen, dafür verantwortlich zu machen und gleichzeitig ihr Verhalten durch geeignete Mittel in Übereinstimmung mit den gesellschaftlichen Erfordernissen zu bringen[1009].

Das Ziel der arbeitsrechtlichen Verantwortlichkeit in der DDR war nach einer konkreten schuldhaften Arbeitspflichtverletzung und eines möglicherweise dadurch verursachten Schadens durch den jeweiligen Werktätigen die Interessenübereinstimmung wieder herzustellen und den Werktätigen freiwillig zu veran-

---

der Erziehung und Selbsterziehung der Werktätigen heraus im Kampf gegen die Überreste der alten Denkweise und gegen rückständige Gewohnheiten. Das Gesetzbuch der Arbeit trägt dazu bei, diese rückständigen Gewohnheiten, die die Herausbildung der sozialistischen Arbeitsmoral hemmen, zu überwinden. Es fördert die Erziehung und Selbsterziehung der Werktätigen zu neuen, sozialistischen Menschen. Diese erzieherische Funktion des Arbeitsrechts kommt fast in allen Bestimmungen des Gesetzbuches der Arbeit zum Ausdruck". Zitat entnommen aus: HEINICKE, Unser neues Gesetzbuch der Arbeit, Schriftenreihe Arbeitsrecht, 1961, Heft 10, S. 22.

1007 Vgl. Zitat in der vorherigen Anmerkung.

1008 KUNZ, Arbeitsrecht, S. 325.

1009 BAUMGART, Arbeitsrecht - Grundriss, S. 225.

lassen, seine persönlichen Interessen in Übereinstimmung mit den gesellschaftlichen und betrieblichen Interessen künftig zu verwirklichen[1010].

Die arbeitsrechtliche Verantwortlichkeit stellte eine vom sozialistischen Staat festgelegte Rechtsfolge dar, die infolge schuldhaft verursachter Verletzung von Arbeitspflichten bzw. eines dadurch schuldhaft verursachten Schadens eintrat, welche durch den Betrieb unter Beachtung der Gesamtumstände geltend gemacht und im Rahmen des gesetzlich vorgeschriebenen Verfahrens durchgesetzt werden konnte[1011].

Die Funktion der arbeitsrechtlichen Verantwortlichkeit bestand in der DDR zum einen darin, den Disziplinverletzer bzw. Schadenverursacher künftig zu einer gewissenhaften Erfüllung seiner Arbeitspflichten und zur vollen Wahrnehmung seiner arbeitsrechtlichen Verantwortung zu erziehen. Zum anderen galt es die sozialistischen Arbeitsverhältnisse, das störungsfreie Zusammenwirken der Werktätigen und Arbeitskollektive, zu gewährleisten[1012].

Die Zielstellung der materiellen Verantwortlichkeit sollte insbesondere auf die Erziehung zur Achtung des sozialistischen Eigentums und seinen wirksamen Schutz sowie auf die Wiedergutmachung des schuldhaft verursachten Schadens durch den jeweiligen Werktätigen gerichtet sein[1013].

Die erzieherische Wirkung der arbeitsrechtlichen Verantwortlichkeit auf den Disziplinverletzer bzw. Schadenverursacher ging dabei vornehmlich von der ausgesprochenen Sanktion, also einer Disziplinarmaßnahme oder einer Schadensersatzverpflichtung aus, welche innerhalb bestimmter Fristen von dem betreffenden Werktätigen zu erfüllen war[1014].

Bei der Anwendung der materiellen Verantwortlichkeit erfolgte die erzieherische Wirkung auf den Schadenverursacher vor allem durch die Beeinträchtigung seiner Vermögensinteressen. Um die ihm dadurch auferlegten Schadensersatzverpflichtungen erfüllen zu können, war der Werktätige der DDR gezwungen, seine persönlichen Interessen zeitweilig einzuschränken oder sogar ganz zurückzustellen.

Um die primäre Zielsetzung der Erziehung durch das Rechtsinstitut der arbeitsrechtlichen Verantwortlichkeit möglichst effektiv umsetzen zu können, sollte im Rahmen der Durchsetzung der Verantwortlichkeitsregelungen und somit in dem damit einhergehenden Verfahren dem betroffenen Werktätigen möglichst das Pflichtwidrige an seinem Verhalten aufgezeigt und ihm durch die Einbezie-

---

[1010] KUNZ, Arbeitsrecht, S. 327, 328.
[1011] BAUMGART/KUNZ, Die arbeitsrechtliche Verantwortlichkeit der Werktätigen, NJ 1977, S. 542.
[1012] KUNZ, Arbeitsrecht, S. 327.
[1013] Ebd., S. 327.
[1014] Ebd., S. 328.

hung anderer Werktätiger bewusst gemacht werden, dass er zum einen gesellschaftliche Erfordernisse missachtet und gleichzeitig auch gegen die Interessen der anderen Werktätigen in dem jeweiligen Betrieb verstoßen hat[1015]. Folglich ging es bei der Durchsetzung der arbeitsrechtlichen Verantwortlichkeit vornehmlich darum, den pflichtverletzenden Werktätigen zu einem künftigen verantwortungsbewussteren Verhalten zu motivieren und zu befähigen; letztendlich also eine erfolgreiche „Umerziehung" des Werktätigen zu erreichen.

(2) Die disziplinarische Verantwortlichkeit

Der erzieherische Einfluss, den das GBA auf den Werktätigen auszuüben beabsichtigte, lässt sich am besten anhand des 9. Kapitels, das von der „sozialistischen Arbeitsdisziplin" handelte und zugleich auch das Rechtsinstitut der sog. materiellen Verantwortlichkeit – der Arbeitnehmerhaftung – regelte, aufzeigen. Nach § 106 I GBA forderte die „sozialistische Arbeitsdisziplin" ein bewusstes Handeln zur Durchsetzung der gemeinschaftlichen Interessen aller Werktätigen in der sozialistischen Gesellschaft, das auch die kameradschaftliche Zusammenarbeit, die gegenseitige Hilfe und Achtung sowie die gewissenhafte Erfüllung aller Arbeitsaufgaben zur Verwirklichung der Betriebspläne umfassen sollte. Die frist- und ordnungsgemäße Erfüllung der Arbeitsaufgaben, der Schutz und die Mehrung des sozialistischen Eigentums, die volle Nutzung der Arbeitszeit und Produktionsmittel, die sparsame Verwendung von Geld und Material sowie die Leistung von Qualitätsarbeit bildeten den Kern der den Werktätigen obliegenden Arbeitspflichten. Ferner waren den Weisungen des Betriebsleiters Folge zu leisten und der Gesundheits-, Arbeits-, und Brandschutz einzuhalten[1016]. Schuldhafte Verletzungen wurden entsprechend den Maßgaben der disziplinarischen Verantwortlichkeit sanktioniert[1017].

(a) Das Wesen der disziplinarischen Verantwortlichkeit

Die disziplinarische Verantwortlichkeit galt in der DDR als eine allgemeine Rechtsfolge auf schuldhafte Verletzungen von Arbeitspflichten von Werktätigen[1018]. Sie stellte eine im Namen des Staates durch den jeweiligen Betriebsleiter bzw. einem von ihm beauftragten disziplinarbefugten Leiter ausgesprochene Kritik des Verhaltens des betreffenden Werktätigen dar[1019]. Die disziplinarische Verantwortlichkeit diente dem Ziel, Werktätigen, die ihre Arbeitspflichten

[1015] Ebd., S. 328.
[1016] Vgl. § 106 II GBA.
[1017] Als Disziplinarmaßnahme kam gemäß § 109 I GBA ein Verweis, strenger Verweis oder die fristlose Entlassung in Betracht.
[1018] KUNZ, Arbeitsrecht, S. 331.
[1019] BAUMGART, Arbeitsrecht - Grundriss, S. 229.

schuldhaft verletzt hatten, wieder an eine pflichtbewusste Wahrnehmung ihrer arbeitsrechtlichen Verantwortung heranzuführen und dabei auf das gesamte Arbeitskollektiv erzieherisch einzuwirken[1020].

In einem durchzuführenden Disziplinarverfahren sollte die Zielsetzung der Erziehung dadurch erreicht werden, dass dem Disziplinarverletzer das Fehlerhafte seines Verhaltens aufgezeigt und in ihm die Bereitschaft geweckt werden sollte, den begangenen schuldhaften Pflichtverstoß zukünftig durch pflichtbewusste Arbeit wieder gutzumachen[1021].

Damit jedoch die disziplinarische Verantwortlichkeit angewendet werden konnte, mussten zunächst grundsätzliche Voraussetzungen erfüllt sein. Zum einen musste eine Verletzung einer Arbeitspflicht durch den Werktätigen vorliegen, zum anderen musste ihm dabei ein Verschulden bei der Verletzung der Arbeitspflicht treffen[1022].

Gesetzlich geregelt wurde das Rechtsinstitut der disziplinarischen Verantwortlichkeit in den §§ 109-111 GBA.

(b) Die Durchsetzung der disziplinarischen Verantwortlichkeit

Wurde von einem Werktätigen eine Arbeitspflichtverletzung im Zusammenhang mit der Betriebstätigkeit und der Erledigung von Arbeitsaufgaben schuldhaft[1023] herbeigeführt, so konnte als Sanktion eine Disziplinarmaßnahme ausgesprochen werden, die grundsätzlich nur im Ergebnis eines Disziplinarverfahrens zulässig war.

Das Disziplinarverfahren wurde durch eine entsprechende Mitteilung an den betreffenden Werktätigen unter Angabe der ihm zur Last gelegten Arbeitspflichtverletzungen eröffnet[1024]. Zur Durchführung eines solchen Verfahrens war grundsätzlich der Disziplinarbefugte berechtigt. Disziplinarbefugt war gemäß § 110 I GBA der Leiter des Betriebes, in welchem der arbeitspflichtverletzende Werktätige beschäftigt war.

Ziel des Disziplinarverfahrens war es insbesondere, dem Disziplinverletzer das Pflichtwidrige seines Verhaltens aufzuzeigen, ihm Gelegenheit zu geben, zu den Vorwürfen Stellung zu beziehen und sich zu rechtfertigen sowie die Einhaltung der rechtlichen Normen und Rechte des Disziplinarverletzers zu gewährleisten[1025]. Neben dem Betroffenen konnten auch weitere Werktätige in das Ver-

---

[1020] MICHAS, Arbeitsrecht der DDR, S. 492.
[1021] Ebd., S. 493.
[1022] ZINKE, in: Arbeitsrecht der DDR, S. 94.
[1023] Vgl. § 109 I GBA. Der Schuldbegriff als solcher war im GBA noch nicht gesetzlich festgelegt worden. Dies änderte sich erst mit Einführung des AGB, dass das GBA 1977 ablöste.
[1024] LOHMANN, Das Arbeitsrecht der DDR, S. 80.
[1025] BAUMGART, Arbeitsrecht - Grundriss, S. 231.

fahren einbezogen werden – vor allem, um einen erzieherischen Einfluss auch auf diese ausüben zu können[1026].

Der Disziplinarbefugte, also der Betriebsleiter, war gemäß § 110 II GBA unmittelbar nach Bekanntwerden einer Arbeitspflichtverletzung verpflichtet, ein Disziplinarverfahren einzuleiten und den Sachverhalt umfassend aufzuklären sowie das gesamte Verfahren innerhalb eines Monats abzuschließen. Eine Einleitung des Disziplinarverfahrens war ausgeschlossen, wenn seit der Arbeitspflichtverletzung eine Frist von 5 Monaten vergangen war (§ 110 II GBA).

Durch diese Fristenregelungen sollten die Betriebe angehalten werden, möglichst zügig, also unmittelbar nach Feststellung der Arbeitspflichtverletzung, zu reagieren. Dabei nahm man an, dass je unmittelbarer die Reaktion auf die Rechtsverletzung durch den Werktätigen erfolgte, umso intensiver der erzieherische Einfluss, den man ja gerade durch Einleitung eines solchen Disziplinarverfahrens auszuüben versuchte, sein würde[1027]. Ferner sollte die Fristenregelung auch der Rechtssicherheit des Werktätigen dienen, der dadurch für sein Verhalten nicht zeitlich unbegrenzt zur Verantwortung gezogen werden konnte.

Nach § 110 I GBA war der Disziplinarbefugte ferner verpflichtet, das Verfahren unter Mitwirkung des Werktätigen so durchzuführen, dass der Werktätige selbst Gelegenheit erhalten konnte, seine eigenen Fehler erkennen zu können. Dies sollte insbesondere dadurch erreicht werden, dass sämtliche Kollegen des Disziplinarverletzers an dem Disziplinarverfahren teilnehmen und sich mit dem pflichtwidrigen Verhalten des Werktätigen kritisch auseinander setzen sollten.

Der Werktätige war stets im Disziplinarverfahren zu hören, ggf. sollte ihm auch Gelegenheit zur schriftlichen Stellungnahme gegeben werden (§ 110 I GBA).

(c) Abschluss des Disziplinarverfahren und Ausspruch von Disziplinarmaßnahmen

Wurde im Laufe eines Disziplinarverfahrens festgestellt, dass der betreffende Werktätige eine ihm obliegende Arbeitspflicht schuldhaft verletzt hat, so wurde das Verfahren durch eine Entscheidung des Disziplinarbefugten eingestellt. Dabei konnte der Disziplinarbefugte unter Rücksichtnahme der im Verfahren ebenfalls zu prüfenden Gesamtheit aller Umstände nach § 109 II GBA verschiedene Entscheidungen treffen[1028]. Zum einen konnte das Disziplinarverfahren ohne Ausspruch einer Disziplinarmaßnahme beendet werden. Dies war insbesondere dann statthaft, wenn allein durch das Verfahren bereits der erzieherische Zweck,

[1026] THIEL, (wie Anm. 978), S. 121.
[1027] BAUMGART, Arbeitsrecht - Grundriss, S. 231.
[1028] RÜTHERS, Arbeitsrecht und politisches System, S. 97.

beispielsweise dadurch, dass der Beschuldigte sich im Verfahren einsichtig verhielt, erreicht wurde[1029].

Zum anderen konnte der Disziplinarbefugte aufgrund der begangenen schuldhaften Arbeitspflichtverletzung eine Disziplinarmaßnahme aussprechen. Wurde im Verfahren jedoch festgestellt, dass dem betreffenden Werktätigen keine Arbeitspflichtverletzungen zur Last gelegt werden konnte, kam es zur umgehenden Einstellung des Verfahrens. Als Disziplinarmaßnahme kam gemäß 109 I GBA ein Verweis, strenger Verweis oder die fristlose Entlassung in Betracht[1030].

Auch § 32 GBA nennt diese Gründe, die zur fristlosen Entlassung führen konnten. Diese Maßnahme dürfte besonders in Fällen in Betracht gekommen sein, in welchen jegliche erzieherische Maßnahme des pflichtverletzenden Werktätigen gänzlich ausgeschlossenen schien.

Erläuterungen über den Inhalt dieser hier genannten „staatsbürgerlichen Pflichten" oder einer möglichen Art und Weise ihrer Verletzung sind hingegen in der DDR-Literatur nicht zu finden. Die damit einhergehende rechtliche Ungeklärtheit dürfte jedoch Absicht gewesen sein: mit der Ungenauigkeit dieser Begrifflichkeit wächst auch die Bedrohlichkeit. Anzunehmen ist jedoch, dass als Verstöße gegen diese so genannten „staatsbürgerlichen Pflichten" insbesondere die im damaligen StGB der DDR kodifizierten „Verbrechen gegen die Deutsche

---

[1029] BAUMGART, Arbeitsrecht - Grundriss, S. 233.

[1030] Unter welchen Voraussetzungen der Verweis oder der strenge Verweis als angemessene Disziplinarmaßnahme betrachtet werden konnte, wurde nicht geregelt. Ausschließlich bei der fristlosen Entlassung mussten die Regelungen des § 32 GBA beachtet werden.
Ansonsten wurde der Disziplinarbefugte verpflichtet unter verantwortungsbewusster Prüfung der Gesamtheit aller Umstände darüber zu entscheiden, welche Disziplinarmaßnahme er im konkreten Fall anwenden wollte. Ein Verweis kam insbesondere dann als Disziplinarmaßnahme in Betracht, „wenn der erzieherische Zweck ohne den Ausspruch einer Disziplinarmaßnahme nicht erreicht werden [konnte], der schuldhafte Arbeitspflichtverstoß aber nicht so disziplinwidrig [war], dass es [...] eines strengen Verweises als der letzten Disziplinarmaßnahme vor der fristlosen Entlassung [bedurfte]".
Der strenge Verweis wurde dagegen als besonders schwere Disziplinarmaßnahme angesehen und kam daher auch eher selten zur Anwendung. Der schuldhafte Arbeitspflichtverstoß musste dafür so grob disziplinwidrig sein und so stark gegen die Grundsätze der sozialistischen Arbeitsdisziplin verstoßen, dass der erzieherische Zweck, den Werktätigen zur ordnungsgemäßen Erledigung seiner Arbeitsaufgaben zu bewegen, mit einem „einfachen" Verweis nicht bewerkstelligt werden konnte (Vgl. KUNZ, Sozialistische Arbeitsdisziplin, S. 170f.).
Noch seltener wurde die fristlose Entlassung als Disziplinarmaßnahme verwendet. Sie wurde als „ein Mittel zum Schutz des Betriebes und seiner Belegschaft" (Urteil OG vom 29.6.1963 – Za 11/ 63) angesehen. Der fristlosen Entlassung sollte, so wird in der DDR Literatur angeführt, „ein so schwerer schuldhafter Verstoß gegen staatsbürgerlichen oder arbeitsrechtlichen Pflichten des Werktätigen vorausgehen, [wodurch es] dem Betrieb nicht zumutbar [sein konnte], auch nur einen Tag länger am Arbeitsrechtsverhältnis mit dem Werktätigen festzuhalten (MICHAS, Arbeitsrecht der DDR, S. 506).

Demokratische Republik“ und „Straftaten gegen die staatliche Ordnung“ gemeint gewesen sein dürften[1031].

Gegen die jeweils ausgesprochene Disziplinarmaßnahme stand dem betroffenen Werktätigen nach §§ 144, 146 die Möglichkeit des Einspruchs vor der Konfliktkommission bzw. bei der Kammer für Arbeitsrecht des Kreisgerichts zu.

(3) Die materielle Verantwortlichkeit

(a) Das Wesen der materiellen Verantwortlichkeit

Hatte der Werktätige nicht nur seine Arbeitspflichten verletzt, sondern zugleich auch noch dadurch schuldhaft Schäden am „sozialistischem Eigentum“, also an Rechtsgütern des Betriebes beispielsweise, verursacht, war der Anwendungsbereich der dritten Form arbeitsrechtlicher Verantwortlichkeit eröffnet, namentlich die materielle Verantwortlichkeit des Werktätigen[1032].

Die materielle Verantwortlichkeit sollte Arbeitspflichtverletzungen und Schäden am sozialistischen Eigentum vorbeugen, indem sie durch die Androhung der Schadensersatzpflicht die Werktätigen zur gewissenhaften Erfüllung ihrer Arbeitspflichten und damit zur Vermeidung von Schäden anhielt[1033]. Auch hier spielte der Erziehungsgedanke eine entscheidende Rolle: Der Werktätige sollte durch die Verpflichtung zur Wiedergutmachung des Schadens und die damit verbundene Einwirkung auf seine materiellen Interessen nachdrücklich zur Einhaltung der sozialistischen Arbeitsdisziplin erzogen werden[1034].

Geregelt wurde diese Form der arbeitsrechtlichen Verantwortlichkeit in den §§ 112-115 GBA.

(b) Die Durchsetzung der materiellen Verantwortlichkeit

Voraussetzung für den Eintritt und der Anwendung der materiellen Verantwortlichkeit war nach § 112 II GBA die Realisierung eines Schadens, der durch eine schuldhafte Verletzung[1035] der Arbeitspflichten durch den Werktätigen entstanden war. Zwischen der Arbeitspflichtverletzung und dem eingetretenen Schaden musste weiterhin ein kausaler Zusammenhang bestehen[1036].

[1031] LOHMANN, Das Arbeitsrecht der DDR, S. 82.

[1032] KUNZ, Arbeitsrecht von A-Z, S. 228.

[1033] BAUMGART, Arbeitsrecht - Grundriss, S. 238.

[1034] BAUMGART, Arbeitsrecht - Grundriss, S. 238; vergleiche auch die obigen Ausführungen unter B. VI. b) bb).

[1035] Die Prüfung der Schuld des Werktätigen erfolgte hier nach gleichen Kriterien wie bei der disziplinarischen Verantwortlichkeitsregelung.

[1036] Anders als das später erschienene AGB kannte das GBA noch keine gesetzliche Definition des Schadens. Vor Einführung des AGB unterschied man zwischen dem sogenannten „direktem Schaden“ und „gesamten Schaden“. Als direkter Schaden im Sinne des § 113 GBA wurde der unmittelbar durch das arbeitspflichtverletzende Handeln des Werktätigen in seinen

Der Haftungsumfang und somit die Höhe der materiellen Verantwortlichkeit richtete sich nach den §§ 113, 114 GBA.

Die Höhe der materiellen Verantwortlichkeit war davon abhängig, ob der Schaden fahrlässig oder vorsätzlich verursacht wurde und war daher differenziert festgelegt. Verursachte ein Werktätiger fahrlässig einen Schaden, so wurde er gemäß § 113 I GBA für den Schaden bis zur Höhe seines monatlichen Tariflohns materiell verantwortlich gemacht (einfache materielle Verantwortlichkeit).

In bestimmten Fällen legte das GBA neben der einfachen materiellen Verantwortlichkeit eine erweiterte materielle Verantwortlichkeit für fahrlässig verursachte Schäden fest[1037].

Die Durchsetzung der materiellen Verantwortlichkeit der Werktätigen sollte schließlich gemäß § 115 I GBA vor der Konfliktkommission oder der Kammer für Arbeitsrecht des Kreisgerichts durch den Betriebsleiter erfolgen[1038].

---

durch Arbeitsauftrag bestimmten Verantwortungsbereich entstandene Schaden angesehen. Der gesamte Schaden im Sinne von § 114 GBA umfasste hingegen auch alle darüber hinausgehenden Vermögensnachteile des Betriebes einschließlich der Folgeschäden.
Näheres dazu bei ZINKE, in: Arbeitsrecht der DDR, S. 104; MICHAS, Arbeitsrecht der DDR, S. 526.

[1037] Nach § 113 II GBA war der direkte Schaden, also der während der Arbeit unmittelbar entstandene Schaden, in den vom Gesetz genannten Fällen bis zum vollen Umfang zu ersetzen. Genannt werden hier u.a. der Verlust von Werkzeugen, Arbeitskleidung (§ 113 II a GBA), weiterhin der Verlust von Geld und Sachwerten, die dem Werktätigen aufgrund seines Aufgabengebietes zur Verantwortung übertragen wurde (§ 113 II b GBA). Ferner sollte der Werktätige bei Schäden bis zum vollen Umfang haften, die er durch unter Alkoholeinfluss begangene Straftaten verursacht hatte (§ 113 II c GBA). Zu beachten ist jedoch ferner, dass diese Verantwortlichkeitsregelung für den in § 113 II b GBA genannte Verlust von Geld oder Sachwerten nur einen bestimmten, begrenzten Personenkreis betraf. Dabei handelte es sich um solche Werktätige, denen auf Grund ihres Aufgabengebietes die ständige Verantwortung für Geld und Sachwerten oblag. Die Bestimmung des Personenkreises und die zulässige Höhe der Schadensersatzleistung musste hier den spezifischen Bedingungen ihrer Funktion entsprechen. Die Höhe der Begrenzung des Schadensersatzes sowie der Kreis dieser Werktätigen sollte dabei in den Rahmenkollektivverträgen festgelegt werden.
Für einen vorsätzlich verursachten Schaden war der Werktätige gemäß § 114 I GBA in voller Höhe schadensersatzpflichtig.
Vgl. dazu auch MICHAS, Arbeitsrecht der DDR, S. 532.

[1038] Die Geltendmachung der materiellen Verantwortlichkeit konnte ferner nur innerhalb der im Gesetz geregelten Fristen erfolgen. Diese betrugen grundsätzlich gemäß § 115 I S. 1 GBA 3 Monate nach Bekanntwerden des Schadens und des Verursachers. Neben der Dreimonatsfrist wurde weiterhin eine Zweijahresfrist für Fälle vorgesehen, in denen der Schaden und der Verursacher erst zwei Jahre nach dem Eintritt des Schadens festgestellt wurden (BAUMGART, Arbeitsrecht - Grundriss, S. 242). Mit Ablauf dieser Frist erlosch der Anspruch nach § 115 I S. 1 GBA unabhängig davon, wann der Betrieb Kenntnis vom Schaden und dem Verursacher erlangt hat.
Stellte die Schädigung zugleich eine Straftat dar, so wurden für die Geltendmachung der materiellen Verantwortlichkeit nach § 115 I S. 2 GBA die Bestimmungen über die Verjährung

cc) Zwischenergebnis

Sowohl die Auswertungen der Regelungen zur disziplinarischen als auch diese zur materiellen Verantwortlichkeit haben gezeigt, dass der Erziehungsgedanke gerade in zentralen arbeitsrechtlichen Angelegenheiten eine überaus dominante Stellung im GBA einnahm. Sozialistische Ideologie war damit untrennbar mit den arbeitsrechtlichen Regelungen verbunden worden, was sich nicht nur an den Vorschriften zur arbeitsrechtlichen Verantwortlichkeit aufzeigen lässt[1039].

Inwiefern sich dies in der arbeitsrechtlichen Gesetzgebung der DDR in den Folgejahren änderte, soll im nächsten Abschnitt aufgezeigt werden.

c) Das Arbeitsgesetzbuch der DDR (1977-1990)

aa) Der Auftrag zur Neukodifizierung des Arbeitsrechts

Auf dem VIII. Parteitag der SED, der zwischen dem 15.-19.06.1971 stattfand, trat die Forderung nach einer konsequenten Verwirklichung der arbeitsrechtlichen Vorschriften und die weitere Ausgestaltung des Arbeitsrechts hervor, um eine bewusste Staats- und Arbeitsdisziplin zur festen Gewohnheit des Werktätigen werden zu lassen[1040]. Auf der 5. Tagung des Zentralkomitees im Jahre 1972 wurde sodann seitens des Politbüros der SED der Gesetzgebungsauftrag zur Neugestaltung des GBA erteilt[1041]. Daraufhin arbeitete eine Arbeitsgruppe, die beim Staatssekretariat für Arbeit und Löhne angesiedelt war, unter Leitung des Staatssekretariats und des Bundesvorstandes des FDGB den Entwurf des neuen Gesetzes aus. In diesem Rahmen fand eine umfassende Untersuchung über die

---

der Strafverfolgung, die regelmäßig mindestens zwei Jahre betrugen (vergleiche auch die entsprechenden Fristenregelungen der §§ 82 ff. StGB/ DDR), angewandt.
Abschließend ist noch darauf hinzuweisen, dass das GBA in der Fassung von 1961 es dem Betrieb gestattete, frei zu entscheiden, ob er grundsätzlich, auch bei vorsätzlicher Schadensverursachung, durch eine schriftliche und begründete Entscheidung des Betriebsleiters auf die Geltendmachung der materiellen Verantwortlichkeit verzichtete (§ 115 IV S. 1 GBA). Durch den Verzicht erlosch zugleich auch der Schadensersatzanspruch des Betriebes. Dieser Verzicht sollte seinerzeit eine besondere Form der differenzierten Festsetzung des Schadensersatzes durch den Betrieb nach Würdigung der Gesamtheit aller Umstände in der Sicht des § 109 II GBA darstellen.
Vgl. dazu auch ZINKE, in: Arbeitsrecht, S. 112; MICHAS, Arbeitsrecht der DDR, S. 542.

[1039] Der Erziehungsgedanke taucht auch an anderer Stelle immer wieder auf. Nach § 92 GBA war der „Betriebsleiter [...] verantwortlich für die Erziehung der Werktätigen zur Erhaltung der Bestimmungen des Gesundheits- und Arbeitsschutzes". Gemäß § 93 sollten die „betrieblichen Gewerkschaftsleitungen, ehrenamtlichen Arbeitsschutzinspektoren, Räte und Bevollmächtigten für Sozialversicherung sowie Arbeitsschutzkommissionen und –Obleute darauf ein[wirken], daß die Werktätigen durch eine gesunde Lebensweise und unfallfreies Arbeiten ihre Gesundheit erhalten und zur Verbesserung des Gesundheits- und Arbeitsschutzes im Betrieb beitragen".

[1040] So HONECKER, Bericht des ZK der SED an den VIII. Parteitag, Protokoll der Verhandlungen des VIII. Parteitages der SED, Bd. I, S. 87.

[1041] Vgl. GRÜNEBERG, Bericht des Politbüros an die 5. Tagung des ZK der SED, S. 19.

Wirksamkeit des GBAs statt; zahlreiche Analysen, Expertisen und Studien wurden in Auftrag gegeben, die sodann von den arbeitsrechtlichen Instituten der Universitäten, dem einst in Dresden gelegenen Zentralinstitut für Arbeit sowie den Senaten für Arbeitsrecht der Bezirksgerichte und des Obersten Gerichts erstellt wurden[1042]. Ziel war es, neue Vorschläge für bessere Regelungen der arbeitsrechtlichen Vorschriften zu treffen.

Wiederum sollte bei der Ausarbeitung des Gesetzes die Öffentlichkeit eingeschaltet werden. So wird berichtet, dass im Rahmen einer vom FDGB organisierten und geführten Diskussion unter den Werktätigen und der Bevölkerung, an welcher sich scheinbar „5,8 Millionen Arbeiter, Angestellte und Angehörige der Intelligenz beteiligten", im „Ergebnis 147806 Vorschläge, Hinweise und Anfragen unterbreitet wurden"[1043]. Inwieweit diese „Vorschläge, Hinweise und Anfragen" für das auszuarbeitende Gesetzbuch tatsächlich nutzbar gemacht werden konnten bleibt offen[1044]. Angeblich konnten sie sowohl zu inhaltlichen als auch konkretisierenden und redaktionellen Veränderungen im Gesetzesentwurf führen[1045].

1042 DOST, (wie Anm. 978), S. 124; THIEL, (wie Anm. 978), S. 142.

1043 So zumindest nach HEINZE, Ein Gesetz zum Wohle der Werktätigen, AuA 1977, S. 289.

1044 Bereits die hohe Anzahl der eingeholten Stellungnahmen löst Zweifel an der Authentizität dieser Angaben aus. *Thiel* jedenfalls führt explizit an, dass sie sich weder für die genannte Anzahl als auch den Umfang der hier erwähnten Stellungnahmen verbürgen mag. Nach ihrer Kenntnis bestand jedoch „ein entwickeltes Interesse der Werktätigen [...], das neue Gesetz kennenzulernen, auch um die eigenen Rechte zu erkennen, aber auch um zahlreiche Vorschläge und Wünsche zu artikulieren". Dabei seien „im Gefolge der umfangreichen ‚Rechtspropaganda' [...] die arbeitsrechtlichen Kenntnisse unter den Werktätigen, besonders unter den Mitgliedern der KK, häufig bedeutend höher als unter den Direktoren und leitenden Mitarbeitern der Betriebe" gewesen. Thiel selbst war auch bei den Arbeiten an dem neuen arbeitsrechtlichen Gesetz beteiligt. Sie war verantwortlich für die Ausarbeitung des 7. Kapitels (Aus- und Weiterbildung).
Vgl. THIEL, (wie Anm. 978), S. 142, Anm. 5

1045 Dieselbe Anzahl von abgegebenen Stellungnahmen, die anlässlich von mehr als 292000 Versammlungen und Veranstaltungen erfolgt sein sollen, nennt der Arbeitsrechtlicher Frithjof Kunz in seinem Referat anlässlich des 9. Internationalen Kongreß im Jahre 1978. Darüber hinaus führt er an, dass in den Vorschlägen „39353 Änderungs- und Ergänzungsvorschläge enthalten" gewesen seien, die „zusammengefaßt zu 90 inhaltlichen und 144 konkretisierenden und redaktionellen Veränderungen im Entwurf führten. Kunz bewertete diese Maßnahme als einen „tiefgreifenden demokratischen Prozeß".
Vgl. KUNZ/STOLLE, Die Kodifizierung des Arbeitsrechts der Deutschen Demokratischen Republik, in: 9. Internationaler Kongreß, Bd. II/2, S. 806.
In einem persönlichen Gespräch am 12.10.2008 bestätigte Kunz die Richtigkeit dieser vorliegenden Fakten. In den zahlreichen Verfahren sollte das geplante Gesetzbuch den Werktätigen vorgestellt werden. Diese sollten dann dazu Stellung beziehen, inwieweit die einzelnen Vorschriften verständlich waren. Auf einer weiteren Ebene wurden die ausformulierten Vorschriften dann einer separaten Abteilung überstellt, die zu prüfen hatte, inwieweit der Geset-

Nach nur wenigen Jahren lag ein entsprechender von der gemeinsamen Kommission der Regierung und des FDGB ausgearbeiteter Gesetzesentwurf vor, der am 16. Juni 1977 von der Volkskammer beschlossen wurde. Dieses Gesetz, namentlich das Arbeitsgesetzbuch der DDR (AGB), das am 1. Januar 1978 in Kraft trat, war mit insgesamt 305 Paragraphen Umfang, eingeteilt in 17 Kapiteln[1046], fast doppelt so groß wie der des GBA[1047].

Für die Ausschaltung des bis zum Auftrag zur Neugestaltung des Arbeitsrechts 11 Jahre lang geltenden GBAs gab es nach damaliger Ansicht mehrere Gründe. Zum einen sei mit dem „endgültigen Sieg der sozialistischen Produktionsverhältnisse" in der Landwirtschaft und infolge der weiteren Einschränkung des „privaten Sektors" in Industrie, Handel und Handwerk der Charakter der Arbeit derart verändert worden, dass neue arbeitsrechtliche Regelungen dringend benötigt würden. Ferner sei zu konstatieren, dass durch mehrfache Novellierung des GBA in den Jahren 1963, 1966, 1967, 1968 und Nachfolgeregelungen, sowie durch Schließung einiger Lücken seitens der Rechtsprechung, das Arbeitsrecht unüberschaubarer wurde, was eine Neuregelung dieser Materie rechtfertige. Weiterhin seien einige Normen des GBA wegen des hohen Allgemeinheitsgrades, wie solche über Grundsatzbestimmungen über Berufsausbildung und Qualifizierung, Lohn und Prämie, von vorn herein unwirksam geblieben. Auch aus der „zunehmenden ökonomischen und politischen Integration" der sozialistischen Länder würde die Notwendigkeit der Angleichung der Arbeitsrechtsentwicklung folgen. Schließlich würden die arbeitswissenschaftlichen Erkenntnisse, die mit dem wissenschaftlich-technischen Fortschritt eine neue

---

zestext auch sprachlich verständlich war. In der Regel waren hier keine Juristen beteiligt. Herangezogen wurden dagegen etwa Deutschlehrer.

[1046] 1. Kapitel: Grundsätze des sozialistischen Arbeitsrechts
2. Kapitel: Leitung des Betriebes und Mitwirkung der Werktätigen
3. Kapitel: Abschluß, Änderung und Auflösung des Arbeitsvertrages
4. Kapitel: Arbeitsorganisation und Arbeitsdisziplin
5. Lohn und Prämie
6. Berufsausbildung
7. Kapitel: Aus- und Weiterbildung
8. Kapitel: Arbeitszeit
9. Kapitel: Erholungsurlaub
10. Kapitel: Gesundheits- und Arbeitsschutz
11. Kapitel: Geistig-kulturelles und sportliches Leben und soziale Betreuung der Werktätigen im Betrieb
12. Kapitel: Besondere Rechte der werktätigen Frau und Mutter
13. Kapitel: Arbeitsrechtliche Verantwortlichkeit der Werktätigen
14. Kapitel: Schadensersatzleistungen des Betriebes
15. Kapitel: Sozialversicherung der Arbeiter und Angestellten
16. Kapitel: Kontrolle der Einhaltung des Arbeitsrechts
17. Kapitel: Entscheidungen von Arbeitsstreitigkeiten.

Entwicklungsstufe erreicht hätten, eine neue arbeitsrechtliche Ausgestaltung erfordern[1048].

Wie *Thiel* folgert, lagen die Ursachen für die völlige Neuregelung des Arbeitsrechts noch auf anderer Ebene: Der ideologische Einfluss auf die Mehrheit der Bürger sollte noch stärker vorangebracht werden als zuvor. Man erkannte, dass das Arbeitsrecht, da es die maßgeblichen Elemente der Sozialpolitik erfasste, dasjenige Rechtsgebiet war, welches die Lebensinteressen nahezu aller Bürger tangierte und das mit jeder Neugestaltung regelmäßig auch neue soziale Leistungen vorsah. Das vorgebrachte Argument hinsichtlich einer möglichen Förderung der Überschaubarkeit dieser Rechtsmaterie sollte hingegen lediglich das Interesse der Werktätigen an diesem Gesetz wecken[1049].

Inwiefern nun im AGB diese favorisierte Verschärfung des ideologischen Erziehungsaspekts realisiert wurde, bleibt im Folgenden aufzuzeigen.

bb) Der Erziehungsgedanke im AGB

Bereits der Umfang lässt vermuten, dass das AGB umfassender und ausführlicher das Arbeitsrecht zu regeln suchte als noch das GBA. Grundlegend neue Gestaltungselemente waren jedoch im Vergleich zum GBA nicht erkennbar. Dennoch kam das AGB in den Folgejahren nicht ohne ergänzende Nachfolgeregelungen aus, die aber längst nicht so zahlreich ausfielen wie nach Erlass des GBA und vorrangig eher der Präzisierung des AGB dienten.

In Bezug auf den Ausbau des Erziehungsgedankens im AGB lässt sich erneut auf das Rechtsinstitut der arbeitsrechtlichen Verantwortlichkeit des Werktätigen verweisen, das im Vergleich zum GBA erweiterte Regelungen erfahren hat und darüber hinaus deutlich präzisiert worden ist.

Gesetzlich geregelt wurde das Institut der disziplinarischen Verantwortlichkeit in den §§ 254-259 AGB; die Normen zur materiellen Verantwortlichkeit des Werktätigen waren in den §§ 260-266 AGB untergebracht.

Rein äußerlich betrachtet wurde die arbeitsrechtliche Verantwortlichkeit des Werktätigen im Vergleich zum GBA ausführlicher geregelt; die Lektüre der entsprechenden Normen bestätigt diese Vermutung. Zu einer grundlegenden inhaltlichen Neuregelung kam es jedoch nicht; vielmehr wurde der Regelungsgegenstand im AGB präzisiert und überschaubarer ausgestaltet.

[1047] Vgl. dazu auch KUNZ, Arbeitsrecht von A-Z, Lexikon, S. 35.

[1048] Vgl. dazu KUNZ/PÄTZOLD, Überschaubares Arbeitsrecht – wirksames Mittel zur Lösung der Hauptaufgabe, Staat und Recht 1973, S. 1757ff.; KUNZ/BAUMGART, Zu einigen theoretischen Problemen des Entwurfs des neuen Arbeitsgesetzbuchs, NJ 1977, S. 125ff.

[1049] Vgl. THIEL, (wie Anm. 978), S. 143f.

So wurde mit der Einführung des AGB im Jahre 1977 erstmals der Schuldbegriff gesetzlich in § 252 III, IV AGB festgelegt[1050].

Die Durchführung des Disziplinarverfahrens wurde für Werktätige nun transparenter geregelt und richtete sich im Wesentlichen nach den §§ 255ff. AGB. Nach § 256 III AGB war der Disziplinarbefugte verpflichtet, das Verfahren unter Mitwirkung des Werktätigen so durchzuführen, dass der Werktätige selbst Gelegenheit erhalten konnte, seine eigenen Fehler erkennen zu können. Dies beabsichtigte man insbesondere dadurch zu erreichen, dass sämtliche Kollegen des Disziplinarverletzers an dem Disziplinarverfahren teilnehmen und sich mit dem pflichtwidrigen Verhalten des Werktätigen kritisch auseinander setzen sollten. Diese Regelung sah zwar auch schon das GBA von 1961 in § 110 I GBA vor, doch wurde diese in § 256 III AGB deutlich differenzierter festgelegt.

Gemäß § 256 V AGB musste fortan das Verfahren unter Mitwirkung der betrieblichen Gewerkschaftsleitung durchgeführt werden. Diese Bestimmung sah spezialgesetzlich ausschließlich das AGB von 1977 vor.

Der Abschluss des Disziplinarverfahrens wurde im AGB hingegen nicht neu geregelt. Weiterhin blieb unklar, unter welchen Voraussetzungen der Verweis oder der strenge Verweis als angemessene Disziplinarmaßnahme betrachtet werden konnte. Ausschließlich bei der fristlosen Entlassung mussten die Regelungen der §§ 56, 57, 59 AGB beachtet werden. Entlassungen waren weiterhin lediglich bei „schweren schuldhaftem Verstoß gegen staatsbürgerliche oder arbeitsrechtliche Pflichten" des Werktätigen zulässig[1051]. Wann ein solcher Pflichtenverstoß aber tatsächlich als gegeben angesehen werden konnte, ließ sich auch aus dem AGB nicht erschließen. Diesen Regelungssachverhalt schien man, wie auch im GBA, möglicherweise bewusst offen zu halten.

Die Möglichkeit eines Einspruchs gegen eine Disziplinarmaßnahme wurde im AGB aufrechterhalten und in § 257 III AGB geregelt.

Auch die Regelungen zur materiellen Verantwortlichkeit des Werktätigen erfuhr eine präzisierte bzw. erweiterte Ausprägung. Während das GBA in der Fassung von 1961 noch keine gesetzliche Definition des Schadens vorsah, wurde im AGB von 1977 der Schadensbegriff rechtlich in § 261 AGB ausgestaltet[1052].

1050 Demnach handelte ein Werktätiger schuldhaft, wenn er trotz der ihm gegebenen Möglichkeiten zur Erfüllung seiner Arbeitspflichten, diese vorsätzlich oder fahrlässig verletzte. Vor Einführung des AGB wurde in der Rechtslehre und Praxis sinngemäß von dem gleichen Schuldbegriff ausgegangen.
Vergleiche hierzu ZINKE, in: Arbeitsrecht der DDR, S. 94.

1051 Vgl. dazu die obigen Ausführungen unter B. VI. 2. b) zur entsprechenden Regelung des GBA.

1052 Vor Einführung des AGB unterschied man zwischen dem sogenannten „direktem Schaden" und „gesamten Schaden". Als direkter Schaden im Sinne des § 113 GBA wurde der unmittelbar durch das arbeitspflichtverletzende Handeln des Werktätigen in seinen durch Ar-

Hinsichtlich der Höhe bzw. des Umfangs der Begrenzung des Haftungsumfangs des Werktätigen infolge schuldhaft herbeigeführter Schäden erfolgten im Vergleich zum GBA leichte Änderungen[1053].

Die Durchsetzung und Fristenregelungen der materiellen Verantwortlichkeit entsprach im Wesentlichen den Vorschriften des GBA[1054].

Die Erziehung des Werktätigen zum „sozialistischen Menschen“, der Verantwortung gegenüber der Gesellschaft zu übernehmen hatte, die sich aus seiner Stellung in der sozialistischen Gesellschaft als Produzent, „sozialistischer Eigentümer“ und Träger der politischen Macht ergeben würde, war damit auch im AGB ein festes Ziel; mehr noch als zuvor im GBA wurden gerade unter diesem Gesichtspunkt die entsprechenden Vorschriften präzisiert und erweitert.

Diese ideologischen Ansätze treten natürlich nicht lediglich im Kapitel über die arbeitsrechtliche Verantwortlichkeit des Werktätigen auf, sondern durchziehen vielmehr die gesamten Vorschriften des AGB. Zwar verzichtete das Gesetz, anders als der Entwurf eines Arbeitsgesetzbuches in der Bundesrepublik aus

---

beitsauftrag bestimmten Verantwortungsbereich entstandene Schaden angesehen. Der gesamte Schaden im Sinne von § 114 GBA umfasste hingegen auch alle darüber hinausgehenden Vermögensnachteile des Betriebes einschließlich der Folgeschäden.
Das AGB von 1977 unterschied fortan nicht mehr zwischen dem direkten und dem gesamten Schaden, sondern enthielt einen einheitlichen Schadensbegriff. Nach § 261 I AGB war der Schaden jede Minderung des dem Betriebes anvertrauten sozialistischen Eigentum. Auch wenn das GBA von 1961 noch nicht über eine solche gesetzlich normierte Schadensdefinition verfügte, so wurde diese zumindest sinngemäß auf § 112 GBA bezogen und entsprechend angewendet.
Bei dem eingetretenen Schaden musste es sich um eine konkrete Beeinträchtigung des dem Betrieb anvertrauten sozialistischen Eigentums handeln, die in einer Vermögensdifferenz, also einem Vermögensschaden, zum Nachteil des Betriebes zum Ausdruck kam und in Geld zu berechnen sein musste.
Weiterhin musste der Schaden im Ergebnis einer vom Werktätigen begangenen Arbeitspflichtverletzung eingetreten sein; die Arbeitspflichtverletzung musste also den Schaden herbeigeführt haben.
Dieser kausale Zusammenhang war gegeben, wenn unter den zum Schaden führenden Umständen das arbeitspflichtverletzende Handeln des Werktätigen der für den Eintritt des Schadens notwendige, wesentliche und bestimmende Umstand war.
Vgl. dazu MICHAS, Arbeitsrecht der DDR, S. 526; ZINKE, in: Arbeitsrecht der DDR, S. 104; BAUMGART, Arbeitsrecht - Grundriss, S. 239 (zum AGB).

1053 Gemäß § 262 I AGB sollte der Werktätige für fahrlässig verursachte Schäden in bestimmten Fällen bis zur Höhe des Dreifachen seines monatlichen Tariflohns haften müssen. Die Anwendungsfälle orientierten sich hier an jenen der in § 113 II a und b GBA gefassten Regelungen. So war es nun durch die einheitliche Begrenzung der erweiterten materiellen Verantwortlichkeit nach § 262 I b AGB bis zur Höhe des dreifachen monatlichen Tariflohns des betreffenden Werktätigen im AGB nicht mehr notwendig, diese Festlegungen im Rahmenkollektivverträgen vorzunehmen.
Näheres bei BAUMGART, Arbeitsrecht - Grundriss, S. 241.
Vgl. zu den entsprechenden Regelungen im GBA auch die Ausführungen unter Anm. 1037.

1054 Vgl. § 265 AGB bzw. § 115 GBA.

dem Jahre 1977, auf die Voranstellung arbeitsrechtlicher Grundrechte, dafür wurden jedoch die ideologischen „Grundsätze des sozialistischen Arbeitsrechts“ im 1. Kapitel des AGB festgeschrieben[1055].

Arbeitsrecht als Einfalltor für sozialistische Ideologie, als Einfalltor für die Erziehung der Gesellschaft nach sozialistischen Maßstäben – das Ziel der Erschaffung des „sozialistischen Menschen“ war die höchste Aufgabe und sollte gerade, mithilfe eines Gesetzes, das für die absolute Mehrheit der Gesellschaft, der arbeitenden Bevölkerung, in Verbindung trat, realisiert werden[1056]. Das AGB – ein Erziehungsgesetz?

3. Das Arbeitsgesetzbuch der DDR – Ein Vorbild für die Bundesrepublik?

a) Reaktionen nach Inkrafttreten des AGB

Das neue Arbeitsgesetzbuch wurde in der DDR freilich feierlich aufgenommen. So hob der Vorsitzende des Bundesvorstandes des FDGB auf dem 9. FDGB-Kongress hervor, dass das „Arbeitsgesetzbuch der DDR [...] die sozialistische Demokratie [fördere...], die Rolle der Gewerkschaften [stärke] und [...] die Gesetzlichkeit und Rechtssicherheit“ ausbaue. Ferner trage „der vorliegende Entwurf des Arbeitsgesetzbuches [...] die Handschrift der Arbeiterklasse und aller

---

[1055] Nach den §§ 1ff. AGB wurden die Aufgaben des Arbeitsrechts der DDR im Einzelnen geregelt. Lesenswert, gerade in Hinblick auf die ideologischen Einflüsse, ist etwa § 1 AGB: „(1) Die Hauptaufgabe bei der Gestaltung der entwickelten sozialistischen Gesellschaft besteht in der weiteren Erhöhung des materiellen und kulturellen Lebensniveaus des Volkes auf der Grundlage eines hohen Entwicklungstempos der sozialistischen Produktion, der Erhöhung der Effektivität, des wissenschaftlich technischen Fortschritts und des Wachstums der Arbeitsproduktivität. Der Verwirklichung . der Hauptaufgabe in ihrer Einheit von Wirtschafts- und Sozialpolitik dient auch das Arbeitsrecht der Deutschen Demokratischen Republik.
(2) Das Arbeitsrecht gestaltet die verfassungsmäßig garantierten Grundrechte, wie das Recht auf Arbeit, auf Mitbestimmung und Mitgestaltung, auf Lohn nach Qualität und Quantität der Arbeit, auf Bildung, auf Freizeit und Erholung, auf Schutz der Gesundheit und der Arbeitskraft, auf Teilnahme am kulturellen Leben, auf Fürsorge im Alter und bei Invalidität sowie auf materielle Sicherheit bei Krankheit und Unfällen, für die Werktätigen weiter aus: Es fördert die verantwortungsbewußte Wahrnehmung der Grundrechte und der ehrenvollen Pflicht zur Leistung gesellschaftlich nützlicher Tätigkeit durch die Werktätigen“.
Ebenfalls ist das Voranstellen einer Präambel beachtlich.

[1056] Kunz und Baumgart bestätigten dies mittelbar, indem sie in einer Veröffentlichung zum AGB das Gesetz als ein „Instrument zur weiteren Gestaltung der entwickelten sozialistischen Gesellschaft“ charakterisierten.
Vgl. KUNZ/BAUMGART, Zu einigen theoretischen Problemen des Entwurfs des neuen Arbeitsgesetzbuchs, NJ 1977, S. 125.
Auch aus heutiger Sicht revidiert Kunz dies nicht; neben dem Erziehungsgedanken sollte seines Erachtens aber ganz entscheidend auch eine Erleichterung der Rechtslage beabsichtigt sein; das Gesetzbuch sollte insgesamt verständlicher und präziser werden (Stand: 12.10.2008).

Werktätigen. Damit [würde] die Tatsache bekräftigt, daß das sozialistische Arbeitsrecht, insbesondere das Arbeitsgesetzbuch, im Vordergrund der sozialistischen Rechtsordnung und unserer gewerkschaftlichen Rechtsarbeit" stehe[1057]. Auch seitens der DDR-Administration wurde die große Bedeutung des neuen Arbeitsgesetzbuches hervorgehoben[1058].

Von den Entwicklungen auf dem arbeitsrechtlichen Sektor, besonders von der erfolgreichen Kodifizierung des Arbeitsrechts in der DDR, nahm man auch in der Bundesrepublik Notiz. Hanau lobte indirekt den Vorstoß der DDR und sah die Erschaffung einer „zweiten verbesserten Auflage eines Arbeitsgesetzbuchs" sogar noch als Vorbild an[1059].

Auf dem 9. Internationalen Kongress, der vom 12.-15.09.1978 in München stattfand und an dem Vertreter diverser Staaten aus aller Welt teilnahmen um u.a. über das Thema „Die Kodifikation des Arbeitsrechts" – jeweils aus der Perspektive des Heimatstaates – zu referieren, war auch die DDR vertreten, womit zugleich die Gelegenheit verbunden wurde, auf die kurz zuvor verabschiedete neue arbeitsrechtliche Kodifikation im eigenen Land hinzuweisen.

Referent war der seinerzeit in der DDR renommierte Arbeitsrechtlicher Frithjof Kunz[1060] aus Potsdam[1061].

Zunächst machte Kunz auf die Kodifizierung des Arbeitsrechts der DDR und den Mechanismus der arbeitsrechtlichen Normativakte aufmerksam. So würde

---

1057 Bericht des Bundesvorstandes des FDGB an den IX. Kongreß, Berichterstatter: HARRY TISCH, Vorsitzender des Bundesvorstandes der FDGB, Tribüne Nr. 96 vom 17.05.1977, S. 4.

1058 Dazu führte Honecker, Generalsekretär der SED, anlässlich einer auf dem IX. FDGB-Kongress gehaltenen Rede das Folgende aus:
„Man kann sagen, daß die Magna Charta der Arbeit, die für die Entwicklung der DDR von so großer Bedeutung ist, im wahrsten Sinne des Wortes von allen Werktätigen mitgeschrieben wurde. Sie wurde nicht nur von allen Werktätigen mitgeschrieben, sondern sie garantiert auch allen soziale Sicherheit, die im Berufsleben stehen oder Rente beziehen, ohne Unterschied des Alters und des Geschlechts, der Weltanschauung, Religion oder Rasse".
Ob am Ende ein Gesetzeswerk mit 305 Vorschriften hätte realisiert werden können, wenn „alle Werktätigen" daran „mitgeschrieben" hätten, darf freilich bezweifelt werden.
HONECKER, Wir haben ein Programm des Wachstums, des Wohlstandes und der Stabilität, Neues Deutschland vom 18.05.1977, S. 4.

1059 Vgl. HANAU, (wie Anm. 908), S. 216f. sowie oben unter B. V. 2. d) bb).

1060 Kunz war bei den Arbeiten an dem neuen Arbeitsgesetzbuch maßgeblich beteiligt. Bereits im Vorfeld bemühte sich Kunz um die Herstellung eines Rechtsvergleichs auf diesem Sektor mit anderen sozialistischen Staaten, insbesondere aber mit der damaligen Sowjetunion, die er zu diesem Zweck auch besuchte.
Bereits 1961 wirkte Kunz bei der Entwicklung des GdA als Leiter des Arbeitskreises für Arbeitsrecht mit.
Vgl. LEIFERT, Aufgaben der Arbeitsrechtswissenschaft bei der Schaffung der Voraussetzungen für ein neues Gesetzbuch der Arbeit, Staat und Recht 1972, S. 1761.

1061 Unterstützt wurde er von Alfred Stolle aus dem Staatssekretariat für Arbeit und Löhne des Ministeriums.

unter „Kodifizierung des Arbeitsrechts“ in der DDR die „planmäßige, systematische, nach einheitlichen Prinzipien erfolgende und in sich geschlossene Höherentwicklung von Inhalt und Form der Gesamtheit der arbeitsrechtlichen Normativakte gemäß den herangereiften neuen Anforderungen und vorhandenen gesellschaftlichen Möglichkeiten verstanden, die sich aus einem in der Gegenwart und überschaubaren Zukunft liegenden Zeitabschnitt der planmäßigen Förderung und Ausgestaltung der sozialistischen Arbeitsverhältnisse der Arbeiter und Angestellten und der eng damit verbundenen gesellschaftlichen Verhältnisse durch das Arbeitsrecht ergeben“ würden[1062].

Das Arbeitsrecht, so Kunz weiter, würde ferner wegen „der Bedeutung der Arbeit als der wichtigsten Sphäre des gesellschaftlichen Lebens im Sozialismus“ einen „hervorragenden Platz“ einnehmen. So sei es ein „Grundsatz des sozialistischen Staates, ein in sich geschlossenes einheitliches Arbeitsrecht als einen der wesentlichsten Bestandteile des sozialistischen Rechts ständig weiterzuentwickeln“. Das neu geschaffene Arbeitsgesetzbuch, das Kunz als „Grundgesetz der Arbeit“ charakterisiert, würde schließlich diesem Verlangen und damit auch dem geltenden „Recht auf Arbeit“ Rechnung tragen[1063]. Die Kodifizierung des Arbeitsrechts sei in der DDR auch deshalb erforderlich, um die „Hauptaufgabe“ der „entwickelten sozialistischen Gesellschaft“, nämlich der „Erhöhung der Effektivität, des wissenschaftlich-technischen Fortschritts und des Wachstums der Arbeitsproduktivität“ lösen zu können. Hieraus würde sich nämlich die Notwendigkeit ergeben, „die sozialistischen Arbeitsverhältnisse der Arbeiter und Angestellten planmäßig und systematisch verbindlich zu regeln“[1064].

Nicht nur das neue Gesetz, sondern auch die Arbeitsrechtswissenschaft spiele in der DDR „eine wichtige Rolle bei der Verwirklichung und der Weiterentwicklung des sozialistischen Arbeitsrechts“. So sei auch sie durch „Mitwirkung in den Gesetzgebungskommissionen“ entscheidend bei der Ausarbeitung des AGB beteiligt gewesen[1065].

Davon, dass sich schließlich das geschaffene Arbeitsgesetzbuch der DDR gegenüber der Bundesrepublik als Vorbild erweisen würde, war Kunz bereits vor Veröffentlichung des neuen Arbeitsgesetzes überzeugt, wobei er es nicht versäumte, auf die vermeintlich bestehenden Missverhältnisse im Arbeitsrecht der Bundesrepublik hinzuweisen[1066].

[1062] KUNZ/STOLLE, Die Kodifizierung des Arbeitsrechts der Deutschen Demokratischen Republik, in: 9. Internationaler Kongreß, Bd. II/2, S. 804.
[1063] Ebd., S. 804f.
[1064] Ebd., S. 805; vgl. auch § 1 I AGB.
[1065] Ebd., S. 810.
[1066] In einer Veröffentlichung aus dem Jahre 1973 führte Kunz zur Arbeitsgesetzgebung in der Bundesrepublik als Vergleich zu den entsprechenden Entwicklungen in der DDR das Folgende aus:

Ob die Rechtsentwicklungen auf dem Gebiet des Arbeitsrechts aus damaliger und gar auch aus heutiger Sicht als ein Vorbild angesehen werden kann, mag an dieser Stelle noch nicht entschieden werden.

Zunächst ist auf den im Jahre 1978 abgehaltenen 9. Internationalen Kongress zurückzukommen, an dem auch ein Vertreter der Bundesrepublik, Thomas Dieterich, teilnahm und über die Lage des Arbeitsrechts in seinem Land referierte. Dabei sprach er auch über die Realisierung möglicher Kodifikationspläne im Arbeitsrecht, wobei er besonders den Entwurf eines Arbeitsverhältnisgesetzes aus dem Vorjahr hervorhob[1067]. In einem Ausblick gab er dann mögliche Prognosen und Bedenken hinsichtlich der Realisierung des Vorhabens bekannt, die sich wiederum an der seinerzeit in der Bundesrepublik geführten Kontroverse unter Wissenschaftlern und der Praxis orientierten[1068]. Zugunsten von „Kalkulierbarkeit des Rechts“ und der Überwindung der vorherrschenden „Informationskrise des Rechts“, welche die „sozial Schwachen besonders hart“ treffen würde, sollte das geplante Arbeitsvertragsgesetz aber schließlich durchgesetzt werden[1069]. Über die parallelen Entwicklungen in der DDR sprach Dieterich jedoch nicht, auch nicht davon, dass diese in der Bundesrepublik etwa als Vorbild angesehen würden.

b) Die „Anpassung“ des Arbeitsrechts im Zuge der Einheitsbewegung 1990

Nachdem Ende 1989 der Zusammenbruch der DDR bevorstand und die Bürger der DDR entschieden hatten, eine rasche Einheit Deutschlands zu favorisieren,

---

„Demgegenüber wird der der Aufrechterhaltung der kapitalistischen Ausbeutung dienende Zweck der Arbeitsrechtsvorschriften der BRD auch an ihrer Daseinsform ablesbar. Ihre Unübersichtlichkeit und Lückenhaftigkeit stehen im Einklang mit ihrem politischen Wesen. In der BRD führt das Arbeitsrecht, wie von den dortigen Wissenschaftlern treffend formuliert wird, eine ‚Loseblatt-Existenz'. […] In der kapitalistischen Gesellschaft wirkt also die Tendenz, das Arbeitsrecht so zu gestalten, daß sich die Arbeiter nicht zurechtfinden, um es desto besser für die Systemerhaltung nutzen zu können“.
Kunz zitiert hier Bernd Rüthers, der das Arbeitsrecht als Art „Loseblattexistenz“ charakterisierte, um das Erscheinungsbild des geltenden Arbeitsrechts aufzuzeigen; vgl. RÜTHERS, Arbeitsrecht und politisches System, S. 40.
Vgl. KUNZ/PÄTZOLD, Überschaubares Arbeitsrecht – wirksames Mittel zur Lösung der Hauptaufgabe, Staat und Recht 1973, S. 1760.
Kunz bestätigte anlässlich einer Befragung vom 12.10.2008 diese Sichtweise auch aus heutiger Perspektive. „Je unübersichtlicher Recht in einem Staat [sei], desto undemokratischer [sei] der Staat“, so lautete sein zentrales Statement in diesem Kontext.

1067 DIETERICH, Die Kodifikation des Arbeitsrechts, in: 9. Internationaler Kongreß, Bd. II/2, S. 799f.

1068 Der Beitrag wurde inhaltsgleich 1978 in der RdA veröffentlich. Vgl. zu dessen Auswertung die Ausführungen oben unter Anm. 798.

1069 Ebd., S. 803.

musste auch eine Anpassung des Arbeitsrechts an die sich ankündigenden neuen Verhältnisse erfolgen. Besonders die starren Strukturen der Planwirtschaft mit all ihren ordnungspolitischen Konsequenzen mussten zwingend beseitigt werden, um dem marktwirtschaftlichen Modell und seinen entsprechenden ordnungspolitischen Mechanismen gerecht werden zu können. Doch dies war keineswegs die einzige Schwierigkeit: So musste insgesamt eine fast 40 Jahre gewachsene arbeitsrechtliche Ordnung, die sich anhand eines völlig anderen Gesellschaftsmodells, das sich wiederum anhand einer in 40 Jahren gewachsenen Werte- und Rechtsordnung orientierte, völlig neu ausgerichtet werden. Doch für Übergangsregelungen blieb kaum Zeit. Bereits ab dem 1.07.1990 wurden auf Grundlage von Art. 17 des zwischen DDR und Bundesrepublik geschlossenen „Staatsvertrages“[1070] und des „Übernahmegesetzes“[1071] zentrale arbeitsrechtliche Gesetze der Bundesrepublik in der DDR in Kraft gesetzt[1072]. Das AGB der DDR wurde daraufhin am 22.06.1990 grundlegend novelliert[1073]. Neben der Präambel erfolgte eine vollständige Aufhebung der ersten beiden Kapitel, wohl vorwiegend, um die tief wurzelnden ideologischen Grundsätze zu beseitigen. Ebenfalls gestrichen wurde neben den Regelungen zur Sozialversicherung das letzte Kapitel, das Arbeitsstreitigkeiten zum Gegenstand hatte. Darüber hinaus versuchte man „sämtliche dirigistische, dem Prinzip des demokratischen Zentralismus verpflichteten, auf Erziehung und ideologische Beeinflussung gerichteten Regelung[en]“[1074] aufzuheben, wobei auch eine Anpassung arbeitsrechtlicher Terminologie erfolgte[1075]. Das Rechtsinstitut der disziplinarischen Verantwortlichkeit sowie seine entsprechenden Vorschriften wurden aufgehoben. An den Vorschriften zur materiellen Verantwortlichkeit – der Arbeitnehmerhaftung – wurde weiterhin festgehalten, wenn auch mit gewissen Änderungen, die vor allem ideologische Ansätze beseitigen sollten.

Die Novellierung des Arbeitsgesetzbuches erfolgte umfassend. Nahezu jede Vorschrift wurde entweder abgeändert oder ganz aufgehoben. Dennoch hielt der neu geschaffene Zustand nicht lange vor. Bereits etwa zwei Monate nach der Novellierung wurde nach Inkrafttreten des Einigungsvertrages vom 31.08.1990

1070 Vertrag über die Schaffung einer Währungs-, Wirtschafts- und Sozialunion zwischen der BRD und DDR vom 18.5.1990.
In Art. 1 IV 2 wurde hier die Sozialunion als „eine der sozialen Marktwirtschaft entsprechende Arbeitsrechtsordnung und ein auf den Prinzipien der Leistungsgerechtigkeit und des sozialen Ausgleichs beruhendes System der sozialen Sicherung“ charakterisiert.

1071 GBl. I, S. 357.

1072 Dazu zählt etwa das Betriebsverfassungsgesetz, Tarifvertragsgesetz und Kündigungsschutzgesetz.

1073 GBl. I, S. 351. Es trat in seiner novellierten Fassung am 1.7.1990 in Kraft.

1074 THIEL, (wie Anm. 978), S. 190.

1075 So wurde der Begriff „Werktätiger“ von den Begriffen „Arbeitgeber“, „Arbeitnehmer“ ersetzt.

das Arbeitsgesetzbuch aufgehoben[1076]. Am 3.10.1990 erfolgte dann die Übernahme des Arbeitsrechts der Bundesrepublik; nur wenige arbeitsrechtliche Übergangsvorschriften blieben bis Ende 1995 erhalten.

Das Arbeitsgesetzbuch der DDR war beseitigt – als Vorbild schien es offenbar keiner einzustufen. Eine neue einheitliche arbeitsrechtliche Kodifikation im geeinten Deutschland war zunächst nicht in Sicht, obwohl der Einigungsvertrag anscheinend in Art. 30 I einen entsprechenden „Auftrag" proklamierte[1077].

c) Zwischenergebnis: Das Arbeitsgesetzbuch der DDR – Ein Vorbild?

Das AGB konnte sowohl nach seiner Veröffentlichung im Jahre 1977 als auch nach seiner umfassenden Novellierung 1990 nicht als Vorbild für einen Staat wirken, der nach demokratischen, rechtsstaatlichen, sozialen und föderativen Grundsätzen ausgerichtet ist.

Das AGB war zwar einerseits sehr übersichtlich ausgestaltet und konnte dem Werktätigen in der DDR in der Tat als eine Art „Magna Charta" die entscheidenden Rechte im Arbeitsrecht aufzeigen. Dies darf jedoch nicht über den eigentlichen Zweck des Gesetzes hinwegtäuschen, den man mit seiner Durchsetzung zu erzielen suchte: Die Erziehung des „sozialistischen Menschen", mithin die Prägung der Gesellschaft gemäß der von der Administration vorgegeben ideologischen Vorgaben, gemäß der sozialistischen Wertevorstellungen. In der Hand des Staatsapparates sollte sich das Gesetz, das im Rahmen eines „tiefgreifenden demokratischen Prozesses"[1078] entstanden sein soll, entpuppte es sich als ein Instrumentarium, das es gestatten würde, auf breite Schichten der Bevölkerung erzieherisch einzuwirken und eine entsprechenden Kontrolle auszuüben.

Auch nach der grundlegenden Novellierung des AGB im Jahre 1990 konnte das Gesetz keine Vorbildstellung einzunehmen.

Ganz anders beurteilte dies noch Frithjof Kunz wenige Monate vor der Deutschen Vereinigung. So äußerte sich Kunz kritisch über das Bestreben einer bloßen Übernahme des „BRD-Arbeitsrechts" für das Gebiet der DDR. Eine solche Maßnahme hätte „gravierende Folgen gegenüber der den Betrieben, Werktätigen und Gewerkschaften bisher gewohnten Rechtslage". Das Arbeitsrecht der Bun-

---

[1076] BGBl. II, S. 889.

[1077] Beachtlich ist hier vor allem Art. 30 I Nr. 1:
„Es ist Aufgabe des gesamtdeutschen Gesetzgebers,
1. das Arbeitsvertragsrecht sowie das öffentlich-rechtliche Arbeitszeitrecht einschließlich der Zulässigkeit von Sonn- und Feiertagsarbeit und den besonderen Frauenarbeitsschutz möglichst bald einheitlich neu zu kodifizieren".
Auf diese immer wieder als Begründung für die Ausarbeitung einer entsprechenden arbeitsrechtlichen Kodifikation des Arbeitsvertragsrechts herangezogene Vorschrift wird noch zurückzukommen sein.

[1078] KUNZ/STOLLE, (wie Anm. 1045), S. 806.

desrepublik sei ferner „bei weitem schlechter überschaubar als das DDR-Arbeitsrecht, das auf dem einheitlichen und umfassenden AGB" beruhte[1079]. Kunz plädierte daher für eine Übernahme zahlreicher Vorschriften des AGB, soweit diese „vom Ballast zentraler Befehlswirtschaft befreit und mit den Erfordernissen der Marktwirtschaft in Einklang gebracht" worden seien, worunter beispielsweise die „im AGB gefundenen arbeitsrechtlichen Lösungen der materiellen Verantwortlichkeit" zählen könnte, welche den „in der BRD bisher nicht gelöste gordische Knoten der sog. Arbeitnehmerhaftung mit einem Streich zerschlagen" könnten[1080]. Zu warnen sei weiterhin davor, die in „vier Jahrzehnten aufgebaute gesellschaftliche Gerichtsbarkeit in Gestalt der Konfliktkommissionen einfach fallen zu lassen"[1081].

Die Regelungen des AGB der DDR sollten also durchaus auch für das künftige Arbeitsrecht im geeinten Deutschland eine Vorbildstellung einnehmen. Dass man diese Ansicht allgemein nicht teilte und auch aus ganz grundsätzlichen Erwägungen nicht teilen konnte, zeigt einerseits die Entwicklung des gesamtdeutschen Arbeitsrechts nach der Wiedervereinigung – das DDR-Arbeitsrecht wurde bewusst gänzlich ausgeklammert – als auch etwaige Stellungnahmen zur Qualität bzw. dem Nutzen des DDR-Arbeitsrechts für die Bundesrepublik vor bzw. nach der Einigung Deutschlands.

Klaus Adomeit sprach kurz vor der „Wende" davon, dass vom DDR-Arbeitsrecht man getrost „in der Vergangenheitsform" sprechen könne. Eine Fortgeltung des AGBs nach dem Beitritt im Rahmen einer vereinbarten Übergangszeit würde lediglich dann einen Sinn ergeben, „wenn eben diese Übergangszeit zur Schaffung eines einheitlichen Arbeitsgesetzbuches genützt" würde[1082].

Eine Übernahme auch des im Wesentlichen von sozialistischen und ideologischen Ordnungsdenken befreiten AGBs vom Juni 1990 erschien unrealistisch. Zwar ist nicht von der Hand zu weisen, dass das AGB der DDR tatsächlich sehr übersichtlich ausgestaltet war. Dennoch kann dies allein noch nicht als Argument dafür angeführt werden, dass es im vereinten Deutschland als Vorbild gehandelt und im gesamtdeutschen Arbeitsrecht fortbestehen könnte. Das Gesetz war ursprünglich auf eine sozialistische Arbeitswelt zugeschnitten, die mit der heutigen Lage des Arbeitsrechts in Deutschland keinesfalls vergleichbar ist. Die

---

[1079] KUNZ, Mit welchem Arbeitsrecht in Zukunft leben?, AuA 1990, S. 109.

[1080] Ebd., S. 110f.

[1081] Ebd., S. 111.

Auf Nachfrage am 12.10.2008 räumt Kunz ein, dass aus heutiger wie damaliger Perspektive für eine Übernahme von Vorschriften aus dem AGB der DDR keine Grundlage bestehen würde. Lediglich als „Anregung" könnten die Vorschriften gelten – insbesondere diese über die Arbeitnehmerhaftung.

[1082] ADOMEIT, Auf dem Wege zum gesamtdeutschen Arbeitsrecht, AuA 1990, S. 226f.

im AGB erreichte Übersichtlichkeit lässt sich in einem marktwirtschaftlichen System bereits deshalb nicht übertragen, da es hier um den Interessenausgleich zwischen den Parteien des Arbeitslebens geht[1083]. Die Übersichtlichkeit resultierte wiederum daraus, wie Schlochauer später zutreffend herausarbeitete, dass „das Arbeitsrecht der DDR zahlreiche Regelungsdefizite hatte und teilweise eine relativ geringe Regelungstiefe und Differenziertheit der Normen aufwies, insb. auch, weil entsprechend der herrschenden Ideologie von der angeblichen Interessenübereinstimmung zwischen Staat, Betrieb und Werktätigen ausgegangen wurde und Konfliktfälle eigentlich nicht vorgesehen waren“[1084]. Das „bereinigte“ AGB von 1990 enthielt zwar nicht mehr all diejenigen Vorschriften, die sozialistische Verhältnisse festschrieben und dirigistische Eingriffe des Staates in das Arbeitsleben ermöglichen sollten. Dennoch war auch weiterhin erkennbar, unter welchen Vorzeichen das Gesetz einst entstanden war; der „sozialistische Geist“ des Kodex lebte indes auch in der novellierten Fassung des AGB fort.

So wurde das Institut der Konfliktkommissionen zwar formal abgeschafft, aber zugleich durch ein anderes, den sog. „Schiedsstellen für Arbeitsrecht“, ersetzt. Dass das Modell der Konfliktkommissionen gerade wegen ihrer ursprünglichen Hauptfunktion der sozialistischen Erziehung von Werktätigen[1085] und der

---

[1083] So auch schon STEINMEYER/JÜRGING, Überlegungen zu einer gesamtdeutschen Kodifikation des Arbeitsvertragsrechts, NZA 1992, S. 779; dazu auch SCHLOCHAUER, Überlegungen zu einer Kodifizierung des Arbeitsrechts, in: Entwicklungen im Arbeitsrecht, S. 135f.

[1084] Vgl. ebd., S. 136.

[1085] Zum besseren Verständnis erscheint hier ein Überblick über die historische Entwicklung der Konfliktkommission in der DDR geboten, aus welchem sich auch die primäre Funktion dieser Einrichtung besser erschließen lässt:
Die Einrichtung der Konfliktkommission in der DDR reicht bis auf das Jahr 1952 zurück. Zu jener Zeit wurden diese ohne rechtliche Grundlage in einigen sogenannten Volkseigenen Betrieben (VEB) gebildet und zur arbeitsrechtlichen Konfliktbewältigung eingesetzt. Ein Jahr später, im April 1953, erhielten diese Einrichtungen erstmals im Zuge der Verordnung über die Neugliederung und die Aufgaben der Arbeitsgerichte ihre erste formelle Grundlage. Das Wesen der KK in der DDR orientierte sich zu dieser Zeit an die russischen Schätzungs- und Konfliktkommissionen (RKK), die bereits 1928 in der UdSSR bestanden. Die Kommissionen setzten sich, in Anlehnung an das sowjetische Vorbild und an erste 1952 ohne rechtliche Grundlage gebildete Kommissionen, aus je zwei von der Betriebsgewerkschaftsleitung (BGL) und der Betriebsleitung zu benennenden Vertretern zusammen. Als Aufgabe war den damaligen Konfliktkommissionen lediglich die Entscheidung von Arbeitsrechtsstreitigkeiten übertragen, wie beispielsweise Lohnstreitigkeiten. Beschlüsse mussten in jedem Fall einstimmig gefasst werden, ansonsten galt der Fall als nicht gelöst und den streitenden Parteien stand der Klageweg zum zuständigen Gericht offen. Durch eine Richtlinie im April 1960 für die Arbeit der „neuen Konfliktkommissionen“ wurde die Funktion der damaligen KK entscheidend verändert. Sie wurden fortan dem „Prozess der Erziehung und Selbsterziehung der Arbeiterklasse entsprechend den Grundsätzen der sozialistischen Moral und Ethik“ (GBl der DDR I 1960, S. 347) zugeordnet. Ferner wurde auch die Zusammensetzung der KK aufgehoben und die Wahl der Kommissionen durch alle Betriebsangehörigen in geheimer Wahl ersetzt. Die Richtlinie wurde sodann in das 1961 verabschiedete GBA hineingefasst. Gerade durch die neue Aufga-

„Durchsetzung der sozialistischen Gesetzlichkeit“[1086] nicht beibehalten werden konnte, war allgemein offenkundig[1087]. Auch die „Schiedsstellen für Arbeitsrecht“[1088] konnten nicht auf die erhoffte Akzeptanz stoßen. So wurde die Ein-

---

benstellung und Zielsetzung der KK, die sich maßgeblich an den Gedanken der gesellschaftlichen Erziehung und Selbsterziehung des Werktätigen orientierte, hielt man fortan nicht mehr an dem ursprünglichen Vorbild der russischen Schätzungs- und Konfliktkommissionen fest, sondern richtete sich vielmehr an die für die Einhaltung der Arbeitsdisziplin in der Sowjetunion nach 1919 eingerichteten Kameradschaftsgerichten.
Am 11. Juni 1968 erhielten diese Einrichtungen der DDR sodann mit dem Gesetz über die gesellschaftliche Gerichte (GGG) und dem Erlass des Staatsrates über die Wahl und Tätigkeit der KK vom 4. Oktober 1968 den Status eines gesellschaftlichen Gerichts sowie erweiterte Zuständigkeiten für alle Arbeitsrechtsfälle zwischen Werktätigen und Betrieben.
Eine weitere Änderung der wesentlichen Funktionen der KK erfolgte 1977 im Zuge der Einführung des AGB. Der Gedanke der sozialistischen Erziehung der Werktätigen sowie Hinweise auf die sozialistische Moral wurden weitgehend verdrängt von pragmatischen Anforderungen, welche die Durchsetzung gesetzlicher Garantien sowie die Gewährleistung von Ordnung, Disziplin und Sicherheit in den Betrieben in den Vordergrund rückten. Die Aufgaben der KK wurden in dem 1982 novellierten GGG sowie in der KKO, ebenfalls 1982 novelliert, festgelegt.
Die primäre Aufgabenstellung der KK bestand nun darin, eine Durchsetzung der „sozialistischen Gesetzlichkeit“ zu erreichen und für die Gewährleistung von Ordnung, Disziplin und Sicherheit in den Betrieben zu sorgen.
Vgl. SCHMIDT/KOTHE, Konfliktkommissionen in der DDR, ZfRSoz, S. 263ff.; HAGE, Betriebliche Konflikthandhabung in der DDR und Bundesrepublik, S. 65ff.; KEIL, Die Verwirklichung der Leninschen Idee über die gesellschaftlichen Gerichte, S. 236.

[1086] Das Kennzeichen der „sozialistischen Gesetzlichkeit“ liege darin, dass „die grundlegenden gesellschaftlichen Verhältnisse der Bürger, insbesondere die wichtigsten Beziehungen der Bürger und Gemeinschaften untereinander und zu ihrem Staat verbindlich geregelt [seien], daß alle Staats- und Wirtschaftsorgane, alle Bürger und ihre Gemeinschaften an das Recht gebunden [seien] und daß Staat und Gesellschaft die Einhaltung der rechtlichen Regelungen gewährleisten“.
Vgl. SORGENICHT/ WEICHELT/ TORD/ SEMLER, Verfassung der DDR, Dokumente, Kommentar, Bd. 2, S. 409.

[1087] Damit war Kunz schnell überstimmt, der davor warnte diese aufgebaute „gesellschaftliche Gerichtsbarkeit“ fortan „einfach fallen zu lassen“. Vgl. die entsprechenden Ausführungen oben in diesem Abschnitt.

[1088] Wesentliche Aufgabe dieser Schiedsstellen sollte es sein, Rechtsstreitigkeiten zwischen Arbeitgeber und Arbeitnehmer aus dem Arbeitsverhältnis außergerichtlich zu entscheiden. Die Besetzung der Schiedsstellen ergab sich unmittelbar aus dem Staatsvertrag (vgl. Art. 6 III StV). Gegen ihre Entscheidung konnten staatliche Gerichte angerufen werden.
Den Konfliktkommissionen wurde für arbeitsrechtliche Streitigkeiten durch die Novellierung des AGB die rechtliche Grundlage entzogen. Am 29. Juni 1990 kam die DDR-Regierung ihrer Verpflichtung aus dem Staatsvertrag zur Schaffung von Schiedsstellen nach und verabschiedete das Schiedsstellengesetz (SchiedsG), welches zwei Tage später zusammen mit dem ersten Staatsvertrag In Kraft trat. Damit verloren diejenigen Bestimmungen des GGG und der KKO ihre Gültigkeit, in denen das Verfahren für arbeitsrechtliche Streitigkeiten geregelt wurde. Die Vorschriften des GGG und der KKO fanden nur noch insoweit Anwendung, als zu dieser Zeit noch arbeitsrechtliche Streitigkeiten vor Konfliktkommissionen anhängig waren. Damit wurde die Rechtsinstitution der Konfliktkommission formal rechtlich beseitigt. Die

richtung als „Überbleibsel sozialistischer Rechtsprechung" bezeichnet[1089]; eine Chance zur vorgerichtlichen, unkomplizierten und beschleunigten Konfliktregulierung brachte man mit den Schiedsstellen weniger in Verbindung[1090]. Sie blieben bis Ende 1992 erhalten. Ohnehin war die zeitliche Zuständigkeit der Schiedsstellen nach Art. 6 III StV lediglich „bis zum Aufbau einer besonderen Arbeitsgerichtsbarkeit"[1091] beschränkt.

Auch die Aufnahme der bestehenden Regelungen zur „materiellen Verantwortlichkeit" im novellierten AGB konnte, entgegen der Vorstellungen, die etwa Kunz kurz vor der Deutschen Einheit äußerte, im Arbeitsrecht der Bundesrepublik aus ähnlichen Erwägungen nicht erfolgen. Eine pauschale, starre Festlegung von Haftungsgrenzen erscheint schon in der Gegenüberstellung beider Gesellschaftsmodelle – das sozialistische der DDR und rechtsstaatlich, sozial-liberale der Bundesrepublik – problematisch, da man es in dem System der Bundesrepublik eben mit Arbeitsparteien zu tun hat, wobei die eine Seite regelmäßig nicht mehr mit dem Staatswesen in Verbindung stehen muss. Pauschale gesetzliche Haftungsgrenzen können im Einzelfall den privaten Arbeitgeber in finanzielle

---

Eingangsinstanz für individualarbeitsrechtliche Streitigkeiten bildeten von nun an die Schiedsstellen für Arbeitsrecht.

Mit dem Wirksamwerden des Einigungsvertrages am 3. Oktober 1990 wurde der Rechtsweg für arbeitsrechtliche Streitigkeiten zu den staatlichen Gerichten zwar grundsätzlich ohne Einschränkungen möglich, jedoch sollte fortan mangels einer eigenständigen Arbeitsgerichtsbarkeit in den Beitrittsländern eine Anrufung der Schiedsstellen für Arbeitsrecht in individualrechtlichen Arbeitsrechtsstreitigkeiten vor Beschreiten des Gerichtsweges obligatorisch sein. Das Schiedsstellengesetz vom 29. Juni 1990 galt zunächst nach Inkrafttreten des Einigungsvertrages als partikuläres Bundesrecht im Beitrittsgebiet fort.

Vgl. HAGE, Betriebliche Konflikthandhabung in der DDR und Bundesrepublik, S.105; KISSEL, Ein Jahr gesamtdeutsches Arbeitsrecht, NZA 1992, S. 7; THAU, Die Schiedsstellen für Arbeitsrecht, S. 70f.

[1089] BECK/ ROSENDAHL/ SCHUSTER, Abschied von den Schiedsstellen für Arbeitsrecht, AuA 1992, S. 236.

[1090] Insbesondere wurde moniert, dass die bestehenden gesetzlichen Regelungen hier nicht ausreichend bzw. mit Mängeln behaftet seien, was oftmals dazu führte, dass eine Schiedsstellenbildung im Betrieb gar nicht erst erfolgte. Staatliche Kontrollinstrumente und fehlende Sanktionsmöglichkeiten begünstigten diese Vorgehensweise.

Mehr zu den Entwicklungen der „Schiedsstellen für Arbeitsrecht", den Gegnern und Befürwortern dieser Einrichtung bei HAGE, Betriebliche Konflikthandhabung in der DDR und der Bundesrepublik, S. 116; FISCHER, Die Schiedsstellen für Arbeitsrecht in den neuen Bundesländern, S. 99; LEHMANN, Übergangslösung oder wirksames Instrument?, AuA 1991, S. 247; BECK/ ROSENDAHL/ SCHUSTER, (wie vorherige Anm.), S. 236; KYBER, Tendenz zum wirksamen Instrument, AuA 1991, S. 307; MÄRKER, Umfeld beachten, AuA 1992, S. 88.

[1091] Vollständig lautet Art. 6 III StV: „Bis zum Aufbau einer besonderen Arbeitsgerichtsbarkeit werden Rechtsstreitigkeiten zwischen Arbeitgebern und Arbeitnehmern aus dem Arbeitsverhältnis von neutralen Schiedsstellen, die paritätisch mit Arbeitgebern und Arbeitnehmern sowie einem neutralen Vorsitzenden zu besetzen sind. Gegen ihre Entscheidung können die staatlichen Gerichte angerufen werden."

Krisen stürzen, die, anders als die staatlichen Betriebe der DDR, nicht mehr etwa durch Rückgriff auf das Staatswesen auszugleichen sind. Ohne, dass an dieser Stelle nun grundsätzlich bestritten werden soll, dass diese Rechtsmaterie, die Arbeitnehmerhaftung also, im Rahmen einer arbeitsrechtlichen Kodifikation geregelt werden kann, so zeigt diese Gegenüberstellung doch, dass man eine entsprechende rechtliche Ausgestaltung, wie sie im DDR-Arbeitsrecht vorzufinden ist, keinesfalls unreflektiert im Arbeitsrecht der Bundesrepublik würde aufnehmen können, unabhängig davon, ob die betreffenden Rechtsnormen von sozialistischen bzw. ideologischen Vorgaben gereinigt wurden oder nicht[1092].

Dass schließlich unabhängig von den genannten Einzelregelungen bereits tiefgreifende dogmatische Bedenken bezüglich der Aufnahme der im AGB vormals verankerten Regelungen bestehen, die vor allem aus den gravierenden Divergenzen hinsichtlich der Struktur der Arbeitsverhältnisse resultieren, ist wohl kaum zu widerlegen[1093].

Man entschied sich 1990 für die Wahl eines einheitlichen, nach rechtsstaatlichen, sozialen, liberalen und nicht zuletzt demokratischen Grundsätzen operierenden Staatsmodells und damit für jenes der Bundesrepublik. Für das Arbeitsrecht der DDR war damit kein Platz mehr. Von einer Vorbildstellung des AGB der DDR konnte man jedenfalls zu keinem Zeitpunkt sprechen. Adomeit behält Recht: Vom DDR-Arbeitsrecht darf man tatsächlich nur noch in der Vergangenheitsform sprechen.

[1092] Anders nach wie vor Kunz, der annimmt, dass die Arbeitnehmerhaftung in der DDR dennoch mit den Gegebenheiten in der Bundesrepublik vergleichbar sei, da auch in der DDR der Einzelne herangezogen werden konnte und der Schaden somit nicht grds. beim „Volksbetrieb" verblieb, und eine entsprechende Regelung im vereinten Deutschland als möglich erachtet.
Insgesamt erachtet Kunz die Kodifizierung des Arbeitsvertragsrechts als dringlich. Das überwiegende Richterrecht schaffe keine hinreichende Transparenz und fördere damit keineswegs die Rechtssicherheit auf diesem Gebiet. Nur eine Kodifikation könne die zu erzielende Festigung der Staatlichkeit schaffen und damit für Stabilität sorgen. Allerdings seien auch derzeit die Realisierungschancen für ein solches Vorhaben eher als gering einzustufen. Nur wenn es gelingen würde, einen allgemeinen Konsens der beteiligten Kreise zu erlangen, könnten entsprechende Hoffnungen auf ein Arbeitsvertragsgesetz realistisch werden. Gute Chancen dafür könnten seines Erachtens Krisenzeiten bieten, wie etwa die Finanzkrise, der Bundesregierung und Parlament 2008/2009 ausgesetzt waren (Befragung vom 12.10.2008).

[1093] So auch im Fazit OETKER, Das Arbeitsgesetzbuch zwischen rechtshistorischem Relikt und Vorbildfunktion für den gesamtdeutschen Gesetzgeber, NJ 1991, S. 152.
Allenfalls gewinnbringend sieht Oetker eine „Auseinandersetzung mit dem AGB, seinen Regelungsmechanismen und den hierzu in Judikatur und Doktrin entwickelten dogmatischen Fundierungen" an, mittels welcher dann „wertvolle Erkenntnisse für die Grundstrukturen einer freiheitlich strukturierten Arbeitsrechtsordnung" erlangt werden könnten. Das AGB sollte, so gesehen, also allenfalls als „negatives Vorbild" wirken.
Vgl. ebd., S. 312.

4. Kodifikationsbemühungen in der DDR – Würdigung

In der DDR konnte die Kodifizierung des Arbeitsrechts also gelingen; so brachte man dort drei solcher Gesetze – das Gesetz der Arbeit vom 19.4.1950, das Gesetzbuch der Arbeit vom 12.4.1961 sowie das Arbeitsgesetzbuch vom 16.6.1977 – hervor, wobei spätestens das letzte Werk schließlich den Anspruch einer allumfassenden Kodifikation im Arbeitsverhältnisrecht erheben konnte. Doch waren alle diese Gesetze auf ein System zugeschnitten, das von einer Wirtschaftsordnung und von sozialistisch geprägten Verhältnissen ausging, welche jeweils mit rechtsstaatlich sozial liberalen demokratischen Prinzipien nicht im Einklang standen. Daran konnte auch die Novellierung des AGB vom 22.6.1990 nichts ändern, mit welcher eine grundlegende „Bereinigung" des Gesetzes von sozialistischen Einflüssen beabsichtigt worden war, wohl um trotz der sich ankündigenden Einigung Deutschlands die arbeitsrechtliche „Errungenschaft" beibehalten zu können. Doch sollten sich diese Hoffnungen nicht erfüllen: Bereits am 31.8.1990 war dieses Gesetz durch den Abschluss des Einigungsvertrages überholt. Nach dessen Kapitel III Art. 8 trat nun das Bundesrecht in der DDR in Kraft. Nur ganz wenige Vorschriften blieben übergangsweise in Kraft.

Die Kräfte der DDR-Führung, die sich für eine Übernahme oder wenigstens Teilübernahme des AGB in der sich anbahnenden geeinten Bundesrepublik aussprachen, konnten sich also nicht durchsetzen. Vielmehr wurde mit Abschluss des Einigungsvertrages eine Kompromisslösung erzielt, die in Art. 30 I Eingang fand. Zugrunde gelegt wurde hier die Vorstellung, dass die Kodifikation des Arbeitsvertragsrechts durch das AGB der DDR eine positive Errungenschaft darstelle, die es zu bewahren gelte[1094].

So legte die Vorschrift nach Art. 30 I Nr. 1 das Folgende fest:

> „Es ist Aufgabe des gesamtdeutschen Gesetzgebers,
> 1. das Arbeitsvertragsrecht sowie das öffentlich-rechtliche Arbeitszeitrecht einschließlich der Zulässigkeit von Sonn- und Feiertagsarbeit und den besonderen Frauenarbeitsschutz möglichst bald einheitlich neu zu kodifizieren […]".

Sollte sich nun hieraus ein neuer Auftrag, gar von Verfassungsrang, ableiten lassen, „möglichst bald" eine arbeitsrechtliche Kodifikation auf dem Gebiet des Arbeitsvertragsrechts zu erschaffen? Erinnerungen an etwaige Vorgaben der Weimarer Reichsverfassung scheinen zu erwachen.

Inwiefern man nun in den Folgejahren nach der Deutschen Einheit von 1990 diese „Aufgabe", welche man vielerorts auch als „Verfassungsauftrag" qualifizierte, zu erfüllen versuchte, bleibt im folgenden Kapitel näher aufzulegen.

[1094] So LANGANKE-HEUSE, AGB der DDR und KSchG mit Anmerkungen für die neuen Bundesländer, 1991, S. 1.

VII. KODIFIKATIONSBEMÜHUNGEN IN DER VEREINTEN BUNDESREPUBLIK

1. Bemühungen unmittelbar nach der Deutschen Einheit

Nachdem im Sommer 1981 die Arbeitsgesetzbuchkommission und damit jegliche Bemühungen um ein Arbeitsvertragsgesetz-, oder gar ein umfassendes Arbeitsgesetzbuch in Westdeutschland gescheitert waren, wurde es in den Folgejahren wieder stiller um das Reformprojekt. Die Novellierung anderer Rechtsgebiete, wie die geplante Schuldrechtsreform, schien jedenfalls zunächst vorrangig zu sein[1095]. Zwar ging aus dem Grundsatzprogramm des DGB von 1981 erneut der Appell hervor, „das Recht der abhängigen Arbeit [...] in einem sozialfortschrittlichen Arbeitsgesetzbuch zusammenzufassen“[1096], doch erfolgten hier zunächst keine entsprechenden Reaktionen. Nach der Deutschen Wiedervereinigung von 1990 sollte der Ruf nach einer Kodifizierung des Arbeitsrechts – jedenfalls hinsichtlich des Arbeitsvertragsrechts – erneut aufkommen. Zwar schienen die Stimmen verstummt zu sein, die noch Jahre zuvor die Kodifizierung des Arbeitsrechts aus einem bestehenden „Verfassungsauftrag“ ableiten wollten. Nun jedoch ergab sich eine solche „Aufgabe“ aus dem Einigungsvertrag von 1990[1097]. Erinnerungen an die Resolution von 1896 scheinen zu erwachen.

Ein im Rahmen des deutsch-deutschen Kulturabkommens vom 6.5.1986 von den Professoren Thilo Ramm und Wera Thiel im Jahre 1987 gegründeter Arbeitskreis „Deutsche Rechtseinheit im Arbeitsrecht“ förderte sodann bereits 1992 einen neuen Entwurf eines Arbeitsverhältnisgesetzes zu Tage. Der Ansatz schien im Vergleich zum letzten Versuch in den 70er Jahren des Jahrhunderts ein anderer zu sein. Staatliche Stellen waren an der Ausarbeitung nicht unmittelbar beteiligt – vielmehr entstand der entsprechende Entwurf auf Initiative Privater. Schon Heinz Potthoff plädierte für eine solche Herangehensweise, indem er

---

[1095] Die Geschichte der Schuldrechtsreform aus dem Jahre 2001 geht zurück bis ins Jahr 1978. Auf dem 52. Deutschen Juristentag wurde das Projekt erstmalig vom damaligen Bundesjustizminister Hans Jochen Vogel vorgestellt. Erst 1984 wurde vom Bundesjustizministerium eine Schuldrechtskommission eingesetzt, welche 1992 einen Abschlussbericht samt Gesetzesentwurf für die novellierungsbedürftigen Teile des BGB vorlegte. Doch konnte sich das Vorhaben nicht durchsetzen. Erst im Jahre 2000 kam das Projekt wieder in Gang. Im August desselben Jahres wurde ein „Diskussionsentwurf eines Schuldrechtsmodernisierungsentwurfs“ vorgestellt, der jedoch von Seiten der Rechtswissenschaft teilweise scharf kritisiert wurde. Die Kritik wurde aufgenommen und im März 2001 dementsprechend eine „konsolidierte Fassung“ des Entwurfs veröffentlicht. Auch wenn hieran erneut heftige Kritik geäußert wurde, fand der Diskussionsentwurf Eingang in das Gesetzgebungsverfahren und wurde mit gewissen Änderungen im Oktober 2001 verabschiedet. Näheres zur Entstehungsgeschichte bei ZIMMERMANN, Schuldrechtsmodernisierung?, JZ 2001, S. 176f.

[1096] Vgl. Grundsatzprogramm des DGB von 1981, S. 6.

[1097] Vgl. Art. 30 I Nr. 1 EinigungsV.

empfahl, die Kodifizierung des Arbeitsvertragsrechts durch „Heranziehung hervorragender Männer der Wissenschaft und Praxis“ in die Hände der Gesellschaft für Soziale Reform zu legen[1098].

Doch schon vor der Deutschen Vereinigung und trotz des gescheiterten Kodifikationsversuchs der 1970er Jahre wurde die Diskussion, wenn auch keineswegs im vergleichbaren Umfang wie noch in den Jahren zuvor, um die Kodifizierung des Arbeitsrechts fortgesetzt.

Im folgenden Abschnitt soll daher zunächst die Entwicklung aufgezeigt werden, die schließlich hin zur Vorlage einer weiteren Entwurfsfassung eines Arbeitsvertragsgesetzes durch den Arbeitskreis Deutsche Rechtseinheit im Arbeitsrecht im Jahre 1992 führte.

a) Der Weg zu einem neuen Entwurf eines Arbeitsvertragsgesetzes

Zwei Jahre nach dem endgültigen Scheitern der Arbeitsgesetzbuchkommission meldete sich Manfred Lieb zu Wort und referierte über die Möglichkeiten und Modelle arbeitsrechtlicher Regelungen im deutschen Recht. Dabei plädierte er, im Gegensatz zu den bisherigen Reformüberlegungen, die sich überwiegend in Richtung der Schaffung einer einheitlichen, in sich vollständigen Lösung vom BGB bewegten, für eine Verankerung arbeitsrechtlicher Regelungen innerhalb des BGB, was nach Ansicht Liebs gerade im Rahmen der sich damals anbahnenden Schuldrechtsreform hätte bewerkstelligt werden können. Jedenfalls müsste ein „Kernbereich arbeitsrechtlicher Regelungen“ im BGB enthalten sein[1099].

„Von vornherein ausgeschieden“ sollte nun werden, „die Idee einer völlig selbständigen arbeitsrechtlichen Kodifikation, wie sie der Arbeitsgesetzbuchkommission vorschwebte“, da „eine solche Regelung [...] unkontrollierten Autarkiebestrebungen selbst dann Vorschub [leisteten], wenn verbal über die Notwendigkeit der Einheit der (Privat-)Rechtsordnung Einigkeit bestünde“[1100]. Dennoch sollten die Arbeiten für ein Arbeitsvertragsgesetz nicht völlig ungenutzt bleiben. Vielmehr plädiert Lieb dafür, „aus den Vorschlägen der Arbeitsgesetzbuchkommission diejenigen Normen herauszunehmen, die erforderlich erscheinen [würden], um eine ausreichende Mindestregelung des Arbeitsvertra-

---

1098 Vgl. obige Ausführungen unter B. II. 3. c).

1099 LIEB, Dienstvertrag, in: Gutachten, S. 221.

Lieb richtet sich mit diesem Vorbringen gegen Gamillscheg und dessen Vertreter, die die These vertreten, dass die Eigenständigkeit des Arbeitsrechts so groß geworden sei, dass es den Normen des BGB nicht mehr ohne weiteres unterworfen werden könne.

Auf diesen Streitstand kann hier jedoch nicht näher eingegangen werden. Vgl. dazu LIEB, a.a.O., S. 222f., GAMILLSCHEG, Zivilrechtliche Denkformen und die Entwicklung des Individualarbeitsrechts, AcP 176 (1976), S. 197ff.

1100 LIEB, (wie vorherige Anm.), S. 225.

ges im BGB sicherstellen zu können“[1101]. Dabei könnten jedoch im BGB lediglich die „wichtigsten Grundsätze aufgenommen [werden], die Details [müssten] dagegen in Sonder- (Ausführungs-)Gesetze verwiesen werden“. Doch legte Lieb im Falle einer solchen Vorgehensweise auch die drohenden Gefahren auf: So bedeute der Grundsatz für die Rechtsanwendung wenig, das Detail hingegen würde „fast alles“ bedeuten können. „Die schönsten Grundsätze [ließen] nur selten die Möglichkeiten und Grenzen der Rechtsanwendung erkennen“, sodass es insofern „stets des Details“ bedürfe. Und darin liege gerade die Gefahr, wie Lieb folgerichtig bemerkte: Eine Übereinstimmung zwischen Grundsatz- und Detailregelung sei nur schwer sicherzustellen. Vielmehr bestünde hier die Gefahr, dass „der Grundsatz durch die (dann außerhalb des BGB erfolgende) Fortentwicklung des Details sukzessive ausgehöhlt“ würde. Weiterhin bestünde die Gefahr, dass eine umfassende „Kodifikation des Arbeitsrechts innerhalb des BGB schon am Platzmangel“ scheitern könnte[1102].

Um diese Gefahr umgehen zu können, votiert Lieb für eine besonders straffe Regelung des Arbeitsverhältnisrechts im BGB. Zahlreiche Regelungen des Entwurfs der Arbeitsgesetzbuchkommission aus dem Jahre 1977 seien jedenfalls „ebenso selbstverständlich wie überflüssig“. „Das Gewollte und wirklich Notwendige“ ließe sich daher „sehr viel knapper (und auch klarer sagen)“, wodurch der Normenbedarf erheblich schrumpfen würde. Dieser könnte sogar noch weiter „zusammenschrumpfen, wenn man dem Gedanken näher [käme], in sich abgeschlossene und selbständige Spezialmaterien, wie etwa das Kündigungs-(Schutz-)Recht oder das Urlaubsrecht […] außerhalb des BGB“ zu belassen[1103].

Lediglich eine „ausreichende Mindestregelung des Arbeitsvertrages im BGB“ sollte versucht werden. „Selbständige Spezialmaterien“ hingegen sollten auch weiterhin spezialgesetzlich geregelt bleiben und eben nicht an die große Zivilrechtskodifikation angeschlossen werden. Als wesentliche Regelungsgegenstände, die für eine „ausreichende Mindestregelung des Arbeitsvertrages“ im BGB sorgen sollten, benannte Lieb 11 einzufügende Regelungsabschnitte[1104]. Ob man

---

[1101] Ebd., S. 227.

[1102] Ebd., S. 226.

[1103] Ebd., S. 226.

[1104] Diese sollten lauten:
„§ 1 die Sonderprobleme des Vertragsschlusses im Bereich des Arbeitsrechts
§ 2 die Regelung von Nebentätigkeiten und Wettbewerbsverboten
§ 3 den Bereich von Sonder- und Zusatzleistungen
§ 4 den Bereich der Haftungsbeschränkung
§ 5 die Regelung des Aufwendungsersatzanspruchs des Arbeitnehmers
§ 6 die Urlaubsgewährung
§ 7 den umfangreichen Bereich der Lohnfortzahlung trotz Nichtleistung der Arbeit
§ 8 die Probleme des Betriebsübergangs
§ 9 die Regelung der Kündigung

aber dadurch die von den Befürwortern allseits geforderte Durchsetzung von Rechtssicherheit hätte erreichen können, bleibt zweifelhaft, zumal sich eine Abgrenzung dessen, was als Regelungsgegenstand in das BGB hätte einfließen sollen, um für eine „ausreichende Mindestregelung des Arbeitsvertrages" nach den Vorstellungen Liebs sorgen zu können, nur schwerlich vollziehen lassen dürfte. So gesehen erscheint es auch verständlich, dass dem Vorbringen Liebs schließlich nicht gefolgt wurde und eine grundlegende Novellierung der arbeitsrechtlichen Vorschriften im Rahmen der Schuldrechtsreform unterblieb.

Zur Möglichkeit einer Kodifizierung des Arbeitsrechts bezog auch Otfried Wlotzke erneut Stellung. In einem Beitrag aus dem Jahre 1985 konstatiert er, dass eine „solche Kodifikation [...] unter den Bedingungen unserer dynamischen Arbeitswelt nicht in Sicht" sei. Die „Gesellschaft, Lebenswirklichkeit und Wertvorstellung [seien] nicht statisch". So dürfe es auch bei der „Gestaltung des Arbeits- und Arbeitsschutzrechts keinen Stillstand geben". Vielmehr müsse immerzu auf „Veränderungen und Entwicklungen in unserer Arbeitswelt" reagiert werden. Gerade die „derzeitige Beschäftigungskrise [gebe] dem Gesetzgeber Anlaß, manche Schutzvorschriften für Arbeitnehmer zugunsten Arbeitssuchender zu überprüfen und anzupassen oder zu lockern". Und „je rascher die Reaktionen des Rechts auf Veränderungen und Entwicklungen [seien] oder sein [müssten], um so eher [führe] dies zu einer hektischen, rechtstechnisch unvollkommenen und vor allem nur punktuellen Vorschriftengebung", so Wlotzke weiter. Schließlich würden diesen Umstand gerade „alle diejenigen Arbeitsrechtler bedauern, die einer sorgfältig vorbereiteten, überschaubaren und ganzheitlichen Kodifikation des Arbeitsrechts den Vorzug" gäben[1105].

Damit schien sich nun Wlotzke, der Jahre zuvor noch für den „neuen kodifikatorischen Weg" eintrat, da dieser gegenüber einer „punktuellen Einzelregelung" „ausgewogene Lösung" bieten würde[1106] und die „Schaffung eines AVG" als „grundgesetzliche Verpflichtung" bewertete[1107], aus den Reihen der Befürworter hinsichtlich der Erschaffung einer umfassenden arbeitsrechtlichen Kodifikation zurückzuziehen. Vor allem wohl deshalb, da er erkannte, dass die infolge der immerzu im Wandel begriffenen, von aktuellen Entwicklungen stark abhängige Materie des Arbeitsrechts auf Dauer nicht „kodifikationsfest" gehalten werden könnte; dass also infolge „hektischer" Novellierungstätigkeit des Ge-

§ 10 Abwicklungsprobleme und
§ 11 Sondervorschriften über Verjährung und Verzicht."
Ebd., S. 227.

1105 WLOTZKE, Das gesetzliche Arbeitsrecht in einer sich wandelnden Arbeitswelt, DB 1985, S. 762.

1106 Vgl. oben unter B. V. 2. c).

1107 Vgl. oben unter B. V. 2. e).

setzgebers eine „überschaubare Kodifikation" auf Dauer nicht zu gewährleisten sei.

Ganz andere Töne ließen sich Anfang 1987 seitens des Deutschen Richterbundes vernehmen. Im Rahmen eines Appells an die Bundesregierung und die Fraktionen des 11. Deutschen Bundestages wurde am 12.2.1987 ein 15 Punkte umfassender Forderungskatalog vorgelegt, wobei u.a. auch zum Arbeits- und Sozialrecht Stellung genommen wurde.

Der 13. Punkt des Forderungskatalogs wurde mit der Überschrift „Die Arbeiten an einem Arbeitsgesetzbuch sind wiederaufzunehmen" versehen. Moniert wurde hier insbesondere, dass das „Arbeitsrecht in der Bundesrepublik Deutschland [...] zur Zeit unter einer Rechtszersplitterung [leide], die aufgrund der historischen Entwicklung wohl nicht vermeidbar [gewesen sei], die aber auf Dauer nicht hingenommen werden" könne. Ebenfalls sei es ein „rechtsstaatliches Gebot, das Arbeitsrecht vollständig und verständlich gesetzlich zu regeln und damit Arbeitnehmern und Arbeitgebern ein Instrumentarium an die Hand zu geben, das der Wahrung des Rechtsfriedens im Arbeitsleben besser zu dienen geeignet [sei] als alle bisherigen Bestimmungen". Rückblickend auf den vorgelegten Entwurf eines Arbeitsvertragsgesetzes der Arbeitsgesetzbuchkommission aus dem Jahre 1976 wurde schließlich bemängelt, dass dieser „keine politische Initiative" auslösen konnte und damit niemals „Gegenstand eines Gesetzentwurfs" wurde[1108]. Doch nicht nur das Arbeitsvertragsrecht, auch das Arbeitskampfrecht sei regelungsbedürftig und müsse im Rahmen der geforderten „alsbaldigen Wiederaufnahme der Arbeit an einem Arbeitsgesetzbuch" in der geforderten arbeitsrechtlichen Kodifikation integriert werden[1109].

„Die Wahrung des Rechtsfriedens" im Arbeitsleben sollte also das Ziel sein, welches der DRB an das Reformprojekt zu knüpfen versuchte. Doch ließe sich diese Zielvorstellung tatsächlich mittels einer Kodifizierung des Arbeitsverhältnisrechts oder gar des gesamten Arbeitsrechts, auch unter Berücksichtigung des politisch hochbrisanten „Eisens" des Arbeitskampfrechts, erzielen?

Der 56. Deutsche Juristentag in Berlin nahm zur Bedürftigkeit einer arbeitsrechtlichen Kodifikation im Jahr zuvor zumindest mittelbar Stellung. Hinzuweisen ist hierbei insbesondere auf seinen Beschluss, der die Notwendigkeit aussprach, das Recht der Arbeitnehmerhaftung gesetzlich, nicht nur richterrechtlich fortzubilden[1110]. Der Empfehlung des Juristentages folgte man jedoch nicht; zunächst beharrte man darauf, auf die für den 26.5.1987 angekündigte Entscheidung des Großen Senats zur Arbeitnehmerhaftung zu warten. Doch als diese

---

[1108] O.V., Rechtspolitische Forderungen des Deutschen Richterbundes, NZA 1987, S. 303.
[1109] Ebd., S. 304.
[1110] Vgl. Verhandlungen des 56. DJT (1986), Bd. 2, S. N 208ff. (Beschluss A. Arbeits- und Beamtenrecht).

dann ausblieb wurden zwar seitens des Ministeriums entsprechende Vorsätze aufgestellt; zur Ausarbeitung etwaiger gesetzlicher Regelungen kam es jedoch nicht[1111].

Anders als Wlotzke blieb indes Peter Hanau seiner Linie treu und meldete auch weiterhin „Handlungsbedarf im Arbeitsrecht" an. So sei es nicht einzusehen, dass der „Gesetzgeber [...] den Richter vorangehen [ließe], damit er die Kastanien aus dem sozialpolitischen Feuer hole". Vielmehr sollte der „höchstrichterliche Spruch [...] zur Grundlage der Gesetzgebung werden und nicht umgekehrt". Unverständlich sei ferner der Umstand, dass der Gesetzgeber sich „damit Zeit [ließe], die vorliegende höchstrichterliche Rechtsprechung umzusetzen, so daß es in einzelnen Bereichen zu langjähriger Rechtsverweigerung" kommen würde[1112]. So vergingen etwa bis zu einer „Entscheidung des Bundesverfassungsrechts [...] Jahre", der Gesetzgeber aber bliebe stets untätig. Eine „gesetzliche Bereinigung des Arbeitsrechts" sei jedenfalls dringend geboten und auch durchaus realisierbar. Zumindest das Ziel, „das geltende Recht zu kompilieren und zu komplettieren" und damit die „gesetzgeberische Gewaltlosigkeit" im Arbeitsrecht zu beseitigen, müsste erreicht werden, was auch aufgrund der vorliegenden „wertvollen Vorarbeiten" der Arbeitsgesetzbuchkommission zu leisten sei[1113].

Zur Möglichkeit und Chance einer arbeitsrechtlichen Kodifikation in Deutschland nahm auch ein Wissenschaftler Stellung, der 2006 dann zusammen mit Martin Henssler im Auftrag der Bertelsmann-Stiftung einen neuen Entwurf eines Arbeitsvertragsgesetzes vorlegen sollte: Ulrich Preis legte in seinem 1990 erschienen Beitrag sechs Thesen für die bestehende Notwendigkeit einer arbeitsrechtlichen Kodifikation und damit für einen weiteren Versuch auf, „ein Arbeitsgesetzbuch, insbesondere ein kodifiziertes Arbeitsverhältnisrecht, zu schaffen"[1114].

Zum einen müsse das Richterrecht, welches zwar „als Notrecht im Arbeitsrecht unverzichtbar" sei, zugunsten feststehender gesetzlicher Regelungen im Arbeitsrecht zurückgedrängt werden. „Für ein geordnetes Wirtschaften" müsse man gerade, so Preis weiter, in der Entscheidungsphase wissen und wissen können, was rechtens sei[1115]. Schließlich sei die „Erwartung, Richterrecht könne und

---

[1111] Vgl. dazu HANAU, Handlungsbedarf im Arbeitsrecht aus rechtlicher Sicht, RdA 1988, S. 3.
[1112] Ebd., S. 1.
[1113] Ebd., S. 2.
[1114] PREIS, Ist die Kodifikation des Arbeitsverhältnisrechts im Zuge der deutsch-deutschen und europäischen Rechtsangleichung erforderlich?, ZRP 1990, S. 311.
[1115] Ebd., S. 312.

dürfe ein Steuerungselement für gesellschaftliche und politische Ziele sein“, illusorisch[1116].

Als zweite These führt Preis in diesem Kontext die „bestehende Unübersichtlichkeit des Rechts“ an. Die überaus große Fülle der Rechtsprechung des BAG ermögliche allenfalls „Spezialisten“ einen Durchblick; „für normale Arbeitgeber und Arbeitnehmer ohne fachmännische Hilfe“ sei die Rechtlage im Arbeitsrecht hingegen nicht mehr durchschaubar. Die „fehlende Übersichtlichkeit des Arbeitsrechts“ wäre nach Preis noch zu verkraften, „wenn die fehlende systematische Regelung, die zahlreichen nicht aufeinander abgestimmten Einzelgesetze und ein sich ausweitendes Richterrecht nicht zu schwerwiegenden sachlichen Fehlentwicklungen führten“. Auch unter Berücksichtigung der europarechtlichen Entwicklungen sei die Schaffung einer Arbeitsrechtskodifikation geboten. So befürchtet Preis, dass das Richterrecht „vor dem Hintergrund zu erwartender EG-Richtlinien Auftrieb erhalten“ würde, „wenn keine ausreichenden nationalen gesetzgeberischen Grundentscheidungen getroffen würden. „Widersprüche und Ungereimtheiten im bundesdeutschen Arbeitsrecht [würden] sich angesichts einer fehlenden Gesamtkonzeption des Arbeitsrechts verstärken“[1117]. Daneben biete nun auch der „deutsche Einigungsprozeß die Chance einer Rechtserneuerung im Arbeitsrecht“. Insbesondere könne man den Mitbürgern der neuen Bundesländern „nur schwer zumuten, ein Arbeitsrechtssystem zu übernehmen, das nur mit 40jähriger und 70bändiger Rechtsprechung zu erfassen und günstigenfalls auch zu verstehen“ sei. Ein „verständliches, überschaubares und systematisches Arbeitsrecht“ könne jedenfalls im Ergebnis lediglich dann geschaffen werden, wenn eine „Kodifikation der Grundlagen“ erreicht würde[1118].

Schließlich folge die „Schaffung eines Arbeitsgesetzbuches [... aus dem] Gebot des gewaltenteilenden Rechtsstaates“[1119]. Die Zeit jedenfalls sei nun „reif für eine Kodifikation des Arbeitsverhältnisrechts“ – für ein Arbeitsrecht, das fortan „anpassungsfähig, aber dennoch verlässlich“ sein würde und gerade im Rahmen des deutschen Einigungsprozesses für die notwendige Rechtssicherheit sorgen könnte[1120]. Die Untätigkeit, gar die „Unfähigkeit“ des Gesetzgebers auf diesem Sektor, „begründet aus der Angst, niemandem weh tun zu wollen (und keine Wählerstimmen zu gefährden)“ dürfe nicht länger hingenommen werden und sei zumindest im Arbeitsrecht nicht länger angebracht[1121].

[1116] Ebd., S. 311.
[1117] So die dritte These; vgl. ebd., S. 312.
[1118] Ebd., S. 313; vgl. hier auch die vierte und fünfte These.
[1119] So die sechste These; vgl. ebd., S. 314.
[1120] Ebd., S. 314.
[1121] Ebd., S. 312; so Preis auch schon zuvor: PREIS, Rechtsfortbildung im Individualarbeitsrecht, RdA 1989, S. 333.

Die Argumente, die Preis in diesem Beitrag für die Kodifizierung des Arbeits(vertrags)rechts auflegte, scheinen im historischen Kontext weniger neuwertig zu sein. Allein die europarechtliche Perspektive könnte als neuer Ansatz gewertet werden. Ob dieser jedoch tatsächlich für oder möglicherweise eher gegen eine Kodifizierung dieser Materie spricht, soll in einem späteren Abschnitt noch näher herausgestellt werden.

Nach der Deutschen Vereinigung von 1990 war es dann der Art. 30 I Nr. 1 des zwischen der Bundesrepublik und der DDR geschlossenen Einigungsvertrages, der die Diskussion um die Schaffung eines Arbeitsvertragsgesetzes erneut aufheizen sollte. An die Übernahme der novellierten Fassung des AGB der DDR wurde nahezu von keiner Seite in Betracht gezogen.

„Regelungslücken, fehlende Überschaubarkeit und Überalterung der geltenden Normen" – dies waren nun – neben der Verpflichtung des Einigungsvertrages, „alsbald" eine Kodifizierung des Arbeitsvertragsrechts zu erreichen – die tragenden „Kodifizierungsgründe", die für die Ausarbeitung eines entsprechenden Gesetzeswerks im Arbeitsrecht gelten sollten[1122].

So würde es besonders dem Arbeitnehmer infolge der fehlenden „Transparenz" verwehrt werden, sich selbst über seine „Rechte und Pflichten im Arbeitsleben" umfassend informieren zu können. Nur wenn dieser Mangel beseitigt würde, könne es gelingen, das „Vertrauen [des Arbeitnehmers] in die Rechts- und Sozialstaatlichkeit des Gemeinwesens Bundesrepublik Deutschland" zu stärken und für die Zukunft zu sichern, so wurde argumentiert[1123]. Die Reform dürfe sich ferner nicht lediglich an „einer bloßen Zusammenfassung des geltenden Rechts erschöpfen". Vielmehr seien die „bestehenden arbeitsrechtlichen Normen" jeweils daraufhin zu überprüfen, „ob sie noch mit den Bedürfnissen der Menschen in der modernen Industriegesellschaft" übereinstimmten. So müsste die „Weiterentwicklung des sozialen Rechtsstaates [...] auch im künftigen Arbeitsgesetzbuch deutlich sichtbar werden".

Das Problem der Unübersichtlichkeit des Arbeitsrechts, welches besonders daher rühre, dass der Gesetzgeber, „soweit er [in der Vergangenheit] überhaupt tätig geworden sei" lediglich „Flickwerke" produziert habe, führe weiterhin dazu, dass es insbesondere den Bürgern der ehemaligen DDR Schwierigkeiten bei der Durchdringung bzw. dem Verständnis der arbeitsrechtlichen Materie bereite. Die fehlende Kodifikation auf diesem Gebiete würde jedenfalls als ein „schwerwiegender Mangel" empfunden[1124].

[1122] Vgl. FALKENBERG, Die Chance für eine Kodifikation des Arbeitsrechts, in: FS-Gaul, S. 88.
[1123] Ebd., S. 89.
[1124] Ebd., S. 89f.

Als weiterer Grund für die Kodifizierung des Arbeitsrechts führt Rolf-Dieter Falkenberg, wie auch schon zuvor Preis, den „bevorstehenden EG-Binnenmarkt“ an. So seien hier künftig vor allem „weitaus mehr Richtlinien“ zu erwarten, die dann wiederum in innerstaatliche Anpassungsgesetze umgewandelt werden müssten. Diese könnten dann „nicht nur zusätzlich die fehlende Übersicht über die insgesamt geltenden Gesetze“ verringern, sondern auch „zum Endstadium jedweder noch erkennbaren Systematik“ führen[1125].

Falkenberg war im Übrigen nach der „Wende“ nur einer unter vielen, die sich für die Realisierung einer arbeitsrechtlichen Kodifikation auf Grundlage des Einigungsvertrages einsetzten. So kam es, dass bereits 1992 anlässlich des 59. Juristentages[1126] seitens des erwähnten Arbeitskreises „Deutsche Rechtseinheit im Arbeitsrecht“ ein neuer Entwurf für ein Arbeitsvertragsgesetz vorgelegt wurde.

b) Der Entwurf eines Arbeitsvertragsgesetzes (1992) und die Diskussion auf dem 59. Deutschen Juristentag

aa) Die Initiative des Arbeitskreises „Deutsche Rechtseinheit im Arbeitsrecht“

Der bereits vor der Wiedervereinigung Deutschlands von den Professoren Thilo Ramm von der Fernuniversität in Hagen sowie Wera Thiel von der Humboldt-Universität in Berlin gegründete Arbeitskreis „Deutsche Rechtseinheit im Arbeitsrecht“ arbeitete, als sich die politischen Verhältnisse in der DDR veränderten und sich die Einigungsbewegung ankündigte, einen Entwurf für ein gesamtbundesdeutsches Arbeitsvertragsgesetz aus, um „seinen Anteil zur Wiederherstellung der deutschen Rechtseinheit beizutragen“[1127]. Zuvor sollte der Arbeitskreis lediglich „dem gegenseitigen Kennenlernen und der Verständigung über

---

[1125] Ebd., S. 91.

[1126] Das hier unter der Abteilung Arbeitsrecht zu behandelnde Thema lautete: „Welche wesentlichen Inhalte sollte ein nach Art. 30 des Einigungsvertrages zu schaffendes Arbeitsvertragsgesetz haben?“.

[1127] Verhandlungen des 59. Deutschen Juristentages, Bd. 1, S. D 16; die hier getroffenen Ausführungen, die Grundlage für die Verhandlungen der arbeitsrechtlichen Abteilung des 59. Deutschen Juristentages in Hannover sein sollten, können zugleich auch als einen Tätigkeitsbericht des Arbeitskreises qualifiziert werden.
Der Arbeitskreis bestand aus folgenden Mitgliedern:
Thilo Ramm, Darmstadt; Wera Thiel, Berlin; Wolfgang Behlert, Berlin/Münster; Peter Hanau, Köln; Meinhard Heinze, Münster; Robert Heuse, Leipzig; Wolfgang Hromadka, Passau; Annemarie Langanke, Leipzig; Jürgen Pawelzig, Berlin; Ulrich Preis, Köln; Reinhard Richardi, Regensburg; Bernd Rüthers, Konstanz; Rolf Wank, Bochum; Martin Becker (Protokollführer).
Damit kann zugleich konstatiert werden, dass vor allem Fachkräfte aus der Wissenschaft die Ausarbeitung des Gesetzesentwurfs vornahmen; daher wurde die fertige Entwurfsfassung später auch als „Professorenentwurf“ bezeichnet.

die Möglichkeiten gemeinsamer Arbeit dienen“[1128]. Verabschiedet wurde der von dem Arbeitskreis erarbeitete Entwurf schließlich in seiner letzten Sitzung vom 21./22. Februar 1992.

(1) Zielsetzung

Mit der Vorlage des Entwurfs eines Arbeitsvertragsgesetzes versuchte der Arbeitskreis nach eigenen Angaben „einen Beitrag zur Erfüllung des dem gesamtdeutschen Gesetzgeber nach Art. 30 I Nr. 1 [...] Einigungsvertrag“[1129] sowie des „Verfassungsgebots des sozialen Rechtsstaats“ zu leisten. Die mit dem Entwurf verfolgten Ziele sollten sein, die

„- Herstellung der Rechtseinheit im Arbeitsrecht,
- Erfüllung des Verfassungsgebots, nach dem die wesentlichen Rechtssätze durch den Gesetzgeber aufgestellt werden müssen,
- Schaffung größerer Rechtssicherheit durch Kodifizierung verständlicher Grundnormen,
- Ablösung verfassungswidriger Rechtsnormen in mehreren Gesetzen,
- Ablösung veralteter Rechtsnormen durch ein zeitgemäßes Vertragsrecht,
- Zusammenfügung zahlreicher Einzelgesetze zur Erleichterung der Anwendung des Arbeitsrechts,
- Konkretisierung von Generalklauseln und unbestimmten Rechtsbegriffen,
- Ablösung eines insbesondere für die Bürger in den neuen Bundesländern unübersichtlichen Richterrechts durch überschaubares Gesetzesrecht und
- Harmonisierung des nationalen Rechts mit dem europäischen Recht“[1130].

Der Entwurf sollte sich lediglich auf die „für alle Arbeitsverhältnisse unverzichtbaren Grundnormen“ beschränken; frühere Entwürfe für ein Arbeitsvertragsgesetz, insbesondere derjenige aus dem Jahre 1977, sowie höchstrichterliche Rechtsprechung wurden ausgewertet und berücksichtigt.

Der gegenwärtige Rechtszustand im Arbeitsverhältnisrecht wurde von der Arbeitsgruppe als mangelhaft eingestuft. Punktuelle Lösungen in Form von Einzelgesetzen seien „nicht aufeinander abgestimmt“; auch läge den Einzelgesetzen „keine übergreifende Rechtskonzeption zugrunde“. Das Dienstvertragsrecht des BGB sei „aufgrund steckengebliebener Reformen mit arbeitsvertraglichen Vorschriften derart durchsetzt, daß es für den Durchschnittsarbeitnehmer fast unverständlich geworden“ sei[1131].

Die „Lücken in der Gesetzgebung“ hätten dazu noch die „Entstehung eines Richterrechts begünstigt, das bereits als solches vielfach verfassungsrechtlichen Bedenken ausgesetzt [wäre], da der Richter die Aufgabe der Rechtsgestaltung

---

[1128] Ebd., S. D 16.
[1129] Ebd., S. D 11.
[1130] Ebd., S. D 11.
[1131] Ebd., S. D 14.

übernommen [habe], die nach dem im Rechtsstaat herrschenden Grundsatz der Gewaltenteilung dem Gesetzgeber" obliege.

Ein wichtiges Anliegen des Entwurfs sollte also auch die Zurückdrängung des Richterrechts sein. Dieses würde keine stabilen und berechenbaren Normen schaffen können. Der bestehende Zustand des Individualvertragsrechts sei schließlich wegen der zahlreichen, nicht immer aufeinander abgestimmten Einzelgesetze und des unbestimmten Richterrechts als „aliquid monstro simile" zu qualifizieren, als „ein Irrgarten des Rechts, in dem sich nicht einmal mehr der Durchschnittsjurist auskennen" würde[1132].

Auf eine „Ausarbeitung eines europäischen Arbeitsrechts" dürfe jedenfalls nicht gewartet werden, da insbesondere die „traditionellen arbeitsrechtlichen Strukturen der einzelnen europäischen Staaten [...], wenn überhaupt, nur schrittweise vereinheitlicht werden" könnten. Ein Arbeitsvertragsgesetz im vereinigten Deutschland könne schließlich auch als Vorbild besonders für die „Staaten des früheren Ostblocks" wirken und diese anregen, entsprechende Reformen durchzusetzen[1133].

Laut des Tätigkeitsberichts habe der Arbeitskreis bei der Ausarbeitung des Gesetzesentwurfs auch europarechtliche Vorschriften, die „bereits bestehen oder unmittelbar bevorstehen" würden, berücksichtigt. Das seitens des Arbeitskreises gefasste Ziel, einen „ausgewogenen Entwurf herzustellen, der den Bedürfnissen der Praxis gerecht" würde, sei verwirklicht worden. So enthielte der Entwurf „Ordnungsgrundsätze, die nicht zur Disposition durch Einzelvertrag, Kollektivvertrag oder die Rechtsprechung [stünden], und auch solche Vorschriften, die in abgestufter Weise den Vertragsparteien und Sozialpartnern Gestaltungsspielräume erhalten" würden. Damit bliebe „insbesondere die sozialpolitische Verantwortung der Gewerkschaften und Arbeitgeberverbände bestehen". Nach Möglichkeit vermeide der Entwurf „Generalklauseln", und „unnötige Kasuis-

[1132] Ebd., S. D 15: Hier wird ein Vergleich mit der Aussage Pufendorfs zur Rechtslage des Heiligen Römischen Reichs Deutscher Nation gezogen, was allerdings verfehlt wirkt. Zu jener Zeit bezog sich diese Stellungnahme Pufendorfs auf den Rechtscharakter des Reichs – gewissermaßen eine verfassungsrechtliche Frage. Angeprangert wurde dabei die weitläufige Einzelstaatlichkeit und das Fehlen zentraler Instanzen und der Mangel an einheitlichen Rechtsnormen bzw. Gesetzen anstatt weitläufiges „gemeines Recht".
Das vollständige Zitat Pufendorfs lautet: „Nihil ergo aliud restat, quam ut, dicamus, Germaniam esse irregulare aliquod corpus et monstro simile, siquidem ad regulas scientiae civilis exigatur [...]". Vgl. PUFENDORF, Verfassung, VI, § 9.
Zu deutsch: „Es bleibt uns also nichts anderes übrig, als Deutschland, wenn man es nach den Regeln der der politischen Wissenschaft erklären will, einen irregulären und einem Monstrum ähnlichen Körper zu nennen [...]."
Vgl. auch schon IANNONE, Die Kodifizierung des Arbeitsvertragsrechts – ein Jahrhundertprojekt oder eine weitere Fußnote?, ArbuR 2008, S. 199, Anm. 30.

[1133] Ebd., S. D 15.

tik". Ferner würde er „Richtlinien für die richterliche Entscheidung" vorgeben und gewähre dadurch der „Rechtsprechung jenen Spielraum, mit dem sie den Besonderheiten des Einzelfalls Rechnung tragen" könne[1134].

Die bisherigen „arbeitsrechtliche Spezialgesetze" sollten schließlich durch den Entwurf „überflüssig" gemacht werden; eine völlige Beseitigung derselben war jedoch nicht gewollt[1135].

Schließlich sei nun – nach Veröffentlichung des Entwurfs – die Fachöffentlichkeit gefragt, dazu entsprechend Stellung zu beziehen. Insbesondere Vertreter der Gewerkschaften, Arbeitgeberverbände, Unternehmen, der Gerichtsbarkeit sowie andere Arbeitsrechtswissenschaftler, die durch den „Zeitdruck" im Rahmen der Ausarbeitung des „Professorenentwurfs" seitens des Arbeitskreises nicht hätten einbezogen werden können, seien nun aufgerufen, sich bei der Diskussion über den Gesetzesentwurf zu beteiligen.

Die vom Arbeitskreis geforderte sachliche Diskussion wurde schon kurz nach der Veröffentlichung des Gesetzesentwurfs im gebotenen Umfange geführt. Der 59. Deutsche Juristentag konnte die hierfür erforderlichen Voraussetzungen schaffen.

(2) Grundlegendes zur Entwurfsfassung eines Arbeitsvertragsgesetzes (1992)

Der Gesetzesentwurf eines Arbeitsvertragsgesetzes umfasst insgesamt 166 Vorschriften[1136]. Auf die Voranstellung von arbeitsrechtlichen Grundsätzen wurde diesmal bewusst verzichtet. Geschaffen wurden stattdessen „möglichst präzise und auf den Gegenstand des Arbeitsvertragsrechts bezogene Regelungen". Arbeitsrechtliche Grundrechte wurden also nicht separat, etwa als deklaratorisch wirkende Vorschriften, neben den eigentlichen inhaltlichen Bestimmungen zum Arbeitsvertragsrecht gestellt, sondern im Rahmen der jeweiligen Vorschriften berücksichtigt, etwa im Rahmen der Regelungen zum Fragerecht des Arbeitgebers (§ 12), welche auch „dem Persönlichkeitsschutz des Arbeitnehmers" Rechnung tragen sollten[1137].

Eine umfassende Beleuchtung der jeweiligen Regelungen des „Professoren-Entwurfs" kann auch hier nicht erfolgen[1138]; vielmehr sollen erneut lediglich ex-

[1134] Ebd., S. D 17.

[1135] Diese sollten vielmehr für besondere Arbeitnehmergruppen bestehen bleiben, so beispielsweise das Mutterschutzgesetz oder Jugendarbeitsschutzgesetz. Vgl. ebd., S. D 18.

[1136] Abgedruckt ist der Entwurf in: Verhandlungen des 59. DJT, Bd. 1, S. D 19-D 82.

[1137] Ebd., Begründung, S. D 83.

[1138] Vgl. dazu die zeitgenössische Literatur wie beispielsweise HEUSE, Arbeitsvertragsgesetzentwurf '92 – ein neuer Kodifikationsversuch, BB 1992, S. 1145ff.

emplarisch einige Regelungssachverhalte, etwa zur Begründung des Arbeitsverhältnisses sowie zur Arbeitnehmerhaftung vorgestellt werden[1139].

Das Fragerecht des Arbeitgebers im Bewerbungsgespräch vor der Einstellung eines Arbeitnehmers wurde in § 12 geregelt. Nach Abs. 1 sollten lediglich Fragen erlaubt sein, für „deren Beantwortung für die vorgesehene Tätigkeit ein berechtigtes Interesse" bestünde. Diese Fragen durften weiterhin nicht die „Persönlichkeit und Würde des Bewerbers" verletzen. Wann nun konkret eine solche Verletzung der „Persönlichkeit und Würde" im Einzelfall zu konstatieren wäre, wurde freilich von der Gesetzesnorm nicht aufgelegt. Absatz 2 sollte dann das Fragerecht des Arbeitgebers nach der Schwangerschaft regeln. Nach dieser sollte nur dann gefragt werden dürfen, „wenn die vorgesehene Tätigkeit bei einer Schwangerschaft nicht ausgeübt werden" könne. So drängt sich bei der Lektüre dieser Norm die Frage auf, wann die Schwelle erreicht ist, von der aus tatsächlich eine Ausführung einer Tätigkeit für eine schwangere Arbeitnehmerin nicht mehr möglich erscheint. Auch hierzu schweigt sich der Gesetzestext aus. Fragen zur Partei-, Gewerkschafts- und Religionszugehörigkeit sollten gänzlich unzulässig sein. Nach Vorstrafen dürfe wiederum nur gefragt werden, „wenn dies für den Arbeitsplatz von Bedeutung" sei und der „Bewerber sich nicht nach § 53 I des Bundeszentralregistergesetzes als straffrei bezeichnen" dürfe. Auch bei der Lektüre dieser Vorschrift ist augenfällig, dass der Arbeitgeber im Zweifel nicht wissen kann, wann im Einzelfall nach bestehenden Vorstrafen gefragt werden dürfe und wann nicht; in der Praxis wird man daher davon ausgehen können, dass unbeschadet dieser Vorschrift der Arbeitgeber auch weiterhin selbst frei entscheiden würde, wann er eine entsprechende Frage stellt und wann nicht.

§ 12 des Entwurfs lehnt sich im Wesentlichen an § 5 des Entwurfs eines Arbeitsverhältnisgesetzes aus dem Jahre 1977 an. Man hat zwar versucht die Norm präziser zu fassen, indem man durch Verzicht des Einschubs „insbesondere" die Bestimmungen enger zu fassen beabsichtigte. Dies konnte freilich nicht gelingen. Restriktiver wurde die Vorschrift zur Frage nach der Schwangerschaft gefasst und damit die „Änderung der Rechtslage durch die europarechtlichen Vorgaben" berücksichtigt[1140]. Doch weder der Bewerber einer Arbeitsstelle noch der Arbeitgeber kann aus der Vorschrift entnehmen, wann konkret im Einzelfall mit Sicherheit das Stellen einer Frage beim Einstellungsgespräch zulässig ist und wann nicht. Eine gerichtliche Überprüfung dürfte gemessen an dieser Bestimmung ebenso problematisch sein. Mit vergleichbaren Unsicherheiten ist § 13 des Entwurfs belegt, welcher die Mitteilungspflichten des Bewerbers bei der Einstellung festschreibt. Nach Absatz 1 sollte der Bewerber gezwungen sein, „auch oh-

---

[1139] Die vollständige Entwurfsfassung ist abgedruckt in: Verhandlungen des 59. DJT, Bd. 1, S. D 19- D 82.

[1140] Ebd., S. D 95.

ne Befragung durch den Arbeitgeber [...] Krankheiten oder andere Umstände mitzuteilen, von denen eine Gefährdung anderer Personen ausgehen" könnte. In welchem konkreten Fall nun der Bewerber etwaige Krankheitsbilder anzugeben hat, ist hier keinesfalls eindeutig erkennbar. Da der Arbeitgeber jedoch nach § 14 vom Bewerber eine Einstellungsuntersuchung verlangen konnte, dürfte die Bestimmung des § 13 in der Praxis jedoch weniger problemträchtig gewesen sein.

Die Haftung des Arbeitnehmers wurde in § 99 des Entwurfs geregelt und übernimmt bei Vorsatz und grober Fahrlässigkeit die bisher geltenden Grundsätze. Für sonstige fahrlässig verursachte Schäden des Arbeitnehmers, war „nach Maßgabe seines Verschuldens" eine summenmäßige Beschränkung der Haftung auf zwei Monatsgehältern vorgesehen (§ 99 III). Durch die Aufnahme der summenmäßigen Haftungsbegrenzung wurde im Vergleich zur Entwurfsfassung aus dem Jahre 1977 die Norm nun präziser gefasst, obgleich auch strenger, da ein pauschaler Haftungsausschluss bei fahrlässigem Verhalten grds. nicht mehr in Betracht kam. Im Falle grob fahrlässigem Verschuldens sah § 99 II eine Ermäßigung der Ersatzpflicht vor, „soweit sie wegen besonderer, in der Art der Arbeit oder der Person des Arbeitnehmers oder der Höhe des Schadens liegender Umstände eine unzumutbare Härte bedeuten würde". Wann ein solcher „Härtefall" tatsächlich jeweils vorliegen sollte, kann die Bestimmung freilich nicht darlegen; auf eine Summenbegrenzung wurde ebenso verzichtet[1141]; ähnlich wie § 26 II des Entwurfs eines Arbeitsverhältnisgesetzes aus dem Jahre 1977 sollte der Arbeitnehmer an dieser Stelle auf die jeweilige Einzelfallentscheidung des Richters angewiesen sein.

Im sechsten und letzten Abschnitt des Entwurfs folgen die Schlussvorschriften, die an dieser Stelle noch kurz vorgestellt werden sollen. In § 160 wird, ähnlich wie im Entwurf 1977, das Günstigkeitsprinzip festgeschrieben; Abweichungen von Bestimmungen des Gesetzesentwurfs zuungunsten des Arbeitnehmers sollten damit nur dann möglich sein, „soweit dies bestimmt" war (§ 160 I). Eine dem § 128 AVE (1977) vergleichbare Vorschrift lässt sich hier jedoch nicht auffinden. Der Anwendungsbereich der §§ 611-630 BGB wurde zumindest nicht explizit ausgeschlossen. Nach § 9 des Professorenentwurfs sollten nämlich alle Vorschriften des BGB jedenfalls dann Anwendung finden, „soweit nicht in diesem Gesetz ein anderes bestimmt" wäre.

Der Arbeitskreis „Deutsche Rechtseinheit im Arbeitsrecht" hatte also einen neuen Entwurf eines Arbeitsvertragsgesetzes vorgelegt. Inwiefern der Entwurf in der Öffentlichkeit, insbesondere auch seitens Arbeitgeber- und Arbeitnehmer-

[1141] Obgleich in der Begründung zu § 99 II eingeräumt wird, dass eine Begrenzung der Haftungssumme in diesem Fall für mehr Rechtssicherheit sorgen könnte. Vgl. ebd., S. D 118.

verbände, aufgenommen wurde, soll nun im folgenden Abschnitt näher erörtert werden.

bb) Die Aufnahme des Entwurfs eines Arbeitsvertragsgesetzes (1992)

(1) Der Entwurf vor dem 59. DJT

Die Reaktionen auf den anlässlich des 59. DJT seitens des Arbeitskreises eingebrachten Entwurf fielen zahlreich aus. Zunächst sollen bei der nachfolgenden Auswertung der erfolgten Stellungnahmen die Debatten am 59. DJT, der zwischen dem 15. und 18.09.1992 stattfand, beleuchtet werden. Von Interesse soll hier insbesondere die folgende vom Juristentag behandelte Fragestellung sein:

> „1. Ist der Bundesregierung zu empfehlen, zur Ausführung des Gesetzgebungsauftrages aus Art. 30 I Nr. 1 Einigungsvertrag unverzüglich einen Regierungsentwurf vorzubereiten?
> 2. Ist der Bundesregierung zu empfehlen, zur Vorbereitung des Gesetzgebungsverfahrens eine weitere Sachverständigenkommission zu berufen?“[1142]

Weniger interessant erscheint in diesem Kontext das hier gefasste Ergebnis der Tagung als die Argumente der Teilnehmer, die für bzw. gegen das Vorhaben sprechen sollten.

Zunächst ist auf die Ausführungen von drei Referenten hinzuweisen, die sowohl zu inhaltlichen Punkten als auch zu den grundsätzlichen Realisierungschancen des vorgelegten Gesetzesentwurfs Stellung bezogen. Dabei wird sich schnell zeigen, dass bereits bei der ganz grundsätzlichen Frage, nämlich dem „Ob“ eines Arbeitsvertragsgesetzes, zwischen den Referenten durchaus Uneinigkeit bestand.

(a) Weiss und die Frage nach dem „Ob“ eines Arbeitsvertragsgesetzes

Der erste Referent äußerte sich zum verfolgten Ziel der Kodifizierung des gesamten Arbeitsvertragsrechts eher skeptisch. So plädierte Manfred Weiss dafür, die Frage nach dem „Ob“ nicht unreflektiert gegenüber dem „Wie“ zurücktreten zu lassen. Dementsprechend sei vor Klärung inhaltlicher Fragen, die ein mögliches Arbeitsvertragsgesetz betreffen würden, zunächst zu erörtern, ob ein solches Vorhaben überhaupt realisierbar sein könne. Und dies sei eher unrealistisch und „illusionär“, was sich einerseits aus der Struktur der Gesetzgebung in der parlamentarischen Demokratie aber auch aus der Komplexität und Dynamik der gesellschaftlichen Entwicklung ergeben würde[1143]. Eine Kodifikation auf dem

---

[1142] Verhandlungen des 59. DJT, Bd. 2, S. P 72.

[1143] WEISS, Referat, in: (wie Anm. 1142), S. P 8f., P 27. Weiss knüpft hier an das Vorbringen Küblers an, der bereits seinerzeit die „Kodifikation als ein Instrument rechtlicher Gestaltung

Gebiet des Arbeitsvertragsrechts würde ferner zu einem „erheblichen Verlust an Flexibilität" führen, was gerade einen Mangel im europäischen Kontext darstellen könnte. So sollten nationale Systeme „offen und anpassungsfähig" bleiben. Es könne nicht darum gehen, dass „nationale Regelungsmuster" für andere Mitgliedsstaaten der europäischen Union als „Modell" gehandelt würden[1144]. Ebenso sei zu erwarten, dass auch auf dem Gebiet des Arbeitsrechts infolge möglicher Erweiterung der Kompetenzen auf europäischer Ebene Anpassungen des innerstaatlichen Rechts zunehmen werden, was dazu führe, dass „viele der in einem Arbeitsvertragsgesetz zu regelnden Fragen aus europarechtlicher Perspektive unter ständigem Korrekturvorbehalt [stünden], und zwar weitgehend unabhängig davon, welche Anstrengungen der Gesetzgeber in seinem Bemühen um Europarechtskonformität unternommen" habe[1145].

Ferner sei durch eine bloße Zusammenfassung bereits gesetzlich geregelter Teilgebiete des Arbeitsvertragsrechts in einem bloßen Gesetzbuch nichts gewonnen; auch würde dadurch das verfolgte Ziel der Etablierung von Rechtssicherheit nicht bzw. allenfalls graduell erreicht werden[1146].

Auch wenn sich Weiss eindeutig kritisch zu der vom Arbeitskreis vorgelegten Entwurfsfassung äußerte, so begrüßte er jedoch auszumachende Fortschritte des Entwurfs gegenüber dem der Arbeitsgesetzbuchkommission von 1977. So sei der Verzicht auf die Voranstellung von arbeitsrechtlichen Grundrechten nur konsequent. Eine Proklamation solcher Grundrechte mache jedenfalls „wenig Sinn", da „praktisch alle Grundrechte im Arbeitsverhältnis virulent" werden könnten und „deshalb der Grundrechtskatalog des Grundgesetzes konsequenterweise wiederholt werden müßte"[1147]. Ebenso begrüßungswert sei, dass im neuen Entwurf weitgehend auf „ideologiebefrachtete Allgemeinbegriffe – wie etwa Treue- oder Fürsorgepflicht" – verzichtet bzw. „aus dem arbeitsrechtlichen Sprachschatz" eliminiert wurden[1148].

Auch sollten seine Bedenken hinsichtlich der Realisierungsfähigkeit einer arbeitsrechtlichen Kodifikation nicht dahin missverstanden werden, dass er sich ganz prinzipiell gegen jedwede gesetzliche Regelung auszusprechen suchte. So könne nämlich durchaus die „vielfach zweifelhafte, weil fallbezogen entwickelte Reichweite des Richterrechts […] durch eine gesetzliche Regelung klarer umschrieben werden". Insofern könne hier das „Gesetz Markierungspunkte

---

und Ordnung" nicht mehr als realisierungsfähig ansah. Vgl. obige Ausführungen unter B. V. 2. b) ii).

1144 Ebd., S. P 11f.

1145 Ebd., S. P 24.

1146 Ebd., S. P 14, 18.

1147 Ebd., S. P 19.

1148 Ebd., S. P 25.

setzen, die den Orientierungsrahmen für künftige Rechtsprechung verfestigen und damit die Möglichkeit richterrechtlicher Kehrtwendungen zumindest reduzieren" würden. So könne „Gesetzgebung [...] mithin in gewissem Ausmaß die Orientierungssicherheit und Kontinuität der Rechtsentwicklung erhöhen", was zumindest insoweit gelte, „als Gesetzgebung sich darauf [beschränke], im Richterrecht oder durch die Wissenschaft bereits gezogene Entwicklungslinien fortzuschreiben oder wenigstens auf ihnen aufzubauen". Nur so könne nämlich das Gesetz mit Akzeptanz rechnen, „ohne Gefahr zu laufen, von der Rechtsprechung unter dem Beifall der Wissenschaft unterlaufen und konterkariert zu werden"[1149].

Das Gesetz sollte also allenfalls „Markierungspunkte" setzen können. Sozialpoltisch kontrovers diskutierte Entscheidungen hingegen könnten von der Gesetzgebung nicht erfolgversprechend berücksichtigt werden, zumal solche Regelungen dann zwingend unter ständigem Korrekturvorbehalt stehen würden. Das Richterrecht wäre hier eindeutig vorzugswürdig, da es, so Weiss, „am anpassungsfähigsten" sei[1150]. Richterrecht könne ferner keineswegs mit Rechtsunsicherheit gleichgesetzt werden. So gedeihe das Richterrecht in der Bundesrepublik „nicht in einer Atmosphäre der ‚splendid isolation', sondern in intensiver Auseinandersetzung mit der Rechtswissenschaft". Besonders „der für deutsche Gerichte – und gerade auch für die Arbeitsgerichtsbarkeit – charakteristische Zitieraufwand" zeige ganz deutlich, „wie sehr sich die Rechtsprechung dieser Angewiesenheit bewusst" sei. Und diese „Verflochtenheit mit der Rechtswissenschaft [sei] gleichbedeutend mit zumindest einem gewissen Grad an Kalkulierbarkeit, der allzu oft unterschätzt" würde[1151].

Auch könne nicht davon auszugehen sein, dass gesetzliche Normen ein deutliches „Mehr" an Transparenz und Kalkulierbarkeit lieferten. So müssten sich „gesetzliche Regelungen [...] zwangsläufig juristischer Fachterminologie bedienen und auf Rechtsfiguren rekurrieren, deren Erfassung eben nun einmal juristischen Sachverstand" voraussetzen würde[1152].

Ob eine Kodifikation, so wie es Preis als Ziel in seinem Beitrag zwei Jahre zuvor auflegte[1153], unter diesen Gesichtspunkten für die Betroffenen dann noch tatsächlich leicht nachvollziehbar und verständlich sein würde, hält Weiss jedenfalls für sehr zweifelhaft.

Sowohl Kodifikation als auch Kompilation, also die reine Zusammenfassung der vielen Einzelgesetze im Individualarbeitsrecht, müssten mithin als Perspek-

[1149] Ebd., S. P 13.
[1150] Ebd., S. P 12.
[1151] Ebd., S. P 18.
[1152] Ebd., S. 19.
[1153] Vgl. PREIS, (wie Anm. 1114), S. 311ff.; vgl. auch oben unter B. VII. 1. a).

tive ausscheiden, sodass lediglich ein „dritter Weg" übrig bliebe: „das Einzelgesetz"[1154].

Im Ergebnis votierte Weiss ganz offensichtlich für die Aufrechterhaltung von Spezialgesetzgebung und Richterrecht und damit gegen eine Kodifizierung des Arbeitsvertragsrechts. Nur so könne das Rechtssystem „offen und anpassungsfähig" bleiben und auf europarechtliche Vorgaben flexibel reagieren.

Die Argumente, die hier Weiss gegen das Reformprojekt anführte, sind zweifelsohne gewichtig. Inwiefern diese durch das Vorbringen der anderen Referenten bzw. im Verlaufe der weiteren Diskussion entkräftet wurden, bleibt im Folgenden zu klären. Vorab sei aber schon die Frage gestattet, ob sich denn die meisten der von Weiss aufgeworfenen Argumente überhaupt widerlegen lassen.

(b) Köbl und die „Kodifikation bei begrenzter Sachreform"

Die zweite Referentin, Ursula Köbl, leitete das Erfordernis einer Arbeitsvertragsrechtskodifikation primär aus dem Einigungsvertrag ab. „Der Auftrag des Einigungsvertrages [müsse] erfüllt werden, auch wenn das Staats- und Völkerrecht, in deren Überschneidungsbereich er angesiedelt [sei], dafür keine schlagkräftigen Vollzugsinstrumente bereithalten" würde[1155]. Jedoch sei bei dem Vorhaben nun „Augenmaß zu wahren für das in unserer Zeit, d.h. unter den Bedingungen der pluralistischen Demokratie und des gesellschaftlichen Wandels Machbare"[1156]. Köbl plädierte für eine sog. „Kodifikation bei begrenzter Sachreform"[1157]. „Bedeutende sozialpolitische Neuerungen" sollten nicht gleich in Angriff genommen werden. Vielmehr sollte ein künftiges Arbeitsvertragsgesetz – im Rahmen einer „äußerlichen Herauslösung des Arbeitsvertragsrechts aus dem BGB [...] – in erster Linie [eine] begrifflich-systematische Bereinigung, Ausmerzung überholter Bestimmungen sowie gesetzliche Ausformulierung und Stabilisierung von Richterrecht" anstreben[1158]. Eine Ausschaltung von „Rechtsfortbildung durch die Rechtsprechung" sei jedoch „völlig illusorisch"[1159].

„Grundlegend Neues" würde auch „weder inhaltlich noch begrifflich-systematisch durch den doch recht bescheidenen Auftrag des Art. 30 Einigungsvertrag gefordert"[1160].

So gesehen, versucht Köbl hier einen neuen Kodifikationsbegriff zu prägen. Die überkommene „Kennzeichnung von ‚Kodifikation als auf Dauer angelegter,

---

1154 Ebd., S. P 15.
1155 KÖBL, Referat, in: (wie Anm. 1142), S. P 30.
1156 Ebd., S. P 52.
1157 Ebd., S. P 34.
1158 Ebd., S. P 33, P 53.
1159 Ebd., S. P 53.
1160 Ebd., S. P 31.

erschöpfender und abschließender Regelung' müsse künftig in „gebotener Weise“ relativiert werden.

Schließlich äußert sich Köbl noch zur europarechtlichen Perspektive in Bezug auf die Schaffung eines Arbeitsvertragsgesetzes auf nationaler Ebene. So plädiert sie, entgegen Weiss, weniger für eine Zurückhaltung bei der Entwicklung der arbeitsrechtlichen Gesetzgebung, gerade auch im Hinblick auf die „mehr oder weniger schnell voranschreitende europäische Einigung“. Vielmehr könnte man daran denken, dass „ein deutsches Arbeitsgesetzbuch auch ein Modell bilden könnte für andere Staaten, vor allem Osteuropas, die ja ebenfalls allmählich der europäischen Gemeinschaft zuwachsen“ sollten[1161]. Ein deutsches Arbeitsvertragsgesetz als „Modell“ für andere Staaten? Für Köbl steht jedenfalls fest, dass der europäische Einigungsprozess weniger gegen als für die zügige Schaffung eines Arbeitsvertragsgesetzes in Deutschland sprechen würde.

Eine Kodifikation „bei begrenzter Sachreform“ musste also her. Eine abschließende Regelung sowie das Einbringen bedeutender sozialpolitischer Neuerungen sollte also für diese zu schaffende arbeitsrechtliche Kodifikation nicht notwendig sein. Eine bloße Zusammenfassung bereits geregelter bzw. richterrechtlich anerkannter Regelungssätze, etwa im Rahmen eines „Restatements“, sei also zunächst ausreichend, um das Ziel einer „Kodifizierung“ des Arbeitsvertragsrechts erreichen zu können. Erst auf langfristiger Sicht könne dann eine über den „Kodifikationsauftrag des Einigungsvertrages“ hinausgehende „umfassende Kodifikation“ des gesamten Arbeitsrechts unternommen werden[1162].

(c) Neumann: Die Notwendigkeit einer Kodifikation

Dirk Neumann, als dritter Referent, qualifizierte die Kodifizierung des Arbeitsvertragsrechts als notwendiges Erfordernis. Dies würde sich einerseits wiederum aus der Prämisse des Einigungsvertrages ergeben. Daneben würden aber noch drei weitere Gründe für die Ausarbeitung dieser arbeitsrechtlichen Kodifikation sprechen. Als ersten Grund führt Neumann die „totale Zersplitterung der Vorschriften“ an. Gerade die zahlreichen, unübersichtlichen Einzelgesetze würden die Transparenz dieses Rechtsgebiets erheblich erschweren[1163]. Auch das im Rahmen der Einigung Deutschlands verfolgte Ziel der Rechtseinheit verlange nach einer Kodifikation. Nur in diesem Rahmen könnten ostdeutsche Bürger, Juristen, Arbeitnehmer und Arbeitgeber, die westdeutschen arbeitsrechtlichen Regelungen in „angemessener Zeit“ erlernen[1164]. Schließlich sei, so das dritte Argument Neumanns, eine Kodifikation auch angesichts der europarechtlichen

---

[1161] Ebd., S. P 34f.

[1162] Ebd., S. P 53.

[1163] NEUMANN, Referat, in: (wie Anm. 1142), S. P 61f.

[1164] Ebd., S. P 62f., 68, 69.

Entwicklungen geboten. So müsse nämlich „als Grundlage für ein künftiges europäisches Arbeits- und Sozialrecht [...] eine einheitliche, möglichst verständliche und auch für Ausländer einsichtige Regelung“ vorhanden sein. Nicht nur für die ostdeutsche Bevölkerung sondern auch für Ausländer müsste ein verständliches Arbeitsrecht bereitgestellt werden. Anderenfalls sei das Erstreben eines einheitlichen Rechts in Europa auch auf längere Sicht wenig aussichtsreich[1165].

Neumann votiert also für eine Kodifizierung des Arbeitsvertragsrechts. Der Gesetzgeber dürfte jedenfalls nicht länger untätig bleiben und sei nun aufgefordert auf Grundlage des vom Arbeitskreis vorgelegten Gesetzesentwurfs ein entsprechendes Gesetz auszuarbeiten. Eine weitere Kommission sollte dazu jedoch nicht wieder berufen werden, da sie „ewig und drei Tage [...] brüten [würde], sich wegen der naturgemäß heterogenen Zusammensetzung [aber] doch nicht einigen“ könnte. Die „Einsetzung einer neuen Kommission [sei] ein Begräbnis, und das nicht einmal 1. Klasse“; vielmehr sei hier der Bundestag allein gefordert, so der Appell Neumanns[1166].

In seinem Schlusswort kam es dann jedoch zu einer eher pessimistisch angelegten Prognose. Für eine erfolgreiche Kodifizierung des Arbeitsvertragsrechts würde ausreichend Zeit benötigt werden. Innerhalb eines Jahres, etwa bis zum Auslaufen der vom BverfG gesetzten Frist zur Neuregelung des § 622 BGB, sei das Vorhaben jedenfalls keinesfalls zu realisieren. Dennoch sollte das Vorhaben jetzt endlich „entschlossen angepackt“ und nicht etwa „in Kommission verschoben“ werden[1167].

Sowohl Köbl als auch Neumann plädierten entschieden für die zügige Realisierung des Reformprojektes. Manfred Weiss schien mit allen seinen Bedenken allein zu stehen – jedenfalls gegenüber den übrigen beiden Referenten. Wie man nun die jeweiligen Stellungnahmen in den anschließend geführten Debatten am Juristentag aufnahm, wird nachfolgenden aufzuzeigen sein.

(d) Diskussion

Während der anschließend geführten Diskussion, deren Vorsitz Peter Hanau übernahm, nutzten mehrheitlich die Befürworter des Vorhabens, allen voran die Verfasser des Gesetzesentwurfs, die Gelegenheit, um für die zügige Durchsetzung eines entsprechenden Arbeitsvertragsgesetzes zu werben. Das „Ob“ eines Arbeitsvertragsgesetzes dürfe spätestens infolge des Art. 30 des Einigungsvertrages nicht mehr verhandelt werden, hieß es. Der „Text des Art. 30“ sei „eindeutig“; er enthielte zwingend das „Kodifikationsgebot für das Arbeitsvertragsrecht“[1168]. Die vom BGB-Gesetzgeber gewählten Bestimmungen der §§ 611 ff.

[1165] Ebd., S. P 63f., P 69.
[1166] Ebd., S. P 61.
[1167] Ebd., S. P 66.

seien lediglich eine „faule Kompromisslösung". Die Zeit für ein Arbeitsvertragsgesetz sei nun reif; so läge bereits ein „wirklich reiche[r] Schatz von Vorarbeiten" vor, den es nun endlich zu verwerten gelte[1169].

Über das „Ob" eines Arbeitsvertragsgesetzes dürfe künftig nicht länger verhandelt werden; „dafür [nämlich sei] die Zeit längst abgelaufen"[1170].

Andere stellten auf die Vorgaben aus dem Einigungsvertrag und plädierten konsequent „möglichst schnell entsprechend dem Einigungsvertrag [...] zu einem Gesetz zu kommen[1171]. Bei dem Einigungsvertrag handele es sich zweifellos um geltendes Bundesrecht, trotz der Tatsache, dass nach der Deutschen Einigung der ursprüngliche Vertragspartner – die DDR – weggefallen war[1172]. Dass der Entwurf eines Arbeitsvertragsgesetzes von 1977 nicht realisiert werden konnte, hatte „allein politische Gründe". Die abwehrende Haltung der Sozialpartner sei hierfür nicht verantwortlich gewesen, so wurde argumentiert. Infolge der vollzogenen Wiedervereinigung seien jedoch „wesentliche Veränderungen" eingetreten. Seitens des gesamtdeutschen Gesetzgebers bestünde nun eine „Handlungspflicht" zur „Schaffung u.a. eines einheitlichen Arbeitsvertragsgesetzes". Die durch den Einigungsvertrag „gegebene erneute Chance" müsse jedenfalls gewahrt werden, „alsbald zu einer Kodifizierung zu gelangen"[1173]. Außerdem würden die „Menschen in den neuen Bundesländern [...] einen Anspruch darauf [haben], daß der Gesetzgeber sich ihrer Nöte und Sorgen [annehme] und ihre existenziellen Bedürfnisse [ernst nehme], wozu vorrangig die gesetzliche Regelung der Arbeitsvertragsbeziehungen in gleicher Weise für Ost und West" gehörten[1174].

Auch aus rechtspolitischen Erwägungen sei die zügige Umsetzung eines Arbeitsvertragsgesetzes geboten. Hier ist vor allem auf die Argumente Bernd Rüthers, ehemaliges Mitglied der Arbeitsgesetzbuchkommission in den 1970er Jahren, hinzuweisen. Zwar sei es zweifellos zutreffend, dass das Richterrecht das anpassungsfähigste Recht – damit gab er seinem Kollegen Weiss recht – jedoch andererseits „wenig vorhersehbar" sei. Doch nur eine Kodifikation und nicht lediglich ein Einzelgesetz wäre „geeignet, den verfassungsmäßig gewollten

[1168] RAMM, (wie Anm. 1142), S. P 85.
[1169] Ebd., S. P 86.
[1170] So argumentierte BLOMEYER, (wie Anm. 1142), S. P 94. Eine Behinderung des entstehenden europäischen Rechts sah Blomeyer im Zuge eines nationalen Arbeitsvertragsgesetzes nicht, da die Mitgliedsstaaten auch weiterhin „zu eigenständigen Regelungen im Bereich des Arbeitsrechts in der Lage [seien] und eine europäische Kompetenz nur dann [bestünde], wenn eine einheitliche Regelung erforderlich [wäre], und von den Mitgliedstaaten nicht zu bewerkstelligen [sei]".
[1171] HAHNZOG, (wie Anm. 1142), S. P 87f.
[1172] FALKENBERG, (wie Anm. 1142), S. P 91f.
[1173] Ebd., S. P 90, 92.
[1174] So das Vorbringen von KLIMPE-AUERBACH, (wie Anm. 1142), S. P 97.

Zustand der Gewaltenteilung wiederherzustellen, der im Arbeitsrecht [...] im Verhältnis von Gesetzgebung und Rechtsprechung auf weiten Gebieten völlig aus den Fugen geraten" sei. Seit langem würde vom Parlament im Arbeitsrecht der Rechtsprechung „in weiten Bereichen die alleinige Verantwortung für rechtspolitische Normsetzung aufgebürdet", was Rüthers „mit den höchsten Repräsentanten der Arbeitsgerichtsbarkeit für einen auf Dauer unerträglichen Zustand" erachtete. Zwar sollte dies keine „generelle Absage an [das] Richterrecht" sein; es müsse aber eine „Mindestbasis gesetzlicher Regelungen vorhanden sein, damit sinnvoll verantwortbares Richterrecht überhaupt möglich" würde. Richterrecht müsse stets auf gesetzlicher Grundlage beruhen und vorhersehbar sein[1175].

Der „europarechtliche Einigungsprozeß" stelle ferner für eine nationale Kodifizierung des Arbeitsvertragsrechts „kein Hindernis" dar. Im gewissen „Ausmaß" würde Deutschland seine „nationale Rechtskultur erhalten" bleiben. Die „bisher erfahrenen Korrekturen und Signale aus Brüssel und Luxemburg" würden außerdem keinerlei Anlass geben, „von diesem Weg abzuweichen"[1176].

Dass jedoch zukünftig europäische Rechtsetzungsakte zunehmen und nationale Rechtsordnungen nicht nur marginal beeinflusst würden oder möglicherweise, gerade auf dem Gebiet des Arbeitsrechts mit seiner sozialpolitisch hochbrisanten Materie, für andauernde Novellierungsmaßnahmen sorgen könnten, schien Rüthers hier nicht zu befürchten.

Wie auch Neumann, sprach sich Rüthers gegen die Einsetzung einer weiteren Sachverständigenkommission aus; vielmehr sollte der Entwurf möglichst zügig dem Parlament vorgelegt werden[1177].

Die Diskussion setzte sich mit ähnlichen Stellungnahmen namhafter Praktiker und Wissenschaftler fort: Immer wieder wird die völlige Unübersichtlichkeit der Rechtslage im Arbeitsrecht moniert, der Einigungsvertrag als „Normbefehl" für eine zu schaffende Kodifikation im Arbeitsvertragsrecht qualifiziert.

Auch aus europarechtlicher Perspektive wurde stets auf die Notwendigkeit einer Kodifikation des Arbeitsvertragsrechts hingewiesen. So wurde angeführt, dass grundsätzlich eine Kodifikation gegenüber Einzelgesetzgebung anpassungsfähiger sei, da „bei der Anpassung des deutschen Arbeitsrechts an die EG-Normen dann immer noch das legislatorische Gesamtkonzept gewahrt werden" könne[1178]. Dies erscheint jedoch sehr zweifelhaft; zumindest dürfte es von vorn-

[1175] RÜTHERS, (wie Anm. 1142), S. P 98f.
[1176] Ebd., S. P 101.
[1177] Ebd., S. P 101.
[1178] So die Argumentation BERSCHEIDS, (wie Anm. 1142), S. P 104f.
Ferner würde durch eine entsprechende Kodifizierung die „Rechtsprechungsentwicklung verfestigt und dadurch die Orientierungssicherheit erhöht werden". Dort schließlich, „wo Recht-

herein nicht auszuschließen sein, dass es infolge großer Reformprojekte auf europäischer Ebene zu tieferen Einschnitten und damit erheblichen Novellierungserfordernissen kommen könnte, die den Gesamtcharakter bzw. die Gesamtkonzeption der Kodifikation in erheblichen Maße beeinflussen könnten.

Der mögliche Einfluss europarechtlicher Entwicklungen auf das Kodifikationsprojekt wurde auch im weiteren Verlauf der Diskussion immer wieder erörtert. Während die eine Seite stets auf mögliche Risiken der zukünftigen Entwicklungen auf europäischer Ebene für eine arbeitsrechtliche Kodifikation hinwies, versuchten sich die Befürworter des Vorhabens diese Entwicklungen auf supranationaler Ebene nutzbar zu machen.

Nicht „vernünftig" sei es hierbei, dass „man auf Europa warte", da „keine Angleichung des Arbeitsrechts geplant" sei. Vielmehr ginge es lediglich darum, dass „man gewisse Unterschiede zwischen den Mitgliedsstaaten abschleifen" würde[1179]. Mit einer dadurch möglicherweise einhergehenden „Novellierungsflut" rechnete man also nicht.

Von anderer Seite wiederum befürchtete man weniger etwaige Novellierungserfordernisse als vielmehr die Risiken staatlicher Gesetzgebung im Arbeitsrecht selbst. So wurde konstatiert, dass „ein Weniger an staatlicher Regulierung ein Mehr an Realisierungschancen" bedeute. Staatliche Gesetzgebung auf diesem Gebiet müsse daher zwingend „offen sein [...], wenn [sie] nicht Makulatur bleiben" wolle. Das „Tarifrecht [sei jedoch] unbestritten flexibler als das Gesetzesrecht"[1180].

Auch andere Diskutanten äußerten sich grundsätzlich skeptisch zur Durchsetzungsfähigkeit des vorgelegten Entwurfs eines Arbeitsvertragsgesetzes.

So wurde argumentiert, dass es sich bei einem Arbeitsvertragsgesetz um „eine besonders sensible Materie" handeln würde und „politische Entscheidungen" hierüber bislang noch nicht getroffen worden seien. Daher bedürfe „ein solches Vorhaben" zunächst „einer gründlichen Vorbereitung"; zumal es zunächst weitere Vorhaben gebe, die in der laufenden „Legislaturperiode [...] sicher von der Sache her noch dringlicher" – auch aus „EG-Gründen" – seien als die Verabschiedung eines Arbeitsvertragsgesetzes[1181].

---

sprechung in der ihr zugeschriebenen Funktion für notwendige Neuregelungen keine Legitimation zu beschaffen vermag, [müsse] der Gesetzgeber für erforderliche Innovationen sorgen". Auf welchem Wege dies zu bewerkstelligen sein sollte, erwähnte Berscheid indes nicht; auch nicht, was man unter „Innovationen" zu verstehen habe.

1179 Vgl. STEINMEYER, (wie Anm. 1142), S. P 106.

1180 Vgl. ZACHERT, (wie Anm. 1142), S. P 108.

1181 So ANTON WIRMER vom BMAS, (wie Anm. 1142), S. P 74f.
Wirmer führt hier insbesondere die Überarbeitung der Pflegeversicherung, die Arbeitsmarktpolitik sowie den Bereich des Arbeitsschutzes und der Arbeitszeit an.

Spiros Simitis, der sich bereits anlässlich des 51. DJT von 1978 zur Reformierung des Arbeitsvertragsrechts und zu den Erfolgsaussichten einer entsprechenden Kodifikation äußerte, nahm ebenfalls zu dem Vorhaben Stellung. Gleich zu Beginn seiner Ausführungen stellt er die Frage in den Raum, ob es sich wirklich lohnen würde, über die Schaffung einer Kodifikation zu sprechen. So sei „unter den Strohhütten [...] ein wirklich bemerkenswertes Arbeitsrecht entstanden"[1182]. Zwar verkenne er „nicht den Reiz einer Kodifikation": doch müsse stets danach gefragt werden, „zu welchem Zeitpunkt und unter welchen Voraussetzungen welche Art von Regelung überhaupt angestrebt werden" könne. Derzeitig „unter den Bedingungen einer hochtechnisierten industriellen Gesellschaft [könne] die Antwort nur lauten: Notwendig, ja unerlässlich [seien] detaillierte Einzelregelungen, weil nur auf diese Weise den Erfordernissen Rechnung getragen werden [könne], die sich aus der Würde des einzelnen und seinem Recht ergeben, selbst über die eigene Entwicklung zu bestimmen[1183]". Simitis plädiert schließlich dafür, ähnlich der Systematik des SGB, „sukzessive Arbeitsgesetzbücher" zu liefern; einen „Allgemeinen Teil" sollte man jedoch nicht entwickeln. Nichts würde „gegen eine Bereinigung oder eine übersichtliche Zusammenstellung der verschiedenen Regelungen [sprechen], alles aber gegen den Versuch, eine als ‚Systematisierung' und ‚Komprimierung' verstandene Kodifikation durchzusetzen". Mit der „Komprimierung" würde schließlich „auch die Chance des Arbeitsrechts [enden], auf die Probleme einer hochtechnisierten industriellen Gesellschaft adäquat zu reagieren"[1184].

Simitis äußerte sich also erneut skeptisch gegenüber der Möglichkeit einer umfassenden Kodifizierung des Arbeitsvertragsrechts. Allenfalls eine „Bereinigung" bzw. eine „übersichtliche Zusammenstellung der verschiedenen Regelungen" könne hier in Betracht zu ziehen sein. Eine allumfassende und abschließende Kodifikation mit sozialpolitischen Reformen schloss Simitis mithin aus.

Neben anderen[1185], äußerten sich auch Repräsentanten der Sozialverbände kritisch zum Vorhaben des Arbeitskreises und traten mehrheitlich gegen den vorgelegten Entwurf eines Arbeitsvertragsgesetzes ein.

Zwar bekräftigt er noch, dass damit „das Thema eines Arbeitsvertragsgesetzes" [...] nicht vom Tisch" sei. Jedoch müsse man hier „sehr behutsam" vorgehen.

[1182] SIMITIS, (wie Anm. 1142), S. P 76.

[1183] Ebd., S. P 77f.

[1184] Ebd., S. P 78.

[1185] Hinzuweisen ist hier am Rande auch auf eine Stellungnahme Bolwins, Geschäftsführer des Deutschen Bühnenvereins, der hinsichtlich der Kodifizierung eines Arbeitsvertragsgesetzes für „außerordentliche Zurückhaltung" warb. So befinde man sich bei „dieser Kodifizierung in einem doppelten Dilemma, so Bolwin weiter. Zum einen sei es sehr schwierig für sämtliche Berufszweige einheitliche Regelungen zu finden; die Regelungen müssten jeweils für Groß- wie auch mittelständische oder kleine Unternehmen passend sein. Ein künftiges Arbeitsvertragsgesetz müsste sich also „für sehr differenzierte Aufgaben" eignen. Die weitere

Zweifelhaft sei bereits, so wurde von Seiten der Arbeitgeber angeführt, ob die Durchsetzung einer Kodifizierung des Arbeitsrechts auch in Anbetracht der Vorgaben des Einigungsvertrages tatsächlich als besonders dringlich einzustufen sei. Vielmehr sei zu konstatieren, dass man gegenwärtig einer Umbruchphase ausgesetzt sei, „die nicht gerade prädestiniert [...] für Kodifikationen" wäre. Die „Rechtseinheit mit den neuen Bundesländern" sei zwar gewiss eine „wichtige Frage". Diese habe jedoch „im Kern wiederum mit der Entscheidung für Kodifikation oder für Einzelgesetze" nichts zu tun[1186].

Zurzeit könne jedenfalls die „bisherige Methode der Regelung in Einzelgesetzen der Dynamik des Arbeitsrechts eher entsprechen und flexible Anpassungen schneller ermöglichen". Unverständlich sei ferner, dass der „Wunsch nach Vereinfachung, Rechtssicherheit und Verständlichkeit" stets mit einer Kodifikation in Verbindung gebracht würde. So sei „jede Hoffnung [...] übertrieben, daß eine Kodifikation des Arbeitsvertragsrechts auch nur die bekannte Loseblattsammlung des Arbeitsrechts zu einem handlichen Bändchen zusammenschrumpfen lassen könnte". Der „Traum vom einfachen Gesetz, nach dem jeder Arbeitnehmer und jeder Arbeitgeber ohne fremde rechtskundige Hilfe Gesetze verstehen und anwenden [könne], dürfte Traum bleiben". Auch die „nachlassende Kompetenz des Gesetzgebers, rechtstechnisch gute und eindeutige Gesetze zu machen sowie die zunehmende Unsitte des Gesetzgebers, den politischen Kompromiß in der Weise in ein Gesetz zu schreiben, daß die Bedeutung der einzelnen Regelungen unklar [bliebe] und erst später durch die höchstrichterliche

Schwierigkeit, die einer Realisierung der geplanten arbeitsrechtlichen Kodifikation entgegenstünde, resultiere aus den „unterschiedlichen Positionen, Arbeitgeber auf der einen Seite, Arbeitnehmer auf der anderen Seite, also Arbeitgeberverbände einerseits und Gewerkschaften andererseits" und die damit einhergehende unterschiedliche parteipolitische Bewertung der Inhalte des Arbeitsvertragsgesetzes. Und gerade diese Unterschiede müssten künftig zwingend überwunden werden, wenn man nicht lediglich zu „faulen Kompromissen" gelangen wollte.
Unbestimmte Rechtsbegriffe und Generalklauseln sollten in dem geplanten Gesetz unbedingt vermieden werden, da anderenfalls eine „ganze Reihe von innerbetrieblichen Konflikten vorprogrammiert" seien. So würde dann nämlich jeweils „in den Betrieben diskutiert werden, wie diese Generalklauseln und unbestimmten Rechtsbegriffe auszulegen" seien. Dort, wo man sich lediglich mit Generalklauseln und unbestimmten Rechtsbegriffen behelfen könne, sei es nach Bolwin wirksamer, „auf Regeln zu verzichten" und einen höheren Stellenwert auf „tarifvertragliche Öffnungsklauseln" zu legen, da oftmals die Tarifvertragsparteien diejenigen seien, die in der Lage wären, die „Situation in den jeweiligen Unternehmen genau zu beurteilen" um dann „entsprechende Sonderregelungen" untereinander vereinbaren zu können.
Damit stellte sich Bolwin gegen den vorgelegten Gesetzesentwurf des Arbeitskreises, zumal der Entwurf in vielen Bereichen Generalklauseln und unbestimmte Rechtsbegriffe aufwies. Vgl. BOLWIN, (wie Anm. 1142), S. P 127f.

1186 So WISSKIRCHEN, der für die BDA auftrat, (wie Anm. 1142), S. P 78.

Rechtsprechung ermittelt" werden müsse, würde diese Entwicklung noch begünstigen[1187].

Eine Kodifizierung des Arbeitsvertragsrechts erscheine schließlich nur sinnvoll, wenn sie auf „wenige und einfache und ausgewogene Regelungen – möglichst innerhalb des BGB – beschränkt" würde und der „Wirtschaft" – nun ein entscheidendes Postulat aus dem Lager der Arbeitgeber – „keine weiteren Belastungen" auferlege[1188].

Berücksichtigt man die schon in den 1970er Jahren seitens der Arbeitgeberverbände vorgebrachten Einwände gegen die Kodifizierung des Arbeitsvertragsrechts, so erscheint dieses Vorbringen nicht neu zu sein; erneut war die Kritik, wie auch schon nach 1977, ganz grundsätzlicher Natur; an einer Kodifizierung des Arbeitsvertragsrechts schien man, zumindest seitens der Arbeitgeberverbände, hier auch weiterhin nicht interessiert zu sein.

Auch die Gewerkschaften waren am DJT vertreten. In Bezug auf das vorgestellte Reformvorhaben wurde hier besonders moniert, dass die gegenwärtigen Entwicklungen eher einen Rückschritt darstellen würden, gerade gegenüber jenen aus den 1970er Jahren und dem entsprechenden Entwurf der Arbeitsgesetzbuchkommission. So seien Teile des vom Arbeitskreis vorgelegten Entwurfs „verfassungswidrig" und würden Rechte von Arbeitnehmern zu stark einschränken. Auch das Fehlen von Arbeitnehmer-Grundrechten wurde scharf moniert. Eine Voranstellung solcher Rechte sei geboten, zumal zu konstatieren sei, dass das „Verfassungsrecht und das Arbeitsrecht [...] mehr und mehr miteinander verwoben" seien[1189].

Ferner wurde der „Professorenentwurf" als „extrem arbeitgeberlastig" qualifiziert. Der Entwurf des Arbeitskreises könne allenfalls „Bestandteil der weiteren Diskussion", jedoch nicht „Grundlage" sein; dem stünden allein viele Mängel entgegen, die vor allem Arbeitnehmer benachteiligen würden[1190].

Positivere Signale ließen sich dann aber von Seiten des DAV vernehmen. So müsse die „Frage nach dem ‚Ob' einer übersichtlichen Kodifikation des Arbeitsvertragsrechts eindeutig mit ‚ja' beantwortet werden"[1191]. Doch sollte man

---

[1187] Ebd., S. P 79.

[1188] Vielmehr solle künftig das „wachsende Interesse beider Vertragsparteien an Flexibilität und Differenzierung berücksichtigt und insgesamt im Sinne größerer Vertragsfreiheit dem Austauschgedanken und Äquivalenzprinzip mehr Raum" gegeben werden.
Ebd., S. P 81.

[1189] Für die Gewerkschaften trat RUDOLF BUSCHMANN auf, (wie Anm. 1142), S. P 81f.

[1190] So der Gewerkschaftssekretär GRIMBERG, (wie Anm. 1142), S. P 170f.
Grimberg machte dies insbesondere daran fest, dass seines Erachtens der Entwurf zwar keine Arbeitnehmergrundrechte wohl aber in den einzelnen Vorschriften zumindest eine „negative Grundrechtsverteilung" aufweise, die etwa auch hinter dem zurückbliebe, was das GG erlauben würde.

[1191] Als Vertreter des DAV trat hier HEINZ JOSEF WILLEMSEN auf, (wie Anm. 1142), S. P 95.

sich davor hüten, eine möglichst allumfassende, auch „rechtspolitisch brisante Fragen" berücksichtigende Kodifikation anzustreben; vielmehr sollte man zunächst „ganz bescheiden" beginnen sowie zunächst bestimmen, „greifen wir uns doch einen Teil heraus, der a) besonders wichtig ist und b) wo wir feststellen und erproben wollen, ob es gelingt, mit dem Konsens und mit ernsthaftem Bemühen aller Beteiligten zu einer Gesetzesregelung zu kommen, und dann werden wir weitersehen"[1192].

Angestrebt werden sollte, so wie es auch Köbl befürwortete, eine Kodifikation bei begrenzter Sachreform sein, also ein „Kodifikatiönchen", wie schließlich vorgeschlagen wird. An der „rechtspolitischen Schraube" sollte man jedenfalls zunächst nicht zu drehen versuchen; anderenfalls würde man „sehr leicht [...] zum Totengräber der Kodifikation überhaupt"[1193].

Ausreichend sei also zunächst die Abfassung und Durchsetzung eines Arbeitsvertragsgesetzes, welches weniger brisante rechtspolitische Fragestellung zu lösen bzw. zu berücksichtigen versuche, mithin eine Kompilation, „eine Art kurzgefaßter Schaub in Gesetzesform"[1194]. Entscheidend sei schließlich, den „Konsens ohne übertriebenen Reformeifer" zu finden; nur so bestünde auch „eine gewisse Chance, daß das ganze Vorhaben nicht zum Opfer koalitionspolitischen Gezänks" würde[1195].

Doch kann ein „Kodifikatiönchen", oder, wie auch angeführt wurde, ein „enggeführtes Vertragsgesetz"[1196], das im Wesentlichen die geltende Rechtslage unter Ausschluss rechtspolitisch brisanter Fragestellungen abbildet, die seitens der Reformer vorgebrachten Ziele nach mehr Transparenz und befriedender Rechtssicherheit im Arbeitsrecht realisieren? Die Mehrheit der Diskutanten vor dem DJT schien dieser Auffassung zu sein. Nur bei der Vorgehensweise war man sich seitens der Befürworter des Kodifikationsprojekts offenbar nicht einig. Während die eine Seite sich für ein „rasches Handeln" aussprach und gar dafür plädierte, möglichst auf die Erarbeitung eines weiteren Kommissionsentwurfs zu verzichten, da dies das Vorhaben unnötig um weitere Jahre hinauszögern würde[1197], optierten andere für eine eher behutsamere Vorgehensweise, zumal man

[1192] Ebd., S. P 96.
[1193] Ebd., S. P 96.
[1194] Ebd., S. P 95.
[1195] Ebd., S. P 97.
Inwieweit nun der vom Arbeitskreis vorgelegte und vor dem DJT zur Diskussion gestellte Gesetzesentwurf diesen Erfordernissen gerecht würde, teilte Willemsen nicht mit. Vielmehr verwies er auf einen eigens vom DAV veröffentlichten Entwurf, der diese Forderungen wirksam umsetzen könnte.
Dieser von Seiten des DAV vorgelegte Vorschlag eines Gesetzes(teil)entwurfs zum Arbeitsvertragsrecht, wird noch zu beleuchten sein.
[1196] Vgl. dazu EICH, (wie Anm. 1142), S. P 119f.
[1197] Vgl. ZIRNBAUER, (wie Anm. 1142), S. P 113.

mehrheitlich den vorgelegten „Professorenentwurf" noch als verbesserungsbedürftig qualifizierte. Auch die Furcht vor einem „erneuten Scheitern" infolge möglichen Widerstands seitens der Interessenverbände teilten viele Diskutanten[1198]. So wurde hierbei die vorwiegend ablehnende Haltung der Verbände moniert; doch gerade aus Sicht der Arbeitgeber sei eine Kodifizierung des Arbeitsvertragsrechts angebracht, da besonders kleine Unternehmen, die „keine Mitarbeiter mit arbeitsrechtlichen Spezialkenntnissen" hätten, darauf angewiesen seien, dass „ihnen Außenstehende arbeitsrechtliche Hilfe" leisteten. Um hier wirksam Abhilfe schaffen zu können, sei nun allein die Verabschiedung eines entsprechenden Arbeitsvertragsgesetzes geboten, sodass man schließlich dem „kleineren oder mittleren Unternehmen" das Folgende – die Lektüre des vollen Zitats lohnt hier sehr – mitteilen könnte:

> „Was da im Deutschen Bundestag entstehen soll, das hilft Dir. Du brauchst für die simplen Fragen nicht mehr unbedingt Dritte anzusprechen. Sicherlich wird es immer Dinge geben, die kompliziert sind. Aber für den Durchschnittsfall wird es künftig ausreichen, wenn Du ins Gesetz schaust"[1199].

Doch würde die Lage der Arbeitgeber mit einem Arbeitsvertragsgesetz tatsächlich verbessert? Vor allem die Arbeitgeberverbände schienen dies jedenfalls zu bezweifeln.

Die Mitglieder des Arbeitskreises votierten konsequent geschlossen für das Reformprojekt. So auch Richardi[1200], der zwar auch einräumte, dass die Schaffung einer „Gesamtkodifikation" nicht herzustellen sei. Dennoch könne daraus nicht abzuleiten sein, dass die „Gestaltung der Arbeitgeber-Arbeitnehmer-Beziehungen nur noch [durch] Einzelgesetze möglich" sei. Anderenfalls stehe das „Prinzip des Rechtsstaats auf dem Spiel". Auch Einzelgesetze müssten den „Systemzusammenhang des gesamten Rechts beachten". Der „Komplexität und der Dynamik der gesellschaftlichen Entwicklung [dürfe] keine komplexe Rege-

---

Anders Wolfhard Kothe, der sich für eine erneute Einsetzung einer Kommission aussprach; diese habe jedoch keineswegs die „Aufgabe in 5 oder 7 Jahren" einen erneuten Entwurf vorzulegen. Vielmehr müsste die Kommission „ein Forum sein, das begleitend zu der bereits heute notwendigen Normierungstätigkeit zu bilden [sei]"[1197]. Was man sich genau unter dieser Maßgabe vorzustellen habe, führte Kothe indes nicht weiter aus.

Vgl. KOTHE, (wie Anm. 1142), S. P 136.

[1198] Vgl. dazu etwas das Vorbringen KONZENS, (wie Anm. 1142), S. P 116f. oder HEGELS, (wie Anm. 1142), S. P 121.

[1199] HEGELS, (wie Anm. 1142), S. P 121.

[1200] In seinem im gleichen Jahr erschienenen Beitrag machte er deutlich, dass das gegenwärtige Arbeitsrecht allenfalls als ein „kunstvoll geordnetes Chaos oder einen Irrgarten des Rechts" charakterisiert werden könne, „in dem sich nicht einmal mehr der Durchschnittsjurist" auskennen würde.

Vgl. RICHARDI, Arbeitsvertragsgesetz und Privatautonomie, NZA 1992, S. 772.

lung entsprechen", vielmehr müssten „klare Grundsätze auf komplexe Sachverhalte zur Anwendung gebracht werden". Ein Zerfall in „Subsysteme" dürfe schließlich nicht „dadurch manifestiert und gesichert werden, dass man auch im normativen Bereich entsprechende Subsysteme" etabliere. Und gerade dies versuche der vom Arbeitskreis vorgelegte Entwurf zu verhindern und eine „freiheitliche Ordnung in der Gestaltung der Arbeitgeber-Arbeitnehmer-Beziehung zu sichern". Lediglich die „Vereinheitlichung" des Arbeitsvertragsrechts nicht jedoch eine „Gesamtkodifikation des Rechts" sei das verfolgte Ziel[1201].

Die Mehrheit schien sich für die Realisierung des geplanten Projekts auszusprechen; die Frage nach dem „Ob" schien jedenfalls von der Mehrzahl der Teilnehmer am Juristentag mit „Ja" beantwortet worden zu sein. Dies ändert jedoch an der Tatsache nichts, dass die Kritik gegenüber dem vorgelegten Entwurf des Arbeitskreises pointiert ausfiel. Befürchtet wurde auch, dass das geplante Arbeitsvertragsgesetz „neue Fragen" aufwerfen und damit durchaus einen Pool für Rechtsunsicherheit darstellen könnte, welche dann wiederum durch Praxis und Rechtsprechung ausgeräumt werden müsste.

Bevor die drei Referenten mit ihrem jeweiligen Schlusswort die Diskussion beendeten, ist noch auf eine Stellungnahme hinzuweisen, in welcher abermals zur kritischen Reflexion des geplanten Vorhabens aufgerufen wurde.

So wurde berechtigterweise bezweifelt, dass durch ein Arbeitsvertragsgesetz „der Rechtszersplitterung entgegengewirkt" werden könne. Vielmehr sei zu befürchten, dass das exakte Gegenteil eintrete, vor allen da „derzeit einigermaßen geschlossene Einzelgesetze" vorlägen, jedoch der „Entwurf einzelne Regelungen aus diesen Einzelgesetzen" herausgreife und in das Arbeitsvertragsgesetz aufnehme, wobei dann aber daneben die „Einzelregelungen weiterhin bestehen bleiben" würden[1202].

Der Referent Manfred Weiss stufte in seinem Schlussbeitrag nochmals die Erfolgsaussichten einer Kodifikation des Arbeitsvertragsrechts als gering ein. Zumindest stellten sich die „Bedingungen für das Zustandekommen eines solchen Arbeitsgesetzbuches und dessen Stellenwert in einem monolithisch organisierten, an Interessenidentität orientierten System [...] völlig anders dar [...] als in einer auf Interessenpluralismus ausgerichteten, freiheitlich-demokratischen Gesellschaft". Weiss bekräftigte weiterhin, dass sein Hinweis hinsichtlich der größeren Anpassungsfähigkeit des Richterrechts im Vergleich zu Einzelgesetzen lediglich als ein „unbestreitbares Phänomen" zu verstehen sei und keineswegs zu bedeuten habe, dass er „den Rechtsstaat zu Grabe tragen" wollte[1203].

[1201] RICHARDI, (wie Anm. 1142), S. P 133.
[1202] So MIELICH, (wie Anm. 1142), S. P 184.
[1203] WEISS, (wie Anm. 1142), S. P 188.

Vielmehr plädierte Weiss für eine behutsame Vorgehensweise; zunächst sei lediglich eine „Kumulation von Einzelgesetzen“ vorzunehmen. Das Erlangen einer „Einheit der Rechtsordnung“ sei zwar ein „sehr schönes Wunschbild“. Jedoch habe dies mit „der Realität unserer Gesellschaft nicht mehr viel zu tun“; eine „Vielzahl hochkomplexer und ausdifferenzierter Sonderbereiche mit jeweils erheblicher Eigendynamik“ könne nicht ohne weiteres mit „dem Bande der Einheit der Rechtsordnung umschlungen werden“. Das Arbeitsvertragsrecht ließe sich „eben nicht als bloßes Versatzstück des Privatrechts begreifen“; es sei nicht „eine Art verlängerter Arm des BGB“, sondern müsse stets im „Zusammenhang mit dem Kollektiven Arbeitsrecht und den öffentlich-rechtlichen Elementen des Arbeitsrechts gesehen und interpretiert werden“, was ihm schließlich ein „unverwechselbares Eigengepräge“ einbringen würde[1204].

Gewisse Einzelmaterien, wie etwa das Thema Gleichbehandlung der Geschlechter im Arbeitsrecht, seien, inzwischen so „komplex“, dass sie einer „differenzierten Regelung“ bedürften, was wiederum „nur einzelgesetzliche Regelung bedeuten“ könne.

Auch von europarechtlicher Seite sei künftig eine stärkere Einflussnahme auf arbeitsrechtliche Fragen zu erwarten, was Anpassungen des nationalen Rechts zur Folge hätte; für eine abgeschlossene Kodifikation wäre dies nur schwerlich zu leisten[1205].

Ursula Köbl qualifizierte die Umsetzung des Kodifikationsprojekts als „herrschende Meinung“; auch sei der Gesetzgeber dazu ohnehin durch den Einigungsvertrag verpflichtet. Die über Jahrzehnte hin durch das „immense Anwachsen des Richterrechts auf arbeitsrechtlichem Gebiet“ Verletzung der „Prinzipien der Gewaltenteilung, des Rechtsstaats und der Demokratie“ sei nun entschieden entgegenzutreten und der Ansicht zu widersprechen, dass inzwischen eine „Art ‚Verfassungsgewohnheitsrecht‘ entstanden [sei], die schweigende Duldung des Gesetzgebers könne als Ermächtigung der Judikatur zur Richterrechtsbildung aufgefaßt werden“[1206].

Dirk Neumann schließlich votierte noch einmal für eine schnelle Vorgehensweise und dafür, das Projekt, ohne Aufstellung einer erneuten Kommission, möglichst noch in der laufenden Legislaturperiode „an[zu]packen“[1207].

Die im Anschluss an die Debatten geführte Beschlussfassung fiel zwar hinsichtlich der allgemeinen Empfehlung, dass „eine gesetzliche Regelung des Arbeitsvertragsrechts nach Art. 30 Abs. 1 Nr. 1 Einigungsvertrag [...] im Hinblick auf die Herstellung der deutschen Rechtseinheit besonders dringlich“ sei, relativ

---

1204 Ebd., S. P 189.
1205 Ebd., S. P 189f.
1206 KÖBL, (wie Anm. 1142), S. P 191.
1207 NEUMANN, (wie Anm. 1142), S. P 192f.

eindeutig aus[1208]; Fragen hinsichtlich der weiteren Vorgehensweise wurden dann jedoch eher uneinheitlich beschlossen[1209].

(2) Der Entwurf vor dem 59. DJT – Würdigung

Obwohl eine relativ klare Mehrheit sich vor dem Deutschen Juristentag grundsätzlich für eine gesetzliche Regelung des Arbeitsvertragsrechts aussprach und hier eine besondere Dringlichkeit als gegeben ansah, bleibt doch zu konstatieren, dass man einer zügigen Realisierung, etwa auf Grundlage des vom Arbeitskreis „Deutsche Rechtseinheit im Arbeitsrecht" eingebrachten Entwurfs eines Arbeitsverhältnisgesetzes mit gewisser Skepsis entgegentrat. Die Realisierung des Vorhabens innerhalb eines Jahres hielt man jedenfalls mehrheitlich für ausgeschlossen.

Während Köbl und Neumann für eine möglichst rasche Durchsetzung des Kodifikationsvorhabens votierten, warnte der Referent Weiss vor Übereilung und warb allgemein für Zurückhaltung. Die Argumente, die er gegen das Vorhaben vorbrachte waren gewichtig und erinnerten etwa an das Vorbringen von Kübler, der die Durchsetzbarkeit einer Kodifikation schon aus wirtschaftlichen, gesellschaftlichen und politischen Gründen als unrealistisch einstufte[1210], oder, noch weiter zurückliegend, an Hedemann, der vor einer „Novellierungsflut" nach der Verabschiedung eines Arbeitsvertragsgesetzes warnte[1211].

Bei den Debatten, an denen mehrheitlich Vertreter der Wissenschaft und weniger solche der Sozialpartner oder Wirtschaft teilnahmen, kristallisierte sich zwar auch überwiegend das Bestreben heraus, für eine Verabschiedung eines Arbeitsvertragsgesetzes einzutreten; dennoch räumten auch sehr viele Diskutanten ein, dass der vom Arbeitskreis eingebrachte Entwurf weniger als Grundlage herangezogen werden könnte. Gerade Anhänger der Sozialverbände, die keineswegs zahlreich an der Diskussion beteiligt waren, zeigten sich skeptisch, beurteilten den Entwurf des Arbeitskreises entweder als zu „arbeitgeberlastig" oder stuften ihn als praxisuntauglich bzw. unwirtschaftlich ein.

[1208] Dieser Antrag wurde mit 202:78:5 Stimmen angenommen. Vgl. (wie Anm. 1142), S. P 201.

[1209] So stimmten lediglich 156:142:13 für den 2. Ordnungspunkt: „Der Bundesregierung wird empfohlen, zur Ausführung des Gesetzgebungsverfahrens noch im Jahre 1993 einen Gesetzesentwurf vorzulegen". Abgelehnt mit 93:152:38 Stimmen wurde dann der dritte Ordnungspunkt: „Der Bundesregierung wird empfohlen, auf der Basis und mit dem Regelungsumfang des vorliegenden Arbeitskreisentwurfs eines Arbeitsvertragsgesetzes (ArbVG 92) noch im Jahre 1993 einen Regierungsentwurf in das Gesetzgebungsverfahren einzubringen und die Verbände (Gewerkschaften, Arbeitgeberverbände, Anwaltsvereine, Verbände der Berufsrichter der Arbeitsgerichtsbarkeit) aufzufordern, innerhalb von drei Monaten ihre Standpunkte darzulegen und konstruktive Gegenvorschläge zu unterbreiten." Vgl. ebd., S. P 201.

[1210] Vgl. dazu auch obige Ausführungen unter B. V. 2. b) ii).

[1211] Vgl. dazu auch die obigen Ausführungen unter B. III. 1. c) aa) (4).

Die Argumente hingegen, die seitens der Befürworter des Projekts hervorgebracht wurden, schienen sich stets zu wiederholen. Einerseits wurde immer wieder bekräftigt, dass wegen Art. 30 des Einigungsvertrages geradezu ein Zwang, ein Auftrag von Verfassungsrang, bestünde, eine Kodifikation des Arbeitsverhältnisrechts so schnell wie möglich herbeizuführen. Gerade für die ostdeutschen Bürger, die in der Vergangenheit mit dem Umgang einer arbeitsrechtlichen Kodifikation vertraut waren, sollte nun das „lückenhafte“ und „zersplitterte“ Arbeitsrecht der Bundesrepublik zugunsten von „größerer Rechtssicherheit“ abgelöst und die „Herstellung der Rechtseinheit im Arbeitsrecht“ erreicht werden. Doch lässt sich tatsächlich konstatieren, dass die Bürger Ostdeutschlands noch zu DDR-Zeiten von „Rechtssicherheit“ im Arbeitsrecht profitieren konnten? Kann denn wirklich bestätigt werden, dass die Herbeiführung einer Kodifikation, so wie es die Mehrzahl der Diskutanten und Referenten vor dem Deutschen Juristentag vortrug, für umfassende oder zumindest „ein mehr“ an Rechtssicherheit sorgen?

Sowohl die Mitglieder des Arbeitskreises als auch die sonstigen Befürworter des Projekts schienen diese Frage mit „ja“ zu beantworten – dies konnte jedenfalls durch die Auswertung der Stellungnahmen vor dem Juristentag aufgezeigt werden.

Uneinigkeit zwischen den Befürwortern des Reformprojekts untereinander bestand dann aber einerseits hinsichtlich der zeitlichen Realisierbarkeit des Vorhabens, als auch bezüglich der Frage, wie umfassend die arbeitsrechtliche Kodifikation letztendlich ausfallen sollte. Beachtlich erschien das Vorbringen, zunächst lediglich ein „Kodifikatiönchen“ durchsetzen zu wollen, möglichst ohne Aufnahme „rechtspolitisch brisanter Fragen“ um vor allem zunächst „erproben“ zu können, inwieweit „mit ernsthaftem Bemühen aller Beteiligten zu einer Gesetzesregelung“ zu rechnen wäre. Andere tendierten in die ähnliche Richtung als sie für die Durchsetzung zumindest einer „Kodifikation bei begrenzter Sachreform“ votierten. Man schien also durchaus zu bemerken, dass eine „umfassende“ Kodifikation möglicherweise keinen allgemeinen Konsens finden würde; die Realisierung eines solchen Projekts schließlich an politischen Mehrheiten hätte scheitern können. Der Ausweg schien nun das Einbringen eines „Kodifikatiönchens“ zu sein – quasi als „Mindestziel“. Handelte es sich hierbei nun um einen wahrhaft aussichtsreichen Ansatz, der letztlich geeignet sein würde, die Forderung nach Rechtseinheit und Rechtssicherheit im Arbeitsrecht wirksam durchsetzen zu können? Oder müsste vielmehr bei einer solchen Vorgehensweise zu konstatieren sein, dass lediglich als „Zwischenziel“ die arbeitsrechtliche Praxis als eine Art „Versuchsobjekt“ missbraucht, jedoch das immer wieder postulierte Ziel der Rechtssicherheit und -einheit in weite Ferne gerückt würde? Könnte sich ein „Kodifikatiönchen“ schließlich nicht mehr als eine „idée fixe“ erweisen[1212]?

Ein weiteres Argument, das seitens der Befürworter des Kodifikationsprojekts regelmäßig für das Vorhaben eingebracht wurde, war die Stellung der Rechtsprechung im Arbeitsrecht, die sich mangels existierender gesetzlicher Regelungen regelmäßig als Ersatzgesetzgeber aufspielen müsste und damit für Intransparenz und Rechtsunsicherheit sorgen würde. Andererseits wurde dann aber wiederum angeführt, dass abschließende Regelungen gewisser Sachverhalte auch im Rahmen einer Kodifikation nicht bewerkstelligt werden könnten und zwingend Generalklauseln und unbestimmte Rechtsbegriffe sowie offene und damit nicht abschließend aufgefasste Vorschriften Eingang in das zu schaffende Arbeitsvertragsgesetz finden müssten. Inwiefern nun hierdurch „ein mehr“ an Rechtssicherheit und Transparenz erreicht werden sollte, bleibt fraglich.

Ein Arbeitsvertragsgesetz sollte also kommen – nur wann und wie? Die Beteiligten am Juristentag konnten hierüber jedenfalls keine einheitliche Lösung postulieren; auch war man nicht sicher, ob nun erst einmal wieder eine neue Kommission einzusetzen war, die erneut, wie auch in den 1970er Jahren über das Projekt sinnieren sollte, oder ob man den vorliegenden Entwurf des „Professorenkreises“ möglichst schnell dem Gesetzgebungsverfahren zuleiten sollte.

Unsicherheiten bestanden also zur Genüge; so wundert es auch kaum, dass auch in den Folgejahren in Sachen Arbeitsrechtskodifikation keine der gewünschten Erfolge erzielt werden konnten.

(3) Die Aufnahme des Entwurfs außerhalb des DJT

Bereits vor den Beratungen des Entwurfs eines Arbeitsvertragsgesetzes am Deutschen Juristentag äußerte sich der Rechtswissenschaftler Wolfgang Däubler zu dem Projekt des Arbeitskreises „Deutsche Rechtseinheit im Arbeitsrecht“. Kritisch beginnt er zu hinterfragen, ob es beim Arbeitsvertragsrecht um eine Materie handeln würde, die überhaupt kodifiziert werden könne. Konkret macht Däubler zahlreiche Einwände gegen das vom Arbeitskreis verfolgte Reformprojekt geltend.

Das „besondere Anliegen der Verfasser [hinsichtlich der] Zurückdrängung des Richterrechts“ sei vollends zu missbilligen. Dabei bezweifelt er überdies die Realisierbarkeit, „die Rechtsprechung überall an Richtlinien zu binden“ und ihr lediglich „die Kompetenz zu belassen, die Besonderheiten des Einzelfalls zu be-

[1212] Die Anspielung auf Hector Berliozs „Symphonie fantastique“ – die auf einer Geschichte, mit der sich der französische Komponist seinerzeit durchaus identifizieren konnte, basiert, welche von einem jungen Künstler handelte, der aus Liebe zu einer Frau den Verstand verliert – sei dem Verfasser zu verzeihen. Das musikalische Thema, das Berlioz dafür schrieb, sollte die Besessenheit des jungen Künstlers ausdrücken und erhielt den Namen idée fixe.

rücksichtigen“[1213]. Vielmehr sollte dem Richterrecht „die wichtige Funktion zukommen, Praxisprobleme aufzugreifen und in Form einer dezentralen Regelbildung auf sie zu reagieren“[1214].

Insgesamt könne sich „staatliche Intervention [...] angesichts der Komplexität und Krisenanfälligkeit der modernen Gesellschaft nicht mehr auf das Mittel des allgemeinen Gesetzes beschränken“[1215]. Gerade im Hinblick auf europarechtliche Entwicklungen würde „die umfassende und im Prinzip abschließende gesetzliche Regelung eines bestimmten Rechtsgebiets“ auf Hindernisse stoßen. Die nationale arbeitsrechtliche Kodifikation würde zunehmend mit europarechtlichen Vorgaben konfrontiert und diese beeinflussen. Auch müsse akzeptiert werden, dass sich das Arbeitsrecht „nur schwerlich gegen den dezidierten Willen der sozialen Gegenspieler reformieren“ lassen könnte.

Konkret auf den vom Arbeitskreis ausgearbeiteten Gesetzesentwurf ließe sich, so Däubler weiter, konstatieren, dass es sich dabei um nicht mehr als ein „neues ‚Arbeitsrechtsbereinigungsgesetz'“ handeln würde und lediglich „einen Teil des Arbeitsvertragsrechts“ umfasse. Der Entwurf besitze weiterhin „keine so stringente innere Struktur, daß einzelne Normen des EG-Rechts ihn insgesamt in Frage stellen müssten; wo nicht die deduktive Logik, sondern der Pragmatismus“ herrsche, ließen sich „von außen kommende Änderungen unschwer verkraften“.

Insgesamt werde das Projekt ohnehin am „fehlenden politischen Konsens“ scheitern, so die Prognose Däublers. Die von ihm ganz prinzipiellen Bedenken, wie auch die von ihm erhobenen inhaltlichen Mängel[1216] des Entwurfs, führten Däubler zu dieser Gesamteinschätzung.

Däublers Kollege aus Bochum, Rolf Wank, beurteilte die Erfolgsaussichten des Projekts völlig anders – was angesichts der Tatsache, dass er als Mitglied des Arbeitskreises „Deutsche Rechtseinheit im Arbeitsrecht“ bei der Ausarbeitung des Entwurfs eines Arbeitsvertragsgesetzes maßgeblich beteiligt war, kaum verwundert.

Eine „Systematisierung und Vereinheitlichung des geltenden Rechts, verbunden mit begrenzter Sachreform“ – dafür stünde nun der seitens des Arbeits-

---

[1213] DÄUBLER, Ein Arbeitsvertragsgesetz?, AuR 1992, S. 130.
[1214] Ebd., S. 130.
[1215] Ebd., S. 130. Das Kernargument Küblers, der schon 1969 die Möglichkeit der Kodifizierung des Rechts im demokratischen Rechtsstaat in Frage stellte, wird hier verwertet.
[1216] Däubler bemängelt etwa den „drastischen sozialpolitischen Rückschritt“, der seitens der Arbeitnehmer zu verzeichnen sei und sich „insbesondere an der Lohnfortzahlung im Krankheitsfall und an der Auflockerung des Diskriminierungsverbotes“ festmachen ließe.
Die inhaltliche Auseinandersetzung Däublers mit dem Entwurfs kann hier im Einzelnen nicht nachgezeichnet werden; vgl. dazu seine Ausführungen, ebd., S. 131ff.

kreises vorgelegte Gesetzesentwurf[1217]. Der vorgelegte Entwurf würde maßgeblich durch „Systematisierung" verstreuter Regelungen zur Rechtssicherheit beitragen können. Das Arbeitsrecht müsste künftig „so übersichtlich angeordnet und so formuliert sein, daß es nicht nur für den Rechtsstab der Anwälte und Arbeitsrichter, sondern auch für die Rechtspraxis der Arbeitnehmer, der Betriebsräte und der Arbeitgeber verständlich" sei[1218].

Andererseits wollte man „aus Gründen der politischen Durchsetzbarkeit, der Übersichtlichkeit und der Flexibilität [...] von vornherein davon absehen, alle Detailfragen regeln zu wollen". Generalklauseln und unbestimmte Rechtsbegriffe sollten ferner eingeschränkt werden; „ein Arbeitsvertragsgesetz [habe] die Aufgabe, diese unbestimmten Gesetzesfassungen so weit wie möglich in konkrete Fallgruppen und Wertungsvorgaben aufzulösen"[1219]. Dass der Entwurf jedoch keineswegs ohne solche unbestimmten Rechtsbegriffe oder unzureichende, ausfüllungsbedürftige Definitionen auskam, wurde bereits aufgezeigt.

Ein allgemein verständliches, übersichtliches Arbeitsvertragsgesetz sollte also geschaffen werden; gewisse Bereiche des Individualarbeitsrechts sollten jedoch zwingend ausgenommen werden, wie diese des personalen Arbeitsschutzes. Auch würde die beabsichtigte Kodifizierung bei begrenzter Sachreform unter Verzicht detaillierter Einzelregelungen des Arbeitsvertragsrechts nicht zu einer „Erstarrung" führen können, so wie es Jahre zuvor etwa Herschel befürchtet hatte[1220].

Ulrich Mückenberger, der in einem Betrag über die „Perspektiven einer deutschen Arbeitsvertragsrechtsreform" sprach, konstatierte gleich zu Beginn seiner Ausführungen, dass die „Beschlüsse des 59. Juristentages [...] zu einer [...] Neuorientierung des Arbeitsrechts nichts beigetragen" hätten[1221].

Ihm ging wohl das vom Arbeitskreis und der Mehrheit des Juristentages gefasste Ziel nicht hinreichend weit genug. „Eine Novellierung des Arbeitsvertragsrechts", so Mückenberger, dürfe sich nämlich „nicht auf das primäre Ziel beschränken, das zersplitterte Arbeitsrecht zu vereinheitlichen"; vielmehr müsse sie sich „vom veränderten Koordinatensystem von Arbeit und Gesellschaft leiten lassen – d.h. sich mit der veränderten Problemkonstellation des Erwerbslebens auseinandersetzen und daraus neue normative Regelungsmuster entwickeln[1222].

Das Arbeitsrecht und die „Erwartungen an seine Regulierungskapazität" sei-

---

1217 WANK, Die wesentlichen Inhalte eines Arbeitsvertragsgesetzes, DB 1992, S. 1826.
1218 Ebd., S. 1827.
1219 Ebd., S. 1827f.
1220 Ebd., S. 1826; zum Vorbringen Herschels vgl. die obigen Ausführungen unter B. V. 2. b) aa).
1221 MÜCKENBERGER, Perspektiven einer deutschen Arbeitsvertragsrechtsreform?, ZRP 1992, S. 456.
1222 Ebd., S. 458.

en ferner noch „stark auf den Nationalstaat zugeschnitten". Eine „Neuregulierung müßte sich hier dem Gedanken stellen, wie eine wohl auf absehbare nicht überflüssige nationalstaatliche Regelung des Arbeitsverhältnisses einerseits mit internationaler Normsetzung verfugt und damit zu einer Geltungserweiterung gebracht, andererseits mit dezentralen betrieblichen und tariflichen Normsetzungsprozessen verknüpft werden könnte"[1223].

Insgesamt sollten nach Mückenberger „die Diskussionen neu aufbrechen"[1224] und die Realisierung einer Arbeitsvertragsrechtsreform vorangetrieben werden – jedoch in weiterem Umfang als etwa im Rahmen einer Vereinheitlichung des zersplitterten Arbeitsrechts, so wie es die überwiegende Zielsetzung des Entwurfs des Arbeitskreises Deutsche Rechtseinheit im Arbeitsrecht vorsah.

„Die Kodifikation des Arbeitsvertragsrechts solle nicht länger aufgeschoben werden", stellte dann Steinmeyer fest. Allerdings dürfe es bei einer „Kodifikation des Arbeitsrechts [...] nicht darum gehen, den Richter zu ‚entthronen', Richterrecht [sei] für die Fortentwicklung des Rechts unverzichtbar". Auch würde die „fehlende einheitliche Kodifikation des Arbeitsrechts [...] in der Praxis auch nicht dadurch ausgeglichen, daß Tarifverträge arbeitsvertragliche Rechtsbeziehungen einheitlich" regelten, da diese „jeweils nach ihrem sachlichen, persönlichen oder räumlichen Geltungsbereich beschränkt" seien[1225]. Ähnlich wie Köbl und ihre Anhänger plädierte Steinmeyer schließlich für eine Kodifikation „mit einer begrenzten Sachreform". Im wesentlichen müsste es darum gehen, „arbeitsvertragsrechtliche Einzelgesetze in einem Gesetzgebungswerk zusammenzufassen"; inhaltliche Neuregelungen sollten lediglich dort erfolgen, „wo sie aus verfassungs- oder europarechtlichen Gründen geboten [seien] oder wo einer bestehenden Rechtsunsicherheit abgeholfen werden" müsse[1226].

Eine Aufnahme „sozialer Grundrechte" sollte nicht erfolgen, da dies „mehr Verwirrung als Klarheit" schaffen würde.

Schließlich müsste die Kodifikation das Rechtsgebiet in „verständlicher Weise normieren. Allerdings sei es „eine Illusion, ein Gesetzbuch schaffen zu wollen, das für jeden Betroffenen aus sich heraus unmittelbar verständlich" sein könnte. Für „Volksgesetze" sei jedenfalls „unser Wirtschafts- und Gesellschaftssystem zu kompliziert strukturiert"[1227].

Befürchtungen dürften sich schließlich nicht an einer Novellierungsflut, die dem Gesetz ausgesetzt sein könnte, zeigen. „Angesichts der dynamischen Ent-

---

[1223] Ebd., S. 457.
[1224] Ebd., S. 460.
[1225] STEINMEYER/JÜRGING, Überlegungen zu einer gesamtdeutschen Kodifikation des Arbeitsvertragsrechts, NZA 1992, S. 781.
[1226] Ebd., S. 782.
[1227] Ebd., S. 782.

wicklung des Arbeitsrechts“ sei keinesfalls zu verhindern, dass „das Gesetzgebungswerk immer wieder überarbeitet werden“ müsste, so Steinmeyer[1228].

Freilich versuchten weitere Mitglieder des Arbeitskreises, darunter auch Robert Heuse oder Wolfgang Hromadka, für das Vorhaben zu werben. Die jeweils vorgebrachten Argumente glichen jenen weitgehend, die auch bereits vor dem Juristentag seitens der Befürworter des Projekts geäußert wurden. Jegliche „ablehnende Grundhaltung, die historisch gewachsen sein [möge], aber allein deshalb keinen Anspruch auf Beibehaltung erheben“ könne, müsse ausgeräumt werden, so Heuse[1229]. Es sei an der Zeit „unser Arbeitsvertragsrecht aufzuzeichnen“ ohne dabei an „grundstürzende Neuerungen“ zu denken um nicht erneut ein „frühes Ende des Entwurfs“ heraufzubeschwören, so schließlich Hromadka[1230].

Martin Henssler, seinerzeit noch nicht an der Ausarbeitung des Gesetzesentwurfs beteiligt, stufte das „Schicksal des neuen Kodifikationsvorstoßes“ als „ungewiß“ ein. Für die Kodifikation würden vielerlei Gründe sprechen, „namentlich die Notwendigkeit eines erleichterten Zugangs zum Arbeitsrecht, seiner Systematisierung und Vereinheitlichung“[1231]. „Ergänzt und verstärkt“ würden diese „schon bekannten Kodifikationsargumente“ durch Art. 30 I Nr. 1 des Einigungsvertrages. Niemand würde bestreiten, dass es sich beim Arbeitsrecht um „law in action“[1232] handele und „daß es daher Entwicklungsfreiheit für die Rechtsprechung geben“ müsse. Doch auch ein „Arbeitsvertragsgesetzbuch [könne] aber durchaus genügend Raum für die Rechtsfortbildung lassen“[1233]. Doch müssten der „Richtermacht“ feste Grenzen auferlegt werden.

Henssler stellte, wie auch viele seiner Kollegen, die für das Reformvorhaben votierten, auf das Verständlichkeitspostulat ab: So müsse stets auch „der Arbeitgeber, der sich keine eigene Rechtsabteilung leisten [könne], ein Anrecht darauf [haben], wenigstens die elementaren Grundzüge des Arbeitsvertragsrechts in verbindlicher und verständlicher Form nachlesen zu können“[1234].

Mit dem vorgelegten Entwurf eines Arbeitsvertragsgesetzes sei das erlangte Resultat – die Herstellung eines Minimalkonsenses – positiv zu bewerten, da es

---

1228 Ebd., S. 785.

1229 HEUSE, Arbeitsvertragsgesetzentwurf ’92 – ein neuer Kodifikationsversuch, BB 1992, S. 1148.

1230 HROMADKA, Ein Arbeitsvertragsgesetz – Der Diskussionsentwurf des Arbeitskreises „Deutsche Rechtseinheit im Arbeitsrecht“, NJW 1992, S. 1985, 1993.

1231 HENSSLER, Der Diskussionsentwurf eines Arbeitsvertragsgesetzes des Arbeitskreises Deutsche Rechtseinheit, JZ 1992, S. 833.

1232 Hier bezieht sich Henssler auf das Vorbringen Schwerdtners aus dem Jahre 1979; vgl. dazu die obigen Ausführungen unter Anm. 966.

1233 Ebd., S. 833.

1234 Ebd., S. 834.

dadurch kompromiss- bzw. konsensfähig sein würde. Eine solche „Kompromißkodifikation" bedeute allerdings aus Sicht der Sozialpartner „nicht nur Rechtssicherheit, sondern zugleich Stagnation auf einem teilweise als unbefriedigend empfundenen Niveau". Die „verständliche Sehnsucht der Gewerkschaften nach einem modernen zukunftsweisenden Arbeitsrechtssystem" müsse jedoch „zwangsläufig Utopie" bleiben. „Allein der von den Verfassern des Entwurfs beschrittene Weg" sei Erfolg versprechend, so Henssler[1235].

Der DGB wartete mit eigenen „Thesen für ein Arbeitsverhältnisgesetz" auf[1236]. Diese fassten § 17 Vorschriften und regelten „Einzelfragen des Arbeitsverhältnisses". Vorangestellt wurde ein Abschnitt über „Grundrechte im Arbeitsverhältnis", der wiederum fünf Artikel umfasste. Gerade an dieser Stelle wird ersichtlich, dass sich die Vorstellungen von einem Arbeitsvertragsgesetz nicht unerheblich von dem seitens des Arbeitskreises vorgelegten Entwurf unterschieden haben. Während der Arbeitskreis eine Voranstellung von Grundrechten ablehnte, sah der Gewerkschaftsbund dessen Aufnahme als zwingend geboten an. Auch in Einzelfragen, etwa zur Arbeitnehmerhaftung, wich der Vorschlag des DGB vom Professorenentwurf ab. So suchte etwa § 12 II der DGB-Thesen für ein Arbeitsverhältnisgesetz die Ersatzpflicht des Arbeitnehmers in Fällen grober Fahrlässigkeit ausnahmslos einzuschränken, während § 99 II des Professorenentwurfs dies nur ermöglichen sollte, „soweit [die Ersatzpflicht] wegen besonderer, in der Art der Arbeit oder der Person des Arbeitnehmers oder der Höhe des Schadens liegender Umstände eine unzumutbare Härte bedeuten würde".

Die „DGB-Thesen" sollten, wie bei ihrer Veröffentlichung bestätigt wurde, „eine Grundlage für die Beratungen des Juristentages bilden und Anregungen für die künftige rechtspolitische Diskussion geben"[1237]. Doch dürfte schnell bewusst geworden sein, dass sich eine schnelle Einigung mit den Gewerkschaften durch die im Detail doch sehr unterschiedlichen Vorstellungen in arbeitsrechtlichen Einzel- bzw. Grundsatzfragen nicht würde abzeichnen können.

Die Arbeitgeberverbände legten dagegen keinen dem DGB entsprechenden Thesenkatalog vor. Wie dieser Umstand sowie die Debatten am Juristentag gezeigt haben, schienen sie sich vielmehr ganz grundsätzlich von dem Vorhaben distanzieren zu wollen.

Der Deutsche Anwaltverein legte indes im August 1992 eine eigene Stellungnahme vor, die Vorschläge zum Kündigungsrecht zu einem Arbeitsvertragsgesetz beinhalteten. Der eigens vom DAV eingesetzte Arbeitsrechtsaus-

---

[1235] Ebd., S. 835.
[1236] Veröffentlicht wurden die „DGB-Thesen für ein Arbeitsverhältnisgesetz" in: ArbuR 1992, S. 267ff.
[1237] Ebd., S. 267.

schuss stellte sich hierbei konkret zur Aufgabe, „eines der Kerngebiete des Deutschen Arbeitsrechts nach seinem derzeitigen Stand zu beschreiben und das Kündigungsrecht nach dem Stand der Kodifizierung bzw. der Auslegung durch die Rechtsprechung zu dokumentieren“[1238].

Damit griff der DAV lediglich einen Teilbereich des zu kodifizierenden Arbeitsvertragsrechts heraus, den der Verein als besonders regelungsbedürftig ansah und daraus einen „Zwang zum Handeln im Sinne der Neu- oder Erstkodifikation“ als „evident“ qualifizierte. So sei das Kündigungsrecht zwar bereits „in einer Vielzahl von Einzelgesetzen“ enthalten; doch würde hierdurch „die Übersicht für den Anwender stark erschwert“ werden. So sei für das bestehende Kündigungsrecht zu konstatieren, dass, wie sich beispielsweise aus dem KSchG ablesen ließe, oftmals „der Gesetzestext einerseits und seine Auslegung durch die Rechtsprechung andererseits nicht mehr erkennbar überein[stimmen]“ würden[1239].

Doch verfolge man, so in der Vorbemerkung der Stellungnahme weiter, hierbei nicht die Aufgabe, „politische Vorgaben“ zu unterbreiten; der Arbeitsrechtsausschuss des DAV [äußere] deshalb insoweit keine abschließende Meinung, sondern [sehe] es lediglich als exemplarisch an, was insoweit in der Dokumentation als Gesetzgebungsvorschlag formuliert sei“. Ferner seien die Angaben der eigenen Stellungnahme lediglich „rein provisorisch“[1240].

Damit bleibt festzuhalten, dass sich der DAV zwar für das Kodifikationsvorhaben eines Arbeitsvertragsgesetzes zumindest mittelbar ausgesprochen hatte, insgesamt aber recht defensiv blieb und lediglich einen Teilbereich der in einem entsprechenden Arbeitsgesetz zu regelnden Materie herausgriff und in die Diskussion einstellte.

c) Art. 30 I Nr. 1 Einigungsvertrag – Normbefehl für ein Arbeitsvertragsgesetz?

Die Beiträge und Debatten um das geplante Arbeitsvertragsgesetz haben gezeigt, dass die Notwendigkeit der Kodifizierung des Arbeitsvertragsrechts stets an Art. 30 I Nr. 1 EinigungsV abgeleitet wurde; einige sahen in dieser Vorschrift gar einen Normbefehl, der den Gesetzgeber zwingend verpflichten würde, möglichst bald ein entsprechendes Gesetz zu verabschieden.

Doch handelt es sich bei Art. 30 I Nr. 1 tatsächlich um einen solchen „Normbefehl“ mit der postulierten Verpflichtung? Oder sollte die Vorschrift lediglich

---

[1238] Vgl. Dokumentation und Vorschlag des Arbeitsrechtsausschusses des Deutschen Anwaltvereins zum Kündigungsrecht als Teil eines gemäß Art. 30 Einigungsvertrag neu zu kodifizierenden Arbeitsvertragsrechts, S. 2.
[1239] Ebd., S. 3.
[1240] Ebd., S. 4.

das zu erreichende Ziel proklamieren, auch auf dem Gebiet des Arbeitsrechts für eine gesamtdeutsche Rechtseinheit zu sorgen? Oder könnte man schließlich sogar annehmen, dass der Einigungsvertrag überhaupt keine rechtliche Wirkung entfalten konnte bzw. kann, sodass auch Art. 30 I Nr. 1 als Rechtsgrundlage für die Erschaffung einer entsprechenden arbeitsrechtlichen Kodifikation gar nicht herangezogen werden könnte?

Zur Rechtsqualität des Einigungsvertrages selbst stellte das BverfG in einem am 5.9.1990 ergangenen Beschluss fest, dass auch der „Einigungsvertrag seiner Art nach ein völkerrechtlicher Vertrag" darstelle[1241]. Nun könnte man jedoch vertreten, dass infolge des Untergangs eines vertragsschließenden Staates auch der völkerrechtliche Vertrag erlischt – zumal der jeweilige Vertragspartner dann gar nicht mehr in der Lage wäre, auf die Durchsetzung gewisser Inhalte des geschlossenen völkerrechtlichen Vertrages zu beharren[1242].

Damit wäre die Frage jedoch noch nicht ausgeräumt, ob Art. 30 I Nr. 1 tatsächlich als verbindlichen Auftrag zur Ausarbeitung einer arbeitsrechtlichen Kodifikation angesehen werden kann. Ein Blick in die Denkschrift zum Einigungsvertrag könnte sich hier als hilfreich erweisen. Folgende Erläuterungen zu Art. 30 I sind dabei besonders erwähnenswert:

> „Die Überleitung des Arbeitsvertragsrechts der Bundesrepublik Deutschland auf das in Artikel 3 des Vertrages genannte Gebiet ist vorgesehen, um aus sozial- und wettbewerbspolitischen Gründen auch hier die Rechtseinheit herzustellen. Das bisherige Arbeitsrecht in dem Arbeitsgesetzbuch der Deutschen Demokratischen Republik wird deshalb bis auf eine Reihe von teils befristeten, teils unbefristeten Ausnahmen aufgehoben. Auf Dauer kann jedoch in einem einheitlichen Rechts- und Wirtschaftsgebiet nur eine einheitliche

---

1241 BverfG, DVBl 1990, S. 1163ff.

1242 So auch grds. die hM im völkerrechtlichen Schrifttum; vgl. dazu schon HAILBRONNER, Völker- und europarechtliche Fragen der Deutschen Wiedervereinigung, JZ 1990, S. 453.
In der zeitgenössischen Literatur hielt man dieser These jedoch entgegen, dass für den Einigungsvertrag eine Besonderheit zu beachten sei und daher von einem Erlöschen dieses völkerrechtlichen Vertrages nicht ausgegangen werden könne. Zum einen wird in Art. 44 EinigungsV bestimmt, dass „Rechte aus diesem Vertrag zugunsten der Deutschen Demokratischen Republik [...] nach Wirksamwerden des Beitritts von jedem dieser Länder geltend gemacht werden kann". Zum anderen verweist Falkenberg auf eine bestehende „Bindungswirkung aus innerstaatlichen Gesichtspunkten". So sei der Vertrag nämlich durch Verabschiedung am 23.9.1990 „nach Art. 79 II GG gemäß Art. 59 II GG Bestandteil des Bundesrechts geworden", sodass zu konstatieren bliebe, dass der Einigungsvertrag als „Bestandteil des innerstaatlichen Bundesrechts" in Art. 30 I Nr. 1 eine „Selbstbindung des gesamtdeutschen Gesetzgebers" vorsehe und der Einigungsvertrag auch nach Untergang des DDR-Staates nicht erloschen sei. Vgl. FALKENBERG, Die Chance für eine Kodifizierung des Arbeitsrechts, in FS Gaul, S. 84ff.
Von einem Erlöschen des Vertrages kann tatsächlich weniger ausgegangen werden – anderenfalls wäre der Vertrag, der die Einigung beider deutscher Teilstaaten durch den Beitritt der DDR an die Bundesrepublik zum Ziel hatte, ad absurdum geführt worden.

Arbeitsrechtsordnung gelten. Das gesetzliche Arbeitsvertragsrecht der Bundesrepublik Deutschland ist zum Teil schon vor Jahrzehnten entstanden. Außerdem ist es zum Teil nicht gesetzlich normiert, sondern durch die Rechtsprechung ausgestaltet worden. Es ist daher eine vordringliche Aufgabe des gesamtdeutschen Gesetzgebers, das Arbeitsvertragsrecht zusammenfassend gesetzlich zu regeln"[1243].

Wie Steinmeyer folgerichtig herausstellt, tritt in der Denkschrift der „juristische Gehalt der Forderung nach einer ‚einheitlichen' Kodifikation im Dunkeln, da die Zusammenfassung in einem einheitlichen Gesetzbuch gerade das Kennzeichen einer Kodifikation" sei[1244]. Die Denkschrift spricht jedoch lediglich von einer zusammenfassenden gesetzlichen Regelung bzw. einer einheitlichen Gestaltung mit der Zielvorstellung im gesamtdeutschen Gebiet die „Rechtseinheit herzustellen".

So folgert Steinmeyer, dass schließlich Art. 30 I Nr. 1 EinigungsV nicht dahingehend zu verstehen sei, dass „ein ‚einheitliches' Arbeitsgesetzbuch zu schaffen wäre, das in verschiedenen Büchern das Arbeitsvertragsrecht, das Arbeitszeitrecht etc." regeln würde. Die Herstellung der Rechtseinheit mache ferner, eine „vollständige (Neu)Kodifikation" nicht erforderlich. Weiterhin würde Art. 30 I Nr. 1 EinigungsV die Vorstellung zugrunde liegen, dass die Kodifikation des Arbeitsvertragsrechts durch das AGB-DDR eine positive Errungenschaft darstelle, die es zu bewahren gelte[1245]. Wie bereits ausgeführt[1246] kann einem solchen Postulat nur sehr bedingt stattgeben werden.

Stellt man nun also auf die Erläuterungen zu Art. 30 I Nr. 1 der Denkschrift ab, so lässt sich einerseits konstatieren, dass als vorrangiges Ziel die Herstellung der Rechtseinheit gerade auch auf dem Gebiet des Arbeitsrechts beabsichtigt sein sollte. Andererseits ist hier dann auch von einer „Aufgabe" die Rede, „das Arbeitsvertragsrecht zusammenfassend gesetzlich zu regeln". Ob man hierzu eine „einheitliche" Kodifikation dieser Materie anstreben sollte, so wie es die Formulierung des Art. 30 I Nr. 1 nahe legt, bleibt aber offen. Stellt man allein auf das auch in der Denkschrift vorstehende Ziel der Rechtseinheit ab, so ließe sich argumentieren, dass diese auch auf anderem Wege als durch die Erschaffung einer entsprechenden arbeitsrechtlichen Kodifikation zu erlangen sei, wie etwa lediglich durch Einzelgesetze.

1243 Denkschrift zum Einigungsvertrag, BT-Drs. 11/7760, S. 369.

1244 STEINMEYER, Überlegungen zu einer gesamtdeutschen Kodifikation des Arbeitsvertragsrechts, NZA 1992, S. 778.
Zum Begriff der Kodifikation vgl. obige Ausführungen unter Anm. 102.

1245 So LANGANKE-HEUSE, AGB der DDR und KSchG mit Anmerkungen für die neuen Bundesländer, S. 1.

1246 Vgl. dazu obige Ausführungen unter B. VI. 3. c).

Die weitere Entwicklung wies den Weg dorthin; so konstatiert Schlochauer 1996, dass inzwischen längst die „Rechtseinheit [...] mehr oder weniger mit bestehendem deutschen Recht vollzogen" wurde[1247]. Die Annahme Heinzes und seiner Anhänger, „die deutsche Rechtseinheit [sei ...] zugleich eine Auseinandersetzung über Rechtserneuerung über das richtige Recht", blieb lediglich eine Wunschvorstellung[1248].

2. Bemühungen Mitte der 1990er Jahre

a) Die Kleine Anfrage an die Bundesregierung

Die Diskussion um ein Arbeitsvertragsgesetz setzte sich weiter fort. Am 28.10.1992 übermittelte die Bundesregierung eine Antwort auf die Kleine Anfrage seitens des Abgeordneten Uwe-Jens Heuer und der Gruppe der PDS/ Linke Liste zur „Regelung des Arbeitsvertragsrechts nach Artikel 30 Abs. 1 Nr. 1 Einigungsvertrag"[1249].

Nachdem das Regelungsdefizit auf dem Gebiet des Arbeitsrechts bemängelt und die Beschlüsse des 59. DJT zu dieser Frage erörtert wurden[1250], legten die Antragenden der Bundesregierung sechs Einzelfragen vor, die dann jeweils separat beantwortet wurden.

Auf die erste Frage hin, wie nun die Bundesregierung gedenke, „dem Einigungsvertrag gerecht zu werden", wurde bezüglich der Kodifizierung des Arbeitsvertragsrechts konstatiert, dass eine Realisierung dieser Vorgabe eine „umfassende und zeitaufwendige Vorbereitung [verlange], die eine kurzfristige Er-

---

[1247] SCHLOCHAUER, (wie Anm. 1083), S. 136.

[1248] HEINZE, Arbeitsrecht in der gesellschaftlich-ökonomischen Ordnung, FS-Gaul, S. 324.

[1249] BT-Drs. 12/3592.

[1250] Wörtlich wurde vorgetragen:

„Das Arbeitsrecht der Bundesrepublik Deutschland war und ist nie einheitlich kodifiziert worden, obwohl dies von den Gewerkschaften immer gefordert wurde.

Im Jahr 1969 wurde von der damaligen Bundesregierung eine arbeitsrechtliche Sachverständigenkommission eingesetzt, die 1977 den Entwurf eines Arbeitsvertragsgesetzes vorstellte, der jedoch nie in den Deutschen Bundestag eingebracht wurde.

In der DDR gab es ein Arbeitsgesetzbuch, das durch den Einigungsvertrag im Wesentlichen aufgehoben wurde.

Der gegenwärtige Sachstand ist der, daß in vielen Bereichen des jetzigen Arbeitsrechts Unklarheiten bestehen, insbesondere wegen mangelnder gesetzlicher Regelungen und dadurch wachsender Rechtsprechung. Durch das teilweise fortgeltende DDR-AGB sind Arbeitnehmer in Ost und West ungleichgestellt.

Besonders im Osten – wo jahrzehntelang gute Erfahrungen mit einem kodifizierten Arbeitsrecht gemacht wurden – aber auch im Westen wird der Ruf nach einem einheitlichen Arbeitsvertragsrecht immer lauter, wie es auch im Einigungsvertrag zugesichert ist und auch auf dem 59. Juristentag zur Diskussion stand. Mit Mehrheit wurde hier an die Bundesregierung die Empfehlung ausgesprochen, noch im Jahr 1993 zur Herstellung der deutschen Rechtseinheit einen entsprechenden Gesetzesentwurf vorzulegen."

stellung eines Entwurfs" ausschließe. Ferner sei „die Bundesregierung aufgrund von Entscheidungen des Bundesverfassungsgerichts und des Europäischen Gerichtshofs sowie aufgrund EG-rechtlicher Vorgaben gezwungen, Prioritäten zugunsten einzelner gesetzlicher Neuregelungen in Teilbereichen des Arbeitsvertragsrechtes zu setzen und diese gegenüber einer einheitlichen Kodifikation des Arbeitsvertragsrechtes vordringlich zu behandeln"[1251].

Bezüglich der zweiten Frage, ob die Bundesregierung der Empfehlung des Deutschen Juristentages folgen werde, warf die Bundesregierung ein, dass die Debatten auf dem Juristentage gerade gezeigt hätten, dass „noch ein erheblicher Diskussionsbedarf über Umfang und Ausgestaltung einer einheitlichen Kodifikation zum Arbeitsvertragsrecht" bestehen würde. „In Anbetracht dieses noch nicht abgeschlossenen Diskussionsprozesses, der Notwendigkeit, ein gesetzgeberisches Vorhaben dieses Ausmaßes verantwortungsbewusst zu erarbeiten und der von der Bundesregierung vordringlich zu erfüllenden Aufgaben, [könne] der Empfehlung des Deutschen Juristentages, einen Entwurf noch im Jahre 1993 vorzulegen, nicht gefolgt werden"[1252].

Damit bestätigte sich das, was schon Ministerialdirektor Anton Wirmer vor dem Juristentag durchblicken ließ: Das Reformprojekt sollte erst einmal zurückgestellt und dringlichere Aufgaben angegangen werden. Damit erledigten sich auch weitere Fragen, die auf die weitere Vorgehensweise bei der Realisierung des geforderten Reformprojekts abzielten. Lediglich zur letzten Frage äußerte sich die Bundesregierung noch einmal. Dabei wollten Heuer und die Gruppe der PDS/ Linke Liste in Erfahrung bringen, inwieweit „Regelungen, die sich in der DDR bewährt [hätten], Eingang in das Gesetzeswerk finden" würden. Bewusst vage gehalten wurde hierauf die Antwort der Bundesregierung: man wolle im Rahmen der „Vorbereitungsarbeiten für eine einheitliche Kodifizierung des Arbeitsvertragsrechtes [...] alle einschlägigen Erkenntnisquellen berücksichtigen", wozu auch die Regelungen des Arbeitsgesetzbuchs der ehemaligen DDR, der 1977 erstellte Gesetzesentwurf der AGB-Kommission und der Diskussionsentwurf des Arbeitskreises Deutsche Rechtseinheit im Arbeitsrecht zählen würden[1253].

1251 BT-Drs. 12/3592, S. 1f.

1252 Ebd., S. 2.

1253 Ebd., S. 3.

b) Die Stimme der Arbeitsrichter und Arbeitsminister: „Eckpunkte zu einem Arbeitsvertragsgesetz“

Dennoch verstummte die Forderung nach einer Kodifikation des Arbeitsvertragsrechts auch in den Folgejahren nicht. So wurde anlässlich der 55. Konferenz der Landesarbeitsgerichtspräsidenten in Rheinsberg am 19.5.1993 einstimmig beschlossen:

> „Die Konferenz der Präsidentinnen und Präsidenten der Landesarbeitsgerichte erwartet vom Gesetzgeber dringend die Erledigung des sich aus Art. 30 Abs. 1 Nr. 1 des Einigungsvertrages ergebenden verfassungsrechtlichen Auftrag zur Kodifizierung eines Arbeitsvertragsgesetzes. Sie verweist auf die von kompetenter Seite bereits geleisteten Vorarbeiten und bietet ihre Mitarbeit in einer Kommission, die erforderliche Vorbereitungen für die Kodifizierung leistet an“[1254].

Nachdem nochmals der Arbeitskreis Deutsche Rechtseinheit im Arbeitsrecht tätig wurde und im Rahmen einer synoptischen Darstellung die Diskussionsentwürfe mit den dazu ergangenen Stellungnahmen zusammenfasste, wurde anlässlich der Arbeits- und Sozialministerkonferenz auf der 70. Tagung am 13./14.10.1993 einstimmig beschlossen, dass der Auftrag zur Ausarbeitung eines Arbeitsvertragsgesetzbuchs besonders dringlich sei und die Vorlage eines entsprechenden Entwurfs angemahnt[1255]. Wiederum seitens der Arbeitsrichter wurde dann am 31.5.1994 anlässlich der 56. Konferenz der Landesarbeitsgerichtspräsidenten in Mainz die Erledigung des Auftrags aus Art. 30 Abs. 1 Nr. 1 Einigungsvertrag als besonders dringlich qualifiziert[1256].

Nun begannen sich allmählich die SPD-geführten Länder in dieser Angelegenheit einzuschalten. So wurden seitens der Arbeitsminister und –senatoren der Länder Baden-Württemberg, Berlin, Brandenburg, Bremen, Hamburg, Hessen, Niedersachsen, Nordrhein-Westfalen, Rheinland-Pfalz, Saarland und Schleswig-Holstein am 3.6.1994 in Kassel sogenannte „Eckpunkte zu einem Arbeitsvertragsgesetz“[1257] in Kassel verabschiedet. Doch schon im Vorjahr, am 14.10.1993, hatten sie die Dringlichkeit eines Arbeitsvertragsgesetzes betont und zum entsprechenden Handeln aufgerufen[1258].

Die „Eckpunkte zu einem Arbeitsvertragsgesetz“ umfassen fünf Abschnitte, die größtenteils Inhalte eines entsprechenden Arbeitsvertragsgesetzes zum Ge-

---

[1254] Zitat abgedruckt in BR-Drs. 293/95, S. 4.

[1255] Vgl. Beschluss der Arbeits- und Sozialminister/ Senatoren/innen v. 14.10.1993, in: ArbuR 1994, S. 62f.

[1256] Vgl. BR-Drs. 293/95, S. 4.

[1257] Diese sind abgedruckt in: ArbuR 1994, S. 298ff.

[1258] Vgl. ArbuR 1994, S. 62.

genstand hatten[1259]. Im Abschnitt „Einleitung“ wurde auf die vorherrschenden Mängel im Arbeitsrecht aufmerksam gemacht. So wurde darauf verwiesen, dass „alle Arbeitnehmer [...] einen Anspruch darauf [haben würden], ihre Rechte und Pflichten in einem verständlichen und transparenten Arbeitsvertragsgesetzbuch wiederzufinden“. Der „Zersplitterung des Arbeitsrechts in Dutzenden von Einzelgesetzen [sei] endlich entgegenzuwirken“[1260]. Beachtlich erscheint ferner die Aufforderung, das „anerkannte fortschrittliche Arbeitsrecht der ehemaligen DDR“ zu übernehmen.

Unmittelbare Auswirkungen konnten diese von den Arbeitsministern der Länder propagierten „Eckpunkte“ zunächst nicht auslösen – die Bundesregierung selbst wurde daraufhin jedenfalls nicht aktiv; doch bewirkte die Initiative, dass die Diskussion um ein Arbeitsvertragsgesetz für das vereinte Deutschland aufrechterhalten blieben.

Anlässlich einer Fachtagung „Arbeitsvertragsrecht – Arbeitsschutzrecht“, des Nordrhein-Westfälischen Ministeriums für Arbeit, die am 5.10.1995 in Dortmund stattfand, wurde erneut über die Frage nach der Kodifizierung des Arbeitsvertragsrechts diskutiert. An der Tagung nahmen neben Politikern, Ministerialbeamten und Wissenschaftler auch Vertreter der Gewerkschaften und Arbeitgeberverbände sowie Praktiker teil.

Ziel der Fachtagung sollte sein, der breiten Fachöffentlichkeit die aus NRW favorisierte Gesetzesinitiative für ein Arbeitsvertragsgesetz vorzustellen und über die Notwendigkeit eines einheitlichen Arbeitsvertrags- und Arbeitsschutzrechts zu diskutieren[1261]. Doch sollte es nach Franz Müntefering, damals Arbeitsminister NRW, nicht lediglich um eine Kodifizierung, sondern auch um Reformen gehen müssen. Zusammen mit den „A-Ländern“[1262] sollten unter Federführung NRWs nun, nachdem Sachsen wenige Monate zuvor einen entsprechenden Gesetzesentwurf für ein Arbeitsvertragsgesetz in den Bundesrat eingebracht hatte, eigene Gesetzesentwürfe vorgelegt werden.

Das Resümee dieser Veranstaltung fiel uneinheitlich aus. Allgemein schien zwar die Forderung nach einer Kodifizierung des Arbeitsvertragsrechts zu überwiegen; doch wurde die Notwendigkeit einer Neuregelung auch in Frage gestellt; außerdem wurde das besagte Eckpunktepapier der Länder als „Horrorkatalog“ bezeichnet.

[1259] So die Abschnitte II. – V.: II. Allgemeine Vorschriften; III. Begründung des Arbeitsverhältnisses; IV. Inhalt und Durchführung des Arbeitsverhältnisses; V. Beendigung des Arbeitsverhältnisses.

[1260] Vgl. Punkt I. 2. der „Eckpunkte zu einem Arbeitsvertragsgesetz“, ebd., S. 298.

[1261] Vgl. Bericht zur Fachtagung von ROSENDAHL, ArbuR, 1995, S. 400.

[1262] Darunter fielen die Länder Baden-Württemberg, Berlin, Brandenburg, Bremen, Hamburg, Hessen, Niedersachsen, Nordrhein-Westfalen, Rheinland-Pfalz, Saarland und Schleswig-Holstein.

Befürchtet wurde, dass der „eigentlich berechtigte Ruf nach der Hereinnahme von Reformvorstellungen in das Arbeitsvertragsrecht [...] leicht zu einem kaum überwindbaren Kodifikationshemmnis“ werden könnte. Dazu kam die Sorge der Gewerkschaften, „die Gesetzesinitiativen könnten die bestehende Rechtslage in zahlreichen Einzelfragen zu Lasten der Arbeitnehmerseite verändern“[1263].

Nach Rosendahl, dem Berichterstatter der Tagungsergebnisse, sei insgesamt die Dortmunder Tagung „wieder eine Bestätigung des leidvoll bekannten Dilemmas aller Initiativen für ein einheitliches Arbeitsvertragsrecht: Es [fehle] nach wie vor an einem breiten, allgemeinen Grundkonsens in dieser Frage“[1264].

Dennoch – die Bemühungen um ein Arbeitsvertragsgesetz wurden weitergeführt. Sachsen hatte zwischenzeitlich bereits einen entsprechenden Entwurf dem Bundesrat zugeleitet – schien die Zeit, trotz aller Bedenken, nun endlich reif zu sein?

c) Der Gesetzesantrag des Freistaates Sachsen

aa) Die Vorarbeiten

In Sachsen war man jedenfalls dieser Ansicht. So wurde noch im Jahre 1993 vom Dresdner Ministerium Dirk Neumann berufen, um einen Gesetzesentwurf für ein Arbeitsvertragsgesetz auszuarbeiten. Ziel des Vorhabens sollte sein, über den Bundesrat das Gesetzesverfahren zu einer Kodifizierung des Arbeitsvertragsrechts anzustoßen.

Die Vorgaben aus dem Einigungsvertrag sollten nun endlich erfüllt werden; von einer Organklage durch die neuen Bundesländer vor dem Bundesverfassungsgericht sah man bewusst ab, da dieselben Bundesländer ohnehin über den Bundesrat an der Gesetzgebung beteiligt waren, sodass es aussichtsreicher erschien, auf diesem Wege ein einheitliches Arbeitsvertragsrecht durchzusetzen[1265].

Auf Grundlage der Beschlüsse des 59. DJT plante man zunächst einen Entwurf eines Arbeitsvertragsgesetzes in Form eines Referentenentwurfs anzufertigen. Dabei sollte einerseits nur das geltende Recht zusammengefasst und wiedergegeben werden, da man befürchtete, dass das Vorhaben, wie auch zuvor, durch Neuerungen scheitern könnte. Aus dieser Zusammenfassung sollte dann ein „einheitliches, klares und verständliches Recht“ hervorgehen; Bewährtes aus dem DDR-Recht war bewusst zu übernehmen[1266].

Der neue Gesetzesentwurf, der von Neumann weitgehend selbst und unter Einbeziehung vorangegangener Entwürfe ausgearbeitet wurde, konnte bereits

---

[1263] Ebd., S. 401.
[1264] Ebd., S. 401.
[1265] NEUMANN, Der sächsische Entwurf eines Arbeitsvertragsgesetzes, FS-Stahlhacke, S. 351.
[1266] Ebd., S. 352.

nach drei Monaten vorgelegt werden[1267]. Erst im folgenden Jahr – am 28.3.1994 – entschied dann das Sächsische Kabinett, den Entwurf sämtlichen interessierten Stellen und damit auch den Sozialverbänden, den anderen Ländern und Präsidenten der Landesarbeitsgerichte zur Stellungnahme zu übersenden und schließlich die Einbringung zu beschließen. Von der Möglichkeit einer umfassenden Stellungnahme wurde kaum Gebrauch gemacht; vielmehr erfolgten wiederum entweder pauschale Zustimmung oder entsprechend ablehnende Stellungnahmen[1268]; die etwa vor dem Juristentage vergleichbar geführten Debatten fanden jedenfalls nicht statt.

In den folgenden Monaten musste dann der sächsische Entwurf mehrfach der geltenden Rechtslage angepasst werden.

Auf Druck des Ministerpräsidenten Kurt Biedenkopf wurde am 9.5.1995 vom Kabinett beschlossen, den Gesetzesentwurf in den Bundesrat einzubringen, was dann auch bereits am 23.6.1995 gelang[1269].

An der Ausarbeitung und Vorantreibung des sächsischen Entwurfs waren also maßgeblich lediglich zwei Personen beteiligt. Eine neue Kommission wurde jedenfalls damit nicht betraut – was damit ganz im Interesse Neumanns gewesen war, der sich bereits vor dem 59. DJT sehr kritisch über eine solche Vorgehensweise geäußert hatte. Ob sich nun jedoch das von Neumann schon vor dem Juristentag in Hannover vorgebrachte Zitat Savignys bewahrheiten sollte, war seinerzeit noch ungewiss[1270]; Neumann glaubte dennoch kurz vor dem Durchbruch, ja kurz vor einer möglichen Verabschiedung des gewünschten Arbeitsvertragsgesetzes, zu stehen.

bb) Grundlegendes zur Entwurfsfassung

Der sächsische Entwurf eines Arbeitsvertragsgesetzes umfasste insgesamt 156 Paragraphen und orientierte sich an den vorangegangenen Professorenentwurf aus dem Jahre 1992.

In der Anlage des Gesetzesentwurfs, die dem Bundesrat zugeleitet wurde, werden auch die Gründe, die für eine möglichst beschleunigte Durchsetzung ei-

---

1267 NEUMANN, Der sächsische Entwurf eines Arbeitsvertragsgesetzes, DB 1995, S. 2014.

1268 Die Arbeitgeberverbände räumten einer Kodifizierung weiterhin keine Chancen ein; andere Verbände äußerten sich zwar positiv, brachten wiederum aber eigene Wünsche zur Verbesserung des vorgelegten Entwurfs vor; so forderte der DGB mehr Verbesserungen der Situation der Arbeitnehmer.
Die Lage war also auch weiterhin mit jener vergleichbar, welcher der „Professorenentwurf“ aus dem Jahre 1992 ausgesetzt war.

1269 NEUMANN, (wie Anm. 1267), S. 2014f.

1270 Neumann verwies dabei auf die folgende Aussage Savignys: „Fleißige Männer zwar fanden sich in Menge, von welchen sehr schätzbare Vorarbeiten gethan wurden, aber weiter als zu Vorarbeiten kam es selten“. Vgl. SAVIGNY, Beruf, S. 48.

nes Arbeitsvertragsgesetzes sprechen würden, dargelegt. Besonders aus „zwei Gründen“ folge die Notwendigkeit der Verabschiedung eines entsprechenden Gesetzes. Zum einen seien die „arbeitsrechtlichen Vorschriften [...] mannigfaltig aufgesplittert und zum Teil nur durch Richterrecht geregelt“. Weiterhin kämen die „Beteiligten in den neuen Bundesländern, [die] an ein in Teilen durchaus ansprechendes Arbeitsgesetzbuch gewöhnt, [... seien] mit diesem Wirrwarr kaum zurecht“. Zum anderen müsse „für ein künftiges europäisches Arbeits- und Sozialrecht [...] eine einheitliche, möglichst verständliche und auch für Ausländer einsichtige Regelung vorhanden sein. Nur so [könne] es gelingen, möglichst viel des vorbildlichen deutschen Arbeitsrechts in eine Wirtschaftsunion einzubringen“[1271].

Ähnlich wie auch der Entwurf drei Jahre zuvor, so beabsichtigte man auch mit der sächsischen Entwurfsfassung lediglich primär das bestehende Recht transparent niederzulegen; insbesondere das „in der Rechtsprechung festgestellte Recht“ sollte rechtlich fixiert werden.

Auf die Voranstellung von Grundrechten wurde abermals verzichtet, das Vorbringen der Gewerkschaften zuvor wurde also nicht berücksichtigt.

Das Arbeitsrecht sollte auch weiterhin „Teil des Zivilrechts, dessen Grundlage das BGB“ sei, bleiben. Die Vorschriften über den Dienstvertrag sollten nur „insoweit überflüssig [werden], als sie allein auf den Arbeitsvertrag bezogen“ seien. Im Übrigen sollten sie für den „freien Dienstvertrag“ weiter gelten[1272].

Lohnenswert scheint erneut ein kurzer Blick in die materiellen Vorschriften des Gesetzesentwurfs, obgleich zu konstatieren ist, dass sich die meisten Vorschriften an dem vorangegangenen Entwurf von 1992 orientierten.

So wurde in § 12 das Fragerecht geregelt. Dabei wählte man, anders als im Professorenentwurf von 1992, eine Aufzählung von „insbesondere“ unzulässigen Fragen. So sollte künftig generell nach der Schwangerschaft bei der Einstellung der Bewerberin nicht mehr gefragt werden mit der Ausnahme, dass die „vorgesehene Tätigkeit [...] bei einer Schwangerschaft nicht ausgeübt werden“ dürfe[1273]. Inhaltlich lässt sich hier keine Änderung zum vorangegangenen Entwurf feststellen; allenfalls wurde die Übersicht der Norm verbessert und durch den „Insbesondere-Regelungstypus“ klar gestellt, dass diese Vorschrift keinesfalls als abschließend aufgefasst werden dürfe.

1271 BR-Drs. 293/95, S. 4f.

1272 Ebd., S. 5.

1273 Vgl. § 12 I des Entwurfs.

Die Regelungen zur Arbeitnehmerhaftung wurden inhaltsgleich vom Professorenentwurf übernommen, sodass hinsichtlich dieser Regelungsmaterie auf die entsprechenden vorangegangenen Ausführungen verwiesen werden kann[1274].

Im Übrigen fallen insgesamt bei der Lektüre des sächsischen Entwurfs für ein Arbeitsvertragsgesetz sehr wenige Unterschiede zur Entwurfsfassung des Arbeitskreises Deutsche Rechtseinheit im Arbeitsrecht ins Gewicht, was wohl auch daran gelegen haben dürfte, dass der Verfasser, Dirk Neumann, schon seinerzeit dem Entwurf sehr wohl gesonnen war[1275].

Der Gesetzesentwurf stieß im Bundesrat nicht auf die erhoffte Zustimmung. Über die Gründe ließe sich zwar zunächst nur spekulieren, doch verwunderlich dürfte diese Entwicklung nicht gewesen sein: Die Entwurfsfassung übernahm bis auf wenige Änderungen den Text des Entwurfs von 1992, über den insbesondere die Sozialverbände sich bereits sehr kritisch geäußert hatten. Auch aus anderen Lagern, wie der Wissenschaft und Praxis, meldete man doch recht deutlich inhaltliche Kritik an.

Dennoch ließen die Bemühungen um ein Arbeitsvertragsgesetz keineswegs nach. Während der sächsische Entwurf gerade in das parlamentarische Verfahren Eingang fand, wurde seitens der sog. A-Länder unter Federführung Nordrhein-Westfalens und Brandenburg ein eigener Referentenentwurf vorgelegt.

d) Der Referentenentwurf der A-Länder

aa) Vorarbeiten

Anlässlich der 70. Konferenz der Arbeits- und Sozialminister der Bundesländer am 13./14.10.1992 wurde in einem einstimmig gefassten Beschluss die Bundesregierung aufgefordert, unverzüglich mit der Arbeit an einem Arbeitsvertragsgesetz zu beginnen. Primär beabsichtigte man dabei eine Entlastung der Arbeitsgerichtsbarkeit zu erreichen. Nachdem dann die Bundesregierung zu erkennen gab, keinerlei Initiative für die Realisierung dieses Vorhabens zu ergreifen, nahmen sich die Länder und deren Arbeitsminister dem Vorhaben an. Nachdem dann seitens der A-Länder[1276] unter Federführung von NRW und Hessen ein „Eckpunktepapier“ erarbeiteten, in welchen sie die grundlegenden Vorstellungen zu den Inhalten eines Arbeitsvertragsgesetzes festhielten und diese öffentlich zur

---

1274 Vgl. § 99 des sächsischen Entwurfs, der exakt dem § 99 des Professorenentwurfs entspricht.

1275 Viele Vorschriften samt Überschriften wurden, wie sich auch an jener zur Arbeitnehmerhaftung aufzeigen lässt, vollständig beibehalten. Nicht übernommen wurden etwa die §§ 116 und 161, da man das Verhältnis zur Betriebs- oder Sprachenvereinbarung sowie die Prozessstandschaft nicht zum Arbeitsvertragsrecht gehörig ansah. Vgl. NEUMANN, (wie Anm. 1267), S. 2015.

1276 Vgl. die obigen Ausführungen unter Anm. 1262.

Diskussion stellten[1277], wurde kurz nach der 71. Arbeits- und Sozialministerkonferenz der Bundesländer am 8./9.9.1994, die diese „Eckpunkte" mit deutlicher Mehrheit – 12:4 Stimmen – als ihren Standpunkt zum Arbeitsvertragsgesetz verabschiedeten[1278], seitens der Landesregierung NRW in ihrer Kabinettssitzung am 13.12.1994 entschieden, auf dieser Basis einen Gesetzesentwurf für ein Arbeitsvertragsgesetz zwecks Einbringung in den Bundesrat auszuarbeiten[1279].

1996 lag bereits ein entsprechender Entwurf vor; die Ausarbeitung wurde vorrangig von NRW und Brandenburg besorgt. Noch im Sommer desselben Jahres brachte dann das Land Brandenburg den Entwurf in den Bundesrat ein[1280].

Letztlich lagen damit zwei Anträge im Bundesrat vor. Zuvor erklärte sich Sachsen damit einverstanden, mit den Beratungen im Bundesrat und seinen Ausschüssen erst noch abzuwarten, bis der Gesetzesantrag von NRW/Brandenburg vorliegen werde. Beabsichtigt wurde durch diese Vorgehensweise, im Bundesrat schließlich ein einheitliches Werk zu erarbeiten, dass dann als Ergebnis das künftige bundesdeutsche Arbeitsvertragsgesetz darstellen sollte[1281].

bb) Grundlegendes zur Entwurfsfassung

Ähnlich wie auch der sächsische Entwurf, orientierte sich der Referentenentwurf aus NRW/Brandenburg an dem Professorenentwurf von 1992. Die arbeitsvertraglichen Regelungen wurden in 154 Vorschriften zusammengefasst. Ziele des Gesetzesentwurfs sollten insbesondere sein die „Ablösung eines [...] für die Bürger in den neuen Ländern als auch für ausländische Investoren unübersichtlichen Richterrechts durch ein übersichtliches Gesetz, die Erfüllung des Verfassungsgebots, wonach die wesentlichen Rechtsätze mit grundrechtlicher Relevanz durch den Gesetzgeber aufgestellt werden müssen, Schaffung größerer Rechtssicherheit durch Kodifizierung verständlicher Grundnormen, [...] Herstellung von Übersichtlichkeit und Transparenz im Arbeitsrecht" und „Harmonisierung des nationalen Rechts mit dem europäischen Recht"[1282].

In der Begründung des Gesetzesentwurfs wurde außerdem auf die Lückenhaftigkeit des geltenden Arbeitsrechts hingewiesen und das Erstarken des Richterrechts, das jedoch „auf Dauer eine geschlossene Konzeption" nicht ersetzen könne. Ferner sei es ein „Standortnachteil, daß selbst grundlegende arbeitsrechtliche Fragen nicht durch einen Blick in das Gesetz beantwortet werden [könn-

[1277] Vgl. die obigen Ausführungen unter B. VII. 2. b).
[1278] Vgl. Ein Arbeitsvertragsgesetzbuch: Chance und Herausforderung, NZA 1995, S. 301.
[1279] GRIESE, Die Gesetzentwürfe der Länder für ein Arbeitsvertragsgesetz, NZA 1996, S. 805.
[1280] Laut Vermerk in BR-Drs.. 671/96 geschah dies am 12.9.1996.
[1281] Vgl. dazu das Sitzungsprotokoll im R-Ausschuss des Bundesrats vom 28.6.1995 (Niederschrift, 689. R, 28.6.1995, S. 4).
[1282] Vgl. auch den vollständigen Katalog in: BR-Drs.. 671/96, S. 1f.

ten], sondern komplizierte und umständliche Recherchen in der Rechtsprechung notwendig“ machten[1283]. Mit einem Arbeitsvertragsgesetz sollte dieser Missstand ausgeräumt werden; der „zunehmende Bedarf an rechtlicher Beratung“, der von der gegenwärtigen Rechtsunsicherheit herrühre, überfordere „nicht nur Arbeitnehmer, sondern insbesondere auch kleinere und mittlere Betriebe“[1284].

„Mit der Zusammenfassung der arbeitsvertragsrechtlichen Regelungen in einem Gesetz und der Aufhebung vieler einzelgesetzlicher Teilregelungen“ würde schließlich eine „Verschlankung des Gesetzumfangs und die Herstellung von Übersichtlichkeit und Transparenz bewirkt“[1285].

Die Ziele, die mit dem Referentenentwurf aus NRW/Brandenburg verfolgt wurden, waren jedenfalls mit diesen aus Sachsen vergleichbar. Ähnliches lässt sich auch bezüglich der gefassten Inhalte des Gesetzesentwurfs aussagen.

Wie im sächsischen Entwurf wurde auch im Referentenentwurf das Fragerecht des Arbeitgebers bei der Einstellung neuer Arbeitnehmer in § 12 normiert. Beide Entwürfe zählen Regelbeispiele für unzulässige Fragen auf, die sich inhaltlich weitgehend decken. Bei der Frage nach einer bestehenden Schwangerschaft verhält sich der Referentenentwurf aus NRW/Brandenburg restriktiver; so wird hier die Frage nach der Schwangerschaft ganz generell ohne Einschränkungen und Ausnahmen untersagt.

Deutliche Unterschiede zwischen beiden Entwürfen lassen sich bei der Arbeitnehmerhaftung ausmachen. Ebenfalls in § 99 geregelt, legt der Referentenentwurf fest, dass eine Haftung lediglich bei vorsätzlicher oder grob fahrlässiger Pflichtwidrigkeit eintreten soll. Damit wurde eine Enthaftung für Fälle leichter Fahrlässigkeit vorgesehen, während der sächsische Entwurf den Arbeitnehmer hier weiterhin haften lassen will[1286]. Freilich gab es zwischen beiden Entwürfen noch weitere Differenzpunkte, auf die hier aber nicht im Einzelnen eingegangen werden kann[1287]. Davon waren keineswegs lediglich „Randbereiche“ sondern vielmehr sozialpolitisch brisante Themenbereiche, wie die Arbeitnehmerhaftung, betroffen.

Und diese Spannungspunkte, so hoffte man, sollten dann im Rahmen parlamentarischer Beratungen, zunächst im Bundesrat, beigelegt bzw. ausgeglichen werden. Möglicherweise versprach man sich von dieser Vorgehensweise doch etwas zu viel; zu einer Einigung, die letztlich eine Verabschiedung des gewünschten Gesetzes durch den Bundestag zur Folge hätte haben können, kam es nicht.

[1283] Ebd., S. 133.

[1284] Ebd., S. 134.

[1285] Ebd., S. 135.

[1286] Ausführlicher dazu GRIESE, (wie Anm. 1279), S. 808f.

[1287] Vgl. dazu etwa die Auswertung bei GRIESE, (wie Anm. 1279), S. 807ff.

e) Das Schicksal der Länderentwürfe und weitere Reaktionen

Die Bemühungen der Länder um ein Arbeitsvertragsgesetz scheiterten trotz partieller Übereinstimmung; einmal mehr stieß es nicht auf die erhoffte parlamentarische Mehrheit. Bezeichnend ist hier eine Äußerung von Link/Kirtscher, die über die betreffende Sitzung des Bundesrats-Unterausschusses „Arbeitsvertragsrecht" – der Ausschuss beschäftigte sich 1997 mit den von den Ländern vorgebrachten Entwürfen und wurde erst kurz zuvor vom Bundesratsausschuss „Arbeit und Sozialpolitik" („AS-Ausschuss") eingerichtet[1288] – kurz berichten: „Man wird erinnert an die Aufschrift am Eingang zu Dantes Hölle: ‚Lasst alle Hoffnung fahren'"[1289].

Zwar wurden in der Sitzung des BR-Unterausschusses am 3./4.2.1997 in Bonn beide Gesetzesentwürfe diskutiert und durch zahlreiche Abänderungsanträge verfeinert. Dennoch erfolgte keine Einigung. Vielmehr wurden die Beratungen mehrfach verschoben, bis schließlich beschlossen wurde, dass die weitere Diskussion um die eingebrachten Entwürfe eines Arbeitsverhältnisgesetzes auf unbestimmte Zeit vertagt werden sollte[1290].

[1288] Die Einsetzung dieses Unterausschusses sollte nicht vor November 1996 erfolgen; vgl. Niederschrift, 631. AS, 52. FS, 1.10.1996, S. 51. Hinsichtlich der Festlegung des Arbeitszeitplans vgl. Niederschrift, 633. AS, 52. FS, 14.11.1996, S. 59.

[1289] LINK/KIRTSCHER, Das deutsche Arbeitsvertragsrecht - Eine unendliche Geschichte, AuA 2004, S. 20.

[1290] Recherchen im Archiv des Bundesrats in Berlin über die Beratungen der beiden Gesetzesanträge der Länder in den jeweiligen Ausschüssen des Bundesrats haben das Folgende aufgelegt: Die Auswertung der nun freigegebenen Protokolle des Bundesrates über die Sitzung des Unterausschusses „Arbeitsvertragsrecht" vom 3./4.2.1997 hat ergeben, dass „ca. 130 Änderungsanträge" vorgelegt worden waren, wodurch eine Überarbeitung auch der Begründung des Gesetzesantrags Brandenburgs zumindest in der Unterausschusssitzung nicht möglich gewesen sei. Dies erledigte anschließend eine hierfür eingesetzte Redaktionsarbeitsgruppe (zu den dort gefassten Ergebnissen, die zahlreiche Folgeänderungen der Begründung des Gesetzesentwurfstextes vorsahen vgl. AS 0151 (89) 22/97, S. 1ff). Als Beratungsergebnis der UA-Ausschusssitzung wurde festgelegt, dass „dem Ausschuß für Arbeit und Sozialpolitik" vorzuschlagen sei, dass „dem Bundesrat zu den Gesetzesentwürfen in den Drucksachen 293/95 und 671/96 zu empfehlen [sei], den Gesetzentwurf Brandenburgs in der Drucksache 671/96 gemäß Artikel 76 Abs. 1 des Grundgesetzes" nach Maßgabe der vom Unterausschuss beschlossenen Änderungen beim Deutschen Bundestag einzubringen.
Der Gesetzesentwurf aus Sachsen konnte sich damit nicht durchsetzen (vgl. dazu auch den entsprechenden Beschluss vom 5.3.1997, R 0055 (7) - Nr. R 21/97); dennoch wurden auch die Vorschläge dieses Gesetzesantrags diskutiert und den Vorschlägen der brandenburgschen Entwurfsfassung gegenübergestellt. Wie sich aus der Lektüre der Protokolle der Unterausschusssitzung des Bundesrates erschließen lässt, wurden zahlreiche Vorschriften des Brandenburgschen Entwurfs geändert – zumeist, wie vorgetragen wird, aus „redaktionellen" Erwägungen, „die der Verständlichkeit und der Klarheit" dienen sollten.
Vgl. Niederschrift, UA AS 1/97, 3./4.2.1997 (AS 0151 (89) 3/97, S. 1ff.).
Die Sitzung des betreffenden Ausschusses für Arbeit und Sozialpolitik (AS-Ausschuss) fand dann am 10.4.1997 statt. Dort wurde schließlich der einstimmige Beschluss gefasst, dass die

Weitere Reaktionen zum Reformprojekt Arbeitsvertragsgesetz erfolgten, nachdem die beiden Entwürfe der Länder in das Gesetzgebungsverfahren eingebracht worden waren, obgleich diese längst nicht so zahlreich ausfielen, wie noch während der unmittelbar nach der Deutschen Vereinigung von 1990 geführten Debatte.

Staatssekretär Thomas Griese zählte sich zu den Anhängern des Reformprojekts und sprach von einer „Absurdität des gegenwärtigen zersplitterten Rechtszustandes" im Arbeitsrecht. Viele „Grundfragen des Arbeitsrechts" seien „unge-

---

„Beratung der beiden Vorlagen bis zur Sitzung am 19. Juni 1997 zu vertagen" sei; ferner wurde zur Vorbereitung ein weiterer Unterausschuss eingesetzt. Die Vertagung der Sitzung wurde dabei von Brandenburg und Sachsen beantragt, da zunächst vorliegende Abänderungsanträge bearbeitet werden müssten (vgl. Niederschrift, 638. AS, 59. FS, 10.4.1997, S. 39f.). Am selben Tag diskutierte man im Wirtschaftsausschuss des Bundesrats ebenso über die Frage, wobei schließlich auf eine Vertagung der Beratungen entschieden wurde. Zur Begründung wurde hier seitens der Vertreter Sachsens angeführt, dass der Gesetzgebungsantrag Sachsens „insbesondere wegen der mit dem arbeitsrechtlichen Beschäftigungsförderungsgesetz in Kraft getretenen Neuerungen überarbeitsbedürftig" sei. Die Vertreterin Nordrhein-Westfalens erklärte, dass sie den Vertagungsantrag nicht unterstützen könne; sie erklärte aber, dass im Falle einer Vertagung für die weiteren Erörterungen nicht bereits der nächste Sitzungstermin gewählt werden sollte, sodass man sich „im Hinblick auf die Komplexität der Materie ausreichend Zeit für eine intensive Erörterung vorbehalten" könne. Dem letzten Vorbringen wurde dann auch Folge geleistet, da die entsprechende Sitzung nicht wie urspr. von Sachsen beantragt, auf den 29.4.1997 sondern schließlich auf den 19.6.1997 vertagt wurde (vgl. Niederschrift, 634. Wi, 10.4.1997, S. 1f.; der konkrete Vertagungstermin wurde seitens des AS-Ausschusses festgelegt: Niederschrift, 638. AS, 59. FS, 10.4.97, S. 39).
Auf der entsprechenden Tagung am 19. Juni 1997 schienen jedoch keine weiteren Beratungen im Hinblick auf die Gesetzesanträge Sachsens und Brandenburgs stattgefunden zu haben. Wie sich anhand einer weiteren Niederschrift der Beratungen im Wirtschaftsausschuss vom 11.9.1997 nachvollziehen lässt, wurde schließlich beantragt, „die Beratungen zu beiden Gesetzesinitiativen so lange zu vertagen, bis die antragstellenden Länder auf ihre Initiativen zurückkommen würden. […] Beide Initiativen haben eine intensive Fachdiskussion auch zu den wirtschafts- und beschäftigungspolitischen Auswirkungen ausgelöst, deren Ergebnisse abgewartet werden sollen". Dieser Antrag Brandenburgs wurde dann einstimmig vom Ausschuss angenommen, mit der Folge, dass die entsprechenden Beratungen um die Schaffung eines Arbeitsvertragsgesetz auf unbestimmte Zeit vertagt wurde (vgl. Niederschrift, 638. Wi, 11.9.1997, S. 3f.). Der AS-Ausschuss legte entsprechendes fest: „Das AS-Ausschußbüro werde die Gesetzesanträge von Sachsen und Brandenburg zum Arbeitsvertragsrecht erst dann wieder auf die Tagesordnung des AS-Ausschusses setzen, wenn dies von einem Land beantragt werde." Der AS-Ausschuss stimmte diesem Verfahren zu (vgl. Niederschrift, 642. AS, 63. FS, 11.09.1997, S. 95).
Beachtlich ist noch, dass von Hessen in der eben genannten Sitzung des Wirtschaftsausschusses am 11.9.1997 beantragt wurde, dass beschlossen werden sollte, dem „Bundesrat zu empfehlen, den ‚Entwurf eines Gesetzes zur Bereinigung des Arbeitsrechts' des Landes Brandenburg und den ‚Entwurf eines Arbeitsvertragsgesetzes' des Freistaates Sachsen beim Deutschen Bundestag nicht einzubringen". Als Begründung führte man an, dass sich vor allem aus „wirtschafts- und beschäftigungspolitischer Sicht „erhebliche Einwände" gegen die vorgebrachten Entwürfe ergeben würden (vgl. Niederschrift, 638. Wi, 11.9.1997, S. 4f.).

regelt". Eine entsprechende Regelung sei schon deshalb unumgänglich, um für „Arbeitgeber wie Arbeitnehmer Rechtssicherheit zu schaffen"[1291].

Für Abhilfe könnten nun die beiden bereits in das parlamentarische Verfahren eingebrachten Gesetzesentwürfe sorgen. Zwar ließen sich gewisse Unterschiede in Detailfragen bei beiden Entwürfen feststellen; doch sei in den Entwürfen stets das Bemühen erkennbar, „nicht nur die eigene gesellschaftliche Position zu markieren [...], sondern auch zu einem gesamtgesellschaftlichen Konsens über die Grundordnung des Individualarbeitsrechts" zu gelangen[1292].

Ulrich Preis wies in einem Beitrag[1293] erneut auf die Notwendigkeit einer arbeitsrechtlichen Kodifikation hin und begrüßte dementsprechend das Bestreben der Länder hinsichtlich der Einbringung zweier Gesetzesentwürfe in den Bundesrat.

Die „unüberschaubare ‚Loseblatt-Existenz'" im Arbeitsrecht, die auf „verstreute Einzelnormen" zurückzuführen sei, müsse zugunsten einer Kodifikation des Arbeitsvertragsrechts beseitigt werden. Das Arbeitsrecht müsse transparenter werden, sodass sich nicht lediglich „Spezialisten" in dieser Materie zurechtfinden könnten.

Auch sei ein Einwand gegen die Kodifizierung des Arbeitsrechts nicht berechtigt, der auf „Deregulierung und Entlastung der Wirtschaft" abstelle. Vielmehr könne eine erfolgreiche Kodifikation im Arbeitsrecht als ein „Akt der Deregulierung" verstanden werden. So würde dadurch nämlich das bislang unüberschaubare Arbeitsrecht, das aus mehreren Einzelgesetzen, Einzelnormen sowie zahllosen arbeitsgerichtlichen Entscheidungen bestünde, durch ein „klar strukturiertes gesetzliches System" abgelöst[1294].

„Die Zeit für eine Kodifikation [sei] heute reifer denn je" – dennoch gelte es, so Preis weiter, bei dem Vorhaben stets „Augenmaß" zu walten. „Kodifikation mit Augenmaß" sei schließlich das „Gebot der Stunde". Überzogene und zu weit gehende und damit unrealistische Forderungen „des einen wie des anderen sozialpolitischen Lagers" dürften keinesfalls berücksichtigt werden, wollte man das Vorhaben nicht erneut scheitern lassen[1295].

Damit waren die zentralen Postulate, die zuvor schon auf dem Juristentag gefallen waren, wiederholt. Lediglich eine „Kodifikation bei begrenzter Sachreform" bzw. ein „Kodifikatiönchen" sei realisierbar.

[1291] GRIESE, (wie Anm. 1279), S. 803f.
[1292] Ebd., S. 809.
[1293] Der Vortrag wurde von ihm im Oktober 1995 auf der Fachtagung „Arbeitsvertragsrecht – Arbeitsschutzrecht" des Ministeriums für Arbeit, Gesundheit und Soziales des Landes Nordrhein-Westfalen gehalten.
[1294] PREIS, Die Zeit ist reif für ein modernes Arbeitsvertragsrecht, AuA 1996, S. 42.
[1295] Ebd., S. 44.

Die Kodifikation diene schließlich dazu, „den alltäglichen Fall handhabbar zu machen und für die komplizierten Streitfälle klare Grundprinzipien zur Verfügung zu stellen“[1296]. Doch was versteht man unter „klaren Rechtsbegriffen“? Unbestimmte Rechtsbegriffe und Generalklauseln waren somit auch für Preis unumgänglich.

Die Zeit war also erneut reif – reif für ein „zeitgerechtes Arbeitsrecht“, das der „Wirtschaftsstandort und der Sozialstaat Deutschland“ dringend benötigen würde[1297].

In einem ausführlichen Bericht meldete sich im selben Jahr auch Hans Peter Viethen zu Wort und wies ebenfalls auf die Dringlichkeit einer arbeitsrechtlichen Kodifikation hin. Der „Handlungsauftrag“ des Einigungsvertrages müsse erfüllt, das angewachsene „rechtliche Dickicht“, das „komplizierter und detaillierter werdende Richterrecht“ aufgelöst werden[1298]. Auch er sah den Vorstoß der Länder und damit deren Erarbeitung zweier Gesetzesentwürfe für ein bundesdeutsches Arbeitsvertragsrecht als gewinnbringend an: „Gelingt eine solche Kodifikation des Arbeitsvertragsrechts, wird dies ohne Übertreibung als ‚Jahrhundertwerk' bezeichnet werden können“, so Viethen.

Das „wesentliche Ziel einer umfassenden Kodifikation des Arbeitsvertragsrechts“ müsse die „Beseitigung der Unübersichtlichkeit“ sein. Dieser Zustand würde ferner „durch die erhebliche Lückenhaftigkeit der gesetzlichen Regelungen“ verstärkt. Dort, wo es an gesetzlichen Bestimmungen mangele, müsse die Rechtsprechung gestaltend tätig werden. Da die „Entscheidungen auf den Einzelfall zugeschnitten“ seien, könnte die „Rechtsprechung Arbeitgebern und Arbeitnehmern kein einheitliches, klares und überschaubares Bild der Rechtslage“ vermitteln[1299].

Unüberschaubarkeit ginge schließlich einher mit „großer Rechtsunsicherheit“, was schließlich zu einer „Vielzahl von unnötigen Rechtsstreitigkeiten“ führe. „Permanente Rechtsberatung“ wäre zur Klärung der Rechtslage nötig, was letztlich „zu einem Anstieg der Bürokratisierung und der Kosten“ beitragen würde.

Der Gesetzgeber sei nun endlich berufen, all dem ein Ende zu bereiten; nicht „Willkür der beteiligten Richter“, sondern das „Fehlen von gesetzlichen Regelungen oder deren fehlende Anpassung an die neuen Bedürfnisse“ seien die Ursache für die allgemein fehlende Unvorhersehbarkeit gerichtlicher Entscheidungen im Arbeitsrecht[1300].

[1296] Ebd., S. 46.
[1297] Ebd., S. 46.
[1298] VIETHEN, Kodifizierung des Arbeitsvertragsrechts, in: FS-Wlotzke, S. 193.
[1299] Ebd., S. 194f.
[1300] Ebd., S. 195.

Der Rechtsprechung selbst könne jedenfalls kein Vorwurf gemacht werden; im Gegenteil – „in vielen Bereichen [sei] von [ihr] hervorragende Arbeit geleistet“ worden, was insbesondere für die seitens der Rechtsprechung aufgestellten Grundsätze zur Arbeitnehmerhaftung sowie zum Fragerecht des Arbeitgebers gelte[1301]. Dennoch könne die Rechtsprechung nicht „mehr länger die Funktion des Ersatzgesetzgebers“ übernehmen, vor allem „wegen Fehlens der parlamentarischen Legitimation für die Rechtsgestaltung“.

Ebenso sei in europarechtlicher Hinsicht die geplante Kodifikation durchzusetzen, damit man künftig etwa Richtlinien zweckmäßig umsetzen könne und nicht durch „weitere Einzelgesetze“ die bestehende „Unübersichtlichkeit [...] vergrößern und das Arbeitsvertragsrecht zu einem Flickenteppich werden lassen“ wolle[1302]. Neue „Spezialgesetze“ würden dadurch nur die bereits bestehende „Zersplitterung im deutschen Recht“ intensivieren. Gleichzeitig würde dadurch insbesondere der Kommission „eine bessere Möglichkeit gegeben, deutsche Überlegungen zu verstehen und einzubeziehen“[1303].

Vergleichbare Bedenken, wie sie etwa Manfred Weiss vor dem Deutschen Juristentage 1992 in diesem Kontext äußerte, hatte Viethen offenbar nicht. Die Kodifizierung des Arbeitsvertragsrechts sei jedenfalls in mehrfacher Hinsicht geboten; das „Jahrhundertwerk“ müsste nun endlich vollendet werden. „Das Jahr 1996“, so Viethen schließlich, sei hierfür auch „historisch der richtige Zeitpunkt [...], in dem sich die Forderung des Reichstages zum 100. Male“ jähren würde[1304].

Deutlich kritischer äußerte sich Ursula Schlochauer im selben Jahr zu dem geplanten Vorhaben. In ihren „Überlegungen zu einer Kodifizierung des Arbeitsrechts“ warnte sie insbesondere vor überstürztem Handeln und einer zu euphorischen Aufnahme des Reformprojekts.

Eine aus Art. 30 des Einigungsvertrages abzuleitende „Handlungspflicht des Gesetzgebers“, die es ihm vorschriebe, ein „Arbeitsvertragsgesetz auf einmal in einem Guß“ zu schaffen, sieht Schlochauer jedenfalls nicht als gegeben an. Das Ziel einer „einheitlichen Gestaltung“, eines „zusammenfassend“ zu regelnden Arbeitsvertragsgesetzes könne schließlich auch in „mehreren Schritten“ vollzogen und damit eine „abgestimmte Systematisierung des Arbeitsrechts“ erreicht werden[1305]. Der Gesetzgeber könne also „ebenso die jeweilige Materie einzeln

---

[1301] Ebd., S. 195f.
[1302] Ebd., S. 196f.
[1303] Ebd., S. 197.
[1304] Ebd., S. 223. Viethen verweist hier auf die Resolution des Reichstages aus dem Jahre 1896. Vgl. dazu die obigen Ausführungen unter B. II. 2. c) ee).
[1305] SCHLOCHAUER, (wie Anm. 1083), S. 126.

regeln und dies in zeitlich aufeinanderfolgenden Schritten“ erledigen um damit dem Gebot des Art. 30 I Einigungsvertrag wirksam entsprechen zu können[1306].

Eine Reformierung des Arbeitsvertragsrechts durch gezielte Einzelgesetzgebung würde ohnehin die sinnvollere Vorgehensweise darstellen. So sei es in nur einer Legislaturperiode gar nicht möglich, „die Regelung eines einheitlichen Arbeitsgesetzbuches oder Arbeitsvertragsgesetzes zu treffen“. „Mit einzelnen Schritten in der Gesetzgebung arbeitsvertraglicher Regelungen“ nehme sich der Gesetzgeber „das vor, was er auch verwirklichen“ könne. So könne er bei dieser Vorgehensweise „Prioritäten setzen“ und die „jeweils notwendigen Materien vorab regeln“, ähnlich wie er auch bei der Sozialgesetzgebung vorangeschritten sei[1307]. Mit einer „schrittweisen Gestaltung des Arbeitsvertragsrechts durch einzelne Gesetze [sei] der Gesetzgeber auf dem richtigen Weg“[1308].

Gegen eine Kodifizierung eines „umfassenden Arbeitsgesetzbuches“ würden jedenfalls „erhebliche Bedenken“ bestehen, so Schlochauer weiter. Eine solche Kodifikation müsste einen sehr weiten Rahmen abzudecken haben. So enthielte das Arbeitsrecht „Privat- und öffentliches Recht, Individual- und Kollektivrecht“. Hinzu käme stets die bestehende „Verzahnung von arbeitsrechtlichen und nicht arbeitsrechtlichen Bestimmungen“[1309]. Gerade die im Arbeitsrecht vorherrschende „Fülle des Stoffes“ zeige, dass ein einheitliches Arbeitsgesetzbuch den Gesetzgeber vor praktisch „unüberwindbare Hindernisse“ stelle. Auch durch den „ständigen Wandel des Arbeitsrechts“ könne es nicht gelingen, dieses „ad hoc in einer Kodifikation zu bewältigen“[1310].

Auch aus einem anderen Grunde sollte auf „umfassende Kodifikationsambitionen“ verzichtet werden. So habe sich nämlich die Arbeitswelt, wie auch die Gesellschaft, „in den letzten Jahren tiefgreifend verändert, und dieser Wandel [schreite] beschleunigt fort“. Daher müsse das Arbeitsrecht möglichst beweglich bleiben; für eine Gesamtkodifikation sei ohnehin zunächst ein „sozialer Grundkonsens“ erforderlich, an dem es ohnehin derzeit fehle. So seien „die großen Volksparteien […] wegen Rücksichtnahme auf Wählerstimmen nicht in der Lage […], ein grundlegendes Reformwerk anzugehen“. Ein „Hauptproblem der Kodifikation des Arbeitsrechts“ liege daher „eindeutig im politischen Bereich“. So müssten in einem solchen Gesetz Fragen erörtert und geregelt werden, „die zwischen den politischen Parteien und auch den Sozialpartnern umstritten“ sei-

[1306] Schlochauer bezieht sich hier auf die Ausführungen der Denkschrift zum Einigungsvertrag, die ihres Erachtens nicht lediglich den Schluss zuließe, die Materie des Arbeitsvertragsrechts im Rahmen einer einzigen Kodifikation zu reformieren; vgl. dazu auch die obigen Ausführungen unter B. VII. 1. c).

[1307] Ebd., S. 127.

[1308] Ebd., S. 127.

[1309] Ebd., S. 128f.

[1310] Ebd., S. 129.

en. Arbeitsgesetze seien auf einen „breiten Konsens" angewiesen, wenn sie „das Arbeitsleben vernünftig und praktikabel regeln"[1311]. Gerade an diesem Konsens würde es derzeit mangeln; ein Arbeitsvertragsgesetz, „dessen wesentlicher Inhalt gegen den ausdrücklichen Willen eines der beiden Sozialpartner durchgesetzt werden müsste, [würde] das Arbeitsleben nicht befrieden, sondern ohne zwingende Notwendigkeit eine Unruhe in das Arbeitsleben" bringen, „deren Folgen nicht absehbar" wären[1312].

Eine Kodifikation bedeute „eine Zementierung des zum Zeitpunkt des Gesetzgebungsverfahrens bestehenden Zustandes". Dies sei gerade für die Materie des Arbeitsrechts nicht sinnvoll, da diese „mehr als andere Rechtsmaterien einem stetigen Wandel unterworfen" sei. So würde ein „starres unflexibles Recht" geschaffen werden, das „den Erfordernissen des Arbeitslebens nicht gerecht" würde. Eine Kodifikation wäre ferner auch der Rechtsfortbildung hinderlich – zumal man ohnehin im Rahmen eines Gesetzes nicht alle „Einzelprobleme des Arbeitsrechts" würde regeln können. Gerade auch durch den „Wandel des Arbeitsrechts" sei daher „die Weiterentwicklung des Rechts vor allem auch durch den Gesetzgeber notwendig". Und eine solche Rechtsfortbildung sei einfacher zu vollziehen, gerade im Hinblick auf die vorherrschenden politischen Gegebenheiten, „wenn der Gesetzgeber nur einzelne Gesetze ändern oder neu schaffen [müsste] und nicht jeweils die einheitliche Kodifikation des Arbeitsrechts zur Änderung" anstünde[1313].

Allenfalls denkbar wäre daher die Möglichkeit, „ein sehr allgemein gehaltenes Arbeitsvertragsrecht" zu schaffen. Jedoch wäre dann ein „solches Recht [...] genauso für die Auslegung durch die Gerichte offen, wie das jetzige Recht", sodass dadurch „keinerlei Vorteile" durch die Gesetzgebung gewonnen wären – eher noch sei das gerade Gegenteil der Fall; „eine Flut neuer Auslegungen des Gesetzes käme auf die Arbeitswelt zu"; „neue Begriffe" würden letztlich „neue Fragen" aufwerfen, die „nicht der Rechtsklarheit und Rechtssicherheit" dienten. Dabei wäre es „irrig zu glauben, mit einer allgemeinen Kodifikation könne das Richterrecht zurückgedrängt werden"[1314].

Die Schaffung größerer Übersichtlichkeit, Transparenz und damit eine umfassende Verbesserung der Rechtssicherheit durch eine arbeitsrechtliche Kodifikation sei schließlich weitgehend nur als eine „Illusion" zu qualifizieren. „Auch mit einem kodifizierten Arbeitsvertragsrecht [würde] der Rechtssuchende nicht durch einen Griff zum Gesetz seine Fragen beantworten können". Durch die

1311 Ebd., S. 130f.
1312 Ebd., S. 132.
1313 Ebd., S. 133.
1314 Ebd., S. 133f., 137.

„Zusammenfassung der verschiedenen Gesetze in einem Arbeitsvertragsgesetz [würden] diese nicht weniger kompliziert“[1315].

Auch im Hinblick auf europarechtliche Entwicklungen sei die Kodifizierung des Arbeitsvertragsrechts nicht erforderlich. Ein „starres und fest kodifiziertes Arbeitsvertragsrecht“ sei ohnehin nicht in der Lage, „auf die ständig wachsende Zahl der EU-Richtlinien zu reagieren“. Vielmehr müsse, wie Weiss auch schon zuvor anmerkte, das „Rechtsystem offen und anpassungsfähig“ bleiben. Die europäische Harmonierung des Arbeitsrechts könnte sogar noch „blockiert werden, wenn nationale Regelungen für andere als Vorbild gehandelt“ würden. Ferner führe „allein die Kodifizierung unseres Arbeitsvertragsrechts bei den europäischen Nachbarländern nicht dazu [...], daß sie plötzlich deutsches Arbeitsrecht besser verstehen oder eher bereit wären, unsere Positionen zu berücksichtigen und deutsches Arbeitsrecht in Richtlinien für die Europäische Union zu gießen“[1316].

Schlochauer spricht sich damit ganz eindeutig gegen jedwede Kodifizierung des Arbeitsvertragsrechts aus und bezieht damit die Position, die etwa Weiss und Däubler zuvor eingenommen hatten. Folgerichtig tritt Schlochauer für die Beibehaltung der bisherigen Spezialregelungen ein. Eine Kodifikation im Arbeitsvertragsrecht würde schließlich den von den Befürwortern propagierten Gewinn nicht leisten können; lediglich eine „Zementierung“, eine „Erstarrung des Rechts“ wäre die Folge; dabei müsse stets das „Rechtssystem offen und anpassungsfähig“ bleiben, um auf die sich im fortwährenden Wandel befindliche Materie des Arbeitsrechts und damit der Arbeitswelt allzeit zweckmäßig reagieren zu können.

Dass es im Arbeitsrecht ganz grundsätzlich eine „Grenze der Gesetzgebung“[1317] gebe, zeigte Kissel in seinem Bericht zur Situation des Arbeitsrechts auf. Dabei wies er insbesondere auf den „ständigen Wandel“ hin, in dem sich das Arbeitsrecht befinde. Es sei geprägt „durch den faktischen Wandel im Arbeitsleben und der allgemeinen Lebensbedingungen, ebenso aber auch durch den ständigen Wandel in den allgemeinen Lebensverhältnissen und den für unser gesamtgesellschaftliches Zusammenleben maßgebenden Wertvorstellungen“. Und gerade diese Faktoren würden nicht nur die „Normsetzung im Arbeitsrecht durch Gesetz und Tarifvertrag“ beeinflussen, sondern ließen auch immer wieder „neue regelungsbedürftige Konfliktsituationen entstehen“[1318].

Auf diesen ganz grundsätzlichen Umstand sowie die entsprechenden Auswirkungen auf die Gesetzgebung im Arbeitsrecht wird noch einmal zurückzukom-

---

[1315] Ebd., S. 142.

[1316] Ebd., S. 143.

[1317] KISSEL, Die aktuelle Situation im Arbeitsrecht, NZA 1994, S. 588.

[1318] Ebd., S. 586.

men sein. Wenn auch Kissel die „aktuelle Situation im Arbeitsrecht“ als unübersichtlich und unsicher bezeichnet und daher mit einem „bunten Mosaik-Bild“ vergleicht, das „deutliche und weniger deutliche Stellen“, sowie „dunkle Stellen“ und auch noch „weiße Flecken“ aufweise, sah er jedoch auch ein, dass das „Mosaikbild“ nie würde vollendet werden können, „da es keinen in der Vergangenheit abgeschlossenen Vorgang [darstelle], sondern mitten in der Entwicklung unserer gesamten Lebensverhältnisse“ stünde, die einem „steten Wandel“ unterworfen seien[1319].

Die Bemühungen der Länder um ein Arbeitsvertragsgesetz wurden also nicht vorbehaltlos aufgenommen; etwaige Bedenken gegen das Vorhaben waren weiterhin präsent; die Argumente sowohl auf der einen als auch auf der anderen Seite waren mit denen der Vorjahre, ja sogar mit diesen vergleichbar, die bereits in der ersten Hälfte des 20. Jahrhundert angeführt worden waren.

3. Der „Diskussionsentwurf“ 2006/2007 und die Antwort des DGB

a) Die Entwicklungen bis zur Vorlage des „Diskussionsentwurfs“ 2006/2007 der Bertelsmann Stiftung

Um die Jahrhundertwende wurde es wieder still um das Reformvorhaben. Das Projekt wurde besonders wegen der augenscheinlichen Unversöhnlichkeit der politischen Lager zunächst nicht weiter verfolgt.

Im Jahre 2000 ergriff dann erneut Ulrich Preis das Wort und qualifizierte die bisherigen Entwicklungen und Bemühungen um ein Arbeitsvertragsgesetz als eine „Geschichte gebrochener Versprechen“. Die Reformierung des Arbeitsvertragsrechts sei weiterhin erforderlich und gehöre nun zu den „rechtspolitischen Herausforderungen des 21. Jahrhunderts[1320]. Als Begründung trägt er wiederum die bekannten Argumente der Vorjahre vor; zudem sei die „Notwendigkeit einer Kodifikation [...] durch die Veränderung der Wirtschafts- und Arbeitswelt indiziert“. „Globalisierung“ und die „zunehmende internationale Verflechtung der Wirtschaft, die technische Revolution im Computer- und Medienzeitalter, das Wegbrechen alter Industriebereiche und die dadurch ausgelöste Beschäftigungskrise in allen europäischen Industriestaaten“ stellten eine „zweite industrielle Revolution“ dar, auf die es nun entsprechend zu reagieren gelte[1321].

„Im deutschen Arbeitsrecht [müssten] Grundbegriffe neu abgegrenzt werden“. Ferner seien „dringend überarbeitungsfähig [...] die Anknüpfungen arbeitsrechtlicher Regeln an die Grundbegriffe ‚Arbeitsplatz, Betrieb, Unternehmen und Konzern‘“. „Der Übergang von der Industriegesellschaft zur Dienst-

[1319] Ebd., S. 593.
[1320] PREIS, Neuorientierung in der arbeitsrechtlichen Gesetzgebung, NZA 2000, S. 10.
[1321] Ebd., S. 11.

leistungsgesellschaft und die Virtualisierung von Betrieben im Zeitalter der modernen Kommunikationstechnik" würden dazu Anlass geben[1322].

Der Weg der Reformierung des Arbeitsvertragsrechts durch Einzelgesetze dürfe nicht länger beschritten werden; so könnten künftig nicht länger „EG-Richtlinien, die der Vereinheitlichung des Rechts" dienten, „lediglich phantasielos in zerstückelte Einzelgesetze" umgesetzt werden, sondern müssten „in das jeweilige nationale Rechtsystem sinnvoll" eingefügt werden. Eine „Flut von EG-Anpassungsgesetzen" könne jedenfalls niemand mehr verstehen und anwenden[1323].

Preis konnte mit seinem erneuten Vorstoß[1324] zunächst noch kein Aufleben der Diskussion um ein Arbeitsvertragsgesetz erreichen – im Gegenteil, in den Folgejahren schien das Vorhaben zunehmend den Rückhalt zu verlieren. Zwar monierte etwa erneut Rüthers, dass das „Arbeitsrecht [...] ein bunter, bisweilen chaotischer Flickenteppich von Einzelgesetzen und Richterrechtsnormen (‚Loseblatt-Existenz')" sei und es hierbei einer „ordnungspolitisch [...] notwendiger Akte der Gesetzgebung" bedürfe[1325]. Angesichts der sich besonders um die Jahrtausendwende abzeichnenden Beschäftigungskrise, der hohen Arbeitslosigkeit, drängten auch andere auf eine Reformierung des Arbeitsrechts; dabei trat besonders auch das Kündigungsschutzrecht in den Mittelpunkt und eine entsprechende Novellierung des KSchG. Von der möglichen Ausarbeitung einer umfassenden Kodifikation des Arbeitsvertragsgesetzes, das dann auch Kündigungsbestimmungen mit enthalten hätte können, war indes fortan weniger die Rede. Dies lässt sich insbesondere auch anhand der Antwort der Bundesregierung in der 15. Legislaturperiode auf eine Kleine Anfrage von Abgeordneten und der FDP-Fraktion aus dem Dezember 2004 belegen. In der Vorbemerkung der Fragesteller wurde auf die unübersichtliche Lage im Arbeitsrecht hingewiesen und darauf, dass das in „vielen verschiedenen Gesetzen, Verordnungen und durch die Rechtsprechung bestimmte Arbeitsrecht [...] für kleine Unternehmen kaum noch zu überblicken" sei, wodurch es den Unternehmen allgemein „hohe Kosten und ein Übermaß an Bürokratie" aufbürden würde[1326].

Die Frage an die Bundesregierung lautete:

[1322] Ebd., S. 11f.
[1323] Ebd., S. 12.
[1324] Etwa zur gleichen Zeit erschien noch ein weiterer Beitrag, in dem er mit inhaltsgleichen Argumenten für die Reformierung des Arbeitsvertragsrechts warb: PREIS, Die Aktualität des Arbeitsvertragsgesetzes, in: Arbeitsrecht im 21. Jahrhundert, S. 27ff.
[1325] RÜTHERS, Mehr Beschäftigung durch Entrümpelung des Arbeitsrechts?, NJW 2003, S. 546, 552.
[1326] BT-Drs. 15/4602, S. 1.

> „Plant die Bundesregierung eine Umsetzung des Auftrags aus dem Einigungsvertrag, ein einheitliches Arbeitsgesetzbuch zu schaffen? Wenn ja, wann, wenn nein, wie begründet sie dies?"

Die Antwort fiel kurz, aber bestimmt aus: Bezugnehmend auf die gescheiterten Versuche der Vergangenheit könne „ein so hoch komplexes und politisch sensibles sozialpolitisches Vorhaben letztlich nur im Konsens aller gesellschaftlich-relevanten Kreise verwirklicht werden." Für einen „solchen Konsens" würde jedoch „derzeit keine Grundlage" bestehen[1327].

Doch bereits im nächsten Jahr kam die Diskussion um die Reformierung des Arbeitsrechts durch eine entsprechende Kodifizierung des Arbeitsvertragsrechts wieder in Gang. Erneut rekurrierend auf etwaige Vorgaben des Einigungsvertrages forderten die Rechtsanwälte Balders und Strybny zu einem neuen Anlauf auf. So würde das deutsche Arbeitsrecht „in seiner gegenwärtigen Ausgestaltung nicht mehr auf Akzeptanz" stoßen. Eine „zerstückelte und überschießende Umsetzung von europäischen Vorgaben [trage] zu weiterer Unübersichtlichkeit" bei. Häufig flüchte sich „der Gesetzgeber in Generalklauseln und [vermeide] notwendige Grundentscheidungen". Zudem seien „weite Bereiche des Arbeitsvertragsrechts [...] nach wie vor überhaupt nicht geregelt". „Unbestimmte Rechtsbegriffe und Lücken in der Gesetzgebung" würden wiederum die „Entstehung von einzelfallgeprägtem Richterrecht, das zur Schaffung eines einfachen und übersichtlichen Rechts weder bestimmt noch in der Lage [sei]", begünstigen[1328]. Balders und Strybny brachten damit erneut die allseits bekannten Argumente der Befürworter des Reformprojekts ins Spiel, die kurz zuvor auch von Hanau und Richardi wiederholt worden waren[1329].

„Beschäftigungsförderung und Übersichtlichkeit" – dies seien die entscheidenden „Leitlinien" für eine Kodifizierung des Arbeitsvertragsrechts. Für eine Kodifizierung müsse „das Rad nicht neu erfunden" werden; vielmehr soll man auf die entsprechenden „Vorarbeiten seit der Wiedervereinigung" zurückgreifen. Ein Arbeitsvertragsgesetz, das für die „Beschäftigung fördernde Impulse setzt" würde ferner ohne „inhaltliche Reformen", insbesondere im Kündigungsrecht, nicht auskommen[1330].

Ein erneutes Scheitern der Kodifizierung könne sich der Gesetzgeber wegen „der bedrohlichen Schieflage am Arbeitsmarkt" nicht leisten. Ein „allseitiger Konsens", den die Bundesregierung zuvor bei der Schaffung eines „einheitli-

---

[1327] Ebd., S. 3.

[1328] BALDERS/STRYBNY, Reform für mehr Beschäftigung: Ein Arbeitsvertragsgesetz, ZRP 2005, S. 249.

[1329] Vgl. HANAU, Neues zum Arbeitsvertragsgesetz, NJW-editorial, Heft 14/2005, S. III.

[1330] BALDERS/STRYBNY, (wie Anm. 1328), S. 250f.

chen beschäftigungsfreundlichen Arbeitsvertragsrechts“ gefordert hatte[1331], komme jedenfalls einer „Utopie“ gleich und dürfe nicht länger „Voraussetzung für eine Kodifikation sein“[1332].

Nicht lediglich eine „zusammenfassende Kodifizierung des geltenden Rechts“ – auch „zentrale gesetzgeberische Reformmaßnahmen“ seien notwendig. Eine erneute „große Kommission“ sollte mit dem Vorhaben nicht betraut werden, da „erfahrungsgemäß der Zeitaufwand und die Interessenkonflikte mit der Zahl der Beteiligten beträchtlich“ ansteigen würden[1333].

Ebenfalls für eine umfassende Reformierung und damit Kodifizierung des Arbeitsvertragsrechts sprach sich auch Manfred Löwisch aus. Jedoch versuchte Löwisch noch weiter zu gehen; auch das Kollektive Arbeitsrecht müsse bei der „Neukonzeption“ des Arbeitsvertragsrechts mit einbezogen werden. Wie auch Balders und Strybny, hält auch er die Einsetzung einer weiteren Kommission für wenig gewinnbringend[1334].

Und tatsächlich lebte die Diskussion um ein Arbeitsvertragsgesetz wieder auf – ganz besonders nach der Wahl des 16. Deutschen Bundestages im Herbst 2005, aus der eine im Rahmen einer großen Koalition von CDU/CSU und SPD geführte Bundesregierung hervorging. Sollte nun die große Chance für die Durchsetzbarkeit eines Arbeitsvertragsgesetzes gekommen sein? War nun etwa die Zeit reif – reif für eine Kodifikation, auf die man bereits seit über 110 Jahren gewartet hat?

Ein „ausgewogenes Arbeitsvertragsgesetz“ – „eine große Herausforderung für eine große Koalition“[1335], so titelte nun ein privates Unternehmen – eine Stiftung – die fortan in der Diskussion um ein Arbeitsvertragsgesetz den Ton angeben sollte und die sich offenbar ergebende Chance für die Schaffung eines Arbeitsvertragsgesetz zu ergreifen suchte.

b) Der „Diskussionsentwurf“ 2006/ 2007 der Bertelsmann Stiftung

aa) Das Vorhaben

Bereits im Sommer 2005 beauftragte die Bertelsmann Stiftung zwei renommierte Professoren, die sich auch schon in den Vorjahren für ein entsprechendes Vorhaben eingesetzt hatten, mit dem Entwurf eines weiteren Arbeitsvertragsge-

[1331] Vgl. dazu die Ausführungen bei Anm. 1327.

[1332] Ebd., S. 251.

[1333] Ebd., S. 252.

[1334] LÖWISCH, Ein freiheitsgeprägter Motor, Zeitschrift für soziale Marktwirtschaft, 2005, S. 34.

[1335] Vgl. Thesenpapier mit dem selbigen Titel der Bertelsmann Stiftung, abrufbar unter http://www.arbvg.de.

setzes und postulierte in den darauf folgenden Monaten Ziele und Leitlinien für dieses „neue" Vorhaben.

Bereits im April 2005 wurde von Bertelsmann das Leitprojekt „Agenda Moderne Regulierung" ins Leben gerufen. Dabei setzte sich die Stiftung zum Ziel, im Rahmen dieses Projekts „bestehende Defizite im Arbeitsrecht" zu benennen, „einen Strategiedialog mit Stakeholdern zu organisieren" und „eine Reformallianz" auszubauen[1336]. Konkret ging es dabei um die Ausarbeitung eines Entwurfs für ein künftiges Arbeitsvertragsgesetz.

Bereits ein Jahr später sollte das Vorhaben durch Veröffentlichung eines ersten „Diskussionsentwurfs eines Arbeitsvertragsgesetzes" – ausgearbeitet von Martin Henssler und Ulrich Preis – und der hierbei verfolgten Motive in der Fachöffentlichkeit auf sich aufmerksam machen[1337]. Als Begründungsansatz für die Realisierung dieses Vorhabens werden diverse „Konstruktionsmängel" des deutschen Arbeitsvertragsrechts angeführt. Dieses Rechtsgebiet würde „die Grundlage der Rechtsbeziehungen zwischen Arbeitgeber und Arbeitnehmer" bilden und im „Mittelpunkt der Arbeitsbeziehungen" stehen, und daher allgemein von „herausragender Bedeutung" sein. Daher seien etwaige Mängel dringend zu beseitigen. Als solche werden maßgeblich die „Zersplitterung der Rechtsmaterie in eine Vielzahl von Gesetzen" angeführt; die Rechtsprechung mit ihren „unterschiedlichen Auslegungen" und teilweise „widersprüchlichen Urteilen" könne auf Dauer eine „geschlossene Konzeption einer gesetzlichen Regelung nicht ersetzen". Ferner könnten Arbeitgeber und Arbeitnehmer „ihre Rechte und Pflichten im Arbeitsleben aufgrund der Unübersichtlichkeit des geltenden Rechts nicht angemessen wahrnehmen". Abhilfe sollte nun eine Kodifikation des Individualarbeitsrechts, genauer gesagt ein „einheitliches, vereinfachtes sowie beschäftigungsförderndes" Arbeitsvertragsgesetz schaffen. Als Ziele der Kodifikation werden insbesondere „Vereinheitlichung", „Vereinfachung", „Kalkulierbarkeit", „Europakonformität" sowie „Zukunftsfähigkeit" genannt[1338]. Zur Realisierung der genannten Zielsetzung sei zunächst eine Zusammenfassung von Gesetzesbestimmungen über den Arbeitsvertrag erforderlich. Richterrechtlich ausgebildete Rechtsgrundsätze müssten kodifiziert werden. Auch eine komprimierte Umsetzung von EU-Recht sei erforderlich. Als Mindestmaß sei zumindest der „status quo", also die arbeitsvertragsrechtlich bereits in „zersplitterten" Einzelgesetzen geregelte oder richterrechtlich lange anerkannte Materie, im Rahmen eines „Restatements" zu kodifizieren. Allenfalls vorsichtige, begrenzte Sachreform, mehr sei jedenfalls nach Ansicht der Verfasser des Diskus-

[1336] Thesenpapier: „Notwendigkeit einer Reform des Arbeitsrechts", S. 6, abrufbar unter http://www.arbvg.de.

[1337] Erschienen in: Beilage zu NZA 23/2006, S. 1-32.

[1338] Ebd., S. 4.

sionsentwurfs derzeit nicht zu realisieren[1339]. Ähnliches war schon auf dem 59. Deutschen Juristentag 1992 zu hören.

Weiterhin sollte das künftige Gesetz anwenderfreundlich durch eine übersichtliche Struktur und verständliche Gesetzessprache gestaltet werden. Arbeitsvertragliche Grundbegriffe seien schließlich derart zu klären, dass es „Rechtsunterworfenen" künftig möglich wäre, ein „selbstständiges Studium des geltenden Rechts" zu vollziehen[1340]. „Statt der Heranziehung eines Gesetzes" stünde derzeit den Arbeitnehmern und Arbeitgebern lediglich etwa die „Lektüre des mit 2841 Seiten noch verhältnismäßig handhabbaren Erfurter Kommentar" offen. „Unbestimmte Rechtsbegriffe im Arbeitsvertragsrecht" sowie oftmals unbestimmte Rechtsprechung würden zudem für allgemeine Rechtsunsicherheit sorgen[1341].

In der Tat scheint auf den ersten Blick in Anbetracht der vorgebrachten Argumente Einiges für die Realisierung einer Kodifikation des Arbeitsvertragsrechts bzw. für ein Arbeitsvertragsgesetz zu sprechen. Wer hätte nicht gern einen „Codex", der für den „gemeinen Mann" eine möglichst verständliche Sprache bereithält, damit dieser ohne sich weiter um rechtlichen Beistand bemühen zu müssen, rechtliche Fragen allein durch Inaugenscheinnahme des Gesetzes selbst klären könnte?[1342] Wie könnte das große Ziel der Erschaffung eines zukunftsfähigen Arbeitsrechts, in dessen Rahmen ein Maximum an Kalkulierbarkeit und Flexibilität und damit Rechtssicherheit zu gewährleisten ist, besser zu erreichen sein, als im Rahmen einer Kodifikation, im Rahmen eines Gesetzes, das den Anspruch erhebt, eine Materie, wie ein bestimmtes Rechtsgebiet, abschließend und systematisch zu regeln?

[1339] Dieses „Mindestziel" wurde vor allem öffentlich im Rahmen des Kongresses in Berlin am 14.09.2007 und einer weiteren Diskussionsrunde bei Bertelsmann in Berlin am 27.09.2007 erklärt. Dieses Bestreben ergibt sich weiterhin aus der Lektüre des aktuellen Diskussionsentwurfs.

[1340] Ebd., S. 4 sowie Thesenpapier der Bertelsmann Stiftung, „Ein modernes Arbeitsvertragsgesetz…", abrufbar unter http://www.arbvg.de; freilich werden hier noch weitere Argumente, die für das Vorhaben sprechen könnten, zu Felde geführt. Im Rahmen dieser Ausarbeitung kann jedoch keine abschließende Aufzählung erfolgen.

[1341] Vgl. Thesenpapier der Bertelsmann Stiftung: „Notwendigkeit einer Reform des Arbeitsrechts", S. 2f.

[1342] An dieser Stelle sei eine kurze Anspielung auf das Reformvorhaben Friedrich des Großen von Preußen erlaubt. Ziel des Allgemeinen Landrechts von 1794 war es insbesondere ein abschließendes Gesetzeswerk zu verfassen, das seinen Adressaten ermöglichen sollte, mit seinen über 19000 Paragraphen möglichst jede aufkommende Rechtsfrage ex ante zu entscheiden und damit ein Maximum an Kalkulierbarkeit und Rechtssicherheit zu bieten. Näheres dazu im Überblick bei ECKERT, ALR, in: HRG, Bd. 1, Sp. 155ff.

bb) Über die „Notwendigkeit einer Reform des Arbeitsrechts“

Ein „zwingender“, „dringender“ sowie „notwendiger Handlungsbedarf“ bestünde derzeit im Arbeits(vertrags)recht. Dieser resultiere zum einen aus dem europäischen Einigungsprozess, der zunehmend die „Umsetzung europäischer Richtlinien und Entscheidungen des EuGHs erfordere; zum anderen aus „politischen Vereinbarungen der Koalitionsparteien, wonach Änderungen arbeitsvertragsrechtlicher Einzelgesetze, wie im Kündigungsschutzgesetz, erforderlich werden sollten. Darüber hinaus würde sich der Handlungsbedarf „für den deutschen Gesetzgeber aus der [...] Intransparenz und der sich ergebenden Ineffektivität des Arbeitsvertragsrechts“ erschließen. Das „Individualarbeitsrecht [sei] derzeit von einer Vielzahl von einzelnen, bisher unkoordinierten Gesetzesvorhaben betroffen“. Solche Veränderungen würden „das immanente Risiko noch höherer Intransparenz sowie einer noch geringeren Nachvollziehbarkeit in sich [tragen] und würden notgedrungen zu einer noch weitergehenden Zersplitterung des Arbeitsrechts führen“[1343].

Ein Arbeitsvertragsgesetz könne schließlich die „bestehenden Unzulänglichkeiten beseitigen“ und damit einen „wichtigen Beitrag zur Rechtskultur, zur Kalkulierbarkeit wirtschaftlichen Handelns am Standort Deutschland und zur Verbesserung der Arbeitsmarktlage darstellen, indem Arbeitgeber und Arbeitnehmer zukünftig gleichermaßen ihre Rechte und Pflichten erkennen und wahrnehmen“ könnten[1344].

Bestätigt fühlte sich die Bertelsmann Stiftung bei ihrem Vorbringen durch eine von ihr initiierte Studie zur öffentlichen Wahrnehmung des Arbeitsrechts. Anlässlich der im November 2005 durchgeführten Untersuchung wurden 1500 sozialversicherungspflichtige Personen zur gegenwärtigen Situation des Arbeitsrechts befragt[1345]. 71 % der Befragten stuften das gegenwärtige Arbeitsrecht als unverständlich ein; 55 % empfanden es als „nicht sonderlich gerecht“. Nach eigener Einschätzung fühlten sich jedoch 37 % der Befragten über die aktuelle Situation des Arbeitsrechts gut informiert[1346]. Dennoch sprachen sich 80 % der Befragten im Ergebnis für eine Kodifikation im Arbeitsvertragsrecht aus[1347].

[1343] Thesenpapier der Bertelsmann Stiftung, (wie Anm. 1336), S. 5.

[1344] Ebd., S. 5f.

[1345] Vgl. Die öffentliche Wahrnehmung des Arbeitsrechts - Zur Transparenz des Arbeitsvertragsrechts bei der Erwerbsbevölkerung, Gutachten von Florian Schramm im Auftrag der Bertelsmann Stiftung, abrufbar unter http://www.arbvg.de. Eine Besprechung und Analyse der Umfrage findet sich bei: SCHRAMM, Das Arbeitsrecht in der öffentlichen Wahrnehmung – ausgewählte Befragungsergebnisse, RdA 2007, S. 267ff.

[1346] Nach dem Bertelsmann Gutachten würde es sich hierbei jedoch mehrheitlich um einen gefühlten Rechtseindruck handeln. Faktisch sei der Informationsstand deutlich geringer. So glaubten 68 % der Befragten an die Existenz eines Arbeitsvertragsgesetzes.

[1347] Vgl. auch die vollständige Übersicht der zentralen Ergebnisse der Studie auf S. 2 (siehe Anm. 1345) .

Ob nun die im Rahmen der Studie gewonnen Erkenntnisse gerade auch für die Frage bzw. Rechtfertigung einer Kodifizierung des Arbeitsvertragsrechts von Bertelsmann und deren Anhängern tatsächlich nutzbar gemacht werden kann, erscheint schon allein deshalb zweifelhaft, da nur eine verhältnismäßig geringe Anzahl von Beschäftigen befragt wurde.

Bertelsmann und die beiden Gutachter Martin Henssler und Ulrich Preis handelten jedenfalls schnell: Bereits 2006 konnte die Stiftung einen ersten Entwurf für ein Arbeitsvertragsgesetz – den sog. Diskussionsentwurf eines Arbeitsvertragsgesetzes – vorlegen und veröffentlichen[1348].

cc) Grundlegendes zur Entwurfsfassung

Ähnlich wie auch die entsprechenden Gesetzesentwürfe in den Vorjahren, sah auch der insgesamt 149 Vorschriften umfassende Diskussionsentwurf der Bertelsmann Stiftung von einer Voranstellung arbeitsrechtlicher Grundrechte ab. Der Entwurf ist in sieben Abschnitten unterteilt; vorangestellt werden im 1. Abschnitt (§§ 1-10) „Allgemeine Vorschriften". Hier finden sich etwa Begriffsbestimmungen und Bestimmungen zum Arbeitsvertrag, zur Gleichbehandlung sowie zum Verbot der Diskriminierung. Der 2. Abschnitt (§§ 11-24) handelt dann von der Begründung des Arbeitsverhältnisses. Hier untergebracht ist wiederum in § 12 das Fragerecht des Arbeitgebers bei der Einstellung neuer Arbeitnehmer. Wie auch der Entwurf eines Arbeitsvertragsgesetzes von Brandenburg aus dem Jahre 1996, stellt diese Vorschrift einen Regelungskatalog von „insbesondere" unzulässigen Fragen auf und führt hierbei auch Fragen nach der Schwangerschaft sowie der Familienplanung an. Sollte dennoch eine „unzulässige Frage" seitens des Arbeitgebers gestellt werden, so bestimmt § 12 II, dass „dem Bewerber durch eine unrichtige Antwort kein Nachteil entstehen" sollte. Insofern räumt die Vorschrift dem Bewerber in einer solchen Situation ein „Recht zur Lüge" ein. Problematisch an dieser Vorschrift könnte gerade dasjenige sein, was diese Norm an sich auszeichnet: ihre nicht abschließend gefasste Katalogaufstellung von unzulässigen Fragen. So hat man wohl erkannt, dass gerade eine solche Vorschrift hinreichend flexibel ausgestaltet sein muss, will man nicht riskieren, künftigen Entwicklungen auf diesem Gebiet durch Gesetz vorzugreifen.

Hier erscheint also eine abschließende Normierung der Rechtsverhältnisse nicht möglich. Vielmehr gilt es aufgrund der sich immerzu im Wandel begriffenen Verhältnisse und Umstände, gerade auch bedingt durch fortwährende Entwicklungen im Bereich der Technik oder infolge veränderter Lebenseinstellun-

---

[1348] In „2. Fassung" ist dieser erschienen in: Beilage zu NZA 23/2006, S. 1-32. Im Oktober 2007 wurde dann eine novellierte (dritte) Fassung des Entwurfs veröffentlicht. Aus Gründen der Aktualität soll im Folgenden nur diese Fassung, die sich allerdings inhaltlich kaum von den vorhergehenden „Diskussionsentwürfen" unterscheidet, vorgestellt und bewertet werden.

gen der Menschen, etwa bei der Wahl und Einteilung der Arbeitszeit[1349], etwaige Rechtsnormen offen und anpassungsfähig zu halten. Auch schienen die Verfasser erkannt zu haben, dass dieses Erfordernis an Flexibilität im Arbeitsvertragsrecht auch durch eine Kodifizierung dieser Materie nicht wegfallen dürfe[1350]. Um dies gewährleisten zu können, wird man jedoch häufig auf Generalklauseln und unbestimmte Rechtsbegriffe zurückgreifen müssen, die dann wiederum auslegungsbedürftig sein werden. Im Diskussionsentwurf ist dieser Regelungstypus an vielen Stellen erkennbar, so auch in § 18 VI (Inhaltskontrolle allgemeiner Vertragsbestimmungen): „Bestimmungen in Allgemeinen Vertragsbedingungen sind unwirksam, soweit sie den Arbeitnehmer entgegen den Geboten von Treu und Glauben unangemessen benachteiligen, insbesondere, wenn sie mit wesentlichen Grundgedanken einer gesetzlichen Regelung nicht zu vereinbaren sind. Eine unangemessene Benachteiligung kann sich auch daraus ergeben, dass die Bestimmung nicht klar und verständlich ist. Bei der Beurteilung der unangemessenen Benachteiligung sind auch die den Vertragsschluss begleitenden Umstände zu berücksichtigen." Dem Leser wird nicht dargelegt, wann eine „unangemessene Benachteiligung" iSd Vorschrift vorliegt. So wird man auch weiterhin auf Rechtsprechung und kommentierende Literatur angewiesen sein.

Ähnliches lässt sich auch anhand weiterer Vorschriften im Entwurf konstatieren. So lohnt hier ein Blick in den 3. Abschnitt, der vom „Inhalt des Arbeitsverhältnisses" (§§ 25-98) handelt. Nach § 28 I wird der Arbeitnehmer verpflichtet, „aus dringenden betrieblichen Gründen auf Verlangen des Arbeitgebers vorübergehend Überstunden zu leisten". In § 28 II wird dann festgesetzt, dass Überstunden „im Zweifel gesondert zu vergüten" seien. Unklar bleibt hier jedoch, wann konkret nun „dringende betriebliche Gründe" vorliegen und in welchem Fall eine gesonderte Vergütung dieser in Betracht zu ziehen ist. Im dritten Absatz der Vorschrift geht es dann um Kurzarbeit, die der Arbeitgeber dann anordnen kann, „wenn die Voraussetzungen für die Gewährung von Kurzarbeitergeld erfüllt" seien. Unter welchen konkreten „Voraussetzungen" nun tatsächlich eine Gewährung von Kurzarbeitsgeld in Betracht kommt, lässt sich aus der Vorschrift nicht erschließen, wodurch auch nicht ersichtlich wird, wann jeweils ein Arbeitgeber von diesem Recht tatsächlich Gebrauch machen bzw. dieses durchsetzen kann.

[1349] Vgl. dazu KISSEL, Die aktuelle Situation im Arbeitsrecht, NZA 1994, S. 586ff.

[1350] Darauf wurde auch im Referat von Henssler und Preis anlässlich einer gemeinsamen Konferenz der CDA mit der Bertelsmann Stiftung zum Thema „Ein Arbeitsvertragsgesetzbuch für Deutschland!?" am 14.09.2007 in Berlin hingewiesen. Den Sozialpartnern sollen im Rahmen eines zukunftsfähigen Arbeitsrechts „Gestaltungsmöglichkeiten durch branchenbezogene Lösungen" zugewiesen werden. Eine abschließende Regelung der jeweiligen Rechtsmaterie könnte weniger zu diesem postulierten Ziel führen.

Ebenfalls wenig konkret und damit für den Arbeitgeber und Arbeitnehmer kaum nutzbar sind auch die Vorgaben an den Arbeitnehmer, die sich aus § 72 ergeben sollen. Nach Abs. 1 soll der Arbeitnehmer fortan verpflichtet sein, „seine berufliche Leistungsfähigkeit den sich ändernden Anforderungen anzupassen und sich eigenverantwortlich entsprechend weiterzubilden". Nach Abs. 2 hat der Arbeitgeber ihn dabei „zu unterstützen". In Abs. 3 wird dem Arbeitnehmer dann ein jährlicher Anspruch auf Freistellung zur Weiterbildung gewährt[1351].

Problematisch ist diese Vorschrift in doppelter Hinsicht: Zum einen wird erneut nicht ersichtlich, wie etwa der Arbeitgeber diese „Pflichten des Arbeitnehmers" im Einzelfall durchsetzen kann. Zum anderen dürfte es wiederum im Einzelfall schwierig festzustellen sein, wann tatsächlich aus der jeweiligen Sicht der Dinge sich „ändernde Anforderungen" für den konkreten Arbeitnehmer ergeben würden, die dann eine individuelle Weiterbildung erforderlich machten. Auch könnte eine jährliche, pauschale Freistellung des Arbeitnehmers, je nach wirtschaftlicher Lage des Betriebes, eine unbillige Härte für den Arbeitgeber darstellen.

Ebenfalls im 3. Abschnitt wird die Haftung des Arbeitnehmers normiert. § 89 eröffnet in Abs. 2 dem Arbeitnehmer ein Haftungsprivileg; so haftet er im Falle einer fahrlässig herbeigeführten Pflichtverletzung nur, „soweit es ihm unter Berücksichtigung der Art der Arbeit, seiner Person, der Schadenshöhe, der Höhe des Arbeitsentgelts und der beiderseitigen Verursachungsbeiträge sowie Verantwortungsbereiche zumutbar ist". Bei „leichtester Fahrlässigkeit" sollte der Arbeitnehmer gar nicht haften. Wie auch der brandenburgische Entwurf aus 1996, so verzichtet auch der Bertelsmann Entwurf bei (leicht) fahrlässig herbeigeführten Schäden auf eine summenmäßige Beschränkung des zu leistenden Schadensersatz und distanziert sich damit zugleich auch von entsprechenden Regelungen des Professorenentwurfs von 1992.

Der 4. Abschnitt, der vom „Ruhen des Arbeitsverhältnisses" (§§ 99-107) handelt, hält Regelungen zur Elternzeit bereit. Von besonderem Interesse dürften dann aber die Bestimmungen im 5. Abschnitt zur „Beendigung und Übergang des Arbeitsverhältnisses" (§§ 108-145) sein. Bereits § 108 II könnte auf Kritik stoßen: Die Norm sieht – mit Ausnahme der ordentlichen Kündigung – ein generelles Kündigungsrecht vor Arbeitsaufnahme vor; die Kündigungsfrist soll „im Zweifel" mit dem Zugang der Kündigungserklärung beginnen. Die Bestimmung müsse nach der Intention seiner Verfasser „größtenteils" die Vorgaben der Rechtsprechung kodifizieren und gleichzeitig „Präzisierungen zur Förderung der

---

[1351] Vgl. dazu den Wortlaut des § 72 III 1: „Dem Arbeitnehmer steht im Rahmen des Absatzes 1 ein jährlicher Anspruch auf Freistellung zur beruflichen Weiterbildung in Höhe von x Tagen zu." Die Anzahl der Tage wurde in der Entwurfsfassung noch nicht festgelegt.

Rechtssicherheit" vornehmen[1352]. Doch steht die Norm in einem gewissen Widerspruch zur bisherigen BAG-Rechtsprechung[1353]; von lediglich einer Präzisierung kann dabei weniger gesprochen werden[1354]. Ähnliches lässt sich auch hinsichtlich § 112 III (außerordentliche Kündigung mit Auslauffrist) der Entwurfsfassung konstatieren. Nach der Vorstellung der Autoren sollte es sich auch bei dieser Vorschrift lediglich um eine Kodifizierung der BAG-Rechtsprechung zur außerordentlichen Kündigung unkündbarer Arbeitnehmer handeln sowie die Streitfrage klären, welche Frist in diesem Fall zu gelten hat[1355]. Die hier vorgeschlagene Regelung des tariflichen oder einzelvertraglichen Ausschlusses für die ordentliche Kündigung schränkt die bisherige BAG-Rechtsprechung ein. Hiernach genügt nämlich nicht bereits die Unmöglichkeit der Weiterbeschäftigung des Arbeitnehmers. Entscheidend ist vielmehr die „evidente Unzumutbarkeit" der Fortsetzung eines „sinnlosen Arbeitsverhältnisses allein durch Gehaltszahlungen" bis hin zum Renteneintritt. Hier ist ein strenger Prüfungsmaßstab anzulegen: Zumutbar ist etwa, die Kündigung durch jede nur mögliche geeignete Maßnahmen abzuwenden[1356]. Eine Aufrechterhaltung des Arbeitsverhältnisses über beispielsweise drei Jahre ohne Arbeitsleistung, jedoch mit Lohnzahlungen, kann zumutbar sein[1357].

Weitere Einschränkungen bzw. Abweichungen von dem bisherigen Stand der Rechtsprechung lassen sich auch anhand anderer Vorschriften zur Kündigung des Arbeitsverhältnisses belegen[1358]. So gehen die Bestimmungen über die Kündigung aus personenbedingten Gründen in § 115 III über dasjenige hinaus, was die BAG-Rechtsprechung festgelegt hat. Von einer hierfür nach ständiger BAG-Rechtsprechung notwendigen negativen Zukunftsprognose iSe zukünftigen, das Arbeitsverhältnis betreffende weit überdurchschnittlichen Leistungsminderung

[1352] HENSSLER/PREIS, Synopse zum Diskussionsentwurf für ein Arbeitsvertragsgesetz, S. 7.

[1353] Nach der BAG-Rechtsprechung konnte sich bislang neben der Vereinbarung eines Kündigungsausschlusses ein solcher Ausschluss ebenso aus sonstigen Umständen, wie Vertragsstrafenregelungen, ergeben. Ob die Kündigungsfrist nun bereits mit Zugang der Kündigung vor Arbeitsaufnahme oder erst am Tag beginnt, an dem die Arbeit vertragsgemäß aufgenommen werden soll, ist bislang bei fehlender Vereinbarung wegen einer Vertragslücke im Wege der ergänzenden Vertragsauslegung nach den Umständen des Einzelfalls zu entscheiden. Vgl. BAG vom 25.3.2004 – 2 AZR 324/03.

[1354] So auch Schubert, der diese Vorschrift aus diesem Grunde für nicht sachgerecht erachtet, „zumal dem Arbeitgeber ohne weiteres zuzumuten [sei], klarstellende Regelungen bereits in den von ihm erstellten Arbeitsvertragsentwurf aufzunehmen, damit der Arbeitnehmer [wisse], woran er [sei] und dementsprechend disponieren" könne. SCHUBERT, Massive Eingriffe in den allgemeinen Kündigungsschutz - §§ 108-120 ArbVG-E, ArbuR 2008, S. 212f.

[1355] HENSSLER/PREIS, (wie Anm. 1352), S. 7.

[1356] BAG 17.1.2008 – 2 AZR 821/06.

[1357] BAG 6.10.2005 – 2 AZR 362/04.

Vgl. dazu auch die Auswertungen und Analysen bei SCHUBERT, (wie Anm. 1354), S. 213.

[1358] Näheres dazu bei SCHUBERT, (wie Anm. 1354), S. 212ff.

ist hier keine Rede mehr[1359]. Als ebenfalls problematisch könnte sich dann die Vorschrift über mögliche Kündigungsverbote – § 121 – erweisen. § 121 legt Kündigungsverbote gegenüber einer schwangeren Arbeitnehmerin[1360], Arbeitnehmer in Elternzeit[1361], schwer behinderte Arbeitnehmern[1362] und Wehrpflichtigen[1363] zusammen. Hinsichtlich der Bestimmungen zum Schutz der schwangeren Arbeitnehmerin, des Wehrpflichtigen sowie zur Elternzeit lassen sich kaum wesentliche Änderungen in § 121 erblicken. Der Kündigungsschutz für schwer behinderte Arbeitnehmer wird dagegen in § 121 I Nr. 3 nun erstmals ausdrücklich als Kündigungsverbot kodifiziert[1364]. Der Einfluss öffentlich-rechtlicher Vorschriften ist hier offensichtlich, gerade durch die Regelung etwaiger Einschränkungen der Kündigung von schwer behinderten Arbeitnehmern. Ohne diese würde sich in diesem Bereich kein hinreichender Kündigungsschutz bewerkstelligen lassen; ein reines Arbeitsverhältnisgesetz, das lediglich auf die individualrechtliche Seite zu beschränken sei, kann und darf also nicht beabsichtigt sein[1365].

Im sechsten Abschnitt (§§ 146, 147) des Diskussionsentwurfs eines Arbeitsvertragsgesetzes finden sich dann Vorschriften zur Verjährung und Ausschlussfristen wieder, bevor schließlich im letzten Abschnitt (§§ 148, 149) die „Schlussvorschriften" folgen, worunter auch eine Öffnungsklausel für mögliche Abweichungen durch Tarifvertrag, Betriebsvereinbarungen sowie Arbeitsvertrag in bestimmten Fällen vorgesehen wird[1366].

dd) Die Aufnahme des Entwurfs[1367]

„Alle wollen es, so sagen sie. Keiner will es, so handeln sie, wer sich zuerst bewegt, hat schon verloren, so denken sie"[1368] – doch dieser „Vogel-Strauss-

---

[1359] Diese Leistungsminderung muss sich bislang auf Basis einer umfassenden und substantiierten mehrjährigen Leistungsbeurteilung unter Berücksichtigung subjektiver Umstände ergeben. Näheres wiederum bei SCHUBERT, (wie vorherige Anm.), S. 214.

[1360] Bislang geregelt in: § 9 MuSchG.

[1361] Bislang geregelt in: § 18 BEEG.

[1362] Bislang geregelt in: § 85 SGB IX.

[1363] Bislang geregelt in: § 2 ArbPlSchG.

[1364] Tatsächliche Auswirkungen wird dies auf die Rechtspraxis aber kaum haben, da das Zustimmungserfordernis des Integrationsamtes im Falle der Kündigung eines schwer behinderten Arbeitnehmers nach § 85 SGB IX auch bisher als Wirksamkeitsvoraussetzung gewertet wurde. Vgl. dazu ErfK-ROLFS, § 85 SGB IX, Rn. 1.

[1365] Näheres dazu auch bei KOLL, Annahmeverzug, Betriebsrisiko, ArbuR 2008, S. 211. Koll stellt hier auch die berechtigte Frage in den Raum, ob der Kündigungsschutz von schwerbehinderten Arbeitnehmern nicht doch besser „weiterhin im Kontext der übrigen Schutzvorschriften des SGB IX aufgehoben ist".

[1366] Vgl. § 148 des Entwurfs.

[1367] Berücksichtigt wurden exemplarisch ausgewählte Stellungnahmen bis April 2009.

Haltung“ könnte nun die Initiative der Bertelsmann Stiftung für ein Arbeitsvertragsgesetz Einhalt gebieten, so hoffte zumindest eine Stimme aus der anwaltlichen Praxis, die sich kurz nach Veröffentlichung des Diskussionsentwurfs 2006 zu Wort meldete.

Zwar ginge die „Welt nicht unter, wenn unser individuelles Arbeitsrecht weiterhin so zersplittert, unübersichtlich, teilweise unklar und widersprüchlich“ bliebe, wie bisher. Doch würde sich Deutschland in diesem Fall „in der aktuellen internationalen arbeitsrechtlichen Debatte“, etwa auf europäischer Ebene „mehr oder weniger verabschieden können“, so Fischer. „Ohne ein qualifiziertes Arbeitsvertragsgesetz, das in strukturierter, übersichtlicher und verständlicher Form die Möglichkeit [biete], sich über das Arbeitsrecht in der Bundesrepublik Deutschland auf einen Blick zu informieren, [würde] keine fremde Rechtsordnung und kein europäisches Nachbarland großes Interesse an einem deutschen arbeitsrechtlichen Modell entwickeln“. „Wer Zukunft für das Arbeitsrecht will, [müsse] Ja sagen zu einem Arbeitsvertragsgesetz“ und den Gesetzgeber auffordern, endlich „seiner Verpflichtung“ zu genügen, „die der Einigungsvertrag ihm aufgegeben hat“[1369].

In seinen „Überlegungen zur Fortentwicklung des deutschen Arbeitsrechts“ sprach der Wissenschaftler Bernd Waas von „verpassten Möglichkeiten und gebrochenen Versprechungen“ in Bezug auf vorangegangene Bemühungen um ein Arbeitsvertragsgesetz. Den Leistungen, die dabei vom Arbeitskreis „Deutsche Rechtseinheit im Arbeitsrecht“ erzielt worden seien, war nicht mehr beschieden, als „ein Begräbnis dritter Klasse“[1370]. Der Gesetzgeber habe im deutschen Arbeitsrecht das „Gegenteil von Transparenz“ verwirklicht. „Abhilfe“ könnte hier nun ein Arbeitsvertragsgesetzbuch schaffen, das „Ordnung ins Chaos“ brächte. Das hauptsächliche Ziel sollte dabei sein, weniger „inhaltliche Änderungen“ als vielmehr „den Zugang der Betroffenen zu ‚ihrem' Recht zu erleichtern, für mehr Transparenz zu sorgen und das Arbeitsrecht [...] zu ‚entrümpeln'“[1371].

Konkret auf den Diskussionsentwurf geht Waas jedoch nicht ein; doch scheint aus seinem allgemeinen Statement erkennbar, dass er jedenfalls einem entsprechenden Projekt, das erstrangig den Anspruch verfolgt, eine gesetzliche Zusammenschrift im Rahmen eines „Restatements“ zu bilden, gewisse Erfolgsaussichten einzuräumen vermag.

Mit bedingter Skepsis trat dann Jürgen Dietermann dem Projekt entgegen, der über das seitens der BDA und der Bertelsmann Stiftung am 23.1.2007 abgehal-

---

[1368] FISCHER, Rechtsfort- oder Rückschritt durch Rechtsstillstand – das Arbeitsvertragsgesetz: Fata Morgana oder „wenn nicht jetzt, wann dann?“, NZA 2006, S. 1395.
[1369] Ebd., S. 1395.
[1370] WAAS, Überlegungen zur Fortentwicklung des deutschen Arbeitsrechts, RdA 2007, S. 78.
[1371] Ebd., S. 78.

tene Symposium zu dem Thema „Das Arbeitsvertragsgesetz: Reform für mehr Beschäftigung“ in Berlin berichtet[1372].

So zeigten auf der Tagung Wolfgang Franz[1373] und Manfred Löwisch Alternativen zu dem von Bertelsmann vorgelegten Diskussionsentwurf eines Arbeitsvertragsgesetzes auf. In seinem Referat[1374] sprach sich Franz dafür aus, über die im Entwurf enthaltenen Vorschläge hinauszugehen. Dabei votierte er insbesondere für die Abschaffung der Restriktionen bei betriebsbedingten Kündigungen und favorisierte stattdessen eine generelle Abfindung.

Löwisch dagegen sprach sich[1375] dafür aus, die Kodifizierung der arbeitsvertragsrechtlichen Bestimmungen im BGB vorzunehmen, da dadurch verdeutlicht würde, dass diese Rechtsmaterie zwingend ein Teil des Privatrechts sei und somit seine Grundlage in der Privatautonomie finde[1376].

Im Rahmen der auf dem Kongress geführten Diskussion verwiesen die Autoren des vorgelegten Entwurfs erneut auf die Vorteile eines „konsistenten Arbeitsvertragsgesetzes“. Während die eine Seite dann den von Henssler und Preis vorgelegten Entwurf lobte, wurden von anderer Stelle Kritik geäußert, die sowohl auf konkrete Inhalte abzielte, als auch die Reichweite des Entwurfs betraf[1377].

[1372] DIETERMANN, Das Arbeitsvertragsgesetz – Initiative ohne Chance?, ZRP 2007, S. 98ff.

[1373] Präsident des Zentrums für Europäische Wirtschaftsordnung in Mannheim.

[1374] Der Titel des Beitrags lautet: „Arbeitsvertragsrecht unter dem Blickwinkel der arbeitsökonomischen Rahmenbedingungen“.

[1375] Der Titel des Beitrags lautet: „Das Arbeitsvertragsrecht und die Privatautonomie – Standortbestimmung für eine Kodifizierung“.

[1376] Diese Sichtweise bekräftigte er noch einmal in einem separat erschienen Aufsatz mit dem Titel „Kodifizierung des Arbeitsvertragsrechts im Bürgerlichen Gesetzbuch“, erschienen in ZfA 2007, S. 1ff.
Löwisch stufte hier das Vorhaben der Bertelsmann-Stiftung insgesamt als bedenklich ein, da es „mit dem Risiko des Scheiterns aus den gleichen Gründen behaftet [sei], aus denen die anderen Entwürfe aus den Vorjahren gescheitert“ waren. Daher sollte ein „neuer Ansatz“ „auf den Anspruch, ein eigenständiges Arbeitsvertragsgesetzbuch zu schaffen, verzichten“. Dieser solle vielmehr lediglich darin bestehen, das Arbeitsvertragsrecht „als Teil des BGB zu vereinheitlichen“. Eine solche Vorgehensweise stünde auch im Einklang mit den Vorgaben des Einigungsvertrages, da dieser „keineswegs die Schaffung eines besonderen Gesetzbuchs“ fordern würde; eine „Einbettung“ der Kodifizierung in das Dienstvertragsrecht des BGB würde ausreichen.
Der „praktisch-politische Vorteil“ einer solchen Lösung läge darin, dass man die Kodifizierung, der jeweiligen politischen Situation entsprechend, auch in „mehreren Schritten verwirklichen“ könnte. Beispielsweise wäre auf diesem Wege eine „vorläufige Ausklammerung der besonders umstrittenen Materie des Kündigungsrechts denkbar“. Spezielle Rechtsverhältnisse, etwa die „Arbeitsverhältnisse besonderer Arbeitnehmer“, wie der Leiharbeitnehmer, sollten jedoch unberücksichtigt und damit spezialgesetzlich geregelt bleiben.
Dazu und näheres zu seinem Lösungsmodell vgl. LÖWISCH, a.a.O., S. 3ff.

[1377] So bekräftigte im weiteren Verlauf der Diskussion Richard Giesen, Universitätsprofessor aus Gießen, dass, entgegen der Auffassung von Löwisch, das Arbeitsvertragsrecht nicht in das

Dietermann sprach sich im Resümee seines Berichtes über den Kongress zwar eindeutig für das Reformprojekt der Bertelsmann Stiftung aus und räumte daher der vorgelegten Entwurfsfassung zumindest Chancen ein – dennoch befürchtete er, dass die während des Symposiums aufgeworfenen inhaltlichen Fragen und Kontroversen, wie solche zum Kündigungsschutz, einen allgemeinen Konsens und damit die Initiative insgesamt nachhaltig „torpedieren" könnten[1378].

Zwei weitere Tagungen fanden dann im September desselben Jahres statt. Anlässlich des gemeinsamen Kongresses der CDA mit der Bertelsmann Stiftung zum Thema „Ein Arbeitsvertragsgesetzbuch für Deutschland!?" am 14.9.2007 in Berlin wurde das Vorhaben erneut der Öffentlichkeit präsentiert. Anwesend waren neben den Hauptverantwortlichen des Projekts seitens der Bertelsmann-Stiftung Jörg Habich und Frank Frick auch die Autoren des vorgelegten Gesetzesentwurf Ulrich Preis und Martin Henssler. Die Moderation übernahm Peter Hanau.

In der Begrüßungsrede machte Gerald Weiß, 1. Stellvertretender Bundesvorsitzender der CDA, auf die Notwendigkeit einer Reformierung des Arbeitsvertragsgesetzes aufmerksam. Der aktuell vorgelegte Entwurf käme nun „zur rechten Zeit" – das gegenwärtige Arbeitsrecht sei ein Fall für eine „Flurbereini-

---

BGB gehöre, da ansonsten konsequenterweise auch andere umfangreiche Regelungskomplexe, wie etwa das Gesellschaftsrecht, hier eingegliedert werden müssten. Rudolf Anzinger, Staatssekretär im Bundesministerium für Arbeit und Soziales (BMAS), äußerte sich zu den Erfolgsaussichten der Initiative in der laufenden Legislaturperiode eher skeptisch. So sei eine Reformierung des Arbeitsrechts durch ein entsprechendes Arbeitsvertragsgesetz im Koalitionsvertrag der Bundesregierung nicht vorgesehen. Konkret biete der von Bertelsmann vorgelegte Entwurf zwar möglicherweise eine Grundlage, doch gehe er aber über ein bloßes „Restatement" hinaus.
Reinhard Göhner, Hauptgeschäftsführer der BDA, begrüßte grundsätzlich die Bemühungen um ein Arbeitsvertragsgesetz, räumte aber ein, dass ihm der vorgelegte Entwurf nicht weit genug ginge. Insbesondere sprach sich Göhner für die Aufgabe des Bestandschutzprinzips und für eine generelle Abfindungslösung aus.
Anton Wirmer, Handelsverband BAG, forderte dagegen eine Umsetzung des Entwurfs oder zumindest eine Minimallösung zu realisieren, damit die Sachrationalität nicht erneut scheitere. Seitens der Bundesrechtsanwaltskammer (BRAK) trat dessen Vorsitzender des Arbeitsrechtsausschusses, Ulrich Tschöpe, auf und stellte klar, dass die BRAK uneingeschränkt hinter dem Diskussionsentwurf stünde. Auch der Vorsitzende des Ausschusses Arbeitsrecht des DAV – Heinz Josef Willemsen – betonte, dass die Anwaltschaft ein großes Interesse an der Durchsetzung des Projekts habe. Man sollte nun nicht inhaltliche Punkte, wie die kontroverse Abfindungslösung, mit der grundsätzlichen Diskussion über ein Arbeitsvertragsgesetz verknüpfen.
Schließlich attestierte Anzinger dem Diskussionsentwurf Realisierungschancen obwohl ein reines „Restatement" zu bevorzugen sei. Henssler beendete dann die Diskussionsrunde mit dem Vorbringen, dass ein reines „Restatement" nicht möglich sei und die Frage vielmehr lauten müsse, welcher Grad an Innovation im Entwurf eingebaut werden müsse.

[1378] DIETERMANN, (wie Anm. 1372), S. 99f.

gung". Der Blick in „ein Gesetz" genüge derzeit im Arbeitsrecht nicht; notwendig sei daher dringend die Verabschiedung nur eines Gesetzes, das sämtliche arbeitsvertragsrechtliche Vorschriften aufnehmen würde und damit die nötige Transparenz schaffe, damit besonders auch für den Bürger, dem „Kunden der Politik", letztlich ein verständliches Arbeitsrecht geschaffen werden könnte.

Im Grußwort von Ronald Pofalla, Generalsekretär der CDU, bezeichnete er den Diskussionsentwurf als „zielführend", obgleich er daran zweifelte, dass das Vorhaben noch in der laufenden Legislaturperiode als „Regierungsprojekt" in der großen Koalition angegangen werden könnte. Dies sei, wenn überhaupt, frühestens im Jahre 2008 zu bewerkstelligen, so Pofalla, da augenblicklich andere Reformprojekte an vorderer Stelle stünden.

Erinnerungen an das entsprechende Vorbringen Anton Wirmers vom BMAS anlässlich des DJT von 1992 erwachen: zentralere, dringlichere Regelungsgegenstände seien zunächst vorrangig zu behandeln.

Nach einem historischen Rückblick unter Verweis auf die Reichstagsresolution von 1896 plädierte Karl-Josef Laumann, Arbeitsminister NRW, für eine möglichst zeitnahe Durchsetzung des von der Bertelsmann Stiftung initiierten Vorhabens. Gerade unter einer großen Koalition könnte das Vorhaben nun endlich eine große Realisierungschance haben, zumal mit einem einheitlichen Arbeitsvertragsrecht auch „zentrale Zielsetzungen der Koalitionsverträge auf Bundes- und Landesebene" umgesetzt würden. So sehe der „Koalitionsvertrag auf Bundesebene mehr Transparenz und Rechtssicherheit für Beschäftigte und Arbeitgeber im Bereich des Kündigungsschutzes" vor. Auch könnte eine Kodifikation zum „Musterbeispiel für Bürokratieabbau" werden. Ferner sei die öffentliche Wahrnehmung des Arbeitsrechts in der Bevölkerung dürftig, wobei er sich hier auf die bereits besagte Umfrage bezog, die wiederum von Bertelsmann selbst in Auftrag gegeben wurde.

Der Umgang mit der Materie des Arbeitsrechts sei insgesamt zu kompliziert; die Rechtssprechung hierzu zu undurchsichtig und nicht voraussehbar, wodurch infolgedessen seitens Arbeitgeber und Arbeitnehmer kein Vertrauen bzw. keine Akzeptanz erwachsen könne.

Auch die Arbeitgeber in Deutschland würden die Reformbedürftigkeit des deutschen Arbeitsrechts schon längst erkannt haben[1379].

[1379] Laumann verwies hier auf eine Umfrage der Hans-Böckler-Stiftung, anlässlich derer 69 % der befragten Personalverantwortlichen angaben, dass ein Reformbedarf im Arbeitsrecht bestehe. 47 % der deutschen Unternehmen erklärten dann in einer Unternehmensbefragung des Deutschen Industrie- und Handelskammertages im Jahr 2004, dass das gegenwärtige Arbeitsrecht ein bedeutendes Hindernis für Betriebsneugründungen in Deutschland darstelle. 97 % der deutschen Unternehmen würden schließlich eine einheitliche Kodifizierung für sinnvoll erachten.

Die Chance, das „Jahrhundertprojekt" einzulösen, sei nun sehr nahe; sie dürfte nicht ungenutzt bleiben. Dazu müssten jedoch „alle Seiten" kompromissbereit an den Verhandlungstisch gebracht werden, damit das Ziel der Entwicklung eines „einfachen, kohärenten und stabilen Arbeitsvertragsrechts" erreicht werden könne.

Erneut verwiesen die Autoren auf die allgemeine Dringlichkeit des Vorhabens und darauf, dass die „Zeit nun reif" für ein Arbeitsvertragsgesetz sei. Lediglich der politische Wille zur Umsetzung stehe noch aus. Dabei handele es sich hierbei um ein durchaus „reizvolles Thema" für die politischen Parteien. So sei nämlich davon auszugehen, dass die entsprechende Partei, die sich für die Umsetzung des geforderten Gesetzes einsetzt, den „verdienten Wählerlohn" erhalten würde. Auch nehme der Entwurf gegenüber vorhergehenden Bemühungen eine Sonderstellung ein: Den bisherigen Bemühungen habe es „an einem integrativen, Konsens schaffenden Ansatz" gemangelt. Diesmal aber sei für die Realisierung dieses Vorhabens eine Initiative „aus der Zivilgesellschaft" heraus unternommen worden[1380]. So würden nämlich sämtliche Anregungen von außen stets aufgenommen und ggf. auch verwertet werden[1381].

Im folgenden Streitgespräch wurde dann seitens der Diskutanten vor allem inhaltlich über den vorgelegten Gesetzesentwurf diskutiert. Ein einheitlicher Konsens, der etwas auf eine zügige Durchsetzung der Entwurfsfassung abzielte, zeichnete sich dabei jedoch nicht ab[1382].

[1380] Vgl. dazu auch Beilage zu NZA 23/2006, S. 32.

[1381] Zu diesem Zweck hat die Bertelsmann Stiftung ein Onlineforum bereitgestellt, das als Diskussionsplattform dienen soll. Hier soll es der interessierten Fachöffentlichkeit ermöglicht werden, den aktuellen Diskussionsentwurf einzusehen, die vorgeschlagenen Paragraphen zu kommentieren, eigene Alternativvorschläge zu unterbreiten sowie „einen konstruktiven Dialog über ein zukunftsfähiges Arbeitsvertragsgesetz" zu führen. Vgl. Beilage zu NZA 23/2006, S. 32.

[1382] So plädierte Heide Pfarr, Universitätsprofessorin und Geschäftsführerin der Hans Böckler Stiftung, zwar im Grundsatz ebenfalls für eine Kodifikation des Arbeitsvertragsrechts. Jedoch widersprach sie Laumann und konstatierte, dass die Unternehmen mit dem gegenwärtigen Arbeitsrecht „klar" kommen würden. Ein „Leidensdruck" seitens der Bevölkerung sei hier nicht empirisch festzustellen. Eine Verbesserung der Beschäftigungssituation werde infolge eines Arbeitsvertragsgesetzes nicht erreicht. Insgesamt überschätze man die Wirkung eines solchen Gesetzes. Weiterhin würde die mit dem Vorhaben erhoffte Transparenz für den einzelnen Arbeitnehmer nur bedingt verbessert: So wird das Gesetzbuch in Rechtssprache verfasst, womit damit einhergehend der Arbeitnehmer auch mit zahlreichen „unbestimmten Rechtsbegriffen" konfrontiert würde, was ihm den Zugang zu seinen Rechten nicht erleichtern werde.
Hinsichtlich der tatsächlichen Realisierungschancen äußerte sich Pfarr schließlich eher skeptisch. So würden gerade bei der gegenwärtigen Tagung führende Vertreter der Sozialverbände fehlen; auch müsse näher erforscht werden, wie die Sozialdemokraten zu dem Vorhaben stünden. Insgesamt sei aber für Durchsetzung eines Arbeitsvertragsgesetzes „kein politisches Klima" verfügbar. Konflikte mit den Gewerkschaften und der BDA seien derzeit uner-

Der Kongress am 14.9.2007 in Berlin führte kein eindeutiges Ergebnis zu Tage: Einerseits ließen die Teilnehmer ihr Interesse an einem Arbeitsvertragsgesetz erkennen; andererseits äußerte man sich bezüglich möglicher Realisierungschancen eher skeptisch. So auch Ronald Pofalla, der relativ eindeutig zum Ausdruck brachte, dass die Reformierung des Arbeitsrechts durch ein entsprechendes Arbeitsvertragsgesetz keineswegs seitens der Bundesregierung vorrangig behandelt würde.

Bereits knapp zwei Wochen später fand in der Bertelsmann Repräsentanz in Berlin am 27.9.2007 eine weitere Tagung zum Thema „Das Arbeitsvertragsrecht: Die Chance für ein einheitliches Arbeitsvertragsgesetz nutzen" statt. Zu den Veranstaltern zählte diesmal neben der Bertelsmann Stiftung die Deutsche Gesellschaft für Personalführung e.V.

Im ersten Teil der Podiumsdiskussion, deren Moderation erneut Peter Hanau übernahm, wurde zunächst wieder auf bestehende Mängel des gegenwärtigen Arbeitsvertragsrechts besonders wegen der allgemein fehlenden Transparenz aufmerksam gemacht. „Klarheit", „Zuverlässigkeit", „Flexibilität" und „Geschwindigkeit" im Recht müssten durch ein Arbeitsvertragsgesetz erreicht werden. Doch gerade diese Ziele würden mit dem vorgelegten Diskussionsentwurf noch nicht erreicht werden; hierfür sei nämlich „mehr" als ein entsprechendes Arbeitsvertragsgesetz notwendig, so die Forderung.

---

wünscht; ferner bestünde auch seitens der Bevölkerung kein entsprechender Druck, sodass die politischen Parteien schließlich nicht handeln und sich entsprechend für die favorisierte Reformierung des Arbeitsvertragsrechts einsetzen würden.
Als weiterer Diskutant trat Peter Wichtel, Betriebsvorsitzender der Fraport AG, auf. Auch er machte darauf aufmerksam, dass Arbeitnehmer bei arbeitsrechtlichen Fragen an Juristen verwiesen seien; unbestimmte Rechtsbegriffe werden auch infolge Verabschiedung eines Arbeitsvertragsgesetzes „notwendiges Übel" bleiben. Nur wenn das Projekt gemeinsam mit den Sozialpartnern und den politischen Parteien angegangen würde, bestünden realistische Erfolgsaussichten.
Peter Pulte, Professor an der Fachhochschule Gelsenkirchen, monierte, entgegen dem Vorbringen von Pfarr, dass sich weder Arbeitgeber noch Arbeitnehmer in der gegenwärtigen Lage des Arbeitsrechts zurecht finden würden. Nicht nur deshalb sei die Durchsetzung des Reformprojekts zu empfehlen. Auch im europarechtlichen Kontext sei die Realisierung des Vorhabens geboten: So würde das Arbeitsrecht auch weiterhin eine große Rolle auf europäischer Ebene spielen. Ein deutsches Arbeitsvertragsgesetz könnte hier für andere Staaten als Modell gehandelt werden.
Schließlich konstatierte Pulte, das die Zeit für die Verabschiedung eines Arbeitsvertragsgesetzes niemals günstiger gewesen sei.
Im Schlusswort machte Stefan Empter, Mitglied der Geschäftsführung der Bertelsmann Stiftung, auf die weitere Vorgehensweise aufmerksam. Trotz der bevorstehenden Schwierigkeiten, insbesondere bei der Bemühung um einen einheitlichen Konsens auf sämtlichen Ebenen, besonders auf der politischen, müsse das Vorhaben weiter verfolgt und eine breite Diskussion entfacht werden. Dennoch sprach Empter die Hoffnung aus, noch in der laufenden Legislaturperiode eine Regierungsvorlage in der großen Koalition zu erreichen.

Auch andere Diskutanten äußerten sich zum Reformprojekt mit leichter Skepsis. So monierte man, dass der vorgelegte Entwurf noch keine umfassende Rechtssicherheit bewerkstelligen könnte; vielmehr sei man auch weiterhin etwa auf kommentierte Literatur verwiesen. Ein „wirkliches Arbeitsrecht" sei hingegen nur durch ausgedehnte Reformen erlangbar.

Die gegenwärtige Komplexität des Arbeitsrechts müsse nun endlich beseitigt werden. Darunter würden vorwiegend kleinere Unternehmen leiden, die sich eine eigene Rechtsabteilung bzw. –beratung nicht leisten könnten. Auch könnte sich die Durchsetzung eines Arbeitsvertragsgesetzes positiv auf die Beschäftigungssituation auswirken und etwaige Einstellungshindernisse, die aus der Komplexität des Arbeitsrechts herrühren würden, ausräumen.

Inhaltliche Kritik am Entwurf äußerte man ebenfalls. So wurde moniert, dass der Entwurf „nur" Rechtsprechung wiedergebe; zentrale Probleme, wie beim Kündigungsschutz, würden jedoch damit nicht gelöst. Auch sei der Entwurf trotz seiner relativ wenigen Vorschriften nicht sonderlich schlank, da im Gegenzug einzelne Bestimmungen aus zahllosen Absätzen bestünden, die das Verständnis und damit die Transparenz des Rechts nicht erhöhen könnten.

Am Ende der Podiumsdiskussion wurden dann mögliche Ziele postuliert, die zu einer Erfolg versprechenden Umsetzung des vorgelegten Diskussionsentwurfs führen könnten. Angesichts der brisanten Regelungsmaterie des Arbeitsrechts sprach man sich dabei aus, zunächst lediglich den status quo zu kodifizieren, also im Ergebnis ein bloßes „Restatement" anzustreben. Etwaige Reformen könnten dann zu einem späteren Zeitpunkt immer noch eingefügt werden. Und gerade dieses „Minimalziel" könnte niemand besser politisch durchsetzen, als eine große Regierungskoalition[1383].

Betrachtet man die seitens der Diskutanten vorgebrachten Stellungnahmen zum Reformprojekt der Bertelsmann-Stiftung, so ließe sich einerseits zwar tatsächlich argumentieren, dass jedenfalls bei den Teilnehmern der Tagung ein „fachlicher Konsens" hinsichtlich der grundsätzlichen Frage bzgl. der Kodifizierung des Arbeitsvertragsrechts bestehen würde. Doch wurde auch deutlich, dass Stimmen für eine vorbehaltlose Aufnahme des vorgelegten Diskussionsentwurfs kaum verfügbar waren – im Gegenteil: Nicht nur inhaltliche „Detailfragen" son-

[1383] Im Schlusswort ergriff dann Frank Frick, Projektleiter des Vorhabens der Bertelsmann-Stiftung, das Wort. Dabei hob er hervor, dass hinsichtlich der Frage nach der Durchsetzbarkeit und Notwendigkeit eines Arbeitsvertragsgesetzes ein „fachlicher Konsens" bestünde, was bei früheren entsprechenden Bestrebungen nicht der Fall gewesen sei. Auch steige die Zahl der Befürworter des Vorhabens stetig an. Die Gutachter würden deshalb mit der Arbeit fortfahren und einen weiteren, aktualisierten Entwurf vorlegen.
Der aktualisierte Entwurf des Diskussionsentwurfs wurde dann im November desselben Jahres veröffentlicht.

dern auch die generelle Reichweite des Entwurfs sowie seine Systematik wurden kontrovers beurteilt.

Weiterhin ist auf eine Stellungnahme seitens des DAV zu verweisen, der im gleichen Jahr mit nahezu einem Gegenentwurf aufwartete. Darin stellt der DAV eigene Verbesserungsvorschläge den jeweiligen Vorschriften des Diskussionsentwurfs der Bertelsmann-Stiftung gegenüber.

In der Vorbemerkung der „Stellungnahme“[1384] wurde zunächst auf die allgemeine Notwendigkeit einer Reform des Arbeitsvertragsrechts durch ein entsprechendes Arbeitsvertragsgesetz verwiesen: „Das bisherige Fehlen einer derartigen Kodifikation stellt auch aus der Sicht der Anwaltschaft einen schwerwiegenden Mangel des deutschen Rechtssystems dar, der zudem gemäß Art. 30 des Einigungsvertrags vom 31. August 1990 längst hätte behoben werden müssen“. Schließlich wurde zum Ausdruck gebracht, dass der Anwaltverein mit seinen Positionen keineswegs einem bestimmten Lager angehöre, also weder allein Arbeitnehmer- noch Arbeitgeberinteressen dadurch zu unterstützen versuche.

Tatsächlich stellte der Anwaltverein mit seiner „Stellungnahme“ weniger weitreichende, etwa auch sozialpolitisch brisante Änderungsvorschläge auf. Dazu schienen die Änderungsvorschläge offenbar seitens der Autoren des Bertelsmann Entwurfs auf offene Ohren zu stoßen: Sofern es opportun schien, berücksichtigte man die Vorschläge in der überarbeiteten Entwurfsfassung vom November 2007[1385].

Seitens der Sozialpartner, insbesondere den Gewerkschaften, wurde zunächst keine vergleichbare „Stellungnahme“ vorgelegt. Möglicherweise schien man durch das Stillschweigen auf die vorhergehenden Ansichten und Reformvorschläge aus den 1990er Jahren zu verweisen.

Diese Sichtweise könnte, jedenfalls für das Lager der Gewerkschaften, ein Beitrag Rudolf Buschmanns, hauptverantwortlicher Redakteur der vom DGB herausgegebenen Fachzeitschrift „Arbeit und Recht“, bestätigen. Buschmann hebt in seinem Beitrag besonders die Problematik hervor, die bereits zahlreich bestehenden arbeitsrechtlichen Spezialgesetze infolge einer Kodifikation des Individualarbeitsrechtes aufzulösen. So nehme der Entwurf der Bertelsmann-Stiftung vielerorts Vorschriften von bestehenden Einzelgesetzen, wie etwa dem BetrVG, auf. Dabei würde die Frage aufgeworfen, wie nun mit den bisher im BetrVG enthaltenen Regelungen verfahren würde. Sollte der Entwurf dadurch zusätzlich auch noch eine Änderung der Betriebsverfassung verlangen, so „wür-

---

[1384] Stellungnahme des Deutschen Anwaltvereins durch den Ausschuss Arbeitsrecht zum Diskussionsentwurf eines Arbeitsvertragsgesetzes (ArbVG), abrufbar unter http://www.anwaltverein.de.

[1385] So etwa § 8 I, § 27 § 72 III 4 oder § 79 I, § 80 II und weitere mehr. Dieser Entwurf ist in der NZA-Beilage zu Heft 21/2007 abgedruckt.

de [dies] das Gesetzesvorhaben zumindest politisch in einem ganz anderen Licht erscheinen lassen“[1386].

Die Umsetzung europarechtlicher Vorgaben würde im Diskussionsentwurf auch auf Schwierigkeiten stoßen: Entweder seien wichtige Regelungsverhalte, wie das im TzBfG geregelte Diskriminierungsverbot bzw. das Benachteiligungsverbot, gar nicht berücksichtigt worden, oder es erweise sich der Entwurf dabei, wie sich etwa anhand der Vorschriften zur Teilzeit ablesen ließe, „ausgesprochen defizitär“[1387]. Insgesamt hinterließen die Verfasser des Entwurfs jedenfalls „ein großes Fragezeichen“. So sollten solche Vorschriften, wie jene zum Diskriminierungsverbot, in einem „weiter bestehenden Rumpfgesetz des TzBfG erhalten bleiben“, da diese dann wenigstens bestehen blieben.

Gleiches gelte auch für andere Spezialgesetze, wie für Vorschriften des AGG, die nur teilweise in die §§ 4-11 des Entwurfs, aufgenommen worden seien[1388].

Im Ergebnis würde dadurch jedoch ein „Maximum an Intransparenz“ erreicht, da „zusammenhängende Regelungskomplexe auseinander gerissen und in zwei verschiedenen Gesetzen untergebracht würden“. Die andere Variante, diese Vorschriften, deren Wurzeln im Europarecht lägen, „nach Maßgabe des Entwurfs künftig in Fortfall geraten zu lassen“, wäre schließlich „noch gravierender“ und zudem noch ein Europarechtsverstoß[1389].

Im Schlusswort werden dann noch einmal die, doch als grundlegend einzustufenden, Zweifel Buschmanns gegenüber dem Reformprojekt der Bertelsmann-Stiftung sichtbar: Erneut weist er hier auf die Problematik hin, eine „in sich geschlossene Struktur von Umsetzungsgesetzen aufzulösen“. So bestünde dadurch nämlich grundsätzlich „die Gefahr, dass eine Systematik verloren [ginge], mit der eine europarechtlich vorgegebene Systematik übernommen“ würde, mit der Folge, dass „selbst gleichlautende Vorschriften in einem anderen Licht erscheinen könnten, wenn sie trotz identischer Formulierung an anderer Stelle in einem anderen Gesetz untergebracht würden“. Insgesamt blieben im Entwurf auch „zahlreiche Fragen offen“. Als besonders unklar erweise sich die Frage, „ob und mit welchen Restvorschriften die bisherigen Einzelgesetze, aus denen Teilkomplexe zu Gunsten des vorgeschlagenen Arbeitsvertragsgesetzes herausgelöst werden“ sollten, anschließend zu erhalten seien. Als systematisch wäre dies jedenfalls nicht zu qualifizieren, so Buschmann[1390].

1386 BUSCHMANN, Das Verhältnis des Entwurfs zum europäischen Arbeitsrecht, ArbuR 2008, 204.
1387 Ebd., S. 205.
1388 Ebd., S. 206.
1389 Ebd., S. 205.
1390 Ebd., S. 206.

Auch scheint die IG Metall dem von Henssler und Preis vorgelegten Entwurf eher ablehnend gegenüberzutreten. In einem Beitrag von Andrej Wroblewski, Ressort Arbeitsrecht der IG Metall, wird als „unerlässliche Mindestanforderung" für eine Kodifikation des Arbeitsrechts gefordert, dass jegliche Verschlechterung, Abbau oder Lockerung arbeitsrechtlicher Positionen der Arbeitnehmer zu unterbleiben habe („absolutes Verschlechterungsverbot"). Wroblewski sieht neben möglichen Verbesserungen gegenüber der gegenwärtigen Rechtslage, die der Entwurf etwa durch ein einwöchiges Widerrufsrecht bei außergerichtlichen Aufhebungsverträgen (§ 134 Abs. 4 ArbVG-E) mit sich brächte, vor allem Verschlechterungen, die sich beispielsweise bei der Beschränkung der Entgeltfortzahlung auf maximal 6 Wochen innerhalb eines Zeitraums von 12 Monaten, auch bei unterschiedlichen Krankheitsursachen (§ 51 Abs. 1 ArbVG-E), realisieren würden[1391].

Doch schien sich bereits in der zweiten Hälfte des Jahres 2008 eine Wende abzuzeichnen: So legte der DGB im September „Eckpunkte für gutes Arbeitsrecht" vor, wobei wesentliche „Schwerpunkte für ein einheitliches Gesetzbuch" vorgetragen wurden[1392].

Anfang 2009 wurde dann anlässlich eines 2-tägigen Kongresses des DGB und der Friedrich Ebert Stiftung am 15./16.01. in Berlin überraschend ein eigener Entwurf eines Arbeitsverhältnisgesetzes nach Vorstellungen des DGB vorgelegt, der zuvor von Wolfgang Däubler und einer kleinen Arbeitsgruppe erarbeitet wurde. Nach Aussage Däublers[1393] sollte es sich bei dem Entwurf ausdrücklich nicht um ein bloßes Restatment handeln, das lediglich im Wesentlichen die geltende Rechtslage abbilde. Zwar sei ein solcher „1:1-Entwurf" ursprünglich geplant gewesen, nachdem Bundesarbeitsminister Scholz Anfang 2008 für die Umsetzung eines Arbeitsvertragsgesetzes warb und dazu die Sozialpartner zu Einigkeit aufrief[1394] und die BDA zu erkennen gegeben habe, sich

---

[1391] WROBLEWSKI, Sachstand „Arbeitsvertragsgesetz" – Verwirklichungschancen einer Kodifikation, rechtspolitische Gemengelage und Positionen, NZA 2008, S. 622ff.

[1392] Inhaltlich ging es um folgende Themengebiete: Kündigungsschutz, Arbeitsbedingungen für Leiharbeitnehmer, einheitlicher Mindestlohn, gesetzliche Regelung und Verbesserung des Arbeitnehmerschutzes, mehr Schutz für Soloselbständige und Honorarkräfte, Regelung für Praktikumsverhältnisse, Weiterbildung von Arbeitnehmern. Vgl. dazu SEHRBROCK, Gute Arbeit braucht gutes Arbeitsrecht, Rede auf der DGB-Pressekonferenz am 19.09.2008 in Berlin; abrufbar unter www.dgb.de/dgb/gbv/reden_sehrbrock/2008/gutes_arbeitsrecht.pdf.

[1393] Eine schriftliche Begründung zum vorgestellten „Diskussionsentwurf eines Arbeitsverhältnisgesetzes" liegt bislang nicht vor. Die nachfolgenden Angaben zu dem Gesetzesprojekt des DGB wurden während der besagten Tagung übermittelt.

[1394] So hat sich zwar Bundesarbeitsminister Olaf Scholz Anfang 2008 in einem SPIEGEL-Interview für die Umsetzung eines Arbeitsvertragsgesetzes eingesetzt. Scholz wörtlich:

bei der Diskussion über die Umsetzung eines entsprechenden Restatements zu beteiligen. Als dann jedoch, so Däubler weiter, die BDA nicht mehr bereit zu sein schien, über die Umsetzung des status quo in einem Arbeitsverhältnisgesetz zu diskutieren, entschied man sich für die Erarbeitung eines Gesetzesentwurfs, der inhaltlich deutlich über die bloße Festschreibung der gegenwärtigen Rechtslage im Arbeitsverhältnisrecht hinausgehen sollte. Mit diesem „1+ Entwurf", der dann anlässlich des Kongresses in Berlin in seiner ersten Fassung vorgestellt wurde, verfolgte man nun die Zielvorstellung, einen Vorschlag einer gesetzlichen Regelung einzubringen, der auch politische Forderungen des DGB berücksichtigen und nach außen hin aufzeigen würde, für welche Positionen und Inhalte die Gewerkschaften einstünden. Dabei sollte auch das „Diskussionsspektrum" sowohl in fachlicher als auch politischer Hinsicht erweitert werden; an der Diskussion um ein Arbeitsverhältnisgesetz sollten künftig mehr Parteien als bisher vertreten sein und ihr Vorbringen postulieren können. Gerade bei diesem Punkt unterscheide sich der Vorstoß des DGB, so Däubler, gravierend von dem der Bertelsmann-Stiftung.

Bei dem Punkt, dass der von Henssler und Preis auf Initiative der Bertelsmann-Stiftung vorgelegte Entwurf insgesamt vor allem aufgrund seiner Zurückhaltung vor inhaltlichen Neuerungen und Reformen gescheitert sei, waren sich sowohl die geladenen Referenten als auch Diskutanten einig, die im Rahmen der Sitzung zu dem Däubler Entwurf Stellung bezogen[1395].

„Es gibt den Entwurf der Bertelsmann-Stiftung für ein neues Arbeitsvertragsgesetz. Das würde den heutigen Wirrwarr durchschaubarer machen, ohne das geltende Recht zu Lasten von Arbeitnehmern oder Arbeitgebern zu verändern."
Jedoch könnte ein solches Vorhaben lediglich dann hinreichende Erfolgsaussichten haben, „wenn sich Arbeitgeber und Gewerkschaften auf einen ähnlichen Ansatz verständigen könnten". Erst dann „hätten sie [die befürwortende Partei einer entsprechenden Kodifikation] mich an ihrer Seite" (SPIEGEL Heft 8/2008, S. 41). Erinnerungen an die Antwort auf die Kleine Anfrage an die Bundesregierung aus 2004 erwachen (vgl. dazu auch die obigen Ausführungen unter Anm. 1326).

1395 Zu den Referenten zählten Gerhard Binkert, Vizepräsident des LAG Berlin Brandenburg, der zum Bereich Kündigungsschutz die entsprechenden Vorgaben des Däubler-Entwurfs würdigte; Marie-Theres Tinnefeld bezog zum Themenkreis Arbeitnehmerdatenschutz, Fragerecht, Einstellungsuntersuchung und Informantenschutz Stellung; Bernhard Ulrici referierte zur Materie der AGB-Kontrolle; Peter Schüren würdigte die Vorschriften zum Leiharbeitsverhältnis im Entwurf; Ulrich Koch, Richter am Bundesarbeitsgericht in Erfurt bezog Stellung zum Befristungsrecht; Eva Kocher referierte über die Thematik der Weiterbildung; Thomas Lakies, Richter am Bundesarbeitsgericht in Erfurt, würdigte über Grundrechte im Arbeitsverhältnis im vorgelegten Entwurf; Marita Körner würdigte entsprechende Vorschriften zum Diskriminierungsschutz des DGB-Entwurfs; Rolf Wank nahm zum Arbeitnehmerbegriff und dem Recht ins Ausland entsandter Arbeitnehmer Stellung; über die Arbeitnehmer- und Arbeitgeberhaftung im DGB-Entwurf referierte dann Rüdiger Krause und schließlich äußerte sich Katja Nebe zur Vereinbarkeit von Beruf und Familie und bewertete dabei entsprechende Vorschriften im Däubler-Entwurf.

Bereits ein erster Blick auf den Däubler-Entwurf eines Arbeitsverhältnisgesetzes[1396] genügt, um erkennen zu können, dass die Verfasser des Entwurfs die Bestimmungen besonders auf den Schutz von Arbeitnehmerinteressen ausgerichtet haben. Insgesamt enthält der Entwurf 152 Vorschriften, die wiederum in sechs Abschnitte unterteilt worden sind. Anders noch, als der DGB-Entwurf aus dem Jahre 1977, verzichtet der aktuelle Däubler-Entwurf auf die Voranstellung von arbeitsrechtlichen Grundrechten. Dennoch wurden etwaige Bestimmungen im 3. Titel des Entwurfs in den §§ 11-13 berücksichtigt.

Das „Fragerecht des Arbeitgebers" wird in § 28 normiert. Im Gegensatz zur entsprechenden Vorschrift des Henssler/Preis-Entwurfs scheint die Bestimmung im Däubler-Entwurf in Abs. 2 unzulässige Fragen des Arbeitgebers bei der Einstellung oder Beförderung eines Arbeitnehmers abschließend festzulegen, vor allem, da hier auf den Einschub einer „insbesondere" Klausel verzichtet wurde. Inhaltlich geht die Vorschrift auch über dasjenige hinaus, was in § 12 des Henssler/Preis-Entwurfs bestimmt wird. So wird etwa auch geregelt, dass Fragen hinsichtlich der sexuellen Orientierung oder bzgl. der Wahrnehmung familiärer Aufgaben zu unterbleiben haben. Auch im Vergleich zur entsprechenden Bestimmung des DGB-Entwurfs aus dem Jahre 1977 erweist sich § 28 als restriktiver[1397].

Arbeitnehmerfreundlich zeigt sich dann auch die Regelung zur Arbeitnehmerhaftung, die der Entwurf in § 101 festschreibt. Anders als der Henssler/Preis-Entwurf legt die Vorschrift hier für den zu leistenden Schadensersatz eine Höchstgrenze von 1-2 Monatsgehältern fest, wenn die Pflichtverletzung des Arbeitnehmers auf grob fahrlässigen Verhalten zurückzuführen ist. Die hier für den Arbeitnehmer vorgesehene Haftungserleichterung reicht sogar noch weiter als in der im DGB-Entwurf von 1977 vorgesehenen entsprechenden Vorschrift, die eine Haftungsbegrenzung auf maximal 3 Monatsgehältern vorsah[1398].

Weiterhin bietet sich ein Blick auf die Vorschriften zur Arbeitnehmerüberlassung an, die im 6. Titel (§§ 103-107) normiert wurden. Zwar wurde diese Materie, die gerade im Arbeitsleben der heutigen Zeit einen so erheblichen Stellenwert angenommen hat, auch schon im Henssler/Preis-Entwurf berücksichtigt[1399]. Jedoch setzt der Däubler-Entwurf auf die Durchsetzung eigener Positionen, die

---

Vgl. auch den Sitzungsbericht in ArbuR 2009, S. 127.

1396 Bislang seitens des DGB unveröffentlicht (Stand: April 2009).

1397 Hier sollten Fragen nach der Schwangerschaft und Vorstrafen ausdrücklich verboten werden, „soweit sie für die verrichtende Tätigkeit keine Bedeutung" hätten. Im aktuellen Entwurf wird hingegen der Ausschluss dieses Fragerechts nicht mehr an eine solche Bedingung geknüpft.

Vgl. dazu auch obige Ausführungen unter B. V. 2. d) bb).

1398 Vgl. oben unter B. V. 2. d) bb).

1399 Vgl. dort im 6. Titel die §§ 91-95.

besonders die Rechte des Arbeitnehmers im Leiharbeitsverhältnis stärken sollen. So sieht § 104 I 2 die Begründung eines Anspruchs des Leiharbeitnehmers vor, der darauf gerichtet ist, vom Verleiher verlangen zu können, „dass ihm dieselben Bedingungen wie vergleichbaren Beschäftigten im Einsatzbetrieb gewährt werden". Darüber hinaus soll dem Leiharbeitnehmer im Falle des Bestehens von Vereinbarungen, „die für die Zeit der Überlassung des Leiharbeitnehmers an einen Entleiher schlechtere Arbeitsbedingungen vorsehen, als sie im Ersatzbetrieb für einen vergleichbaren Arbeitnehmer gelten" (§ 106 II), ein „Anspruch gegen den Verleiher auf Gewährung der im Betrieb des Entleihers für einen vergleichbaren Beschäftigten geltenden Arbeitsbedingungen einschließlich des Arbeitsentgelts" (§ 104 I 3) zustehen. Weitere Rechte des Leiharbeitnehmers, die grds. auf eine Gleichstellung des Leiharbeitnehmers mit dem eines vergleichbaren, fest angestellten Arbeitnehmers im eingesetzten Betrieb gerichtet sind, flankieren diese Bestimmung[1400].

Aus Sicht des Arbeitgebers dürften die Bestimmungen über die Arbeitnehmerüberlassung im Däubler-Entwurf aufgrund ihres extensiven Schutzcharakters zugunsten von Leiharbeitnehmern kaum auf Akzeptanz stoßen, zumal das Leiharbeitsverhältnis für den Arbeitgeber finanziell teurer würde. Konflikte zwischen den Interessenverbänden scheinen besonders hier vorbestimmt.

Schließlich noch ein Blick auf das Kündigungsrecht, das im Däubler-Entwurf im vierten Abschnitt (§§ 108-129) geregelt worden ist. Bzgl. des Rechts der betriebsbedingten Kündigung (§ 117) leitet der Entwurf einen völligen Paradigmenwechsel ein. So versucht der Entwurf das Spannungsverhältnis zwischen der unternehmerischen Entscheidungsfreiheit und dem Arbeitnehmerschutz durch eine Abwägung zwischen einem ohne die Kündigung eintretenden wirtschaftlichen Schaden für das Unternehmen und dem Interesse des Arbeitnehmers an dem Arbeitsplatz zu lösen. Wie bereits anlässlich des Kongresses im Januar 2009 in Berlin vorgetragen wurde[1401], könnte sich diese Anknüpfung an den Begriff des Schadens als problematisch erweisen, wenn dabei an die Definitionen des Schadensersatzes im Schuldrecht angeknüpft würde. Ohne eine Kündigung könnte dann nämlich stets ein Schaden iSe Vermögensminderung durch die Lohnzahlung eintreten.

Weiterhin soll nach § 117 I 2 die Kündigung unwirksam sein, wenn sie „in erster Linie der Gewinnsteigerung dient". Der unbestimmte Charakter dieser Vorschrift dürfte in der Praxis wohl für Probleme aufgrund ihres großzügig angelegten Interpretationsrahmens sorgen.

[1400] Vgl. dazu besonders die Vorschrift des §§ 106, 107 des Entwurfs.

[1401] Konkret äußerte sich zu dieser Thematik der Referent Gerhard Binkert, Vizepräsident des LAG Berlin-Brandenburg.

Allein diese erste und bewusst kurz gehaltene Beleuchtung des neuesten DGB-Entwurfs für ein Arbeitsverhältnisgesetz zeigt schon sehr deutlich, wie dezidiert sich diese Entwurfsfassung von jener der Bertelsmann-Stiftung unterscheidet. Hinreichend klar werden hier sozialpolitische Forderungen der Gewerkschaften in den Vordergrund gestellt, während man beim Bertelsmann-Entwurf eher bestrebt war, sich mit der Darstellung des geltenden Rechts zu begnügen, was freilich wiederum auch nicht vollends gelingen konnte.

Nach mehr als 30 Jahren meldet sich der DGB nun mit einem eigenen Entwurf eines Arbeitsverhältnisgesetzes zurück und scheint damit die Rolle des Kritikers, der sich stets bereits aus ganz grundsätzlichen Erwägungen gegen ein entsprechendes Reformprojekt wendet und allenfalls lediglich punktuell zu den Inhalten eines entsprechenden Gesetzes äußert, aufgeben zu wollen. Dass gerade Wolfgang Däubler, der sich noch anlässlich der Vorlage des „Professorenentwurfs" eines Arbeitsvertragsgesetzes 1992 ganz grundsätzlich gegen die Umsetzung eines solchen Gesetzesprojekts aussprach[1402], nun durch Ausarbeitung einer neuen Entwurfsfassung für den DGB eine führende Rolle dabei einnimmt, erscheint erstaunlich[1403].

Von Seiten der Arbeitgeberverbände ist besonders auf eine Initiative der BDA hinzuweisen. Im Juli 2007 ließ der Verband eine Kommission aus Wissenschaftlern, Praktikern und Verbandsvertretern einsetzen, die bezüglich der Schaffung verbesserter Übersichtlichkeit im Arbeitsrecht, sowie einer allgemeinen Flexibilisierung des Rechts neue Wege aufzeigen und damit ein „Konzept für eine zukunftsfähige Arbeitsmarktordnung für die Bundesrepublik Deutschland" erarbeiten sollte. Ein Jahr später legte die Kommission dann in einem Bericht entsprechende Ergebnisse vor. Darin wurde auch die Lage des Individual-

[1402] Vgl. dazu die obigen Ausführungen unter B. VII. 1. b) bb) (1).

[1403] Insgesamt dürfte der am 15./16.1.2009 in Berlin stattgefundene Kongress zum Däubler-DGB-Entwurf eines Arbeitsverhältnisgesetzes für die Veranstalter positive Signale eingefangen haben. Die Diskussionen wurden sehr intensiv geführt; Stellungnahmen, die auf eine grundsätzliche Ablehnung des Reformprojekts zielten, blieben aus. Stattdessen versuchten sowohl die anwesenden Referenten als auch die Diskutanten kritische Punkte aufzulegen und Änderungsvorschläge zu postulieren.
Jedoch zeigte man sich auch skeptisch hinsichtlich der Realisierbarkeit des Entwurfs gerade im Hinblick auf die so starke Ausrichtung auf Interessen des Arbeitnehmers im Arbeitsverhältnis, die der vorgelegte Entwurf gewählt hat.
Däubler stellte dann in seinem Schlusswort klar, dass nun zunächst die geäußerte Kritik und inhaltlichen Verbesserungsvorschläge gewürdigt und in einer zweiten Entwurfsfassung berücksichtigt würden. Jedoch hinge eine tatsächliche Realisierung des Vorhabens auch von der Politik ab; jedenfalls sei nun aber die Chance für die Realisierung eines Arbeitsverhältnisgesetzes hinreichend gut – gerade auch wegen der erhöhten Diskussionsbereitschaft in der Fachöffentlichkeit; vor noch 20 Jahren, so Däubler schließlich, wäre jedenfalls ein Tagungsergebnis, wie das gegenwärtige, hinsichtlich der Konstruktivität der Diskussion nicht möglich gewesen.

arbeitsrechts sowie die Bestrebungen der Bertelsmann Stiftung in diesem Kontext thematisiert. Das gesamte Arbeitsrecht wurde bewusst nicht in den Bericht einbezogen; Kollektives Arbeitsrecht sowie das Recht der Mitbestimmung in Unternehmen und Betrieb wurde ausgeklammert[1404].

Eine Kodifikation des Arbeitsvertragsrechts könnte nach der Überzeugung der Kommission tatsächlich „ein Element einer modernen Arbeitsmarktordnung sein“. Doch müsste „Basis jeder Kodifikationsüberlegung“ ein „gemeinsames Grundverständnis von Arbeitsrecht in Deutschland“ sein. Arbeitsrecht sei zwingend „Sonderprivatrecht auf dem Gebiet des Arbeitslebens und der Arbeitsverhältnisse“. Arbeitsvertragsrecht stelle zugleich auch Arbeitnehmerschutzrecht dar, wodurch dem Arbeitsvertragsrecht auch die Rolle zukommen würde, „Beschäftigung zu fördern und Beschäftigung zu schaffen“. Die Förderung von Beschäftigung und sinnvoller Arbeitsschutz könnten jedoch nicht durch „Unübersichtlichkeit, Unklarheit und Undurchschaubarkeit“ gewährleistet werden[1405].

Und gerade hier würde sich zeigen, dass der Diskussionsentwurf für ein Arbeitsvertragsgesetz der Bertelsmann Stiftung diese Voraussetzungen noch nicht erfüllen könne und daher „in seiner jetzigen Form nur eingeschränkt geeignet wäre, „eine Grundlage für eine Kodifikation des Arbeitsvertragsrechts zu sein“. Zunächst sei daher eine „umfassende Überarbeitung“ erforderlich, wobei insbesondere die folgenden „Schwachstellen“ des Entwurfs behoben werden müssten:

Zunächst sollten die „unbestimmten Rechtsbegriffe“ und „Definitionen“ in der Entwurfsfassung überdacht werden. Es sollte an „bestehenden Rechtsbegriffen und Definitionen“ festgehalten werden, da ansonsten eine neue Quelle für Rechtsunsicherheit geschaffen würde, was sich beispielsweise an der Definition zum Arbeitnehmerbegriff ablesen ließe.

Ferner dürfe sich ein entsprechendes Arbeitsvertragsgesetz nicht lediglich in einem bloßen „Restatement“ erschöpfen. Vielmehr müssten sämtliche Vorschriften des Arbeitsrechts, aber auch die Rechtsprechung „auf ihre Sinnhaftigkeit untersucht und entsprechende Anpassungen vorgenommen werden“[1406].

Ferner müsste ein überarbeiteter Entwurf eines Arbeitsvertragsgesetzes „mehr Beschäftigungschancen schaffen“. Gerade an diesem Punkt falle der von

---

[1404] O.V., Für eine moderne Arbeitsmarktordnung – Bericht der Kommission, Onlinepublikation der BDA 2008, S. 3. Abrufbar unter http://www.arbeitgeber.de.

[1405] Ebd., S. 29f.

[1406] Als Beispiel führte hier der Kommissionsbericht die lückenhaften Regelungen in diesem Kontext zu Widerrufs- und Freiwilligkeitsvorbehalten an. Hier versuche der Entwurf „beide Instrumente gesamthaft zu regeln, ohne deren jeweilige Besonderheiten angemessen zu berücksichtigen“. Vgl. ebd., S. 30.

Henssler und Preis vorgelegte Entwurf hinter die geltende Rechtslage zurück, indem er etwa eine Verschärfung des Kündigungsrechts vorsieht[1407].

Schließlich wird konstatiert, dass „ein modernes Arbeitsvertragsrecht" tragende „Voraussetzung und Garant für das zentrale gesellschaftspolitische Ziel, die Arbeitslosigkeit nachhaltig zu bekämpfen und Vollbeschäftigung herzustellen" bliebe. Daher sprach die Kommission letztlich die Empfehlung aus, sich „auch weiter für eine beschäftigungsfördernde Kodifikation des Arbeitsvertragsrechts einzusetzen"[1408].

Allein diese, eher relativ knappen Ausführungen der Kommission, machen die grundsätzlich distanzierte Haltung gegenüber dem Vorhaben deutlich. Wie aus dem Kommissionsbericht hervorgeht, scheinen zwar die Bedenken hinsichtlich der grundsätzlichen Realisierbarkeit einer arbeitsvertragsrechtlichen Kodifikation nicht mehr so schwer zu wiegen, wie noch in den Jahren zuvor, insbesondere auch in den 1990er Jahren. Dennoch scheint man dem Vorhaben wohl aktuell eher wenig Erfolgs- bzw. Realisierungschancen einzuräumen, was sich auch anhand des recht eindeutigen Tenors des Beschlusses der BDA vom 7.4.2008[1409] aufzeigen lässt. Auch eine Stellungnahme der BDA vom Mai 2008, in der dezidiert die einzelnen Vorschriften der Entwurfsfassung von Henssler und Preis gewürdigt werden, bestätigt dies. Die inhaltliche Kritik fiel scharf aus; insbesondere wurde die Einführung von „neuen Begrifflichkeiten" moniert, die wiederum als Quelle für Rechtsunsicherheit wirken könnten. Auch sei eine „bloße Kompilation von Vorschriften und Rechtsprechung in einer Kodifikation [...] als solche nicht ausreichend, um Beschäftigungsimpulse zu setzen"[1410].

Damit bleibt festzuhalten, dass sich die Sozialverbände, insbesondere von Seiten der Arbeitgeber, zurückhaltend gegenüber dem Vorhaben der Bertelsmann-Stiftung zeigen. Doch sollten nicht gerade von den Arbeitgeber- und Ar-

---

[1407] Moniert werden hier besonders die Regelungen zum Kündigungsrecht, die dazu führten, dass künftig noch mehr Klein- und Mittelbetriebe dem „ohnehin schon umfassenden Kündigungsschutz unterfallen" würden. Vgl. ebd., S. 30.

[1408] Ebd., S. 31.

[1409] Der entscheidende Ausschnitt des Beschlusses lautet: „Der im Auftrag der Bertelsmann Stiftung von den Professoren Preis und Henssler vorgelegte Entwurf für ein Arbeitsvertragsgesetz ist in der derzeitigen Fassung als Grundlage für ein Gesetzgebungsverfahren nicht geeignet."
Vgl. BDA, Beschluss vom 7.4.2008, Arbeitsvertragsgesetz muss Beschäftigungshemmnisse abbauen!

[1410] Vgl. dazu und zur Würdigung der einzelnen Vorschriften des Henssler und Preis Entwurfs eines Arbeitsvertragsgesetzes: BDA, Stellungnahme zum 3. Entwurf eines Arbeitsvertragsgesetzes; Stand: November 2007, Mai 2008. Zur Reaktion dieser Stellungnahme vgl. PREIS, Zur Debatte um das Arbeitsvertragsgesetz, ArbuR 2009, S. 109ff., insb. S. 111-115.
Eine Stellungnahme zum aktuellen DGB-Däubler-Entwurf steht bislang noch aus (Stand: April 2009).

beitnehmervertretungen selbst entsprechende Initiativen für die Reformierung des Arbeitsrechts vorausgehen? Denn wer sonst wäre von den Folgen einer solchen Reform des Arbeitsrechts mehr tangiert, als Arbeitgeber und Arbeitnehmer? Scheinen die immer wieder vorgetragenen Probleme des gegenwärtigen Arbeitsrechts hinsichtlich seiner großen „Unübersichtlichkeit", „Intransparenz" und „Unbestimmtheit" doch nicht hinreichend gravierend zu sein, sodass die Sozialverbände, vor allem die Arbeitgeberverbände, intensive Bemühungen um eine entsprechende Kodifikation des Arbeitsvertragsrechts gar nicht erst als lohnenswert einstufen?

Dass ohne hinreichende Beteiligung der Sozialverbände ein entsprechend gefordertes Arbeitsvertragsgesetz kaum durchsetzungsfähig sein würde, dürfte jedenfalls allgemein anerkannt und auch aus historischer Perspektive zu belegen sein.

Da nutzt es auch wenig, dass sich kürzlich die Präsidentin des BAG, Ingrid Schmidt, für eine Kodifizierung des Arbeitsvertragsrechts ausgesprochen hat[1411].

c) Der „Diskussionsentwurf" 2006/2007 und die Antwort des DGB – Würdigung

Wird dem Bertelsmann Entwurf erneut das Schicksal drohen, welches auch die vielen vorherigen Bemühungen um ein Arbeitsvertragsgesetz ereilt hat? Derzeitige Anzeichen sprechen jedenfalls nicht für eine baldige Realisierung des Projekts. Sowohl seitens der Wissenschaft als auch von den Sozialverbänden werden teilweise doch recht kritische Stimmen laut. Auch scheint sich die Bundesregierung erneut nicht an das Vorhaben heranzutrauen[1412] und ihr Engagement zunächst vielmehr auf andere „brisante" Reformvorhaben zu beschränken, auch wenn Bundespräsident Köhler vor dem 67. DJT in Erfurt[1413] die Umsetzung ei-

[1411] Nach Einschätzung Schmidts könnte ein einheitliches Arbeitsvertragsgesetz zur Entlastung der Gerichte beitragen, die bislang für eine Systematisierung sorgen müssten. Es sei nun an der Zeit, die Vielzahl der bestehenden Regelungen in einem Gesetzeswerk zusammenzufassen; „damit könnte ein Zeichen für Rechtskultur gesetzt werden und ein Vorbild für Europa – insbesondere für die neu hinzugekommenen Länder". Der Gesetzgeber könnte dabei auf die von Henssler und Preis begründete Initiative zurückgreifen, obwohl „ich das Gefühl habe, dass sie etwas versandet ist", so Schmidt beim Jahrespressegespräch des BAG am 30.01.2008 in Erfurt.
Vgl. ENGELMANN, Jahrespressegespräch des BAG, NZA-Aktuell Heft 5/2008, S. X.

[1412] Ähnliches wie BAM Scholz, der sich Anfang 2008 für die Realisierung eines Arbeitsvertragsgesetzes einsetzte (vgl. dazu obige Ausführungen unter Anm. 1394), ließ auch Bundeskanzlerin Merkel verlauten, die auf dem Stuttgarter Parteitag der CDU Anfang Dezember 2008 für das Reformprojekt Arbeitsvertragsgesetz warb.

[1413] Der 67. DJT in Erfurt fand zwischen dem 23. und 26.09.2008 statt. Im Arbeitsrecht wurde über das Thema „Alternde Arbeitswelt – Welche arbeits- und sozialrechtlichen Regelungen empfehlen sich zur Anpassung der Rechtsstellung und zur Verbesserung der Beschäftigungschancen älterer Arbeitnehmer?" diskutiert.

ner arbeitsrechtlichen Kodifikation als „Segen“[1414] angepriesen hat[1415]. Andere Ziele, wie auch die Realisierung eines „Arbeitsgesetzbuches“, werden hingegen auf die nächste(n) Legislaturperiode(n) verschoben[1416].

So lassen sich doch insgesamt beim näheren Hinsehen und Auswertung der inhaltlichen Vorschriften sowie der bereits seitens der Fachöffentlichkeit erfolgten Reaktionen gewisse Zweifel an einer Realisierbarkeit des Vorhabens in naher Zukunft ausmachen. Besonders fraglich ist aber, ob die seitens der Befürworter des Reformprojekts immer wieder hervorgehobene Zielvorstellung, etwa nach mehr Rechtssicherheit und Transparenz im Arbeitsrecht zu schaffen, sich mit dem gegenwärtigen Entwurf oder überhaupt mit einem Arbeitsvertragsgesetz erreichen ließe. Wie lässt sich eine Materie, die sich im Fluss stetig fortschreitender Entwicklungen befindet, und oftmals mit kollidierenden Interessen von Arbeitgebern und Arbeitnehmern konfrontiert wird, angemessen in Form von Rechtsnormen fixieren, sodass die maßgeblichen Ziele der Kodifikation, nämlich Kalkulierbarkeit, Vereinfachung und schließlich Zukunftsfähigkeit, erreicht werden? Hier erscheint eine abschließende Normierung der Rechtsverhältnisse nicht möglich. Vielmehr gilt es aufgrund der sich immerzu im Wandel begriffenen Verhältnisse und Umstände, bedingt durch fortwährende Weiterentwicklung der Technik oder infolge veränderter Lebenseinstellungen der Menschen, etwa bei der Wahl und Einteilung der Arbeitszeit[1417], etwaige Rechtsnormen offen und anpassungsfähig zu halten. Wie der aktuelle „Diskussionsent-

---

[1414] Die entscheidende Passage aus dem Grußwort Köhlers zur Eröffnung des 67. Deutschen Juristentages „Gutes Recht schafft Erwartungssicherheit“ lautet: „Deutsches ist grundsätzlich kodifiziertes Recht. Das deutsche Arbeitsrecht nicht mehr, obwohl es auf etwa 30 Gesetze verstreut ist – es ist nämlich längst nolens volens von den Arbeitsrichtern geprägt. Hat da also das Case Law seine attraktive Überlegenheit erwiesen? Ich denke: nein. Ein einheitliches Arbeitsvertragsgesetz wäre ein Segen für die Arbeitnehmer und die Arbeitgeber in Deutschland – und für die Gerichte auch. Wann also finden wir endlich die Kraft dazu, das Arbeitsrecht neu und zusammengefasst zu kodifizieren? Der Auftrag dazu und exzellente Vorarbeiten liegen doch längst vor! Es ist wirklich an der Zeit, diesen für die Bürger und für den Standort Deutschland besonders wichtigen Rechtsbereich wieder überschaubar und durchschaubar zu ordnen.“
Vgl. KÖHLER, Gutes Recht schafft Erwartungssicherheit, S. 11.
Die Rede Köhlers ist online abrufbar unter www.bundesregierung.de Dokumentennummer: Bulletin Nr. 99-1 (27.09.2008).

[1415] Dies belegt auch das entsprechende Statement Pofallas anlässlich der Tagung von Bertelsmann und der CDA am 14.09.2007. Vgl. dazu die obigen Ausführungen unter B. VII. 3. b) dd).

[1416] Dazu lässt sich ein konkretes Statement des niedersächsischen Ministerpräsidenten anlässlich eines von der WELT AM SONNTAG geführten Interviews vom 11.05.2008 anführen. Darin forderte er Themen, wie u.a. die Durchsetzung eines „neuen verständlichen Arbeitsgesetzbuchs“ in den Bundestagswahlkampf 2009 einzuführen. Vgl. WELT AM SONNTAG vom 11.05.2008, S. 6.

[1417] Vgl. dazu KISSEL, Die aktuelle Situation im Arbeitsrecht, NZA 1994, S. 586ff.

wurf" aufzeigt, haben die Verfasser durchaus erkannt, dass die Forderung nach „Flexibilität" im Arbeitsvertragsrecht auch nach einer Kodifizierung dieser Materie nicht verstummen wird und wohl auch nicht verstummen kann[1418]. So wird man auch künftig häufig auf Generalklauseln und unbestimmte Rechtsbegriffe zurückgreifen müssen, die dann wiederum auslegungsbedürftig sein werden. Sowohl im Diskussionsentwurf der Bertelsmann-Stiftung als auch im Däubler-Entwurf ist dieser Regelungstypus an vielen Stellen erkennbar[1419].

Auch wenn die Verfasser den Bertelsmann-Entwurf in erster Linie als „Restatement" qualifizieren, zeigt der laufende Diskussionsprozess, dass diese Einschätzung allenfalls hinsichtlich der Regelungstiefe, bezüglich der Inhalte aber nicht überall geteilt wird. So zeigen inhaltliche Analysen der Vorschriften, dass im Henssler/Preis-Entwurf, mehr noch im Däubler-Entwurf, keineswegs erstrangig lediglich die geltende Rechtslage im Arbeitsvertragsrecht zusammenfasst und in gesetzliche Vorschriften kleidet. An vielen Stellen bringt der Gesetzesentwurf ganz offenkundig Änderungen zur geltenden Rechtlage mit sich, welche wiederum insbesondere bei den Gewerkschaften für Unbehagen sorgen dürften, vor allem deshalb, weil man darin wohl erneut Verschiebungen zu Lasten der Arbeitnehmer befürchten könnte. Die gegenwärtig offensichtlich distanzierte Aufnahme der Bertelsmann-Entwurfsfassung seitens der Gewerkschaften und die Vorlage eines eigenen, den Interessen der Arbeitnehmer deutlich stärker berücksichtigenden Entwurfs eines Arbeitsverhältnisgesetzes scheint diese Sichtweise zu bestätigen.

Die Arbeitgeberverbände scheinen dem Vorhaben eher kritisch entgegenzusehen. Eine inhaltlich dezidierte Auswertung der Entwurfsfassung von Henssler und Preis steht bislang aus und wird auch nicht mehr zu erwarten sein. Der Entwurf sei insgesamt nicht inhaltstief genug – ein bloßes „Restatement" sei jedenfalls nicht geeignet, die monierten Missstände im Arbeitsvertragsrecht auszuräumen. Ob sich die Arbeitgeberverbände für den aktuellen DGB-Entwurf erwärmen können, der offensichtlich mehr als eine bloße Zusammenstellung der geltenden Rechtslage darstellen will, erscheint aber ebenso fraglich angesichts der doch sehr weitgehenden, meist arbeitnehmerfreundlichen Bestimmungen.

Eine Kodifikation, die eine Rechtsmaterie nicht abschließend erfasst bzw. aus tatsächlichen Gründen nicht erfassen kann, birgt Gefahren, mit welchen man sich im Vorfeld auseinander setzen muss. Ein Arbeitgeber oder Arbeitnehmer

---

[1418] Darauf wurde auch im Referat von Henssler und Preis auf dem Kongress vom 14.09.2007 in Berlin hingewiesen. Den Sozialpartnern sollen im Rahmen eines zukunftsfähigen Arbeitsrechts „Gestaltungsmöglichkeiten durch branchenbezogene Lösungen" zugewiesen werden. Eine abschließende Regelung der jeweiligen Rechtsmaterie könnte jedenfalls weniger zu diesem postulierten Ziel führen.

[1419] Vgl. dazu die obigen Ausführungen unter B. VII. 3. b) cc).

wird mit unbestimmten Rechtsbegriffen und Generalklauseln nur schwerlich arbeiten können. So wird der Rechtssuchende im Arbeitsvertragsgesetz, wenn es denn wirklich kommt, auf seine Rechtsfragen nur schwerlich Antworten erhalten. Wahrscheinlicher könnte es sein, dass er aufgrund des komplexen Regelungstypus auf mehr unbeantwortete Fragen als Antworten stoßen wird. Von Kalkulierbarkeit und Transparenz oder gar Rechtssicherheit kann dann jedenfalls keine Rede mehr sein. Da hilft es auch nicht hervorzuheben, dass der Henssler/Preis-Entwurf aktuell lediglich 149 §§ und der Däubler-Entwurf 152 §§ umfasst, zumal die einzelnen Vorschriften regelmäßig über zahlreiche Absätze und dementsprechend viel Text verfügen. Dazu kommt, dass erste Analysen der Entwurfsfassung von Henssler und Preis zeigen, dass eine Reihe der gegenwärtig geltenden Spezialgesetze, wie das TzBfG oder das AGG, gar nicht wegfallen sondern als „Rumpfgesetze" fortbestehen würden, was dem Ziel der Vereinfachung gerade entgegen liefe. Nicht obsolet wären ferner individualrechtliche Vorschriften, die als Schwerpunkt den Arbeitsschutz oder das Kollektive Arbeitsrecht (zB BetrVG) zum Gegenstand haben. In jedem Fall ist zu befürchten, dass auch nach einer Kodifizierung eine Reihe von Einzelgesetzen neben dem Arbeitsvertragsgesetz bestehen blieben, was zahlreiche Querbezüge erfordere. So würde man ein Gesetzbuch erlangen, das trotz gegenteiliger Bemühungen nicht einfacher und transparenter, sondern vielmehr differenzierter und komplizierter würde[1420].

Eine hochkomplexe, von aktuellen Entwicklungen beeinflusste Materie wie das Arbeits(vertrags)recht kann und wird, auch nicht im Rahmen einer Kodifikation, von dem Beschäftigten nicht derart erfasst werden, dass er ohne juristischen Beistand seine Rechte und Pflichten wird ablesen können. Mit einem „Restatement", das lediglich dem „ersten Zugriff" dienen soll, ist auch unter diesem Gesichtspunkt wenig gewonnen[1421].

Obwohl die Erfolgsaussichten des Reformprojekts der Bertelsmann Stiftung unter diesem Gesichtspunkt und nach Analyse der bisher erfolgten Stellungnahmen durch die Fachöffentlichkeit derzeit nicht so hoch einzustufen sein könnten, scheint der Vorstoß von Bertelsmann doch in der Sache lobenswert zu sein. Darin sind sich selbst einige Kritiker, die sich etwa gegen Regelungsinhalte der vorgebrachten Reichweite aussprechen, einig. Die Frage nach dem „ob", also dem Bedürfnis einer Reform und Kodifizierung des Arbeitsvertragsrechts, scheint geklärt. Einzig und allein die Frage nach dem „wie" einer Kodifizierung

[1420] So folgert auch SÄCKER, Ein neuer Anlauf zur Reform des Arbeitsrechts und der Arbeitsgerichtsbarkeit, ZfA 2006, S. 113.

[1421] So auch schon WEISS, Protokolle zum 59. DJT, Bd. 2, S. P 14; vgl. obige Ausführungen unter B. VII. 1. b) bb) (1) (a).

dieser brisanten Rechtsmaterie stehe zur Diskussion, so wird zumindest immer wieder behauptet[1422].

Auch wenn gegenwärtig[1423] die Bemühungen um das Reformprojekt allenfalls schleppend voranschreiten oder gar zwischenzeitlich fast zum Erliegen gekommen zu sein scheinen[1424], will die Bertelsmann Stiftung ihr Leitprojekt „Agenda Moderne Regulierung“ und damit die Bestrebungen hinsichtlich der Durchsetzung einer Kodifizierung des Arbeitsvertragsrechts nicht aufgeben[1425].

[1422] Zu erinnern ist hier etwa an das Vorbringen Frank Fricks, der in seinem Schlusswort anlässlich des Kongresses vom 27.9.2007 das Bestehen eines „fachlichen Konsenses“ hinsichtlich der generellen Notwendigkeit eines Arbeitsvertragsgesetzes für Deutschland betonte. Vgl. dazu obige Ausführungen unter B. VII. 3. b) dd).

[1423] Gemeint ist hier das Jahr 2008.

[1424] So wurde etwa 2008 keine novellierte Fassung des Gesetzesentwurfs verabschiedet; öffentliche Diskussionen um das Reformprojekt scheinen auch zurückzugehen.

[1425] Dies bestätigte auch Jörg Habich, einer der leitenden Verantwortlichen des Bertelsmann Projekts, anlässlich einer Befragung am 27.9.2007.
Habich bekräftige, dass das Vorhaben noch in der laufenden (16.) Legislaturperiode realisierungsfähig sei. Sollte sich das Projekt dennoch nicht innerhalb dieses Zeitfensters durchsetzen lassen, würden die Arbeiten ungeachtet dessen fortgesetzt werden; ein „längerer Atem“ sei hierfür jedenfalls vorhanden.
Sämtliche Probleme, die sich dem Projekt entgegenstellen würden, seien abzusehen gewesen, so Habich. Man sei nicht unvorbereitet an das Vorhaben herangetreten – vielmehr haben bereits im Vorfeld umfassende Untersuchungen, vorwiegend zur gegenwärtigen Situation des Arbeitsrechts, stattgefunden.
Eine Kodifikation im Arbeitsvertragsrecht sei dringend erforderlich; auf die Frage hin, welche neuen Argumente hier neben diesen, welche bereits bei vorhergehenden Reformversuchen angeführt wurden, für das aktuelle Vorhaben eingeführt werden können, stellte Habich besonders auf die Entwicklungen und Einflüsse seitens der Europäischen Union ab. Die Steuerung des Rechts von europäischer Ebene aus würde immer mehr zunehmen und dazu komplexer werden. Sowohl EU-Rechtsprechung als auch Richtlinien sorgten für die Notwendigkeit zur Vereinheitlichung des (Arbeits-)Rechts. Etwaige Einflüsse würden zudem künftig noch weiter zunehmen.
Europarechtliche Einflüsse als neues Argument für ein Arbeitsvertragsgesetz? Die Auswertungen der vorangegangenen Bemühungen um ein entsprechendes Arbeitsvertragsgesetz haben jedoch gezeigt, dass der „europarechtliche Kontext“ bereits schon früher, vor allem für den „Professorenentwurf“ von 1992 als Argument nutzbar gemacht wurde.
Zurück zur Befragung: Das Eintreten einer „Novellierungsflut“ infolge europäischer Rechtsetzungsakte, wie es Hedemann schon seinerzeit – wenn auch freilich noch nicht im europäischen Kontext – erwartete, die dann in das nationale Recht zu transformieren und damit in ein mögliches Arbeitsvertragsgesetz stets zu integrieren seien, befürchtet Habich nicht. Etwaige Schwierigkeiten würden beim BGB auch nicht bestehen. Außerdem erfolge keine „Zementierung“; die Normen würden bewusst offen und anpassungsfähig gehalten werden. Außerdem seien Einzelgesetze gleichermaßen von den europarechtlichen Einflüssen betroffen; auch diese müssten stets entsprechend novelliert werden.
Auf die Frage hin, wie die Bertelsmann Stiftung zu dem Vorhaben gelangte bzw. weshalb sie das Reformprojekt überhaupt erst begründete, stellte Habich neben den stets erwähnten Problemstellen im Arbeitsrecht hinsichtlich seiner Transparenz und Kalkulierbarkeit etwa, auch darauf ab, mittels einer entsprechenden Kodifikation eine Imageverbesserung, und vor

allem eine quantitative Verbesserung auf dem Gebiet des Arbeitsrechts zu erzielen. Das bestehende Arbeitsrecht in Deutschland sei „gut“ und würde oftmals völlig zu unrecht gescholten, so Habich. Auch das Kollektive Arbeitsrecht sei gegenwärtig gut kodifiziert, sodass allein derzeit für das Gebiet des Individualarbeitsrechts eine Kodifikation geboten und seitens der Stiftung anvisiert würde. Primäres Ziel sei dabei, dass schließlich lediglich eine Verbesserung, nicht jedoch eine Veränderung der gegenwärtigen Rechtslage erreicht würde. Angestrebt würde schließlich lediglich eine Kodifikation, die erstrangig als ein „Restatement“ zu qualifizieren sein könnte.

Ferner unterscheide sich das gegenwärtige Vorhaben deutlich von vorherigen Bemühungen schon allein dadurch, dass diesmal erstmalig eine entsprechende Initiative „aus der Zivilgesellschaft“ heraus unternommen wurde, um das Vorhaben – die Realisierung eines Arbeitsvertragsgesetzes - realisieren zu können, was schließlich die Erfolgsaussichten des Projekts insgesamt verbessern könnte.

Übersehen wird offenbar, dass schon Heinz Potthoff im Jahre 1909 dafür plädierte, „die Initiative von außen her, von dritter Seite“ einzuleiten und wenige Jahre später einen eigenen Entwurf über ein „Gesetz über den Dienstvertrag der Angestellten“ vorlegte (vgl. dazu auch obige Ausführungen unter B. II. 5. a) bb)).

Auf Nachfrage stellte Habich dann klar, dass mit dem Reformprojekt zwar die maßgeblichen Ziele hinsichtlich der Schaffung bzw. Verbesserung von Rechtssicherheit, Transparenz und Kalkulierbarkeit des (Arbeits)rechts verfolgt würden, es jedoch keinesfalls beabsichtigt sein könne, ein Gesetz zu schaffen, das etwa für den Arbeitnehmer vollends verständlich und handhabbar sein sollte – das es ihm etwa ermöglicht, sämtliche Rechte und Pflichten im Vorfeld ablesen zu können. Das Erstreben eines solchen Gesetzes bewertet Habich als „illusorisch“; Adressat des Gesetzes könne keineswegs die Gesamtheit der Arbeitnehmerschaft schlechthin sein, allenfalls der interessierte Arbeitnehmer könne in Ansatz gebracht werden. Adressat würden aber schließlich vielmehr Juristen sein; ein „Volksgesetz“ sei jedenfalls nicht erstrebenswert. Dennoch könne das fertige Arbeitsvertragsgesetz in der vorgebrachten Form zumindest dem Einzelnen, also auch Arbeitnehmer und Arbeitgeber, zumindest eine gute Möglichkeit für einen „ersten Zugriff“ bieten und damit insgesamt einen leichteren Zugriff auf dieses Rechtsgebiet ermöglichen.

Trotz der hohen Qualität, die Habich der gegenwärtigen Arbeitsrechtsordnung einzuräumen vermag, sei eine Kodifizierung auf dem Gebiet des Individualarbeitsrechts geboten. Um diesem Erfordernis Nachdruck zu verleihen, wollte man künftig aber nicht mehr, wie zuvor, auf mögliche Rechtsgrundlagen, etwa des Art. 30 des Einigungsvertrages oder das Sozialstaatsprinzips des GG, abstellen; vielmehr käme es lediglich auf inhaltliche Fragen an und darauf, möglichst viele Kräfte von der materiellen Notwendigkeit des Vorhabens mobilisieren und überzeugen zu können.

Der maßgebliche Einfluss der Rechtsprechung im Arbeitsrecht würde auch nach Verabschiedung eines Arbeitsvertragsgesetzes nicht verloren gehen, so leitete Habich seine Stellungnahme zum künftigen und derzeitigen Verhältnis und Gewicht des Richterrechts zur Gesetzgebung ein. Die Rechtsprechung sei auch weiterhin ein wesentlicher Faktor im Arbeitsrecht; insbesondere Einzelfallrechtsprechung würde es auch weiterhin geben, da schließlich nur die Rechtsprechung in der Lage sei, „Einzelfallgerechtigkeit“ herzustellen. Doch sei die gegenwärtige Rolle des Richters im Arbeitsrecht als die des „Quasigesetzgebers“ selbst von der Richterschaft nicht gewünscht. Dennoch würde gerade diese Funktion derzeit von ihr abverlangt mit der Folge, dass der Arbeitsrichter oftmals geradezu rechtspolitisch agieren müsse, um überhaupt Entscheidungen hervorbringen zu können. Das Verhalten der Rechtsprechung sei insofern konsequent und nachvollziehbar. Obwohl Habich ausdrücklich bekräftige, dass seines Erachtens dennoch dem Richter gegenwärtig nicht zu viel abverlangt würde, wäre dennoch ein Eingreifen des Gesetzgebers wünschenswert und notwendig, um den Richter zumin-

Doch wird man tatsächlich eines, nicht mehr allzu fernen, Tages dieses Ziel erreichen können? Oder wird das Bertelsmann-Projekt schließlich das gleiche Schicksal erleiden müssen, wie die zahlreichen Bemühungen um ein Arbeitsvertragsgesetz zuvor? Wird es etwa ein weiteres „stilles Begräbnis dritter Klasse" geben – oder wurde dasselbige gar schon eingeleitet?

Inwiefern der erst jüngst vorgelegte Däubler-Entwurf eines Arbeitsverhältnisgesetzes sich bewähren wird, ist zum gegenwärtigen Zeitpunkt wegen der noch weitgehend ausstehenden kritischen Auseinandersetzung durch die Fachöffentlichkeit offen. Doch auch hier wird eine baldige Durchsetzung des Entwurfs vor allem auch wegen der doch teilweise sehr weitgehenden arbeitnehmerfreundlichen Bestimmungen nicht zu erwarten sein.

Auf die tatsächlichen Erfolgsaussichten der aktuellen Reformprojekte oder eines Arbeitsvertragsgesetzes im Allgemeinen wird noch einmal zurückzukommen sein.

Soviel kann aber bereits an dieser Stelle konstatiert werden: Auch in der 16. Wahlperiode des Deutschen Bundestages und der hieraus hervorgegangenen Großen Regierungskoalition konnten entsprechende Bemühungen für ein Arbeitsvertragsgesetz nicht realisiert werden[1426].

---

dest weitgehend von seiner Rolle als „Quasigesetzgeber" befreien zu können. Fraglich sei dabei nur, ob dies gerade vom Gesetzgeber auch gewünscht würde.
Eine Kodifizierung des Arbeitsvertragsrechts sei, so das Schlusswort Habichs, geboten und gerade zur jetzigen Zeit sei dieses Ziel auch näher denn je. „Außergewöhnliche Probleme" stünden einer Realisierung jedenfalls nicht mehr entgegen.
Das Gespräch wurde mit Jörg Habich geführt. Der promovierte Diplom-Kaufmann ist als Projektmanager im Projekt „Agenda Moderne Regulierung" seit 2005 bei der Bertelsmann Stiftung tätig.

[1426] Dies sieht auch Ulrich Preis ein, der sich in einem jüngst veröffentlichen Beitrag für eine Umsetzung des Vorhabens „in der nächsten Legislaturperiode" ausspricht. „Die Große Koalition" hätte „in der kurzen Zeit nicht den Mut [gehabt], die Dinge selbst in die Hand zu nehmen". Doch angesichts des „breiten Zuspruchs in Fachkreisen" sei „der Erfolg zum Greifen nahe". Nun komme es, so Preis weiter, lediglich darauf an, „sich über die wenigen Streitpunkte noch zu einigen".
Daneben versucht Preis den eigenen zusammen mit Henssler erarbeiten Diskussionsentwurf hinsichtlich seiner Inhalte v.a. gegenüber geübter Einzelkritik zu verteidigen und führt dazu auch an, dass ihm die „Geschichte des Scheiterns der Bemühungen aller Epochen deutscher Geschichte" bekannt sei und daher mit dem Henssler/Preis Entwurf der Versuch gestartet wurde, ein „Konsensmodell" zu erarbeiten. Doch hatten etwa die Verfasser des Diskussionsentwurfs eines Arbeitsvertragsgesetzes von 1992 nicht das selbige im Sinn?
Vgl. PREIS, Zur Debatte um das Arbeitsvertragsgesetz, ArbuR 2009, S. 109ff.

4. Kodifikationsbemühungen in der vereinten Bundesrepublik – Würdigung

In der vereinten Bundesrepublik nach 1990 wurden rückblickend innerhalb einer recht überschaubaren Zeitspanne fünf Entwürfe für ein Arbeitsvertragsgesetz hervorgebracht. Doch konnte bislang keiner der Gesetzesentwürfe durchgesetzt werden. Der „Professorenentwurf" aus dem Jahre 1992 scheiterte bereits, ehe er in das Gesetzgebungsverfahren eingeleitet werden konnte. Auch vor dem DJT im selben Jahr stieß der Entwurf teilweise auf recht heftige Kritik, die sich nicht nur gegen materielle Inhalte der Entwurfsfassung, sondern auch gegen das Vorhaben – der Schaffung eines Arbeitsvertragsgesetzes – per se richtete. Da half es auch nichts, dass sich die Mehrheit der Teilnehmer des Juristentages grundsätzlich für das Reformprojekt einsetzte. Die zentralen Vertreter der Arbeitnehmer und Arbeitgeber, mithin die Sozialverbände, schien man von Beginn an nicht für das Vorhaben gewinnen zu können: Während die eine Seite einen Katalog mit alternativen Regelungsvorschlägen vorlegte und dementsprechend inhaltlich durchaus heftige Kritik am „Professorenentwurf" übte, lehnte die andere Partei bereits aus rein grundsätzlichen Erwägungen eine Beschäftigung mit dem vorgelegten Entwurf eines Arbeitsvertragsgesetzes ab.

Mitte der 1990er Jahre gelang es dann unter der Federführung Brandenburgs und Sachsens zwei Gesetzesentwürfe, die sich inhaltlich stark an den „Professorenentwurf" von 1992 anlehnten, in das Gesetzgebungsverfahren einzubringen. Doch zeichnete sich bereits bei den Beratungen im Unterausschuss des Bundesrates ab, dass die Gesetzesentwürfe politisch nicht mehrheitsfähig sein würden – das Vorhaben wurde schließlich nicht weiter verfolgt und scheiterte abermals.

Um die Jahrtausendwende wurde es dann wieder stiller um das Kodifikationsprojekt. Stimmen, die zuvor noch – rekurrierend auf etwaige Vorgaben aus Art. 30 des Einigungsvertrages – für die zügige Umsetzung einer Kodifikation im Arbeitsvertragsrecht plädierten, schienen zunehmend zu verstummen. Auch in einer Erklärung der Bundesregierung äußerte man sich bezüglich einer Reformierung des Arbeitsrechts durch Schaffung eines Arbeitsvertragsgesetzes sehr zurückhaltend. Erst als die Bertelsmann Stiftung im Jahre 2005 mit ihrem Projekt „Agenda Moderne Regulierung" und der in diesem Zusammenhang geforderten Durchsetzung einer Kodifizierung des Arbeitsvertragsrechts an die Öffentlichkeit trat, und als dann kurz darauf ein erster Gesetzesentwurf vorgelegt wurde, kam die Diskussion sukzessive wieder in Gang.

Doch auch diesmal zeichnete sich ab, dass das Vorhaben, vor allem inhaltlich, nicht auf ungeteilte Zustimmung stieß; intensive Kritik ließ sich schon bald vorwiegend aus den Lagern der Sozialverbände, insbesondere den Gewerkschaften, die schließlich mit einem eigenen Entwurf an die Öffentlichkeit treten sollten, vernehmen.

Angesichts dieser Entwicklung erscheint derzeit fraglich, ob auch der aktuelle Vorstoß „aus der Zivilgesellschaft“ heraus in der Lage sein wird, wirksam für politische Mehrheiten werben zu können, um das Jahrhundertprojekt – die Kodifizierung des Arbeitsvertragsrechts – in nächster Zukunft realisieren zu können.

C. Die Kodifizierung des Arbeitsvertragsrechts – ein Jahrhundertprojekt ohne Erfolgsaussicht? – Eine Prognose

Wie der historische Rückblick aufgezeigt hat, ist der Wunsch nach einer Kodifizierung des Arbeitsvertragsrechts alles andere als neu. Bereits im 19. Jahrhundert wurden entsprechende Forderungen laut, wie sich vorwiegend an dem Entstehungsprozess des BGB belegen lässt. So lassen sich seit dem späten 19. Jahrhundert insgesamt neun veröffentlichte Entwürfe für ein Arbeitsverhältnisgesetz ausmachen, die jedoch allesamt scheiterten und dazu oftmals gar nicht erst in das parlamentarische Beratungsverfahren eingeleitet werden konnten. Inwieweit dies auch für die jüngsten, von Bertelsmann und DGB vorgelegten Entwürfe gilt, ist noch nicht ganz abzusehen.

Die Argumente, die für die Realisierung eines solchen Vorhabens angeführt wurden, wiederholten sich regelmäßig; und in der Tat scheint auch Einiges für das Projekt und damit für die Durchsetzung einer Kodifizierung des Arbeitsvertragsrechts zu sprechen: Noch einmal zur Erinnerung: Wer hätte nicht gern einen „Codex“, der für den „gemeinen Mann“ eine möglichst verständliche Sprache bereithält, damit dieser, ohne sich weiter um rechtlichen Beistand bemühen zu müssen, rechtliche Fragen allein durch Inaugenscheinnahme des Gesetzes selbst erklären könnte?[1427] Wie könnte das große Ziel der Erschaffung eines zukunftsfähigen Arbeitsrechts, in dessen Rahmen ein Maximum an Kalkulierbarkeit und Flexibilität und damit Rechtssicherheit zu gewährleisten ist, besser zu erreichen sein, als im Rahmen einer Kodifikation, im Rahmen eines Gesetzes, das den Anspruch erhebt, eine Materie, wie ein bestimmtes Rechtsgebiet, abschließend und systematisch zu regeln[1428]?

Doch kann ein Gesetz, eine Kodifikation im Arbeitsvertragsrecht, tatsächlich diese verfolgten Ziele, die im Ergebnis die Realisierung umfassender Rechtssicherheit vorsehen, erreichen?

Auch wenn der Frage einen suggestiven Charakter beigemessen werden könnte, erscheint eine Beantwortung derselben an dieser Stelle verfrüht. Vielmehr sollte zunächst ein Blick auf den gegenwärtigen Zustand unseres Arbeitsvertragsrechts gewagt werden. Steht es denn überhaupt den von den Befürwortern des aktuellen Entwurfs bzw. einer Kodifikation des Arbeitsvertragsrechts verfolgten Zielen so fern?

[1427] Vgl. die obigen Ausführungen unter Anm. 1342.
[1428] Vgl. zum Kodifikationsbegriff auch die Ausführungen oben unter Anm. 102.

I. DIE GEGENWÄRTIGE LAGE DES ARBEITSVERTRAGSRECHTS OHNE KODIFIKATION

„Der Richter ist der eigentliche Herr des Arbeitsrechts“, so stellte bereits vor nunmehr über 45 Jahren Franz Gamillscheg in seiner berühmt gewordenen und immer wieder zitierten Stellungnahme zur Funktion des Richters im Arbeitsrecht fest und sah zudem voraus, dass das Richterrecht „unser Schicksal“ bleiben werde[1429]. Immer wieder wird moniert, dass sich infolge der Untätigkeit des Gesetzgebers, gerade auf dem Gebiet des Arbeitsvertragsrechts, der Richter als „Quasigesetzgeber“ aufschwinge und infolge fehlender gesetzlicher Regelungen, die allenfalls in Form von unübersichtlichen, unvollständigen, in sich verworrenen und inhaltlich überschneidenden Spezialgesetzen vorliegen würden, rechtspolitisch agieren und damit auch Recht fortbilden müsse, um im Einzelfall sachgerechte Entscheidungen treffen zu können.

In der Tat ist heute die überragende Rolle der Rechtsprechung im Arbeitsrecht nicht von der Hand zu weisen: In vielen Fällen ist der Rechtssuchende im Arbeitsrecht auf Entscheidungen der Rechtsprechung verwiesen; oftmals können Rechtsfragen im Einzelfall nicht hinreichend anhand der vorliegenden Vorschriften bestehender arbeitsrechtlicher Spezialgesetze geklärt werden. Allein die Rechtsprechung ist also häufig berufen, Klarheit zu schaffen und dem Ratsuchenden im Arbeitsrecht zu seinem Recht zu verhelfen.

Aber könnten sich etwaig bestehende vermeintliche Missstände durch Gesetzgebung, mithin durch eine Kodifizierung des Arbeits(vertrags)rechts tatsächlich ausräumen lassen? Oder würde es auch im Falle einer Reform entsprechend der gegenwärtigen Forderungen bei dem Ausspruch Gamillschegs bleiben und das Richterrecht im Arbeitsrecht weiterhin „unser Schicksal“ bilden?

1. Der Jurist und die Rechtspolitik

Um sachgerechte Entscheidungen in arbeitsrechtlichen Fragen herbeiführen zu können, ist der Richter also mangels bestehender gesetzlicher Vorgaben oftmals gezwungen, rechtspolitisch zu agieren und im Wege der Rechtsfortbildung „eigenes Recht“ zu setzen. Bevor die derzeitige Rolle des Richters bei der Rechtsfindung im Arbeitsrecht zu skizzieren ist, soll zunächst geklärt werden, inwieweit der „Jurist als solcher“ überhaupt berufen sein darf, bei der Entscheidungsfindung eigene politische Erwägungen und Moralvorstellungen einzustellen und sich damit diesbezüglich nicht lediglich auf die Auslegung von Gesetzen zu beschränken sondern vielmehr als „Quasigesetzgeber“ eigenes Recht zu erschaffen. Dabei könnte sich in der Sache die Berücksichtigung von zwei bis heute

[1429] GAMILLSCHEG, Grundrechte im Arbeitsrecht, AcP 164 (1964), S. 445.

bekannt gebliebenen Stellungnahmen zweier namhafter Rechtsgelehrter als besonders hilfreich erweisen.

Schließlich ist in diesem Zusammenhang auch noch einmal ein Blick auf dasjenige Gesetzeswerk zu werfen, das nach der Intention seiner Verfasser ganz bewusst auf die Aufnahme rechtlicher Vorschriften zum Arbeitsvertragsrecht verzichten sollte.

a) Windscheid und die Rolle des „Juristen als solchen"

Anlässlich einer Rektoratsrede am 31.10.1884 über „die Aufgabe der Rechtswissenschaft" ließ der nicht nur auf nationaler Ebene berühmte Zivilrechtler Bernhard Windscheid[1430] folgendes verlauten:

> „Die Gesetzgebung steht auf hoher Warte! Sie beruht in zahlreichen Fällen auf ethischen, politischen, volkswirtschaftlichen Erwägungen oder auf einer Kombination dieser Erwägungen, welche nicht Sache des Juristen als solchen sind"[1431].

Ausgehend von dieser bedeutenden Äußerung lässt sich nun die Rolle des Richters bei der Gesetzesauslegung beleuchten, die Windscheid vorsieht.

Bereits 30 Jahre zuvor äußert er sich zu dieser Thematik im Rahmen einer Rede, die von „Recht und Rechtswissenschaft" handelt. Schon hier wendet er sich gegen das „Volksrecht" Beselers[1432] als maßgebliche Rechtsquelle[1433]; in der Rede aus dem Jahre 1884 konkretisiert er dann seine Forderungen diesbezüglich, indem er festhält, dass „der Auslegende" sich keinesfalls „über das Gesetz" stellen dürfe. Dies würde aber erst gar nicht der Fall sein, „wenn er die Gedanken [enthüllen würde], welche der Gesetzgeber hat denken wollen". Unstatthaft sei es lediglich, „die eigenen Gedanken dem Gesetzgeber" unterzu-

---

1430 Der aus Düsseldorf stammende Bernhard Windscheid (1817-1892) gilt als einer der bedeutendsten Vertreter der Pandektenwissenschaft des 19. Jahrhunderts. Nachdem er sich 1840 habilitiert hatte, lehrte er an verschiedenen Universitäten, u.a. in München und Heidelberg. Zwischen 1880 und 1883 wirkte Windscheid in der ersten Kommission zum Entwurf des BGBs mit. Zu seinem Lebenswerk zählt das dreibändige „Lehrbuch des Pandektenrechts", auch als „Palandt" des 19. Jahrhunderts bezeichnet. Mehr zur Person Windscheids bei FALK, Windscheid, in: Juristen, S. 672, 673 sowie SCHRÖDER, Windscheid, in: Deutsche Juristen, S. 459ff.

1431 WINDSCHEID, Die Aufgabe der Rechtswissenschaft, in: Gesammelte Reden, S. 112.

1432 Georg Beseler (1809-1888) setzte sich in seinem Werk „Volksrecht und Juristenrecht" (1843) für das „Volksrecht" und verstärkte dadurch zum einen die Spaltung zwischen Romanisten und Germanisten, gab aber andererseits Anstöße für eine stärkere Beachtung der nationalen und als Gewohnheitsrecht überlieferten Rechtsquellen.
Mehr zur Person Beselers bei STOLLEIS, Beseler, in: Juristen, S. 83. Weitere Analysen zu Beselers „Volksrecht" vgl. OGOREK, Richterkönig, S. 243ff.

1433 WINDSCHEID, Recht und Rechtswissenschaft, in: Gesammelte Reden, S. 18, 19.

schieben[1434]. Warnend fügt Windscheid hinzu, dass „die Grenze zwischen dieser Enthüllung und jener Unterschiebung eine flüssige“ sei und bei „leichtfertiger Handhabung [...] die Gerechtigkeit“ geschädigt werden könnte.

Gesetzesauslegung müsste sich nach Windscheid also streng an dem Willen des Gesetzgebers orientieren. Eigene Gedanken, Wertungen dürfte der rechtsanwendende Jurist dem Gesetzgeber im Rahmen der Auslegung zweifelhafter Gesetze niemals beimessen. Noch deutlicher wird dieses Postulat anhand einer kurzen Ansprache im Jahre 1889, die Windscheid vor Richtern des Oberlandesgerichts in Frankfurt/ Main gehalten hat. Zuvor gab ein Richter ihm gegenüber an, dass er dasjenige, was er nicht gelernt hatte, durch einen „Takt“ ersetzen würde. Zu diesem Takt führte Windscheid dann an, „dass die Quelle der Entscheidung nur das juristische Denken sein [könne] [...]. Wenn [...] das juristische Denken von seinem Ergebnis nicht ablassen will, dann soll der Richter entscheiden, wie er gedacht hat, nicht wie er fühlt. Abhilfe ist dann nur durch den Gesetzgeber zu erwarten – an das gesetzte Recht sind wir alle gebunden“ führt er schließlich aus[1435]. Der Takt sollte also nicht „die Quelle der richterlichen Entscheidung“ sein, da diese nur „das juristische Denken“ sein könne[1436].

Die Intention Windscheids lässt sich nun wie folgt bestimmen: Treue Gesetzesanwendung, Abhilfe, also Wandel, nur durch Gesetzgebung und sehr vorsichtige Lückenfüllung[1437]. Als Nationalliberaler trat er für Gesetz und Gesetzgeber und weniger für die Justizbeamten ein[1438]. Dennoch betont Windscheid, dass der Jurist im Rahmen einer „hilfreiche[n] Jurisprudenz“ stets der Gesetzgebung zur Seite zu stellen ist, da sich letztere ansonsten als „ohnmächtig“ erweisen würde[1439]. Gesetzgebung allein ohne Rechtswissenschaft an ihrer Seite konnte also nicht das Ziel sein.

Und wie steht es nun mit seinen „Juristen als solchen“? Zunächst ist zu beachten, dass das vorangestellte Zitat nur von Gesetzgebung als solcher handelt, also von der „Aufgabe [des Juristen] bei der Schaffung neuen Rechts“[1440]. Zwar räumt Windscheid an dieser Stelle ein, dass der Rechtswissenschaft und daher

---

[1434] WINDSCHEID, Die Aufgabe der Rechtswissenschaft, in: Gesammelte Reden, S. 111.

[1435] RABEL, Windscheid und die Schweiz, DJZ 1909, Sp. 954 f.; Der „Takt“ bezeichnet ein Erkenntnismittel, das nicht von einer gesetzlichen Grundlage bestimmt wird, sondern auf „intuitiver Anschauung“ beruht. Savigny hat den Begriff Takt in die Jurisprudenz eingeführt; Windscheid erachtete diesen insoweit für unzulässig, als dass dadurch richterliche Entscheidungen jenseits des juristischen Denkens willkürlich getroffen würden;
Jhering definierte den „Takt“ als „sicheren Treffer des Gefühls“, der nur „beim Juristen möglich“ sei; vgl. JHERING, Der Zweck, S. 45.

[1436] PLANCK, Über Windscheids Anteil am BGB, DJZ 1909, Sp. 955.

[1437] RÜCKERT, Windscheid und seine Jurisprudenz, in: JuS 1992, S. 906.

[1438] Ebd., S. 906.

[1439] WINDSCHEID, Die Aufgabe der Rechtswissenschaft, in: Gesammelte Reden, S. 110.

[1440] Ebd., S. 111.

den Juristen neben der Aufgabe das vorhandene Recht zu erkennen, etwa im Rahmen der genannten Grenzen der Auslegung, auch eine Aufgabe bei der Schaffung neuen Rechts zukommen würde – jedoch lediglich in wenigen bestimmten Konstellationen[1441]. Zentrale Themen hingegen, etwa rechtspolitisch brisante und streitige Gegenstände, wie Ehescheidung, Wirtschaftsordnung – und damit auch das Arbeitsrecht betreffende Sachverhalte – Fälle also, die auf „ethischen, politischen, volkswirtschaftlichen Erwägungen beruhen, [seien] nicht Sache des Juristen als solchen“[1442].

Der folgende Appell schließt dann das Bild vollends ab: „Welcher Jurist hätte den Mut zu sagen, daß ihm bei Gesetzen dieser Art eine ausschlaggebende Stimme zukomme?“ [1443] Dieser Satz weist schon den Weg in die Zukunft. Doch gerade der Mut gegenüber dem parlamentarischen Gesetzgeber, der häufig besonders in arbeitsrechtlichen Streitfällen seitens der Rechtsprechung durch Rechtsfortbildung aufgebracht wird, scheint heute – gerade im Arbeitsrecht – dringend erforderlich zu sein.

b) Weber und der „rein formale Standpunkt des Rechts“

Der Jurist, Nationalökonom und Soziologe Max Weber[1444] trat in seiner Rezension zu Philipp Lotmars Werk „Der Arbeitsvertrag“ mit folgender Kritik hervor:

> „Wenn einmal der rein formale Standpunkt des Rechts verlassen wird, [ist] aus solch allgemeinen Empfindungen heraus je nach der persönlichen Weltanschauung auch das gera-

---

[1441] Windscheid nennt hier Gegenstände, wie Entwurf einer Grundbuchordnung oder Berufungsfragen in Strafsachen; er meint also eher unstreitige, rein juristische Fragen.

[1442] Ebd., S. 112.

[1443] Beachtlich an dieser Stelle ist, dass Windscheid lediglich von „Gesetzen dieser Art“ spricht; der Jurist sollte sich also aus der Politik zurückhalten; politisch autonom wohl aber kritikfähig gegenüber Gesetzen, besonders wenn die gesetzlichen Vorgaben an Deutlichkeit verlieren würden oder die Gerechtigkeit tangiert war; dies war nun das entscheidende Postulat bei Bernhard Windscheid.
Vgl. RÜCKERT, Autonomie, S. 96; Belege für das Eintreten Windscheids für die Sache der Gerechtigkeit ergeben sich aus seinen zahlreichen Reden, so beispielsweise auch aus der besagten Rede von 1854, in welcher er den Eintritt des Juristen für die Gerechtigkeit als maßgeblich ansieht, und betont, dass „in dessen Betrachtung der Jurist Mut und Kraft zu seinem schweren Werke suchen soll“; vgl. auch für die besagte Rede von 1884, (wie Anm. 1431), S. 110f.

[1444] Als Schüler Levin Goldschmidts, der als Begründer der bekannten Handelsrechtswissenschaft gilt, habilitierte sich Weber (1864-1920) 1892 in Berlin für Römisches Recht und Handelsrecht; er erlangte aber schließlich 1894 eine Professur für Nationalökonomie in Freiburg bzw. 1897 in Heidelberg. 1919, ein Jahr vor seinem Tod, wandte er sich der Gesellschaftswissenschaft an der Universität in München zu.
Mehr zur Person Webers bei KLEINHEYER/SCHRÖDER, Deutsche Juristen, S. 542f.; KAESLER, Weber, in: Juristen, S. 665.

de Gegenteil deduzierbar[1445]. [Vielmehr müssten] spezialisierte Rechtsnormen [geschaffen werden] und unbefangene, sich streng an die Norm [...] bindende Rechtsprechung"[1446].

Max Weber warnte hier im Jahre 1902 offenbar vor neuen Methoden, die eine Rechtsfindung fern ab dem „formalen Standpunkt des Rechts" zu suchen pflegten, etwa durch Anwendung der sich ankündigenden Freirechtsbewegung oder einfach durch Verselbständigung eines sogenannten Richterrechts. Zunächst aber soll der Ausspruch Webers in den näheren Kontext gerückt werden. Philipp Lotmar, hatte sich schon 1896 in seiner Schrift „Der unmoralische Vertrag"[1447] zu Wort gemeldet und das Problem der Sittenwidrigkeit von Verträgen nach § 138 BGB angesprochen. Lotmar sah hier eine Möglichkeit moralische Wertvorstellungen im Zivilrecht durchzusetzen, die sich schließlich auf sozialpolitische Werturteile stützen sollten[1448]. Dem widersprach dann Weber in der genannten Rezension scharf, indem er derartigen Einfluss sozialpolitischer Gesinnung ablehnte, da ansonsten „grundstürzende Änderungen des ganzen Charakters unserer Rechtspflege, namentlich die Beseitigung ihrer formalistischen Grundlage, m.a.W. Übergang zur ‚Kadijustiz' vorausgesetzt werden müsste". Auch würde „das Richterpersonal [...] für eine derartige Aufgabe nicht qualifiziert" sein[1449]. Hier erfolgt wieder eine Berufung auf den „formalen Standpunkt", dessen Ausräumung schließlich zu „Kadijustiz" – gemeint ist hier eine Unberechenbarkeit der Gesinnung der Rechtspflege[1450] – führen könnte. Bevor nun das „formale" Recht, welches Weber erwähnt, näher beleuchtet wird, ist noch einmal auf Lotmar zurückzukommen. Denn auch dieser tritt nicht für eine solche „Kadijustiz" und damit einen unberechenbaren Richter ein. Wie Weber, ist er scheinbar bestrebt, einen solchen zu binden. So spricht sich Lotmar lediglich für eine Orientierung an der allgemein „anerkannten und geübten Moral" und gegen Berücksichtigung von Moralmaßstäben aus der „Praxis des täglichen Lebens" bei der Rechtsfindung des Richters aus[1451]. Dem Juristen könne „die Angabe anderer als

---

1445 WEBER, Rezension zu Philipp Lotmar, Der Arbeitsvertrag, in: AsGuS, S. 729f., Anm. 2.
1446 Ebd., S. 725.
1447 Vgl. zu Lotmars Einflüssen auf das Arbeitsrecht auch die Ausführungen oben unter B. II. 5. a) aa).
1448 Lotmar wörtlich: „In der That dürften in weiten Kreisen eine Moral bestehen, welche es verwerflich findet, daß in Vollziehung von Arbeitsverträgen Leben, Gesundheit, oder Geschlechtslehre erwachsener, jugendlicher, kindlicher Arbeiter oder Arbeiterinnen gefährdet oder verletzt werden, komme dieser Erfolg von der Arbeitsdauer, von Mangel an Schutzmitteln oder von anderen Ursachen", in: LOTMAR, Der unmoralische Vertrag, S. 85; erneut für 1902: LOTMAR, Der Arbeitsvertrag, Bd.1, S.109-112.
1449 WEBER, (wie Anm. 1445), S. 728f.
1450 WEBER, Wirtschaft und Gesellschaft, S. 470.
1451 LOTMAR, Der unmoralische Vertrag, S. 95.

der vom Recht gewährten Mittel nicht zugemutet werden“[1452]; auch bei Lotmar sind also die Abneigungen der Tendenzen erkennbar, die das Freirecht[1453] in den Folgejahren bereithalten würde; denn schon 1878 stehen bei Lotmar Rechtspflege aber auch positives Recht an erster Stelle; Rechtswissenschaft würde lediglich der Vorbereitung und Kontrolle dieser erstrangigen Position dienen[1454].

Zurück zu Weber: Er sah wohl die größte Gefahr in der Entformalisierung des Rechts, welche infolge einer Ethisierung, also Materialisierung, des Rechts eintreten würde[1455]. Was genau meint Weber damit? Er bezeichnet das klassische Rechtsmodell als „formal“ und zwar in dem Sinne, dass bei der Rechtsfindung „ausschließlich eindeutige generelle Tatbestandsmerkmale beobachtet“ würden[1456]. Würde man hingegen auf das „materiale Recht“ zurückgreifen, so erhielte man Rechtssätze, die jenseits von generellen und in ihrer Allgemeinheit bestimmten Tatbestandselementen ihren Ursprung gefunden haben[1457]. Als Beispiele führt Weber „ethische Imperative oder utilitaristische oder andere Zweckmäßigkeitsregeln oder politische Maximen, welche sowohl den Formalismus des äußeren Merkmals wie denjenigen der logischen Abstraktion durchbrechen“ an[1458]. Ethik, Politik oder Werte würden also die Integrität des Rechts bedrohen. Diese äußeren Substanzen müssten demnach ferngehalten werden, wenn das Recht nicht der willkürlichen Herrschaft im Rahmen einer „Kadijus-

---

[1452] Und weiter heißt es: „und wenn es im Anwendungsgebiet des Arbeitsvertrags ‚Grundübel‘ giebt, denen man ‚auch mit gesetzlichen und Verwaltungsmaßnahmen nicht beikommen kann‘, so muß man erst recht der Grenzen eingedenk bleiben, die der Heilkraft der Jurisprudenz gezogen wird“; LOTMAR, Der Arbeitsvertrag, Bd. 1, S. 26.

[1453] Die besonders zu Beginn des 20. Jahrhunderts aufkommende und maßgeblich auf Hermann Ulrich Kantorowicz und seinen Anhängern zurückgehende Bewegung ging davon aus, dass eine Kodifikation wie das BGB „nicht weniger Lücken als Worte“ habe. Diese Lücken sollten aber nicht mittels traditioneller Auslegungsmethoden, die sich ja erstrangig an dem Wortlaut der Vorschrift orientierten, sondern vielmehr durch Entscheidungen des rechtsschöpferisch tätigen Richters gefüllt werden. Keine am Wortlaut des Gesetzes orientierten Deduktionen oder Konstruktionen, sondern gefühlsmäßige und irrationale Momente sollten für den Richter bei der Entscheidungsfindung den Ausschlag geben. Das Recht soll nun neben dem lex scripta auch außergesetzliche Inhalte empfangen dürfen, etwa aus dem „Leben“; zu beachten bleibt aber, dass mit dieser Lehre nicht bezweckt wurde, dass künftig das gesetzgeberische Gesamtprogramm nicht mehr beachtet werden sollte, im Gegenteil. Der Freirechtsschule ging es vielmehr darum einen in Begriffen und Konstruktionen erstarrten Normenvollzug durch eine sozialgestaltend und rechtsschöpferisch-eigenverantwortlich wertende Rechtsfindung zu ersetzen.
Vgl. KANTOROWICZ, Der Kampf um die Rechtswissenschaft (1906), mehr dazu im Überblick bei SIGMUNDT, Rechtsgewinnung und Erbhofrecht, S. 18ff. m.w.N.

[1454] RÜCKERT, Autonomie, S. 73, 74.

[1455] Deshalb trat er auch gegen Laienrichter mit eigener politischen Gesinnung ein; vgl. SCHRÖDER, Methodendiskussion, in: ZfL, S. 357.

[1456] WEBER, Wirtschaft und Gesellschaft, S. 396.

[1457] Ebd., S. 397.

[1458] Ebd., S. 397.

tiz“ ausgesetzt sein sollte. Näher erklären lässt sich dies wiederum mit einer Stellungnahme Friedrich Carl von Savignys[1459], der sich schon für eine strikte Trennung von Recht und Moral aussprach, gerade auch deshalb, weil es von Natur aus eben nicht nur einen Moralmaßstab gebe, den man für die Entscheidung eines Falles heranziehen könnte[1460]. Dem schließt sich Weber an, indem er anführt, dass „je nach der persönlichen Weltanschauung auch das gerade Gegenteil deduzierbar“ sei[1461].

Aber kann es denn sein, dass etwa sozialpolitische Elemente niemals in das formale Recht einfließen dürfen? Würde nicht dies, wenn auch auf anderer Weise, ebenfalls zu ungerechten Entscheidungen führen? Weber plädiert zur Lösung dieser Frage für „spezialisierte Rechtsnormen und unbefangene, sich streng an die Norm und damit auch an die Form – die ‚Zwillingsschwester der Freiheit' – bindende Rechtsprechung anstatt unformale ‚positive' Begriffe“[1462].

Zunächst ein Blick auf den Freiheitsgedanken, den Weber an dieser Stelle aufwirft. Von einem juristischen Freiheitsbegriff ist hier wohl die Rede, in welchem der wahre Grund dafür liegt, bürgerliches Recht zu formalisieren. Es soll berechenbar sein und sich in den Dienst frei wirtschaftender Individuen stellen.

[1459] Savigny nahm nach Abschluss seines Studiums in Marburg 1799 zunächst 1808 in Landshut, zwei Jahre später an der neu gegründeten Universität in Berlin, seine Lehrtätigkeit als ordentlicher Professor für Römisches Privatrecht auf. Nach Begründung der Historischen Schule zusammen mit Eichhorn im Jahre 1814 wird Berlin zum Zentrum der deutschen Rechtswissenschaft. 1817 wird Savigny zum Mitglied des preußischen Staatsrats ernannt, 1842 zum Justizminister durch Friedrich Wilhelm IV. Zu seinen Hauptwerken gehört neben dem „System des heutigen römischen Rechts“, erschienen in 8 Bänden (1840-1849) auch die Schrift „Vom Beruf unserer Zeit für Gesetzgebung und Rechtswissenschaft“ (1814). Näheres zur Person Savignys bei RÜCKERT, Savignys Konzeption, S. 66, 67; RÜCKERT, Savigny, in: Juristen, S. 558.

[1460] Hinsichtlich der Frage, ob das Recht auch gegenüber der Moral autonom sein muss, äußerte sich Savigny wie folgt: „Das Recht dient der Sittlichkeit, aber nicht indem es ihr Gebot vollzieht, sondern indem es die freye Entfaltung ihrer, jedem einzelnen Willen innewohnenden, Kraft sichert. Sein Daseyn aber ist ein selbständiges, und darum ist es kein Widerspruch, wenn im einzelnen Fall die Möglichkeit unsittlicher Ausübung eines wirklich vorhandenen Rechts behauptet wird“. (Vgl. SAVIGNY, System I, S. 332). Ferner könne das außerhalb liegende Naturrecht vom Richter „aus besonderer Überzeugung, oder als Vorwand seiner Ungerechtigkeit“ nicht herangezogen werden (Vgl. SAVIGNY, Beruf, S. 78).
Savigny nimmt damit folgerichtig an, dass Vorstellungen über Natur oder Sittlichkeit innerhalb einer Gesellschaft zwingend verschieden sind und sein müssen und dass deren Gleichsetzung mit Recht jedem Einzelnem zubilligen würde, sein eigener Richter zu sein. Lediglich einen Moralmaßstab, den man für die Entscheidung etwaiger Sachverhalte heranziehen könnte, würde es jedenfalls nicht geben.
Vgl. dazu auch MEDER, Rechtsgeschichte, S. 339.

[1461] WEBER, (wie Anm. 1445), S. 729f., Anm. 2.

[1462] WEBER, Rezension zu Philipp Lotmar, Der Arbeitsvertrag, in: AsGuS, S. 725; beachtlich ist an dieser Stelle, dass der Freiheitsgedanke auf Jhering zurückgeht; vgl. RÜCKERT, Richtertum, in: Gw., S. 279.

Dieser Gedanke hat im Übrigen in dem Begriff „Privatautonomie“ seinen Niederschlag gefunden, der noch bis heute gültig und allgemein geläufig ist. Die Idee der formalen Freiheit beruht nun auf der Leitvorstellung, dass Individuen untereinander gleichwertig und mithin in der Lage sind, autonom und eigenverantwortlich zu handeln. Die Rechtsprechung erfüllt hier die Aufgabe, den Handlungsspielraum der autonomen Persönlichkeit zu sichern[1463]. Würde dies nun nicht beachtet und das materiale Recht sukzessive das formale überlagern, könnte sich der Zustand einstellen, den Weber als Kadijustiz beschreibt; aus wirtschaftlicher Freiheit würde Zwang; von Privatautonomie dürfte dann keine Rede mehr sein. Privatrecht müsse also, um autonom bleiben zu können, grundsätzlich formal bleiben; anderenfalls wäre es der Politik oder ideologischen Anschauungen hilflos ausgesetzt[1464].

Um dies gewährleisten zu können, ohne dabei sozialpolitische Bedürfnisse auszuklammern, schlägt Weber nun „spezialisierte Rechtsnormen“, also Sonderrechte, zur Lösung vor. Ein Sonderprivatrecht, also eine Abweichung vom allgemeinen Recht, sollte geschaffen werden. Fraglich bleibt, welche Art der Abweichung Weber an dieser Stelle meinte. Sollte nun ein prinzipienwahrendes, spezielles oder eher ein prinzipienbrechendes singuläres Sonderrecht her? Obgleich auf die „Prinzipien“ bzw. „leitenden Rechtsgedanken“, die das BGB vorsieht, noch näher zurückzukommen sein wird, kann schon an dieser Stelle angeführt werden, dass Weber weniger für ein singuläres, echtes Sonderrecht als vielmehr für ein solches eintreten wollte, das für eine besondere Klasse von Personen, etwa die Arbeiterschaft oder Verhältnisse, von einer allgemeinen Regel abweicht, jedoch lediglich um diese näher zu konkretisieren und spezifizieren[1465]. Weber dürfte es weniger darum gegangen sein, „leitende Rechtsgedanken“ zu durchbrechen, gerade weil er sich auch grundsätzlich für formales Recht ausspricht. Anstatt reines Schutzrecht mit bevormundender Wirkung zu schaffen, dürfte es wohl eher seine Intention gewesen sein, den Weg der Freiheit zu gehen und sich für eine Art „emanzipierende Hilfe“ im Privatrecht auszusprechen, um den sozialpolitischen Erfordernissen, die Lotmar beschrieben hat, gerecht werden zu können. Hilfe zur Selbsthilfe, die nicht bevormundet, prinzipienwahrende, die allgemeine Regel konkretisierende, mithin „spezialisierte Rechtsnormen“ müssten also her[1466].

1463 MEDER, Rechtsgeschichte, S. 340.

1464 Ebd., S. 430.

1465 Vgl. zur Thematik des Sonderrechts RÜCKERT, BGB – Gesetzbuch ohne Chance, JZ 2003, S. 756f.

1466 Doch konnte Weber etwa auf dem Gebiet der Sittenwidrigkeit, auf das sich Lotmar schon bezog, und Treu und Glauben, weniger auf den Gesetzgeber setzten, da dieser mit § 138 oder § 242 BGB selbst Vollmachten erteilt hatte und daher auch kaum Signale zu Spezialisierungen setzte.

Festzuhalten bleibt schließlich, dass der Ansatz Webers zum formalen und materialen Recht noch bis heute ein tragender Bestandteil unserer Zivilrechtsordnung darstellt; dies zeigen auch immer wieder Diskussionen über eine mögliche Abschaffung des Rechtsformalismus. Doch scheint es immer noch nicht möglich, auf diesen, etwa durch Errichtung eines neuen autonomen Gefüges von Normen basierend auf allgemeinen Werten, zu verzichten. Formalismus wird weiterhin attraktiv bleiben[1467], gerade auch aus den Gründen, die ein Max Weber vor über 100 Jahren zu Felde geführt hat; der Rechtsformalismus ist nämlich das tragende Element, das schließlich einen Garanten für Stabilität, Autonomie und individuelle Freiheit im Bereich des bürgerlichen Rechts darstellt.

Inwiefern nun unser heutiges Arbeitsrecht, und damit einhergehend die Diskussion um eine mögliche Kodifizierung dieses Rechtsgebiets, Webers Ausführungen zur Rolle des Richters bei der Rechtsfindung, zur Autonomie des Rechts überhaupt aufnehmen kann und sollte, wird noch zu klären sein.

c) Das BGB und seine „Prinzipien“

Schließlich ist noch einmal auf die Kodifikation zurückzukommen, welche nicht nur wegen ihrem Mangel an arbeitsrechtlichen Vorschriften kritisiert worden ist:

War das BGB nun wirklich so lebensfremd, so praxisuntauglich, wie es ihm um die Jahrhundertwende vorgeworfen wurde? Und war es die Intention des Gesetzgebers, die Rechtsanwender an die Leine des Gesetzespositivismus zu legen[1468]?

Hiergegen lässt sich anführen, dass die Verfasser des BGB trotz einer normativen Ausklammerung gewisser Institute des gemeinen Rechts, wie etwa jenes der Drittschadensliquidation oder der culpa in contrahendo, nicht deren Abschaffung im Sinne hatten; vielmehr wollte man zunächst darauf verzichten, in

---

Vgl. RÜCKERT, Autonomie, S. 48; vgl. zu § 138: Motive BGB § 106: „Die Vorschrift stellt sich als ein bedeutsamer gesetzgeberischer Schritt dar [...]. Dem richterlichen Ermessen wird ein Spielraum gewährt, wie [... es] solchen großen Rechtsgebieten bisher unbekannt ist. [...]“; ferner Protokolle (2. Kommission) zu § 106: „Wenn auch auf die Motive der Parteien nicht in dem Maße Rücksicht genommen dürfe, daß ihre Handlungen einer sittenrichterlichen Kontrolle des Richters unterstellt würden, so sei es doch im Einzelfalle unerläßlich, die verwerfliche Gesinnung der Betheiligten nicht außer Acht zu lassen, weil erst durch die Hinzunahme dieses subjektiven Momentes der Inhalt des Rechtsgeschäftes in das rechte Licht gesetzt werde“, in: MUGDAN, Materialien, Bd. 1, S. 469 bzw. 725.
Vgl. auch Prot I 636 zum ersten Entwurf des BGB bzgl. des späteren § 242; die Norm sollte hier eine allgemeine Interpretationsregel erfassen [Entwurfsvorschlag Prot I 636: „Ein Vertrag verpflichtet den Vertragsschließenden, zu demjenigen, was als Inhalt der Verbindlichkeit sich aus dem Vertrage nach Treu und Glauben ergibt“], in: JAKOBS/SCHUBERT, Die Beratung des Bürgerlichen Gesetzbuchs, Bd. 2, §§ 241-432, S. 49; vgl. ferner: MUGDAN, Materialien, Bd. 2, S. 521.

1467 MEDER, Rechtsgeschichte, S. 430f.; vgl. auch WIEACKER, Privatrechtsgeschichte, S. 541f.

1468 Vgl. dazu eingehend OGOREK, Richterkönig (1986).

ihre noch nicht abgeschlossene wissenschaftlich-praktische Entwicklung einzugreifen[1469]. Dies ergab sich auch aus Art. 32 EGBGB (a.F.), der vorsah, dass die Reichsgesetze in Kraft bleiben sollten, soweit sich aus dem BGB nicht deren Aufhebung ergab; nach Art. 2 EGBGB (a.F.) wurden von der Regelung auch Gewohnheitsrechte erfasst, sodass sich der Fortbestand der genannten Rechtsinstitute, die die Wissenschaft entwickelt hatte, auch hieraus ableiten ließ. Von einer abschließenden Kodifikation konnte bei dem BGB also keine Rede sein – ebenso wenig von einem Erzeugnis des Gesetzespositivismus[1470], was auch die bereits beleuchteten Ausführungen der Verfasser zur inhaltlichen Reichweite arbeitsrechtlicher Vorschriften im BGB belegen dürften. Man war also keinesfalls, wie etwa noch im Preußischen ALR, bestrebt, jede erdenkliche Fallkonstellation unter eine Norm zu fassen[1471]. Vielmehr sollte hier ein anderer „Mechanismus" bei der Rechtsfindung durch den Richter Abhilfe schaffen.

Schon im Jahre 1889 führte das Reichsgericht in dieser Frage aus, dass es „nicht die Aufgabe des Gesetzgebers [sei], für jedes sich gestaltendes Lebensverhältnis eine besondere Norm zu setzen". Es sei „vielmehr Sache der Jurisprudenz und vor allem Pflicht der Judikatur, die [...] Grundprinzipien des Gesetzes zutage zu fördern und die im Leben hervortretenden, im Gesetz nicht besonders hervorgehobenen unter das betreffende Prinzip fallenden Fälle anzuwenden"[1472].

Die „Grundprinzipien des Gesetzes" sollten nun seitens der Rechtswissenschaft herausgearbeitet und von der Rechtsprechung angewendet werden. Ähnliches führt dann Gottlieb Planck, Generalreferent in der zweiten BGB-Kommission und Redakteur des Familienrechts in der ersten BGB-Kommission[1473], an, nämlich dass es nicht mehr darauf ankommen dürfe „jedes einzelne im Leben vorkommende Verhältnis" normativ zu regeln; vielmehr sollte maßgeblich sein, „diejenigen Rechtssätze zu finden, welche am besten geeignet [seien], den leitenden Rechtsgedanken zu verwirklichen. Das den einzelnen im Leben vorkommenden Verhältnissen Gemeinsame [müsse] aufgesucht und hieraus die für alle maßgebende Rechtsregel abgeleitet werden. Dies [sei] der Standpunkt, von dem bei der Ausarbeitung des BGB ausgegangen [worden wäre]; er [...] sucht für jede Materie das beherrschende Prinzip auf und prägt dasselbe in Rechtssätzen aus". Und diese Rechtssätze, so fährt Planck fort, „sucht das BGB so allgemein zu fassen, daß sie alle Verhältnisse, die darunter fallen sollen, auch[...] ergreifen" könnten[1474].

1469 KROESCHELL, Rechtsgeschichte Deutschlands im 20. Jahrhundert, S. 19f.
1470 Ebd., S. 20.
1471 Vgl. dazu die obigen Ausführungen unter Anm. 1342.
1472 RGZ 24, 49.
1473 Näheres zu Planck siehe oben unter Anm. 97.
1474 PLANCK, Einleitung, in: Planck's Kommentar zum BGB, Bd. 1, S. XLVI.

Im BGB sollten also „Prinzipien" bzw. „leitende Rechtsgedanken" verwendet werden, die „im Leben" zu suchen seien um so eine „beherrschende" Vollständigkeit zu erreichen. Sie sollten als „prinzipielle Rechtssätze" ausgesprochen und als „allgemeine" Rechtssätze abzufassen sein[1475]. Diese Prinzipientechnik ermögliche also eine Vollständigkeit der Normherrschaft, die man mit auch noch so vielen Einzelsätzen niemals hätte erreichen können[1476].

Erinnerungen an Savigny scheinen an dieser Stelle zu erwachen, der auch schon von einer Herausarbeitung der „leitenden Grundsätze" sprach, von denen ausgehend der „innere Zusammenhang und die Art der Verwandtschaft aller juristische[r] Begriffe und Sätze" zu erkennen sei[1477]. Durch Zusammenhang „aller juristischer Begriffe und Sätze" sollte nun die „Vollständigkeit [des Rechts] in anderer Art" zu erreichen sein[1478]. Weder ein kasuistisches Gesetz, wie das ALR, noch ein zu kurzes und unvollständiges, wie der Französische Code Civil, wären notwendig, sondern vielmehr „leitende Grundsätze", also „Prinzipien". Nur so sei eine Vollständigkeit des Rechts zu erzielen und mithin Gleichberechtigung

---

1475 RÜCKERT, Das BGB – Gesetzbuch ohne Chance, JZ 2003, S. 754.

1476 Ebd., S. 752.

1477 SAVIGNY, Beruf, S. 22.

Savigny äußerte sich sehr eingehend zur Rolle des Richters bei der Auslegung von Gesetzen und Fortbildung des Rechts:

Primär sei der Richter lediglich auf die Erforschung des Zwecks, den Grund des Gesetzes verwiesen. Hierbei käme nun eine extensive oder restriktive Auslegung zur Anwendung, die Savigny als „Berichtigung" des Gesetzes hinsichtlich seines Ausdrucks begreift (SAVIGNY, System I, S. 231f.). Würde der Richter jedoch bei diesem Verfahren „den wirklichen Inhalt [des Gesetzes] zu verbessern" versuchen, was „unter dem Schein der Interpretation" vonstatten ginge (SAVIGNY, System I, S. 321; SAVIGNY, Methodologie, S. 146), so würde „er sich über den Gesetzgeber [stellen] und die Grenzen seines eigenen Berufs [verkennen]". Ein solches Vorgehen sei dem „Richter, nach dem reinen Begriff seines Amtes", untersagt; denn hierbei gehe es nicht mehr darum, im Wege der Auslegung „eine Lücke des Rechts aus[zu]füllen" (SAVIGNY, System I, S. 292), sondern die Abänderung, Berichtigung und Verbesserung einer gegebenen Regel zu erreichen (SAVIGNY, System I, S. 321). Jedoch sieht Savigny ein, dass zwischen Auslegung und derartiger Fortbildung des Rechts eine scharfe Trennung nicht möglich sein würde. Daher versucht er diese Problematik dahingehend zu lösen, dass die Rechtsfortbildung jedenfalls dann als billigenswert anzusehen sei, wenn ein einheitlicher Gerichtshof errichtet würde und sodann Auslegung und Fortbildung verbunden werden könnte (SAVIGNY, System I, S. 329f.).

Anstatt enger Auslegung mit rechtspolitisch-gesetzespolitischem Ziel setzt Savigny auf die Wissenschaft als maßgeblichen Faktor. Statt zu versuchen, den Gesetzgeber zu etwas zu drängen, wozu man ihn mit Erfolg nicht wird zwingen können, soll die autonome Lösung über die Jurisprudenz gewählt werden. Savignys Konzept ist weniger eng gesetzlich als elastisch-wissenschaftlich zu charakterisieren. Auch wenn Savigny dem Richter keine gänzlich rechtsschöpferisch freie Stellung einräumt, so ist in seinem Konzept jedenfalls ein Mehr an Autonomie gegenüber dem Gesetz seitens des Richters erkennbar.

Vgl. dazu auch RÜCKERT, Savignys Hermeneutik, in: Theorie der Interpretation, S. 298f.

1478 SAVIGNY, Beruf, S. 22; vgl. auch RÜCKERT, Das BGB – Gesetzbuch ohne Chance, JZ 2003, S. 752.

und Gerechtigkeit[1479]. Es ist das systematische Modell Savignys, das System, ein, wie Kant formulierte, „nach Prinzipien geordnetes Ganze[s]“[1480], das dies bewerkstelligen sollte[1481].

Der Kreis scheint sich zu schließen; Savignys Einflussnahme auf die Systematik des BGB ist nicht von der Hand zu weisen. Die gerade zu Beginn des 20. Jahrhunderts aufgeworfene Kritik, die das BGB als lebensfremd und praxisuntauglich einstufte, war also nicht berechtigt. Gerade durch seine „Prinzipien“ hielt und hält das BGB für die Rechtsanwendung ein mächtiges Instrumentarium bereit, das im Stande ist auch ganz neuen Entwicklungen zu begegnen. Und entgegen vieler Kritiker im frühen 20. Jahrhundert sollte sich das BGB trotz des Nationalsozialismus sowie der Teilung und Wiedervereinigung Deutschlands bis heute erhalten und bewähren; die Prinzipien des BGB scheinen für diesen Erfolg jedenfalls eine wichtige Rolle gespielt zu haben. Die Prinzipien des BGB – offenbar ein zeitloses Konzept.

Doch können sich diese „Prinzipien“ bzw. „leitenden Rechtsgedanken“ auch für das heutige Arbeitsrecht und damit für die aktuelle Diskussion um ein Arbeitsvertragsgesetz als zweckdienlich erweisen und schließlich unabhängig von einer weiteren arbeitsrechtlichen Kodifikation für sicheren Rechtsschutz und mithin umfassende Rechtssicherheit sorgen?

2. Die derzeitige Rolle des Richters bei der Rechtsfindung im Arbeitsrecht[1482]

Um die derzeitige Rolle und Funktion der Rechtsprechung bei der Rechtsfortbildung im Arbeitsrecht auflegen zu können, lohnt zunächst ein kurzer Rückblick auf entsprechende Entwicklungen der letzten Jahrzehnte in der Bundesrepublik.[1483]

In der jungen Bundesrepublik begann die Rechtsprechung bei der Fortbildung des Privatrechts eine entscheidende Rolle einzunehmen. Die „Herrenreiterentscheidung“[1484] führte zu einer Anerkennung eines allgemeinen Persönlich-

[1479] Ebd., S. 752.

[1480] KANT, Metaphysische Anfangsgründe der Naturwissenschaft, Vorrede, A IV f.

[1481] Mehr dazu auch bei RÜCKERT, Das BGB und seine Prinzipien, in: HKK-BGB, S. 34ff.

[1482] Untersuchungen abstrakt zur Rolle und Funktion der Rechtsprechung bei der Rechtsfortbildung liegen schon umfänglich vor und müssen im Rahmen dieser Ausarbeitung, die lediglich die Rolle des Richterrechts im Arbeitsrecht würdigen soll, nicht näher dargelegt werden. Vgl. dazu beispielsweise GRETSCHER, Die „allgemeinen Grundsätze des Verwaltungsrechts" und die deutsche Rechtsquellenlehre, Eine Untersuchung anhand des Aufopferungs- und des Verhältnismäßigkeitsgrundsatzes, S. 32ff.; 65ff., 140ff. m.w.N.

[1483] Dabei wird bewusst auf eine Beleuchtung der Stellung des Richters bei der Auslegung des (Gesetzes)rechts bzw. der Fortbildung des Rechts in historischer Perspektive verzichtet. Vgl. hierzu besonders OGOREK, Richterkönig (1986).

[1484] BGHZ 26, 349 aus dem Jahre 1958.

keitsrechts nach Maßgabe des Art. 2 I GG, obwohl das BGB eine solche bewusst vermieden hatte[1485]. 1968 schuf der BGH dann im Rahmen der „Hühnerpestentscheidung" einen neuen Haftungstatbestand zur Produzentenhaftung mit Umkehrung der Beweislast zulasten des Herstellers[1486]. Es war also die Rechtsprechung, die nach dem Krieg an Stelle des Gesetzgebers, der hier untätig blieb, das Zivilrecht fortbildete.

Man könnte nun der Auffassung sein, dass auch in heutiger Zeit der Richter zur schöpferischen Fortbildung des Rechts berufen sei und aus ständiger Rechtsprechung schließlich Gewohnheitsrecht hervorgehe, was jedoch im Hinblick auf Art. 20 III GG, der den Richter an Recht und Gesetz zu binden vorgibt, als nicht unproblematisch einzustufen ist.

Dass Rechtswissenschaft und Rechtsprechung ihren Einfluss bei der Rechtsfortbildung jedoch nach wie vor erfolgreich durchsetzen können, lässt sich auch anhand aktueller Entwicklungen belegen. So wurden von der Wissenschaft entwickelte und durch Rechtsprechung gefestigte Rechtsinstitute wie culpa in contrahendo oder Wegfall der Geschäftsgrundlage mit der Schuldrechtsreform im Jahre 2002 im BGB kodifiziert[1487].

Zur Kompetenz des Richters bei der Fortbildung des (Gesetzes-)Rechts äußerte sich auch konkret das Bundesverfassungsgericht im Rahmen einer bahnbrechenden Entscheidung aus dem Jahre 1973.

In dem sogenannten „Soraya-Beschluss"[1488] betonte das BverfG zwar einerseits, dass aufgrund der Vorgaben des Art. 20 III GG der Richter bei der Rechtsfindung an „Recht und Gesetz" gebunden sei. Ein „enger Gesetzespositivismus" würde jedoch nicht bestehen, da sich „Gesetz und Recht zwar faktisch im allgemeinen, aber nicht notwendig und immer decken" würden. Auch sei das Recht „nicht mit der Gesamtheit der geschriebenen Gesetze identisch". Aufgabe der Rechtsprechung sei daher, „Wertvorstellungen, die der verfassungsmäßigen Rechtsordnung immanent, aber in den Texten der geschriebenen Gesetze nicht oder nur unvollkommen zum Ausdruck gelangt sind, in einem Akt des bewertenden Erkennens, dem auch willenhafte Elemente nicht fehlen, ans Licht zu bringen und in Entscheidungen zu realisieren". Dabei habe sich der Richter aber von „Willkür" frei zu halten; seine Entscheidung müsse zwingend auf „rationaler Argumentation" beruhen[1489].

[1485] KROESCHELL, Rechtsgeschichte Deutschlands im 20. Jahrhundert, S. 208.
[1486] BGHZ 51, 91.
[1487] Vgl. § 311 BGB bzw. § 313 BGB.
[1488] Inhaltlich wurde seitens des BverfG die Rechtspraxis der Zivilgerichte, die Klägern bei schweren Verletzungen des allgemeinen Persönlichkeitsrechts Ersatz in Geld auch für immaterielle Schäden zusprachen, bestätigt. Vgl. BverfG, NJW 1973, S. 1221ff.
[1489] Ebd., S. 1225.

Die „Aufgabe und Befugnis zu ‚schöpferischer Rechtsfindung' [sei] dem Richter – jedenfalls unter der Geltung des Grundgesetzes – im Grundsatz nie bestritten worden", so das BverfG weiter[1490]. Der Gesetzgeber selbst habe die „Aufgabe der ‚Fortbildung des Rechts'" der Rechtsprechung zugewiesen[1491]. Ferner habe die Rechtsprechung in „manchen Rechtsgebieten, so im Arbeitsrecht, [...] infolge des Zurückbleibens der Gesetzgebung hinter dem Fluß der sozialen Entwicklung besonderes Gewicht erlangt". Die gesetzliche Norm stünde „ständig im Kontext der sozialen Verhältnisse und der gesellschaftlich-politischen Anschauungen"; ihr Inhalt könne und müsse sich „unter Umständen mit ihnen wandeln", was besonders gelte, „wenn sich zwischen Entstehung und Anwendung eines Gesetzes die Lebensverhältnisse und Rechtsanschauungen so tiefgreifend geändert" hätten, wie in „diesem Jahrhundert". Um schließlich einen „möglichen Konflikt der Norm mit den materiellen Gerechtigkeitsvorstellungen einer gewandelten Gesellschaft" vermeiden zu können, dürfe sich der Richter nicht „mit dem Hinweis auf den unverändert gebliebenen Gesetzeswortlaut entziehen"; er sei vielmehr „zu freier Handhabung der Rechtsnormen gezwungen, wenn er nicht seine Aufgabe, ‚Recht' zu sprechen verfehlen" wolle. Hinzu kämen, wie sich aus den Erfahrungen aufzeigen ließe, „Schwierigkeiten und Hemmnisse", woran besonders gesetzgeberische Reformen stießen, die „zu Änderungen einer der großen Gesetzgebungswerke führen sollen, welche das Bild der Rechtsordnung im ganzen so prägen" würden, wie „die Kodifikation des Privatrechts im BGB"[1492].

Weiterhin sei zu konstatieren, dass die Rechtsprechung im Falle einer rechtsfortbildenden Tätigkeit regelmäßig auf entsprechende Erwägungen der Rechtswissenschaft Rücksicht nehme[1493].

Dieses Vorbringen ist in der Tat nicht von der Hand zu weisen: Die Lektüre besonders einschneidender arbeitsrechtlicher Entscheidungen vom BAG mit rechtsfortbildenden Elementen – etwa zum hochbrisanten Thema der Arbeitnehmerhaftung[1494] – zeigt, dass die Rechtsprechung stets auf die Lehren und Ansichten der Rechtswissenschaft Bezug nimmt und diese ggf. bei der Entscheidung und Fortbildung des Rechts verwertet. Rechtsprechung unterliegt damit

[1490] Diese Ansicht wurde auch zuvor vom BverfG stets bestätigt; vgl. etwa NJW, 54, 65; NJW 65, 243 oder NJW 69, 597.
[1491] Zu verweisen ist hier etwa auf die geltende Vorschrift des § 132 IV GVG.
[1492] Ebd., S. 1225.
[1493] Ebd., S. 1226.
[1494] Vgl. dazu den Beschluss des BAG vom 27.9.1994 – GS 1/89; hierauf verweist auch die z.Zt. aktuellste Entscheidung des BAG zur Arbeitnehmerhaftung aus dem Jahre 2004 (8 AZR 91/03).

einer kontinuierlichen Kritik in der Wissenschaft[1495]. Dies lässt sich auch daran belegen, dass in entsprechenden Entscheidungen stets ausgiebig bestehende Streitstände zur jeweils einschlägigen juristischen Kontroverse aufgezeigt und gewürdigt sowie in diesem Zusammenhang entsprechend zitiert werden. Insofern lässt sich durchaus konstatieren, dass in diesem Rahmen regelmäßig keineswegs die Entscheidung des Richters, rechtsfortbildend tätig zu werden und sich ggf. sogar über eine bestehende gesetzliche Norm hinwegzusetzen oder eine solche erst infolge ihres Fehlens vergleichbar zu begründen, willkürlich und unkontrolliert gewählt wird; eine Kontrolle von gerichtlichen Entscheidungen, besonders auch im Arbeitsrecht, findet durch die Rechtswissenschaft de facto statt.

Zurück zur „Soraya-Entscheidung“: Insgesamt sei also die Rechtspraxis der Gerichte hinsichtlich der Fortbildung des Rechts nicht zu beanstanden – auch nicht von Seiten der Verfassung, sofern dadurch „nicht das System der Rechtsordnung verlassen“ und lediglich der eigene „rechtspolitische Wille zur Geltung gebracht“ werde, sondern nur „Grundgedanken der von der Verfassung geprägten Rechtsordnung mit systematischen Mitteln weiterentwickelt“ würden. Vielmehr sei das durch Rechtsfortbildung erzielte Ergebnis „‚Recht'“ iSd Art. 20 III GG; und dies „nicht im Gegensatz, sondern als Ergänzung und Weiterführung des geschriebenen Gesetzes“. „Die Alternative, eine Regelung durch den Gesetzgeber abzuwarten“ könne hingegen „nach Lage der Dinge nicht als verfassungsrechtlich geboten erachtet werden“[1496].

Und dennoch wird das Thema „richterliche Rechtsfortbildung“ und „Richterrecht als Rechtsquelle“ bis heute insbesondere im Arbeitsrecht als ein „Dauerproblem“[1497] angesehen und damit immer wieder an das entsprechende Vorbringen Gamillschegs angeknüpft. Richterliche Rechtsfortbildung sei „unvorhersehbar“ und „inhaltlich unberechenbar“, was schließlich zwangsläufig einen Verlust an Rechtssicherheit zur Folge hätte[1498]. Für die betreffenden Parteien eines Rechtsstreites sei daher die richterliche Entscheidung nicht mehr kalkulierbar. Überdies würde Richterrecht – wiederum besonders im Arbeitsrecht – „ohne gesetzliche oder politische Legitimation und Verantwortlichkeit der ‚Ersatzgesetzgeber' entwickelt“[1499]. Dabei würde die Rechtsprechung regelmäßig eigene Kompetenzen überschreiten und dadurch den Gewaltentrennungsgrundsatz sukzessive unterlaufen, was schließlich eine Gefahr für Demokratie und Rechtsstaat

[1495] So auch KONZEN, Fünfzig Jahre richterliches Arbeitskampfrecht – Grundlagen, Bilanz, Weiterentwicklung – , in: 50 Jahre BAG, S. 555 sowie DIETERICH, Zur Pflicht der Gerichte, das Recht fortzubilden, RdA 1993, S. 69.
[1496] Ebd., S. 1226.
[1497] Vgl. beispielsweise RÜTHERS, Richterrecht als Methoden- und Verfassungsproblem, in: FS-Molitor, S. 293.
[1498] Ebd., S. 293.
[1499] Ebd., S. 298.

zur Folge habe. Das Richterrecht tendiere insgesamt „zur Verselbständigung und Ablösung der Gesetzesbindung". Auch wenn zwar zu konstatieren sei, dass die Gerichte bei arbeitsrechtlichen Fragen mehr leisten könnten als der Gesetzgeber, so sei der höchstrichterlichen Rechtsprechung dennoch bei der Ersatzgesetzgebung „äußerste Zurückhaltung" anzuraten[1500].

Die hier vorgebrachten Argumente, welche bezugnehmend insbesondere auf das Rechtsstaatsprinzip und Gewaltentrennungsgrundsatz der Rolle und Funktion der Rechtsprechung bei der Rechtsfortbildung entgegenzutreten versuchen, sind bekannt und werden gerade bei der Debatte um ein Arbeitsvertragsgesetz stets wieder hervorgebracht – so auch bei dem aktuellen Vorhaben. Soll der Richter – gar als „Diener des Gesetzes"[1501] – also wirklich durch alleinigen Rückgriff auf bestehende Gesetze den Gesetzgeber zur Verbesserung und Ergänzung der „unvollkommenen" Gesetze zwingen? Oder wären dann die Gefahren für die Rechtsordnung, und die Beeinträchtigung für das Gerechtigkeitsempfinden der klagenden Parteien gar höher, wenn der Richter untätig bliebe, nur weil die Gesetzgebung untätig geblieben ist? Würde sich nicht in dieser Situation erst eine verfassungsrechtlich zweifelhafte Situation einstellen, da es unter diesen Umständen dem Rechtssuchenden versagt würde, „sein Recht" zu erlangen? Und kann sich denn der Richter überhaupt, besonders in einer solchen Konstellation, seiner Aufgabe entziehen, „Recht" zu sprechen? Wäre dies nicht möglicherweise „Un-Recht" und damit mit den Vorgaben des Art. 20 III GG wiederum unvereinbar?

Die verfassungsrechtliche Zulässigkeit von Richterrecht wurde bereits eingehend analysiert[1502] genauso die Frage, inwieweit die Gerichte verpflichtet sind, Recht fortzubilden[1503]. Die Kontroverse hält dennoch weiter an. Fest steht jedenfalls, dass die Lösung, wie seitens der Gegner des Richterrechts oft vehement betont wird, keineswegs klar auf der Hand liegt; ein Verweis auf ein mögliches Unterlaufen des verfassungsrechtlich verankerten Gewaltentrennungsgrundsatzes und Demokratieprinzips genügt dafür augenscheinlich nicht.

Anlässlich des 50-jährigen Jubiläums des BAG äußerte sich Wolfgang Zöllner zur Rolle des Richters bei der arbeitsrechtlichen Rechtsfortbildung. Zöllner stellte dabei klar, dass „Sache des Richters" allenfalls der „Nachvollzug, nicht der Vorausvollzug der Rechtsordnung" sein dürfe. Anders als Rüthers, qualifi-

---

[1500] Ebd., S. 305; in der Sache ebenso MAYER-MALY, Über die der Rechtswissenschaft und der richterlichen Rechtsfortbildung gezogenen Grenzen, JZ 1986, 562.
[1501] RÜTHERS, (wie Anm. 1497), S. 299.
[1502] Vgl. dazu die obige Anm. 1482 und dort auch die weiteren Nachweise.
[1503] Vgl. hier auch DIETERICH, (wie Anm. 1495), S. 67ff. Dieterich sieht die Fortbildung des Rechts als geboten an; Richter würden einen Konkretisierungsauftrag haben, welcher sich nicht lediglich in der bloßen Textwiedergabe des Gesetzes erschöpfen dürfe.

zierte Zöllner den Richter als „Diener des Rechts“, dem es untersagt sein müsste, das „so genannte soziale Netz feiner zu spinnen, als der Gesetzgeber das geplant“ habe[1504]. Rechtsfortbildung sei zwar in gewissen Grenzen, insbesondere im Rahmen der Konkretisierung von Generalklauseln[1505], notwendig und legitim, dennoch müsse sich, „die Gerichtsbarkeit wieder mehr daran erinnern, dass ihr Mandat verfassungsrechtlich nicht [ausreiche], die Rechtsordnung eigenständig zu ergänzen und schon gar nicht, sie zu modifizieren“[1506]. Insgesamt zeigt sich Zöllner eher skeptisch gegenüber der derzeitigen Situation und des Einflusses der Rechtsprechung bei der Fortbildung des Rechts – besonders im Arbeitsrecht: So sei der „Gesamtzustand des über die Länge der Zeit durch die dritte Gewalt gestrickten Regelgeflechts“ erschreckend und beunruhigend: „Denn was soll werden, diese Frage sei ihm auf den Weg in sein nächstes halbes Jahrhundert mitgegeben, wenn das Gericht in der Produktion beengender Regeln so weiter macht wie bisher? Könnte dem [...] beklagenswerten Gesamtzustand unseres Arbeitsrechts womöglich durch Regierung und Parlament gar nicht abgeholfen werden?“[1507].

Zöllner hätte in diesem Schlusswort genauso gut erneut die Sentenz Gamillschegs anführen können; in der Tat dürfte „das Richterrecht [...] unser Schicksal“ bleiben – besonders im Arbeitsrecht – und das wohl unabhängig davon, ob es eines Tages ein Arbeitsvertragsgesetz geben wird oder nicht.

[1504] ZÖLLNER, Die Stellung des Bundesarbeitsgerichts im Gefüge der arbeitsrechtlichen Regelsetzer – rechtspolitisch betrachtet, in: 50 Jahre BAG, S. 1404.
[1505] Ebd., S. 1400.
[1506] Ebd., S. 1404.
[1507] Ebd., S. 1407f.

II. ÜBER DIE NOTWENDIGKEIT EINES ARBEITSVERTRAGSGESETZES

„Das Richterrecht bleibt unser Schicksal" – doch muss dieser Umstand gerade im Arbeitsrecht nicht zwingend derartige Sorge bereiten, wie stets vorgebracht wird.

Bezogen auf die aktuellen Reformbemühungen und der drohenden Durchsetzung eines entsprechenden Arbeitsvertragsgesetzes ist es zwingend notwendig, dass man diese „Quelle allen Übels" – einerseits die oft gescholtene Untätigkeit des Gesetzgebers in arbeitsrechtlichen Fragen, und das oft als willkürlich qualifizierte Verhalten der Rechtsprechung in Bezug auf deren Rolle als „Quasiersatzgesetzgeber" andererseits – umfassend auflegt und würdigt.

Ist unser gegenwärtiges Arbeitsrecht, das zweifelsohne in weiten Teilen durch Richterrecht geprägt wird, tatsächlich so „intransparent", „widersprüchlich" oder gar von „willkürlicher Rechtsprechung" zersetzt? Und ist eine Kodifikation im Arbeitsvertragsrecht wirklich in der Lage, sämtliche der stets vorgebrachten Mängel zu beseitigen und für die vielfach plädierte Schaffung von umfassender Rechtssicherheit zu sorgen? Oder würde es vielmehr primär neue Schwierigkeiten und Probleme schaffen – nicht nur frei nach dem Motto „Neues Gesetz, neuer Streit"? Könnte diese Maßnahme schließlich geeignet sein, die von Kritikern oft als exzessiv empfundene rechtsschöpferische Funktion des Richters im Arbeitsrecht zu beseitigen bzw. wirksam einzuschränken? Alles Fragen, die nun einer Antwort zugeführt werden müssen.

Zunächst einmal könnte man argumentieren, dass unsere Arbeitsrechtsordnung gar nicht so mängelbehaftet sein könnte, wie regelmäßig angenommen wird. Seit über einem Jahrhundert kommt die Gesellschaft in Deutschland bereits ohne eine entsprechende Kodifikation aus; messbare Einbußen lassen sich im Vergleich zu anderen Staaten, wie etwa Frankreich oder seit kurzem auch China[1508], die über ein partielles kodifiziertes Arbeitsrecht verfügen, jedenfalls empirisch nicht ohne weiteres nachweisen – im Gegenteil.

So leistet die Rechtsprechung besonders im Arbeitsrecht große Dienste. Sowohl Arbeitsrechtswissenschaft als auch die Praxis können mit der Rechtsprechung des BAG zufrieden sein[1509]. Zum einen werden die Streitgegenstände regelmäßig sehr zügig abgearbeitet; in sämtlichen Instanzen gehört die Arbeitsgerichtsbarkeit in Erledigungszahlen und Verfahrenskürze zu den Spitzenrei-

---

[1508] Vgl. dazu LI/FRIK, Das neue Arbeitsvertragsgesetz Chinas, NZA 2008, S. 86ff. Die Kodifikation dürfte hier ohnehin in einem völlig anderen Kontext stehen.

[1509] Dass dies auch so zu sein scheint, belegt die Lektüre einiger Beiträge der Festschrift anlässlich des 50-jährigen Bestehens des BAG aus dem Jahre 2004.

tern[1510]. Auch die Qualität der richterlichen Entscheidungen wird oftmals als positiv eingestuft; man erwartet von der Rechtsprechung sogar mehr Rechtssicherheit und Beständigkeit als von Seiten des Gesetzgebers. Konzen führt in seinem Beitrag zum 50-jährigen Bestehen des BAG sogar aus, dass die Tatsache, dass die „Praxis heute kein Arbeitskampfgesetz wünscht und sich lieber an der Judikatur orientiert", als ein „bemerkenswertes Gütesiegel" zu qualifizieren sei[1511].

1. Ein Arbeitsvertragsgesetz als Möglichkeit des „ersten Zugriffs": Die Gefahren eines Restatements

So scheinen jedoch Bedenken nachvollziehbar, die darauf abstellen, dass sich bestehendes Richterrecht beim Adressaten, vor allem dem Arbeitnehmer oder Arbeitgeber, nicht als hinreichend transparent erweist und darüber hinaus die Vielzahl vorliegender Entscheidungen zur jeweiligen arbeitsrechtlich nicht kodifizierten Frage einen Zugriff auf dieses Rechtsgebiet erschwert. Ein Arbeitsvertragsgesetz könnte hier Abhilfe leisten – so die Folgerung. In der Tat bieten die derzeitigen Entwürfe von Henssler/ Preis und Däubler/DGB einen systematischen Überblick über viele Regelungsverhalte im Individualarbeitsrecht; um dies erkennen zu können, genüge bereits ein Blick in das Inhaltsverzeichnis des Gesetzesentwurfs – so wird jedenfalls regelmäßig seitens der Befürworter des Henssler/ Preis-Entwurfs – im Übrigen nicht gerade unberechtigt – gefolgert. Ein Arbeitsvertragsgesetz wäre tatsächlich in der Lage, den arbeitsrechtlichen Parteien zumindest einen „ersten Zugriff" auf das oftmals als kryptisch empfundene Rechtsgebiet zu verschaffen. Doch fraglich ist, ob sich ein solcher Vorteil tatsächlich allein durch eine entsprechende Kodifikation realisieren ließe bzw. ob hierfür eine solche überhaupt erforderlich wäre. Um von einer Notwendigkeit eines Arbeitsvertragsgesetzes sprechen zu können, müsste ein Vorhaben wie das gegenwärtige jedenfalls noch weitere Vorteile aufweisen, die schließlich die geforderten Ziele, wie die Schließung des „lückenhaften Arbeitsvertragsrechts" sowie die Beseitigung vorherrschender „Zersplitterung" dieses Rechtsgebiets, erreichen könnten und mithin das Individualarbeitsrecht „fit für die Zukunft machen" würde. Doch gerade an dieser Stelle scheiden sich die Geister.

Dass das geplante Gesetz nicht als ein „Volksgesetz", das es jedem Arbeitnehmer und Arbeitgeber ermöglichen würde, sein Recht im Arbeitsrecht verständlich präsentiert zu bekommen, verstanden werden kann und soll, liegt auf der Hand und wird seitens der Verfasser der Gesetzesentwürfe nicht bestritten, was anerkennenswert ist. Arbeitsrecht ist wie jedes andere Rechtsgebiet hoch-

[1510] Vgl. PREIS, Das Arbeitsrecht in der Gesetzgebungskrise, in: Arbeitsrecht im sozialen Dialog, FS-Wissmann, S. 45.
[1511] KONZEN, (wie Anm. 1495), S. 555.

komplex und differenziert und wird dies auch weiterhin bleiben[1512]. Die Realisierung derartiger „Volksgesetze“, die einem jedem Bürger verständlich das Recht aufzeigen und näher bringen können, wird zwingend ein Traum bleiben; angesichts historischer Erfahrungen kann unzweifelhaft konstatiert werden, dass für ein solches Gesetzesmodell in unserer Gesellschaftsordnung kein Raum ist.

Doch kann es andererseits als ausreichend angesehen werden, das Gesetz lediglich als Mittel für einen ersten Zugriff in die arbeitsrechtliche Rechtsordnung anzusehen? Kann dies überhaupt das Ziel eines jeden Gesetzes sein, das als Zweck die Sicherung der Rechtsordnung und damit die Stabilisierung von Rechtssicherheit verfolgt? Das gerade Gegenteil könnte sich womöglich einstellen: Das fertige Gesetz, welches in Fachkreisen und damit von den Verfassern selbst als ein bloßes Restatement qualifiziert wird und den betreffenden Parteien im Arbeitsrecht, wie auch dem Juristen als eigentlichen Adressaten des Gesetzes, lediglich den Zugang zur Rechtsmaterie erleichtern soll, könnte sogar ernst zu nehmende Gefahren für die allgemeine Rechtssicherheit zur Folge haben. In der Praxis könnte das Gesetz überbewertet werden; die Betriebe könnten etwa davon ausgehen, dass das Arbeitsvertragsgesetz die Materie des individuellen Arbeitsrechts tatsächlich umfassend regeln würde und der Schimäre unterliegen, etwa künftig weniger auf Fachkräfte oder gar auf eine für arbeitsrechtliche Fragen spezialisierte Rechtsabteilung angewiesen zu sein. Doch gerade diese Rechtsabteilungen sind es, die zum gegenwärtigen Zeitpunkt oftmals gute Dienste leisten und trotz Fehlen einer einheitlichen arbeitsrechtlichen Kodifikation ex ante, also noch vor Entstehen von Rechtsstreitigkeiten auf forensischer Ebene, für befriedende Verhältnisse gesorgt haben. Könnte durch das geplante Arbeitsvertragsgesetz fortan diese essentielle „Präventivarbeit“ verringert werden oder gar wegfallen?

Auch wenn letzteres zumindest längerfristig nicht zu erwarten ist, könnte sich dennoch kurzfristig das Konfliktpotenzial zwischen den Parteien erhöhen und Streitigkeiten vor Gericht zunehmen. Auf langfristige Sicht würden sich jedoch kaum Änderungen im Vergleich zur gegenwärtigen Rechtssituation bei arbeitsrechtlichen Streitigkeiten einstellen. Eine Entlastung der Arbeitsgerichtsbarkeit, so wie es sich derzeit die Präsidentin des BAG wünscht, würde wohl kaum eintreten. Dass zunächst das Konfliktpotenzial infolge eines verabschiedeten Arbeitsvertragsgesetzes der vorgebrachten Form zunehmen könnte, lässt sich auch aus einem anderen Grund vermuten.

Fragen, die insbesondere aufgrund ihrer hohen rechtspolitischen Brisanz ganz bewusst einer gesetzlichen Regelung nicht zugeführt und damit bewusst offen gehalten wurden, werden weiterhin im Einzelfall, etwa durch Rechtsprechung zu

[1512] So auch SÄCKER, (wie Anm. 1420), S. 115.

klären sein. Diese „Lückenhaftigkeit“ lässt sich besonders auch im Bertelsmann-Entwurf nachweisen; obgleich den Verfassern der Entwurfsfassung dabei keinen Vorwurf zu machen ist. Dennoch hat dies zur Folge, dass man das fertige Arbeitsvertragsgesetz schließlich nicht als dasjenige qualifizieren kann, was von Reformern stets gefordert wird: einer umfassenden Kodifikation des Individualarbeitsrechts. Verniedlicht von einem „Kodifikatiönchen“[1513] zu sprechen, führt inhaltlich auch nicht weiter.

Die Verfasser des DGB-Entwurfs, allen voran Wolfgang Däubler, scheinen dieses Problem erkannt zu haben; ein bloßes „Restatement“ dürfte als Lösungsmodell kaum als gewinnbringend einzustufen sein. Jedoch ergeben sich bei einem Gesetzesmodell im Arbeitsrecht, das hinsichtlich möglicher Reformvorschläge erstrangig lediglich einseitig auf Interessen von einer bestimmten Partei des Arbeitsverhältnisses abstellt, gleichfalls erhebliche Bedenken – nicht nur hinsichtlich seiner grundsätzlichen Realisierungsfähigkeit. Die Herstellung eines Arbeitsverhältnisrechts, das sowohl für Arbeitgeber als auch Arbeitnehmer befriedende Wirkungen entfaltet, würde dadurch nicht erreicht – doch gerade hierauf sollte das Hauptaugenmerk gelegt werden – in der Herstellung eines für alle Parteien des Arbeitsverhältnisses ausgewogenen, transparenten und fairen Arbeitsrechts. Vorteile eines solchen Gesetzesmodells mit weitgehend einseitigen Reformen gegenüber einem solchen, was dem Charakter nach allenfalls als ein bloßes Restatement zu qualifizieren wäre, lassen sich im Ergebnis also nicht ausmachen.

Freilich könnte man für das Modell eines Restatements argumentieren, dass jedes Gesetz nicht ohne inhaltliche Lücken auskommen könnte und darüber hinaus das einstige Dogma von der „Lückenlosigkeit“ von Gesetzen längst aufgegeben worden ist; dennoch kann dies nicht bedeuten, dass man ganz bewusst bereits ex ante darauf verzichtet, nicht unwesentliche Fragen einer gesetzlichen Regelung zuzuführen. Zum Vergleich: Die „große Kodifikation“ des BGB wurde auch nicht geschaffen, um etwa dem Rechtsanwender zunächst einen ersten Zugriff auf das Rechtsgebiet zu ermöglichen. Zwar wurde bei der Ausarbeitung dieses Gesetzes auch auf die Aufnahme insbesondere arbeitsrechtlicher Vorschriften, aber auch gewisser Rechtsinstitute[1514] bewusst verzichtet; vor allem, da man hier vermeiden wollte, einer möglicherweise noch nicht vollständig abgeschlossenen wirtschaftlich-praktischen Entwicklung entgegenzuwirken[1515].

[1513] Vgl. dazu die entsprechenden Ausführungen zum 59. DJT von 1992 unter B. VII. 1. b) bb) (1) (d).

[1514] Zu nennen sind hier beispielsweise die Lehren vom vorvertraglichen Schuldverhältnis – culpa in contrahendo (zurückgehend auf Rudolf von Jhering) sowie vom Wegfall der Geschäftsgrundlage (entwickelt von Paul Oertmann).

[1515] Vgl. KROESCHELL, Rechtsgeschichte Deutschlands im 20. Jahrhundert, S. 19f.

Obwohl man in dieser Hinsicht, wohl ganz zu Recht, argumentieren könnte, dass auch das BGB keine abgeschlossene Kodifikation darstellt und dies auch niemals vom Gesetzgeber intendiert war, darf nicht übersehen werden, dass dieses Gesetz nicht lediglich einen kleinen Teil der Rechtsordnung sondern vielmehr größte Teile eines unserer drei Rechtsgebiete abzudecken versucht – das Zivilrecht im Allgemeinen. Insofern erscheint es allein aus diesem Grunde schon verfehlt, von einer Vergleichbarkeit der aktuellen Entwicklung im Hinblick auf die Bemühungen um ein Arbeitsvertragsgesetz zu sprechen.

Schließlich stellt sich die Frage, wie gewinnbringend ein Gesetz im Arbeitsvertragsrecht überhaupt sein kann, wenn es an der derzeitigen Rechtslage nur wenig zu ändern vermag oder sogar noch das Konfliktpotenzial verschärfen könnte. Welche Alternativen stünden grundsätzlich neben der geforderten Gesetzesinitiative?

So könnte die durch Zusammenfassung der geltenden Rechtslage im Arbeitsvertragsrecht einhergehende Verbesserung der Transparenz ebenso durch Abfassung einer entsprechenden Fibel von privater Stelle aus, etwa von Seiten der Wissenschaft und Praxis, erreicht werden, in welcher dann einerseits die für das Arbeitsvertragsrecht einschlägigen Bestimmungen existierender Vorschriften aus Spezialgesetzen als auch das durch Rechtsprechung fortgebildete Recht verständlich, etwa in Form von tragenden Grundsätzen, abgebildet werden könnten. Änderungen der Rechtslage wären dadurch stets flexibel berücksichtigungsfähig und würden nicht erst jeweils einen legislativen Akt erfordern. Im Ergebnis ließe sich eine strukturierte, informative, durch regelmäßige Ergänzungen und Aktualisierungen zuverlässige sowie präzise Darstellung der zentralen Probleme des Arbeitsvertragsrechts erzielen[1516]. Adressaten dieser Zusammenschrift könnten

[1516] Als Beispiel kann hier einerseits die vom American Law Institute erstellten „Restatements" des amerikanischen Rechts angeführt werden. Besonders im Zivil- und Handelsrecht sollen dadurch die nebeneinander existierenden Rechtsordnungen der Einzelstaaten in ihren grundlegenden Übereinstimmungen und in ihren Abweichungen erfasst und transparent dargestellt werden.
In Bezug auf eine Rekonstruktion des Rechts in Form von tragenden Grundsätzen lassen sich als weiteres Beispiel die „Principles of Corporate Governance" anführen, welche in den USA eine strukturierte Darstellung zentraler Probleme des Kapitalgesellschaftsrechts ermöglichen. Hier lohnt ein kurzer Blick auf den Inhalt bzw. den systematischen Aufbau des Werks:
Die Darstellung ist in sieben Abschnitte unterteilt. Part I bietet eine Erläuterung vorkommender „Definitions". „The Objecitve and Conduct of Corporation" wird in Part II behandelt. Part III beschäftigt sich mit der "Corporate Structure: Functions and Powers of Directors and Officers; Audit Committee in Large Publicly Held Corporations" sowie sieht "Recommendations of Corporarte Practice Concerning the Board and the Principal Oversight Committees" vor. Part IV hat die "Duty of Care and the Business Judgment Rule" zum Gegenstand, während sich dann Part V mit der "Duty of Fair Dealing" beschäftigt. Part VI widmet sich der "Role of Directors and Shareholders in Transactions in Control and Tender Offers"; Part VII schließlich handelt von den "Remedies".

sowohl ratsuchende Arbeitnehmer und Arbeitgeber als auch Juristen sein – wiederum als Möglichkeit des „ersten Zugriffs“. Und: Illusionen sowie die damit einhergehenden Gefahren bezüglich der Annahme einer möglichen vollständigen gesetzlichen Erfassung des Rechtsgebiets würden sich hier von vorn herein gar nicht erst einstellen.

2. Die Rolle des europäischen Integrationsprozesses und die Notwendigkeit von Novellen arbeitsrechtlicher Vorschriften

Dann wird regelmäßig angeführt, dass eine Kodifizierung im Arbeitsvertragsrecht auch im europarechtlichen Kontext gerade im Hinblick auf Harmonierungsbestrebungen geboten sei. Hierzu wurde bereits anlässlich des DJT von 1992 Stellung bezogen; das Argument der Befürworter des Reformprojekts scheint also keinesfalls neuwertig zu sein. Tatsächlich haben Komplexität und Intensität rechtlicher Steuerung auf EU-Ebene in den letzten Jahren verstärkt zugenommen und werden aller Voraussicht nach auch in Zukunft noch an Bedeutung zulegen. So ist zu erwarten, dass auch zukünftig eine hohe Anzahl von europäischen Richtlinien den deutschen Gesetzgeber dazu veranlassen wird, nationale Regelungen entsprechend einheitlicher Vorgaben anzupassen. Davon wird besonders auch eine solche flexible und im stetigen Wandel begriffene Materie wie das Arbeitsrecht betroffen sein. Ein Arbeitsvertragsgesetz würde damit in unregelmäßigen Intervallen stets erheblichen Novellen ausgesetzt sein. Die Erwartung, dass ein künftiges Arbeitsvertragsgesetz im europarechtlichen Kontext unter „ständigem Korrekturvorbehalt“ stehen könnte, erscheint aufgrund der wachsenden Bedeutung der Europäischen Union realistisch[1517]. Man könnte zwar argumentieren, dass auch andere Rechtsgebiete, die zwischenzeitlich einer bewährten Kodifizierung unterzogen sind, wie etwa das BGB, in gewissen zeitlichen Abständen novelliert werden müssten. Jedoch lässt sich dies nur sehr eingeschränkt entsprechend mit der Regelungsmaterie im Arbeitsrecht vergleichen. Während etwa im BGB verhältnismäßig selten Novellierungen vorgenommen werden müssen[1518], zeigt die Entwicklung der letzten Jahre im Arbeitsrecht, wie

---

Vgl. The American Law Institute, Principles of Corporate Governance, Vol. 1 und 2 (2008). Vgl. dazu auch im Überblick KÜBLER, Gesellschaftsrecht und Kodifikation, in: FS-Schmidt, S. 1051f.

[1517] Unter diesem Gesichtspunkt hat diese bereits auf dem 59. DJT von Weiss aufgeworfene These im Zuge des fortschreitenden Einigungsprozesses auf europäischer Ebene, der sich nicht nur durch das Hinzutreten weiterer Mitgliedsstaaten seit 1992 und den Ausbau weiterer Kompetenzen zeigt, noch an Aktualität gewonnen. Vgl. WEISS, Protokolle zum 59. DJT, Bd. 2, S. P 14, sowie die Ausführungen oben unter B. VII. 1. b) bb) (1) (a).

[1518] Die letzte grundlegende Novellierung wurde hier im Zuge der Schuldrechtsreform von 2001 realisiert. Die grundlegenden Vorschriften aus dem Sachrecht sind dagegen teilweise über 100 Jahre alt.

wandlungsfähig und unberechenbar diese Rechtsmaterie im Verhältnis zu anderen Rechtsgebieten ist. Nicht nur der stetige technische Produktionswandel, betrieblich-organisatorischer Wandel und die Veränderungen im Zuge neuartiger internationaler Verflechtungen in Produktion und Forschung tragen dazu bei. Auch das Arbeitsverhältnis als solches ist dem Wandel der Zeit und der Gesellschaft überhaupt stark ausgesetzt; neue Formen der Arbeit, wie derzeit etwa das Leiharbeitsverhältnis, gewinnen zunehmend an Bedeutung. Das Arbeitsrecht ist niemals „abgeschlossen"; vielmehr wird es auch künftig von den zuständigen Normsetztern, wozu neben der Gesetzgebung auch die Tarif- und Betriebsparteien und Arbeitsgerichtsbarkeit gehören, gemäß den wechselnden gesellschaftlichen und politischen Zielen angepasst werden müssen.

Auch anhand eines anderen Beispiels lassen sich die Folgen unregelmäßiger Novellen erheblichen Umfangs belegen.

Erst nach zwei Verurteilungen Deutschlands durch den Europäischen Gerichtshof und der Ankündigung eines Zwangsgeldverfahrens durch die Europäische Kommission fand das „Allgemeine Gleichbehandlungsgesetz" (AGG) im Jahre 2006 Eingang in das Bundesgesetzblatt. Das Rechtsgebiet des Diskriminierungsschutzes ist in Deutschland noch relativ neu und fand besonderes durch erhebliche Kontroversen erst auf Druck der Europäischen Union Eingang in ein entsprechendes Gesetz. Die Bestimmungen des AGG greifen sehr weit in das Arbeitsverhältnisrecht ein. Wäre bereits im Zuge der Bemühungen der 1990er Jahre ein Arbeitsverhältnisgesetz durchgesetzt worden, hätte die Integration etwaiger Vorschriften zum Diskriminierungsschutz in das Arbeitsvertragsgesetz für weitere Hindernisse gesorgt; eine „Zersprengung" der Systematik des Gesetzes hätte die Folge sein können[1519].

Und gerade an diesem Punkt zeigen sich die Vorzüge einer Spezialgesetzgebung – besonders für die wandlungsfähige, hochkomplexe und differenzierte Regelungsmaterie des Arbeitsrechts. So wird seitens der Befürworter eines Arbeitsverhältnisgesetzes immer wieder vorgebracht, dass sich durch dieses eine Gesetz sämtliche Spezialgesetze zusammenfassen und damit auflösen ließen. Dass sich dies jedoch keineswegs ohne weiteres bewerkstelligen lässt, zeigen besonders die aktuellen Bemühungen des DGB um ein Arbeitsverhältnisgesetz. So wird hier im Entwurf bestimmt, dass zumindest die §§ 1-16 des AGG wegfallen könnten. Sollte dies jedoch bewerkstelligt werden, so müssten zwangsläu-

[1519] Ähnliches wäre auch in aktueller Perspektive zu vermuten. So wurde im Februar 2009 seitens der Bundesregierung das Bestreben nach der Abfassung und Durchsetzung eines Arbeitnehmerdatenschutzgesetzes in der folgenden Legislaturperiode verkündet. Da diese Regelungsmaterie vor allem das Individualarbeitsrecht tangiert, müsste man die entsprechenden Vorschriften auch in ein Arbeitsvertragsgesetz mit aufnehmen bzw. eine bestehende Kodifikation zum Arbeitsvertragsrecht in einem ganz erheblichen Umfang novellieren.

fig nach dem derzeitigen Stand auch Regelungen wegfallen, da sich längst nicht alle entsprechenden Vorgaben aus dem AGG aufgrund der Regelungsreichweite in ein Arbeitsverhältnisgesetz integrieren lassen.

Ferner bleibt ungeklärt, wie mit solchen Spezialgesetzen nach dem Extrahieren der Vorschriften zum Arbeitsverhältnisrecht zu verfahren wäre. Sollen die Gesetze weiterhin als Rumpfgesetze mit einem „Restbestand“ von Normen, die sich nicht in ein Arbeitsvertragsgesetz aufnehmen ließen, erhalten bleiben? Der Forderung nach mehr Transparenz im Recht wäre damit jedenfalls nicht genüge getan.

Könnte also zur Lösung dieses Problems das Festhalten an „zersplitterter“ Spezialgesetzgebung möglicherweise sogar vorzuziehen sein – auch aus den Gründen, die bereits vor über 110 Jahren im Reichstag geäußert worden sind? Zu erinnern ist hier an Planck, Struckmann oder den Abgeordneten Gröber, die die „im Fluß begriffenen Fragen“ besser durch „Spezialgesetze“ regeln wollten, da „die Abänderung derselben“, wie besonders Gröber hervorhob, „viel leichter möglich“ sei[1520]. Unter Berücksichtigung der gegenwärtigen Entwicklungen, gerade auch im europarechtlichen Kontext, erscheinen die Bedenken, die man bereits im Rahmen der Verabschiedung des BGBs geäußert hat, nach wie vor lebendig. Auch die Schuldrechtsreform konnte erst nach jahrzehntelanger Vorarbeit durchgesetzt werden[1521]. Jeder in das parlamentarische Verfahren eingebrachte Gesetzesentwurf, gleich von welcher Seite, wird die professorale Spielwiese verlassen und der politischen Meinungsbildung und Beeinflussung ausgesetzt sein.

3. Von der Stellung des Richters bei der Verletzung von „Prinzipien der Demokratie“

Dabei müssen doch Reform und Neugestaltung nicht ausschließlich Sache des Gesetzgebers sein, etwa weil diese als „wesentliche“ Angelegenheiten zwingend vom Parlament entschieden werden müssten[1522]. Der hier einspielende Gedanke der vom BverfG entwickelten sog. „Wesentlichkeitstheorie“ gilt ohnehin lediglich im Verhältnis Staat und Bürger[1523] und kann in dieser Diskussion nur bedingt als tragfähiges Argument angebracht werden.

[1520] Vgl. dazu die obigen Ausführungen unter B. II. 2. c) dd).

[1521] Zur Geschichte der Schuldrechtsreform vgl. die Ausführungen unter Anm. 1095.

[1522] So aber RÜTHERS, (wie Anm. 1497), S. 299, der dabei auf die sog. Wesentlichkeitstheorie des Bundesverfassungsgerichts verweist (BVerfGE 58, 257; 268ff.).

[1523] Vgl. BverfGE vom 26.6.1991, 1 BVL 779/85 (AP Nr. 117 zu Art. 9 GG Arbeitskampf): In dieser Entscheidung zum Umfang der Koalitionsfreiheit und Verhandlungsparität stellte das BverfG dies folgendermaßen fest: „Das BAG war nicht schon deshalb an einer rechtlichen Begrenzung der Aussperrungsbefugnis der Beschwerdeführerin gehindert, weil dies allein Sache des Gesetzgebers gewesen wäre. Die vom Bundesverfassungsgericht entwickelte

Die gegenwärtig überragend wichtige Stellung der Rechtsprechung im Arbeitsrecht, insbesondere im Hinblick auf die Fortbildung des Rechts, ist nicht von der Hand zu weisen. Auch der Gesetzgeber hat dies erkannt und regelt in § 45 IV ArbGG, dass der Richter „zur Fortbildung des Rechts“ legitimiert ist. Doch kann die Rechtsprechung auch auf Dauer die Gesetzgebung auf dem Gebiet des Arbeitsverhältnisrechts ersetzten? Freilich nicht. Sie ist jedoch in der Lage, die gefassten Zielvorstellungen der Reformkräfte wirksamer durchzusetzen als dies etwa im Zuge eines entsprechenden Arbeitsvertragsgesetzes möglich wäre. Der Vorwurf, Richterrecht sei intransparent, unbestimmt und damit unvorhersehbar ist nur schwer nachzuvollziehen. So würde das Richterrecht auch nach Durchsetzung eines Arbeitsvertragsgesetzes, gleich ob nach Maßgabe des Däubler/DGB-Entwurfs oder der Fassung von Henssler/Preis, fortbestehen bleiben. Die Kontroversen werden weitgehend die gleichen bleiben. Es kann auch kaum Ziel sein, gerade auf dem Gebiet des Arbeitsrechts, die Rolle der Rechtsschöpfung ausschließlich auf Seiten des Gesetzgebers ansiedeln zu wollen. Auch scheint der Vorwurf verfehlt, die Rechtsprechung würde Entscheidungen auf Basis willkürlicher Erhebungen herbeiführen. So werden insbesondere bei den höchstrichterlichen Entscheidungen des BAG regelmäßig die Erkenntnisse der Wissenschaft einbezogen; insofern findet sehr wohl eine Kontrolle der Rechtsprechung seitens der Wissenschaft statt. Hier wird hinreichend deutlich ersichtlich, dass die Rechtswissenschaft, so wie es noch Windscheid forderte, nicht bloß als Hilfsmittel in Auslegungsfragen herangezogen wird, sondern durchaus eine entscheidende Stellung bei der Fortbildung des Rechts, mithin bei der Begründung neuen Rechts, zukommt. Von einer willkürlichen Vorgehensweise seitens der Rechtsprechung kann also keineswegs die Rede sein. Dabei bemüht sich die Rechtsprechung auch stets, Entscheidungen transparent zu gestalten; bereits die Lektüre der präzisen Leitsätze legt oftmals die Kernaussage des Gerichts frei; außerdem lassen sich die Leitsätze im Arbeitsrecht regelungstechnisch regelmäßig mit einem gesetzlichen Rechtsatz vergleichen.

Dass der Richter und damit auch der „Jurist als solcher“, dadurch zwingend auch rechtspolitisch zu agieren hat, ist wohl kaum zu verhindern.

Die Entwicklung des Arbeitsrechts ist stets von den Interessen gesellschaftlicher Kräfte abhängig; darüber hinaus kann das Arbeitsrecht als Spiegelbild des jeweiligen politischen Systems wirken, wie sich anhand der Historie belegen lässt. Die Beschäftigung mit dem Arbeitsrecht kann daher nicht lediglich auf die Lektüre von Gesetzen beschränkt werden. Vielmehr ist es besonders hier geboten, sowohl in wissenschaftlicher Weise als auch in Kenntnis der geschichtli-

---

Lehre, daß der Gesetzgeber in grundlegenden normativen Bereichen alle wesentlichen Entscheidungen selbst treffen muß (Wesentlichkeitstheorie, vgl. etwa BVerfGE 49, 89 [126 f.] m. w. N.), gilt für das Verhältnis zwischen Staat und Bürger.“

chen, gesellschaftlichen und wirtschaftlichen Hintergründe Rechtsfragen zu bewerten und schließlich das Recht praxisbezogen in Ansatz zu bringen.

Auch verfügt das Arbeitsrecht über zahlreiche Berührungspunkte mit vielen anderen Rechtsgebieten, was eine einheitliche Kodifizierung dieser Materie erschwert. Auf dem Gebiet des Privatrechts gibt es Schnittstellen etwa zum Gesellschafts- und Wirtschaftsrecht. Ebenfalls besteht eine enge Verbindung mit dem Sozialrecht, was sich besonders anhand der Sozialversicherungspflicht von Arbeitnehmern aufzeigen lässt.

Rechts- bzw. sozialpolitische Einschläge sind im Arbeitsrecht nicht von der Hand zu weisen: Im Spannungsfeld sozialer Gerechtigkeit und Sicherheit ist die Politik berufen, die Ausgestaltung des Arbeitsrechts mit dem Ziel gerechter gesellschaftlicher Bedingungen zu realisieren. Dies kann jedoch nicht bedeuten, dass dieses Ressort ausschließlich dem parlamentarischen Gesetzgeber obliegt; auch die Rechtsprechung ist, wie sie in den letzten Jahrzehnten eindrucksvoll unter Beweis gestellt hat, dazu, freilich in gewissen Grenzen und in Anlehnung an die Wertungsjurisprudenz, berufen. Eine Verletzung von „Prinzipien der Demokratie“ ist hierbei nicht zu befürchten.

4. Die Rolle der Bereichstrennung im Arbeitsrecht

Ferner könnte aus dogmatischen und systematischen Gesichtspunkten eine Kodifizierung des Arbeitsvertragsrechts für Probleme sorgen: So lassen sich drei wesensverschiedene Teilgebiete des Arbeitsrechts abgrenzen: Zum einen bezieht sich das Arbeitsrecht auf die Regelung der spezifischen Interessen zwischen Arbeitnehmer und Arbeitgeber im Arbeitsverhältnis – das Arbeitsverhältnisrecht. Weiterhin regelt es auch die wechselseitigen Beziehungen der Arbeitnehmer- und Arbeitgeberverbände sowie das Tarifvertragswesen und die Betriebsverfassung – also insgesamt das Kollektive Arbeitsrecht. Schließlich regelt das Arbeitsrecht das in das Öffentliche Recht hineinreichende Arbeitsschutzrecht.

Während nun das Arbeitsverhältnisrecht durch das Bürgerliche Recht besonders geprägt ist, kann das Kollektive Arbeitsrecht hingegen als ein eigenständiges Gebiet des Privatrechts angesehen werden, das sowohl von privatrechtlichen als auch von öffentlich-rechtlichen Prinzipien beeinflusst ist. Entscheidend ist aber, dass zwischen den drei Teilgebieten des Arbeitsrechts eine enge Verzahnung besteht. In vielerlei Fällen finden alle drei Teilgebiete des Arbeitsrechts zugleich Anwendung. Streitigkeiten, die etwa die Länge der täglichen Arbeitszeit betreffen, werden regelmäßig nicht nur von arbeitsschutzrechtlichen Vorschriften erfasst; die Frage, ob die entsprechende Vertragsklausel nichtig ist, bestimmt das Arbeitsvertragsrecht. Besteht dazu dann noch ein Tarifvertrag und ist der betreffende Arbeitnehmer Mitglied einer Gewerkschaft, so prägen zugleich noch kollektivarbeitsrechtliche Vorschriften die Rechtslage.

Eine Kodifikation im Arbeitsverhältnisrecht könnte künftig aber den Eindruck erwecken, dass es sich bei den arbeitsrechtlichen Teilgebieten um geschiedene Rechtsgebiete handeln würde, zumal sowohl im Kollektiven Arbeitsrecht als auch im Arbeitsschutzrecht bislang kein zusammenfassend kodifiziertes Recht existiert. Darüber, dass sich dies zumindest für das Kollektive Arbeitsrecht auch künftig nicht anbieten wird, scheint derzeit im Übrigen Einigkeit zu bestehen.

Aufgrund des komplexen Ineinandergreifens aller arbeitsrechtlichen Teilgebiete ist daher von der gewollten oder ungewollten Begründung einer „Trennungsideologie“ dringend abzuraten.

5. Von Prinzipien und Rechtsformalismus

Ist also die gegenwärtige Rechtslage im Arbeits(vertrags)recht gegenüber einer umfassenden Reform, deren Ergebnis die Durchsetzung eines Arbeitsverhältnisgesetzes wäre, vorzugswürdiger?

Die Frage sollte noch aus einem weiteren Grund bejaht werden: Ein Arbeitsvertragsgesetzbuch wird niemals für eine Vollständigkeit der Normherrschaft sorgen können – insoweit besteht ja allseits Einigkeit. Doch anders als im BGB würden hier auch nicht möglichst abstrakt und offen gehaltene Rechtsätze oder gar „Prinzipien“ bzw. „leitende Rechtsgedanken“ weiterhelfen können. Die Materie des Arbeitsrechts ist dem Wandel der Zeit mehr als die meisten anderen Rechtsgebiete ausgesetzt. Ein Gesetz wäre nur sehr eingeschränkt in der Lage, selbst nur die „leitenden Rechtsgedanken“ langfristig festzulegen. Vielmehr sollte auch weiterhin das Hauptaugenmerk auf spezialisierter Gesetzgebung sowie sinnvolle Fortbildung des Rechts durch die Rechtsprechung gelegt werden. Was dem Gesetzgeber mit einer entsprechenden Kodifikation nicht gelingen wird, vermag der Richter durch flexibles, einzelfallorientiertes Handeln zu leisten – die Herstellung von Rechtssicherheit. Die Rechtsprechung ist es, die auf Basis der bestehenden Rechtsordnung den leitenden Rechtsgedanken erfassen und im Einzelfall in Ansatz bringen kann. Daran würde auch eine Kodifikation entsprechend dem Vorbringen der Reformkräfte nichts ändern können; im Gegenteil – Konflikte und Intransparenz würden eher noch zunehmen.

Max Weber war es, der seinerzeit vor der Gefahr einer zu starken Materialisierung des Rechts warnte. Auch wenn zwischenzeitlich mehr als ein Jahrhundert vergangen ist, scheinen die Bedenken auch weiterhin lebendig und in der Debatte um ein Arbeitsvertragsgesetz berücksichtigungsfähig zu sein. Weber befürchtete eine Entformalisierung des Rechts, welche infolge einer Ethisierung eintreten könnte. Das Privatrecht müsste weitgehend formal und damit autonom bleiben. Freilich bezweckte Weber damit nicht Ethik, Politik oder Moral gänzlich vom Recht abzutrennen; als entscheidend sah er lediglich das Spannungsverhältnis zwischen dem materialen und formalen Recht an. Folgerichtig plädierte er daher für die Schaffung von „spezialisierten Rechtsnormen", also spezialisierter Gesetzgebung, die für bestimmte Rechtsverhältnisse eine Abweichung vom allgemeinen Recht und damit die Befriedigung von sozialpolitischen Bedürfnissen ermöglicht.

Unser heutiges Arbeitsverhältnisrecht setzt sich, neben dem Richterrecht, weitgehend aus den allgemeinen Vorschriften des BGB sowie „spezialisierten Rechtsnormen" arbeitsrechtlicher Sondergesetzgebung zusammen und ist daher mit dem „Modell" Webers durchaus in Ansatz zu bringen. Die arbeitsrechtlichen Spezialgesetzte, wie etwa das KSchG oder das AGG, nehmen sozialpolitische Elemente, also „materiales Recht", auf, und versuchen damit durch Moral- und Wertevorstellungen die allgemeinen Regelungen näher zu konkretisieren und spezifizieren. Dadurch wird, im Einklang mit dem Vorbringen Webers, anstatt reines Schutzrecht mit bevormundender Wirkung durch den Gesetzgeber – und im Einzelfall auch durch die Rechtsprechung – eine Art „emanzipierende Hilfe" im Arbeitsverhältnisrecht dargeboten, um den sozialpolitischen Erfordernissen gerecht werden zu können, ohne dass dadurch jedoch die formalen bzw. allgemeinen Regeln, etwa im Hinblick auf Privatautonomie, unterlaufen oder sogar ausgeräumt werden.

Eine umfassende Kodifikation im Arbeits(vertrags)recht könnte dieser Entwicklung jedoch ein Ende setzten und damit die Integrität des Rechts nachhaltig bedrohen. Die arbeitsrechtliche Kodifikation würde sowohl die allgemeinen Regelungen und Rechtsätze als auch die spezialisierten Rechtsnormen mit ihrer sozialpolitisch teils höchst brisanten Regelungsmaterie zusammenzuführen versuchen und könnte schließlich das Spannungsverhältnis zwischen beiden Elementen, dem formalen und materialen Recht, möglicherweise zu einseitig auflösen. Die derzeitigen Reformprojekte bestätigen diese Einschätzung: Gerade in dem DGB-Entwurf eines Arbeitsverhältnisgesetzes wird die starke Ausrichtung auf Arbeitnehmerschutz in vielerlei Vorschriften erkennbar. Scheinbar folgerichtig wird damit die Position bestätigt, die der DGB bei diesem Projekt verfolgt – den Ausbau und die Sicherung von Arbeitnehmerinteressen. Doch womit die Verfasser des Entwurfs wohl weniger rechnen dürften, sind die durchaus als negativ einzustufenden Folgen für Arbeitnehmer, welche ein derart ausgerichtetes Arbeitsverhältnisgesetz mit sich bringen könnte. Etwaige Schutzvorschriften könnten sich schließlich nachteilig für den Arbeitnehmer auswirken; reines Schutzrecht mit bevormundender Wirkung wäre besonders hier geeignet – abstrakt formuliert – die Stellung des Arbeitsnehmers im Arbeitsverhältnis nachhaltig zu gefährden. Sollte der Gesetzgeber etwa den Regelungsvorschlag des DGB zur Arbeitnehmerüberlassung übernehmen, wäre zu befürchten, dass der Arbeitgeber schließlich aus wirtschaftlichen Gesichtspunkten gar keine Leiharbeitnehmer mehr einstellen und die dadurch anfallende Mehrarbeit anderweitig kompensieren würde. Diese Folge dürfte freilich nicht im Interesse eines Arbeitnehmers sein, der es vorziehen würde, frei zu wählen, ob er entweder für einen geringen Lohn als Leiharbeiter in einem Betrieb arbeitet oder weiterhin von der Bundesagentur für Arbeit mit wenigen Erfolgsaussichten auf die Zuweisung einer vollwertigen Arbeitsstelle wartet. So gesehen, wäre ein solches „Schutzrecht" durchaus geeignet, die Freiheit des einzelnen Arbeitnehmers bedenklich einzuschränken; eine Verbesserung von Arbeitnehmerinteressen, vor allem im Einzelfall, würde dadurch keineswegs erreicht werden. Mit einer derartigen Einschränkung der Privatautonomie wäre somit keiner der Parteien eines Arbeitsverhältnisses geholfen; der Arbeitgeber müsste Produktionszweige, die sich wirtschaftlich nur durch die Möglichkeit eines Einsatzes von Leiharbeitnehmern lohnten, verlagern oder aufgeben und damit finanzielle Einbußen hinnehmen; der Arbeitnehmer hingegen würde nicht selten in die Erwerbslosigkeit (zurück)fallen.

Auch an anderen Stellen der Entwurfsfassung des DGB, wie etwa bei den Vorschriften zur Arbeitnehmerhaftung, wäre zu befürchten, dass das Verhältnis von formalem und materialem Recht zu einseitig bestimmt wird, mit der Folge, dass schließlich das soziale, materiale Recht formales Recht auflösen und damit die Freiheit nicht nur des einzelnen Arbeitnehmers gefährden könnte. Doch sollte unser Recht – auch das Arbeitsrecht – grundsätzlich „formal" bleiben. Nur so kann auch im Arbeitsrecht ein höchstmögliches Maß an Stabilität, Autonomie und individueller Freiheit gewährleistet werden.

Freilich muss in bestimmten Verhältnissen die Privatautonomie und damit das formale Recht zugunsten von sozialem, materialem Schutzrecht verdrängt werden – anderenfalls wäre besonders der Arbeitnehmer im Arbeitsverhältnis schutzlos den Interessen des Arbeitgebers ausgesetzt – zu erinnern sei hier nur an die Arbeitsbedingungen der Fabrikarbeiter in der zweiten Hälfte des 19. Jahrhunderts. Entscheidend muss jedoch bleiben, wie das Spannungsverhältnis von formalem und materialem Recht bestimmt wird, sodass im Ergebnis zwischen beiden Elementen ein hinreichendes Gleichgewicht besteht. Ob nun gerade eine Kodifikation im Arbeitsverhältnisrecht für die Herstellung desselben geeignet ist, darf bezweifelt werden. Dem Wesen nach versucht eine Kodifikation nämlich die betreffende Rechtsmaterie möglichst abschließend und damit nach außen hin transparent und sicher zu regeln – dies ist ja vor allem auch das Ziel der gegenwärtigen Reformparteien. Um eine Regelungsmaterie im Arbeitsverhältnisrecht jedoch hinreichend bestimmt und abschließend normieren zu können, dürfte nur selten eine sozialpolitisch einseitige Entscheidung entbehrlich bleiben. Der Eintritt der beschriebenen Folgen wäre nahezu unumgänglich – die

Gewerkschaften müssen einsehen, dass übermäßiges Schutzrecht für Gefahren sorgen kann, deren Folgen nicht immer im Vorfeld abzusehen sein werden.

6. Spezialgesetzgebung und Richterrecht als Garant von Einzelfallgerechtigkeit und Rechtssicherheit

Mit einem „Restatement" oder einem „Kodifikatiönchen" wäre im Ergebnis auch nicht geholfen, da die Umsetzung solcher Projekte bereits die favorisierten Ziele von Transparenz und Rechtssicherheit ex ante nicht realisieren können. Eine Kodifikation, die lediglich zusammenstellt und systematisiert, stellt keine Alternative zum geltenden Recht dar; selbiges könnte auch von privater Seite erreicht werden.

Was bleibt nun? Der Blick führt zurück zur gegenwärtigen Rechtslage und damit zurück zu den vorherrschenden zahlreichen arbeitsrechtlichen Spezialgesetzen und dem Richterrecht. Seit Jahrzehnten hat sich bereits dieses Rechtsmodell in der Bundesrepublik bewährt. Vielleicht liegt dies insbesondere daran, dass die Kombination von spezialisierten arbeitsrechtlichen Rechtsnormen und Rechtsfortbildung durch den Richter das Spannungsverhältnis zwischen dem Bedürfnis nach materialem, also sozial schützenden Rechts, und formalem Recht, das die Sicherstellung von Autonomie und individueller Freiheit gewährleistet, wirksam aufrechtzuerhalten und damit am effektivsten der Forderung nach Rechtssicherheit und im weiteren Sinne Gerechtigkeit umzusetzen vermag[1524]. So ist es zumeist die Rechtsprechung, die im Einzelfall festzustellen hat, wie viel Schutzrecht der betreffenden Partei eines Arbeitsverhältnisses zuteil und damit der Grundsatz der individuellen Freiheit bzw. der Privatautonomie von materialem Recht überlagert werden kann.

Und noch eine Anmerkung zur Rechtssicherheit: Gerade im Arbeitsrecht ist die Herstellung von Einzelfallgerechtigkeit von Interesse, da kaum ein anderes Rechtsgebiet so vielschichtig, wandlungsfähig, flexibel, differenziert und hochkomplex ausgestaltet ist wie dieses. Das Gesetz wird daher zwangsläufig nicht immer passende Antworten auf Rechtsfragen und -streitigkeiten enthalten können – dafür wird es auch zeitlich meist zu spät kommen. Die Rechtsprechung wird und muss auch weiterhin aufgefordert bleiben, in den meisten Fällen eine Art Pionierarbeit zu leisten. Der Richter ist nämlich derjenige, der als erstes neuen arbeitsrechtlichen Entwicklungen und Erscheinungsformen begegnen wird, diese einzuordnen und auf Basis der neuen Erkenntnisse im Einzelfall ge-

[1524] Damit ist unter diesem Gesichtspunkt also weiterhin Weiss zu folgen, der schon 1992 dafür plädierte, weiterhin auf Spezialgesetzgebung und Richterrecht zu vertrauen. Dass sich dieser Ansatz, wie Preis behauptet, „in Ansehung der Intransparenz und Insuffizienz der Gesetzgebung als Irrweg erwiesen" habe, ist nicht einzusehen.
Vgl. PREIS, Zur Debatte um das Arbeitsvertragsgesetz, ArbuR 2009, S. 110.

rechte und nachvollziehbare Entscheidungen zu treffen hat. Bedenken, die dahin weisen, dass der Richter in diesem Rahmen zu einem „Quasigesetzgeber" mutiert und „königliche" Kompetenzen erhält, erscheinen obsolet und führen in der Sache nicht weiter. Vielmehr muss man erkennen, dass der heutige Arbeitsrichter durch die gegenwärtige Rechts- und Gesellschaftsordnung zwingend dazu berufen sein muss, entsprechend zu agieren um Einzelfallgerechtigkeit und damit Rechtssicherheit in arbeitsrechtlichen Fragen gewährleisten zu können. Eine Kodifikation im Arbeitsrecht wäre hierzu nicht in der Lage. Auch zur Zukunftssicherung einer industriellen Gesellschaft, etwa auch im Hinblick auf europarechtliche Entwicklungen, ist sie nicht erforderlich. Eine arbeitsrechtliche Kodifikation würde keine Vereinfachung des Arbeitsrechts bewirken können – im Gegenteil – die neuen Regelungen würden eher noch zu einer Komplizierung führen. Und last, but not least sollten die möglichen Gefahren von zu einseitig und auf bevormundenden Schutz ausgerichteten Rechtsvorschriften, die fast zwangsläufig in eine Kodifikation, welche nicht lediglich als bloßes Restatement verstanden werden will, Eingang finden dürften, nicht unterschätzt werden.

D. Die Kodifizierung des Arbeitsvertragsrechts – ein Jahrhundertprojekt ohne Erfolgsaussicht? – Ein Fazit

Seit mehr als einem Jahrhundert hält nun die Kontroverse um die Kodifizierung des Arbeitsvertragsrechts an. Doch schon vor der Verabschiedung des BGBs wurden Forderungen laut, die zumindest auf eine gesetzliche Absicherung von Arbeitnehmerrechten im Arbeitsverhältnis abzielten. Die Diskussion um ein separates Arbeitsvertragsgesetz gewann erst nach 1900 Aufwind, nachdem sich nämlich die Redaktoren des BGB ganz bewusst nicht für eine umfassende Aufnahme von Vorschriften, die das Arbeitsverhältnisrecht betreffen sollten, entschieden hatten. Auch im Reichstag schien im Grundsatz Einigkeit darin zu bestehen, dass das Arbeitsverhältnisrecht zunächst noch nicht einer umfassenden gesetzlichen Regelung im Rahmen etwa einer Kodifikation zugeführt werden sollte. Vielmehr sah man eine Regelung durch arbeitsrechtliche Spezialgesetze als zielführender an, um vor allem nicht zu einseitig in diese dem stetigen Wandel begriffene Rechtsmaterie eingreifen zu müssen. Die im Reichstag 1896 ergangene Resolution, worin festgesetzt wurde, dass „baldthunlichst" das Arbeitsvertragsrecht einheitlich geregelt werden sollte, vermochte wohl an dieser grundsätzlichen Haltung nichts zu ändern.

Trotz etwaiger Bemühungen bedeutender Arbeitsrechtler, allen voran Heinz Potthoff, der sich zu Beginn des 20. Jahrhunderts für die Ausarbeitung des „Entwurfs eines allgemeinen Reichsgesetzes über den Dienstvertrag" von privater Seite und damit erstmals für ein allgemeines „Reichsarbeitsgesetz" einsetzte, und den Beratungen auf den Deutschen Juristentagen von 1910 und 1912 konnte dieses Vorhaben bis Kriegsende keine höheren Kreise schlagen und blieb im Wesentlichen lediglich Gegenstand wissenschaftlichen Streits.

Erst in der Weimarer Republik gelang es dann, einen ersten Entwurf eines Arbeitsverhältnisgesetzes vorzulegen. Auch im Nationalsozialismus wurden zwei Entwurfsfassungen ausgearbeitet, die jedoch, wie auch der Entwurf von 1923, infolge fehlender Mehrheiten und mangelndem Konsens scheiterten. Daran konnte offenbar auch der Umstand nichts ändern, dass die Entwurfsfassungen hier, anders als in Weimar, von vorn herein nicht einem demokratisch legitimierten Parlament mit wechselnden Mehrheiten ausgesetzt waren.

Die Bemühungen um ein Arbeitsvertragsgesetz wurden dann Ende der 1950er Jahre in der Bundesrepublik wieder aufgenommen. Es sollte noch einmal rund zwei Jahrzehnte dauern, bis dann die vom Ministerium eingesetzte Gesetzeskommission einen Entwurf eines Arbeitsverhältnisgesetzes ausarbeitete und veröffentlichte. Es hagelte Kritik und das Vorhaben wurde binnen kurzer Zeit zurückgestellt. In der DDR gelang es indes, ein Arbeitsgesetzbuch durchzusetzen; jedoch war dieses Gesetz maßgeblich darauf angelegt, den Erfordernissen von sozialistisch geprägten Verhältnissen und damit weitgehend dem Ausbau einseitiger Interessen eines Regimes zu dienen, das mit rechtsstaatlichen und demokratischen Prinzipien nicht im Einklang stand. Als Vorbild für ein künftiges gesamtdeutsches Arbeitsvertragsgesetz kann die arbeitsrechtliche Kodifikation der DDR daher nicht gehandelt werden.

Erst nach der Deutschen Wiedervereinigung von 1990 schienen die Bemühungen um die Kodifizierung des Arbeitsvertragsrechts wieder in Gang zu kommen, zumal man jetzt sogar von einem verfassungsrechtlichen Handlungsauftrag seitens der Bundesregierung bedingt durch die Vorgaben des Einigungsvertrags sprach. Doch sah sich die Bundesregierung nicht veranlasst entsprechend zu handeln; vielmehr galt es zunächst auf anderen Gebieten für gesetzliche Reformen zu sorgen.

Schließlich waren es die Bundesländer, die Mitte der 1990er Jahre das Heft in die Hand nahmen und zwei Entwürfe eines Arbeitsverhältnisgesetzes in den Bundesrat einbrachten – wiederum auch mit Verweis auf den bestehenden Handlungsauftrag durch den Einigungsvertrag. Doch konnten auch diese Entwürfe nicht über die Beratungen in den Ausschüssen des Bundesrates hinaus gelangen; der erneute Vorstoß scheiterte abermals.

Nach der Jahrtausendwende war es dann die Bertelsmann-Stiftung, die mit dem Henssler und Preis-Entwurf eines Arbeitsvertragsgesetzes erneut für Aufsehen sorgte und die Debatte um ein Arbeitsvertragsgesetz wieder in Gang setzte. Auch wenn man nicht mehr von der notwendigen Durchsetzung der vermeintlichen Verpflichtung aus dem Einigungsvertrag spricht – diese ließe sich ohnehin durchaus bereits als erfüllt ansehen – schien die neue Initiative „von dritter Seite“[1525] keineswegs innovativ zu sein. In diese Richtung weist auch die Kritik des DGB, dessen Bundesvorstand den Bertelsmann-Entwurf ohnehin längst als gescheitert ansieht.

In der Historie des Arbeitsvertragsrechts sind somit seither bis zum jüngsten Entwurf des DGB aus dem Jahre 2009 neun Entwürfe eines Arbeitsvertragsgesetzes nachweisbar, wobei bis heute kein einziger davon jemals Gesetzeskraft erlangen konnte; vorangegangene Bemühungen sind stets gescheitert.

Zwar lassen sich bzgl. etwaiger Realisierungschancen einer entsprechenden Kodifizierung des Arbeitsvertragsrechts aus der Historie keine Schlussfolgerungen für die Zukunft ziehen. Doch hilft der geschichtliche Verlauf zu verstehen,

---

[1525] So lautete schon die Empfehlung Heinz Potthoffs aus dem Jahre 1909, der dann wenige Jahre später einen eigenen Entwurf über ein „Gesetz über den Dienstvertrag der Angestellten“ vorlegte; vgl. dazu auch die Ausführungen oben unter B. II. 3. c) und B. II. 5. a) bb).

wo die Schwierigkeiten bei dem Reformvorhaben liegen und wie diese begründet sind. Herkunft sowie die politische Funktion des Arbeitsrechts und damit auch der Ursprung der Forderung nach einem Arbeitsvertragsgesetz lassen sich nicht bestimmen, ohne die historischen Grundlagen zu begreifen. So sind aufgrund der sozialpolitischen Sensibilität und hoher Komplexität der Regelungsmaterie des Arbeitsrechts sowie der stets zu berücksichtigenden Wandlung von Arbeitnehmer- und Arbeitgeberinteressen und der damit einhergehenden Veränderung des Gesellschaftsbildes, Regelungssachverhalte – obgleich positiviertes Gesetzesrecht oder unkodifiziertes Richterrecht – vergänglich und bedürfen regelmäßig einer Überarbeitung. Auch hier hilft der Blick auf die geschichtliche Entwicklung des Arbeitsrechts weiter, um bei diesen kurzlebigen Begebenheiten, gerade auch auf dem Gebiet des Arbeitsvertragsrechts, eine Stütze vorfinden und sich der historischen Basis, auf der die heutigen Dogmen und Fragestellungen zurückzuführen sind, bewusst werden zu können.

Aufgrund zahlreicher Gründe ist das Projekt Arbeitsvertragsgesetz bislang gescheitert: Vor allem infolge mangelnder Konsensfähigkeit der beteiligten Kreise, insbesondere der Sozialpartner, konnte das lang ersehnte Arbeitsvertragsgesetz nicht durchgesetzt werden. Eine „Pattsituation" lässt sich offenbar kaum erzielen. Die Angst vor zu viel Rechtsmaterialisierung, vor drohenden Nachteilen und Gerechtigkeitseinbußen für die eine oder andere Partei des Arbeitsverhältnisses dürften bislang dazu beigetragen haben. Die Politik vermag sich hier nur zögernd schlichtend einzuschalten, was auch begrüßenswert erscheint. So sind es doch nach wie vor die Sozialpartner – Arbeitgeber- und Arbeitnehmervertreter – die regelmäßig, sowohl heute als auch schon zu früheren Zeiten, in vielerlei Fällen die Bedingungen des Arbeitsverhältnisses aushandeln und daher auch an dem Gesetzesprojekt, das ganz maßgeblich Arbeitnehmer- und Arbeitgeberinteressen tangiert, an vorderster Stelle beteiligt sein müssen[1526].

In aktueller Perspektive scheint man sich angesichts des vorgebrachten DGB-Entwurfs eines Arbeitsverhältnisgesetzes, der vor allem auch Maximalforderungen der Gewerkschaften durchzusetzen versucht, von der Möglichkeit eines Konsenses zwischen den Sozialverbänden wegzubewegen. So könnte das aktuelle Reformprojekt das gleiche Schicksal ereilen, wie vorangegangene Initiativen, etwa diese aus dem Jahre 1977.

1526 Anders Rieble, der das Bestreben, auf die Zustimmung der Sozialpartner hinzuwirken, nicht nur für „verfassungsrechtlich anstößig" erachtet, „weil mit dieser ‚konzertierten Aktion' ein informeller Reichswirtschaftsrat konstituiert [würde], dem ein außerhalb der Verfassung stehendes faktisches Vetorecht gegen das Arbeitsvertragsgesetz zugesprochen [würde]. Ein solcher Reichswirtschaftsrat [verrate] das demokratische Ideal, weil Arbeitnehmern und Arbeitgebern ein Sondereinfluss auf die Gesetzgebung eingeräumt" würde.
Vgl. RIEBLE, Lager- und Ordnungsdenken im Arbeitsrecht, in: FS-Adomeit, S. 626.

Die Forderung nach einer Kodifizierung des Arbeitsvertragsrechts ist nun mehr als ein Jahrhundert alt. Dabei wiederholen sich die Argumente, die seitens der Befürworter des Projekts vorgebracht werden, stets von neuem. Die „Rechtszersplitterung“ im Arbeitsrecht hält bis heute an; dies muss aber nicht zwingend als Mangel qualifiziert werden, zumal man sich in der Rechtspraxis mit diesem Umstand schon seit über 100 Jahren zurechtzufinden scheint und regelmäßig zweckmäßige Ergebnisse erzielt – und dies, ohne dabei auf ein Arbeitsvertragsgesetz zurückgreifen zu müssen.

Auch wenn derzeit weite Kreise grundsätzlich für die Durchsetzung einer Kodifikation im Arbeitsvertragsrecht plädieren, bleiben dennoch gewichtige Zweifel an der Realisierungsfähigkeit eines solchen Vorhabens. Bei der aktuellen Diskussion entsteht vor allem der Eindruck, dass „lediglich“ noch die Frage um das „Wie“ eines Arbeitsvertragsgesetzes, jedoch nicht mehr die nach dem „Ob“ thematisiert wird und der Erfolg des Reformvorhabens weitgehend nur davon abhinge, dass die Sozialpartner bzgl. der Inhalte eine Einigung erzielen würden. Verbleibt man im Rahmen der Debatte nur bei den rein inhaltlichen Kernfragen, so droht man mögliche negative Folgen, die ein Arbeitsvertragsgesetz für die Arbeitsrechts- und Gesellschaftsordnung haben könnte, aus dem Blickpunkt zu verlieren. Die stets postulierten Ziele hinsichtlich der Sicherung von Rechtssicherheit und Transparenz lassen sich ohnehin mit einer Kodifikation des Arbeitsvertragsrechts kaum realisieren. Auch werden sich die „zersplitterten“ Spezialgesetze nur selten vollständig auflösen lassen; die Untersuchungen haben gezeigt, dass viele Vorschriften der Einzelgesetze bestehen bleiben müssten und damit die Spezialgesetze als Art „Rumpfgesetze“ fortexistieren würden.

Ferner ist nicht einzusehen, weshalb die Arbeitsrechtsordnung lediglich dann als „zukunftsfähig“ gelten könne, wenn sie einer entsprechenden arbeitsrechtlichen Kodifikation zugeführt würde. Diese Sichtweise vermag nicht zu überzeugen. Unser gegenwärtiges Arbeitsrecht ist zwar nicht kodifiziert, jedoch im Wesentlichen positiviert, wenn auch nicht in einem etwa dem BGB entsprechenden Arbeitsvertragsgesetzbuch. Die Kombination von spezialisierten Einzelgesetzen und Richterrecht ist es jedoch, die unser Arbeitsrecht durch ihre flexiblen Gestaltungsformen auszeichnet und schließlich ein höchstmögliches Maß an Freiheit und Einzelfallgerechtigkeit in dieser hochkomplexen, überaus wandlungsfähigen und differenzierten, von Eigendynamik geprägten Teildisziplin des Rechts ermöglicht. Möglicherweise ist Kübler, zumindest im Hinblick auf eine Kodifizierung des Arbeitsvertragsrechts, zuzustimmen, der die Kodifikation „unter den in der Bundesrepublik gegebenen wirtschaftlichen, gesellschaftlichen und politischen Voraussetzungen [...] als ein Instrument rechtlicher Gestaltung und Ordnung" nicht mehr als verfügbar einstufte[1527].

Eine Kodifizierung des Arbeits(vertrags)rechts ist weder im Hinblick auf nationale noch auf supranationale Entwicklungen erforderlich. Die Zeit für eine entsprechende Kodifikation ist genauso „reif" bzw. „unreif" wie vor rund 100 Jahren. Arbeitsrecht wird auch weiterhin mehr als jede andere Rechtsmaterie dem Wandel der Zeit ausgesetzt sein. Reformversuche auf diesem Gebiet könnten von staatlicher Seite allenfalls in einer Bereinigung und besseren Systematisierung bestehender Spezialgesetze liegen; damit könnte man zugleich der allgemeinen Forderung nach mehr Transparenz und Überschaubarkeit im Arbeitsrecht begegnen, wobei sich letzteres auch von privater Stelle, etwa durch Abfassung einer Fibel mit tragenden Grundsätzen zu zentralen Fragen im Arbeitsvertragsrecht, erreichen ließe.

Eine Kodifikation im Arbeits(vertrags)recht ist nicht erforderlich – von einer Realisierung des Projekts sollte abgesehen werden. Anderenfalls könnte man das Arbeitsrecht tatsächlich, ehe man sich versieht, auf der „Intensivstation" wieder finden; und dort wird es dann nicht als einziger Patient mit eher ungewissen Aussichten auf eine Heilbehandlung hoffen dürfen.

Die Kodifizierung des Arbeits(vertrags)rechts – wird es auch weiterhin ein unerfülltes Jahrhundertprojekt bleiben?

[1527] In einem Beitrag aus dem Jahre 2009 relativiert und präzisiert Kübler diesen Ansatz. Die Rechtsordnung sei der „permanenten Novellierung" von innerstaatlichem Recht ausgesetzt und würde durch eine „zunehmend komplexe Gemengelage von rechtsformspezifischen und rechtsformübergreifenden Regelungen" geprägt. Dazu kämen die Wirkungen im Zuge der Europäisierung, die eine „durchgängige Föderalisierung" der Rechtsordnung zur Folge habe. Zwar müsse „eine derartige Struktur [...] Kodifikationen oder größere Gesetzeswerke nicht generell ausschließen"; sie würde sie aber doch „wesentlich erschweren". Sie entspräche „den Prämissen einer demokratischen Verfassung, weil sie es den Bürgern im regionalen und lokalen Bereich [erlaube], ihre Angelegenheiten nach ihren Vorstellungen zu regeln". Ferner erleichtere sie „die Schaffung und Änderung von Gesetzen, [gestatte] Experimente und [schaffe] Vergleichsmöglichkeiten, die den Gesetzgebungswettbewerb zwischen den Einzel- oder Mitgliedstaaten auslösen" könnten.
Vgl. KÜBLER, Gesellschaftsrecht und Kodifikation, in: FS-Schmidt, S. 1050f.

Literaturverzeichnis

Abbe, Ernst, Motive und Erläuterungen zum Entwurf eines Status der Carl-Zeiss-Stiftung, in: Gesammelte Abhandlungen von Ernst Abbe, Band 3, Vorträge, Reden und Schriften sozialpolitischen und verwandten Inhalts, 2. Auflage, Jena 1921.

Adomeit, Klaus, Der Dienstvertrag des BGB und die Entwicklung zum Arbeitsrecht, Neue Juristische Wochenschrift (NJW) 1996, S. 1710-1714.

Adomeit, Klaus, Auf dem Wege zum gesamtdeutschen Arbeitsrecht, Arbeit und Arbeitsrecht (AuA) 1990, S. 225-227.

Anderson, Dennis L., The Academy for German law, 1933-1944, Michigan 1982.

Apelt, Willibalt, Geschichte der Weimarer Verfassung, 2. Auflage, München 1964.

Aron, Erich, Der Entwurf eines allgemeinen Arbeitsvertragsgesetzes und das Bürgerliche Gesetzbuch, Zeitschrift für Rechtspflege in Bayern (BayrZfRpfl), Bd. 20, 1924, S. 179-181.

Balders, Sven-Frederik/ Strybny, Derk, Reform für mehr Beschäftigung: Ein Arbeitsvertragsgesetz, Zeitschrift für Rechtspolitik (ZRP) 2005, S. 249-252.

Bauer, Stefan, Arbeitsschutzgesetzgebung, in: HWST, Band 1, Jena 1923, S. 401-701.

Baum, Georg, Allgemeine Einleitung, in: Gewerbe- und Kaufmannsgericht: Monatsschrift des Verbandes deutscher Gewerbe- und Kaufmannsgerichte (GewKfmG), 1913, Sp. 246-250; *zitiert als: Einleitung.*

Baum, Georg, Gutachten des Herrn Dr. Georg Baum, Rechtsanwalt am Kammergericht über die Frage: Welche der für Privatangestellte außerhalb des Handelsgesetzbuches geltenden sozialen Schutzvorschriften eignen sich zur Erstreckung auf alle Privatangestellten?, in: Verhandlungen des 31. Deutschen Juristentages, Band 1, Gutachten, Berlin 1912, S. 138-225.

Baumgart, Alfred, Arbeitsrecht - Grundriss, Berlin 1979.

Baumgart, Alfred/ Kunz, Frithjof, Die arbeitsrechtliche Verantwortlichkeit der Werktätigen, in: Neue Justiz (NJ) 1977, S. 542-544.

Beck, Thorsten/ Rosendahl, Hans/ Schuster, Norbert, Abschied von den Schiedsstellen für Arbeitsrecht, in: Arbeit und Arbeitsrecht (AuA) 1992, S. 233-237.

Becker, Martin, Arbeitsvertrag und Arbeitsverhältnis in Deutschland: Vom Beginn der Industrialisierung bis zum Ende des Kaiserreichs, Frankfurt/ Main 1995.

Becker, Martin, Arbeitsvertrag und Arbeitsverhältnis – Während der Weimarer Republik und in der Zeit des Nationalsozialismus, Frankfurt/ Main 2005.

Bedüftig, Friedemann, Drittes Reich und Zweiter Weltkrieg, das Lexikon, München 2002.

Behrends, Okko, Anton Friedrich Justus Thibaut, in: Handwörterbuch zur deutschen Rechtsgeschichte (HRG), Band 5, Berlin 1998.

Beseler, Georg, Volksrecht und Juristenrecht, Leipzig 1843.

Blobel, Viktor, Die Handlungsgehilfen und die Vereinheitlichung des Arbeitsrechts, in: Gewerbe- und Kaufmannsgericht: Monatsschrift des Verbandes deutscher Gewerbe- und Kaufmannsgerichte (GewKfmG), 1913, Sp. 345-354.

Bohle, Thomas, Einheitliches Arbeitsrecht in der Weimarer Republik, Bemühungen um ein deutsches Arbeitsgesetzbuch, Tübingen 1990.

Bosl, Karl, Bosls bayerische Biographie: 8000 Persönlichkeiten aus 15 Jahrhunderten, Hauptband, Regensburg 1983.

Brentano, Lujo, Das Arbeitsverhältnis gemäß dem heutigen Recht, Leipzig 1877.

Brentano, Lujo Gewerbe, II. Teil: Die gewerbliche Arbeiterfrage, in: Schönberg, Handbuch der politischen Ökonomie, Band 1, Tübingen, 1882; *zitiert als: Gewerbe.*

Brentano, Lujo, Die Arbeitergilden der Gegenwart, Band 2: Zur Kritik der englischen Gewerkvereine, Leipzig 1872; *zitiert als: Arbeitergilden.*

Brentano, Lujo, Zur Reform der deutschen Fabrikgesetzgebung, in: Jahrbücher für Nationalökonomie und Statistik, Band 19, 1872, S. 168ff.

Brentano, Lujo, Die gesetzliche Regelung des Tarifvertrages, Soziale Praxis 1920, Sp. 505ff.

Brentano, Lujo, Das Arbeitsverhältnis in privaten Riesenbetrieben, in: Schriften des Vereins für Socialpolitik, Bd. 116, 1906, S. 135ff.

Brentano, Lujo, Referat über die Fabrikgesetzgebung auf der Eisenacher Versammlung, in: Verhandlungen des Vereins für Socialpolitik, Band 1, 1873, S. 8ff; *zitiert als: Referat über die Fabrikgesetzgebung.*

Brentano, Lujo, Arbeitseinstellungen und Fortbildung des Arbeitsvertrags, Berlin 1890; *zitiert als: Arbeitseinstellungen.*

Broszat, Martin, Der Staat Hitlers, Grundlegung und Entwicklung seiner inneren Verfassung, 15. Auflage, München 1995.

Buschmann, Rudolf, Das Verhältnis des Entwurfs zum europäischen Arbeitsrecht, Arbeit und Recht (ArbuR) 2008, S. 203-206.

Caroni, Pio, Kodifikation, in: Handwörterbuch zur deutschen Rechtsgeschichte (HRG), Band 2, Berlin 1978, Sp. 907-922.

Däubler, Wolfgang, Ein Arbeitsvertragsgesetz?, Arbeit und Recht (ArbuR) 1992, S. 129-137.

Degener, Hermann A. L., Wer ist's? Unsere Zeitgenossen, 8. Ausgabe, Berlin; Leipzig, 1922.

Dersch, Hermann, Werdendes Arbeitsrecht, zugleich ein Tätigkeitsbericht über das Wirken des Arbeitsrechtsausschusses der Akademie für Deutsches Recht, Zeitschrift der Akademie für Deutsches Recht (ZAkfDR) 1935, S. 368-372.

Dersch, Hermann, Grundsätzliches zu einer künftigen Neugestaltung der Fürsorgepflicht im Arbeitsrecht, Zeitschrift der Akademie für Deutsches Recht (ZAkfDR) 1935, S. 902-906.

Dichgans, Hans, Vom Beruf unserer Zeit zur Gesetzgebung, NJW 1963, S. 977-980.

Dieterich, Thomas, Die Kodifikation des Arbeitsrechts, Recht der Arbeit (RdA) 1978, S. 329-335; ebenso veröffentlicht in: 9. Internationaler Kongreß, Weltkongress der internationalen Gemeinschaft Band II/2, S. 799ff.

Dieterich, Thomas, Zur Pflicht der Gerichte, das Recht fortzubilden, Recht der Arbeit (RdA) 1993, S. 67-72.

Dieterich, Thomas (Hrsg.), Erfurter Kommentar zum Arbeitsrecht, 8. Auflage, München 2008.

Dietermann, Jürgen, Das Arbeitsvertragsgesetz – Initiative ohne Chance?, Zeitschrift für Rechtspolitik (ZRP) 2007, S. 98-100.

Dilcher, Gerhard, Otto von Gierke, in: Juristen – Ein biographisches Lexikon, Von der Antike bis zum 20. Jahrhundert, München 2001, S. 240-242; *zitiert als: Juristen.*

Dost, Axel, Arbeitsrecht, in: Heuer, Uwe-Jens (Hrsg.), Die Rechtsordnung der DDR, Baden-Baden 1995, S. 95-145.

Eckert, Jörn, Allgemeines Landrecht (Preußen), in: Handwörterbuch zur deutschen Rechtsgeschichte (HRG), Band 1, 2. Auflage, Berlin 2008, Sp. 155-162.

Ehrenberg, Herbert, Bewährungsprobe bestanden, Bundesarbeitsblatt (BArBl) 1978, S. 545-548.

Engelmann, Gabrielle, Jahrespressegespräch des BAG, NZA-Aktuell Heft 5/2008, S. IXf.

Erdsiek, Gerhard, Zum Bedeutungswandel der Kodifikation – Für und wider ein Gesetzbuch der Arbeit, Neue Juristische Wochenschrift (NJW) 1961, S. 647-649.

Falk, Ulrich, Bernhard Windscheid, in: Juristen – Ein biographisches Lexikon, Von der Antike bis zum 20. Jahrhundert, München 2001, S. 672-673; *zitiert als: Juristen.*

Falkenberg, Rolf-Dieter, Die Chance für eine Kodifikation des Arbeitsrechts, in: Festschrift für Dieter Gaul zum 70. Geburtstag, Neuwied 1992, S. 83-95; *zitiert als: FS-Gaul.*

Feig, Johannes, Vom Werden des deutschen Arbeitsrechts, in: Reichsarbeitsblatt (nichtamtlicher Teil [NAT]), Nr. 4, 1923, S. 74-78.

Feig, Johannes, Die Vorarbeiten für das deutsche Arbeitsgesetzbuch, in: Reichsarbeitsblatt (nichtamtlicher Teil [NAT]), Nr. 13, 1928, S. 205-208.

Fellinger, Richard, Der Deutsche Juristentag und das Privatangestelltenrecht, Beilage zu den „Preußischen Jahrbüchern", Band 150, ausgegeben am 27.11.1912, Berlin 1912.

Fellinger, Richard, Die deutsche Industrie und die Vereinheitlichung des Arbeitsrechts, in: Gewerbe- und Kaufmannsgericht: Monatsschrift des Verbandes deutscher Gewerbe- und Kaufmannsgerichte (GewKfmG), 1913, Sp. 317-328; *zitiert als: Die deutsche Industrie.*

Fest, Joachim, Das Gesicht des Dritten Reiches: Profile einer totalitären Herrschaft, München 1963.

Fischer, Bertram, Die Schiedsstellen für Arbeitsrecht in den neuen Bundesländern: Rechtliche und empirische Analyse eines Übergangsphänomens, Bremen 1992.

Fischer, Ulrich, Rechtsfort- oder Rückschritt durch Rechtsstillstand – das Arbeitsvertragsgesetz: Fata Morgana oder „wenn nicht jetzt, wann dann?", Neue Zeitschrift für Arbeitsrecht (NZA) 2006, S. 1395.

Flemming, Jens, Quellen zur Alltagsgeschichte der Deutschen, Band 7 (1871-1914), Darmstadt 1997.

Flesch, Karl, Ernst Abbe und der Arbeitsvertrag, in: Karl Flesch's soziales Vermächtnis, Frankfurt/ Main 1922.

Flesch, Karl, Zur Kritik des Arbeitsvertrags, Seine volkswirtschaftlichen Funktionen und sein positives Recht, Jena 1901; in: Karl Flesch's soziales Vermächtnis, Frankfurt/ Main 1922.

Flesch, Karl, Reform des Arbeitsrechts, Der Arbeitsvertrag im geltenden Recht und die notwendige Entwicklung des Arbeitsverhältnisses zum reinen Rechtsverhältnis, Berlin 1910.

Fraenkel, Ernst, Die politische Bedeutung des Arbeitsrechts, in: Ramm, Arbeitsrecht und Politik, Neuwied 1966, S. 247-260.

Frank, Hans, Im Angesicht des Galgens, Deutung Hitlers und seiner Zeit auf Grund eigener Erlebnisse und Erkenntnisse; geschrieben im Nürnberger Justizgefängnis, München 1953.

Frotscher, Werner/ Pieroth, Bodo, Verfassungsgeschichte, 7. Auflage, München 2008.

Fuld, Ludwig, Das bürgerliche Gesetzbuch und die Sozialpolitik, in: Gruchot's Beiträge 35 (1891), S. 635-657.

Gamillscheg, Franz, Die Grundrechte im Arbeitsrecht, in: Archiv für civilistische Praxis (AcP), 164 (1964), S. 385-445.

Gamillscheg, Franz, Zivilrechtliche Denkformen und die Entwicklung des Individualarbeitsrechts, in: Archiv für civilistische Praxis (AcP) 176 (1976), S. 197-220.

Geiss, Imanuel, Biographisches Lexikon zur Weimarer Republik, München 1988, S. 363-365.

Gierke, Otto von, Die soziale Aufgabe des Privatrechts, Berlin 1889.

Gierke, Otto von, Deutsches Privatrecht, Band 1, Leipzig 1895; *zitiert als: Privatrecht.*

Gierke, Otto von, Deutsches Privatrecht, Band 3, Leipzig 1917; *zitiert als: Privatrecht.*

Gierke, Otto von, Der Entwurf eines bürgerlichen Gesetzbuches und das deutsche Recht, Leipzig 1889; *zitiert als: Entwurf.*

Gierke, Otto von, Schuld und Haftung im älteren deutschen Recht insbesondere die Form der Schuld- und Haftungsgeschäfte, Breslau 1910.

Gierke, Otto von, Die Genossenschaftstheorie und die Deutsche Rechtsprechung, Berlin 1887; *zitiert als: Genossenschaftstheorie.*

Gretscher, Sabine, Die „allgemeinen Grundsätze des Verwaltungsrechts" und die deutsche Rechtsquellenlehre, Eine Untersuchung anhand des Aufopferungs- und des Verhältnismäßigkeitsgrundsatzes, Onlinepublikation dieser Dissertation (Universität Jena 2004) abrufbar unter http://www.db-thueringen.de/servlets/DerivateServlet/Derivate-3081/Gretschner.pdf.

Griese, Thomas, Die Gesetzentwürfe der Länder für ein Arbeitsvertragsgesetz, Neue Zeitschrift für Arbeitsrecht (NZA) 1996, S. 803-809.

Gruchmann, Lothar, Justiz im Dritten Reich 1933-1940, Anpassung und Unterwerfung in der Ära Gürtner, 3. Auflage, München, 2001.

Grünberg, Carl, Dienstvertrag, in: Deutsche Worte, 1889, S. 305ff; 337ff.; 433ff.

Hage, Marion, Betriebliche Konflikthandhabung in der DDR und der Bundesrepublik – Qualitative Analyse und rechtspolitische Perspektiven, Hamburg 2001.

Hamann, Steffen, Die soziale Ehrengerichtsbarkeit und die Konfliktkommissionen, Göttingen 2007.

Hanau, Peter, Der Entwurf eines Arbeitsvertragsgesetzes des Arbeitskreises „Deutsche Rechtseinheit im Arbeitsrecht" aus heutiger Sicht, in: Festschrift für Reinhard Richardi zum 70. Geburtstag, München 2007; *zitiert als: FS-Richardi.*

Hanau, Peter, Diskussionsentwurf eines Arbeitsvertragsgesetzes, Geleitwort, Neue Zeitschrift für Arbeitsrecht (NZA), Beilage zu Heft 23/2006, S. 1.

Hanau, Peter, Der Kommissionsentwurf eines Arbeitsvertragsgesetzes,
Zeitschrift für Rechtspolitik (ZRP) 1978, S. 215-221.

Hanau, Peter, Handlungsbedarf im Arbeitsrecht aus rechtlicher Sicht, Recht der Arbeit (RdA) 1988, S. 1-4.

Hanau, Peter, Neues zum Arbeitsvertragsgesetz, NJW-editorial Heft 14/2005, S. III.

Hattenhauer, Hans, Grundbegriffe des Bürgerlichen Rechts, 2. Auflage, München 2000; *zitiert als: Grundbegriffe.*

Hattenhauer, Hans, Die Akademie für Deutsches Recht, Juristische Schulung (JuS) 1986, S. 680-684.

Hattenhauer, Hans, Thibaut und Savigny: ihre programmatischen Schriften, 2. Auflage, München 2002.

Hedemann, Justus Wilhelm, Kodifikation des Arbeitsrechts, in: Recht und Wirtschaft, XI. Jg. 1922, Sp. 247-256.

Hedemann, Justus Wilhelm, Die Fortschritte des Zivilrechts im XIX. Jahrhundert – ein Überblick über die Entfaltung des Privatrechts in Deutschland, Österreich, Frankreich und der Schweiz, Band 1: Die Neuordnung des Verkehrslebens, Frankfurt/ Main 1910.

Hailbronner, Kay, Völker- und europarechtliche Fragen der Deutschen Wiedervereinigung, Juristen Zeitung (JZ) 1990, S. 449-457.

Heinicke, W., Unser neues Gesetzbuch der Arbeit, Schriftenreihe Arbeitsrecht, Heft 10, Berlin 1961, S. 1ff.

Heinze, Horst, Ein Gesetz zum Wohle der Werktätigen, Arbeit und Arbeitsrecht (AuA) 1977, S. 289-292.

Heinze, Meinhard, Arbeitsrecht in der gesellschaftlich-ökonomischen Ordnung, in: Festschrift für Dieter Gaul zum 70. Geburtstag, Neuwied 1992, S. 305-325; *zitiert als: FS-Gaul.*

Henning, Hansjoachim, Persönlichkeiten der Verwaltung, Neuhaus 1991, S. 223-229.

Henssler, Martin, Der Diskussionsentwurf eines Arbeitsvertragsgesetzes des Arbeitskreises Deutsche Rechtseinheit, Juristen Zeitung (JZ) 1992, S. 833-845.

Hermel, Monika, Karl Flesch (1853-1915) Sozialpolitiker und Jurist, Fundamenta Juridica 30, Baden-Baden 2004.

Herschel, Wilhelm, Gesetzbuch der Arbeit – heute?, Der Betrieb (DB) 1959, S. 1440-1445.

Herschel, Wilhelm, Das Arbeitsrecht, in: Die Grundrechte, Handbuch der Theorie und Praxis der Grundrechte. Band 3, Halbband 1: Die Wirtschafts- und Arbeitsverfassung, Berlin 1958, S. 369f.

Heuse, Robert, Arbeitsvertragsgesetzentwurf '92 – ein neuer Kodifikationsversuch, Betriebsberater (BB) 1992, S. 1145-1148.

Heyde, Ludwig, Gesellschaft für Soziale Reform, in: Heyde, Internationales Handwörterbuch des Gewerkschaftswesens, Band 1, Berlin 1931, S. 611ff.; *zitiert als: Handwörterbuch.*

Hillger, Hermann, Hillgers Handbuch der verfassungsgebenden deutschen Nationalversammlung, Berlin/ Leipzig 1919; *zitiert als: Handbuch.*

Hitler, Adolf, Mein Kampf, zwei Bände in einem Band, 7. Auflage, München 1941.

Hromadka, Wolfgang, Ein Arbeitsvertragsgesetz – Der Diskussionsentwurf des Arbeitskreises „Deutsche Rechtseinheit im Arbeitsrecht", Neue Juristische Wochenschrift (NJW) 1992, S. 1985-1993.

Hromadka, Wolfgang, Das Recht der leitenden Angestellten im historisch-gesellschaftlichen Zusammenhang, München 1979.

Huber, Ernst Rudolf (Hrsg.), Dokumente zur deutschen Verfassungsgeschichte, Band 2, Deutsche Verfassungsdokumente 1851-1900, 3. Auflage, Stuttgart 1986.

Hueck, Alfred, Arbeitsvertrag und Arbeitsverhältnis im neuen Arbeitsvertragsgesetze, in: Jherings Jahrbücher für die Dogmatik des bürgerlichen Rechts, Band 74 (1924), S. 358ff.

Hueck, Alfred, Der Entwurf eines Gesetzes über das Arbeitsverhältnis, Zeitschrift der Akademie für Deutsches Recht (ZAkfDR) 1938, S. 298-301.

Hueck, Alfred, Die Begründung des Arbeitsverhältnisses, Deutsches Arbeitsrecht (DAR) 1938, S. 180-182.

Hueck, Alfred, Deutsches Arbeitsrecht, Berlin 1938.

Hueck, Alfred/ Riezler, Erwin/ Molitor, Erich, Der Arbeitsvertrag und der Entwurf eines Allgemeinen Arbeitsvertragsgesetzes, Mannheim, Berlin, Leipzig 1925; *zitiert als: Der Arbeitsvertrag.*

Iannone, Enrico, Die Kodifizierung des Arbeitsvertragsrechts – ein Jahrhundertprojekt oder eine weitere Fußnote?, in: Arbeit und Recht (ArbuR) 2008, S. 197-203.

Jacobi, Erwin, Deutsches Biographisches Jahrbuch, Band 10, Stuttgart, Berlin, Leipzig 1928.

Jacobi, O., Die Lehre vom Dienstvertrag im Entwurf eines bürgerlichen Gesetzbuchs, in: Archiv für bürgerliches Recht, Band 4, 1890, S. 137-169.

Jhering, Rudolf von, Der Zweck im Recht, Band 2, 2. Auflage, Leipzig 1886; *zitiert als: Der Zweck.*

Kaesler, Dirk, Max Weber, in: Juristen – Ein biographisches Lexikon, Von der Antike bis zum 20. Jahrhundert, München 2001, S. 664-667; *zitiert als: Juristen.*

Kaiser, Christian, Kündigungsschutz ohne Prinzip, Der Weimarer Entwurf eines Arbeitsvertragsgesetzes und seine Bezüge zum heutigen Recht, Tübingen 2005.

Kant, Immanuel, Metaphysische Anfangsgründe der Naturwissenschaft, Riga 1786.

Kantorowicz, Hermann, Der Kampf um die Rechtswissenschaft, (erschienen unter dem Pseudonym Gnaeus Flavius), Heidelberg 1906.

Kaskel, Walter, Aufgabe und Gegenstand des künftigen Arbeitsgesetzbuches, in: Deutsche Juristen Zeitung (DJZ) 1919, Sp. 619ff.

Kaskel, Walter, Artikel 157 Absatz 2, einheitliches Arbeitsrecht, in: Nipperdey, Die Grundrechte und Grundpflichten der Reichsverfassung, Band 3, Berlin 1930, S. 359ff.

Keil, Helmut, Die Verwirklichung der Leninschen Idee über die gesellschaftlichen Gerichte, in: Neue Justiz (NJ) 1970, S. 236-239.

Kern, Max R., Die Wirkungsgeschichte der Arbeitsschutzkonferenz im internationalen Bereich, Zeitschrift für Arbeitsrecht (ZfA), 1991, S. 323-354.

Killy, Walther, Deutsche Biographische Enzyklopädie, Band 1, 2, 3, 4, 7, 10, Darmstadt 1995-1999.

Kissel, Otto Rudolf, Ein Jahr gesamtdeutsches Arbeitsrecht, in: Neue Zeitschrift für Arbeitsrecht (NZA) 1992, S. 1-8.

Kissel, Otto Rudolf, Die aktuelle Situation im Arbeitsrecht, Neue Zeitschrift für Arbeitsrecht (NZA) 1994, S. 586-593.

Klein, Franz, Entwicklungen im Probleme des einheitlichen Arbeitsrechtes, in: Arbeitsrecht, Jg. VII (1920), S. 1-10.

Kleinheyer, Gerd/ Schröder, Jan, Deutsche und europäische Juristen aus neun Jahrhunderten, 5. Auflage, Heidelberg 2008; *zitiert als: Deutsche Juristen.*

Kloeppel, Edmund, Der Entwurf eines bürgerlichen Rechts für das deutsche Reich, in: Gruchot's Beiträge zur Erläuterung des deutschen Rechts, Jg. 32, 1888, S. 611-656.

Kobatsch, Georg, Gutachten des Herrn Prof. Dr. Rudolf Kobatsch, Wien über die Frage: Welche der für Privatangestellte außerhalb des Handelsgesetzbuches geltenden sozialen Schutzvorschriften eignen sich zur Erstreckung auf alle Privatangestellten?, in: Verhandlungen des 31. Deutschen Juristentages, Band 1, Gutachten, Berlin 1912, S. 226-258.

Köbl, Ursula, Referat zum 59. Deutschen Juristentag (1992), S. P 30-P 58.

Koll, Christopher, Annahmeverzug, Betriebsrisiko, Arbeit und Recht (ArbuR) 2008, S. 210-212.

Konzen, Horst, Fünfzig Jahre richterliches Arbeitskampfrecht – Grundlagen, Bilanz, Weiterentwicklung –, in: 50 Jahre Bundesarbeitsgericht, München 2004, S. 515-555.

Kosch, Wilhelm, Biographisches Staatshandbuch, Lexikon der Politik, Presse und Publizistik, Band 1, Aachener Anzeiger – Itzstein, Bern 1963.

Kranig, Andreas, Lockung und Zwang, Zur Arbeitsverfassung im Dritten Reich, Stuttgart 1983.

Kreller, Hans, Zum Entwurf eines Allgemeinen Arbeitsvertragsgesetzes, in: AcP, Band 122 (1924), S. 1ff.; Beitrag fortgesetzt in: AcP, Band 123 (1925), S. 263ff.; AcP, Band 125 (1929), S. 1ff.

Kroeschell, Karl, Rechtsgeschichte Deutschlands im 20. Jahrhundert, Göttingen, 1992.

Kübler, Friedrich, Kodifikation und Demokratie, Juristen Zeitung (JZ) 1969, S. 645-651.

Kübler, Friedrich, Gesellschaftsrecht und Kodifikation, in: Festschrift für Karsten Schmidt zum 70. Geburtstag, Köln 2009, S. 1041-1052; *zitiert als: FS-Schmidt.*

Kummer, Karl, Kodifikationen des Auslands, Das Recht der Arbeit (DRdA) 1955, S. 31-33.

Kunz, Frithjof, Arbeitsrecht: Lehrbuch, 3. Auflage, Berlin 1986.

Kunz, Frithjof, Sozialistische Arbeitsdisziplin, Berlin 1966.

Kunz, Frithjof, Die Umwandlung der Konfliktkommissionen in Organe der sozialistischen Erziehung, Arbeitsrecht 1959, S. 68ff.

Kunz, Frithjof, Arbeitsrecht von A bis Z, 2. Auflage, Berlin 1987.

Kunz, Frithjof, Mit welchem Arbeitsrecht in Zukunft leben?, Arbeit und Arbeitsrecht (AuA) 1990, S. 109-111.

Kunz, Frithjof / Baumgart, Alfred, Zu einigen theoretischen Problemen des Entwurfs des neuen Arbeitsgesetzbuchs, Neue Justiz (NJ) 1977, S. 125-129.

Kunz, Frithjof /Pätzold, Erhard, Überschaubares Arbeitsrecht – wirksames Mittel zur Lösung der Hauptaufgabe, Staat und Recht 1973, S. 1757-1770.

Kunz, Frithjof/ Stolle, Alfred, Die Kodifizierung des Arbeitsrechts der Deutschen Demokratischen Republik, in: 9. Internationaler Kongreß, Weltkongress der internationalen Gemeinschaft Band II/2, S. 806ff.

Kyber, Roswitha, Tendenz zum wirksamen Instrument, in: Arbeit und Arbeitsrecht (AuA) 1991, S. 306-307.

Langanke, Annemarie/Heuse, Robert, Arbeitsgesetzbuch der DDR und Kündigungsschutzgesetz: mit Anmerkungen für die neuen Bundesländer, München 1991.

Lange, Heinrich, Wesen und Gestalt des Volksgesetzbuchs, Zeitschrift für die gesamte Staatswissenschaft (ZgS) 1943, Band 103, S. 208-259.

Leifert, Günter, Aufgaben der Arbeitsrechtswissenschaft bei der Schaffung der Voraussetzungen für ein neues Gesetzbuch der Arbeit, Staat und Recht 1972, S. 1760-1764.

Leminsky, Gerhard/ Otto, Bernd, Politik und Programmatik des Deutschen Gewerkschaftsbundes, 2. Auflage, Köln 1984.

Lentze, H., Handwerk (rechtlich), in: Handwörterbuch zur deutschen Rechtsgeschichte (HRG), Band 1, Berlin 1971, Sp. 1976-1984.

Li, Guang/ Frik, Roman, Das neue Arbeitsvertragsgesetz Chinas, Neue Zeitschrift für Arbeitsrecht (NZA) 2008, S. 86-91.

Lieb, Manfred, Dienstvertrag, in: Gutachten und Vorschläge zur Überarbeitung des Schuldrechts, Band 3, Köln 1983, S. 183-240; *zitiert als: Gutachten.*

Link, Peter/Kirtscher, Christine, Das deutsche Arbeitsvertragsrecht – Eine unendliche Geschichte, Arbeit und Arbeitsrecht (AuA) 2004, Heft 7, S. 18-21.

Lohmann, Ulrich, Das Arbeitsrecht der DDR – Analyse und Texte, Berlin 1987.

Lotmar, Philipp, Der Dienstvertrag des zweiten Entwurfs eines bürgerlichen Gesetzbuches für das Deutsche Reich, in: Archiv für soziale Gesetzgebung und Statistik, 1895, S. 1ff; *zitiert als: Der Dienstvertrag des zweiten Entwurfs.*

Lotmar, Philipp, Die Idee eines einheitlichen Arbeitsrechts, in: Gewerbe- und Kaufmannsgericht: Monatsschrift des Verbandes deutscher Gewerbe- und Kaufmannsgerichte (GewKfmG), 1913, Sp. 278-284; *zitiert als: Die Idee.*

Lotmar, Philipp, Der Arbeitsvertrag nach dem Privatrecht des deutschen Reiches, Band 1, Leipzig 1902; *zitiert als: Der Arbeitsvertrag.*

Lotmar, Philipp, Der unmoralische Vertrag, insbesondere nach gemeinem Recht, Leipzig 1896; *zitiert als: Der unmoralische Vertrag.*

Lotmar, Philipp, Die Tarifverträge zwischen Arbeitgebern und Arbeitnehmern, in: Archiv für soziale Gesetzgebung und Statistik, XV, 1900, S. 1-122.

Lotmar, Philipp, Empfiehlt sich die gesetzliche Regelung des gewerblichen Tarifvertrages?, Deutsche Juristen Zeitung (DJZ) 1908, Sp. 902-909.

Löwisch, Manfred, Ein freiheitsgeprägter Motor, Zeitschrift für soziale Marktwirtschaft 2005, S. 34.

Löwisch, Manfred, Kodifizierung des Arbeitsvertragsrechts im Bürgerlichen Gesetzbuch, Zeitschrift für Arbeitsrecht (ZfA) 2007, S. 1-26.

Lüdtke, Gerhard (Hrsg.), Kürschners deutscher Gelehrten-Kalender, 2. Ausgabe, Berlin 1926.

Mallmann, Walter, Deutsches Reich, in: Handwörterbuch zur deutschen Rechtsgeschichte (HRG), Band 1, Berlin 1971, Sp. 712-724.

Mansfeld, Werner, Zum Entwurf eines Gesetzes über das Arbeitsverhältnis, in: Deutsches Arbeitsrecht (DAR) 1938, S. 177-179.

Mansfeld, Werner, Vom Arbeitsverhältnis, Zeitschrift der Akademie für Deutsches Recht (ZAkfDR) 1935, S. 906-910.

Mansfeld, Werner, Vom Arbeitsvertrag, eine arbeitsrechtliche Selbstbesinnung, Deutsches Arbeitsrecht (DAR) 1936, S. 118-130

Mansfeld, Werner, Die arbeitsvertragsrechtliche Begründung und Ausgestaltung des Arbeitsverhältnisses, in: Juristische Wochenschrift (JW) 1936, S. 481ff.

Mansfeld, Werner, Um die Zukunft des deutschen Arbeitsrechts, Deutsches Arbeitsrecht (DAR) 1942, S. 117-122.

Mansfeld, Werner, Eine Bilanz, Deutsches Arbeitsrecht (DAR) 1941, S. 1-4.

Märker, Tom, Umfeld beachten, Arbeit und Arbeitsrecht (AuA) 1992, S. 88.

Mayer, Udo, Arbeitsrecht im Wandel?, Demokratie und Recht (DuR) 1978, S. 203-217.

Mayer-Maly, Theo, Grundsätzliches zur kodifikatorischen Ordnung des deutschen Arbeitsrechts, Recht der Arbeit (RdA) 1964, S. 1-7.

Mayer-Maly, Theo, Probleme der Erstellung eines Arbeitsgesetzbuches, Arbeit und Recht (ArbuR) 1975, S. 225-234.

Mayer-Maly, Theo, Die Begründung und Lösung von Arbeitsverhältnissen als Gesetzgebungsproblem, NJW 1978, S. 1566-1570.

Mayer-Maly, Theo, Über die der Rechtswissenschaft und der richterlichen Rechtsfortbildung gezogenen Grenzen, Juristen Zeitung (JZ) 1986, S. 557-563.

Meder, Stephan, Rechtsgeschichte, 2. Auflage, Köln 2005.

Meitzel, Carl, Brentano, Lujo, in: Handwörterbuch der Staatswissenschaften, 3. Auflage, Band 3, S. 236ff.

Melsbach, Erich, Richtiges Arbeitsrecht, in: Juristische Wochenschrift (JW) 1924, S. 1001ff.

Menger, Anton, Das bürgerliche Recht und die besitzlosen Volksklassen, 4. Auflage, Tübingen 1908; *zitiert als: Volksklassen.*

Michas, Joachim, Arbeitsrecht der DDR: Eine systematische Darstellung und Erklärung des Gesetzbuches der Arbeit der Deutschen Demokratischen Republik und weiterer arbeitsrechtlicher Bestimmungen, 2. Auflage, Berlin 1970.

Michas, Joachim, Das Arbeitsrecht und der Kampf um die Eröhung der sozialisitschen Arbeitsmoral in der DDR, Arbeitsrecht 1959, S. 97ff.

Molitor, Erich, Juristische Betrachtungen zum Entwurf eines Allgemeinen Arbeitsvertragsgesetzes, in: Reichsarbeitsblatt (RArbl.) 1924, Nr. 4, S. 79-83; Nr. 7, S. 143-148; Nr. 9, S. 201-206.

Molitor, Erich, Das Wesen des Arbeitsvertrages: eine Untersuchung über die Begriffe des Dienst- und Werkvertrags, sowie des Vertrags über abhängige Arbeit, Leipzig 1925.

Mückenberger, Ulrich, Perspektiven einer deutschen Arbeitsvertragsrechtsreform?, Zeitschrift für Rechtspolitik (ZRP) 1992, S. 457-460.

Müller, Richard, Der Bürgerkrieg in Deutschland, Berlin 1925; *zitiert als: Bürgerkrieg.*

Neubert, Franz, Deutsches Zeitgenossen-Lexikon, 1905.

Neumann, Dirk, Der sächsische Entwurf eines Arbeitsvertragsgesetzes, in: Arbeitsgesetzgebung und Arbeitsrechtsprechung, Festschrift zum 70. Geburtstag von Eugen Stahlhacke, Neuwied 1995, S. 349-361; *zitiert als: FS-Stahlhacke.*

Neumann, Dirk, Der sächsische Entwurf eines Arbeitsvertragsgesetzes, Der Betrieb (DB) 1995, S. 2013-2017.

Neumann, Dirk, Referat zum 59. Deutschen Juristentag (1992), S. P 59-P 70.

Neusser, Gerold, Arbeitsrecht, in: Handwörterbuch zur deutschen Rechtsgeschichte (HRG), Band 1, 2. Auflage, Berlin 2008, Sp. 279-286.

Nikisch, Arthur, Das Arbeitsgesetzbuch und die Lehre vom Arbeitsverhältnis, in: Festschrift für Erich Molitor zum 75. Geburtstag, 3.10.1961, München 1962, S. 83-105.

Nikisch, Arthur, Das Arbeitsverhältnis im Betriebe, 2. Auflage, Berlin 1944.

Nikisch, Arthur, Das Arbeitsgesetzbuch und die Lehre vom Arbeitsverhältnis, in: Festschrift für Erich Molitor, München und Berlin 1962.

Nipperdey, Hans Carl, Das System des Bürgerlichen Rechts, in: Schriften der Akademie für Deutsches Recht, Gruppe Rechtsgrundlagen und Rechtsphilosophie, Nr. 7, München 1938.

Nipperdey, Hans Carl, Das System des neuen Arbeitsrechts, Zeitschrift der Akademie für Deutsches Recht (ZAkfDR) 1935, S. 911-914.

Nipperdey, Hans Carl, Arbeitsrechtliche Probleme der Gegenwart, in: Studium Generale, 14. Jg., 1961, S. 319-324.

Nipperdey, Hans Carl/ Hueck, Alfred, Lehrbuch des Arbeitsrechts, 7. Auflage, Berlin 1963.

Obermayer-Marnach, Eva (Bearbeitung)/ Österreichische Akademie der Wissenschaften (Hrsg.), Österreichisches biographisches Lexikon, Band 4, Wien 1969.

Oertmann, Paul, Gutachten von Professor Dr. iur. et phil. Paul Oertmann in Erlangen über die Frage: Empfiehlt es sich, soziale Schutzvorschriften, in der Art der für Handlungsgehilfen bestehenden, für Privatangestellte überhaupt zu treffen?, in: Verhandlungen des 30. Deutschen Juristentages, Band 1, Gutachten, Berlin 1910, S. 112-153.

Oetker, Hartmut, Das Arbeitsgesetzbuch zwischen rechtshistorischem Relikt und Vorbildfunktion für den gesamtdeutschen Gesetzgeber, 20 Thesen für die rechtspolitische Diskussion, Neue Justiz (NJ) 1991, S. 147-152.

Ogorek, Regina, Richterkönig oder Subsumtionsautomat? Zur Justiztheorie im 19. Jahrhundert, Frankfurt/ Main 1986; *zitiert als: Richterkönig.*

Osterroth, Franz, Biographisches Lexikon des Sozialismus, Band 1, Verstorbene Persönlichkeiten, Hannover, 1960.

Peschke, Paul, Das Grundgesetz der Arbeit, Arbeit und Sozialfürsorge 1950, S. 145f.

Pichinot, Hans-Rainer, Die Akademie für Deutsches Recht - Aufbau und Entwicklung einer öffentlich-rechtlichen Körperschaft des Dritten Reiches, Kiel 1983.

Picker, Eduard, Die Regelung der „Arbeits- und Wirtschaftsbedingungen" – Vertragsprinzip oder Kampfprinzip? (Teil 1), Zeitschrift für Arbeitsrecht (ZfA) 1986, S. 199-339.

Planck, Gottlieb, Zur Kritik des Entwurfes eines bürgerlichen Gesetzbuches für das deutsche Reich, in: Archiv für die civilistische Praxis (AcP) 75 (1889), S. 327-429; *zitiert als: Entwurf*

Planck, Gottlieb, Über Windscheids Anteil am BGB, in: Deutsche Juristenzeitung (DJZ), 1909, Sp. 954-956.

Planck, Gottlieb, Einleitung, in: Planck's Kommentar zum Bürgerlichen Gesetzbuch nebst Einführungsgesetz (hrsg. von Emil Strohal), Band 1: Allgemeiner Teil, §§ 1-240, 4. Auflage, Berlin 1913; *zitiert als: Planck's Kommentar zum BGB.*

Potthoff, Heinz, Einheitliches Privatbeamtenrecht, in: Annalen des Deutschen Reichs für Gesetzgebung, Verwaltung und Volkswirtschaft, 1906, S. 401-414.

Potthoff, Heinz, Die Bestrebungen des letzten Jahrzehnts zur Schaffung eines einheitlichen deutschen Arbeitsrechtes, in: Gewerbe- und Kaufmannsgericht: Monatsschrift des Verbandes deutscher Gewerbe- und Kaufmannsgerichte (GewKfmG), 1913, Sp. 284-297; *zitiert als: Die Bestrebungen.*

Potthoff, Heinz, Programm eines Reichsarbeitsgesetzes, Deutsche Juristenzeitung (DJZ) 1908, Sp. 1302-1306.

Potthoff, Heinz, Grundfragen des Arbeitsrechts, in: Annalen des Deutschen Reichs für Gesetzgebung, Verwaltung und Volkswirtschaft, 1911, S. 633-636.

Potthoff, Heinz, Das Dienstrecht der Privatbeamten, in: Das Recht der Privatbeamten und die Pensionsversicherung der Privatbeamten, Verhandlungen der 4. Generalversammlung der Gesellschaft für Soziale Reform; mit dem Tätigkeitsbericht für 1907/08, den Satzungen und dem Verzeichnis der Vorstands- und Ausschussmitglieder, Jena 1909.

Potthoff, Heinz, Probleme des Arbeitsrechts, Jena 1912; *zitiert als: Probleme.*

Potthoff, Heinz, Gutachten des Herrn Dr. Heinz Potthoff, M.d.R. über die Frage: Empfiehlt es sich, soziale Schutzvorschriften, in der Art der für Handlungsgehilfen bestehenden, für Privatangestellte überhaupt zu treffen?, in: Verhandlungen des 30. Deutschen Juristentages, Band 1, Gutachten, Berlin 1910, S. 266-301.

Potthoff, Heinz, Gutachten von Herrn Dr. Heinz Potthoff über die Frage: Welche der für Privatangestellte außerhalb des Handelsgesetzbuches geltenden sozialen Schutzvorschriften eignen sich zur Erstreckung auf alle Privatangestellten?, in: Verhandlungen des 31. Deutschen Juristentages, Band 1, Gutachten, Berlin 1912, S. 68-111.

Potthoff, Heinz, Die künftige Arbeitsverfassung, in: Arbeitsrecht, Jg. VI, 1919, S. 81-90.

Potthoff, Heinz, Vom künftigen Arbeitsgesetzbuche, in: Arbeitsrecht, Jg. VIII, 1921, S. 156-158.

Potthoff, Heinz, Zur Systematik des künftigen Arbeitsvertragsrechtes, in: Annalen des Deutschen Reiches, 1921,1922, S. 325-329.

Potthoff, Heinz, Entwurf eines Gesetzes über den Dienstvertrag der Angestellten, Arbeitsrecht Jg. I (1914), S. 44ff.

Preis, Ulrich, Ist die Kodifikation des Arbeitsverhältnisrechts im Zuge der deutsch-deutschen und europäischen Rechtsangleichung erforderlich?, Zeitschrift für Rechtspolitik (ZRP) 1990, S. 311-314.

Preis, Ulrich, Rechtsfortbildung im Individualarbeitsrecht, Recht der Arbeit (RdA) 1989, S. 327-334.

Preis, Ulrich, Die Zeit ist reif für ein modernes Arbeitsvertragsrecht, Arbeit und Arbeitsrecht, (AuA) 1996, S. 41-46.

Preis, Ulrich, Neuorientierung in der arbeitsrechtlichen Gesetzgebung, Neue Zeitschrift für Arbeitsrecht (NZA) 2000, S. 9-13.

Preis, Ulrich, Die Aktualität des Arbeitsvertragsgesetzes, in: Arbeitsrecht im 21. Jahrhundert (1999), S. 27-47.

Preis, Ulrich, Das Arbeitsrecht in der Gesetzgebungskrise, in: Arbeitsrecht im sozialen Dialog, Festschrift für Hellmut Wißmann zum 65. Geburtstag, München 2005, S. 45-60; *zitiert als: FS-Wissmann.*

Preis, Ulrich, Zur Debatte um das Arbeitsvertragsgesetz, Arbeit und Recht (ArbuR) 2009, S. 109-115.

Pufendorf, Samuel von, De statu Imperii Germanici, abgedruckt mit deutscher Übersetzung bei: Denzer, Horst, Samuel von Pufendorf, Die Verfassung des Deutschen Reiches, Frankfurt/ Main/ Leipzig 1994.

Pulte, Peter, Kodifizierung des Arbeitsrechts, Betriebsberater (BB) 1978, S. 816-818.

Rabel, Ernst, Windscheid und die Schweiz, in: Deutsche Juristenzeitung (DJZ), 1909, Sp. 959-961.

Radbruch, Gustav, Artikel 157 Absatz 1, Arbeitsrecht, in: Nipperdey, Die Grundrechte und Grundpflichten der Reichsverfassung, Band 3, Berlin 1930, S. 348-373.

Ramm, Thilo, Entwürfe zu einem Deutschen Arbeitsvertragsgesetz, Frankfurt/ Main 1992; *zitiert als: Entwürfe.*

Ramm, Thilo, Arbeitsrecht und Politik, Neuwied 1966.

Ramm, Thilo, Das deutsche kollektive Arbeitsrecht zwischen den beiden Weltkriegen, Zeitschrift für Arbeitsrecht (ZfA) 1988, S. 157-173.

Ramm, Thilo, Die „Regelung der Arbeit“ (1942), das „Volksgesetzbuch“ und der Arbeitsrechtsausschuss der Akademie für Deutsches Recht, Zeitschrift für Arbeitsrecht (ZfA) 1990, S. 407ff.

Reichsarbeitsministerium (RAM), Deutsche Sozialpolitik, 1918-1928: Erinnerungsschrift des Reichsarbeitsministeriums, 2. Auflage, Berlin 1929.

Repgen, Tilman, Die soziale Aufgabe des Privatrechts, eine Grundfrage in Wissenschaft und Kodifikation am Ende des 19. Jahrhunderts, Tübingen 2001.

Rhode, Heinz, Zum Akademie-Entwurf, Deutsches Recht (DR) 1938, S. 443-448.

Rhode, Heinz, Und doch Arbeitsvertrag?!, Zeitschrift der Akademie für Deutsches Recht (ZAkfDR) 1936, S. 371-375.

Rhode, Heinz, Arbeitsverhältnis – Arbeitsvertrag, Zeitschrift der Akademie für Deutsches Recht (ZAkfDR) 1937, S. 203-206.

Richardi, Reinhard, Der Arbeitsvertrag im Zivilrechtssystem, Zeitschrift für Arbeitsrecht (ZfA) 1988, S. 221-255.

Richardi, Reinhard, Arbeitsverfassung und Arbeitsrecht, in: Geschichte der Sozialpolitik in Deutschland seit 1945, Band 5, 1966-1974, Bundesrepublik Deutschland, Eine Zeit vielfältigen Aufbruchs, Baden-Baden 2006, S. 225-277.

Richardi, Reinhard, Arbeitsvertragsgesetz und Privatautonomie, Neue Zeitschrift für Arbeitsrecht (NZA) 1992, S. 769-777.

Richardi, Reinhard/ Thiel, Wera, Arbeitsverfassung und Arbeitsrecht, in: Geschichte der Sozialpolitik in Deutschland seit 1945, Band 2, Teil 1 (1945-1949) – Die Zeit der Besatzungszonen, Sozialpolitik zwischen Kriegsende und der Gründung zweiter deutscher Staaten, Baden-Baden 2001, S. 153-210.

Richter, Lutz, Der Entwurf eines Gesetzes über das Arbeitsverhältnis, in: Soziale Praxis, 1938, Sp. 769-776.

Rieble, Volker, Lager- und Ordnungsdenken im Arbeitsrecht, in: Gegen den Strich, Festschrift für Klaus Adomeit, Köln 2008, S. 619-630.

Rolfs, Christian, § 85 SGB IX, in: Erfurter Kommentar zum Arbeitsrecht, 8. Auflage, Rn. 1ff.

Römer, Peter, Für und wider ein Gesetzbuch der Arbeit, Arbeit und Recht (ArbuR) 1970, S. 141-147.

Rückert, Joachim, „Frei" und „sozial": Arbeitsvertrags-Konzeptionen um 1900 zwischen Liberalismen und Sozialismen, Zeitschrift für Arbeitsrecht (ZfA) 1992, S. 225-294; *zitiert als: „Frei" und „sozial".*

Rückert, Joachim, Richtertum als Organ des Rechtsgeistes: die Weimarer Erfüllung einer alten Versuchung, in: Geisteswissenschaften zwischen Kaiserreich und Republik. Zur Entwicklung von Nationalökonomie, Rechtswissenschaft und Sozialwissenschaft im 20. Jahrhundert, Wiesbaden 1994, S. 267-313; *zitiert als: Richtertum, in: Gw.*

Rückert, Joachim, Philipp Lotmars Konzeption von Freiheit und Wohlfahrt durch „soziales" Recht (1850-1922), in: Philipp Lotmar, Schriften zu Arbeitsrecht, Zivilrecht und Rechtsphilosophie, Frankfurt a.M. 1992, S.XI-LXXXVI; *zitiert als: Lotmars Konzeption.*

Rückert, Joachim, Das BGB und seine Prinzipien: Aufgabe, Lösung, Erfolg, in: Historisch-kritischer Kommentar zum BGB, Band 1: Allgemeiner Teil, §§ 1-240, Tübingen 2003, S. 34-122; *zitiert als: Das BGB und seine Prinzipien, in: HKK-BGB.*

Rückert, Joachim, Autonomie des Rechts in rechtshistorischer Perspektive, Hannover 1988; *zitiert als: Autonomie.*

Rückert, Joachim, Friedrich Carl von Savigny, in: Juristen – Ein biographisches Lexikon, Von der Antike bis zum 20. Jahrhundert, München 2001, S. 555-560; *zitiert als: Juristen.*

Rückert, Joachim, Savignys Hermeneutik - Kernstück einer Jurisprudenz ohne Pathologie, in: Theorie der Interpretation vom Humanismus bis zur Romantik - Rechtswissenschaft, Philosophie, Theologie. Beiträge zu einem interdisziplinärem Symposium in Tübingen 29. September bis 1. Oktober 1999, hg. von Jan Schröder, Stuttgart 2001, S. 287-327; *zitiert als: Savignys Hermeneutik.*

Rückert, Joachim, Bernhard Windscheid und seine Jurisprudenz „als solche" im liberalen Rechtsstaat (1817-1892), in: Juristische Schulung (JuS), 1992, S. 902-908; *zitiert als: Windscheid und seine Jurisprudenz.*

Rückert, Joachim, Das Bürgerliche Gesetzbuch - ein Gesetzbuch ohne Chance?, in: Juristenzeitung (JZ), 2003, S. 749-760.

Rückert, Joachim (Hrsg.), Philipp Lotmar, Schriften zu Arbeitsrecht, Zivilrecht und Rechtsphilosophie, Frankfurt/ Main 1992.

Rüthers, Bernd, Grauzone Arbeitsrechtspolitik, Zürich 1986.

Rüthers, Bernd, Arbeitsrecht und politisches System BRD:DDR, Band 3, Frankfurt/Main, 1972.

Rüthers, Bernd, Mehr Beschäftigung durch Entrümpelung des Arbeitsrechts?, Neue Juristische Wochenschrift (NJW) 2003, S. 546-552.

Rüthers, Bernd, Die unbegrenzte Auslegung, 6. Auflage, Tübingen 2005.

Rüthers, Bernd, Richterrecht als Methoden- und Verfassungsproblem, in: Festschrift für Karl Molitor, Franz Gamillscheg München 1988, S. 293ff.

Säcker, Franz Jürgen, Ein neuer Anlauf zur Reform des Arbeitsrechts und der Arbeitsgerichtsbarkeit?, Zeitschrift für Arbeitsrecht (ZfA) 2006, S. 99-116.

Sautter, Udo, Biographisches Lexikon zur deutschen Geschichte, München 2002.

Savigny, Friedrich Carl von, Vorlesungen über juristische Methodologie 1802 -1842, in: Savigny, Friedrich Carl von – Savignyana – Texte und Studien, (herausgegeben von Joachim Rückert), Frankfurt/ Main 2004; *zitiert als: Methodologie.*

Savigny, Friedrich Carl von, Vom Beruf unsrer Zeit für Gesetzgebung und Rechtswissenschaft, Heidelberg 1814; *zitiert als: Beruf.*

Savigny, Friedrich Carl von, System des heutigen Römischen Rechts, Band 1, Berlin 1840; *zitiert als: System I.*

Schelp, Günther, Es muss der Anfang gemacht werden, Betrachtungen zur Schaffung eines Gesetzbuchs der Arbeit, Recht der Arbeit (RdA) 1960, S. 127-133.

Schelp, Günther, Vorarbeiten zur Schaffung eines Deutschen Arbeitsgesetzbuches, Betriebsberater (BB) 1962, S. 229-233.

Schlegelberger, Franz, Abschied vom BGB, Vortrag gehalten in der Universität zu Heidelberg am 25.1.1937, Berlin 1937.

Schlochauer, Ursula, Überlegungen zu einer Kodifizierung des Arbeitsrechts, in: Anzinger, Rudolf / Wank, Rolf (Hrsg.): Entwicklungen im Arbeitsrecht und Arbeitsschutzrecht, Festschrift für Otfried Wlotzke zum 70. Geburtstag, München 1996, S. 121-144.

Schlosser, Hans, Grundzüge der neueren Privatrechtsgeschichte, 10. Auflage, Heidelberg 2005.

Schmidt, Kristina/ Kothe, Wolfhard, Konfliktkommissionen in der DDR – Historische Erfahrungen als Impulse für aktuelle Diskussion, in: Zeitschrift für Rechtssoziologie (ZfRSoz) 1996, S. 259-285.

Schmidt, Robert, Die Arbeiterschaft und das einheitliche Arbeitsrecht für Deutschland, in: Gewerbe- und Kaufmannsgericht: Monatsschrift des Verbandes deutscher Gewerbe- und Kaufmannsgerichte (GewKfmG), 1913, Sp. 340-342; *zitiert als: Die Arbeiterschaft.*

Schmidt-Rimpler, Walter, Vom System des bürgerlichen, Handels- und Wirtschaftsrechts, in: Hedemann, Zur Erneuerung des Bürgerlichen Rechts, S. 79-94.

Schramm, Florian, Das Arbeitsrecht in der öffentlichen Wahrnehmung – ausgewählte Befragungsergebnisse, Recht der Arbeit (RdA) 2007, S. 267-275.

Schriftleitung der Zeitschrift Neue Justiz, Plan für die Arbeit des Ministeriums der Justiz bis zum Jahre 1965, Neue Justiz (NJ) 1958, S. 551-553.

Schriftleitung der Zeitschrift Soziale Praxis, Die Tarifordnung im Gesetzentwurf über das Arbeitsverhältnis, in: Soziale Praxis, 1938, Sp. 1451-1454.

Schriftleitung der Zeitschrift Soziale Praxis, Der Betrieb im Gesetzentwurf über das Arbeitsverhältnis, in: Soziale Praxis, 1938, Sp. 1511-1516.

Schröder, Jan, Otto von Gierke, in: Deutsche und europäische Juristen aus neun Jahrhunderten, 5. Auflage, Heidelberg 2008, S. 152-158; *zitiert als: Deutsche Juristen.*

Schröder, Jan, Anton Friedrich Justus Thibaut, in: Deutsche und europäische Juristen aus neun Jahrhunderten, 5. Auflage, Heidelberg 2008, S. 436-439; *zitiert als: Deutsche Juristen.*

Schröder, Jan, Bernhard Windscheid, in: Deutsche und europäische Juristen aus neun Jahrhunderten, 5. Auflage, Heidelberg 2008, S. 459-463; *zitiert als: Deutsche Juristen.*

Schröder, Rainer, Die Deutsche Methodendiskussion um die Jahrhundertwende: Wissenschaftstheoretische Präzisierungsversuche oder Antworten auf den Funktionswandel von Recht und Justiz, in: Zeitschrift für Logik, Methodenlehre, Kybernetik und Soziologie des Rechts, Band 19, 1988, S. 323-367; *zitiert als: Methodendiskussion, in: ZfL.*

Schröder, Rainer, Einleitung zu Wolfgang Ritscher, Koalitionen und Koalitionsrecht in Deutschland bis zur Reichsgewerbeordnung, Neudruck der Ausgabe von 1917, Stuttgart 1992; *zitiert als: Einleitung.*

Schröder, Rainer/Bedau, Maren/Dostal, Caroline, Deutsche Demokratische Republik, Handwörterbuch zur deutschen Rechtsgeschichte (HRG), Band 1, 2. Auflage, Berlin 2008, Sp. 957-972.

Schröder, Wilhelm Heinz, Sozialdemokratische Reichstagsabgeordnete und Reichstagskandidaten 1898-1918, biographisch-statistisches Handbuch, Düsseldorf 1986.

Schubert, Michael, Massive Eingriffe in den allgemeinen Kündigungsschutz - §§ 108-120 ArbVG-E, Arbeit und Recht (ArbuR) 2008, S. 212-216.

Schuster, Dieter, Die deutsche Gewerkschaftsbewegung, DGB, 5. Auflage, Düsseldorf, 1976.

Schwarz, Solomon, Handbuch der deutschen Gewerkschaftskongresse (Kongresse des Allgemeinen Deutschen Gewerkschaftsbundes, Berlin 1930; *zitiert als: Handbuch.*

Schwarz, Walter, Wissenschaftliche Tagung über die Arbeitsrechtskodifikation, Das Recht der Arbeit (DRdA) 1966, S. 99f.

Schwerdtner, Peter, Fürsorge- und Treuepflichten im Gefüge des Arbeitsverhältnisses, Zeitschrift für Arbeitsrecht (ZfA) 1979, S. 1ff.

Seelig, Marie Louise, Heinz Potthoff (1875-1945), Arbeitsrecht als volkswirtschaftliches und sozialpolitisches Gestaltungsinstrument, Berlin 2008; *zitiert als: Heinz Potthoff.*

Siebert, Wolfgang, Das Arbeitsverhältnis in der Ordnung der nationalen Arbeit, Hamburg 1935.

Siebert, Wolfgang, Der Einzelarbeitsvertrag, Deutsches Recht (DR) 1934, S. 461-463.

Siefart, Hugo, Zur Geschichte der Entstehung eines deutschen Arbeitsgesetzbuchs, Neue Zeitschrift für Arbeitsrecht (NZfA), 1921, Sp. 261-278; *zitiert als: Zur Geschichte.*

Sigmundt, Christian, Rechtsgewinnung und Erbhofrecht – Eine Analyse der Methoden in Wissenschaft und Rechtsprechung des Reichserbhofrechts, Onlinepublikation dieser Dissertation (Universität Würzburg, 2005) unter http://deposit.d-nb.de (Direktlink: http://deposit.d-nb.de/cgi-bin/dokserv?idn=979660513) abrufbar.

Silberschmidt, Wilhelm, Der Entwurf eines „Allgemeinen Arbeitsvertragsgesetzes", in: Gewerbe- und Kaufmannsgericht: Monatsschrift des Verbandes deutscher Gewerbe- und Kaufmannsgerichte (GewKfmG), Band 19, 1924, S. 186ff.

Simitis, Spiros, Referat zum 52. Deutschen Juristentag (1978), S. M 8-M 58.

Sinzheimer, Hugo, Philipp Lotmar und die deutsche Rechtswissenschaft (1922), abgedruckt in: Arbeitsrecht und Rechtssoziologie: gesammelte Aufsätze und Reden, Band 1, Frankfurt/ Main 1976, S. 408-415; *zitiert als: Lotmar.*

Sinzheimer, Hugo, Der korporative Arbeitsnormenvertrag, Eine privatrechtliche Untersuchung, Band 1, Leipzig 1907.

Sinzheimer, Hugo, Über den Grundgedanken und die Möglichkeit eines einheitlichen Arbeitsrechts für Deutschland (1914), in: Arbeitsrecht und Rechtssoziologie, Gesammelte Aufsätze und Reden, Frankfurt/ Main, Köln 1976, S. 35-61; *zitiert als: Grundgedanken.*

Sinzheimer, Hugo, Einheitliche Arbeiterorganisation?, in: Arbeitsrecht – Zeitschrift für das gesamte Dienstrecht der Arbeiter, Angestellten und Beamten, 1916, S. 123-126.

Sinzheimer, Hugo, Die Neuordnung des Arbeitsrechts, in: Arbeitsrecht und Rechtssoziologie, Gesammelte Aufsätze und Reden, Frankfurt/ Main, Köln 1976, S. 62-69.

Sinzheimer, Hugo, Die Fortbildung des Arbeitsrechts, in: Arbeitsrecht und Rechtssoziologie, Gesammelte Aufsätze und Reden, Frankfurt/ Main, Köln 1976, S. 78-90.

Sinzheimer, Hugo, Der Kampf um das neue Arbeitsrecht, in: Arbeitsrecht und Rechtssoziologie, Gesammelte Aufsätze und Reden, Frankfurt/ Main, Köln 1976, S. 91-99.

Sinzheimer, Hugo, Die Notwendigkeit des einheitlichen Angestelltenrechtes, Vortrag gehalten auf dem Kongress für ein einheitliches Angestelltenrecht am 26.04.1914 in Berlin, in: Flugschriften zur Schaffung sozialen Rechtes, Heft 2, 1914, S. 8ff.

Sohm, Rudolph, Der Entwurf eines bürgerlichen Gesetzbuchs für das Deutsche Reich in zweiter Lesung, in: Gruchot's Beiträge zur Erläuterung des Deutschen Rechts 1895, S. 737ff; *zitiert als: Der Entwurf in zweiter Lesung.*

Sorgenicht, Klaus/ Weichelt, Wolfgang/ Riemann, Tord/ Semler, Hans-Joachim, Verfassung der DDR, Dokumente, Kommentar, Band 1, Berlin 1969.

Steimel, Robert, Kölner Köpfe, Köln, 1958.

Steinmeyer, Heinz-Dietrich/ Jürging, Axel, Überlegungen zu eines gesamtdeutschen Kodifikation des Arbeitsvertragsrechts, Neue Zeitschrift für Arbeitsrecht (NZA) 1992, S. 777-785.

Stern, Klaus, Das Staatsrecht der Bundesrepublik Deutschland, Band 5, Die geschichtlichen Grundlagen des deutschen Staatsrechts – die Verfassungsentwicklung vom Alten Deutschen Reich zur wiedervereinigten Bundesrepublik Deutschland, München 2000.

Stolleis, Miachel, Nationalsozialistisches Recht, in: Handwörterbuch zur deutschen Rechtsgeschichte (HRG), Band 4, Berlin 1990, Sp. 873-892.

Stolleis, Michael, Georg Beseler, in: Juristen – Ein biographisches Lexikon, Von der Antike bis zum 20. Jahrhundert, München 2001, S. 82f.; *zitiert als: Juristen.*

Stürmer, Michael, Das ruhelose Reich, Deutschland 1866-1918, Berlin 1998.

Syrup, Friedrich, Die deutsche Arbeitsverwaltung im Kriege, Reichsarbeitsblatt (RArbl.) 1942, Teil V, Nr. 18, S. 328ff.

Tetzlaff, Walter, 2000 Kurzbiographien bedeutender deutscher Juden des 20. Jahrhunderts, Lindhorst 1982.

Thau, Jens-Thomas, Die Schiedsstellen für Arbeitsrecht, Europäische Hochschuleschriften, Reihe 2, Rechtswissenschaft, Band 1283, Frankfurt/Main 1992.

The American Law Institute, Principles of Corporate Governance, Analysis and Recommendations, Volume 1 und 2, Washington, 1994; Nachdruck aus 2008 mit Ergänzungen im Anhang (Cumulative Annual Pocket Part For Use In 2008).

Thiel, Wera, Arbeitsrecht in der DDR: Ein Überblick über die Rechtsentwicklung und der Versuch einer Wertung, Opladen 1997.

Trieschmann, Günther, Stand der Vorarbeiten zur Schaffung eines Deutschen Arbeitsgesetzbuches (I), Der Betrieb (DB) 1962, S. 271-273.

Ulbricht, Walter, Der Kampf um den Frieden, für den Sieg des Sozialismus, Referat, V. Parteitag, S. 162.

Viethen, Hans Peter, Kodifizierung des Arbeitsvertragsrechts, in: Anzinger, Rudolf / Wank, Rolf (Hrsg.): Entwicklungen im Arbeitsrecht und Arbeitsschutzrecht, Festschrift für Otfried Wlotzke zum 70. Geburtstag, München 1996, S. 3-26.

Volbehr, Friedrich/ Weyl, Richard, Professoren und Dozenten der Christian-Albrechts-Universität zu Kiel, 1665-1954, Kiel, 1956.

Volz, Robert, Reichshandbuch der deutschen Gesellschaft, das Handbuch der Persönlichkeiten in Wort und Bild, Band 2, Berlin 1931.

Waas, Bernd, Überlegungen zur Fortentwicklung des deutschen Arbeitsrechts, Recht der Arbeit (RdA) 2007, S. 76-83.

Wank, Rolf, Die wesentlichen Inhalte eines Arbeitsvertragsgesetzes, Der Betrieb (DB) 1992, S. 1826-1830.

Wassing, H. L., Fachlexikon a b c, Forscher und Erfinder, 1992.

Weber, Max, Lotmar, Philipp, Der Arbeitsvertrag – Rezension, in: Archiv für soziale Gesetzgebung und Statistik, 1902, S.723-734; *zitiert als: Rezension zu Philipp Lotmar, Der Arbeitsvertrag, in: AsGuS.*

Weber, Max, Wirtschaft und Gesellschaft, (herausgegeben von Johannes Winckelmann in dieser Auflage), 5. Auflage, Tübingen 1976.

Weiss, Manfred, Referat, zum 59. Deutschen Juristentag (1992), S. P 8-P 29.

Weiß, Thomas, Die Entwicklung des Arbeitsvertragsrechts und das BGB, Baden-Baden 1991.

Wenzel, Georg, Deutscher Wirtschaftsführer, Lebensgänge deutscher Wirtschaftspersönlichkeiten, Hamburg 1929.

Wieacker, Franz, Das Sozialmodell der klassischen Privatrechtsgesetzbücher und die Entwicklung der modernen Gesellschaft, Vortrag gehalten vor der Juristischen Studiengesellschaft in Karlsruhe am 12. Dezember 1952, Karlsruhe 1953.

Wieacker, Franz, Privatrechtsgeschichte der Neuzeit, 2. Auflage, Göttingen 1967; *zitiert als: Privatrechtsgeschichte.*

Willoweit, Dietmar, Deutsche Verfassungsgeschichte – Vom Frankenreich bis zur Wiedervereinigung Deutschlands, 5. Auflage, München 2005.

Windscheid, Bernhard, Recht und Rechtswissenschaft – Greifswalder Universitätsfestrede (1854), in: Gesammelte Reden und Abhandlungen, Leipzig 1904, S. 3-24.

Windscheid, Bernhard, Die Aufgabe der Rechtswissenschaft – Leipziger Rektoratsrede vom 31. Oktober 1884, in: Gesammelte Reden und Abhandlungen, Leipzig 1904, S. 100-116.

Wininger, Salomon, Große jüdische National-Biographie mit mehr als 8000 Lebensbeschreibungen namhafter jüdischer Männer und Frauen aller Zeiten und Länder. Ein Nachschlagewerk für das jüdische Volk und dessen Freunde, Band 2, Cernauti, 1927.

Winkler, Heinrich August, Von der Revolution zur Stabilisierung, Arbeiter und Arbeiterbewegung in der Weimarer Republik 1918-1924, Berlin-Bonn 1984; *zitiert als: Revolution.*

Wlotzke, Otfried, Die arbeitsrechtliche Gesetzgebung in der 7. Legislaturperiode des Deutschen Bundestages, Arbeit und Recht (ArbuR) 1974, S. 1-10.

Wlotzke, Otfried, Zum Vorhaben eines Arbeitsvertragsgesetzes – Eine rechtspolitische Betrachtung, in: 25 Jahre BAG, S. 681-707.

Wlotzke, Otfried, Das gesetzliche Arbeitsrecht in einer sich wandelnden Arbeitswelt, Der Betrieb (DB) 1985, S. 754-762.

Wölbling, Paul, Die Erneuerung des deutschen Arbeitsrechts, in: Jahrbuch für das gesamte Dienstrecht der Arbeiter, Angestellten und Beamten, 1917, S. 69-75.

Wroblewski, Andrej, Sachstand „Arbeitsvertragsgesetz" – Verwirklichungschancen einer Kodifikation, rechtspolitische Gemengelage und Positionen, Neue Zeitschrift für Arbeitsrecht (NZA) 2008, S. 622-626.

Zahnbrecher, Franz, Die Stellungnahme des 31. Juristentages (Wien) zur Vereinheitlichung des Angestelltenrechtes und die Arbeitgeber, in: Gewerbe- und Kaufmannsgericht: Monatsschrift des Verbandes deutscher Gewerbe- und Kaufmannsgerichte (GewKfmG), 1913, Sp. 328-340; *zitiert als: Stellungnahme.*

Zimmermann, Reinhard, Schuldrechtsmodernisierung?, Juristen Zeitung (JZ) 2001, S. 171-181.

Zinke, Käthe/ Kunz, Frithjof/ Leifert, Günther/ Baumgart, Alfred, Arbeitsrecht der DDR, Band 2, Potsdam 1976.

Zöllner, Wolfgang, Alfred Hueck, in: Juristen im Portrait, Verlag und Autoren in 4 Jahrzehnten; Festschrift zum 225jährigen Jubiläum des Verlages C. H. Beck, München 1988, S. 239-248.

Zöllner, Wolfgang, Soll die Treue- und Fürsorgepflicht in die Arbeitsrechtskodifikation aufgenommen werden?, in: Treue- und Fürsorgepflicht im Arbeitsrecht, S. 142f.

Zöllner, Wolfgang, Arbeitsrecht – Ein Studienbuch, München 1977.

Zöllner, Wolfgang, Gutachten D zur Frage: „Sind im Interesse einer gerechten Verteilung der Arbeitsplätze Begründung und Beendigung der Arbeitsverhältnisse neu zu regeln?", Gutachten D für den 52. Deutschen Juristentag, München 1978.

Zöllner, Wolfgang, Die Stellung des Bundesarbeitsgerichts im Gefüge der arbeitsrechtlichen Regelsetzer – rechtspolitisch betrachtet, in: 50 Jahre Bundesarbeitsgericht, München 2004, S. 1395-1408.

Quellenverzeichnis

Akademie für Deutsches Recht 1933-1945 Protokolle der Ausschüsse, herausgegeben von Werner Schubert: Band III, 1: Volksgesetzbuch, Teilentwürfe, Arbeitsberichte und sonstige Materialien, Berlin/ New York 1988.

Antwort der Bundesregierung auf die Anfrage des Abgeordneten Dr. Uwe-Jens Heuer und der Gruppe der PDS/Linke Liste (02.11.1992): BT-Drs. 12/3592.

Antwort der Bundesregierung auf die Kleine Anfrage der Abgeordneten Rainer Brüderle, Birgit Homburger, Dirk Niebel, weitere Abgeordneter und der Fraktion der FDP (27.12.2004): BT-Drs. 15/4602.

Arbeitsberichte der Akademie für Deutsches Recht: Entwurf eines Gesetzes über das Arbeitsverhältnis, Hamburg 1938.

Ausschuss für Arbeit (Bundestag): Recht der Arbeit (RdA) 1960, S. 19.

Bayerische Staatszeitung vom 28.10.1933: Bericht: „Neues Recht".

Bericht des Beschlusses vom Gründungskongress des DGB (München, 12.-14.10.1949): Sozialpolitische Grundsätze des Deutschen Gewerkschaftsbundes, Recht der Arbeit (RdA) 1949, S. 459-460.

Bericht des Bundesarbeitsministeriums: Kommission legt Ergebnisse vor, Bundesarbeitsblatt (BArBl) 1977, S. 547.

Bericht des Bundeskabinetts: Berufung einer Sachverständigenkommission für ein Arbeitsgesetzbuch, Bundesarbeitsblatt (BArBl) 1970, S. 414.

Bericht des Frankfurter Gewerkschaftskongresses (31.08.-04.09.1931): Gewerkschaftskongress 1931, Arbeitsrecht, Jg. XIX (1931), S. 584f.

Bericht Regierungstätigkeit (Januar 1973): Aus der Gesetzgebung, Arbeit und Recht (ArbuR) 1973, S. 80-82.

Bericht über die Diskussion des Bundestagsausschusses für Arbeit über ein Deutsches Arbeitsgesetzbuch: Recht der Arbeit (RdA) 1959, S. 335.

Bericht über die Diskussion des Rechtsausschusses des Bundestages über ein Deutsches Arbeitsgesetzbuch: Recht der Arbeit (RdA) 1959, S. 280.

Beschluss der Arbeits- und Sozialminister/innen vom 14.10.1993: Arbeit und Recht (ArbuR) 1994, S. 62f.

Beschluss der Rheinischen Arbeitszentrale: Schriften der rheinischen Arbeitszentrale, Heft 6, 1912.

Beschluss des Verbands katholischer kaufmännischer Vereinigung (1913): Verbandszeitschrift Merkuria, Nr. 15, S. 148.

Bismarck, Otto von, Fürst Bismarck als Redner, vollständige Sammlung der parlamentarischen Reden Bismarcks seit dem Jahre 1847, Band 14: Die Reichstagssession von 1884/85, Berlin 1891.

Bismarck, Otto von, Fürst Bismarck als Redner, vollständige Sammlung der parlamentarischen Reden Bismarcks seit dem Jahre 1847, Band 12: Kämpfe und Bekenntnisse 1881 und 1882, Berlin 1891.

Bismarck, Otto von, Gedanken und Erinnerungen von Otto Fürst von Bismarck, Band 3, Erinnerungen und Gedanke, Stuttgart und Berlin 1922.

Bismarck, Otto von, Gedanken und Erinnerungen von Otto Fürst von Bismarck, Band 3, Erinnerungen und Gedanke, Stuttgart und Berlin 1928.

Bundesarchiv Berlin Lichterfelde:

Akten Reichsjustizministerium/ Reichskanzlei: BA R 61/115; BA R 22/2063; BA R 61/111; BA R 61/113; BA R 43 II/1510a; BA R 61/96; BA R 61/30; BA R 3001/2244; BA R 3001/2245 (1927-1932); BA R 43/ I/2062.

Bundesarchiv Koblenz: BA 149/26484, 3063.30; BA 149/26476, 3063.01; BA 149/26478; BA 149/26491, 3063.33, Bd. 3; BA 149/26497, 3063.340, Bd. 1; BA 149/26496, 3063.33.

Bundesgesetzblatt: BGBl. I 1969, S. 1106.

Bundesminister für Arbeit und Sozialordnung: Diskussionsentwurf eines Entwurfs eines Arbeitsgesetzbuches – Allgemeines Arbeitsvertragsrecht –, Bonn 1977.

Bundesvereinigung der Deutschen Arbeitgeberverbände (BDA): Stellungnahme zum Entwurf der Arbeitsgesetzbuchkommission für ein Arbeitsgesetzbuch – Allgemeines Arbeitsvertragsrecht, Köln 1977.

Bundesvereinigung der Deutschen Arbeitgeberverbände (BDA): Beschluss vom 7.04.2008, Arbeitsvertragsgesetz muss Beschäftigungshemmnisse abbauen!

Bundesvereinigung der Deutschen Arbeitgeberverbände (BDA): Stellungnahme zum 3. Entwurf eines Arbeitsvertragsgesetzes; Stand: November 2007, Mai 2008.

Denkschrift zum Einigungsvertrag: BT-Drucks. 11/7760, S. 369.

Der Bundesminister für Arbeit und Sozialordnung: Sozialbericht 1973.

Der Entwurf eines Deutsches Arbeitsgesetzbuches, Anfrage des Abgeordneten Jahn im Bundestag und Antwort der Bundesregierung: Recht der Arbeit (RdA) 1964, S. 142f.

Deutscher Anwaltverein (DAV): Dokumentation und Vorschlag des Arbeitsrechtsausschusses des Deutschen Anwaltvereins zum Kündigungsrecht als Teil eines gemäß Art. 30 Einigungsvertrag neu zu kodifizierenden Arbeitsvertragsrechts, 1992.

Deutscher Gewerkschaftsbund (DGB): Grundsatzprogramm des Deutschen Gewerkschaftsbundes, 4. Außerordentlicher Bundeskongress, Düsseldorf 12.-14.03.1981, Parlament der Arbeit DGB, Düsseldorf 1981.

Deutscher Gewerkschaftsbund (DGB) [Bundesvorstand]: DGB-Thesen für ein Arbeitsverhältnisgesetz, Arbeit und Recht (ArbuR) 1992, S. 267-271.

Deutscher Richterbund (DRB): Rechtspolitische Forderungen des Deutschen Richterbundes, Neue Zeitschrift für Arbeitsrecht (NZA) 1987, S. 303.

DGB Entwurf eines Arbeitsvertragsgesetzes (5.04.1977): Recht der Arbeit (RdA) 1977, S. 166ff.

Diskussionsentwurf eines Arbeitsvertragsgesetzes: Entwurfsfassung und Einführung, Beilage zu NZA 23/2006; Beilage zu NZA 21/2007.

Eckpunkte für gutes Arbeitsrecht: Gute Arbeit braucht gutes Arbeitsrecht, Rede auf der DGB-Pressekonferenz am 19. September 2008 in Berlin; abrufbar unter www.dgb.de/dgb/gbv/reden_sehrbrock/2008/gutes_arbeitsrecht.pdf.

Eckpunkte zu einem Arbeitsvertragsgesetz: Arbeit und Recht (ArbuR) 1994, S. 298-301.

Frank, Hans (Abteilung Akademie für Deutsches Recht): Preisausschreiben zur Schaffung eines volkstümlichen Deutschen Rechts durch Reichsjustizkommissar Hans Frank, Deutsches Recht (DR) 1934, S. 21.

Gesetzblätter Bundesrepublik: BGBl. II, S. 889

Gesetzblätter DDR: GBl. 1950, S. 349ff.; GBl. I, S. 27; GBl. I, S. 357; GBl. I, S. 351.

Gesetzesantrag des Freistaates Sachsen: BR-Drs. 293/95.

Gesetzesantrag des Landes Brandenburg: BR-Drs. 671/96.

Grundsatzprogramm der SPD: Grundsatzprogramm der Sozialdemokratischen Partei Deutschlands, beschlossen vom Außerordentlichen Parteitag der SPD in Bad Godesberg vom 13. bis 15.11.1959.

Grüneberg, G., Bericht des Politbüros an die 5. Tagung des ZK der SED, Berlin 1972.

Gutachten für den 59. DJT: Zur Frage: Welche wesentlichen Inhalte sollte ein nach Art. 30 des Einigungsvertrages zu schaffendes Arbeitsvertragsgesetz haben? Entwurf des Arbeitskreis Deutsche Rechtseinheit im Arbeitsrecht für ein Arbeitsvertragsgesetz, in: Verhandlungen des 59. DJT, S. D 1- D 141.

Honecker, Erich, Bericht des ZK der SED an den VIII. Parteitag, Protokoll der Verhandlungen des VIII. Parteitages der SED, 15. bis 19. Juni 1971 in der Werner-Seelenbinder-Halle zu Berlin, Band I, Berlin 1971.

Honecker, Erich, Wir haben ein Programm des Wachstums, des Wohlstandes und der Stabilität, Neues Deutschland vom 18.05.1977, S. 4.

Huber, Ernst Rudolf (Hrsg.), Dokumente zur deutschen Verfassungsgeschichte, Band 2, Deutsche Verfassungsdokumente 1851-1900, 3. Auflage, Stuttgart 1986; *zitiert als: Dokumente.*

Interview Christian Wulff: WELT AM SONNTAG vom 11.5.2008, S. 6.

Interview des Bundesarbeitsministers Olaf Scholz: SPIEGEL, Heft 8/2008, S. 41.

Jakobs, Horst Heinrich/ Schubert, Werner, Die Beratung des Bürgerlichen Gesetzbuchs – in systematischer Zusammenstellung der unveröffentlichten Quellen, Band 2: Recht der Schuldverhältnisse I, §§ 241-432, Berlin/ New York 1978.

Kommissionsbericht der Bundesvereinigung Deutscher Arbeitgeberverbände (BDA): Für eine moderne Arbeitsmarktordnung – Bericht der Kommission, Onlinepublikation der BDA 2008; abrufbar unter http://www.arbeitgeber.de.

Mugdan, Benno, Die gesammelten Materialien zum BGB für das deutsche Reich, Band 1: Einführungsgesetz und allgemeiner Teil, Berlin 1899; *zitiert als: Materialien.*

Mugdan, Benno, Die gesammelten Materialien zum BGB für das deutsche Reich, Band 2: Recht der Schuldverhältnisse, Berlin 1899; *zitiert als: Materialien.*

Presseerklärung des DGB-Informations-Dienst, ID 10/77 vom 15.04.1977: Arbeit und Recht (ArbuR) 1977, S. 245ff.

Protokoll der Verhandlungen des 8. Kongresses der christlichen Gewerkschaften Deutschlands,: 6. bis 10. Oktober 1912, Dresden 1912.

Protokoll des achten Kongresses der christlichen Gewerkschaften Deutschlands (1912): Protokoll der Verhandlungen des 8. Kongresses der christlichen Gewerkschaften Deutschlands, S. 253.

Protokoll des V. Parteitages: Dokumente der SED, Berlin, 1959.

Protokoll zum 10. Ordentlichen Bundeskongress in Hamburg: 25. bis 30. Mai 1975, Düsseldorf 1977.

Redaktion der Zeitschrift Arbeit und Recht: Diskussionsentwurf eines Arbeitsverhältnisgesetzes 1+, Arbeit und Recht (ArbuR) 2009, S. 127.

Rede des Bundespräsidenten Horst Köhlers anlässlich des 67. Deutschen Juristentages in Erfurt: Abrufbar unter www.bundesregierung.de; Dokumentennummer: Bulletin Nr. 99-1 (27.09.2008).

Regierungserklärung Willy Brandts vom 28.10.1969 (sozialpolitischer Teil): Recht der Arbeit (RdA) 1969, S. 353f.

Reichsgesetzblatt: RGBl. 1891, S. 261ff.

Resolution des Richtervereins beim Reichsgericht: Deutsche Richterzeitung (DRZ), 1924, S. 7f.

Rosendahl, Hans: Bericht zur Fachtagung „Arbeitsvertragsrecht – Arbeitsschutzrecht" vom 5.10.1995, Arbeit und Recht (ArbuR) 1995, S. 400f.

Schreiben des Reichsministers der Finanzen (undatiert): Das Ende des Arbeitsrechtsausschusses beim Reichsarbeitsministerium, Schreiben des Reichsministers an die Ausschussmitglieder, in: Soziale Praxis, 1924, S. 122.

Sitzungsberichte (Ausschusssitzungen; Reichsjustizministerium): Zeitschrift der Akademie für Deutsches Recht (ZAkfDR) 1936, S. 436; a.a.O., 1937, S. 117; a.a.O., 1937, S. 181; a.a.O., 1937, S. 437; a.a.O., 1938, S. 60; a.a.O., 1938, S. 237; a.a.O., 1938, S. 779; a.a.O., 1941, S. 194; a.a.O., 1942, S. 313.

Sitzungsprotokolle im R-Ausschuss des Bundesrats: Niederschrift, 689/ R, 28.6.1995; Niederschrift, 631/ AS, 52. FS, 1.10.1996; Niederschrift 633/ AS, 52. FS, 14.11.1996; Niederschrift AS 0151 (89), 22/97; Beschluss vom 5.3.1997, R 0055 (7) – R 21/97; Niederschrift, UA AS 1/97, 3./4.2.1997, AS 0151 (89) 3/97; Niederschrift, 638. AS, 59. FS, 10.4.1997; Niederschrift, 634. Wi, 10.4.1997; Niederschrift, 638. AS, 59. FS, 10.4.97; Niederschrift, 638. Wi, 11.9.1997; Niederschrift, 642. AS, 63. FS, 11.09.1997.

Stellungnahme Arbeitgeber (Bundesvereinigung): Neues Arbeitsvertragsrecht, Unnötig und gefährlich, Arbeitgeber 1977, S. 864.

Stellungnahme Arbeitgeber (Bundesvereinigung): Arbeitsgesetzbuch, Jahresbericht der Bundesvereinigung der Deutschen Arbeitgeberverbände, Gladbach 1977, S. 15-17.

Stellungnahme des Deutschen Anwaltvereins durch den Ausschuss Arbeitsrecht zum Diskussionsentwurf eines Arbeitsvertragsgesetzes: Abrufbar unter www.anwaltverein.de.

Stenographische Berichte über die Verhandlungen der verfassungsgebenden Deutschen Nationalversammlung: Band 326, 13. Sitzung (21.2.1919), Berlin 1920.

Stenographische Berichte über die Verhandlungen des Reichstags: V. Legislaturperiode, IV. Session 1884, 6. Sitzung, 15. März 1884, Buchdruckerei der Norddeutschen Allgemeinen Zeitung (Pindter), Bd. 1, S. 72-78, Berlin 1884.

Stenographische Berichte über die Verhandlungen des Reichstags: IX. Legislaturperiode, IV. Session 1895/97, Berlin 1896.

Stenographische Berichte über die Verhandlungen des Reichstags: Reichstagsdrucksache Nr. 544, XII. Legislaturperiode, I. Session, Anlage zu den Stenographischen Berichten Nr. 527-566, Berlin 1908.

Stenographische Berichte über die Verhandlungen des Reichstags: XII. Legislaturperiode, I. Session, 1907/1908, 113. Sitzung (Montag, den 2. März 1908), Berlin 1908, S. 3529-3560.

Stenographische Berichte über die Verhandlungen des Reichstags: XII. Legislaturperiode, I. Session, 1907/1908, 114. Sitzung (Dienstag, den 3. März 1908), Berlin 1908, S. 3561ff.

Stenographische Berichte über die Verhandlungen des Reichtags: 1., 2., 3. Beratung des Entwurfs eines Bürgerlichen Gesetzbuchs im Reichstag, Berlin 1896.

Synopse zum Diskussionsentwurf für ein Arbeitsvertragsgesetz (Henssler, Martin/ Preis, Ulrich): Ausgegeben von der Bertelsmann-Stiftung, Dezember 2006.

Tätigkeitsbericht des Bundesministeriums für Arbeit und Sozialforschung: Recht der Arbeit (RdA) 1964, S. 258.

Thesenpapier „Agenda Moderne Regulierung“: Abrufbar unter http://www.bertelsmann-stiftung.de.

Thesenpapier „Notwendigkeit einer Reform des Arbeitsrechts“: Abrufbar unter http://www.arbvg.de.

Thesenpapier Die öffentliche Wahrnehmung des Arbeitsrechts - Zur Transparenz des Arbeitsvertragsrechts bei der Erwerbsbevölkerung, Gutachten von Florian Schramm im Auftrag der Bertelsmann Stiftung: Abrufbar unter http://www.arbvg.de, November 2006.

Tisch, Hary, Bericht des Bundesvorstands des FDGB an den IX. Kongress, Tribüne Nr. 96 (17.05.1977), S. 4.

Verhandlungen des 30. Deutschen Juristentages: Band 1: Gutachten, Berlin 1910; Band 2: Stenographische Berichte, Danzig 1910; *zitiert als: Protokolle.*

Verhandlungen des 31. Deutschen Juristentages: Band 1: Gutachten, Berlin 1912; Band 3: Stenographischen Berichte, Wien 1912; *zitiert als: Protokolle.*

Verhandlungen des 52. Deutschen Juristentages: Band 2: Sitzungsberichte, Abteilung M, München 1978.

Verhandlungen des 56. Deutschen Juristentages: Band 2: Sitzungsberichte, Berlin 1986.

Verhandlungen des 59. Deutschen Juristentages: Band 1: Gutachten, München 1992; Band 2: Sitzungsberichte, München 1992.

Verhandlungen des Deutschen Bundestages: Drucksache Nr. 563 (3. Wahlperiode); Drucksache Nr. 1401 (3. Wahlperiode); Drucksache Nr. 5/4376.

Personenverzeichnis

Das Verzeichnis der Personennamen enthält sämtliche Erwähnungen im Text, aus den Fußnoten jedoch nur die mit inhaltlichem Bezug, also nicht bloße Belegstellenangaben. Die Vornamen werden soweit möglich berücksichtigt.

Alle Zahlen verweisen auf Seiten; mit dem Zusatz „Fn." wird auf die Fußnotennummer verwiesen.

Studien zum Arbeitsrecht und zur Arbeitsrechtsvergleichung

Herausgegeben von Manfred Weiss, Bernd Waas und Spiros Simitis

Band 1 Sebastian Fritzsche: Die Vereinbarkeit des Arbeitnehmer-Entsendegesetzes sowie der erfassten Tarifverträge mit höherrangigem Recht. 2001.

Band 2 Arnd Hermann: Outplacement. Eine Untersuchung der individualvertraglichen Gestaltung und kollektivarbeitsrechtlichen Aspekte eines neuen Instruments des Personalabbaus. 2001.

Band 3 Christoph Schmid: Das Personalrecht der Europäischen Zentralbank. Grundlagen und Grenzen der rechtlichen Bindungen der Europäischen Zentralbank unter besonderer Berücksichtigung der Bereiche Arbeitnehmervertretung, Kündigungsschutz und Datenschutz. 2002.

Band 4 Charis Chaldoupis: Auswirkungen neuer Technologien auf die Tarifautonomie. Funktionsfähigkeit und Legitimität qualitativer Tarifpolitik anhand der Rationalisierungsentwicklungen im industriellen Produktionsbereich. 2003.

Band 5 Robert Kretzschmar: Die Rolle der Koalitionsfreiheit für Beschäftigungsverhältnisse jenseits des Arbeitnehmerbegriffs. Zur Abgrenzung abhängiger von selbständiger Beschäftigung und zur Eröffnung kollektiver Handlungsformen für selbständig Beschäftigte durch Art. 9 Abs. 3 GG. 2003.

Band 6 Thilo Mahnhold: Compliance und Arbeitsrecht. Insiderrechtliche Verhaltenskonzepte im nationalen und multinationalen Unternehmen. 2004.

Band 7 Nicole Löblich: Transformation des kollektiven Arbeitsrechts in der Tschechischen Republik. 2004.

Band 8 Lena Huth: Voraussetzungen und Grenzen nachträglicher Sozialplanänderungen. 2004.

Band 9 Nisha Biswas: Vertrauensarbeitszeit und Arbeitszeitfreiheit im arbeitszeitrechtlichen und betriebsverfassungsrechtlichen Kontext. 2004.

Band 10 Dirk Schäfer: Der europäische Rahmen für Arbeitnehmermitwirkung. 2005.

Band 11 Jochen A. Keilich: Die Auswirkungen der Grundrechte / Menschenrechte für das Arbeitsrecht in Deutschland und England. 2004.

Band 12 Boris Kaehler: Rechtsprobleme betrieblicher Personalauswahl. Die Zulässigkeit eignungsdiagnostischer Maßnahmen im arbeitsvertraglichen Anbahnungsverhältnis. 2005.

Band 13 Natascha Ahmad: Rechtsschutz für und durch Gewerkschaften bei tarifwidrigem Arbeitgeberverhalten in Deutschland und Frankreich. 2005.

Band 14 Volker Güntzel: Die Richtlinie über die Arbeitnehmerbeteiligung in der Europäischen Aktiengesellschaft (SE) und ihre Umsetzung in das deutsche Recht. 2006.

Band 15 Peter Gumnior: Die Rechtmäßigkeit des Sympathiestreiks. 2007.

Band 16 Elena Benz: Auf dem Weg zum lebenslangen Lernen? Die Berufsbildungspolitik der Europäischen Union und die tatsächliche und rechtliche Situation der beruflichen Weiterbildung in der Bundesrepublik Deutschland. 2007.

Band 17 Cessy Kühl: Flexibilisierung von Arbeitsbedingungen. Vergleich ausgewählter arbeitsrechtlicher Gestaltungsmittel zwischen dem deutschen und dem tschechischen Individualarbeitsrecht. 2007.

Band 18 Carolin Siegrist: Einschränkung der unternehmerischen Entscheidungsfreiheit durch Arbeitnehmervertreter im deutsch-amerikanischen Vergleich. 2008.

Band 19 Ingebjörg Darsow-Faller: Kündigungsschutz in Deutschland und Spanien. Eine rechtsvergleichende Untersuchung mit besonderer Beachtung der Beendigung des Arbeitsverhältnisses gegen Abfindung. 2008.

Band 20 Enrico Iannone: Die Kodifizierung des Arbeitsvertragsrechts - ein Jahrhundertprojekt ohne Erfolgsaussicht. Eine Untersuchung vorangegangener Bemühungen um ein Arbeitsvertragsgesetz und Analyse möglicher Erfolgsaussichten des Reformprojekts. 2009

www.peterlang.de